김낙년

동경대학 경제학박사
동국대학교 경제학과 명예교수
낙성대경제연구소 이사장
경제사학회 회장(2013년)

『日本帝国主義下の朝鮮経済』,
『한국의 장기통계』(공편저),
Historical Statistics of Korea(공편저) 외 다수

한국경제성장사

초판1쇄 인쇄 2023년 6월 9일
초판1쇄 발행 2023년 6월 16일

저 자 김낙년
발행인 노현철
발행처 도서출판 해남

출판등록 1995. 5. 10 제 1-1885호
주 소 서울특별시 마포구 마포대로8길 9 영명빌딩 405호
전 화 739-4822 **팩스** 720-4823
이 메 일 haenamin30@naver.com
홈페이지 www.hpub.co.kr

ISBN 978-89-6238-178-8 93320

이 저서는 2021년 대한민국 교육부와 한국학중앙연구원(한국학진흥사업단)을 통해 K학술확산연구소사업의 지원을 받아 수행된 연구임(AKS-2021-KDA-1250002).

한국경제
학술총서
03

한국경제성장사

김낙년 지음

도서출판
해남

머리말

한국은 세계 경제성장의 역사에서 독특한 사례라고 할 수 있다. 식민시 지배를 받은 나라가 해방 후 빈곤으로부터 탈출하여 선진국으로 진입하였다는 점이 그러하다. 동아시아 기적을 대표하는 한국은 최빈국으로 전락한 북한과 좋은 대비를 이루고 있다. 북한은 해방 전에 남한보다 공업화가 빠르게 진행되었고 1인당 GDP도 더 높았다. 그렇지만 해방 후 분단되어 남한의 자본주의 시장체제와 북한의 사회주의 통제체제로 다른 길을 걸으면서 두 체제의 경제적 성과가 극명하게 달라졌다. 어느 제도가 경제성장을 가져오고 빈곤으로 이끄는지를 마치 남북으로 나누어 실험한 것과 같은 결과를 보여 준 것으로 볼 수 있다.

그보다 앞서 조선의 전통 사회는 일본의 지배를 받으면서 본국의 시장경제 제도가 식민지에 이식된 사례를 보여 주었다. 중일전쟁 이후에는 다시 시장경제가 전시 통제경제 체제로 이행하는 경험을 하기도 하였다. 그리고 이러한 각 체제 이행의 전과 후에는 경제적 성과가 달라졌다. 이렇게 보면 한국의 근현대사는 식민지 지배와 분단과 전쟁이라는 비극으로 점철되어 왔지만, 결과적으로 제도와 경제적 성과 간의 다양한 조합을 보여 줌으로써 경제성장에 관한 풍부한 콘텐츠를 제공하고 있다고 볼 수 있다.

그와 함께 한국은 고도 경제성장을 통해서 단기간에 선진국으로의 캐치업(catch up)이 이루어진 사례로서도 주목을 받고 있다. 근대적 경제성장을 앞서 이룬 영국을 제외하면, 후발국의 경제성장은 선발국의 영향을 받으면서 진행되지 않을 수 없었다. 후발국은 선발국과의 경쟁에서 자국 산업의 재편을 강요받기도 하지만, 선발국의 앞선 기술이나 지식 또는 제도를 모방하여 후발성의 이익을 누리기도 한다. 한국은 고도성장기에 급속한 캐치업이 일어난 경우이지만, 후발국이라 해서 모두 그러한 것은 아니며, 오히려 선발국과의 격차가 벌어지기도 한다. 한국은 식민지기에도 캐치업이 일어났지만, 해방 후 고도성장기에 비하면 아주 완만하게 진행되었고, 근래에 중국과 같이 더 늦게 출발한 후발국의 추격을 받으면서 성장률이 떨어지고 있다. 지난 150년을 되돌아보면 1인당 GDP의 증가가 점차 가속되어 1980년대에 정점에 달한 후 빠르게 감속하는 역U자형의 추이를 보였다. 그러한 점에서 한국은 어떠한 조건 속에서 캐치업의 진행이 더 빨라졌고 또 느려졌는지를 보여 주는 좋은 사례이기도 하다.

이 책은 이러한 문제의식에서 개항 이후 현재에 이르기까지 한국에서 무슨 일이 일어났는지를 보이고자 하였다. 이를 위해 경제활동에 큰 영향을 미친 제도가 각 시기를 거치면서 어떻게 변천해 왔는지를 살펴보았다. 그리고 경제성장의 큰 흐름과 생활 수준의 변화를 한눈에 볼 수 있도록 그래프를 제시하였고, 가능한 한 다른 나라와 비교하였다. 이를 통해 한국의 경험이 다른 나라와 어떤 점에서 같고 다른지를 드러냄으로써 한국의 경제성장 과정을 객관적으로 파악할 수 있도록 하였다. 이 책에 특히 장기 추이를 보여 주는 그래프가 많이 실려 있는 것은 그 때문이다. 다만, 1세기가 넘는 통계 데이터를 이용하다 보니 작성된 시기나 조사방법에 따라 통계의 질에 차이가 나는 경우가 적지 않다. 여기에서는 이용한 데이터의 특성과 한계가 무엇인지도 가능한 한 밝혀 두고자 하였다.

한국 근현대사를 수량적으로 파악하고자 하는 노력은 많은 연구자에 의해 이루어졌지만, 특히 낙성대경제연구소가 주도한 장기통계의 정비가 주목된다. 식민지기 국민계정 통계를 추계하였고, 이를 해방 후와 일관성 있게 연결하였다. 그 성과가 『한국의 경제성장 1910-1945』(서울대출판부), 『한국의 장기통계』 I, II (도서출판 해남), 『植民地期朝鮮の国民経済計算 1910-1945』(東京大學出版會), *Historical Statistics of Korea*(Vol. 1, 2, Springer)로 발간되었고, GDP와 인구 통계는 Maddison Project Database에 올라가 국제적으로 널리 이용될 수 있게 되었다. 소득과 부의 분배에 관한 추계 성과도 World Inequality Database에 한국 데이터로 올라가 있다. 이 책은 이러한 성장과 분배에 관한 장기 데이터의 정비에 힘입은 바가 크다.

한국인의 근현대사에 관한 인식에는 식민지 지배와 분단의 경험으로 인해 민족주의나 이념 대립의 영향을 쉽게 받는다. 그중에는 사실에 입각해 있지 않거나 경제학의 논리에도 맞지 않는 경우가 있다. 이 책은 수량 데이터로 나타난 변화를 가능한 한 경제학의 논리와 부합하도록 설명하고자 하였는데, 그 결과가 통념과 어긋난 경우도 적지 않다. 이런 의미에서 이 책은 근현대 한국경제사를 실증적으로 서술하였지만, 결과적으로 사실과 논리에 맞지 않은 채 통념화되어 버린 역사 인식에 도전하는 의미도 있다고 생각한다.

이 책은 개항 이후 현재까지를 대상으로 '한국경제사'를 다룬 것이지만, 제목을 다소 낯선 '한국경제성장사'로 하였다. 이 책이 한국의 경제성장이 어떻게 이루어졌고 그 영향으로 한국인의 삶이 어떻게 바뀌어 왔는지를 구명하는 데 초점을 맞추었는데, 그러한 문제의식을 제목에 담고자 하였다. 그리고 한국의 경제성장사가 전술한 세계 경제성장의 역사에서 차지하는 독특한 위상을 부각하고자 하는 의미도 담았다.

이 책은 서울대학교 K학술확산 프로젝트(연구책임자: 조영준 교수)의 일환으로 이루어진 강의를 계기로 하여 집필되었다. 이 책이 기존의 연구성과에 크게 의존하고 있음은 물론이지만, 개항 이후 현재에 이르는 다양한 주제에 관한 저자 자신의 연구와 동국대에서 한국경제사로 강의해 왔던 것을 바탕으로 체계를 갖추었다. 이 책은 2부 13장으로 구성하였는데, 제1부는 장기통계를 이용하여 주제별로 각 시기에 일어난 변화의 큰 흐름과 특징을 먼저 파악할 수 있게 하였다. 이를 전제로 제2부는 제도와 정책의 변화를 포함한 보다 구체적인 한국경제의 전개 과정을 시기별로 고찰하였다. 한국경제사에 관한 통상의 서술 방식과는 다소 다른 시도를 한 셈인데, 두 가지 접근이 서로 보완이 되어 한국 경제성장의 실상을 좀 더 풍부하게 드러낼 수 있을 것으로 생각하였기 때문이다.

이 책이 나오기까지 많은 분에게 큰 도움을 받았다. 특히 낙성대경제연구소가 중심이 되어 2002년부터 진행된 한국 장기통계의 수집, 정리 및 추계를 위한 공동연구가 이루어졌고, 거기에 참여한 연구자들로부터 많은 지적 자극을 받았다. 그중에서도 차명수 명예교수(영남대), 박기주 교수(성신여대), 박이택 소장(낙성대경제연구소)은 『한국의 장기통계』와 그 영문판의 편집자로 참여하여 공동연구가 성과를 내는 데 큰 역할을 하였다. 이를 통해 한국의 경제성장을 수량적으로 파악할 수 있는 토대가 마련되었다고 할 수 있다. 이 책은 이들 성과에 크게 의존하고 있음은 물론이다. 그리고 주익종 박사(이승만학당)와 차명수 명예교수, 그리고 조영준 교수(서울대)는 이 책의 원고를 읽고 귀중한 논평과 조언을 해 주었고, 이 책을 개선하는 데 큰 도움이 되었다. 이 책에 남아 있는 오류는 물론 저자의 몫이다. 이 책의 출판은 도서출판 해남의 노현철 사장을 비롯한 편집부 여러분의 도움을 받았다. 이 책이 여느 책과는 달리 많은 그래프를 싣고 있는데 이를 깔끔하게 정리해 주었다. 이 자리를 빌려 모든 분께 감사의 말씀을 드린다.

2023. 6

김낙년

차례

제2부 한국경제의 전개 과정

제1부 경제성장의 장기 추이

제1장

경제성장사를 보는 시각

이 책은 조선의 개항으로부터 현재에 이르는 우리나라 경제성장의 역사를 다룬다. 조선의 전통 사회는 개항의 충격을 받아 근대 사회로 이행하기 시작하였고, 일제의 식민지 지배체제로 편입되었으며, 그 말기에는 전시 통제체제를 경험하기도 하였다. 해방 후에는 남북한이 분단되어 북한은 사회주의 통제체제로, 남한은 자본주의 시장경제 체제로 각기 다른 길을 걸어왔다. 그리고 각 시기에 체제와 제도가 달랐고 경제적 성과에서도 차이가 크다. 그런 점에서 한국은 머리말에서 언급하였듯이 개항 이후에 마치 제도의 실험이 여러 차례 이루어진 것과 같은 독특한 경험을 하였다고 할 수 있다. 한국의 근현대사는 체제 또는 제도와 경제적 성과 간의 관계를 보여 주는 세계사에서 드문 사례로서 주목을 받고 있다고 생각한다.

한국은 또한 후발 국가로서 경제성장 과정에서 선발 국가와는 다른 특성을 띠게 된다. 후발국은 선발국으로부터 기술과 지식을 학습하거나 축적된 자금을 빌릴 수 있으며 이를 통해 경제성장이 가속되어 캐치업이 일어날 수 있다. 한국은 특히 고도성장기에 선발국과의 격차를 급속히 좁혔고 현재 1인당 GDP는 선발국에 뒤지지 않는 수준에 근접하였다고 할 수 있다. 그러나 후발국이라 해서 모두 선발국과의 차이를 좁힐 수 있는 것은 아니다. 많은 개발도상국은 여전히 선발국과의 격차를 좁히지 못하고 있고 더욱 벌어지기도 한다. 따라서 한국을 포함하여 급속한 캐치업이 이루어진 나라에서 어떻게 고도 경제성장이 이루어졌는지, 또한 그렇지 못한 나라와의 차이가 무엇인지 구명하는 것은 매우 흥미로운 일이다. 이 책에서 그러한 답을 모색하고자 한다.

이 장에서는 이와 같은 문제의식에서 '제도와 경제성장' 그리고 '경제적 후진성과 캐치업'에 관한 기존 논의를 간략히 소개하고자 한다. 이를 통해 이

책이 한국의 경제성장사를 어떤 시각에서 접근하고자 하는지를 보일 수 있을 것으로 생각한다. 그에 앞서 먼저 주요 국가의 1인당 GDP의 장기 데이터를 이용하여 동아시아에서 진행된 캐치업을 포함한 세계의 경제성장사를 개관해 두고자 한다. 마지막에서는 이 책이 어떻게 구성되어 있는지 소개한다.

1. 1인당 GDP로 본 세계사

각국의 국민계정 통계는 제2차 세계대전 이후에 작성되기 시작하였으며, 그동안 이를 그 이전 시기까지 연장하고자 하는 노력이 이루어져 왔다. 이를 집대성해 놓은 것이 매디슨(Maddison)의 통계 데이터베이스이다. 거기에서 각국의 GDP, 인구, 1인당 GDP의 장기 추이를 얻을 수 있다. 1인당 GDP는 생활 수준을 보여 주는 대표적인 지표이므로, 이를 통해 각국의 생활 수준 차이가 어느 정도이고 어떻게 변천되어 왔는지를 알 수 있다.

[그림 1-1]은 1700년 이후 네덜란드, 영국, 미국과 함께 동아시아 국가들의 1인당 GDP를 보여 준다. 각 연도의 1인당 GDP는 2011년의 미국 달러로 표시되어 있다. 이 통계는 시간과 공간을 넘나들면서 비교할 수 있게 작성되었다. 예컨대, 100년 전인 1922년의 미국의 1인당 GDP는 1만 달러(2011년 가격)였는데, 한국이 그 수준에 도달한 것은 1987년임을 알 수 있다. 이와 같이 다른 시점의 국가 간 생활 수준을 비교하는 것은 매우 흥미롭지만, 거기에는 복잡한 기술적인 문제가 따르기도 한다. 이에 관한 언급은 나중으로 미루고, 여기서는 먼저 그 결과를 몇 가지 예시하여 설명하고자 한다.

네덜란드는 영국이 산업혁명을 통해 세계 경제의 리더로서 부상하기 전에

그림 1-1 주요국의 1인당 GDP의 장기 추이(2011년 미국 달러)

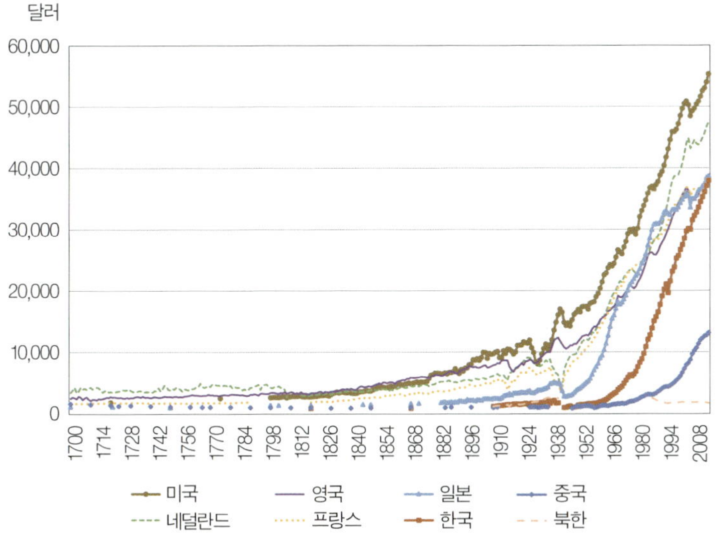

자료: Maddison Project Database 2020.

생산성이 가장 높은 나라였고, 영국은 19세기 말에 미국에 그 자리를 내주었으며, 미국이 세계 경제의 리더가 된 상황이 현재까지 이어지고 있음을 알 수 있다. 동아시아 국가들은 1인당 GDP가 근대 초기에는 매우 낮았지만, 전후에 급격히 상승하여 캐치업이 이루어지고 있다. 그런데 이처럼 장기에 걸친 1인당 GDP의 추이를 통상의 눈금으로 나타내면 최근 연도에 비해 과거로 거슬러 올라갈수록 그 변화가 과소하게 보인다는 점에 유의할 필요가 있다. 예컨대, 1인당 GDP가 100일 때 5% 증가하면 증가액이 5이지만, 1,000일 때 5% 증가는 50이 된다. 즉, 증가율이 5%로 같지만 통상의 눈금에서는 전자가 후자의 1/10에 불과한 것처럼 과소하게 보인다.

그림 1-2 주요국의 1인당 GDP의 장기 추이(로그 눈금)

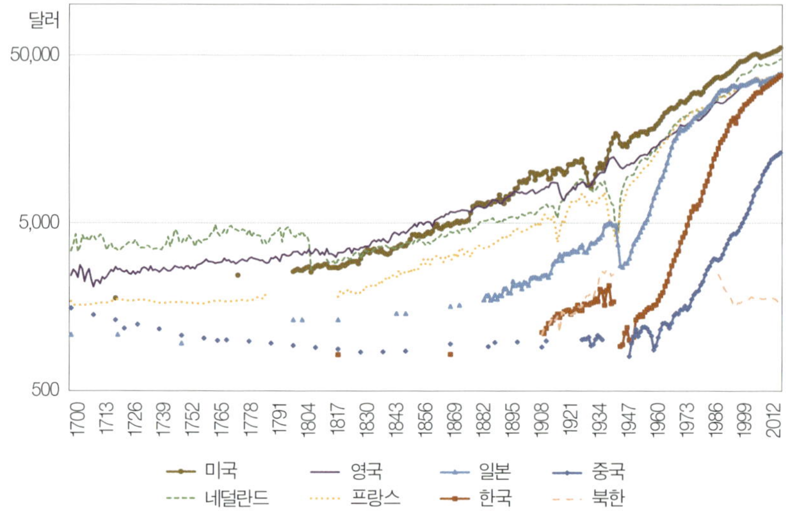

자료: Maddison Project Database 2020.

[그림 1-2]는 [그림 1-1]의 1인당 GDP를 로그값으로 바꾸어 나타낸 것이다. 그 경우 눈금이 500달러, 5,000달러, 50,000달러로 10배씩 높아지고, 그래프의 기울기가 곧 증가율을 보여 주는 것이 된다. 즉, 그래프가 가파를수록 증가율이 높고 완만할수록 증가율이 낮음을 뜻하므로 절대 금액과 함께 증가율도 비교할 수 있다. 기울기가 음수이면 감소율을 보여 준다. [그림 1-1]과 비교하면 양상이 많이 달라졌는데, 1인당 GDP가 크게 바뀌는 장기간의 추이를 비교할 때에는 [그림 1-2]로 보는 것이 더 편리하다.

먼저 네덜란드는 18세기까지는 세계에서 생산성이 가장 높은 경제의 리더였지만, 19세기 초에 영국에 그 자리를 내어 주게 된다. 영국과 네덜란드의 경우는 데이터가 잘 갖추어져 있어 모든 연도의 1인당 GDP가 제시되어 있지만, 다른 나라의 경우 추계되지 못한 연도가 많다. 예컨대, 한국의 경우 19세기 이전은 통계 데이터의 부족으로 1911년 이후와 같은 추계가 어렵다. 그런데 1820년과 1870년의 수치가 네모의 표식으로 제시되어 있다. 이것은 매디슨에 의해 충분한 정보가 없는 상태에서 이루어진 논리적인 추정(guesstimate=guess+estimate)이라 할 수 있다. 일본과 중국의 경우에도 세모와 다이아몬드의 표식으로 되어 있는데 19세기 이전으로 거슬러 올라가면 자료의 부족으로 인해 거친(rough) 추정치가 포함되어 있다. 이러한 점을 감안하면서 동아시아 국가 간을 비교해 보면 19세기의 한국과 중국의 1인당 GDP의 수준은 크게 다르지 않았지만, 일본은 중국과 한국보다 높았다는 점, 그리고 18세기 초에는 중국이 일본보다 앞서 있었지만 18세기 후반에 역전이 일어났음을 알 수 있다.

영국의 산업혁명이 개시되기 전의 중국과 서유럽의 생활 수준은 어느 정도 차이가 있었을까? 포메란츠(Pomeranz)는 두 지역이 모두 자원의 제약하에서 인구가 포화 상태에 있었기 때문에 생활 수준에서 차이가 크지 않았지만, 서유럽에는 신대륙이 발견되고 석탄과 같은 부존자원이 풍부하였다는 요인에 의해 영국에서 산업혁명이 일어났고 그 후 격차가 확대되었다고 주장하고 있다(Pomeranz 2000). 이에 대해 [그림 1-2]를 보면 산업혁명 전인 18세기 후반에 영국의 1인당 GDP는 중국보다 이미 3배 정도 높았음을 알 수 있다. 그 격차는 이후 더욱 벌어져 1900년에는 8배 정도로, 1960년에는 12배로까지 확대된다. 미국 대비로 보면 격차는 더욱 벌어진다.

동아시아 국가의 서유럽에 대한 캐치업은 전전에 일본에서 먼저 시작되었다. 그래프에는 제시되지 않았지만 대만이 그 뒤를 이었고, 그다음이 한국이었다. 전전에는 중국의 경제성장은 보이지 않았다. 그리고 제2차 세계대전의 충격은 패전국인 일본에서 매우 컸고 그로 인해 1인당 GDP가 급락하였다. 한국은 전쟁 이외에도 해방과 분단의 충격이 더해졌다. 전장이 되었던 프랑스와 네덜란드도 1인당 GDP의 감소가 두드러졌지만, 전후 회복도 빨랐다. 전장이 되지 않고 오히려 전쟁 특수를 누린 미국은 전시에 1인당 GDP가 급등하였지만 전후에 하락하는 대조를 보였다.

[그림 1-2]에서 주목되는 것은 제2차 세계대전 이후 동아시아 국가들이 전쟁으로부터 회복이 빨랐을 뿐만 아니라 서유럽 국가에 대한 캐치업이 매우 빠른 속도로 진행되었다는 점이다. 그 결과 일본은 1970년대 초에 이미 영국을 따라잡았지만, 1990년대에 들어와서는 성장이 둔화되고 있다. 한국은 일본보다 출발이 늦었지만, 서유럽과의 격차를 급속히 좁혀 최근에는 영국이나 프랑스, 일본의 1인당 GDP 수준에 접근하였다. 그리고 중국이 한 발 더 늦게 출발해서 서유럽과의 격차를 빠르게 좁히고 있다. 그에 비해 북한은 전전에는 남한보다 높았지만, 전후에는 성장이 정체 또는 후퇴하여 현재에는 해방 전 수준에도 미치지 못하고 있다. 동아시아 국가의 급속한 성장과 서유럽 국가에 대한 캐치업, 그 속에서 남북한이 대조적인 경로를 보인 것은 세계사의 관점에서도 매우 특이한 현상으로 주목되고 있으며, 그것이 어떻게 가능하였는지를 구명하는 일은 매우 흥미로운 과제가 되고 있다.

그런데 [그림 1-2]에서 한국의 1인당 GDP가 2018년에 38,000달러로 영국이나 프랑스, 일본과 거의 차이가 없는 것으로 나온다. 통상 각국의 1인당 GDP는 자국 화폐 표시의 1인당 GDP를 대미 환율로 나누어 달러로 환산하는데, 그 경우 한국의 1인당 GDP는 이들 나라에 미치지 못한다. 각국의 생활 수준을 비교할 때에는 각국의 물가 수준의 차이를 감안할 필요가 있다.

달러 표시 1인당 GDP가 높더라도 물가 수준이 높으면 실제 구입할 수 있는 재화나 서비스의 양은 그만큼 줄기 때문이다. 이러한 각국의 물가 수준 차이가 반영된 것을 구매력평가지수(purchasing power parity: PPP)라고 하는데, 여기에서는 환율 대신에 PPP로 나누어 달러 가격으로 환산하였다. 선진국은 개발도상국보다 특히 비교역재인 서비스 요금이 비싸 물가 수준이 높기 때문에 PPP로 환산하면 선진국의 1인당 GDP는 환율로 환산할 때보다 낮아지고 개발도상국은 반대로 높아진다. 앞에서 한국의 1인당 GDP가 환율로 환산할 때에는 영국이나 프랑스 또는 일본에 못 미쳤지만, PPP로 환산하면 근접한 것으로 나온 것은 각국의 물가 수준의 차이가 반영되었기 때문이다.

한편, 각국의 통계청이 재화와 서비스의 가격을 조사해서 매달 소비자물가지수를 작성하며 이를 통해 물가가 어떻게 변해 왔는지를 알 수 있다. 각국의 물가 수준이 얼마나 다른가를 조사해서 PPP를 구하는 일은 더욱 어렵다. 국가 간에 동일한 질의 재화와 서비스를 조사하는 일이 쉽지 않기 때문이다. 이에 관해서는 International Comparison Program(ICP)이라는 국제기구가 1970년 이후 여러 차례 조사해 왔고, 그에 의거하여 각국의 PPP를 작성하고 있다. 그런데 매디슨 통계가 대상으로 하는 이전 시기에는 그러한 정보를 이용할 수 없다. 그리고 초기의 ICP의 조사 국가는 10개국에 불과하였다. 여러 가지 자료상의 제약을 감안하여 매디슨 통계는 1990년의 PPP를 이용하여 각국의 물가 수준의 차이를 반영한 1인당 GDP를 구한 다음, 그 이전 시기는 각국의 1인당 실질 GDP의 증가율로 소급 연장하는 방법을 취하고 있다. 1990년 이후는 2011년의 PPP를 이용하여 물가 수준의 차이를 조정하고 있다. 이 방법은 벤치마크(benchmark)로 이용된 1990년의 각국 물가 수준 차이가 그 이전 시기에도 그대로 지속된다고 가정하고 있는 셈이다. 이 벤치마크 연도와 멀어지면 각국의 물가 수준 차이가 정확히 반영되지 못할 수 있다는 점에 유의할 필요가 있다.

매디슨 통계에 이용된 한국 데이터를 살펴보면, 한국은행의 GDP와 같은 국민계정 통계는 1953년부터 작성되었기 때문에 그 이전 시기는 추계에 의거하였다. 일제 식민지기에는 그 이전의 전통 사회와는 달리 근대적 통계 조사가 이루어졌다. 인구에 대한 센서스 조사가 실시되었고, 농산물이나 공산품의 품목별로 생산 통계와 무역 통계가 작성되었다. 거기에다 생산품의 투입 정보에 관한 각종 조사 결과 등을 활용하면 UN의 국민계정 체계(System of National Accounts)에 입각한 생산 및 지출의 GDP 추계가 가능하다. 그러한 추계를 처음으로 시도한 연구가 일본의 히토츠바시대학 경제연구소에서 이루어졌다. 그 성과가 1988년의 『舊日本植民地經濟統計』로 나왔고, 그것이 오랫동안 매디슨 통계의 한국 데이터로 이용되어 왔다. 이에 대해 낙성대경제연구소를 중심으로 해방 전의 국민계정을 추계하고 이를 해방 후와 연결하는 연구가 추진되었다. 그 성과가 『한국의 경제성장 1910-1945』(김낙년 편 2006)로 나왔고, 이것은 일본의 히토츠바시대학 경제연구소에 의해 동경대학출판회에서 번역 출판(『植民地期朝鮮の国民経済計算 1910-1945』)되기도 하였다. 그 후 해방 전 통계를 남북한으로 나누고 해방 후 통계와 연결을 시도한 결과가 『한국의 장기통계: 국민계정』(김낙년 편 2008)으로 나왔다. 경제 분야뿐만 아니라 사회 분야로 확대하여 해방 전과 후를 포괄하는 장기통계를 구축하고자 한 성과가 『한국의 장기통계』 I, II(김낙년 외 편 2018)로 발행되었고, 그 영문판인 *Historical Statistics of Korea*(2022)도 발간되었다. 그리고 이 성과가 매디슨 통계의 한국 데이터로 반영되게 되었다. 이 책에서 제시되는 한국의 장기통계는 주로 이들 성과에 의거하였다.[1]

그림 1-3 세계의 평균 및 지역별 1인당 GDP(2011년 미국 달러)

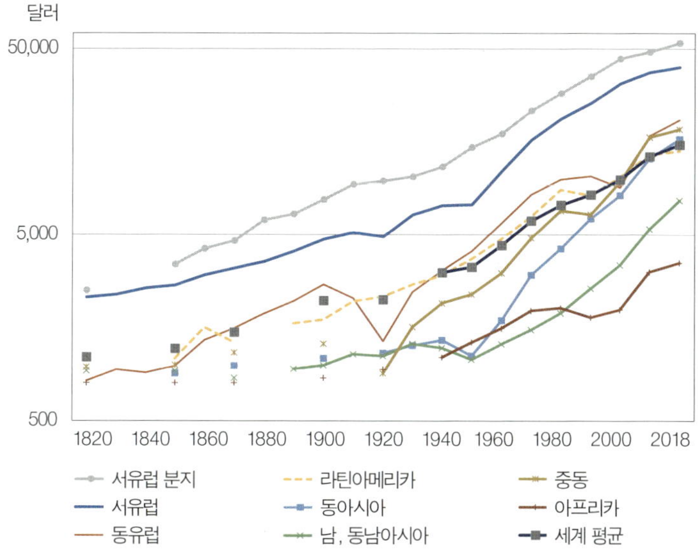

주: 서유럽 분지(Western Offshoots)란 북미(미국, 캐나다)와 호주 및 뉴질랜드와 같이 서유럽인이 이주하여 형성한 나라들을 말한다.
자료: Maddison Project Database 2020.

앞에서 살펴본 것은 선정된 몇 개 국가의 1인당 GDP 추이를 본 것인데, [그림 1-3]은 매디슨의 데이터베이스를 이용하여 세계의 전체 평균과 지역별 평균의 추이를 보였다. 지역별 또는 세계의 평균은 이전 시기로 거슬러 올라가면 충분한 정보가 없는 상태에서 이루어진 논리적인 추정(guesstimate)에 의

1 이 통계집(김낙년 외 편, 『한국의 장기통계』 I, II 2018)은 A(자연과 지리)에서 V(대외무역과 환율)에 이르는 22개 장으로 구성되어 있다. 앞으로 제시되는 도표에서는 이를 인용하는 경우가 많은데, 그때에는 통상의 방식과는 달리 편자 또는 저자명과 출판연도를 생략하고, 예컨대 『한국의 장기통계』(N. 국민소득)과 같이 통계가 인용된 장을 명기하기로 한다.

존한 경우가 많아지지만, 전체의 흐름을 보는 데 큰 지장은 없다고 생각한다. 먼저 세계 경제의 평균 1인당 GDP는 네모의 표식으로 나타내었는데, 1820년에 1,102달러(2011년 미국 달러 기준)였던 것이 2018년에는 15,212달러로 13.8배 늘어난 것으로 나온다. 약 200년간에 걸쳐 증가 배율이 가장 높은 지역은 동유럽(25.3배)이며, 서유럽 분지(21.4배), 중동(18.9배), 서유럽(17.2배)의 순으로 높았다. 여기서 서유럽 분지(Western Offshoots)란 북미(미국, 캐나다)와 호주 및 뉴질랜드와 같이 서유럽인이 이주하여 형성한 나라들을 가리킨다. 이에 대해 아프리카(4.4배)와 남아시아 및 동남아시아(8.2배)도 이 시기에 성장하고 있었지만, 평균 이하로 상대적으로 지체된 지역이었다. 라틴아메리카와 동아시아는 각각 14.8배와 15배로 증가하여 세계 평균보다 다소 높았다.

이를 시기별로 나누어 그 추이를 보면 양상이 많이 달라진다. 서유럽 분지의 1인당 GDP 수준이 가장 높게 유지되고 있으며, 그다음이 서유럽임을 알 수 있다. 제1차 세계대전 때까지는 두 지역의 격차가 벌어진 것이 눈에 띄며, 제2차 세계대전 때에도 두 지역의 격차가 더 벌어진 후 좁혀지고 있다. 세계대전 때 서유럽은 전장이 되어 타격을 받았지만, 서유럽 분지는 그렇지 않았던 것이 영향을 미쳤다. 서유럽과 동유럽 간의 격차도 시기에 따라 크게 변동하였던 것으로 나온다. 19세기에는 산업혁명 이후 벌어졌던 두 지역의 격차를 동유럽이 빠르게 캐치업하고 있었지만, 제1차 세계대전과 1990년대의 동유럽의 사회주의 체제의 붕괴로 인해 격차가 크게 확대되었음을 알 수 있다. 동유럽은 현재 EU에 가입되었고 서유럽과의 격차가 좁혀지고 있다. 한편, 라틴아메리카의 1인당 GDP는 세계 평균과 크게 다르지 않았고, 그 추이도 지난 200년에 걸쳐 세계 평균과 유사한 추이를 보였다.

이에 대해 나머지 지역은 19세기에 또는 20세기 중반까지는 대체로 정체되어 있었으며 서유럽과의 격차가 더욱 벌어졌음을 알 수 있다. 동아시아가 1960년대 이후 증가율이 가속되어 세계 평균과의 격차를 빠르게 좁혔지만, 그 증가 속도가 [그림 1-2]에서 본 일본이나 한국에 비해 느리고, 도달한 1인당 GDP 수준도 거기에 크게 미치지 못하였음을 알 수 있다. 전전에 일본과 한국에서 이미 나타났던 캐치업의 움직임도 동아시아 전체로 확대해 보면 미미한 성장에 그친 것으로 나온다. 그것은 이 지역에서 인구의 비중이 압도적으로 높은 중국의 추이에 크게 규정되었기 때문이다. 동아시아의 평균에는 북한과 몽골도 포함되어 있다. 이에 대해 또 하나의 인구 밀집 지역인 남아시아와 동남아시아도 동아시아에 비해 한 템포 늦게 출발하였지만, 점차 세계 평균보다 빠른 속도로 증가하고 있다. 중동의 1인당 GDP가 아시아보다 앞서 세계 평균과의 격차를 좁혔고 근래에는 이를 앞지를 수 있었던 것은 산유국이 많이 포함되어 있기 때문이다. 마지막으로 아프리카는 데이터가 가장 열악한 지역이지만, 1인당 GDP의 추이를 보면 제2차 세계대전 이후 일시적으로 아시아보다 높았던 시기도 있었지만, 1980-2000년의 정체로 인해 다시 최하위에 머물고 있다.

2. 동아시아 국가의 캐치업

지금까지 매디슨의 1인당 GDP 통계를 이용하여 세계경제사를 개관해 보았다. 여기에서는 동아시아에 초점을 맞추어 20세기 이후 1인당 GDP의 캐치업이 어떠한 양상으로 전개되었는지 좀 더 자세히 살펴보고자 한다. [그림 1-4]는 매디슨 통계 DB를 이용하여 미국의 1인당 GDP를 100으로 놓았을

그림 1-4 동아시아 1인당 GDP의 미국(=100%) 대비 비율

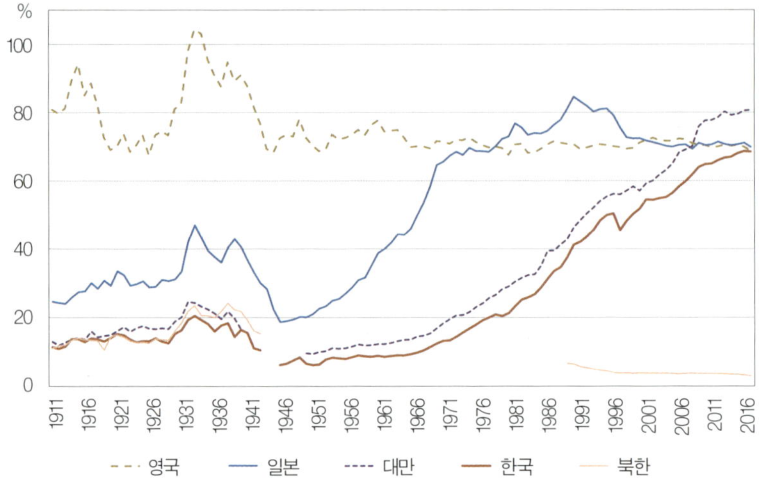

자료: Maddison Project Database 2020.

경우 동아시아 각국의 1인당 GDP가 몇 %에 해당하는지를 보여 준다. 거기에는 영국도 제시하였는데, 20세기 전반에는 기복은 있지만, 미국의 80% 전후의 수준이었고 제2차 세계대전 이후에는 70% 수준으로 안정되어 있다. 20세기에 들어오면 미국이 생산성에서 세계 경제의 리더임을 알 수 있다. 동아시아의 1인당 GDP도 미국 대비로 비교하는 것은 그 때문이다.

먼저 제1차 세계대전 이전까지 일본의 1인당 GDP는 미국의 1/4 수준이었지만, 1920년대는 30%, 1930년대는 40%로 격차를 좁혀 갔음을 알 수 있다. 그 후 전시체제로 들어서면서 격차가 벌어져 일본의 패전 직후에는 19%로까지 떨어졌다. 대만도 일본과 유사한 추이를 보였다. 대만은 제1차 세계대전 전에 미국의 13% 수준에서 1930년대에는 21%로까지 격차를 좁혔지만,

전시를 거친 1950년대 초에는 10% 이하로까지 떨어졌다. 한국도 이와 다르지 않았다. 1910년대 초기에는 미국의 12% 수준에서 1930년대에는 17%로까지 격차를 좁혔지만, 전시와 해방 및 분단을 거치면서 미국의 6% 수준으로까지 격차가 벌어졌다. 이들 동아시아 3국이 유사한 추이를 보인 것은 이 시기에 일본제국의 지역통합 체제에 편입되어 있어 이들 경제가 연동하고 있었기 때문이다. 여기에서는 이들 지역이 전시체제로 편입되기 전에는 미국보다 성장률이 빨라 캐치업이 이루어지고 있었다는 점은 주목할 필요가 있다.

제2차 세계대전 이후 일본의 캐치업은 놀랄 만한 속도로 이루어졌다. 패전 후 미국의 19%에서 1970년에 65%로 격차를 좁혔다. 이후 그 속도는 떨어졌지만 1991년에 85%로 정점에 달한 후 소위 '잃어버린 20년'이라는 정체기를 거치면서 미국과의 격차가 다시 벌어져 현재는 그 70%의 수준에 머물고 있다. 대만은 일본보다 캐치업의 시동이 다소 늦었지만, 현재까지 지속되고 있어 미국의 81%에 달하고 있다. 2009년 이후 일본을 능가하였다. 한국은 대만보다 시동이 더 늦어 1967년까지는 미국의 10% 수준을 벗어나지 못하였지만, 그 후 급속한 캐치업이 이루어져 현재는 미국의 69%에 이르고 있다. 2018년에 일본에 거의 근접한 상태로 나왔지만 최근 데이터로 업데이트되면 PPP 기준으로는 일본을 추월한 것으로 생각된다. 북한은 현재 미국의 3% 수준에 불과하며 해방 전의 수준에도 미치지 못하였다.

이로부터 여러 가지 질문이 제기될 수 있다. 예컨대, 20세기 이후 북한을 제외한 동아시아 국가들의 경제성장이 시차가 있지만 유사한 양상을 보인 것은 왜일까? 그리고 해방 전에도 전시체제로 들어가기 전에는 미국에 대한 캐치업이 완만하게 진행되었지만, 전후의 고도성장기에는 급속한 캐치업이 일어나는 대조를 보였다. 두 시기의 이러한 차이를 규정한 요인은 무엇일까? 동아시아 국가들이 전시체제에서는 미국과의 격차가 급속히 벌어졌는데, 그것은 왜일까? 그리고 동아시아 국가들은 전후 정치적 혼란과 체제 개편을 겪게 된다. 그런데 일본에 비해 대만 그리고 한국의 캐치업 시동이 늦었는데 그것은 무엇 때문일까? 앞서 성장한 일본은 1992년 이후 미국과의 격차가 오히려 벌어지고 있는데, 대만과 한국도 곧 일본의 전철을 밟게 될까? 남한과 북한은 해방 전에는 유사한 추이를 보였지만, 해방 후에는 전혀 다른 양상을 보인 것은 왜일까? 이 책은 이러한 질문에 대해서는 나름의 답을 찾아가고자 한다.

3. 제도와 경제성장

앞에서 제기한 질문은 이 책이 염두에 두고 있는 문제의식의 일단을 보여 준다. 이에 대해 어떠한 시각으로 접근할 것인지에 관해서는 이론적 논의가 필요하다고 생각한다. 이어지는 두 절(제3절과 제4절)에서는 이 점을 다루고자 한다.

한국은 개항 후 식민지 지배체제로 편입되었고 해방 후에는 남북이 분단되면서 체제가 바뀌는 경험을 하였다. 그 과정에서 제도가 바뀌었고 경제적 성과도 달라졌다. 만약 제도뿐만 아니라 환경이나 역사적 조건이 다른 두 나라의 경제적 성과가 달랐다면, 그 성과의 차이가 제도 때문인지 다른 환경이나 역사적 조건의 차이 때문인지를 식별하기 어렵다. 이에 대해 한국과 북한은 환경이나 역사적 조건을 동일하게 통제한 상황에서 제도가 달라지면 경제적 성과가 어떻게 달라지는지를 마치 실험한 것과 같은 결과를 보여 준다.

한국 근현대사가 이를 통해 제도의 중요성을 보여 주었다고 할 수 있지만, 세계사적으로 그러한 사례는 드물다. 여기에서는 제도와 경제성장의 관계에 관한 주요 연구들을 간략히 소개하고자 한다. 그리고 서구에서 발원한 근대적 제도가 어떻게 세계의 다른 지역으로 확산되었는지에 관해서도 간단히 살펴본다. 이를 통해 제도가 어떤 의미에서 경제성장에 영향을 미쳤는지 생각해 보고자 한다.

먼저, 노스와 토마스의 연구(North and Thomas 1973)를 소개하고자 한다. 그들은 왜 서구 세계에서 처음으로 1인당 소득이 지속적으로 늘어나는 경제성장이 나타났는가(즉, 다른 지역에서는 나타나지 못하였는가)라는 문제를 제기하고, 그 원인을 서구에서 효율적인 경제 제도가 출현한 점에서 찾고 있다. 경제성장이 이루어지기 위해서는 통상 기술을 개발하거나, 생산에 투입되는 자본이나 노동의 질을 높이거나, 개인보다는 회사와 같은 더 큰 조직을 이용하여 규모의 경제를 활용하는 것을 생각해 볼 수 있다. 그런데 이러한 요인들(즉, 기술개발, 자본축적, 교육, 규모의 경제)은 그들에 따르면 경제성장의 원인이 아니라 성장 그 자체라고 보고 있다. 따라서 이러한 통상 경제성장으로 생각되는 요인들이 왜 어떤 사회에서는 나타났고 다른 사회에서는 나타나지 못하였는가를 물어야 한다는 것이다. 그리고 이러한 차이를 만든 것이 효율적인 경제 제도의 출현 여부라고 보고 있다.

그들은 효율적인 경제 제도란 개인적인 편익(또는 비용)이 사회적인 편익(또는 비용)과 근접하도록 해 주는 재산권의 설정을 핵심으로 보았다. 두 가지 편익(또는 비용)이 괴리되어 있다는 것은 당사자의 동의 없이 제3자가 편익의 일부를 차지하거나 비용의 일부가 그들에게 전가되는 것을 말한다. 그것은 재산권이 제대로 설정되지 않았거나 행사되지 못할 때 발생한다. 경제학에서 외부성(externality)이라는 개념이 있는데, 거래 당사자가 아닌 제3자가 그 거래로 인해 이득을 보거나 손실을 보더라도 그에 대한 대가가 지불되거나 보상이 이루어지지 않는 상태를 말한다. 따라서 재산권이 완벽하게 보장된다는 것은 외부성이 0이 되는 세계를 말한다. 이러한 세계에서 경제성장은 가만히 놔두어도 저절로 이루어질 수 있다. 사람들이 물질적 욕구를 가지고 있고, 자신이 기여한 만큼 보상되는 강한 인센티브가 부여될 때 각자가 노력한 결과는 개인적 편익뿐만 아니라 사회적 편익의 증대로 이어지기 때문이다.

그런데 이러한 이상적인 세계는 현실에서는 존재하지 않으며 과거로 거슬러 올라가면 더욱 그렇다. 재산권을 보호하거나 집행하는데 부딪치는 장애가 많기 때문이다. 그들이 든 사례를 두 가지 소개하고자 한다. 하나는 어느 개인이 전체 사회의 편익을 크게 높일 수 있는 새로운 기술을 발명하였다고 해 보자. 만약 그 발명을 다른 사람들이 마음대로 베껴 이용(즉, 무임승차)한다면, 그것을 발명한 개인은 수익을 얻기는커녕 거기에 들어간 비용도 회수하지 못할 것이다. 그것은 예상될 수 있으므로 그러한 발명은 시도조차 되지 않을 가능성이 높다. 현재의 특허 제도는 자연히 형성된 것이 아니라 지적 재산권을 보호하기 위해 인위적으로 고안된 장치라 할 수 있다. 이러한 제도가 없이는 기술혁신이 본격적으로 일어나기를 기대할 수 없다.

또 다른 사례는 근대 초기 스페인 국왕이 양치기 길드인 메스타(Mesta)에게 부여한 특권에 관한 것이다. 메스타는 양떼를 몰고 이동하는 특권이 부여되어 있었지만, 그 과정에서 농민들이 재배하는 작물이 양떼가 지나가면서 피해를 입게 된다. 즉, 농민들의 토지에 대한 재산권은 제대로 보호받지 못하였다. 만약 그로 인해 농민들이 입은 손실 규모를 100이라 하고, 메스타가 얻은 이득이 40, 그중에서 20을 특권의 대가로 왕에게 상납한다고 해 보자.

그러면 농민이 입는 손실 100이 메스타와 왕의 수익 합계인 40보다 크므로 사회적으로 비효율적인 제도라 할 수 있다. 만약 메스타에게 부여한 특권을 폐지하고 농민의 토지에 대한 재산권을 보호하게 되면, 사회 전체로는 이득이 되지만, 그렇다고 제도를 바꾸기가 쉽지는 않다. 손실을 보게 되는 메스타가 반발할 것은 물론이고, 국왕도 메스타로부터의 상납 대신에 수익이 늘어나게 된 농민들로부터 조세를 징수해야 하는데 그 과정에서 비용이 들 뿐만 아니라 결과도 불확실하기 때문이다. 만약 제도 변화로 수익을 얻는 농민들이 자발적으로 40을 거두어서 메스타와 왕의 이전 수입을 보상해 주는 방안을 생각해 볼 수 있지만, 이것도 실현되기 어렵다. 농민들이 양떼로부터 입은 피해가 제각기 다를 터인데 이를 정확히 알기도 힘들고 서로 무임승차(free riding)를 하고자 할 것이므로 40의 부담을 어떻게 나눌지 합의하기가 어렵기 때문이다.

이 두 사례는 효율적인 제도를 설정하는 것이 왜 어렵고 비효율적인 제도가 왜 지속하는지, 그로 인해 경제성장이 왜 이루어지지 못하였는지를 잘 보여 준다. 그리고 재산권을 설정할 때에는 무임승차를 배제하는 것이 중요한데, 이것은 개인이나 일부의 집단이 감당하기 어려워 국가가 그 역할을 맡게 된다. 중세 유럽에서는 봉건 영주들이 소규모의 영역을 분산적으로 통치하고 있었지만, 근대 초기에 이들을 통합한 국민국가가 출현하여 공공재를 창출하는 역할을 담당하게 된다. 국방이나 치안 유지와 같은 공공재는 경제학에서 말하는 규모의 경제가 작용하여 규모가 클수록 단위당 비용이 하락하기 때문이다.

그런데 이렇게 출현한 국민국가가 경제성장에 기여하는 방향으로 재산권을 설정한다는 보장이 없다. 오히려 그 반대의 경우가 많았다. 국민국가

간의 경쟁과 빈번한 전쟁으로 인해 국왕은 항상 재정수입에 쪼들렸고, 메스타에 부여된 바와 같은 특권이 남발되었다. 상업과 제조업에서도 품목별로 특권이 부여될 정도였다. 국왕은 거대 상인들로부터 자금의 차입에도 크게 의존하였지만, 이를 상환하지 못한 경우가 빈발하였다. 노스와 토마스는 1500-1700년 국민국가가 출현한 시기에 스페인과 프랑스를 국가가 재산권을 제대로 보호해 주지 못해 경제가 쇠퇴하거나 정체한 사례로 보고 있다(North and Thomas 1973).

그와 대비하여 네덜란드와 영국을 경제성장의 성공 사례로 들고 있다. 네덜란드는 이 시기 해상무역과 상업의 중심지로 떠올랐는데, 그것은 거래비용을 낮추는 혁신들이 많이 일어났기 때문이다. 시장이 잘 발달되지 않은 시기에는 거래되는 품목의 제값을 아는 것도, 거래조건을 놓고 협상하는 것도, 분쟁이 생겼을 경우 해결하는 것도 모두 불확실하며 비용이 많이 든다. 이들을 각각 탐색비용, 협상비용, 이행비용이라 하며 포괄해서 거래비용이라고 한다. 경제원론과 같은 경제학 강의에서는 시장에서 수요자와 공급자가 만나 시장균형 가격이 형성된다고 가르치지만, 설명의 편의상 거래비용이 0인 것으로 상정하고 있다. 그렇지만 현실에서는 그렇지 않으며, 거래비용이 높아 거래를 통해 얻은 이득보다 클 경우에는 거래 자체가 아예 성립되지 않게 된다. 따라서 거래에 따르는 불확실성과 비용을 낮출 수 있다면 거래가 확대되고 그로 인해 분업이 심화되어 경제가 성장할 수 있다. 바로 그러한 과정이 이 시기 네덜란드에서 일어났다. 거래 규모가 커지면서 전문화된 거래소가 생겼고, 표준적인 영업 관행이 정착되었으며, 상업 분쟁이 일어나면 법원에 호소하여 계약이 이행되도록 하는 체제가 만들어졌다. 상업의 발달은 선박운송업의 혁신을 가져왔고 농업과 제조업에서도 특화가 진전되어 생산이 늘어났다. 자본시장의 발달은 이 과정을 뒷받침하였다. 그 결과 네덜란드는 앞의 [그림 1-2]에서 보았듯이 19세기 초에 영국에 의해 역전될 때까지 가장 부유한 생활 수준을 누릴 수 있었다. 이에 대해 영국은 상대적으로 늦게 출발하였지만, 네덜란드의 제도와 기술을 모방하거나 도입하는 데 적극적이었고 또 상당히 접근하였다. 나아가 영국이 새롭게 추가한 것은 특허 제도를 도입하여 지적 재산권을 보호하는 제도적 장치를 마련한 점이다. 이것은 산업혁명에서 기술혁신을 가속화하는 데 크게 기여하였다.

영국의 경우는 명예혁명(1688년)을 통해 국왕도 법의 지배를 받는다는 입헌주의 원리를 제도적으로 확립하였다는 점에 주목할 필요가 있다. 노스와 와인개스트의 연구(North and Weingast 1989)는 그 의의를 강조하고 있다. 영국은 스페인이나 프랑스에 비해 국왕의 권한이 의회로부터 더 많은 견제를 받고 있었지만, 그럼에도 불구하고 국왕의 자의적인 과세권의 남발을 막지 못하였다. 국왕과 의회는 증세 등을 놓고 빈번히 대립해 왔지만, 결국 명예혁명을 통해서 왕권이 더이상 법 위에 군림하지 못하도록 하는 제도를 확립하여 의회 우위의 시대를 열었다. 의회는 재정에 관한 권한도 장악하여 의회를 통하지 않으면 과세할 수 없을 뿐만 아니라 정부 지출에 대한 감사권도 갖게 되었다. 사법 제도에서도 국왕의 특권이 폐지되고 관습법(common law)의 우위가 확립되었으며, 재판관의 신분을 보장하여 국왕으로부터 독립하게 되었다. 이것은 시민들이 더 많은 정치적 자유와 권리를 누리게 되었음을 뜻하는데, 이를 통해 재산권의 보호와 경제적 자유를 보다 확실한 것으로 보장할 수 있게 되었다.

명예혁명은 재정혁명(fiscal revolution)을 수반하였다. 과거 국왕의 재산권 침해가 종종 재정위기로부터 촉발되었기 때문에 그 근원을 해소할 필요가 있었다. 의회의 지지자들은 정부 내에서 더 많은 발언권을 갖게 된 대신에 증세를 통해 정부 재정을 건전하게 만드는 데 동의하게 된다. 정부 부채도 늘어났지만, 국채를 발행하는 이자율은 크게 하락하였다. 1693년에 14%였던 이자율은 지속적으로 하락하여 1730년대에는 3%까지 떨어졌다. 이것은 새로운 체제가 예측 가능할 뿐만 아니라 신뢰를 받고 있음을 금융시장이 보여 준 것이라 할 수 있다. 이러한 국채시장의 안정화는 자본시장 발전에도 긍정적인 영향을 미쳐 민간의 증권발행 이자율도 하락하게 된다. 이자율 하락은 수익성이 있는 투자의 범위를 높여 자본축적을 촉진하게 된다. 명예혁명에 의한 제도 변화가 경제성장에 다양한 영향을 미쳤지만, 그들은 재정과 자본시장에 초점을 맞추어 그 의의를 구체적으로 보여 준 것이라 할 수 있다.

이상은 영국이나 네덜란드에 초점을 맞추어 재산권 보호를 핵심으로 하는 효율적인 제도가 경제성장에 긍정적인 영향을 주었음을 보였지만, 얼마나 일반화될 수 있는지는 추가적인 검토가 필요하다. 통상 제도가 경제발전을 설명하는 주된 요인인지를 검증하기 위해서는 제도의 질을 나타내는 변수가 포함된 경제성장 모형을 만들어 추정하는 방법으로 접근한다. 여기서 제도의 질이란, 예컨대 각국이 재산권 침해로부터 얼마나 잘 보호되고 있는지에 관한 설문조사 방법으로 측정한다. 나라별로 제도의 질이 높을수록 높은 점수를 부여한 지표를 이용한다. 각국의 1인당 소득(또는 그 성장률)을 Y, 제도의 질을 X, 그 외의 1인당 소득에 영향을 미치는 변수들을 묶어 Z라고 표현하면, 식 (1-1)과 같은 모형을 만들 수 있다. 여기서 e는 오차항을 나타낸다.

$$Y = a + bX + cZ + e \tag{1-1}$$

이 모형으로 제도의 질적 차이가 1인당 소득에 어떤 영향을 주었는지를 추정해 볼 수 있다. 다시 말하면, 이들 데이터가 있는 나라를 대상으로 하여 각국의 1인당 소득의 차이 중에서 제도 이외의 다른 변수(Z)의 차이로 설명되는 부분을 감안하고 나서도 제도의 질(즉, X)의 차이로 설명되는 것이 얼마나 되는가를 추정할 수 있다. 만약 X의 계수값 b가 플러스(+)로 나오고 또 통계적으로 유의한 값(예컨대, 틀릴 확률이 5% 미만)이라면 제도의 질이 높은 나라일수록 1인당 소득이 높다고 해석할 수 있다. 거꾸로 b가 통계적으로 유의하지 않은 값으로 나오면, 제도가 경제성장에 기여한다고 주장하기 어렵다는 결론이 나게 된다.

그런데 설명변수인 제도의 질 X가 피설명변수인 1인당 소득 Y에 영향을 미치기도 하지만, 거꾸로 Y가 높아져서 X가 높아지는 역의 인과관계가 있을 수 있다. 제도와 같은 변수는 다른 많은 변수들의 영향을 받으므로 역의 인과관계가 있을 가능성을 배제하기 어렵다. 그 경우 이 모형은 내생성의 문제를 안고 있다고 말하며, 추정 결과가 왜곡될 수 있다. 이때 만약 X와 밀접한 관계를 갖지만 Y와는 상관관계가 없는 변수 D를 찾을 수 있다면, 먼저 D를 이용하여 X를 추정하고, 그렇게 추정된 결과인 $\hat{X}$로 Y를 추정하면 역의 인과관계 문제를 피할 수 있다. 이 D를 도구변수라고 하고, 이러한 추정방법을 도구변수를 이용한 2단계 최소제곱법이라고 한다.

애쓰모글루 등은 이러한 추정방법으로 제도의 질적 차이가 경제적 성과의 차이를 낳았다는 결론을 도출하였다(Acemoglu et al. 2001). 그들은 과거 유럽의 식민지였던 나라를 대상으로 유럽인들이 식민지에 정착할 당시에 직면하였던 사망률이 그들의 식민지 정착과 식민지 통치 전략에 영향을 미쳤다는 가설을 세웠다. 즉, 유럽인들이 상대적으로 덜 사망한 식민지에서는 유럽인들이 더 많이 이주하게 되고 상대적으로 더 나은 정치 및 경제 제도가 이식되었지만, 반대의 경우에는 식민지를 약탈하는 제도가 시행되었을 가능성이 높다는 것이다. 그리고 이렇게 출현한 식민지의 제도 유형이 독립한 이후에도 이어져 현재 각국의 제도를 규정하였다는 것이다. 이러한 가설을 입증하기 위해 그들은 먼저 유럽인의 식민지 정착 당시 각국의 사망률 D를 도구변수로 이용하여 현재 제도의 차이(즉, X)가 설명될 수 있음을 보였고, 그렇게 추정된 결과인 $\hat{X}$로 경제적 성과(Y)의 차이가 통계적으로 유의하게 설명된다는 점을 보였다.[2] 이 추정에 이용된 샘플 수는 64개국이다. 따라서 재산권을 보호하는 제도가 경제성장을 촉진한다는 결론이 앞에서 살펴본 영국이나 네덜란드에 그치지 않고 많은 나라에서도 일반적으로 성립한다고 할 수 있다.

여기서 추가로 생각해 볼 문제는 영국에서 먼저 확립된 재산권 보호를 핵심으로 하는 효율적인 제도가 어떻게 다른 지역으로 확산되었는가에 관한 것이다. 앞에서 영국이 네덜란드의 제도나 기술을 모방 또는 도입하였다는 점을 지적하였는데, 인접한 나라 사이에서는 그러한 경로가 중요하였다고 생각한다. 다만 절대왕정의 구체제하에서는 그것과 원리상 충돌하는 근대적 제

2 이를 좀 더 부연하면 애쓰모글루 등은 식 (1-1)의 $Y=a+bX+cZ+e$에서 좋은 제도(X)가 높은 경제적 성과(Y)를 낳는다는 결과가 나와도 역의 인과관계의 가능성을 배제하기 어려우므로 다음과 같이 2단계의 접근을 하였다. 먼저 유럽인이 식민지 정착 당시 사망률(D)을 도구변수로 이용한 추정식 $X=\alpha+\beta D+\gamma Z+\epsilon$(식 1-2)에서 β가 통계적으로 유의한 마이너스(−) 값, 즉 D가 낮(높)은 나라일수록 현재 제도(X)의 질이 높(낮)다는 점을 보였다. 또한 식 (1-2)로 추정된 계수값인 $\hat{\alpha}$, $\hat{\beta}$, $\hat{\gamma}$를 이용하면 추정 결과인 $\hat{X}(=\hat{\alpha}+\hat{\beta}D+\hat{r}Z)$를 구할 수 있다. 그리고 식 (1-1)에 들어가 있는 X 대신에 $\hat{X}$로 대체한 모형인 $Y=a+b\hat{X}+cZ+e$(식 1-3)을 이용하여 제도와 경제적 성과의 관계를 추정하게 된다. 식 (1-1)과 식 (1-3)을 비교해 보면 제도의 질을 나타내는 설명변수가 X 대신에 $\hat{X}$로 바뀌었을 뿐이며 다른 것은 동일하다. 식 (1-1)에서는 X와 Y가 역의 인과관계 가능성이 있지만, 식 (1-3)에서 $\hat{X}$와 Y는 그렇지 않으며, 이러한 방법으로 역의 인과관계 문제를 피할 수 있다.

도를 자발적으로 수용하기는 어려웠고 정치적 변혁을 수반하는 경우가 많았다. 프랑스혁명(1789년)이 그 전형이라 할 수 있다. 프랑스혁명은 앞서 일어난 명예혁명이나 미국의 독립선언(1776년)과 마찬가지로 계몽주의 사상의 영향을 받았다. 특히 미국의 독립선언은 프랑스 개혁가들에게 큰 영감을 불어넣었다. 아래로부터의 혁명이 가능함을 보여 주었을 뿐만 아니라 국민주권, 자연권(natural rights), 권력분립과 헌법상의 견제와 균형 같은 계몽주의 사상에 입각해서 새로운 정치체제를 실현시켰다는 점에서 그러하다. 다만 프랑스혁명은 억압으로부터 인간의 해방과 자유와 평등을 기치로 내세웠지만, 혁명으로 성립한 공화정은 그 이후 공포정치와 나폴레옹 독재, 왕정복고를 거쳐 다시 공화정으로 이어지는 정치체제의 격변과 불안정이 계속되었다는 점에서 앞의 두 혁명과는 달랐다.

제도의 정비와 확산이라는 점에서 가장 주목되는 프랑스혁명의 유산은 나폴레옹 법전(또는 민법)이라 할 수 있다. 혁명 이전의 프랑스에서는 로마법과 봉건 시대의 법제 또는 지역에 따라 다른 관습법이 혼재되어 있었고, 결혼과 가족에 관해서는 로마 가톨릭 교회의 관할 아래 놓여 있었다. 혁명은 이들 법을 통일하고 모든 프랑스인에게 동일한 법을 적용하는 것을 통해 평등의 원리를 구현하고자 하였다. 그뿐만 아니라 세습 귀족이나 특권은 폐지되고, 신앙의 자유를 인정하고, 국가에 대한 교회의 영향을 배제하여 세속화시켰다. 그리고 신체의 자유, 계약의 자유, 과실책임의 원칙, 사유재산권의 불가침이 기본 원리가 되었다. 이것은 근대 시민사회를 규율하는 법의 전형이라 할 수 있으며, 앞에서 노스와 토마스가 말하는 효율적인 제도의 핵심을 담고 있다고 할 수 있다(North and Thomas 1973).

프랑스혁명의 성공은 유럽의 다른 구체제 국가의 군주에게는 큰 위협으로 받아들여졌다. 혁명이 자기 나라로 번질 것을 우려하였기 때문이다. 이를 저지하고자 하는 국가들과 프랑스 간의 전쟁(Napoleonic Wars, 1803-1815년)이 일어났고, 이 과정에서 나폴레옹은 유럽 대륙의 많은 지역을 점령하거나 그 영향 아래 놓게 된다. 이때 이들 지역의 구체제가 붕괴되고 민족주의가 고양되는 한편 나폴레옹 법전이 이들 지역으로 확산되었다. 독일의 경우 프랑스에 점령된 지역에서 시행된 나폴레옹 법전과 여러 구래의 관습법 등이 혼재되어 있었다. 독일은 통일 이후에 로마법을 기초로 하면서 당시 유럽의 개인주의적 자유주의 사상에 입각해서 체계화한 민법을 19세기 말에 제정하였다. 스위스에서도 20세기 초에 선행하는 두 법전의 영향을 받았으면서도 독자적인 체계를 갖춘 민법을 만들었다. 이들 민법은 인간의 이성에 입각하여 합리적인 법의 체계를 갖도록 할 수 있다는 전제하에서 성문법(written law)으로 만들어졌다. 그것은 관습법(common law)에 기초하고 있어 불문법(unwritten law)으로 되어 있는 영국과 다르다. 이를 통해 유럽 대륙에서는 영미의 관습법과 대비되는 대륙법 또는 민법(civil law) 체계가 확립되었다.

그러면 유럽 이외의 지역으로 근대적 제도의 확산이 어떻게 이루어졌을까? 전술한 애쓰모글루 등이 이 점을 밝히고자 한 것은 아니지만, 유럽의 식민지 지배가 다른 지역으로 그들의 제도를 확산시키는 데 중요한 계기가 되었다는 점은 시사 받을 수 있다. 영국의 식민지였던 북미와 호주 및 뉴질랜드, 그리고 인도 등에서는 영국의 관습법이 전수되었다. 이에 대해 대륙 유럽 국가의 식민지인 라틴아메리카, 아프리카 등에는 대부분 대륙법인 민법의 유산을 잇고 있다. 물론 유럽의 제도가 거의 그대로 이식된 경우도 있지만, 현지에 이미 시행되고 있는 제도와 충돌 또는 융합하면서 수정되었을 것으로 생각된다. 어느 경우이든 외래의 권력에 의해 식민지에 그들의 제도가 이식되거나 강요되었다고 할 수 있다.

그 외에도 자발적으로 유럽의 법제도를 수용한 경우도 적지 않았다. 일본이 대표적인 사례인데, 일본의 민법(1896년)은 메이지유신이라는 체제 전환을 전제로 해서 전술한 독일과 프랑스의 민법을 모델로 하여 만들어졌다. 한국의 경우는 나중에 자세히 살펴보겠지만 식민지 법제의 일환으로 일본의 민법이 거의 그대로 이식되었다(1911년). 요컨대, 근대적 제도의 확산은 모방을 통해 이루어진 경우도 있지만, 혁명과 전쟁 또는 식민지 지배를 통해서 이루어진 경우가 많았다고 할 수 있다.

4. 경제적 후진성과 캐치업

앞에서 한국을 포함한 동아시아 국가에서도 생산성이 가장 높았던 미국과의 격차를 빠르게 좁혀 갔음을 보았다. 이들 국가는 전후의 고도성장기에 캐치업이 놀라울 정도의 빠른 속도로 이루어졌지만, 전전에도 완만하게 진행되었다. 이러한 캐치업은 어떻게 가능하였을까? 그리고 캐치업이 일어나는 경제의 특징이 무엇일까?

후진국의 경제성장률이 선진국보다 높게 나오는 경향이 있는데, 그 요인의 하나로서 선진국은 이미 자본이 많이 축적되어 자본의 한 단위 더 추가해서 얻을 수 있는 생산(즉, 자본의 한계생산)이 체감하지만, 자본의 축적이 덜 된 후진국은 그렇지 않다는 점을 들 수 있다. 여기에 더하여 거센크론이 제시한 경제적 후진성 가설은 선진국에 대한 후진국의 캐치업에 관해 시사하는 바가 많다(Gerschenkron 1962). 그는 19세기의 유럽에서 선발국인 영국에 대해 상대적으로 후발국[3]인 프랑스, 독일, 러시아가 경제성장의 속도가 빨랐을 뿐만 아니라 그 과정에서 산업의 생산 또는 조직 구조에서도 선발국에는 없었던 특징을 띠게 된다는 점을 지적하고 있다.

그는 후발국 경제의 특징으로서, 먼저 선발국에서 이미 개발된 기술을 빌려 올 수 있다는 점을 들고 있다. 이것은 후발성의 이익이라고 할 수 있는데, 그로 인해 후발국에서 공업화가 일단 시작되면 급속히 진행될 가능성이 커진다. 이와 함께 후발국에는 공업화의 장애 요인도 있다. 후발국에는 자본보다 노동이 풍부하다는 일반적인 인식과는 달리, 그는 노동자가 토지와 연결된 탯줄을 끊고 공장에 적합하도록 훈련될 필요가 있지만, 그러한 노동은 의외로 부족하였다고 지적하고 있다. 그와 함께 자본도 부족하고 경영자원도 충분히 형성되지 않았다. 그 외에도 산업 간의 상호 보완성이 있다는 점도 공업화를 출발시키는 데 제약이 될 수 있다. 예컨대, 철도업은 연료를 공급하는 석탄업 없이는 발전하기 어렵고, 거꾸로 석탄업은 철도가 많이 놓여야 석탄의 저렴한 운반이 가능해진다. 즉, 한 산업의 발전은 다른 산업에 긍정적인 외부 효과를 만들어 내고 있고, 후자의 발전은 다시 전자의 발전을 촉진한다. 보완성이 있는 산업을 동시에 발전시키는 것이 효과적이며, 만약 그것이 가능하다면 후발국의 성장률이 급속히 높아질 수 있다. 그렇지만 후발국이 여러 신생 산업을 동시에 발전시키는 것은 매우 힘든 일인데, 전술한 노동, 자금, 경영 자원의 부족이라는 큰 장애를 넘지 않으면 안 되기 때문이다.

노동의 부족과 관련해서는 후발국이 오히려 기술적으로 앞선 생산설비를

---

3 거센크론은 후진국(backward countries)이라는 표현을 쓰고 있지만, 후진국 일반이라기보다는 영국에 대해 상대적으로 후진적이라는 뜻이므로 여기서는 후발국이라는 표현을 쓰기로 한다.

도입하는 데 적극적이었음을 지적할 수 있다. 그러한 생산설비는 대체로 자본 집약적이어서 희소한 노동을 절약하는 의미가 있다. 이에 대해 선발국에서는 이미 생산설비에 많은 투자가 이루어졌기 때문에 이를 새로운 설비로 교체하는 데 주저하는 경향이 있다. 그 결과, 예컨대 철강업에서는 뒤처져 있던 독일이 영국보다 앞선 기술의 용광로를 도입하였고, 그 후 다시 더 후진적이었던 러시아가 독일에 대해 마찬가지 시도를 한 것은 그러한 사례라 할 수 있다.

자금 조달 면에서 후발국에는 선발국에 없는 금융 제도가 창출되었다는 점이 강조되고 있다. 영국의 은행은 기업이 발행한 어음을 할인하는 형태로 단기 자금을 공급하는 상업은행(commercial bank) 중심으로 되어 있다. 이와 달리 독일을 비롯한 유럽 대륙의 은행은 철도건설이나 공업화를 위해 기업에 장단기 자금을 공급하는 투자은행(universal bank)으로 발전하였다. 그리고 영국의 산업혁명에서는 주식회사 제도가 제대로 활용되지 못하였지만, 후발국의 공업화에서는 주식회사가 주도적인 역할을 하였다. 특히 독일에서는 은행이 합병을 통해 대규모화되었을 뿐만 아니라 그 산하에 산업 기업을 거느리고 통제하는 콘체른을 조직하는 데까지 나아갔다. 이를 통해 자본 집약적인 산업에 대규모 자금을 공급할 수 있었다. 이에 대해 러시아는 농노제가 1861년까지 유지될 정도로 독일에 비해서도 더욱 후진적이었다. 그 결과 공업화를 추진하고 그를 위한 자금을 동원하는 데 장애가 훨씬 더 많았기 때문에 금융 제도를 바꾸는 것만으로는 부족하고 국가가 직접 나서서 그 역할을 맡게 된다.

후발국의 공업화에서 나타나는 또 하나의 특징으로서 그는 공업화 이데올로기의 역할을 들고 있다. 후발국에서 오랫동안 발전을 막아 왔던 장벽을 돌파하기 위해서는 단순한 합리적인 논의만으로는 어렵고, 거의 종교에 가까운 열정(a quasi-religious fervor)이나 더 나은 미래로 갈 수 있다는 신념(faith)을 통해 인간의 상상력에 불을 붙이고 경제발전에 역량을 결집하는 공업화 이데올로기가 등장한다는 것이다. 프랑스에서는 생시몽주의가, 독일에서는 민족주의가, 그리고 더욱 후진적인 러시아에서는 마르크스주의가 그 역할을 맡았다고 보았다.

그는 19세기 유럽 국가에 대한 관찰을 통해 후발국이 공업화를 시작하는 시점이 다르고, 그 시점에서 후진성의 정도 차이가 그 이후의 발전 경로에 큰 영향을 미친다는 점을 강조하고 있다. 이를 다음과 같이 요약하고 있다. 즉, 출발점에서 후진성이 큰 나라일수록 광공업의 성장이 빠르게 진행되어 공업화가 불연속적으로 가속되는 양상을 띠게 된다. 또한 후진성이 클수록 생산설비나 기업의 규모가 더 커지며, 소비재보다는 생산재에 더 중점을 두고, 인민들의 소비를 줄이는(즉, 저축을 늘리는) 압박이 더 강해지는 것으로 나타난다. 나아가 앞의 독일과 러시아에 대해 보았듯이 후진성이 클수록 자금의 공급에서 선진국에는 없는 제도가 창출되어 큰 역할을 하게 된다. 그리고 후진성이 클수록 농업이 성장하는 산업에 시장이나 자금을 제공하는 적극적인 역할이 줄어든다는 점도 언급하고 있다.

이와 같이 거센크론의 가설은 후발국이 선발국의 존재 자체로 인해 그들과 다른 발전 경로를 밟게 된다는 것이므로 단선적으로 경제발전을 전망하는 연구들과 차이가 있다. 예컨대, 마르크스는 "산업적으로 앞선 나라는 덜 발전된 나라의 미래의 모습을 보여 준다"고 보았다(Marx 1867). 그리고 로스토는 각국의 경제가 전통 사회, 도약(take-off)을 위한 선행조건이 형성되는 과도기, 도약 단계, 성숙 단계, 대중 소비 사회라는 5개의 발전 단계를 거쳐 간다고 보았다(Rostow 1958). 즉, 각국의 경제는 위의 5단계 중의 어느 단계에 위치하며, 후발국은 선진국이 거쳐 간 단계를 따라 단선적으로 발전하는 것을 말한다. 이에 대해 거센크론은 후발국의 경제발전은 바로 그 후진성으로 인하여 선진국과는 다른 발전 유형을 띠게 되며, 후진성의 정도뿐만 아니라 전술한 제도나 이데올로기에서 보는 바와 같이 국내적 요인에 의해 각국의 대응 방식이 달라졌다는 점을 강조하고 있다.

거센크론의 가설은 19세기 유럽을 대상으로 한 것인데, 이를 다른 시기와 지역으로 얼마나 일반화할 수 있을까? 그의 가설 중의 하나는 후진성이 큰 나라일수록 선진국과의 기술 갭이 커지므로 이를 잘 활용할 수 있으면 성장률이 높아 캐치업이 일어난다는 것이다. 아브라모비츠는 이 점을 검토하였다(Abramovitz 1986). 이때 선진국과의 기술 갭을 활용할 수 있는 능력이 중요한데, 그것을 사회적 능력(social capabilities)이라 불렀다. 거기에는 교육 수준으로 대표될 수 있는 기술적인 능력도 있지만, 정치적·상업적·산업적·금융적인 제도도 포함된다. 그중에서 대규모 사업을 조직하고 운영해 본 경험이나 큰 규모의 자금을 조달할 수 있는 금융 제도와 시장이 중요하다고 보았다. 그렇지만 이 사회적 능력을 어떻게 정의할지는 중요한 문제이지만 실증하기 어렵고 논란의 여지가 있다.

푸터만은 사회적 능력을 더욱 포괄적으로 이해하고 있다(Putterman 2013). 개인의 교육이나 훈련과 경험을 통해 얻는 인적 자본뿐만 아니라 집단적인 노하우(know-how)라고 할 수 있는 능력도 포함하는데, 그것은 노동윤리나 학습 태도 또는 사회적 규범이나 신뢰에 의존하고 있다고 보았다. 나아가 그는 이러한 사회적 능력이 원시 시대로부터 장기에 걸쳐 형성되고 가족이나 공동체 속에서 세대에서 세대로 전수되면서 축적된다는 점을 강조하고 있다. 따라서 이 능력이 금방 형성될 수 있는 것도 아니지만 쉽게 사라지지도 않는다. 사회적 능력이 뒷받침되지 않으면 후진성이 크더라도 캐치업이 일어나기 어렵다는 점에 유의할 필요가 있다.

아브라모비츠는 1870년 이후 1인당 GDP 데이터가 있는 16개국을 대상으로 소득이 낮을수록 과연 성장률이 높은지를 검증해 보았다(Abramovitz 1986). 거기에는 영국과 미국 이외에 유럽의 주요국과 호주와 일본이 포함되어 있는데, 이들 국가는 모두 사회적 능력이 구비되어 있다고 볼 수 있다. 그에 따르면 경제적 리더 국가(미국)와 나머지 국가 간의 소득 격차는 제2차 세계대전 이전에는 오히려 벌어졌다가 그 후 빠르게 좁혀지고 있다. 미국 이외 국가들 내부의 소득분포도, 전시에 더 벌어진 것을 제외하면 줄어드는 추세를 보였다. 그리고 초기의 소득 수준과 그 후의 성장률 간의 상관계수를 구해 보아도 전시를 제외하면 대체로 마이너스(−)의 값으로 나왔다. 즉, 이들 중 당초 소득이 낮은 나라가 성장률이 빨랐음을 뜻한다. 다만 상관계수는 1950-1973년간에 −0.9 정도로 높았다가 1973년 이후 크게 하락하여 시기별로 차이를 보였다.

그에 따르면 제2차 세계대전 중에 미국에서는 이미 개발되어 상용 중이었지만 나머지 국가에서는 아직 그렇지 못한 기술이 많이 축적되어 있었는데, 이렇게 확대된 기술 갭이 전후에 본격적으로 활용되면서 급속한 캐치업이 일어났다. 거기에 교육 수준이 높아져 사회적 능력도 향상되었을 뿐만 아니라 국제무역이 확대된 것이 지식과 기술의 전파를 촉진하였다. 1973년 이후에는 기술 갭이 점차 축소되어 가면서 캐치업도 약화된 것으로 볼 수 있다. 그리고 19세기로 가면 캐치업이 상대적으로 미약하게 나타났는데, 그것은 농업의 비중이 높았고 사회적 능력도 전후에 비해 제한되어 있었기 때문으로 보았다. 거기에 두 번에 걸친 세계대전과 대공황의 여파로 지식의 확산이 저해되었다는 점을 추가할 수 있다.

여기서 이용된 데이터는 매디슨 데이터베이스를 이용한 각국의 1인당 GDP이므로 거센크론이 초점을 맞추었던 광공업에서의 급격한 성장을 포착하는 데 한계가 있다. 그렇지만 거센크론의 경제적 후진성 가설은 그가 대상으로 삼았던 19세기 유럽에 국한되지 않고 다른 시기와 다른 지역으로도 확대 적용할 수 있음을 시사 받을 수 있다. 앞으로 살펴보는 바와 같이 한국의 경제성장 과정에서도 기술의 차용에 의한 빠른 캐치업이 이루어진 점 이외에도 금융 제도나 공업화 이데올로기 등 경제적 후진성에 기인하는 다양한 특징들이 나타났다. 그의 가설을 확대 적용하면 한국 경제성장의 역사적 과정을 좀 더 풍부하게 이해할 수 있다고 생각한다.

5. 이 책의 구성

마지막으로 이 책의 전체 구성에 관해 간단히 언급하고자 한다. 경제성장의 역사를 서술할 때 두 가지 접근을 생각해 볼 수 있다. 하나는 시기별로 고찰하는 것이고, 또 하나는 주제별로 나누되 각 주제에 관해서는 전체 시기를 포괄해서 다루는 것이다. 두 접근에는 각각 장단점이 있다. 먼저 시기별 고찰은 널리 이용되는 방식이며, 각 시기가 어떤 문제를 안고 있었고, 어떤 제도와 정책이 시행되었으며, 어떤 경제적 성과를 내었는지를 종합적으로 보여 줄 수 있다. 다만 전체 시기의 큰 흐름을 보여 주기는 어렵다. 이에 대해 주제별 고찰은 장기통계를 이용하여 각 주제의 전체 흐름을 한눈에 보여 줄 수 있고 그것을 다른 나라와 비교해서 한국의 경제성장의 특징을 드러낼 수 있지만, 각 시기가 어떤 사회였는지를 종합적으로 보여 주는 데에는 한계가 있다.

이 책은 두 접근이 보완적이라고 생각하며 양자를 모두 시도하고자 한다. 제1부에서는 주제별로 접근한다. 다루는 주제는 서론에 해당하는 '경제성장사를 보는 시각'을 포함하여 '거시경제와 성장의 원천', '화폐 금융과 재정', '인적 및 물적 자본의 형성', '생활 수준과 불평등'의 5개 주제(제1-5장)이다. 전체 시기를 포괄하는 접근이 가능하였던 것은 앞에서 소개하였던 지난 100년간을 커버하는 장기통계가 정비되었기 때문이다. 이를 통해 주제별로 각 시기에 따라 어떠한 변화가 나타났는지, 나아가 다른 나라와 비교해서 한국이 어떠한 특징을 보였는지, 다시 말해 종적 및 횡적인 비교를 시도하였다. 이러한 고찰을 제1부에 배치하여 한국경제의 큰 흐름을 먼저 파악하도록 하였다.

제2부에서는 전체 시기를 7개(제6-12장)로 나누어 고찰한다. 시기 구분은 해방 전은 개항기와 식민지기로 나누되, 식민지기를 다시 제도 변화가 집중되었던 시기와 식민지 경제개발이 본격화되었던 시기로 나누어 고찰한다. 해방 이후는 1950년대까지의 시기와 1960-1970년대의 고도성장기로 나누고, 1980년대 이후는 외환위기(1997년)를 경계로 하여 다시 두 시기로 나누어 고찰한다. 이러한 시기 구분은 각 시기가 처한 국내외 상황이나 안고 있었던 문제 또는 과제가 달랐고, 그에 대응하여 시행된 제도와 정책에서도 차이가 있었다는 점을 고려한 것이다. 이를 통해 각 시기가 어떤 사회였고 어떻게 변천되어 왔는지를 드러내 보이고자 한다. 마지막인 제13장은 지난 150년간 경제성장의 장기 추이와 시기별 특징을 요약하였다. 제1부와 제2부를 통해 한국경제성장의 역사를 다소 다른 각도에서 조망할 수 있을 것으로 생각한다.

제2장

거시경제와 성장의 원천

제1장에서는 1인당 GDP의 장기 추이를 살펴보고 그 국제 비교를 시도하였다고 한다면, 여기에서는 먼저 GDP를 산업별 또는 지출 항목별 구성이 어떻게 변해 왔는지를 포함하여 거시경제의 큰 흐름을 조망해 보고자 한다. 한국의 경제성장에서 개방체제의 역할이 특히 중요하였다. 무역을 통한 학습과 해외 저축의 활용이 후발국 한국의 빠른 성장을 가져온 중요한 요인이라고 생각하여 무역과 국제수지를 별도의 절로 독립시켜 다룬다. 그리고 생산에 투입되는 요소인 노동, 자본, 기술이 경제성장의 원천으로서 각각 얼마나 기여하였는지 살펴보고자 한다. 기존 연구는 한국을 비롯한 동아시아 국가의 경제성장이 자본이나 노동과 같은 생산요소의 투입 증가에 주도된 것이며 기술진보의 기여도가 낮다고 평가하고 있다. 이에 관해서는 한국·미국·일본·유럽의 생산성이 장기에 걸쳐 어떻게 변해 왔는지를 비교, 검토한다.

1. 거시경제

국내총생산(GDP)은 한 나라에서 1년 동안 생산된 재화와 서비스의 시장가치로 정의된다. 이러한 포괄적인 지표는 경제활동의 성과나 수준을 평가하는 데 널리 이용되고 있다. 두 시점의 GDP(또는 1인당 GDP)를 비교하여 경제성장이 얼마나 이루어졌는지를 평가한다. 경기가 좋아지고 있는지 후퇴하고 있는지의 판단도 GDP의 동향에 의거하고 있다. 나아가 1인당 GDP는 그 나라의 복지 수준을 개략적으로 보여 주는 것으로 볼 수 있기 때문에 국가 간 생활 수준의 비교에도 이용된다. 이 지표가 경제의 성과와 복지를 측정하는 데 한계가 있다는 점에도 유의할 필요가 있다. 가사노동이나 여가, 수명이나 건강, 환경과 같이 그 시장 가치를 알기 어려운 경우는 포착되지 못하며, 총량 또는 평균이므로 그 분포를 보여 주지는 않는다. 이에 관해서는 제5장에서 다룰 예정이다.

GDP는 생산, 분배, 지출의 각 측면으로 파악할 수 있다. 생산 GDP는 생산의 각 단계에서 창출된 부가가치를 합산한 것인데, 총산출에서 중간 투입액을 공제하는 방법으로 구한다. 그리고 이들 부가가치는 그 창출에 기여한 생산요소 제공자들에게 분배된다. 부가가치 총액은 정부로 귀속되는 세금, 고정자본의 가치 감소분인 고정자본 소모, 노동의 보수인 피용자 보수, 자본의 몫인 영업잉여로 나뉜다. GDP는 또한 최종재에 대한 지출의 합계로도 구할 수 있다. 최종재란 중간 투입재가 아닌 소비재나 투자재를 말하는데, 그 수요자에 따라 민간 소비, 정부 소비, 투자(총자본형성), 순수출(=수출−수입)로 나누어진다.

[표 2-1]은 GDP에 대한 지출 항목별로 대략 10년 단위로 연평균 증가율을 보인 것이다. 거기에서 총지출은 지출 GDP를 말하므로 그 증가율은 곧 경제성장률이 된다. 해방 전인 1912-1939년간은 연평균 경제성장률이 3.6%이고, 해방 후인 1954-2020년은 연평균 7%로 나와 해방 후의 성장률이 해방 전과 비교하여 2배 가깝게 높았다. 1960-1990년은 연평균 9%가 넘는 성장을 30년 지속하였지만, 그 후 빠르게 하락하였음을 알 수 있다. 이러한 성장으로 인해 민간 소비가 크게 늘어났는데, 해방 전과 후는 각각 연평균 3.2%와 5.8%로 증가하였다. 고도성장기에 비해 최근으로 올수록 민간 소비 증가율은 급속히 떨어지고 있으며 최근 10년간의 연평균 증가율은 1.9%에 불과하게 되었다. 정부 소비의 전체 시기에 걸친 증가율은 민간 소비와 큰 차이가 없지만, 2000년대 이후에도 5% 전후의 연평균 증가율을 유지하고 있으며,

표 2-1 GDP에 대한 지출 항목별 연평균 증가율 (단위: %)

	총지출	민간 소비	정부 소비	총고정자본형성	수출	수입
1912–1920	3.8	2.7	3.0	8.9	16.6	4.7
1920–1930	2.8	3.3	3.4	5.5	8.0	8.6
1930–1939	4.3	3.4	4.5	11.9	6.3	8.7
1954–1960	5.3	6.4	2.8	9.8	10.1	2.2
1960–1970	9.4	7.8	6.7	23.0	30.0	18.8
1970–1980	9.5	7.0	6.1	14.9	22.5	15.8
1980–1990	9.8	8.3	6.3	12.3	11.3	10.5
1990–2000	6.9	6.1	4.5	5.5	13.8	9.5
2000–2010	4.7	3.6	5.6	3.6	10.4	8.5
2010–2020	2.8	1.9	4.6	2.8	3.6	3.6
1912–2039	3.6	3.2	3.6	8.6	9.9	7.5
1954–2020	7.0	5.8	5.4	10.1	14.5	10.2

주: 해당 연도를 중심으로 한 3개년 평균값의 연평균 증가율이다.
자료: 『한국의 장기통계』(N. 국민소득); 한국은행, ECOS.

최근 10년간은 지출 항목 중에서 증가율이 가장 높았다.

이에 대해 총고정자본형성과 수출 및 수입의 증가율은 시기에 따라 부침이 있었지만, 소비보다 두 배 전후로 높은 증가율을 보였다. 여기서 총고정자본형성이란 총자본형성에서 재고의 증감을 뺀 것으로, 건설이나 설비 또는 무형자산에 대한 투자를 말한다. 특히 고도성장기에 이들 투자는 연평균 23%(1960년대)에서 12%(1980년대)의 두 자릿수 증가율을 보였다. 다만 1990년 이후 투자 증가율이 급격히 하락하여 최근 10년간은 연평균 2.8%의 증가율에 그쳤다. 수출과 수입도 고도성장기에 매우 높은 증가율을 유지하였다가 빠르게 하락하였다는 점에서 투자와 유사한 양상을 보였다. 수출 증가는 원재료 등의 수입 증가를 수반하기 때문에 양자는 연동하는 경우가 많다.

요컨대, 한국의 고도성장은 투자와 수출이 주도하는 성장 유형을 보였다고 할 수 있다. 그리고 식민지기에도 증가율의 수준은 고도성장기에 비해 낮았지만, 소비보다 투자와 수출이 경제성장을 주도하는 유형이라는 점에서 차이가 없었다. 따라서 해방 전부터 우리나라는 투자와 수출이 경제성장을 견인하는 역할을 줄곧 해 왔다고 할 수 있다. 다만 2000년대에 들어와 그러한 특징이 약해지고, 최근에는 정부 소비의 증가율이 다른 지출 항목보다 더 높아져 과거와 비교하여 지출 구성이 크게 달라졌다. 고도성장기에 나타난 이례적으로 높은 투자의 증가가 어떻게 가능하였는지는 제4장에서 좀 더 상세히 다룰 예정이다.

[그림 2-1]은 지출 항목별 구성비의 추이를 보여 준다. 식민지 초기에는 민간 소비의 비중이 압도적으로 높아 90%의 비중을 차지하였던 것이 다소 하락하는 추세를 보였고, 해방 후 다시 90% 수준으로 일시 되돌아간 후 1980년대까지 빠르게 하락하였다. 그 후 50%의 수준을 유지하였지만, 최근에는 다소 감소 추이를 보였다. 민간 소비를 대신하여 구성비를 빠르게 높인 것은 투자와 수출이다. 해방 전에 GDP 중 투자의 비중은 5%에서 16%까지 높아졌고, 해방 후는 다시 10% 미만으로 떨어졌다가 1991년에 39%로 정점에 달한 후 하락하여 현재는 31%에 머물고 있다. 수출(또는 수입) 구성비의 증가는 더욱 가팔랐다. 식민지 초기에 6%에서 1935년에 33%로 급등하였는데, 이러한 급등 양상은 수출 주도적 성장을 한 것으로 평가되는 해방 후에 비해서도 뒤지지 않았다. 해방 후에는 분단과 전쟁 등으로 수출이 거의 붕괴되다시피 하였다가 1987년에 35%까지 높아졌다. 그 후 부침이 있었지만 2012년에 54%의 정점에 달한 후 현재에는 40% 전후 수준으로 하락하였다. 1990년대 이후에도 고도성장기에 못지않은 수출 주도 성장이 이루어졌음

그림 2-1 지출 항목별 구성비 추이

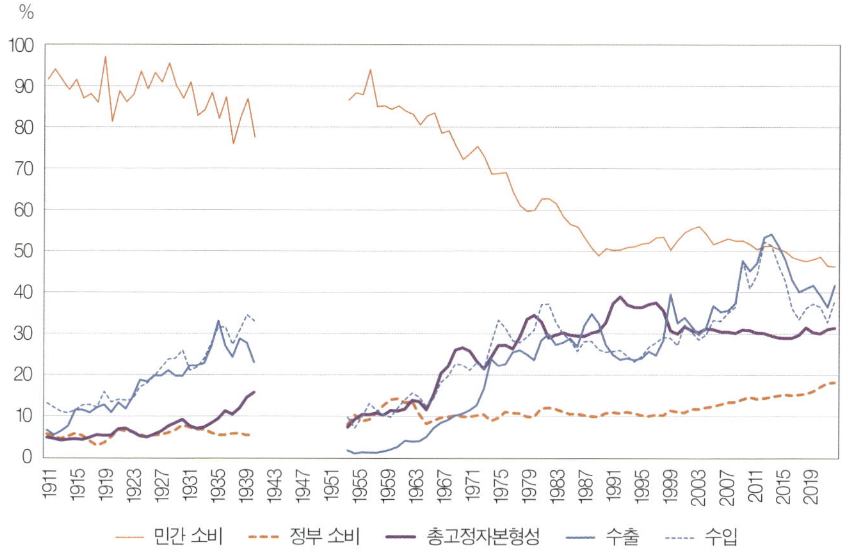

자료: 『한국의 장기통계』(N. 국민소득); 한국은행, ECOS.

을 알 수 있다. 마지막으로 정부 소비의 비중은 해방 전에는 평균 5.6%를 유지하였고, 해방 후에는 10% 수준을 유지해 왔다. 2000년대에 들어와 증가하기 시작하여 현재는 18%에 달하였다. 최근 10년간은 다른 지출 항목의 구성비가 모두 하락하고 있는 상황에서 정부 소비의 구성비만 높아졌다고 할 수 있다.

지출 항목 중에서 가장 비중이 큰 민간 소비의 내역을 좀 더 들여다보자. 민간 소비 지출의 구성비가 크게 하락한 것을 보았지만, 그 내부의 구성도 크게 변하였다. [그림 2-2]는 가계 소비 중 음식료비 구성비와 소비 품목의 형태별 구성비 추이를 보여 준다. 그림에 따르면, 가계 소비 중 음식료비

그림 2-2 가계 소비의 목적별 형태별 구성비 추이

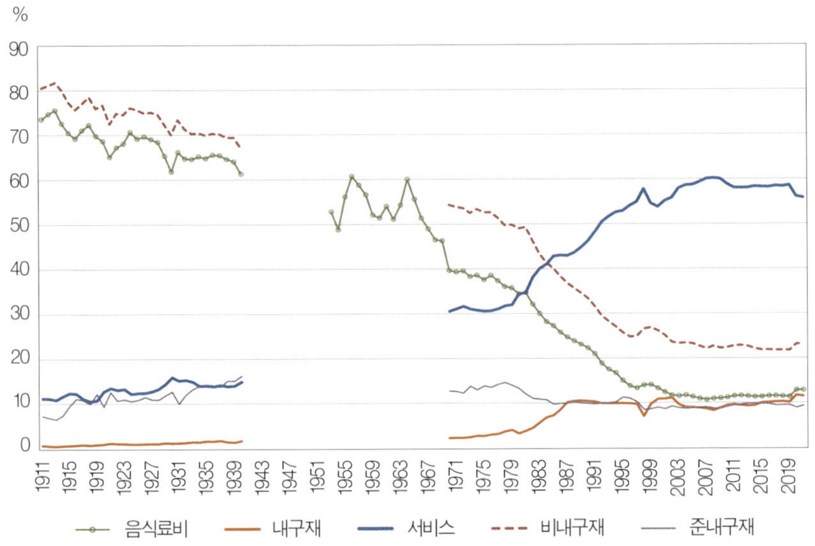

자료: 『한국의 장기통계』(N. 국민소득); 한국은행, ECOS.

가 차지하는 비중이 식민지기 초에는 70%를 넘는 수준에서 2000년대 이후는 15%로 떨어졌다. 식민지기의 음식료비에는 자료상의 제약으로 주류, 담배가 포함되어 그렇지 않은 해방 후에 비해 그 비중이 다소 과장되어 있다. 소비 지출 중의 음식료비가 차지하는 비중을 엥겔 계수라고 하는데, 그것이 급격히 하락한 것은 먹는 것 이외로도 소비 지출이 다양해졌음을 뜻하여 생활 수준의 향상을 보여 주는 지표가 된다. 이를 소비품의 형태별로 보면, 비내구재 중심에서 서비스 중심으로 바뀌었으며 서비스의 비중이 전체 소비의 60%에 근접할 정도로 높아졌다. 비내구재에서는 식료품비가 대부분을 차지하였지만, 양자의 구성비 갭이 벌어진 것은 식료품이 아닌 비내구재의 소비가 늘

그림 2-3 경제활동별 GDP 구성비 추이

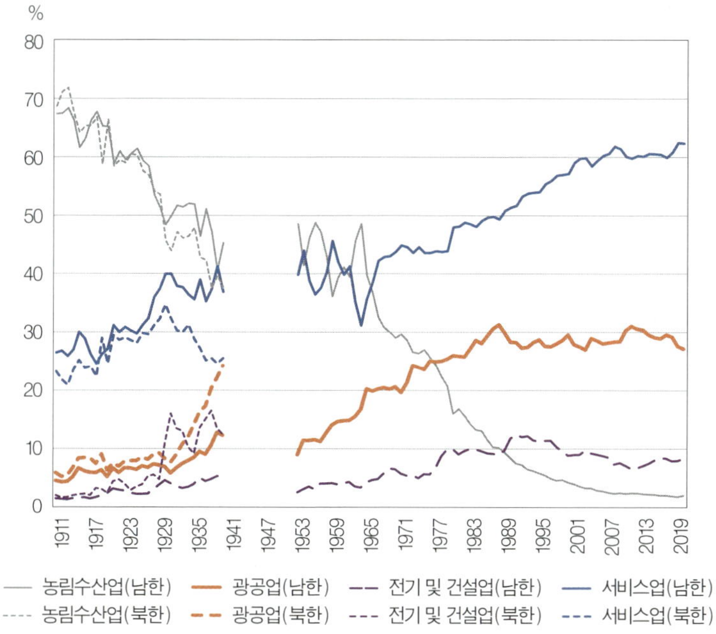

자료: 『한국의 장기통계』(N. 국민소득); 한국은행, ECOS.

어났음을 반영하고 있다. 또 하나 주목할 것은 내구재 소비가 특히 1980년대 이후 10% 수준으로 높아졌다는 것이다. 이것은 이 시기 가전이나 자동차 등의 보급이 크게 늘어난 것을 반영하고 있다.

한편, GDP를 경제활동별로 나누어 어느 산업에서 더 많은 부가가치를 창출하였는지를 보자. [그림 2-3]은 경제활동을 농림수산업, 광공업, 전기 및 건설업, 서비스업으로 나누어 그 구성비 추이를 보인 것이다. 앞의 지출 GDP의 경우는 자료의 제약으로 식민지기에 남북한을 구분하지 못해 합쳐진 통계인 반면, 생산 GDP의 경우는 남한과 북한을 구분하여 따로 제시하였다. 식민지기에는 상세한 도별 통계를 이용할 수 있어 남한과 북한의 생산 GDP가 따로 추계되어 있다.

먼저 남한을 대상으로 지난 100여 년간의 장기 추이를 보고자 한다. 농림수산업은 식민지기 초에 70%에 가까운 비중을 차지하고 있었지만, 식민지기에 급속히 하락하여 1940년에는 40%까지 떨어졌다. 해방 후에 그러한 추세는 잠시 멈추었지만 1960년 후반부터 다시 그 하락 추세가 가속되어 최근에는 2%까지 떨어졌다. 그 대신에 광공업과 전기 및 건설업, 서비스업의 비중이 크게 높아졌다. 광공업의 비중은 식민지기 초에 5%에서 1940년에 12%로 높아졌고, 해방 후 다시 가속되어 1988년에 31%로 정점에 달한 후 29%를 전후한 수준으로 횡보하고 있다. 전기 및 건설업의 비중도 이와 유사한 추이를 보였다. 이에 대해 서비스업의 비중은 식민지기 초에 27%에서 말기에 40%로 빠르게 높아졌다. 식민지기에 근대적인 운송이나 금융이 도입되고 그에 따라 상업이 팽창하였기 때문이다. 해방 후 서비스업 구성비의 증가 추세가 잠시 멈추었다가 다시 증가하여 현재는 전체 부가가치 생산의 62%에 달하였다. 광공업이나 전기 및 건설업의 구성비가 1990년대 이후 정체 또는 하락한 것에 비해 서비스업이 증가 추세를 이어 간 것이 주목된다.

북한의 경제활동별 GDP 구성비는 식민지기 데이터밖에 없지만, 1930년대 이후 남한과 비교하여 구성비가 크게 달라진 점이 눈에 띈다. 그리고 광공업의 구성비가 1930년대 급등하였고, 전기 및 건설업의 구성이 크게 높아졌다. 특히 북한에서는 장진강 수력발전을 비롯한 전원 개발이 가속화되었고, 그로 인해 저렴하고 풍부해진 전기 에너지를 이용하는 화학공업(예컨대, 화학비료)과 광업 개발을 중심으로 하는 공업화가 급속히 진전되었다. 그 결과 북한은 1930년대 이후 남한과는 상당히 다른 산업별 구성을 띠게 되었다.

그런데 경제성장 과정은 평탄하게 진행되었던 것은 아니고 경기의 부침을 수반하였고, 때로는 경제위기를 맞기도 하였다. 자본주의 경제는 생산과 고용이 늘어 경기가 좋아지는 호황기와 나빠지는 불황기가 번갈아 나타나는데, 이러한 경기의 부침을 경기 변동이라고 한다. 여기에서는 지난 100년간의 경기 변동에 관해 간단히 살펴보고자 한다. 통계청은 1970년부터 현재의 경기 동향이 어느 국면에 있는지 진단하거나 경기가 앞으로 어떻게 변할지를 예측하기 위해 경기종합지수를 만들어 발표하고 있다. 이 지수는 생산, 고용, 투자, 소비, 건설, 무역 등의 분야에서 경기에 민감하게 반응하는 지표들을 선정하고 이를 가중평균해서 종합한 것이다. 경기 변동을 한발 앞서 보여 주는 선행지수와 현재의 경기 상황을 보여 주는 동행지수가 있다. [그림 2-4]는 동행지수의 순환변동치를 제시한 것이다. 순환변동치란 경기종합지수에서 과거로부터의 추세를 제거해서 현재의 경기 순환을 보여 준다. 순환변동치는 100을 중심으로 해서 위아래로 움직이고 있는데, 증가하는 국면은 경기의 확장기가 되고 감소하는 국면은 경기의 수축기에 해당하게 된다. 통계청은 이에 의거하여 1970년 이후 11차례 경기 순환이 나타났고, 경기가 저점에서 시작하여 정점을 거쳐 다시 저점으로 돌아오는데 평균 49개월 걸린 것으로 보고 있다. 그중에서 주목되는 경기의 저점을 몇 가지 예시하면 1972년의 8.3조치로 나타난 경제위기, 1998년의 외환위기, 2009년의 글로벌 금융위기, 2020년의 코로나 감염 사태를 들 수 있다.

위의 경기종합지수는 월 단위로 세분하여 각 시점이 경기의 어느 국면에 있는지를 보인 것이다. 이에 대해 [그림 2-5]는 GDP와 소비 또는 투자의 전년 대비 증감률을 이용하여 경기 변동의 장기 추이를 보일 수 있다. 모두 3년 이동평균값으로 제시하였는데, 그렇게 되면 단기적인 경기 변동은 제거되

그림 2-4 경기종합지수의 순환변동치(동행지수) 추이

자료: 통계청, KOSIS.

고 보다 긴 주기의 경기 변동이 나타난다. 거기에서 드러난 사실을 지적하면, GDP와 민간 소비의 증감률이 투자 증감률과 대체로 같은 방향으로 움직인 경우가 많지만, GDP와 민간 소비와 비교하여 투자 증감률의 진폭이 훨씬 더 컸다는 점이다. 투자는 경기에 민감하게 변해서 호황기에는 투자가 매우 빨리 증가하여 과열되지만, 불황기로 접어들 때에는 급속히 냉각되어 버리는 것을 알 수 있다. 그 결과 투자 증감률로 경기 순환의 큰 흐름을 식별하기가 쉽다.

경기 순환이 저점에 달한 시기를 보면, 1970년 이후에는 1972년, 1980년, 1997년, 2019년으로 나와 앞의 [그림 2-4]에서 경기종합지수로 식별한 것과 크게 다르지 않다. 그에 추가하여 1959년에 저점이 나타났는데 그것은 재정안정계획으로 긴축 정책이 실행되었기 때문이다. 그리고 식민지기는 경기 순

그림 2-5 GDP, 민간 소비, 투자의 연평균 증가율(3년 이동평균)

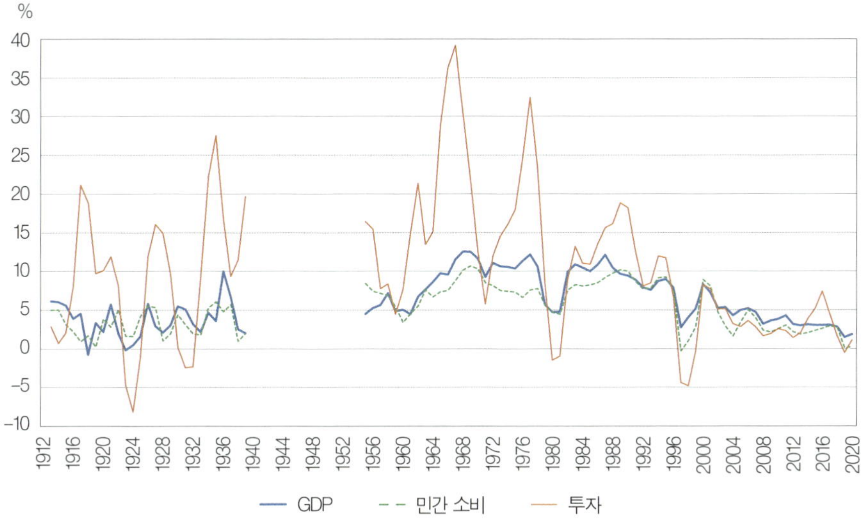

자료: 『한국의 장기통계』(N. 국민소득); 한국은행, ECOS.

환의 주기가 상대적으로 짧아졌는데, 농업의 비중이 높아 풍흉의 영향을 많이 받았기 때문으로 생각된다. 해방 후에는 경기 순환의 주기가 길고 호황기가 더 오래 지속되었던 것과 대조된다. 식민지기에는 투자 증감률이 마이너스(−)로까지 떨어진 저점이 두 번 나타났다. 하나는 1923-1924년인데, 제1차 세계대전기의 호황에 뒤이은 전후 공황이 있었고, 1920년대 중엽은 상대적으로 정체되어 있었다. 또 하나는 1931-1932년인데 세계대공황의 영향이 나타난 것이라 할 수 있다.

2. 무역과 국제수지

후발국이 생산성을 높이는 데에는 개방체제하에서 선진 기술을 배우고 해외 저축을 활용하는 것이 중요하다. 여기에서는 그러한 관점에서 무역과 국제수지의 장기 추이를 살펴보자.

조선 시대에는 청국에 대한 조공과 그에 부수해서 이루어지는 소규모 교역을 제외하면 대외 무역은 보잘것없었다. 1876년 일본이 강요한 강화도 조약으로 개항이 이루어졌고, 1882년에는 청국과 통상조약(朝淸商民水陸貿易章程)이, 그 후 미국과 영국 등 서구 열강과의 통상조약이 맺어졌다. 이들 조약에 의해 부산, 원산, 인천 등에 개항장이 설치되고, 거기에 외국 상인의 거류지가 들어섰다. 관세는 개항 당시 무관세였다가 5% 정도의 낮은 협정관세가 부과되었다.

[그림 2-6]은 개항 이후 우리나라 평균 관세율의 추이를 보여 준다. 품목에 따라 관세율이 다르고 시기에 따라 달라졌기 때문에 그 평균을 구하기 쉽지 않다. 여기에서는 재정 통계에서 얻은 관세 수입을 무역 통계에서 얻은 전체 수입액으로 나누어 그 평균을 구하였다. 이것은 대외 개방의 정도를 보여 주는 지표로 볼 수 있다. 실선으로 제시한 평균 관세율에 따르면, 개항 이후 5%를 조금 넘는 관세율이 부과되었음을 알 수 있는데, 그것은 열강과 맺은 전술한 5%의 협정관세와 근접함을 알 수 있다.

일본의 한국 합병(1910년)은 제도 면에서 한국을 일본경제에 통합하는 결과를 가져왔다. 그 일환으로 관세도 통합되었다. 그런데 합병 당시 기존의 관세는 향후 10년간 존속하도록 유예되었다. 외국이 조선 정부와 맺은 관세 협정을 일방적으로 폐기하기 어렵다는 외교적 고려가 있었기 때문이다. 그 후

그림 2-6 한국의 평균 관세율 추이

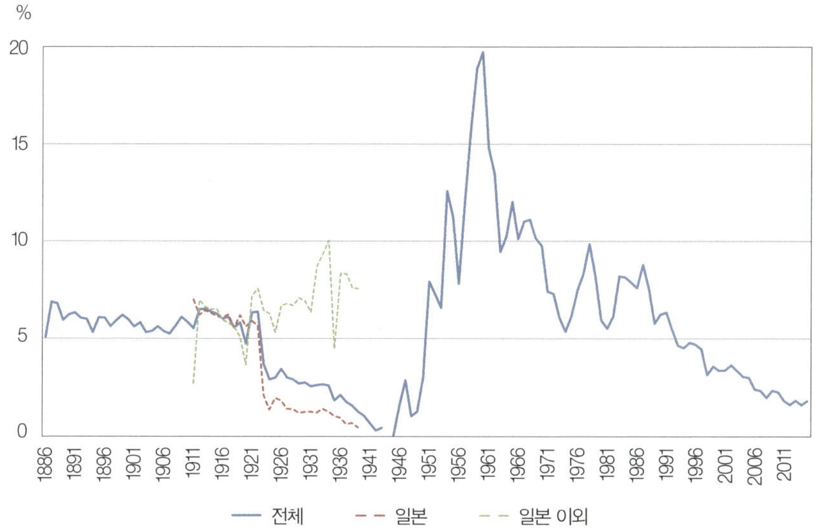

자료: 『한국의 장기통계』(V. 대외무역과 환율).

한국과 일본 간에는 관세를 없애기로 하고, 일본 이외의 외국과의 무역에서는 일본의 관세율을 적용하기로 하였다. 다만 식민지 정부의 관세 수입이 격감하는 것을 완화하기 위해 일부 품목의 관세를 남겨 두었지만, 그것도 점차 폐지되어 갔다. [그림 2-6]에 따르면, 일본에 적용된 평균 관세율이 1920년대 초에 2% 미만으로 크게 떨어진 다음 점차 0으로 수렴되어 간 것은 그 때문이다. 그에 대해 일본 이외의 외국에 적용된 평균 관세율은 기존의 수준보다 다소 높아졌다.

해방 후에는 독립국가의 수립으로 독자적인 산업 정책을 펼 수 있게 되었으며, 국내 시장 보호를 위해 관세율을 크게 올렸다. 이것은 신생 독립국에

그림 2-7 수출과 수입의 국민총소득(GNI) 대비 비율

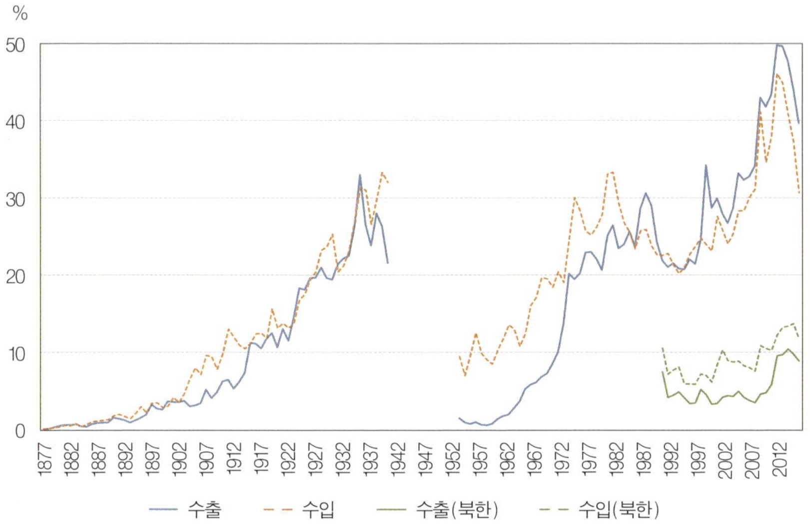

자료: 『한국의 장기통계』(V. 대외무역과 환율).

일반적으로 나타난 현상이라 할 수 있다. [그림 2-6]에 따르면, 한국의 평균 관세율이 일시적으로 20%에 근접하기도 하였지만, 그 후 빠르게 하락하였다. 즉, 한국의 경우 높은 보호관세가 오래 지속되지 않고 개방체제로 복귀하였다는 점이 주목된다. 다른 개발도상국은 국내 시장을 보호하기 위해 높은 관세율을 계속 유지한 경우가 많았지만, 그런다고 해서 자국의 산업이 국제 경쟁력을 갖도록 성장한다는 보장이 없다. 거꾸로 보호된 국내 시장에 안주하는 허약한 체질의 산업으로 귀결되는 경우가 많았다.

[그림 2-7]은 수출과 수입의 규모를 국민총소득(GNI) 대비 비율로 제시한 것이다. 개항기에는 GNI의 추계가 없지만, 경제성장률 1%의 가정을 넣어

연장한 것인데 가정을 여러 가지로 바꾸어도 크게 달라지지 않았다. 그림에 따르면, 개항 이후 무역 의존도가 빠르게 상승하였고 특히 러일전쟁 이후 수입 의존도가 급등한 것으로 나온다. 식민지기에 들어와서도 그 추세가 이어져 수출 또는 수입 의존도가 30%에 달하였다. 해방 후에는 정치적 격변으로 무역이 붕괴되다시피한 후 다시 급속히 높아져 40% 전후 수준으로까지 높아졌다. 그림에는 북한의 수치도 제시하였는데, 무역 의존도는 현재에도 식민지 초기의 수준을 벗어나지 못하였음을 알 수 있다.

이러한 개항 이후 대외 거래의 비약적인 성장은 국내 수출산업의 발전을 보여 줄 뿐만 아니라 해외로부터 상품과 함께 선진적인 기술과 제도에 관한 정보도 밀려들어 왔음을 뜻한다. 이러한 대외 접촉의 확대는 한국인들의 학습을 자극하고 선진국과의 격차를 줄일 수 있는(catch up) 기회를 제공하였다. 한국은 전통 사회로부터 비교적 단기간에 근대 사회로 변모하였는데, 거기에는 대외 거래가 주도적인 역할을 한 것으로 볼 수 있다. 이에 대해 해방 후 북한이 거의 폐쇄적인 경제체제를 유지해 왔고 한국과의 경제적 성과의 차이가 극단적으로 벌어졌는데, 그것은 경제성장에서 개방과 대외 거래의 역할이 얼마나 중요한지를 단적으로 보여 주는 사례라고 할 수 있다.

한국의 수출 의존도가 이처럼 빠르게 상승한 것은 수출의 주력 품목이 시기에 따라 계속 교체되어 왔고, 그 배후에 산업구조가 고도화되어 왔음을 반영하고 있다. [그림 2-8]은 이를 보이기 위해 수출입 구성비의 추이를 제시하였다. 그림에 따르면, 개항기에는 쌀이나 콩과 같은 농산물과 쇠가죽과 같은 원재료를 수출하고, 면직물을 비롯한 공산품을 수입하는 구조였다. 식민지기에 들어와서도 그 구조는 이어졌지만, 기계 등의 수입과 공산품의 수출이 나타나기 시작하였다. 이것은 1930년대에 본격화된 식민지 공업화를 반

그림 2-8 수출과 수입의 구성비 추이

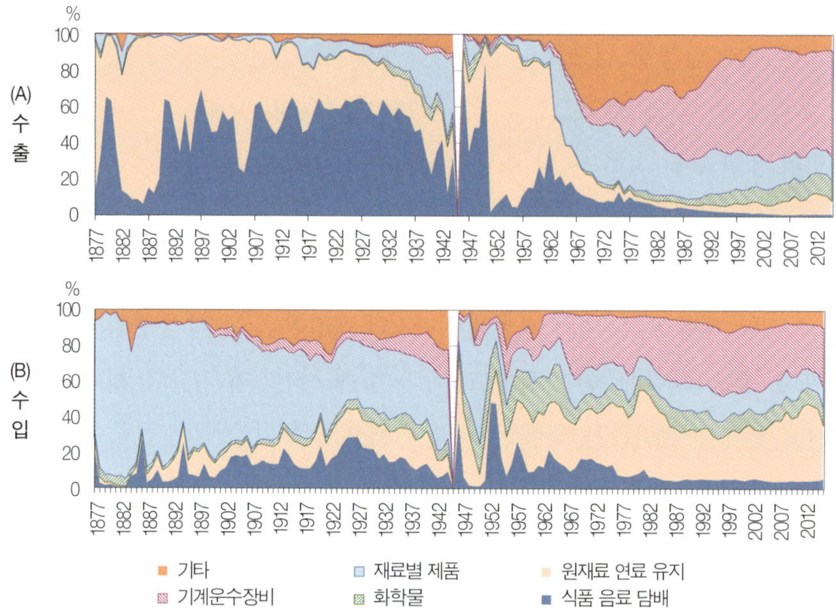

자료: 『한국의 장기통계』(V. 대외무역과 환율).

영한 것이다. 해방 후 무역 구성의 일시적인 후퇴가 나타났지만, 1960-1970년대에는 직물, 의류 등의 재료별 제품이, 그 후에는 전기기계, 선박, 차량 등의 중화학공업 제품이 수출을 주도하였다. 수입에서는 자본 형성에 투입되는 기계류와 석유와 원재료 중심의 구조가 지속되어 왔다.

이와 관련하여 한국의 비교우위가 어떻게 바뀌어 왔는지 살펴보자(김낙년 2015). 만약 한국이 어떤 산업의 수출 구성비가 비교 대상이 되는 나라보다 높다면 한국은 그 산업에서 비교우위에 있다고 할 수 있다. 거꾸로 낮다면 비교열위에 있게 된다. 이를 현시적 비교우위(Revealed Comparative Advantage, 이하

RCA)라고 한다. 그리고 비교 대상이 되는 나라를 세계의 평균으로 본다면, 비교우위는 보통 다음의 식 (2-1)과 같이 정의된다(Balassa 1965).

$$RCA1 = \left(\frac{X_j^A}{X^A}\right) \Big/ \left(\frac{X_j^{REF}}{X^{REF}}\right) \tag{2-1}$$

$$RCA2 = \left(\frac{X_j^A}{X^A}\right) - \left(\frac{X_j^{REF}}{X^{REF}}\right) \tag{2-2}$$

식 (2-1)에서 X_j^A는 A국의 j업종 수출액, X^A는 A국의 수출액을, 그리고 X_j^{REF}는 비교 기준이 되는 국가군(보통 세계)의 j업종 수출액, X^{REF}는 그들의 수출액을 각각 말한다. j업종의 두 구성비 비율로 정의되어 있기 때문에 RCA1이 1을 넘으며 A국의 j업종은 비교우위가 있고, 1에 미치지 못하면 그렇지 않은 것으로 볼 수 있다. 그런데 RCA1은 0에서 ∞까지 분포하는 것으로 되며, 그 분포의 특성에 몇 가지 문제가 존재한다. 예컨대, 이렇게 구한 각 업종의 RCA1의 평균은 1이 될 것으로 기대되지만, 실제는 1보다 큰 것이 보통이고, 평균을 중심으로 하여 RCA1의 분포가 대칭성을 보이지 않는다. 이에 대해 식 (2-2)로 보인 RCA2는 j업종의 두 구성비 비율이 아니라 차이로 정의된다(Hoen and Oosterhaven 2006). 이 지수는 −1에서 1까지 분포되는데, 업종별 평균은 0이 된다. 즉, RCA2가 0보다 큰 업종은 비교우위를 갖고, 0보다 작으면 그렇지 않은 것이 된다.

[그림 2-9]는 RCA2의 정의에 따라 한국의 산업별 비교우위가 어떻게 변해 왔는지를 보여 준다. UN의 무역 통계 DB인 Comtrade를 이용였는데, 자료의 제약 때문에 1962년 이후로 한정된다. 그림에 따르면, 각 업종의 RCA가 시기에 따라 크게 바뀌고 있는 것을 알 수 있다. 1960년대 초에 한국 수

그림 2-9 한국의 현시적 비교우위(RCA)의 추이(SITC의 대분류)

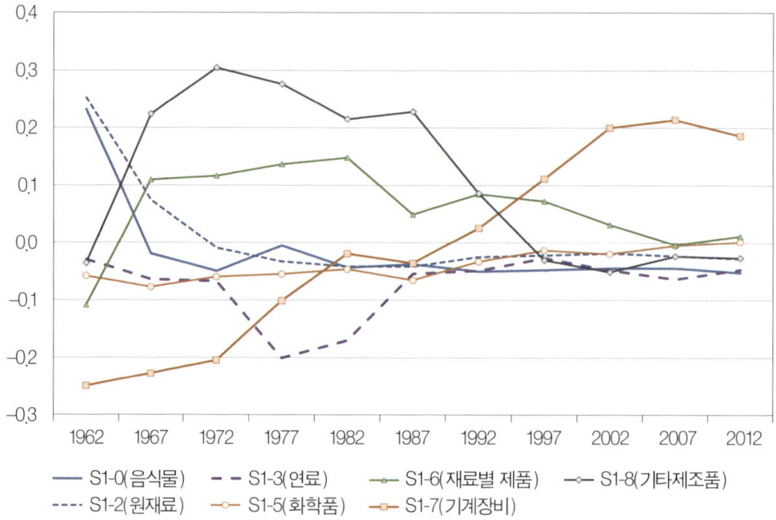

자료: 김낙년(2015), 원자료는 UN, Comtrade.

출의 비교우위 업종은 음식물(0)과 원재료(2) 같은 1차 산품에 있었고, 다른 제조품은 비교우위를 갖지 못하였다. 여기서 업종에 붙인 번호는 표준국제무역분류(SITC Rev.1)의 대분류 번호이다. 1960년대 후반부터는 재료별 제품(6)과 기타제조품(8)과 같은 경공업이 비교우위를 획득하였고, 그 구도가 1970-1980년대에 이어졌다. 그 사이 연료(3)의 RCA가 크게 하락한 것은 1970년대 두 차례의 오일쇼크 때문에 세계의 석유 수출액이 크게 증가(따라서 그 업종의 수출 비중이 크게 상승)하였기 때문이다. 그런데 1990년대 초반에는 경공업의 비교우위가 떨어지고 기계류(7)의 비교우위가 상승하는 역전이 일어났다. 그래프로는 제시하지 않았지만, 기계류를 중분류로 세분해서 보면 자동차나 선박과 같은 수송장비(73)와 전기기계(72) 등이 높은 비교우위를 나타낸 반면, 범용적으로 쓰이는 일반기계(71)는 그렇지 못하였다. 그 후 기계류의 비교우위가 계속 유지되는 사이에 다른 업종은 0에 수렴하고 있다. 다만 화학품(5)의 RCA가 그동안 비교열위에 머물러 있던 것이 완만하게 상승하여 0을 넘어섰다.

요컨대, 업종별 RCA의 추이를 보면 1962년 이후 수출에서 비교우위 업종의 교체가 두 차례 관찰된다. 1960년대에는 1차 산품에서 경공업 제품으로의 교체가 나타났고, 1990년대에는 비교우위 업종이 경공업에서 다시 중화학공업 제품 중심으로 이행하였다. 첫 번째의 교체는 한국이 후발국으로서 노동집약적인 경공업 제품에서 비교우위를 확보하게 된 것을 보여 주는 것이고, 두 번째는 경공업에서 다시 중화학공업으로 비교우위가 옮겨 간 것을 반영하고 있지만, 세계무역에서 중국이 대두함에 따라 불가피하게 이행한 측면도 있다. 즉, 중국이 저임금을 기반으로 경공업 제품의 수출을 급속히 늘림에 따라 경공업에서 한국의 경쟁우위가 빠르게 후퇴하면서 수출 구성이 중화학공업 중심으로 급속히 재편되었다.

한편, 수출입의 동향을 물량과 가격 요인으로 나누어 볼 수 있다. [그림 2-10]은 수출 물가지수를 수입 물가지수로 나누어 구한 순상품교역조건의 추이를 보였다. 먼저 개항기에는 대체로 이 교역조건이 상승하는 추이를 보였는데, 그것은 쌀 한 단위를 수출해서 더 많은 면직물을 수입할 수 있었다는 뜻이다. 식민지기에 들어와 이 교역조건은 뚜렷한 증가 또는 감소 추세를 보이지 않았다. 해방 후부터 한국전쟁 때까지는 순상품교역조건이 요동을 치고 있는데, 그것은 수출이 거의 붕괴된 상황에서 개별 품목의 단가가 불안정해진 자료상의 문제가 반영된 것으로 보인다. 그 후 순상품교역조건은 1960년대까지 뚜렷한 추세를 보이지 않다가 1970년대 초부터 계속 악

그림 2-10 교역조건의 추이

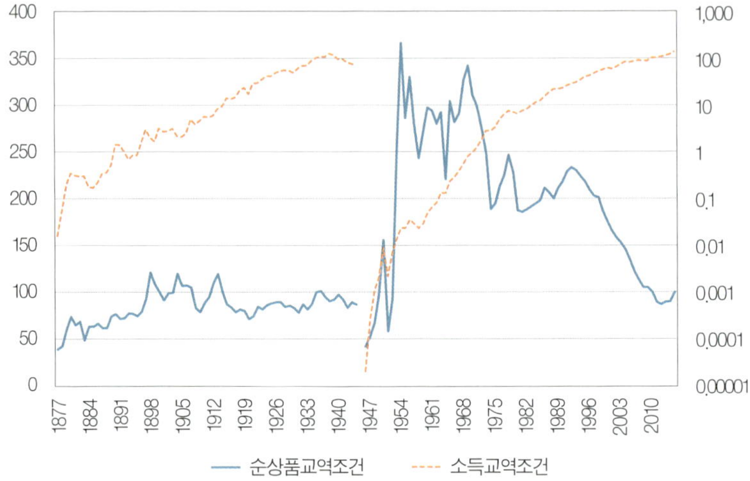

주: 해방 전은 1935년=100, 해방 후는 2010년=100.
자료: 『한국의 장기통계』(V. 대외무역과 환율).

화되는 양상을 보였다. 1970년대에는 두 차례의 오일쇼크로 수입 원유 가격이 급등한 것이 큰 영향을 미쳤지만, 1990년대 이후에는 IT 제품을 비롯하여 수출을 주도하는 제품의 생산성 증가가 매우 빨라 그 가격이 급속히 하락한 것을 반영한 것이다.

수출 가격이 수입 가격보다 상대적으로 더 하락하였다는 것은 수출 물량이 더 빨리 늘어나는 효과를 가질 수 있다. 이를 고려한 것이 소득교역조건인데, 순상품교역조건에 수출 물량지수를 곱해서 구한다. 이것은 수출해서 번 돈으로 얼마나 많은 물량을 수입할 수 있는가를 측정한다. [그림 2-10]에 따르면, 소득교역조건은 개항 이후 현재까지 거의 모든 시기에 걸쳐서 급속히 상승하였다. 즉, 순상품교역조건이 개선된 시기는 물론이지만 악화된 시기에도 한국은 무역을 통한 이득(gains from trade)을 전체 시기에 걸쳐 누려온 것을 알 수 있다.

앞의 [그림 2-7]을 보면 수출액과 수입액이 일치하는 경우는 드물다. 상품 거래로 인해 발생한 외환의 수취와 지급의 차이를 상품수지라고 하며, 수출이 수입보다 많으면 상품수지 흑자라고 하고, 적으면 적자라고 한다. 상품수지 이외에 운송이나 보험, 여행 등의 거래로 인한 수치와 지급의 차이는 서비스수지, 노동이나 자본의 거래로 인한 소득의 수취와 지급의 차이는 본원소득수지, 그리고 무상원조와 같이 대가 없이 주고받는 거래의 경우는 이전소득수지라고 한다. 이들 각 수지의 합계를 경상수지라고 하고, 여기에 자본의 이동까지 포함한 것을 국제수지라고 한다. [그림 2-11]은 상품수지와 경상수지의 규모를 GNI 대비 비율로 제시한 것이다. 개항기에는 데이터의 부족으로 상품수지만을 제시하였다. 그림에 따르면, 상품수지 적자가 개항 이후 서서히 커지고 있었지만, 러일전쟁(1904-1905년)을 계기로 급격히 늘어났음을 알 수 있다.

상품수지와 경상수지의 적자 기조는 식민지기에도 이어졌다. 일본으로부터 투자와 과실 송금의 증가로 인해 본원소득수지는 적자인 반면, 일본이 부담한 행정 비용과 조선총독부에 지급한 보조금으로 인해 이전소득수지는 흑자를 보였다. 이들을 합한 경상수지 적자 규모는 1910-1920년대에는 GNI 대비 1%대였지만, 1930년대는 4%에 가까운 수준으로 커졌다. 1930년대에 전개된 식민지 공업화를 위해 일본으로부터 대규모 자본이 유입되었는데, 이것이 경상수지 적자를 메우고 있었다.

해방 후에는 분단과 한국전쟁으로 인해 무역이 붕괴되다시피 하였는데, 미국과 UN으로부터의 원조가 한국경제의 부흥에 큰 역할을 하였다. 특히

그림 2-11 상품수지와 경상수지의 GNI 대비 비율

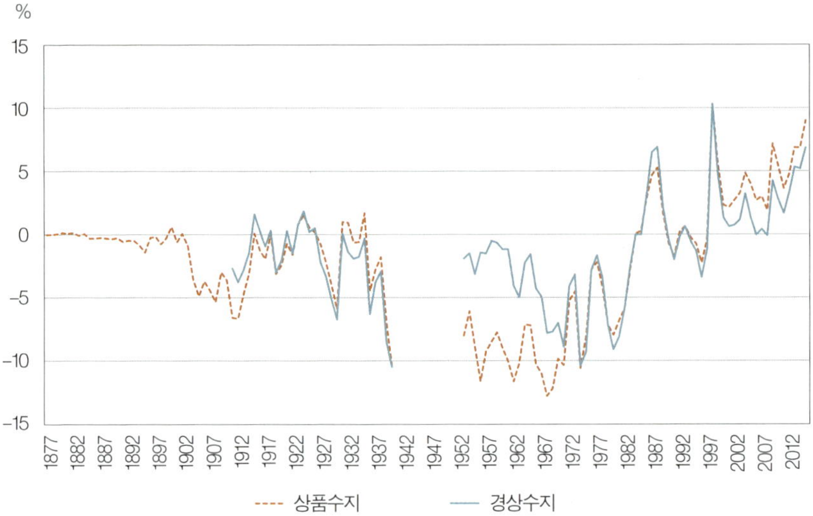

자료: 『한국의 장기통계』(V. 대외무역과 환율).

1950년대에 상품수지 적자가 GNI의 10%까지 확대되었지만, 경상수지 적자가 1%대에 머물 수 있었던 것은 해외 원조 덕분이었다. 고도성장을 구가하였던 1960년대에서 1980년대 전반까지는 상품수지와 경상수지 적자 기조가 더욱 확대되었다. 거기에는 높은 투자를 반영하는 자본재와 원자재 수입이 크게 늘어났고, 두 차례의 오일쇼크로 원유 가격이 급등한 것이 큰 영향을 미쳤다. 1960-1970년대 경상수지 적자 규모는 GNI의 5%를 넘어섰는데, 그만큼 해외로부터 차관이나 직접 투자 등의 형태로 자본 유입이 많았음을 뜻한다.

1980년대 후반에는 이른바 3저 호황에 힘입어 수출이 급등한 반면, 원유 가격 안정 등으로 수입액 증가는 크지 않아 상품수지와 경상수지가 처음으로 흑자로 전환하였다. 외환위기(1997년) 직전에는 다시 경상수지 적자가 나

타나기도 하였지만, 그 이후 흑자 구조가 정착하였다. 그 흑자 규모는 2010년 이후에 GNI 대비 4.4%에 이를 정도로 커졌다. 그 내역을 보면, 상품수지의 흑자가 확대되는 가운데 서비스수지의 적자가 커졌다. 서비스수지에서 건설 수지는 큰 규모의 흑자가 계속되었지만, 여행이나 사업 또는 지식재산권의 수지에서는 적자가 크게 늘어났기 때문이다. 본원소득수지에서는 투자소득이 중요한데, 그것은 2010년 이후 처음으로 흑자로 전환하였다. 경상수지 흑자가 누적되면서 해외 투자와 그로 인한 수익이 그만큼 늘어났기 때문이다. 이전소득수지는 2000년대 이후 흑자에서 적자로 전환되었다. 정부의 공적개발자금(ODA) 원조가 늘어난 것도 있지만, 1년 이상 국내에 거주한 외국인 근로자의 해외 송금이 해외에 거주한 한국인 근로자의 국내 송금보다 더 커졌기 때문이다.

3. 성장회계

경제성장의 원천으로는 천연자원, 노동, 자본, 기술, 제도를 들 수 있다. 이 중에서 제도와 같은 장기 역사적 요인은 제2부에서 다룰 예정이다. 천연자원이 경제성장에 중요한 역할을 한 나라들도 있지만 우리나라는 그렇지 못하므로 여기에서는 노동, 자본, 기술에 초점을 맞추고자 한다.

경제성장의 원천은 투입과 산출의 관계를 보여 주는 생산함수를 이용하여 설명하는 것이 편리하다. 기술 수준을 A라고 하고, 노동 L과 자본 K의 생산요소 투입으로 얻을 수 있는 산출 또는 소득의 수준을 Y라고 하자. 그러면 다음의 식 (2-3)과 같은 생산함수를 만들 수 있다. 여기서 Y는 자본과 노동의 몫으로 분배되는데, α는 자본 K의 몫을 뜻하고, 그 나머지인 $1-\alpha$가 노동인 L의 몫이 된다. 그런데 식 (2-3)을 변형하면 식 (2-4)와 같이 각각의 증가율 관계로 나타낼 수 있다. 거기에서 Δ는 증가분을 나타내므로 $\frac{\Delta Y}{Y}$는 산출 또는 소득의 증가율을, 마찬가지로 $\frac{\Delta K}{K}$와 $\frac{\Delta L}{L}$는 각각 자본과 노동 투입의 증가율을 말한다. 그리고 $\frac{\Delta A}{A}$는 기술진보율을 뜻하며 총요소생산성(total factor productivity: TFP)의 증가를 보여 준다. 거기에서 $\alpha\frac{\Delta K}{K}$는 자본 투입의 증가율에 자본으로 분배되는 몫(α)을 곱한 것인데, 그것은 자본 투입의 증가가 Y의 증가에 기여한 몫을 뜻한다. 마찬가지로 $(1-\alpha)\frac{\Delta L}{L}$은 노동 투입의 기여분을 뜻한다. 따라서 식 (2-4)는 산출 또는 소득의 증가율, 즉 경제성장률은 자본과 노동 투입의 기여분과 기술진보율의 합계가 된다는 사실을 보여 준다. 이를 성장회계(growth accounting) 방정식이라고 한다. 그런데 기술진보율은 자료의 제약 때문에 측정하기가 거의 불가능하다고 할 수 있다. 그래서 식 (2-5)와 같이 기술진보율($\frac{\Delta A}{A}$)은 경제성장률($\frac{\Delta Y}{Y}$)에서 노동과 자본의 기여도를 빼는 방법으로 간접적으로 구한다. 이를 통해서 경제성장률이 노동이나 자본의 투입 증가 또는 기술진보의 어느 요인이 더 중요하였는지 구체적인 수치로 분석할 수 있게 된다.

$$Y = AK^{\alpha}L^{1-\alpha} \tag{2-3}$$

$$\frac{\Delta Y}{Y} = \frac{\Delta A}{A} + \alpha\frac{\Delta K}{K} + (1-\alpha)\frac{\Delta L}{L} \tag{2-4}$$

$$\frac{\Delta A}{A} = \frac{\Delta Y}{Y} - \alpha\frac{\Delta K}{K} - (1-\alpha)\frac{\Delta L}{L} \tag{2-5}$$

이상을 그래프를 이용해서 설명할 수도 있다. [그림 2-12]에는 X축에 자

그림 2-12 생산함수와 성장회계

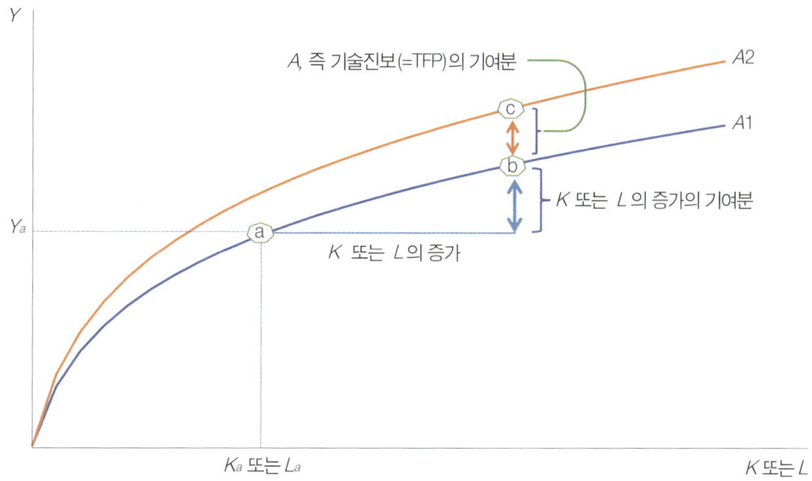

본(K)이나 노동(L)의 투입을, Y축에는 생산 또는 소득의 수준을 Y로 표시하고 있다. 생산함수는 $A1$과 $A2$를 두 개 그려 놓았다. $A1$보다 $A2$가 더 높게 그려져 있는데, 그것은 동일한 K 또는 L이 투입되었을 때의 산출량 Y는 $A1$보다 $A2$가 더 많은 것을 뜻한다. 즉, $A1$보다 $A2$의 생산함수의 기술 수준이 더 높은 것을 나타내고 있다. 현재 생산함수 $A1$ 위에 있는 점 ⓐ의 위치에 있다고 해 보자. 그때의 투입량은 K_a 또는 L_a가 되고, 그에 대응하는 산출량은 Y_a가 된다. 거기에서 생산함수 $A1$의 선상에 있는 ⓑ의 위치로 간 경우를 생각해 보자. 즉, ⓐ와 ⓑ 사이에는 투입이 늘어났고 그에 대응하여 산출량인 Y도 늘어난 것을 알 수 있다. 그것은 K 또는 L의 증가로 인한 Y 증가의 기여분이라 할 수 있다. 여기서 한 가지 추가로 지적할 것은 생산함수가 K 또는 L이 낮은 수준일 때에는 Y가 가파르게 증가하지만, 투입이 많아지면 Y가 증가하는 속도가 느려지게 그려져 있다. 이것은 경제학에서 말하는 수확체감이 작동하기 때문이다. 예컨대, 자본(K)이 이미 많이 축적된 선진국의 경우 자본을 늘려도 그로 인해 생산(Y)이 늘어나는 효과가 점차 작아지는 것을 뜻한다. 이것은 선진국이 개발도상국에 비해 성장률이 낮아지는 이유 중의 하나를 설명한다.

그림에서 ⓑ에서 다른 생산함수인 $A2$ 위에 있는 ⓒ로 옮겨 간 경우를 보자. K나 L의 투입이 늘어나지 않았는 데에도 Y가 늘어난 것을 보여 준다. 이것은 기술진보로 인해 산출이 늘어난 경우를 보여 준다. ⓐ에서 ⓒ로 옮겨 간 경우를 보자. 경제가 성장할 때 생산요소의 투입이 늘어나거나 기술진보가 이루어지기 때문에 이것이 더 일반적이라고 할 수 있다. 그 경우 Y의 증가에 기여한 것은 먼저 K 또는 L의 증가가 기여한 부분과 기술이 진보함에 따라 생산함수 자체가 $A1$에서 $A2$로 이동한 것이 기여한 부분으로 나눌 수 있음을 알 수 있다.

기존 연구는 한국을 포함한 동아시아 국가에서 어떻게 고도성장이 가능하였는지를 구명하고자 하였고, 그때 성장의 원천이 어디에 있는가에 초점을 맞추었다. 높은 성장이 노동이나 자본의 투입을 크게 늘렸기 때문인지, 아니면 빠른 기술진보에서 온 것인지가 관건이라 할 수 있다. 만약 높은 투입에 의존한 것이라면 그렇게 이루어진 높은 성장은 오래 지속되기 어렵기 때문이다. 예컨대, K의 투입이 높은 수준으로 지속되기 위해서는 그 재원으로서 저축이 그만큼 커야 하는데, 그것은 소비를 그만큼 줄이는 희생을 치르고 있음을 뜻한다. K의 투입 증가에는 수확체감이 따른다는 점도 지적할 수 있다. 따라서 그러한 방식의 성장은 한계가 있어 오래 지속되기 어렵다. 이에 대해 높은 성장이 빠른 기술진보에서 온 것이라면 의미가 달라진다. 기술진보를 포함한 지식의 축적에는 한계가 없고 지속 가능하기 때문이다. 기존 연구(예컨대, Young 1995; Collins and Bosworth 1996)는 동아시아 경제의 높은 성장률은 대부분 노동이나 자본의 투입 증가(즉, 축적)에 기인한 것이며, 기술진보인 TFP의 기여도는 상대적으로 낮은 것으로 평가하고 있다. 그것은 선진국에서 나타난 패턴, 즉 노동이나 자본의 투입 증가보다는 기술진보(TFP)의 기여도가 상대적으로 더 높은 것과 대비되고 있다. 여기에서는 이 점을 좀 더 상세히 검토해 보고자 한다.

그런데 식 (2-6)에서 노동 L은 취업자 수에 평균 근로시간을 곱해 구한 총근로시간으로 정의하기로 한다. 이를 노동의 양이라고 할 수 있는데, 거기에 노동의 질은 포함되어 있지 않다. 노동의 질은 인적 자본(human capital)이라 하여 H라고 표기하기로 한다. 그러면 노동의 양과 질을 모두 감안한 노동의 투입은 아래의 식 (2-6)과 같이 L과 H의 곱으로 나타낼 수 있다. 예컨대, 교육의 보급으로 노동의 질이 평균 1.5배 높아졌다고 한다면 노동의 양과 질을 감안한 노동의 투입은 $1.5L$이 됨을 보여 준다. 이를 감안한 성장회계 방정식을 만들면 식 (2-7)과 같이 된다. 위의 식 (2-4)와 비교하면 식 (2-7)에는 노동의 양이 경제성장에 기여한 부분 이외에 노동의 질이 기여한 부분이 별도의 항목으로 추가되어 있음을 알 수 있다. 식 (2-4)에서는 노동의 질이 기여한 부분$\left((1-\alpha)\frac{\Delta H}{H}\right)$이 나머지로 구해지는 TFP, 즉 $\frac{\Delta A}{A}$ 속에 포함되어 있었지만, 식 (2-7)에서는 이를 분리해 보여 주고 있다.

$$Y=AK^{\alpha}(LH)^{1-\alpha} \tag{2-6}$$

$$\frac{\Delta Y}{Y}=\frac{\Delta A}{A}+\alpha\frac{\Delta K}{K}+(1-\alpha)\frac{\Delta L}{L}+(1-\alpha)\frac{\Delta H}{H} \tag{2-7}$$

[그림 2-13]은 식 (2-7)의 산식으로 우리나라 성장회계를 추정한 결과를

그림 2-13 우리나라 성장회계 요소별 증가율 추이

주: 1) 증가율은 Hodrick-Prescott filteration의 방법(λ=500)으로 평탄화.
2) 1962년 이전의 근로시간은 1963-1967년의 업종별 근로시간을 적용하여 추정.
3) 1970년 이전의 자본스톡은 영구재고법으로 추정.
4) 학력은 수학연수 1년의 수익률=7%를 가정한 추정.

자료: 한국은행, ECOS; 통계청, KOSIS; 『한국의 장기통계』(C. 노동력; N. 국민소득; P. 자본과 부).

보여 준다. 거기에서 경제성장률(즉, $\frac{\Delta Y}{Y}$)은 자본스톡, 노동의 양(총근로시간)과 질(학력)이 각각 경제성장률에 기여한 부분과 TFP(총요소생산성) 증가율의 합계가 된다. 그런데 이들 각 항목의 매년 증가율을 그대로 제시하면 들쑥날쑥하게 변동이 심해서 그 추이가 잘 드러나지 않는다. 여기에서는 호드릭-프레스코트(Hodric-Prescott)의 방법으로 매년 증가율에서 주기적 변동을 제거하여 평탄화(smoothing)된 결과를 제시하였다. 먼저 경제성장률 추이를 보

면, 1970년대에 10%가 넘어 정점에 달하였고 그 전과 후에는 성장률이 낮아지는 역U자형의 양상을 보였다. 식민지기는 해방 후에 비해 성장률이 낮았으며 1920년대 중엽을 바닥으로 그 전과 후에 성장률이 높아지는 U자형의 추이를 보였다.

이러한 경제성장률에 가장 크게 기여한 것은 시기에 따라 달랐지만, 자본스톡(K)의 증가였다. 예컨대, 1970년대에는 경제성장률의 절반이 넘는 연평균 5-6%를 자본스톡의 증가가 기여하였다. 그렇지만 그 이후에는 그 증가율이 계속 하락하여 2010년대에는 1.4%에 불과한 수준으로 떨어졌다. 식민지기도 후기로 갈수록 자본스톡의 증가가 성장을 주도하였지만, 해방 후 1950년대에는 크게 떨어진 후에 다시 급속히 증가하였다. 여기서 이용된 자본스톡 데이터는 1970년 이후는 한국은행이 제공하는 자본 서비스 물량지수이지만, 그 이전은 데이터가 없어 영구재고법이라는 방법으로 추정한 것이다. 자본스톡은 매년 일정 부분이 감가상각이 되는 한편 새로운 투자(flow)가 매년 이루어져 누적된다. 여기서는 감가상각률을 4%로 가정하고 매년의 투자(즉, 고정자본형성) 데이터를 이용하여 추정하였다.

노동의 양인 총근로시간(L)의 증가는 1970년대 초에 경제성장률의 3%를 기여하였다가 그 후 꾸준히 하락하였다. 2012년 이후에는 마이너스(−) 값으로 바뀌었고, 최근에는 경제성장률을 1% 정도 떨어뜨리는 요인이 되었다. 이것은 통계청에 의거하여 취업자 수에 평균 근로시간을 곱해 구한 것이다. 고도성장기에는 취업자 수가 늘어났을 뿐만 아니라 평균 근로시간도 길어져 두 효과가 상승 작용하였지만, 1980년대 이후 근로시간이 하락하기 시작하였고, 근래에는 특히 주 5일제가 확산됨에 따라 총근로시간의 하락 추세가 더 빨라졌다.

그런데 식민지기에 조사된 유업자는 개념상 현재의 취업자와 차이가 있을 뿐만 아니라 부업 종사자의 포함 여부도 시기에 따라 달라지는 등 일관된 시계열 데이터를 얻기 어렵다. 여기에서는 취업자 수 통계가 없는 1911-1962년의 경우에는 『경제활동인구조사』에서 얻은 성별·연령별 취업률(1963-1967년 평균)을 각 연도의 성별·연령별 인구수에 적용하는 방법으로 취업자를 추정하였다. 근로시간도 1960년대 중반에 조사된 산업별 취업자의 평균 근로시간을 식민지기의 산업별 유업 가구에 적용하는 방법으로 추정하였다. 농림어업의 근로시간이 광공업이나 서비스업에 비해 상당히 적기 때문에 농업 비중이 높은 식민지기의 근로시간이 해방 후보다 적은 것으로 추계된다. 그 사이인 1953-1962년은 이렇게 추정된 1943년의 평균 근로시간과 1963년의 평균 근로시간을 직선보간하는 방법으로 추정하였다. 이와 같이 1962년 이전 통계에는 데이터의 부족으로 가정에 의한 추정이 들어가 있음에 유의할 필요가 있다.

한편, 노동의 질에는 학력 이외에 현장에서의 훈련과 경험에 의한 숙련의 향상도 있지만, 자료의 제약으로 학력에 한정하여 추정하고자 한다. 노동의 질적 차이는 임금 격차로 측정할 수 있지만, 여기에서는 자료상의 제약을 감안하여 수학연수(school years) 1년의 수익률이 7%라는 가정으로 추정하였다. 국제 비교에서 이 방법이 많이 쓰이고 있어(예컨대, Collins and Bosworth 1996) 그것과 일관되게 비교할 수 있다. 그 경우 예컨대 6년의 수학은 1.5배의 질적 차이가 생기며, 대학졸업자는 무학자보다 노동의 질이 3배 높은 것으로 추정된다. [그림 2-13]에 따르면, 학력 증가가 경제성장률을 높인 효과는 해방 전에는 미미하게 증가하는 데 그쳤지만, 해방 후에 크게 뛰었음을 알 수 있다. 여기에는 1950년부터 실시된 초등교육 의무화의 영향이 컸다. 그 후 중학교, 고등학교, 대학교 등으로 상급학교 진학률이 높아졌기 때문에 인구

중의 학력 구성도 계속 높아졌다. 다만 그 기여도는 계속 하락하는 추세를 보였다. 그것은 선진국에서도 나타나는 현상인데, 수학연수가 일정한 수준에 달하면 더이상 높아지지 않으므로 증가율이 정체되기 때문이다.

마지막으로 총요소생산성(TFP) 증가율의 추이를 보면, 시기별로 차이가 보인다. 성장률이 가장 높았던 1970년대에는 TFP의 기여도 1% 정도로 낮았지만 1980년대에 빠르게 상승하여 2.4%로 높아졌다. 그 후 2000년대 전반까지 그 수준을 유지하였다가 다시 하락하기 시작하여 최근에는 1%대로 떨어졌다. 주목되는 것은 고도성장기에는 자본스톡과 노동 투입의 기여도가 워낙 높았기 때문에 TFP의 기여도는 미미한 것으로 나왔다. 이것이 전술한 기존 연구에서 한국을 비롯한 동아시아 경제발전의 중요한 특징으로 지적해 왔던 것이다. 그렇지만 그 후 자본과 노동 투입의 기여도가 빠르게 낮아지면서 TFP의 상대적 기여도가 높아진 것으로 나온다. 경제성장률과 생산요소의 투입 증가율이 떨어지면서 점차 선진국에서 나타난 양상으로 접근하고 있음을 알 수 있다.

TFP로 포착된 것 중에는 전술한 기술진보 이외에도 다른 요인들이 포함되어 있다. 예컨대, 농업과 같이 생산성이 낮은 산업에서 광공업이나 서비스업과 같이 생산성이 높은 산업으로 산업구조가 바뀌면 경제 전체의 생산성이 높아진다. 생산 규모가 커지면 단가가 떨어지는 규모의 경제가 나타나는데, 그로 인한 생산성 증가도 여기에 포함되어 있다. 제도의 개선이 생산성을 높이는 효과도 있다. 그 외에도 TFP가 경제성장률에서 투입의 증가로 설명되는 부분을 뺀 나머지로 구해지기 때문에 통계 오차까지도 TFP에 포함하게 된다. 1962년 이전은 데이터의 부족으로 가정에 의존한 부분이 있고 식민지 초기로 갈수록 오차가 커질 수 있다. 이러한 추정에 따른 오차가 TFP 속에 포함되어 있다는 점에도 유의할 필요가 있다.

4. 생산성 추이의 국제 비교

앞에서 한국의 성장회계를 추계하고 경제성장의 원천이 어디에서 왔는지를 살펴보았는데, 그중에서 생산성의 추이에 초점을 맞추어 국제 비교를 시도해 보자. 여기에서는 생산성을 두 가지로 정의하고자 한다. 하나는 앞에서 살펴보았던 총요소생산성(TFP)이고, 또 하나는 노동생산성(LP)이다. TFP란 앞의 식 (2-3)을 변형해서 얻은 식 (2-8)에서 볼 수 있듯이 총산출(Y)을 투입된 노동과 자본의 가중평균($K^{\alpha}L^{1-\alpha}$)으로 나누어 산출한다. 이를 총요소생산성이라고 부르는 것은 자본과 노동이 모두 반영된 총투입 대비 총산출로 생산성을 구하기 때문이다. 이에 대해 노동생산성은 총산출(Y)을 노동의 투입(L)으로 나누어 산출한다. 노동생산성(즉, Y/L)은 앞의 식 (2-3)의 생산함수 양변을 L로 나누어 주면 식 (2-9)를 얻을 수 있고, 이를 증가율의 산식으로 바꾸면 식 (2-10)과 같이 된다. 즉, 노동생산성 증가율은 TFP(즉, $\frac{\Delta A}{A}$) 증가율과 자본노동비율(K/L)의 증가율에 자본의 몫인 α를 곱한 값(즉, $\frac{\Delta(K/L)}{K/L}$)의 합이 된다. 즉, 노동생산성은 TFP 이외에 노동 단위당 더 많은 자본을 이용할수록 높아지는데, 이 두 번째 항목을 자본 심화(capital deepening) 효과라고 한다. TFP는 노동과 자본의 투입 요소를 얼마나 효율적으로 활용하고 있는지를 측정한다면, LP는 노동 단위당 산출 수준을 측정하는 것이므로 1인당 소득이나 생활 수준의 변화를 잘 보여 준다고 할 수 있다. 즉, 두 생산성 지표가 포착하는 측면이 다르므로 상호 보완적으로 활용할 수 있다.

$$A = Y/(K^{\alpha}L^{1-\alpha}) \tag{2-8}$$

$$Y/L = A(K/L)^{\alpha} \tag{2-9}$$

$$\frac{\Delta(Y/L)}{Y/L} = \frac{\Delta A}{A} + \alpha\frac{\Delta(K/L)}{K/L} \tag{2-10}$$

[그림 2-14]와 [그림 2-15]는 미국, 영국, 유럽, 일본의 노동생산성(LP)과 TFP의 장기 추이에 한국을 추가해서 보인 것이다. 주요 국가의 장기에 걸친 생산성을 추계한 Long Term Productivity Database(Bergeaud et al. 2016)의 업데이트된 버전을 이용하였다. 여기서 제시된 LP와 TFP의 증가율 추세는 전술한 호드릭-프레스코트의 방법으로 주기적 변동을 제거하여 평탄화(smoothing)된 결과를 제시한 것이다. 거기서 드러난 몇 가지 특징적 사실을 지적하면 다음과 같다. 먼저 LP의 증가율 수준이 TFP보다 더 높게 나온 것은 LP에는 TFP 이외에 자본 심화 효과가 더해졌기 때문이다. LP와 TFP의 증가율 추세를 비교해 보면 한국 이외의 나라는 대체로 유사하였지만, 한국의 경우 특히 고도성장기에 LP와 TFP 증가율 양상이 다르게 나타난 것은 이 시기가 다른 시기에 비해 자본 심화 효과가 매우 컸고 크게 변하였기 때문이다.

주요 국가들의 생산성 증가율 추이를 보면, 미국의 경우 생산성이 급속히 증가한 시기가 세 차례 나타났다. 제1차 세계대전기, 대공황에서 제2차 세계대전으로 이어지는 시기, 그리고 1990년대를 전후한 시기가 그것이다. 여기에서 주목되는 것은 미국이 생산성 증가를 선도하고 그 뒤를 이어 다른 나라들이 따라가는 양상을 보였다는 것이다. 특히 두 번째인 대공황에서 제2차 세계대전으로 이어지는 시기에 미국의 생산성 증가(LP보다는 특히 TFP 증가)가 돋보인 반면에 다른 나라는 정체되었지만, 제2차 세계대전 후에는 반대로 유럽, 일본, 영국의 노동생산성이 급속히 증가하여 상대적으로 정체되

그림 2-14 노동생산성(LP) 증가율 추이의 국제 비교

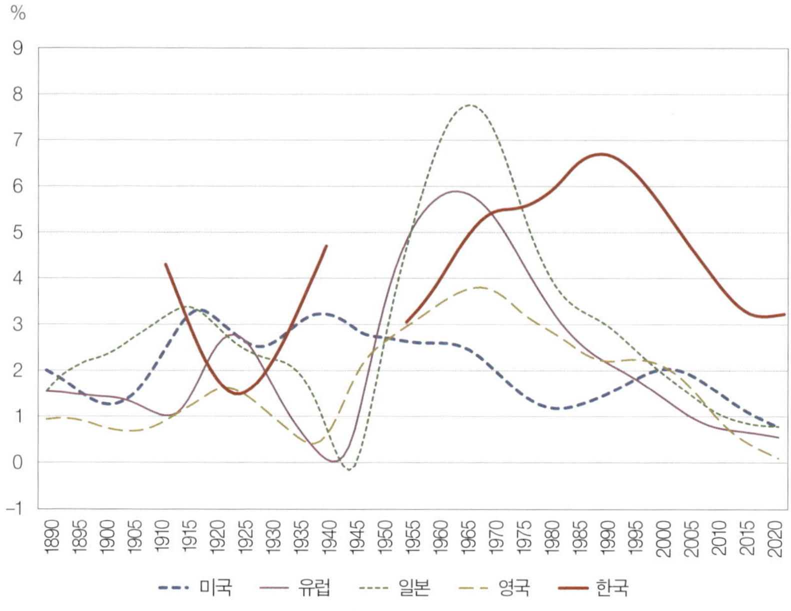

주: 1) LP의 증가율은 $\Delta(Y/L)/(Y/L)$로 정의된다.
2) 증가율은 Hodrick-Prescott filteration의 방법(λ=500)으로 평탄화.

자료: 한국은 [그림 2-13]과 동일; 다른 나라는 Long Term Productivity Database(Bergeaud et al. 2016).

어 있던 미국과 커다란 대조를 보였다.

미국이 두 세계대전 사이 기간에 생산성 증가율 추세가 가속된 데에는 중요한 기술혁신이 확산되었기 때문이다. 예컨대, 전기의 보급으로 조명의 혁신이 일어났을 뿐만 아니라 전기 모터가 널리 보급된 것을 들 수 있다. 이것은 어디에서나 쉽게 동력원을 확보할 수 있음을 뜻한다. 그리고 내연기관의 확산으로 운송의 혁명이 일어났다. 전화와 라디오와 같은 통신과 정보 기술의 혁신도 이때 진행되었다. 석유화학 및 제약과 같은 화학산업의 발달도 여

그림 2-15 총요소생산성(TFP) 증가율 추이의 국제 비교

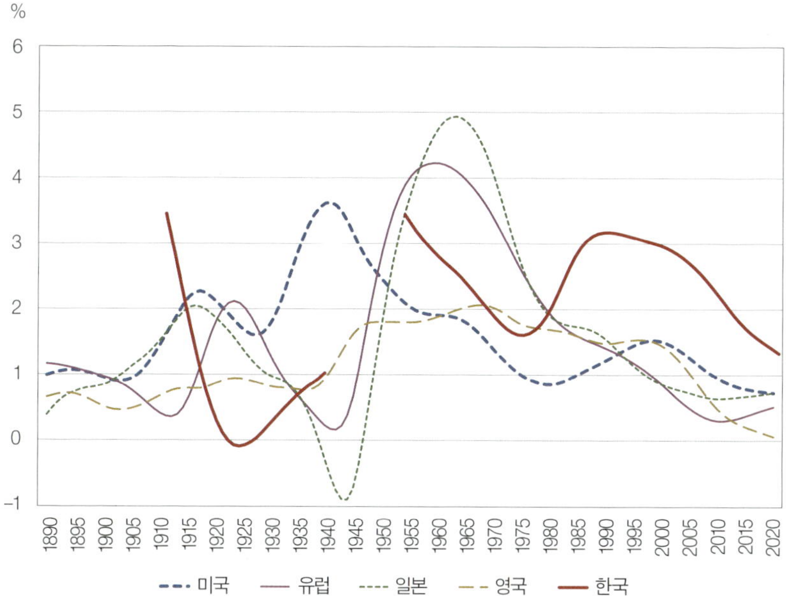

주: 1) TFP의 증가율은 ($\Delta A/A$)로 정의된다.
2) 증가율은 Hodrick-Prescott filteration의 방법(λ=500)으로 평탄화.
자료: 한국은 [그림 2-13]과 동일; 다른 나라는 Long Term Productivity Database(Bergeaud et al. 2016).

기에 추가할 수 있다. 이들 과학의 발달에 기반한 기술혁신은 제2차 산업혁명이라 일컫는 19세기 후반에 처음 나타났지만, 그것이 생산 과정의 혁신으로 이어져 실제로 생산성을 높이는 데에는 넘어야 할 장벽이 많아 시차(time lag)가 있었다. 새로운 기술이 널리 보급되기 위해서는, 예컨대 전기 가격이 충분히 하락할 필요가 있었고, 신기술에 맞추어 공장의 설계가 재편될 필요가 있다. 기업의 경영과 조직에서도 과학적 경영관리가 도입되었고, 대량생산과 함께 대량소비의 시대를 여는 변화가 수반되었다(Bergeaud et al. 2016).

제2차 세계대전 이후 1970년대 초까지는 유럽과 일본의 생산성이 역사상 유례가 없는 놀라운 속도로 높아졌음이 주목된다. 제2차 세계대전기에는 미국과 유럽 또는 일본과의 기술 격차가 더욱 벌어졌는데, 전쟁의 피해가 컸던 유럽이나 일본과 달리 미국은 오히려 전쟁 특수를 누렸기 때문이다. 전후에 유럽과 일본은 경제의 복구에 그치지 않고 그동안 벌어진 미국과의 기술 격차를 급격히 좁혔다. 미국에서 이미 상용화되고 있었지만 다른 나라에서는 아직 그렇지 못한 기술들이 많았는데, 유럽과 일본은 전후 경제의 부흥과정에서 이들 기술을 광범위하게 차용할 수 있었기 때문이다. 기술 격차가 좁혀진 이후에는 주요 국가의 생산성 증가율이 빠르게 하락하는 추세를 보였다. 다만 미국의 경우는 1980년부터 2000년에 걸쳐 상대적으로 미약하지만 증가 추세로 반전되었는데, 정보통신기술(ICT)이 생산성을 끌어올린 효과로 평가되고 있다. 다만 정보통신기술의 확산과 생산성 증대 효과는 나라에 따른 편차가 큰 것으로 보인다.

이와 비교해서 한국의 생산성 증가율 추이는 어떠한 특징을 보였을까? 먼저 지적할 수 있는 것은 노동생산성(LP)과 TFP의 증가율이 정점에 달하였던 시점이 경제성장률이 가장 높았던 1970년대가 아니라 1990년을 전후한 시기였다는 점이다. 앞에서 살펴본 유럽과 일본의 생산성이 전후에 급등하여 1960년대에 정점에 달한 것과 대비된다. 유럽과 일본은 전전에 이미 선진국에 도달해 있었고, 경제성장의 기반이 되는 사회적 능력(social capabilities)이 구비되어 있었다. 이러한 능력은 전쟁의 피해를 입었다고 해서 쉽게 사라지지 않는다. 전쟁 중에 미국과의 기술 격차가 벌어지자 전후에는 유럽과 일본에서 선진 기술의 차용과 습득이 빠르게 진행될 수 있었던 것은 그 때문이다. 이에 대해 한국은 해방과 분단 그리고 한국전쟁으로 인한 정치적 혼란이 컸을 뿐만 아니라 교육의 보급이 늦어져 인적 자본의 형성이 뒤처져 있었음에 유의할 필요가 있다. 1950-1960년대에는 초등교육의 의무화가 실시되고 상급학교 진학률이 빠르게 높아졌지만, 전체 인구의 평균 수학연수가 높아지는 데에는 상당한 기간이 소요되기 때문이다. 즉, 선진국과의 기술 격차가 있다고 해서 후발성의 이익을 향유할 수 있는 것은 아니고 그 기술을 차용하고 흡수하기 위해서는 앞 장에서 언급한 사회적 능력의 축적을 기다릴 필요가 있다. 유럽이나 일본과 비교하여 한국의 생산성 추이에 시차가 나타난 것은 그 때문이라고 생각한다.

둘째, 한국을 포함한 동아시아 국가들의 높은 경제성장률은 대부분 자본과 노동의 투입 증가에 기인한 것이고 TFP 증가의 기여도가 낮다는 기존 연구의 인식과 관련한 것이다. [그림 2-15]에 따르면, 1960-1970년대에는 한국의 TFP 증가율이 유럽이나 일본보다 낮았다. 이 시기에는 한국에서는 자본과 노동 투입의 증가가 매우 높았기 때문에 TFP의 성장 기여도는 더욱 낮게 나온다. 그런데 요소 투입 증가와 대비한 TFP 증가의 상대적 기여도가 아니라 증가율의 절대 수준을 비교하면 한국은 1980년대 이후 이들 국가보다 줄곧 높은 수준을 유지하였다. 그리고 한국도 선진국과 마찬가지로 [그림 2-13]에서 보았듯이 자본과 노동 투입 증가율이 빠르게 하락해 왔으며 현재는 선진국과 크게 다르지 않게 되었다. 그 결과 요소 투입에 대비해서 TFP의 상대적 기여도가 높은 선진국의 양상에 접근하고 있다. 따라서 선진국과 후진국의 생산성을 같은 시점에서 비교할 때에는 사회적 능력의 형성이나 자본의 축적과 같은 여건의 차이를 함께 고려할 필요가 있다.

셋째, 식민지기의 생산성 증가율은 해방 후보다 낮았다. 1930년대에는 노동생산성(LP) 증가율이 빨랐지만 자본 투입 증가로 인한 자본 심화 효과를 빼면 TFP 증가는 미미해진다. 식민지기는 학력과 같은 인적 자본의 투자 또는 사회적 능력의 형성이 해방 후에 비교하여 더욱 뒤처져 있었기 때문으로 생각된다. 다만 [그림 2-15]에서 식민지 초기의 TFP 증가율이 상당히 높게 나왔다. TFP를 추정할 때 데이터 부족으로 가정에 의존하였는데, 그 영향이 초기로 갈수록 더 크게 나타나지 않았나 생각된다. 특히 식민지 초기는 자료상의 한계에 유의할 필요가 있다.[1]

1 한국의 성장회계를 추정한 앞의 [그림 2-13]에서는 TFP의 증가율에서 학력 증가가 기여한 분이 제외되어 있지만, [그림 2-15]에서는 그렇지 않아 각국의 TFP가 그만큼 부풀려져 있음에 유의할 필요가 있다. 두 그림에서 특히 1950-1960년대에 한국의 TFP 증가율에 차이가 크게 나타난 것은 그 때문이다.

제3장

화폐 금융과 재정

이 장은 우리나라 화폐 금융과 재정의 장기 추이를 살펴보고 그 특징을 외국과 비교해 보고자 한다. 화폐, 금융, 재정은 모두 시장경제가 발달하는 데 없어서는 안 될 제도라고 할 수 있다. 조선 후기의 동전체제는 식민지기에는 일본의 엔화와 연계(peg)된 통화체제로 바뀌었고 해방 후 관리통화제도로 이행하였다. 금융과 재정 제도 또한 시기에 따라 큰 변화를 겪었다. 여기에서는 먼저 통화량과 함께 그것과 밀접한 관련이 있는 물가와 환율이 장기에 걸쳐 어떻게 변해 왔는지를 살펴본다. 체제의 이행이나 정책의 변화가 이들 지표에 어떻게 영향을 미쳤는지 파악할 수 있다. 금융 자산이나 부채의 규모와 구성비, 나아가 이자율의 장기 추이를 통해서 금융시장이 어떻게 발달해 왔는지 알아본다. 그리고 우리나라 재정, 즉 정부의 수입과 지출이 어느 수준이고 어떻게 변천해 왔는지, 나아가 다른 나라와 비교해서 어떤 특징을 보였는지 살펴보고자 한다.

1. 화폐

화폐의 기능은 잘 알려져 있듯이 재화나 서비스 또는 자산의 가치를 측정하고, 교환을 매개하고, 가치를 저장하는 수단이 된다. 이러한 화폐의 존재를 빼고서는 시장경제의 발전을 상상하기 어렵다. 물물교환을 상정해 보면 화폐의 존재가 교환을 얼마나 원활하게 하는지 금방 알 수 있다. 만약 내가 상품 A를 가지고 상품 B를 얻고자 한다면, 상품 B를 가진 자를 만나야 하고 동시에 그가 상품 A를 원하는 자가 되지 않으면 안 된다. 따라서 물물교환의 상대를 발견해서 교환이 이루어지기는 쉽지 않다. 이에 대해 화폐란

교환의 수단으로서 누구나 원하는 대상이 되기 때문에 물물교환에서와 같은 제약이 생기지 않는다. 즉, 상품 A를 원하는 자에게 화폐를 대가로 받고 팔고, 그 화폐로 자기가 원하는 상품 B를 사면 된다.

근대 이전 사회에서는 특정 물품이 화폐의 역할을 하기도 한다. 조선 시기에 삼베나 무명이 그 역할을 한 적이 있다. 그렇지만 금은이나 동전과 같은 금속화폐가 나와 물품화폐를 대체하는 것이 일반적이다. 금속은 부패하지도 않고 분할이 쉽다는 점에서 화폐의 특성에 잘 부합하기 때문이다. 조선에서는 17세기 말부터 상평통보라는 동전(즉, 엽전)이 널리 유통되기 시작하였다. 금속화폐의 경우 액면가와 소재로 쓰인 금속의 가치가 일치하는 경우가 많다. 엽전이 그러하다. 그렇지만 액면가가 소재 가치보다 높게 발행되는 경우가 있는데, 조선 말기에 발행된 당백전이나 백동화가 그러하였다. 그 경우 화폐의 실제 가치가 떨어지고 그만큼 물가가 오르는 인플레이션이 나타나게 된다.

그런데 은행과 같은 금융 제도가 출현하게 되면 은행이 은행권(즉, 지폐)을 발행하고 그것이 널리 유통하게 된다. 우리나라에서는 개항 직후 일본의 제일은행이 조선에 지점을 설립하였고, 그것이 1902년에 제일은행권이라는 은행권을 처음으로 발행하게 된다. 소재 가치가 전혀 없는 지폐가 유통되기 위해서는 발행된 지폐의 가치가 보장된다는 신뢰를 줄 필요가 있다. 이를 위해 제일은행은 발행된 지폐에 대해 금은이나 일본은행권 등을 지불 준비로 갖고 있어서 은행권 소지자가 원하면 일본은행권으로 바꾸어 주는 제도적 장치를 갖고 있었다. 금본위 제도하에서는 금을 지불 준비로 하여 지폐를 발행하는데, 제일은행권은 금본위 화폐인 일본은행권을 지불 준비로 하여 발행된 것이다. 그런데 이 제일은행이 합병 이후에 식민지 조선의 중앙은행인 조선은

그림 3-1 통화 구성의 장기 추이

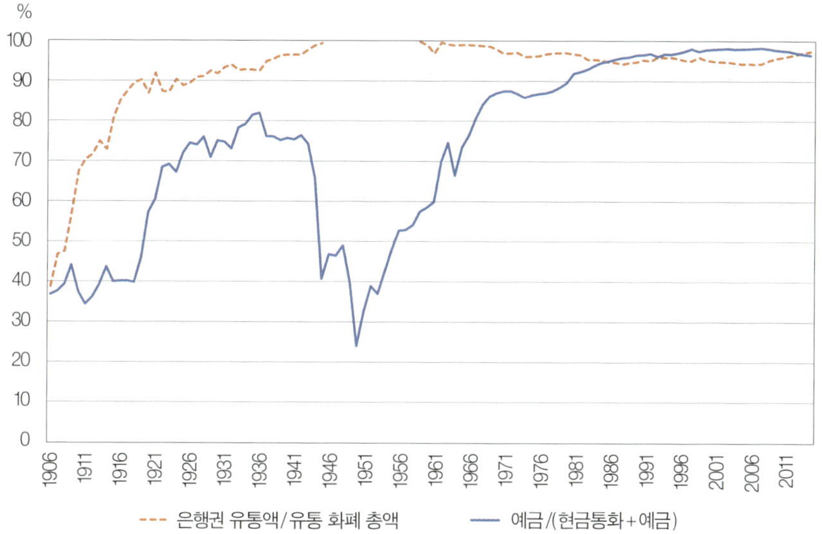

자료: 『한국의 장기통계』(S. 화폐와 금융제도).

행이 되고, 거기서 조선은행권이 발행되었다. 이 조선은행권은 해방 후 한국은행이 설립되고 한국은행권을 발행할 때까지 화폐로 유통되었다.

[그림 3-1]에는 유통된 화폐의 구성이 어떻게 변하였는지를 보여 준다. 그림은 유통된 화폐 총액에서 은행권의 비중을 보여 주는데, 데이터가 있는 1906년에는 그 비중이 39%였고 1920년대에 이미 90%에 달하였음을 알 수 있다. 지폐가 처음으로 발행된 후 얼마 되지 않아 현금 중에서 지배적인 비중을 차지하게 되었음을 알 수 있다.

그런데 많은 사람들이 지폐와 같은 현금(cash)을 가지고 다니지만, 은행 계좌에 있는 예금 잔고에 비하면 소지하고 있는 현금의 비중이 미미한 것이 보통이다. 예금 중에는 요구불예금과 같이 이자가 거의 붙지 않지만 언제나 찾아 쓸 수 있는 예금이 있고, 정기예금과 같이 이자가 높은 대신에 만기까지 인출하는 데 제약이 따르는 예금이 있다. 통화란 경제 내에서 유통되는 화폐량을 말하는데, 화폐의 범위를 정할 때 경제학에서는 유동성(liquidity)이란 개념을 쓴다. 현금이나 요구불예금과 같이 지불 수단으로 즉각 이용할 수 있는 것을 유동성이 가장 높은 1이라고 한다면, 정기예금의 경우는 유동성이 1보다 낮지만 약간의 비용을 감수하면 현금으로 바꿀 수 있다는 의미에서 통화의 범위에 넣을 수 있다. 현금과 요구불예금을 통화(또는 M1)라고 한다면 거기에 정기예금 등을 포함한 것을 좀 더 넓은 의미의 통화로 총통화(또는 M2)라고 한다. 금융 자산의 종류가 다양화되면서 어디까지 총통화의 범위에 넣을 것인지 다소 이견이 있을 수 있지만, 여기에서는 총통화를 통화의 공급량으로 보고자 한다.

[그림 3-2]에는 총통화에서 예금 통화가 차지하는 비중을 보여 준다. 예금 통화란 은행에 맡겨둔 요구불예금이나 정기예금 등을 말하는데, 총통화에서 현금을 빼서 구한다. 그 비중을 보면 식민지 초기에 40% 정도의 수준에서 1936년에 정점인 82%까지 높아졌다. 전시로 들어가면서 하락하기 시작해서 일제 말기와 해방 전후의 혼란기에는 급락하였고, 한국전쟁이 발발한 1950년에 다시 24%까지 떨어진 것을 알 수 있다. 그 후 급속히 회복되어 1960년대 말에는 식민지기의 정점을 회복하였고, 1980년대 이후에는 90%를 넘어섰다. 현재는 총통화에서 예금 통화의 비중이 압도적이고 현금의 비중은 미미한 수준임을 알 수 있다.

[그림 3-2]는 총통화 중 예금 통화의 비중을 다른 나라와 비교한 것이다. 그림을 살펴보면 미국이 일찍부터 가장 높았고, 일본은 19세기에는 낮았

그림 3-2 총통화 중 예금 통화의 비중: 국제 비교

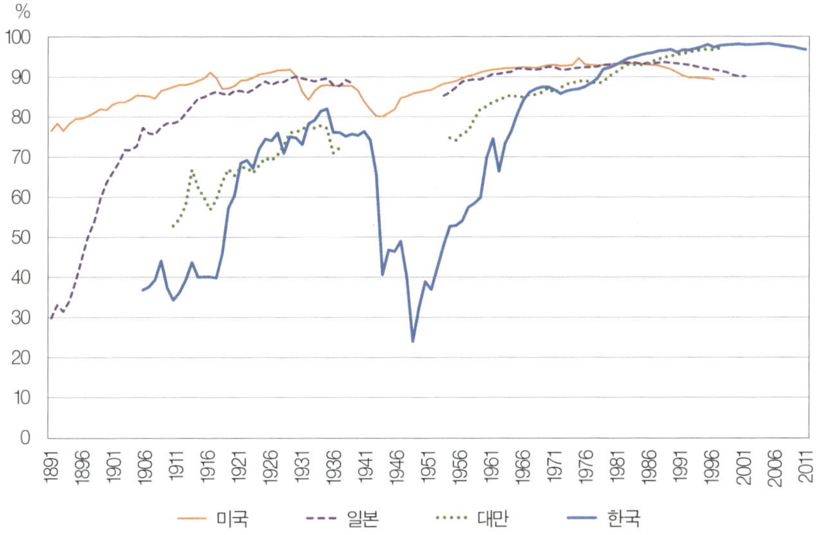

자료: 한국은 『한국의 장기통계』(S. 화폐와 금융제도); 미국은 Carter et al.(2006); 대만은 溝口 編(2008); 일본은 日本銀行百年史編纂委員会 編(1986); 総務省統計局, 「日本の長期統計系列」에서 산출하였다.

지만 빠르게 높아져 1930년대 말에는 미국의 수준에 달하였다. 대만은 1930년대에는 한국과 비슷한 수준을 보였지만, 식민지 초기에는 한국보다 높았다. 1940-1950년대에는 일본과 대만의 데이터가 공백으로 남아 있는데, 전쟁의 영향으로 하락하였다가 한국보다는 더 일찍 회복된 것으로 보인다. 한국은 식민지로부터의 해방과 분단이라는 정치적 격변에 한국전쟁의 영향까지 더해져 하락의 골이 훨씬 더 깊었다. 미국의 경우에도 제1, 2차 세계대전과 대공황이 일어난 시기에는 그 정도가 크지는 않지만 예금 통화의 비중이 하락하는 현상을 확인할 수 있다. 다만 근래에 한국의 수준이 가장 높게 나

온 것은 총통화의 범위가 최근에는 다른 나라보다 더 넓게 정의되었기 때문이다.

지금은 자신의 돈을 은행에 맡겨 두어도 안전하다고 생각하지만, 정치적 혼란기에는 그렇지 않았고 현금 비중이 급속히 높아진 것을 알 수 있다. 자신의 돈을 은행에 맡겨 둘 것인지 아니면 현금으로 보유할 것인지는 개인이 선택한 결과라고 할 수 있다. 따라서 이 지표는 각 시기 금융의 발달 정도를 반영하는 측면도 있지만, 그것으로 해소되지 않는 은행을 포함한 금융 시스템을 얼마나 믿을 수 있는지에 관한 개인의 평가(선택의 결과)를 보여 주는 것이라 해석할 수 있다. 재산권 보호를 핵심으로 하는 경제 제도의 질을 국가별로 비교하는 일은 자료상 어렵다. 통상의 방법은 법치의 수준이나 계약 불이행의 리스크, 정부 서비스와 공무원의 부패 정도와 같은 설문에 대한 주관적 판단을 서베이한 결과를 이용한다. 다만 이러한 조사를 이용할 수 있는 기간이 짧아 이용에 한계가 있다. 그런 점에서 이 예금 통화 비중의 추이는 국가별로 제도의 질이 각 시기에 걸쳐 어떻게 변해 왔는지 보여 주는 것으로 해석할 수 있다.

[그림 3-3]은 총통화 증가율의 장기 추이를 보여 준다. 먼저 한눈에 들어오는 것은 해방 전후와 한국전쟁기에 통화의 남발이 극심하였음을 알 수 있다. 해방 직후인 1946년에는 전년 대비 200%가 넘는 증가율을 보였고, 1951년에는 160%의 증가율을 보였다. 이에 대해 해방 전에는 제1차 세계대전의 끝 무렵과 종전 직후인 1918-1919년에 50%에 가까운 증가를 보인 것과 1930년대 말부터 해방 때까지를 제외하면 통화 증가율이 낮은 수준으로 안정되어 있었고 마이너스(-)가 되어 감소한 경우도 있었음을 알 수 있다. 그것은 당시 조선은행권 발행 제도의 제약으로 조선총독부가 통화를 마음대로 늘리지

그림 3-3 총통화 증가율의 장기 추이

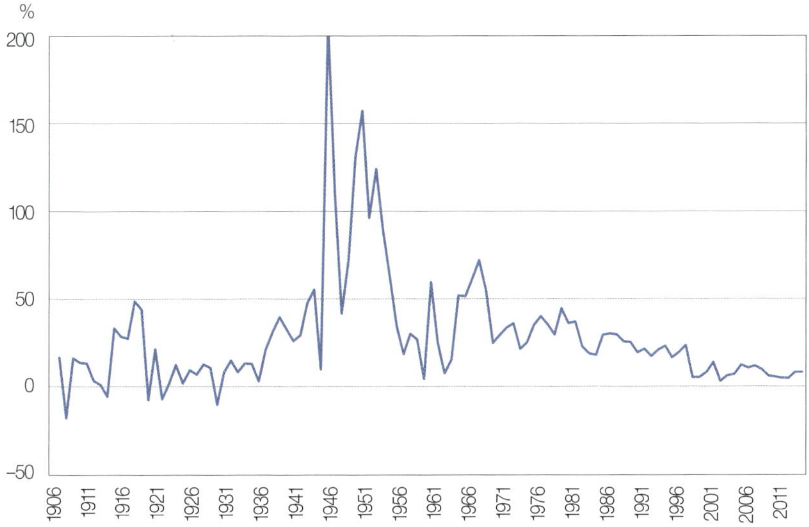

자료: 『한국의 장기통계』(S. 화폐와 금융제도).

못하였기 때문이다. 당시의 통화 제도에 따르면 조선은행권을 발행하기 위해서는 일본은행권을 지불 준비로 갖고 있어야 하였는데, 이를 위해서는 수출을 늘려 무역수지 흑자를 내거나 일본으로부터 자본을 유치해야 하였다. 만약 무역수지가 적자이고 그 적자를 자본의 유입으로도 메우지 못할 경우에는 결국 조선은행이 보유하고 있던 일본은행권으로 결제가 이루어져야 하였기 때문에 이미 발행된 통화를 회수하여 통화량이 감소하는 일이 일어났다.

통화량의 감소는 현재 우리가 경험하지 못한 일인데, 통화증발로 인플레이션이 일어나는 것과는 반대로 물가가 떨어지고 디플레이션(경기 후퇴)이 나타나기도 한다. 이것은 당시 금본위제를 시행하고 있던 대부분의 선진국에서도 국제수지가 적자(또는 흑자)가 되면 보유하던 금이 유출(또는 유입)되고 국내의 통화량이 감소(또는 증가)하였는데, 당시 조선에서도 그와 유사한 통화 공급의 메커니즘이 작동하고 있었던 것이다. 당시 조선은행권과 일본은행권은 1:1의 환율로 교환하도록 규정되어 있었는데, 이러한 고정환율을 유지하기 위해 조선은행권이 남발되지 못하도록 제약하는 장치라고 할 수 있다. 해방 후 고도성장기에는 경제성장을 우선하는 대신에 물가와 환율의 지속적인 상승을 감수하였던 것과는 반대로, 고정환율의 유지와 물가안정을 우선하는 대신에 경제성장이 상대적으로 낮아지는 특징을 보였다고 할 수 있다.

그런데 중일전쟁(1937년) 이후에는 이러한 상황이 변하기 시작하였다. 일본으로부터 자금의 유입이 늘어났고 그에 의존하여 조선에서 급속히 공업화가 추진되었다. 통화 공급의 주요 요인이 일본으로부터 자금의 유입이었기 때문에 조선은행권 남발을 막는 전술한 메커니즘은 작동하지 않았다. 특히 전시 말로 갈수록 자원 부족으로 물자 공급이 어려워진 상황에서 통화증발은 인플레이션으로 연결될 수밖에 없었는데, 총독부는 가격통제로 이를 억누르고 있었다.

해방 후 식민지 체제가 붕괴되면서 통화가 급증하였다. 그동안 힘으로 억눌러 왔던 인플레이션 압력이 폭발하였고 그것이 다시 통화량 증발로 이어지는 악순환에 빠졌다. 해방 전에는 통화를 발행하려면 지불 준비라는 통화증발을 억제하는 장치가 남아 있었지만, 해방 후에는 그러한 제약이 모두 사라졌다. 즉, 관리통화 제도로 이행하였고, 중앙은행이 발행하는 은행권은 불환지폐가 되었다. 한국전쟁으로 정부는 또다시 부족한 재원을 통화증발로 조달하지 않을 수 없었고, 결국 극심한 인플레이션을 통한 조세 부과가 이루어졌다고 할 수 있다. [그림 3-3]에서 1950년대 말에 통화 증가율이 급락한 것을 볼 수 있는데, 그것은 1950년대 후반에 추진되었던 재정 안정화 정책 때문이었다. 당시 이승만 정부와 대규모 원조를 제공하는 미국은 경제성장과 물가안정 중 어느 쪽에 우선순위를 둘 것인지 의견 대립이 있었는데, 재정 안정화 정책은 물가안정을 우선하는 미국의 입장이 관철된 결과라 할 수 있다.

박정희 정부가 들어선 1961-1979년간의 통화 증가율은 연평균 37%로 높게 유지되었다. 이 시기는 경제성장을 최우선 과제로 설정함에 따라 성장을 위한 통화 공급이 늘어났고, 그로 인해 무역수지는 적자가 커졌으며 물가와 환율의 상승이 지속되었다. 앞에서 식민지기가 경제성장보다는 고정환율의 유지와 물가안정을 우선하였음을 지적하였는데, 그것과 대조를 이루고 있다고 할 수 있다. [그림 3-3]에 따르면 통화 증가율이 1980년의 44%에서 1985년에 18%로 급속히 떨어진 것을 볼 수 있다. 그것은 1950년대 말의 재정 안정화 정책에 비견될 정도로 박정희 정부의 성장전략이 벽에 부딪히고 궤도가 수정되는 시기에 해당한다. 그리고 외환위기 이후에는 다시 통화 증가율이 대부분 한 자리 숫자에 머물게 되었고, 그와 함께 물가도 안정되는 시기로 접어들었다고 할 수 있다.

2. 물가와 환율

통화량의 변화는 생산이나 물가 또는 환율과 같은 다른 거시경제 변수에 큰 영향을 미친다. [그림 3-4]는 총통화와 경상 GDP의 전년 대비 증가율을 함께 제시한 것이다. [그림 3-3]에서 본 총통화 증가율이 해방 직후나 한국전쟁 때 매우 높았지만, 여기에서는 증가율을 80%를 상한으로 하여 제시하였다. 그리고 경상가격으로 본 GDP 증가율을 함께 제시하였다. 1910년

그림 3-4 총통화와 경상 GDP의 전년 대비 증가율 비교

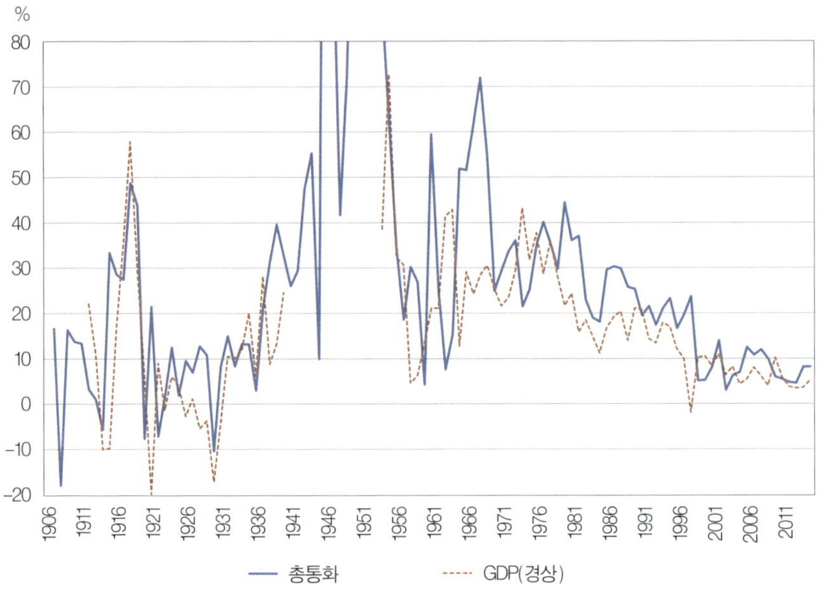

자료: 『한국의 장기통계』(S. 화폐와 금융제도; N. 국민소득).

이전과 1941-1952년간에는 GDP 데이터가 없어 비워 두었다. 양자가 모두 존재하는 시기를 비교해 보면 통화 증가율이 높거나 낮을 때 경상 GDP 증가율도 대체로 그러한 경향이 보인다. 두 계열의 상관계수를 구해 보면 0.6으로 나와 상당히 연동하고 있음을 알 수 있다. 이것은 다른 나라에서도 유사하게 나타나는 현상이다.

그런데 경상 GDP는 실질 GDP와 GDP 디플레이터의 곱이므로 그것을 실질 GDP 증가율(이것이 곧 경제성장률이 된다)과 GDP 디플레이터 증가율로 나누어 볼 수 있다. 그래프를 따로 제시하지는 않았지만, [그림 3-4]에서 경

상 GDP 대신에 GDP 디플레이터 증가율로 바꾼 다음 그것과 통화 증가율 사이의 상관계수를 구해 보면 0.56으로 나온다. 그리고 실질 GDP 증가율과 통화 증가율 사이의 상관계수는 그보다 크게 낮아지지만 양수인 0.17로 나온다. 즉, 통화량의 증가는 생산(즉, GDP)을 늘리는 효과와 물가(GDP 디플레이터)를 올리는 효과가 있지만, 그동안 생산보다는 물가를 올리는 효과가 더 컸음을 보여 준다. 특히 [그림 3-4]에서 1941-1952년은 하이퍼인플레이션이 진행되어 물가 상승률이 매우 높은 시기였지만, 생산은 그만큼 늘지 않았고 오히려 감소한 시기였다. 이 시기는 서울에 한정된 소비자물가지수(CPI)가 추계되어 있는데, 이 시기를 포함한 CPI 증가율과 통화 증가율의 상관계수를 구해 보면 0.63으로 더욱 높게 나온다. 통화량이 격증한 시기에는 물가도 그러하였음을 알 수 있다. 즉, 통화 증가가 지나치면 생산을 늘리는 효과는 없이 인플레이션만 가속되는 결과를 가져올 수 있음을 보여 준다.

한국의 지난 100여 년간의 물가 상승의 장기 추이를 다른 나라와 비교해 볼 수 있다. [그림 3-5]는 한국, 대만, 일본, 미국의 GDP 디플레이터를 비교한 것이다. 1935년을 1로 하는 지수로 나타냈는데, Y축의 지수를 로그 눈금으로 제시하였다. 로그 눈금으로 보면 그래프의 기울기가 곧 물가 상승률이 된다. 그리고 눈금의 한 칸이 물가가 10배 상승한 것을 보여 준다. 한국의 경우 1941-1952년에 GDP 디플레이터가 없어 서울의 소비자물가지수를 사용하여 전후의 계열을 연결하였다. 이때 전시의 물가지수는 통제된 가격으로 작성되었는데, 그로 인해 암시장에서 거래된 가격을 반영하지 못한 점에 유의할 필요가 있다. 한국은 1935년=1로 출발해서 2015년에 1,200만 배 상승한 것으로 나온다. 물가 상승의 상당 부분이 해방 직후의 짧은 기간에 집중되어 있음을 알 수 있다. 식민지기는 다른 시기보다 물가가 안정되어 있었다. 그래

그림 3-5 각국의 GDP 디플레이터의 비교(1935년=1)

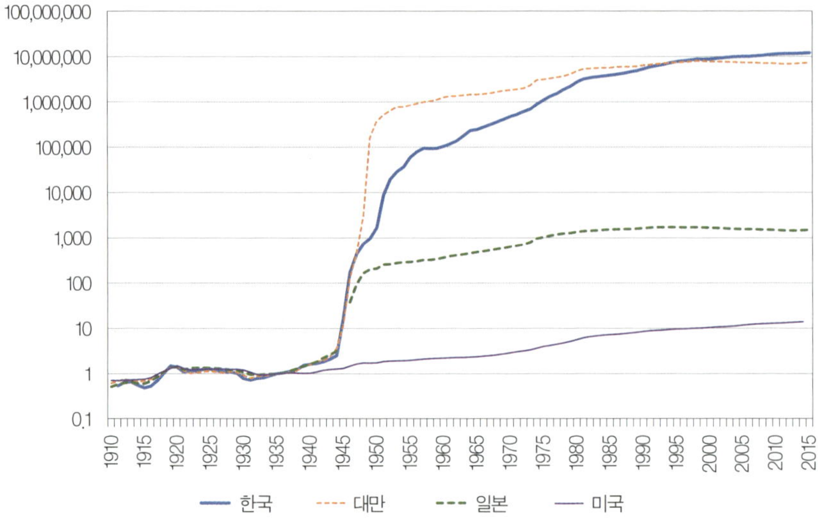

자료: 한국은 『한국의 장기통계』(N. 국민소득); 대만은 溝口 編(2008); Statistics Taiwan; 일본은 大川·高松·山本(1974); 大川(1967), 総務省統計; 미국은 Carter et al.(2006).

프에서는 뚜렷하게 드러나지 않지만, 제1차 세계대전기의 상승, 그 후 대공황까지의 하락, 1930년대의 상승이라는 추이를 보였다. 당시 일본제국에 편입되어 있던 동아시아 3국만이 아니라 미국도 이 시기에는 대체로 유사한 추이를 보였다.

해방 후는 통화가 격증하였고 경제 시스템의 붕괴로 인한 물자 부족이 가중되어 하이퍼인플레이션이 일어났다. 1944-1949년간의 물가 상승 배율을 구해 보면, 미국은 1.3배, 일본은 63배, 한국은 386배, 대만은 44,268배로 나온다. 대만의 인플레이션이 특히 높았던 것은 해방 직후의 혼란에 더해서 내전 중인 중국 대륙에서 인플레이션이 파급되어 왔기 때문이다. 한국은 그 후 한국전쟁으로 인한 인플레이션(1949-1953년간 29배)이 더해졌다. 이러한 체제 전환에 따른 혼란이 수습되자 각국의 물가는 일단 안정되는 모습을 보였다. 그렇지만 해방 전 각국의 물가는 상승과 하락을 반복한 것과 달리 완만한 인플레이션이 계속 진행되는 양상을 보였다. 전후에는 각국이 관리통화제도로 이행하였기 때문에 통화를 어느 정도 늘리느냐가 문제가 되었지 통화를 줄이는 경우는 거의 없어졌기 때문이다. 한국의 경우에는 특히 고도성장기에는 안정보다 성장을 우선시하는 정책을 계속 펼쳐 왔기 때문에 [그림 3-5]의 기울기가 다른 나라보다 가파른 것에서 알 수 있듯이 물가 상승률이 줄곧 더 높았다.

인플레이션의 진행 속도가 달랐기 때문에 각국 화폐의 상대적 가치가 크게 변동하였다. 물가가 더 많이 오른 나라는 물가가 덜 오른 나라(예컨대, 미국)에 비해 자국 화폐의 가치가 더 떨어지게 된다. 따라서 미국의 1달러에 대한 각국 화폐의 교환 비율인 환율은 크게 상승해 왔다. [그림 3-6]은 미국에 대한 각국의 환율이 지난 100여 년에 걸쳐 어떻게 변해 왔는지를 보여 준다. 그동안 환율의 변동이 워낙 컸기 때문에 대미 환율을 나타내는 Y축은 로그 눈금으로 표시하였다. 2015년 시점에서 한국의 미국 달러 대비 환율은 1,132원, 일본의 대미 환율은 122엔, 대만의 대미 환율은 32NT달러였다. 이로부터 과거로 소급해 갈 때 한국과 대만에서 리디노미네이션(redenomination)이 있었다는 점에 유의할 필요가 있다. 한국은 1953년에 식민지기부터 사용해 왔던 화폐단위인 원을 환으로 바꾸면서 1/100, 1962년에 환을 다시 원으로 바꾸면서 1/10로 리디노미네이션을 한 바 있다. 그 결과 식민지기의 1,000원이 현재의 1원에 해당한다. 대만은 1949년에 1/40,000로 리디노미네이션을 하여 식민지기의 40,000원이 현재의 1NT달러에 해당한다. 일본은 리디노미네이션

그림 3-6 각국의 대미 환율(미국 1달러당 각국 통화)

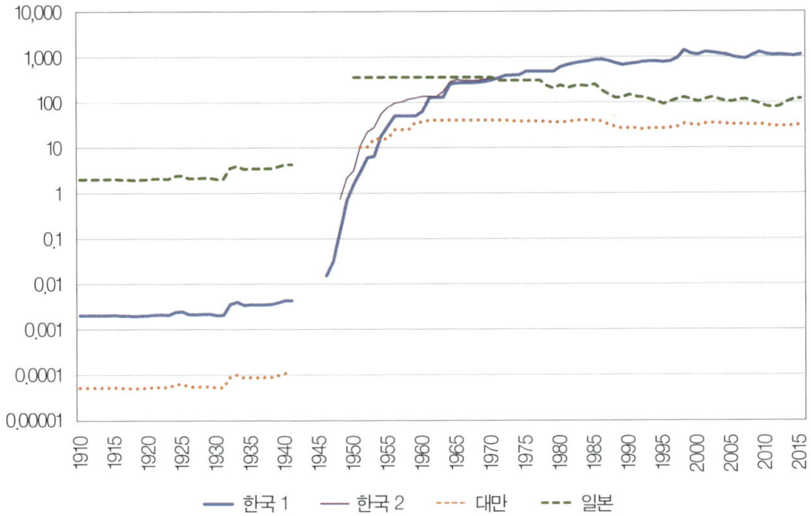

자료: 한국은 『한국의 장기통계』(V. 대외무역과 환율); 대만은 溝口 編(2008), Statistics Taiwan; 일본은 大川·高松·山本(1974); 大川(1967), 総務省統計; 미국은 Carter et al.(2006).

을 하지 않았기 때문에 그대로이다. 식민지기의 일본, 조선, 대만의 화폐는 모두 1:1:1의 등가로 고정되어 있었기 때문에 [그림 3-6]에서 당시의 화폐단위로 표시할 경우 이들의 환율은 일본과 같아야 한다. 그런데 그래프에서는 리디노미네이션 이후인 현재의 화폐단위를 기준으로 하였기 때문에 해방 전 한국의 환율은 일본의 1/1,000 수준에, 대만은 1/40,000 수준에 있는 것으로 그려져 있다.

이 점을 염두에 두고 보면 전전의 일본은 미국 1달러에 대해 2엔의 환율을 유지해 왔지만, 1931년에 금본위제로부터 이탈하면서 1달러에 4엔으로 높아졌다. 1941년의 태평양전쟁으로 교역이 중단되었다가 전후 교역이 재개되었을 때 대미 환율은 그간의 인플레이션을 반영하여 급등하였다. 일본은 전후에 1달러에 360엔으로 시작한 후 1970년까지 그 수준을 유지하다가 계속 하락하여 100엔대로 되었다. 대만은 1951년에 1미국 달러에 10NT달러의 환율로 시작하여 1961년에 40NT 달러까지 오른 후 그 수준을 줄곧 유지하다가 다소 하락하는 양상을 보였다. 이에 대해 한국의 대미 환율은 계속 상승하였다는 점에서 이들과 달랐다. 즉, 일본과 대만은 전후에 환율이 급등한 후에는 그 수준을 유지하고자 하였고 실제로 환율이 안정된 수준에 머물러 있었다고 한다면, 한국은 성장 정책을 추진할 때 환율의 안정은 우선순위에서 밀려 있었다고 할 수 있다. 이것은 앞에서 본 바와 같이 경제성장이 높은 통화 및 물가 상승률을 수반하면서 전개되었다는 점과 관련이 있다.

[그림 3-6]에서 한국의 환율이 1950년대에 두 가지로 제시되어 있다. 한국 1은 공정환율이고, 한국 2는 암시장 환율인데, 암시장 환율이 공정환율보다 2-4배 높았다. 당시 이승만 정부는 공정환율을 낮게 억누르고 있었고, 정책 목적에 따라 다양한 환율이 적용되는 복수환율제도가 시행되었다. 이것은 이승만 정부가 추진한 산업 정책의 일환이라고 볼 수 있는데, 이에 관해서는 1950년대를 다루는 제9장에서 좀 더 살펴볼 예정이다. 그런데 이러한 외환시장에 대한 정부의 개입은 외환시장의 자유화를 원하였던 미국과 갈등을 낳았고, 1960년대 이후에는 외환시장에 대한 개입을 줄이고 단일환율제도로 나아가게 된다.

3. 금융

여기에서는 금융 제도와 시장이 어떻게 변해 왔는지를 살펴보고자 한다. 금융 시스템은 경제 내에서 자금의 여유가 있는 자들로부터 자금을 조달하여 신용을 필요로 하는 기업이나 가계에 자금을 배분하는 역할을 한다. 그런데 금융시장은 상품이나 서비스를 거래하는 시장과는 다른 특징이 있다. 예컨대, 상품의 경우 상품을 양도하고 대금을 받는 것으로 거래가 종료된다. 그에 비해 자금을 빌려주고 1년 후에 원금을 이자와 함께 되돌려받는 금융 거래의 경우에는 자금을 빌려주고 되돌려받기까지의 기간이라는 요소가 하나 더 들어온다. 그 사이에 채무자가 파산하거나 사라져서 상환하지 못할 수도 있다는 점이다. 금융 제도가 이러한 리스크를 줄이거나 적절히 분산할 수 있다면 그렇지 않은 경우에 비해 금융 거래를 크게 늘릴 수 있다. 따라서 금융 시스템은 자금이라는 자원을 보다 효율적으로 이용할 수 있게 함으로써 경제성장에 기여한다고 할 수 있다.

한국에서 근대적인 금융기관인 은행이 출현한 것은 개항 이후였고, 전술한 일본인이 설립한 제일은행이 최초였다. 그 후에도 일본인 은행이 더 한국에 진출해 왔다. 대한천일은행(해방 후 한국상업은행)이라는 한국인 은행도 설립되었는데, 일본인 은행에 비해 규모가 작아 전체 예금이나 대출에서 차지하는 비중이 2-3% 정도에 불과하였다. 제일은행이 나중에 중앙은행인 조선은행이 되었음은 전술하였는데, 그것이 해방 후에 한국은행으로 된다. 조선은행의 영업 지역은 조선에 국한되지 않아 조선 내 지점 수보다 조선 외의 지점 수가 더 많았다. 조선은행의 감독기관은 조선총독부가 아니고 일본은행과 마찬가지로 일본의 대장성(현재 우리나라의 기획재정부에 해당)이었다.

이 점에서 조선은행과 대비되는 것이 해방 후에 산업은행으로 되는 조선식산은행이다. 식산은행은 합병 전에 설립되어 있던 농공은행을 흡수 통합하여 1918년에 설립되었는데, 조선은행과는 달리 총독부의 감독하에 있었다. 농업 개발이나 광공업 분야에 장기 자금을 공급하는 목적을 가진 특수은행이라 할 수 있다. 일반은행과는 달리 식산은행은 자신의 자본금을 훨씬 넘는 규모로 채권(이를 식산채권이라 함)을 발행할 수 있었으며, 그것은 주로 일본의 자본시장에서 발행되었다. 예컨대, 1920년대에 추진된 산미증식계획에서 수리시설을 건설하는 데 필요한 장기 자금을 식산은행이 주로 공급하였다. 1930년대 이후에는 장기 자금의 융자가 농업 이외에 광공업 분야로 확대되었다. 조선의 전체 은행 대출 중에서 식산은행 한 곳이 40%가 넘을 정도로 자금의 융자에서 중심적인 역할을 하였다.

그런데 식산은행이 발행한 채권을 가장 많이 인수한 곳이 일본의 대장성 예금부라는 점이 흥미롭다. 예금부는 산하에 우체국이 있었는데, 우체국은 도시뿐만 아니라 농촌에도 분포해 있었다. 우체국은 우편 업무 이외에 금융 업무도 하고 있었는데, 농민들이 우체국에 저금한 자금은 예금부의 관리하에 들어갔다. 일본 내의 우체국은 물론이고 조선 내에 있는 우체국도 마찬가지였다. 이렇게 모아진 우체국의 저금은 방대한 규모에 달하였는데, 예금부가 그 자금을 운용하였다. 그 자금의 일부가 식산은행의 채권을 인수하는 데 사용된 것이다. 채권 발행으로 조선에 유입된 자금 규모가 예금부 관리하에 들어간 조선의 우체국 저금보다 훨씬 컸지만, 조선의 농촌에서 모아진 저금이 위의 메커니즘을 통해 조선의 수리시설 등의 자금으로 환원되었다고 할 수 있다. 한 가지 더 언급하면, 대공황기에 조선 쌀의 일본 수출이 일본의 쌀 가격을 떨어뜨린 요인으로서 주목되었을 때 예금부 자금의 식산은행 채권 인

수에 대해 일본 농민들의 비판이 고조된 적이 있었다. 일본 농민의 입장에서 보면, 자신들의 저금이 조선의 쌀 증산과 대일 수출을 위해 지원되었고 결국은 쌀 가격 하락이라는 칼이 되어 자신에게로 돌아왔다고 볼 수 있다.

또 하나 금융조합이 있었는데, 해방 후에 농협(근래에는 농협은행)으로 이어지게 된다. 금융조합은 출자자와 자금의 이용자가 동일하다는 점에서 은행과는 다르고, 상호금융기관 또는 협동조합의 성격을 가지고 있었다. 전통적인 계(契)가 서민들의 소액의 자금을 상호 융통하는 방식이라 할 수 있는데, 금융조합은 이를 제도화한 것이라 할 수 있다. 금융조합의 조합원 수가 크게 늘어나 1940년에는 전체 가구의 59%(농가로 한정하면 86%)가 조합에 가입하였다. 금융조합의 대출이 은행을 포함한 전체 대출에서 차지하는 비중은 1930년대에는 18%를 차지하고 있었다.

각 시기의 금융 발달을 수량지표로 보이기 위해 [그림 3-7]은 금융기관의 예금과 대출의 추이를 GDP 대비 비율로 제시하였다. 예금의 경우 1911-1940년간에 GDP의 5%에서 34%로 늘어났고, 대출의 경우는 6%에서 49%로 늘어났다. 예금보다 대출의 비율이 높았던 것은 금융기관이 채권을 발행하는 등 예금 이외의 자금을 조달해서 대출로 운용하였기 때문이다. 해방 후 그 수준은 식민지 초기의 수준으로까지 떨어졌다가 빠르게 상승하여 2015년에는 예금의 GDP 대비 비율은 87%, 대출의 비율은 101%로 높아졌다. 예금과 대출이 GDP보다 빠르게 늘어났다는 것은 그만큼 재화와 서비스의 생산이 금융기관을 통한 자금의 조달에 점점 더 크게 의존하고 있음을 뜻한다.

그런데 예금이나 대출은 금융중개 기관을 통한 간접금융의 발달을 보여 주지만, 금융시장을 통한 채권이나 주식의 발행과 같은 직접금융 또는 보험이나 연금 등의 금융 자산이 빠져 있다. 이를 모두 포괄해서 보기 위해서

그림 3-7 금융기관의 예금 및 대출의 GDP 대비 비율

자료: 한국은행, ECOS;『한국의 장기통계』(S. 화폐와 금융제도).

는 한국은행의 자금순환표를 이용할 수 있다. 거기에는 금융자산부채잔액표를 제공하고 있는데, 이를 통해 가계·정부·금융기업·비금융기업 등의 각 제도 부문이 어떤 종류의 금융 자산(또는 부채)을 얼마나 보유하고 있는지를 알 수 있다. [그림 3-8]은 이를 이용하여 한국의 금융연관 비율(financial interrelation ratio)을 보인 것이다. 금융연관 비율이란 원래 국부(national wealth)에 대한 금융 자산의 비율로 정의되는데, 정확한 국부 통계를 얻기 힘들기 때문에 그 대신에 금융 자산의 GDP 대비 비율을 이용하고 있다. [그림 3-8]은 이렇게 구한 한국의 금융연관 비율을 5개 기간으로 쪼개서 제시하였다. 자금순환표를 작성할 때 의거한 국민계정 체계(System of National Accounts)의 버전이

그림 3-8 한국의 금융연관 비율 추이

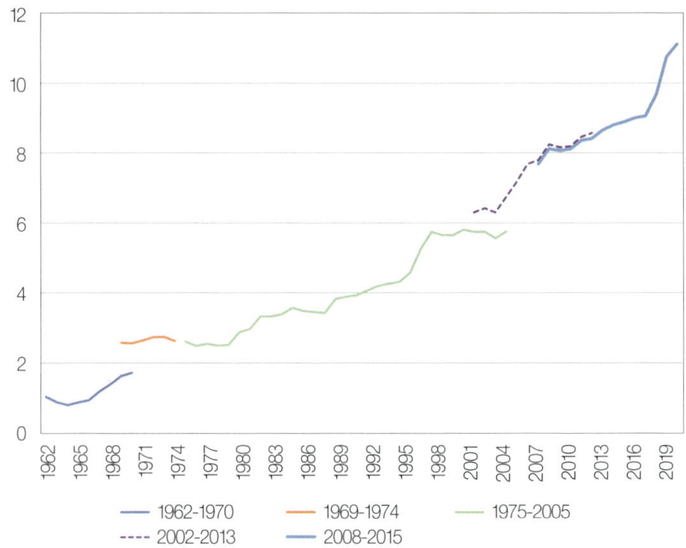

자료: 한국은행, ECOS;『한국의 장기통계』(S. 화폐와 금융제도).

각각 달라서 계열이 단절되어 있기 때문이다. 그렇지만 전체의 추이를 보는데 큰 문제는 없다.

그림에 따르면, 1960년대 중엽에 대략 1 정도였으므로 금융 자산이 GDP와 같은 수준이었는데, 최근에는 그 11배로 상승하였음을 알 수 있다. 전술한 은행의 예금 또는 대출의 GDP 대비 비율과 비교해서 훨씬 더 높은 것은 예금이나 대출 이외의 금융 자산 규모가 그만큼 더 컸기 때문이다. 이것은 금융의 발달 또는 금융 심화(financial deepening)를 보여 주는 것이기도 하다. 금융 심화란 더 많은 저축을 더욱 다양한 금융 자산으로 운용하게 되는 것을 말한다. 전통적으로는 오랫동안 은행이 가장 중요한 금융 제도였지만,

투자은행이나 보험 또는 연금, 뮤추얼펀드(mutual fund)나 벤처 캐피털(venture capital)과 같은 비은행 금융 제도의 중요성이 점차 높아졌다. 금융시장도 발달하여 기업이 대출 이외에도 채권이나 주식으로 자금을 조달할 수 있게 되었다. 이러한 금융 제도와 시장의 발달은 금융 서비스를 개선해서 자금의 효율적인 배분을 가능하게 한다고 볼 수 있다. 다만 2008년 글로벌 금융위기에서 보듯이 금융 심화가 진전되면 리스크를 분산하는 방식 등이 더욱 복잡해져서 전문가가 아니면 이해하기 어렵게 되기도 한다. 여기에 전문가의 도덕적 해이(moral hazard)를 막지 못하면 금융의 안정을 해칠 우려도 커지고 있다. 안전하고 건전한 금융 시스템을 위해서는 적절한 규제의 필요성 또한 커지고 있다고 할 수 있다.

자금순환표는 제도 부문(가계, 금융기업, 비금융기업, 정부, 해외)별로 금융자산 또는 부채가 어떻게 구성되어 있는지를 보여 준다. [그림 3-9]는 비금융기업의 금융 부채 구성비의 추이를 제시하였다. 자금순환표는 전술하였듯이 분류가 달라지는 등 계열의 단절이 있는데, 그래프에서 예컨대 1968-1969년과 2007-2008년에 나타난 급격한 변화는 그러한 자료상의 단절에 의한 것임을 유의하기 바란다. 비금융기업의 금융 부채란 자금을 어떤 방식으로 조달하였는가를 뜻한다. 기업신용이란 기업 간의 거래 시점과 대금의 지불 시점의 차이로 나타나는 것인데 대체로 10% 수준으로 안정되어 있다. 대외채무가 특히 1980년 이전에는 10%가 넘을 정도로 중요하였지만, 그 후 급속히 하락하여 현재는 미미한 수준에 그치고 있다. 가장 비중이 크고 주목되는 것은 대출금과 주식(또는 출자지분) 및 채권이다. 1990년대 중엽까지는 대출금이 중요하였지만, 그 후에는 주식이나 채권을 통한 자금 조달의 비중이 더 큰 것으로 역전되어 현재는 기업 자금의 55%를 차지할 정도로 기업의 주된 자금

그림 3-9 비금융기업의 금융 부채(즉, 자금 조달) 구성의 추이

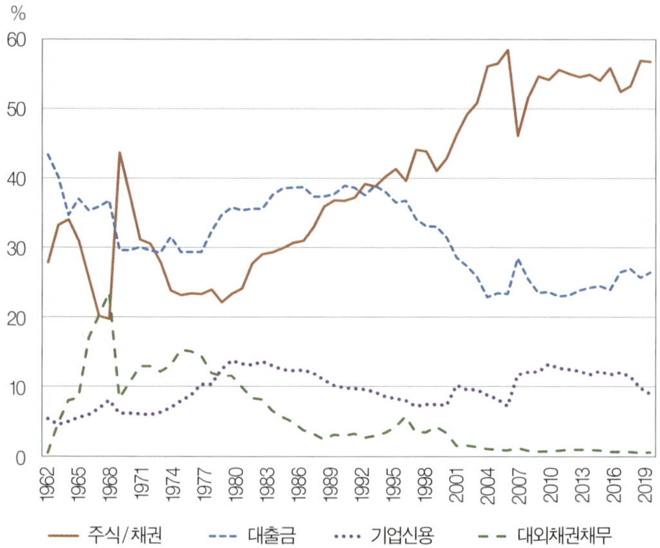

자료: 한국은행, 「자금순환표」, ECOS.

조달 형태가 되었다. 대출은 금융중개 기관을 통한 간접금융, 주식과 채권은 금융시장을 통해 직접 자금을 조달하는 직접금융이라 한다면, 기업 자금의 조달은 1997년의 외환위기를 계기로 간접금융에서 직접금융 중심으로 바뀌었음을 알 수 있다.

[그림 3-10]은 마찬가지로 자금순환표를 이용하여 가계의 금융 자산 구성비 추이를 보인 것이다. 가계의 부채를 그래프로 제시하지 않았지만, 주택담보 대출을 중심으로 크게 늘어났다. 앞의 기업 자금 조달에서 대출의 비중이 감소하였다는 점을 지적하였는데, 가계가 기업 못지않게 대출 수요자로 등장하였다고 할 수 있다. 주택의 구입 자금을 대출로 조달하였기 때문

그림 3-10 가계의 금융 자산 구성비의 추이

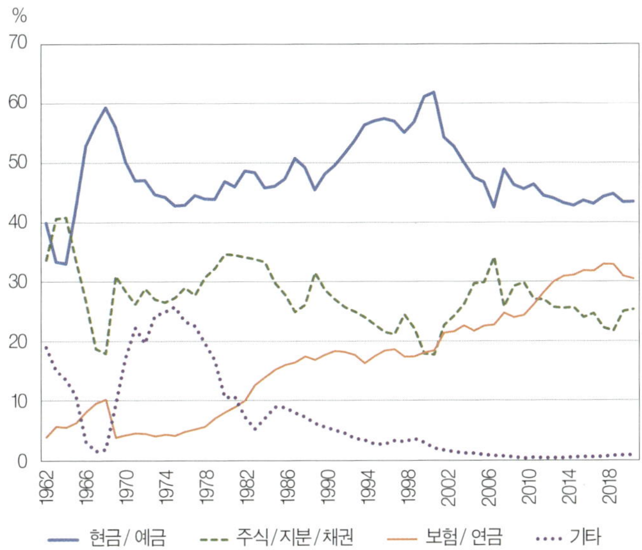

자료: 한국은행, 「자금순환표」, ECOS.

이다. 가계의 자산을 보면 현금 및 예금이 시기에 따라 다소 기복이 있지만 50% 정도를 차지하고 있고, 주식이나 채권이 25% 전후를 차지하고 있다. 이에 대해 보험 및 연금이 1960년대 초의 낮은 수준에서 빠르게 상승하여 30%의 비중을 넘어선 것이 주목된다.

한편, 금융의 발달을 보여 주는 또 하나의 지표는 이자율이라 할 수 있다. [그림 3-11]은 개항 이후 식민지기에 걸쳐 보통은행의 일반 대출 이자율과 정기예금 이자율을 제시하였다. 시기별로 기복은 있지만 하락하는 추세를 보였다. 대출 이자율은 개항 초기에 18%에서 1940년대에는 8% 수준으로 떨어졌고, 정기예금 이자율은 평균 6%의 수준이며 1930년대 이후에는 하락하

그림 3-11 각종 명목 이자율의 장기 추이

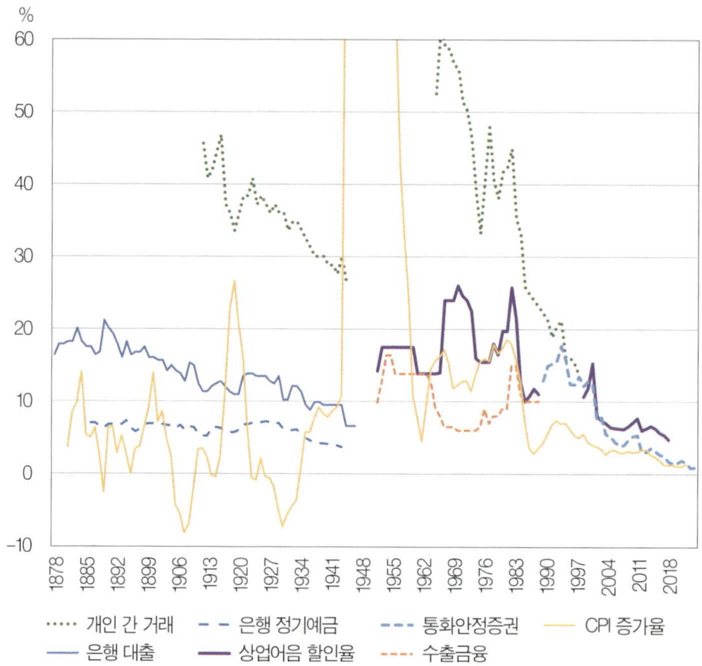

자료: 한국은행, ECOS; 『한국의 장기통계』(S. 화폐와 금융제도); 콜·박영철(1984).

고 있었다. 이것은 명목 이자율이므로 물가 상승률을 감안할 필요가 있어 소비자물가(CPI) 상승률도 함께 보였다. 다만 CPI의 매년의 등락이 심해 추세를 볼 수 있도록 5개년 이동평균으로 제시하였다. 제1차 세계대전기에 물가가 급등할 때에는 명목 이자율에서 물가 상승률을 뺀 실질 이자율이 마이너스(-)를 보이기도 하였지만, 물가 하락기에는 실질 이자율이 명목 이자율보다 더 높아지기도 하였다.

그런데 당시에 은행의 대출은 상공업자들이 중심이었고 서민들이 이용하기에는 문턱이 높았다고 할 수 있다. 일반인들이 주로 이용하였던 것은 은행이 아니고 개인 대금업자였다. 조선총독부가 발행한 『조선금융사항참고서』에 따르면 대금업자가 조선인에 적용하는 월 이자율은, 예컨대 1925년에 편차가 있지만 보통 3부 1리로 나오는데, 이것은 월 3.1%를 뜻하므로 연리로 환산하면 37.2%가 된다. 시장에서 단기간(보통 5일간)에 이루어지는 대부는 이보다 높은 6부로 나왔는데, 고작 5일간의 대부에 6%라는 초고금리가 적용되었음을 알 수 있다. [그림 3-11]에서는 조선인에 적용되는 대금업자의 이자율을 연리로 제시하였다. 식민지 초기에 40%가 넘는 수준에서 말기에는 30% 이하로 하락하는 추세를 보였다. 그렇지만 은행 대출 이자율과의 격차는 여전히 벌어져 있었다.

금융 거래에서 이자율은 상품 거래에서의 가격에 해당한다고 볼 수 있다. 그런데 금융 거래에서는 상품 거래와는 달리 거래대금이라 할 수 있는 원리금을 돌려받는다는 보장이 없으며, 불확실성이 크면 그만큼 리스크 프리미엄이 붙어 이자율이 훨씬 더 높아진다. 이에 대해 은행과 같은 제도권 금융에서는 거래 대상자를 선별하게 된다. 대출할 때 개인의 소득이나 재산 정보를 요구하거나 재산을 담보로 잡을 수도 있다. 거래를 통해 개인의 신용 정보를 축적하기도 한다. 은행과 대금업자 간의 대출 이자율 격차는 거래 대상을 선별해서 리스크 프리미엄을 얼마나 줄일 수 있었는가의 차이라고 할 수 있다. 따라서 이 시기는 은행과 같은 근대적 금융 제도가 출현하였고 그들의 금융 거래 규모가 빠르게 커지고 있었지만, 거기에 접근할 수 있는 자들은 제한되어 있었고 다수의 조선인은 여전히 대금업자를 매개로 하는 전통적인 금융 거래에 머물고 있었다. 그런 의미에서 이 시기의 금융은 이중구조를 띠고 있었다고 할 수 있다.

[그림 3-11]에서 해방 후의 이자율은 가장 데이터가 긴 상업어음 할인율을 제시하였는데, 은행의 대출 이자율과 크게 다르지 않았다. 그리고 시장 이자율을 대표하는 것으로서 통화안정증권(1년) 이자율도 제시하였다. 먼저 상업어음 할인율에서 주목되는 것은 1980년대 이후는 그 전에 비해 크게 떨어졌고, 외환위기 때 이자율이 일시 급등한 것을 제외하면 최근까지 하락 추세가 지속되어 왔다는 것이다. 통화안정증권으로 시장 이자율을 보면 1990년대 이후 하락 추세가 더 빨라 최근에는 1% 아래로까지 떨어졌다.[1] 이들은 명목 이자율인데, CPI의 추세를 감안해서 보면 1980년대 이후 명목 이자율이 크게 하락하였지만, CPI 상승률이 더 크게 하락하여 실질 이자율은 플러스(+)가 유지되었음을 알 수 있다.

이에 비해 1980년 이전에는 명목 이자율도 높았지만, 물가 상승률도 높아 실질 이자율은 마이너스(-)가 되는 경우도 나왔다. 이 시기에 주목되는 것은 1965년에 금리 현실화를 단행하여 이자율을 대폭 올렸다는 것이다. 이 시기 시중의 여유 자금은 금리가 높은 사금융시장에 머물고 있었는데, 이들 자금을 은행으로 유인하기 위한 조치였다고 할 수 있다. 그렇지만 1970년대 초에 경기가 하락하였고 부실기업 문제가 심각해지면서 기업을 구제하기 위한 8.3조치(1972년)가 이루어졌고, 다시 저금리 정책으로 되돌아갔다. 1960-1970년대에 수출금융이 최저 6%로 물가 상승률보다도 낮은 금리로 공급되었는데, 누구나 수출을 하면 그 실적에 따라 융자를 받았을 수 있었다. 이것은 당시 민간 기업에게 수출을 늘리려는 강력한 인센티브로 작용하였다. 8.3조

1 그래프에 제시되지 않았지만, 시장 이자율인 통화안정증권(1년)의 이자율은 2021년 5월에 0.6%까지 떨어졌다가, 최근에 미국이 인플레이션을 막기 위해 이자율을 높이면서 빠르게 상승하기 시작하여 2022년 말에는 3.8%로 치솟았다.

치와 수출금융에 관해서는 고도성장기를 다루는 제10장에서 자세히 다룰 예정이다.

해방 후에도 사채 이자율은 여전히 높아 1960년대에는 50%가 넘었고 1970년대도 40% 전후에 달하였다. 1980년 이후 급락하여 1990년대에는 20% 이하로 떨어졌다. 특히 1980년대 이후의 급락은 물가 상승률이 크게 떨어진 것을 반영한 것으로 보인다. 은행이나 제2금융권으로부터 대출을 받기 어려운 경우 대부업자로부터 높은 금리로 소액 자금을 빌리는 경우가 있지만, 그 이용자는 크게 줄어들었다고 할 수 있다. 그 점에서 보면 우리나라에서 금융의 이중구조는 개항기부터 고도성장기까지 지속되었고 확대되기까지 하였지만, 1980년대 이후 사금융이 제2금융권으로 편입되기도 하고 금리 격차도 크게 줄어들면서 빠르게 해소되어 온 것으로 생각된다.

4. 재정

정부는 재정을 통해 경제에 개입하게 된다. 대표적인 것이 국방이나 치안 또는 사법과 같은 공공재를 창출하는 것이다. 이것은 시장에 맡겨서는 제대로 공급되지 않기 때문에 정부가 세금으로 공공재를 만들어 공급하는 역할을 맡게 된다. 소득과 부의 불평등을 완화하는 것도 정부의 역할로 인정되고 있다. 조세를 부과할 때 소득이 높을수록 더 높은 세율을 부과한다든지 빈곤을 완화하기 위한 지출을 늘리는 것이 그에 해당한다. 그리고 불황일 때에는 재정 지출을 늘리거나 세금을 줄여서 경기를 부양하는 등 경제의 안정을 도모하는 것도 정부의 역할로 인정하고 있다. 이들은 모두 정부의 수입과 지

그림 3-12 재정의 규모(GDP 대비 비율)

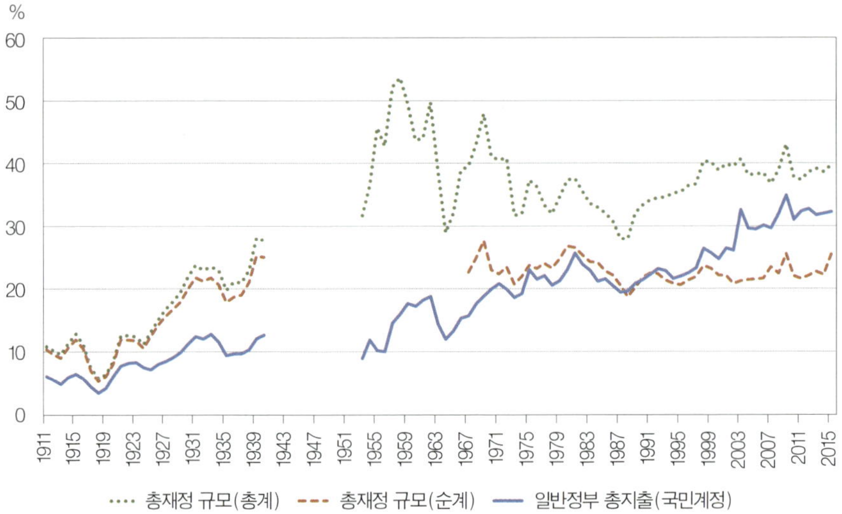

자료: 김재호(2018).

출, 즉 재정을 통해 이루어진다. 이하에서는 먼저 재정 규모가 어느 수준이고 어떻게 변천해 왔는지, 이어서 정부의 수입과 지출의 내역, 그리고 재정 건전성의 순으로 살펴보고자 한다.

[그림 3-12]는 김재호(2018)에 의거하여 우리나라 재정의 규모를 GDP 대비로 보인 것이다. 재정의 규모를 따질 때 그 범위를 밝힐 필요가 있다. 중앙정부와 지방정부를 합쳐서 고려할 필요가 있는데, 중앙정부와 지방재정 간에 교부금이 지원되거나 차입금이 상환되었을 경우 또는 각 재정 내의 내부 거래가 있는 경우 이중계산의 문제가 생긴다. 중앙정부와 지방정부의 재정을 단순 합계한 것을 총계라고 하고, 이중계산을 배제한 것은 순계라고 할 수 있다. 자료상 순계를 구하기 어려운 경우가 있어 그림에는 양자를 모두 제시하

였다. 그리고 재정 통계에서는 공기업도 정부의 범위에 들어가지만, 국민계정 통계에서 말하는 일반정부에는 공기업이 포함되지 않는다. 공기업의 비중이 높은 나라와 그렇지 않은 나라가 있을 터인데, 이를 조정하지 않으면 정부의 규모를 일관되게 비교하기 어렵게 된다. 국민계정에서는 정부가 소유한 공기업을 산업으로 분류한다.

[그림 3-12]에 따르면, 해방 전에 총재정과 일반정부 사이에 규모의 차이가 크게 벌어진 것은 당시 철도와 전매와 같은 관업이 총독부 재정에 포함되어 있었기 때문이다. 해방 후에는 총재정 규모(총계)가 크게 높아진 것으로 나타났는데, 거기에는 이중계산분 이외에, 철도와 전매, 해방 후 일본인들이 남겨 놓은 재산이 귀속재산으로 정부에 편입되어 있었기 때문이다. 그 후 귀속재산은 민간에 불하되었고 공기업이 민영화되면서 총재정 규모는 하락하는 추세를 보였다. 이중계산을 배제한 총재정 규모(순계)도 1967년 이전 데이터가 없지만, 마찬가지 추세를 보였을 것으로 생각된다.

이와 달리 공기업을 모두 뺀 일반정부의 규모를 보면 시기별로 기복이 있지만, 해방 전부터 현재까지 상승 추세를 이어가고 있다. 1960년대까지 총재정(순계)이 일반정부보다 큰 것은 공기업의 존재 때문이라 할 수 있다. 이에 대해 1990년대 이후에는 총재정(순계)보다 일반정부의 규모가 더 커져 양자의 격차가 벌어지고 있는데, 그것은 일반정부에 포함되는 사회보장기금이 빠르게 늘어났기 때문이다. 사회보장기금을 대표하는 국민연금은 1988년에 출범하였는데, 연금 부담금의 납입 규모가 커진 반면, 연금 수령자가 아직 본격적으로 나오지 않아 연금기금의 흑자가 크게 늘어났다. 그리고 1980-1987년간에는 재정 규모가 축소된 것으로 나왔는데, 그것은 이 시기 통화뿐만 아니라 재정에서도 강력한 긴축이 이루어졌기 때문이다. 1980년대 이후 성장 정

그림 3-13 일반정부 규모의 국제 비교(GDP 대비 비율)

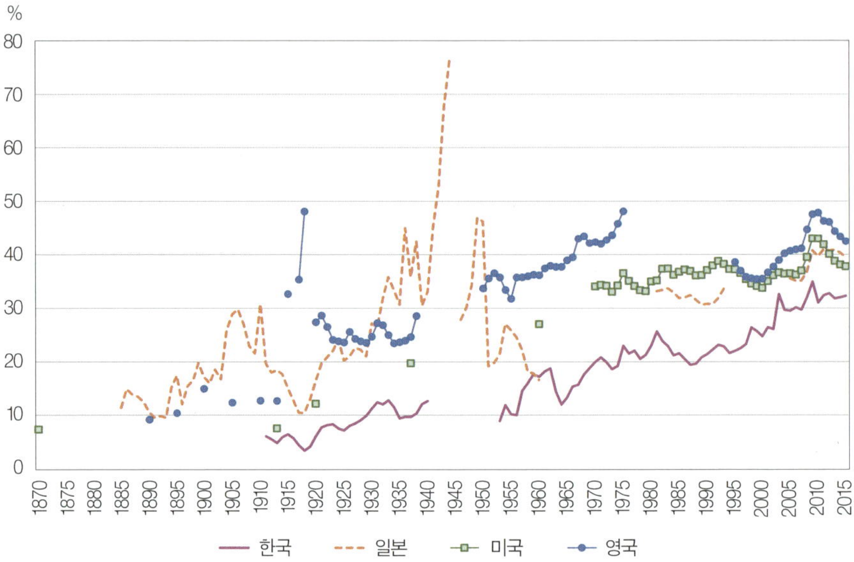

자료: 김재호(2018).

책의 전환에 기인한 것인데, 이에 관해서는 제11장에서 좀 더 자세히 다룰 예정이다.

[그림 3-13]은 일반정부 규모의 장기 추이를 다른 나라와 비교한 것이다. 먼저 전전 일본의 재정 규모를 보면 러일전쟁기와 중일전쟁 특히 미국과의 태평양전쟁기에 급등한 것을 볼 수 있다. 영국의 경우 제2차 세계대전기의 데이터가 없지만 제1차 세계대전기에 급등한 것으로 나온다. 이 시기 일본과 한국의 재정 규모 차이는 후술하는 군사비로 인한 것이다. 식민지기 한국은 군사비 지출이 없었던 반면 일본은 식민지와 점령지의 군사비까지 일반정부 재정에 포함되어 있었기 때문이다. 전후에는 한국의 재정 규모가 여전히 다른

나라에 비해 낮은 수준이었지만 빠르게 격차를 좁히고 있었음을 알 수 있다. 일본과 미국은 1970년대 이후 GDP 대비 30-40%의 수준으로 수렴하고 있었고 영국은 그보다 다소 높아 40%를 조금 넘었다. 이에 대해 한국은 32% 정도에 달하였다.

한국의 재정 규모를 평가할 때 유의할 점이 있다. 정부 예산에는 포함되지 않지만, 정부가 자금을 동원하여 정책 목적에 따라 배분하는 경우가 있기 때문이다. 예컨대, 나중에 고도성장기를 다룬 제10장에서 살펴보는 바와 같이 박정희 정부는 은행을 소유하여 인사권을 장악하고 있었을 뿐만 아니라 은행 대출의 배분에도 깊이 관여하고 있었다. 만약 이러한 정책금융을 재정을 통해 수행하고자 하였다면 의회의 견제를 받아 정부가 원하는 대로 추진되기는 어려웠을 것으로 생각한다. 즉, 이 시기 박정희 정부는 의회의 견제를 받지 않고 은행 자금을 통제하고 있었으며, 그것이 당시 정부 주도적 경제성장 정책의 강력한 수단이 되었다고 할 수 있다. 1950년대를 고찰할 때 언급하겠지만, 이승만 정부도 외환시장에 개입하여 경제적 지대(economic rent)를 창출하고 이를 정책 목적으로 배분한 바 있다. 이 또한 재정의 범위에 포함되지 않는다. 1980년대 이후 은행이 민영화되었다고 하지만 여전히 정부의 영향이 컸다고 평가되고 있다. 따라서 앞에서 살펴본 재정 규모를 곧 정부 역할의 크기를 보여 주는 것으로 해석하는 것은 한국에서 정부의 역할을 과소평가할 수 있음에 유의할 필요가 있다.

[그림 3-14]는 19세기 말에서부터 현재까지 중앙정부 일반회계 지출의 구성비 추이를 보여 준다. 중앙정부에 한정되어 지방정부가 빠져 있음에 유의하기 바란다. 그림에 따르면, 일반행정의 구성비가 줄어든 대신에 다른 분야의 지출이 늘어난 것을 볼 수 있다. 국방의 경우 대한제국기에는 큰 비중을

그림 3-14 중앙정부 일반회계 지출의 구성비

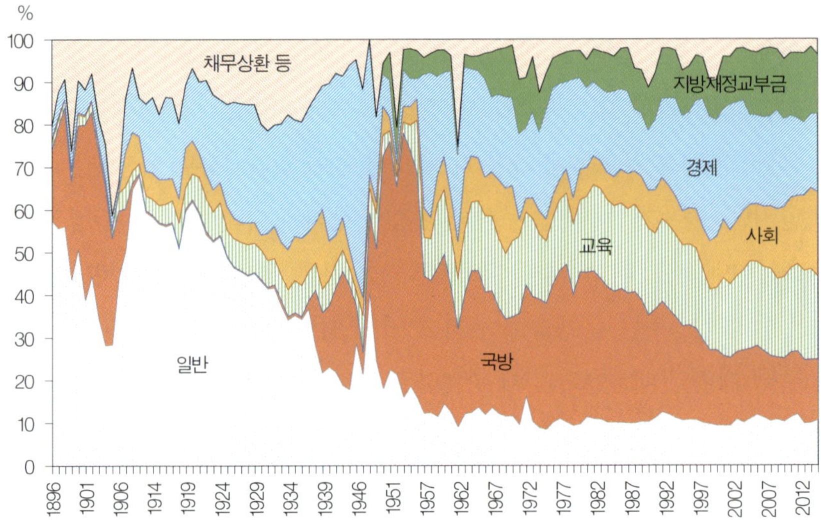

자료: 김재호(2018).

차지하였지만, 식민지기는 전시기를 제외하면 부담이 없었고 한국전쟁으로 인해 크게 늘어난 후 현재까지 비중이 줄어들고 있다. 경제 분야의 지출이 비교적 높은 비중을 차지하고 있으며 특히 식민지기에 그러하였다. 교육과 사회 분야 지출은 비중을 확대해 왔음을 알 수 있다.

[그림 3-15]는 국방 분야의 지출에 초점을 맞추어 다른 나라와 비교한 것이다. 일본은 청일전쟁(1894-1895년)과 특히 러일전쟁(1904-1905년)으로 인해 국방 지출의 GDP 대비 비율이 크게 상승하였으며, 중일전쟁(1937년) 이후 특히 태평양전쟁기(1941-1945년)에는 그래프가 잘려 있지만 50%에 달할 정도였다. 그러던 일본이 패전 후에는 국방비가 급락하여 현재까지 GDP의 1% 수준을 유지해 왔음을 알 수 있다. 패전으로 인해 성립한 일본의 「평화헌법」은

그림 3-15 국방 지출의 GDP 대비 비율

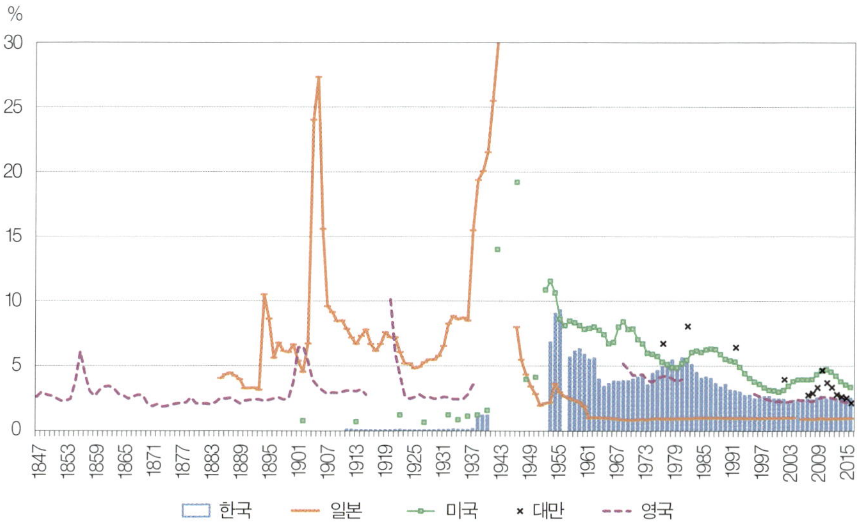

자료: 김재호(2018).

“국권의 발동인 전쟁과 무력에 의한 위협 또는 무력의 행사는, 국제 분쟁을 해결하는 수단으로서는 영구히 이를 포기한다”고 선언하였고, 전력(戰力)을 보유하지 않는 비무장과 국제협조주의를 표방하였다. 현재 자위대를 보유하고 있고, 평화헌법의 개정을 둘러싸고 논란이 되고 있다. 현재 GDP 1%로 상징되는 일본의 낮은 국방비는 물론 미군의 일본 주둔과 방위조약에 의해 가능해진 것이다. [그림 3-15]는 국방비 지출이라는 점에서 전전과 전후의 일본이 얼마나 다른가를 상징적으로 보여 준다.

영국도 간헐적으로 전쟁으로 인한 상승이 나타났지만 보통 GDP의 2%대의 수준을 유지해 왔고, 전후 5%로 높아지기도 하였지만, 현재는 다시 2%대를 유지하고 있다. 미국은 제2차 세계대전 이전에는 국방비 지출이 미미하였지만, 세계대전에 참전하면서 크게 상승하였으며, 1950년대 GDP의 10%를 넘는 수준에서 현재는 3%대의 수준으로 하락하는 추세를 보였다. 그렇지만 전후 미국은 세계 경찰의 역할을 맡고 있어 전전에 보인 바와 같은 낮은 국방비 지출의 시대와는 달라졌다고 할 수 있다.

이에 대해 한국은 식민지기에는 조선 주둔 일본군의 경비가 일본의 재정에서 지출되는 것으로 되어 있었기 때문에 국방비 지출이 0으로 나와 있고, 중일전쟁 이후 조선 GDP의 1% 정도를 일본의 국방비로 부담한 바 있다. 앞에서 대한제국기에 국방비 지출이 있었음을 보았는데, 이 시기 GDP 추계가 없어 그 비율을 제시하지 못하였다. 해방 후 한국전쟁으로 인해 국방비가 GDP의 9%까지 높아졌지만, 그 후 1960년대 초에 3%대로 하락하였다가 미군이 일부 철수하면서 국방비 지출이 5%까지 다시 높아진 후 하락하여 현재는 2.5% 정도를 보이고 있다. 한국의 국방비 지출 수준은 분단국가로서 여전히 휴전 상태임을 감안하면 높다고 보기 어렵다. 현재 미국보다도 낮고 영국의 수준에 가깝다. 같은 처지인 대만의 경우에도 국방비 지출은 한국보다 높은 것으로 나온다. 여기에는 일본 정도는 아니지만 역시 미군의 한국 주둔과 한미상호방위조약이 국방비를 낮추는 역할을 하였다고 할 수 있다.

지금까지는 정부의 지출 쪽을 보았는데, [그림 3-16]을 이용하여 정부의 수입 쪽을 보고자 한다. 조세 수입의 GDP 대비 비율을 조세부담률이라 하고, 거기에 다시 사회보장기여금(연금, 건강보험, 실업보험 등의 부담금)을 더한 것을 국민부담률이라 한다. 그림에서 한국의 조세부담률을 보면 해방 전은 3%에서 8%로 높아졌지만, 그 부담의 수준은 낮은 편이었다. 해방 후 조세부담률이 다소 높아졌지만 1960년대 전반에 하락하여 7%까지로 떨어졌다. 1965년 국세청의 출범 이후 4년 만에 이를 14%로 2배 이상 끌어올린 것이

그림 3-16 조세(국민)부담률(GDP 대비)의 국제 비교

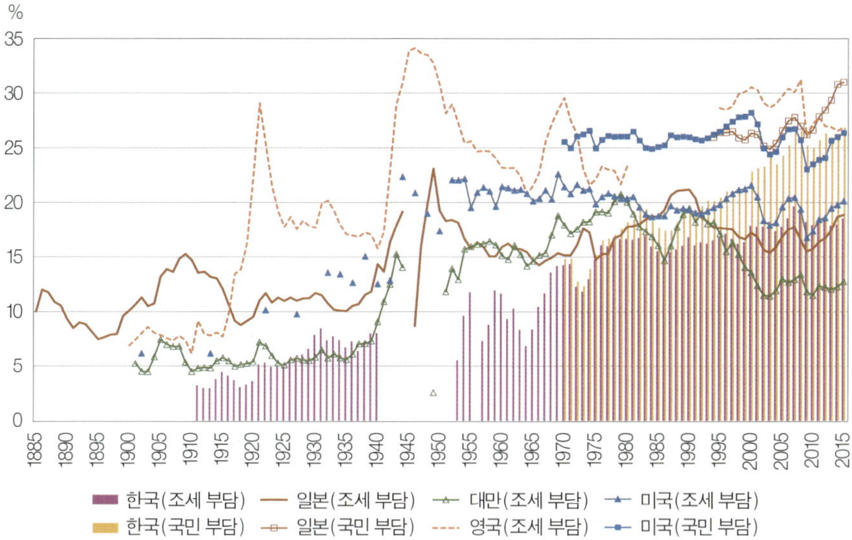

자료: 김재호(2018).

눈에 띈다. 1970년대 중엽 이후 현재까지 조세부담률은 15%에서 20% 사이에서 등락하고 있었다. 이에 대해 국민부담률은 사회보장기여금이 급증함에 따라 빠르게 상승하여 현재는 27%에 달하였다.

한국의 조세부담률 수준을 다른 나라와 비교해 보자. 먼저 해방 전을 보면, 일본의 조세부담률은 한국보다 상당히 높았다. 미국은 일본과 유사한 수준이었고 영국은 그보다 더 높았다. 미국과 영국은 제1차 세계대전 이전에는 일본보다 오히려 낮았지만, 전쟁을 거치면서 급등한 것을 볼 수 있다. 대만의 조세부담률은 조선과 크게 다르지 않았다. 전후에 일본과 미국의 조세부담률은 전전에 비해 한 단계 상승한 후 그 수준을 대체로 유지해 오고 있

다. 그 결과 한국은 이들과의 격차가 줄어들어 현재에는 조세부담률이 근접해 있다. 대만은 그보다 더 떨어져 있다. 그런데 여기서 예시한 일본과 미국은 OECD 국가 중에서 조세부담률이 가장 낮은 그룹에 속한다. 영국이 다른 OECD 국가의 수준에 좀 더 가까워 25-30%로 높았다.

국민부담률 데이터가 제시된 것은 한미일 세 나라뿐인데, 미국의 국민부담률은 26% 수준에서 크게 바뀌지 않았다. 일본도 비슷한 수준이었지만 근래에 31%로 다소 상승하였다. 한국의 국민부담률은 미국과 일본을 빠르게 따라잡아 격차를 상당히 좁힌 것을 볼 수 있다. 다만 조세부담률과 마찬가지로 미국과 일본의 국민부담률은 OECD 국가 중에서 가장 낮은 편에 속한다. 참고로 2015년에 프랑스의 국민부담률은 45%, 독일은 37%로 나왔고, OECD 평균이 33%였다. 한국의 국민부담률은 일본, 미국과의 격차를 줄였다고 할 수 있지만, OECD 다른 나라와의 격차는 여전히 크게 남아 있다.

그런데 조세 중에서 소득세의 부담이 어떻게 늘어 왔는지를 좀 더 부연해 설명하고자 한다. [그림 3-17]에서 꺾은선 그래프는 소득세의 최고 한계세율을 보여 준다. 1968년과 1975년에 최고 한계세율이 두 차례 크게 상승하여 70%에 달한 후 1981년부터 여러 차례 계단식으로 하락을 거듭하여 2011년에는 35%까지 떨어진 것을 알 수 있다. 그래프에는 최고세율만 제시하였지만, 그보다 낮은 과세표준에서는 적용되는 세율이 점차 낮아지는 누진구조로 되어 있다. 예컨대, 2011년에는 과세표준이 1,200만 원까지 구간에는 6%, 4,600만 원까지는 15%, 8,800만 원까지는 24%, 그 이상의 구간에는 35%의 세율을 적용하고 있다. 2012년에 와서 3억 원 이상의 소득구간을 추가해서 최고세율을 38%로 올렸고, 2015년에 42%로, 현재에는 과세표준이 10억 원을 초과할 경우에는 45%의 세율을 적용하는 것으로 되었다. 1980년 이후 30

그림 3-17 소득세 최고세율과 해당 과세표준의 1인당 GDP 대비 배율

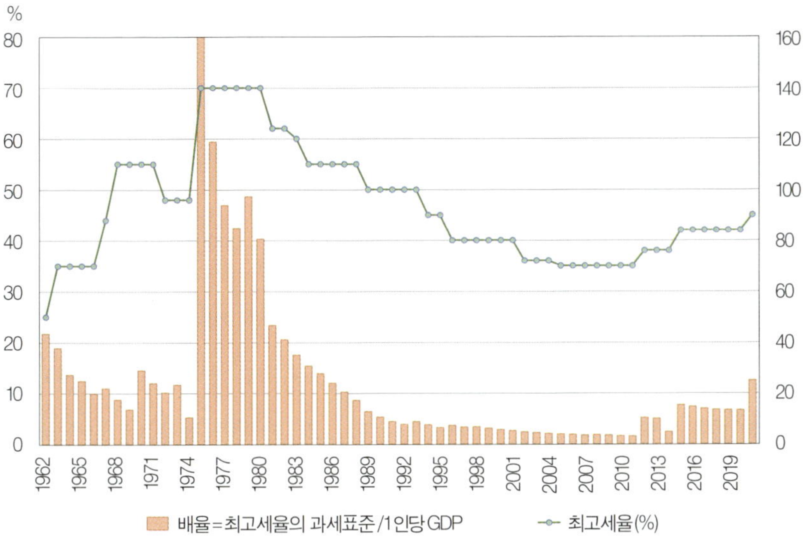

주: 최고세율이 적용되는 과세표준의 1인당 GDP 대비 배율은 오른쪽 눈금. 최고세율은 왼쪽 눈금.
자료: 국가법령정보센터; 한국은행, ECOS.

년간 지속되었던 소득세 최고세율을 인하해 왔던 추세가 역전되기 시작하였음을 알 수 있다.

여기서 다음과 같은 의문이 제기될 수 있다. 1960-1970년대에 세율이 크게 인상되었을 때에 소득세 징수액이 늘어나는 것은 당연히 예상할 수 있지만, 그 이후 2011년까지는 소득세율이 계속 인하되어 왔음에도 불구하고 징수된 소득세 수입은 오히려 크게 증가해 왔다. 이것이 어떻게 가능하였을까? [그림 3-17]에는 최고 한계세율이 적용되는 과세표준을 1인당 GDP 대비로 몇 배였는지를 오른쪽 눈금의 막대그래프로 보여 준다. 그림에 따르면, 최고

세율이 70%에 달하였던 1970년대 후반에는 그 세율을 적용받는 자의 소득이 1인당 GDP의 100배가 넘었다. 즉, 최고세율이 매우 높았지만, 최상위의 극히 일부만 그러한 높은 세율을 적용 받았던 것이다. 그렇지만 그 후 최고세율이 적용되는 과세표준의 1인당 GDP 대비 배율은 급속히 떨어져 2011년에는 3.2배에 불과한 정도로 떨어졌다. 그만큼 최고세율 적용을 받는 소득자들이 늘어난 것이다.

그래프에는 최고세율의 경우만을 보였지만, 그 아래의 세율이 적용되는 과세표준도 마찬가지이다. 즉, 명목소득이 늘어나면 점차 높은 세율이 적용되는 상위 구간으로 밀려 올라가(이를 bracket creep라고 한다) 실제 적용되는 세율이 높아지는 증세 효과가 나타나게 된다. 그 사이에 법정 세율이 크게 떨어졌음에도 불구하고 실제로 징수된 소득세액이 오히려 크게 늘어난 것은 그 때문이다.

이러한 현상이 나타난 것은 과세표준이 물가에 연동해서 높아지지 않고 사실상 고정되어 있기 때문이다. 소득세의 과세표준을 물가에 연동해서 높이는 나라들이 많지만, 우리나라는 그렇게 하지 않았다. 그 결과 물가 상승률이 높아 명목소득이 매우 빠르게 증가하였던 고도성장기에는 위의 메커니즘에 의한 증세가 대규모로 이루어졌다. 관료들은 이를 '자연증수'라고 불렀는데, 명시적인 세율의 인상을 통한 증세가 아니어서 증세 여부가 잘 드러나지 않는다는 의미에서 '감추어진 증세'라고 할 수 있다(김낙년 2014a). 정부는 과세표준을 높이는 대신 소득공제를 늘리는 방식으로 과도한 증세가 되지 않도록 관리해 왔다. 그 결과 우리나라 소득세는 다른 나라에 비해 소득공제가 과도하게 많은 특징을 갖게 되었다. 중위소득 이하의 경우 소득공제를 빼고 나면 과세할 소득이 0이 되어 대부분 면세자가 되어 버리는 것은 그 때문이다.

그렇지만 저성장 단계에 들어와 명목소득의 증가가 정체하게 되면 이 '감추어진 증세'의 효과가 미미해지고, 정부는 이를 대신할 증세 방안을 찾게 된다. 하나는 2012년 이후 시도된 것으로 최상위 과세표준을 새로 추가하여 최고세율을 올리는 방법이다. 이 방법으로 최고세율은 현재 45%까지 올렸다. 이것은 증세 대상자가 최상위 소득자로 한정되기 때문에 정치적으로 합의되기가 비교적 쉬운 편이라 할 수 있다. 또 하나는 소득공제를 줄이는 방법인데, 대부분의 계층이 영향을 받게 된다. 2013년에 소득공제를 줄이고 세액공제로 바꾸는 세법 개정을 시도하였지만(김낙년 2014b), 증세를 우려하여 커다란 반발을 받았다. 한국인들은 그동안 '감추어진 증세'를 제외하면 명시적으로 증세를 한 적이 거의 없다 보니 증세가 쉽지 않은 상황이라 할 수 있다.

그런데 이 '감추어진 증세' 효과에서 한 가지 유념할 점이 있다. 최상위 소득구간을 이미 넘은 소득자의 경우에는 최고세율의 적용을 받고 있어(즉, 더이상 밀려 올라갈 상위 구간이 없기 때문에) 이러한 증세 효과가 나타나지 않는다는 것이다. 따라서 그들보다 소득이 낮은 구간에서는 이 '감추어진 증세'로 인한 세 부담이 늘어 났지만, 최상위 소득자들은 그동안 최고세율 인하의 효과를 그대로 향유하였다고 할 수 있다. 이것은 제5장에서 살펴보듯이 상위 1% 또는 0.1%가 차지하는 소득 비중을 높이는 데 기여한 요인 중 하나라고 생각한다.

마지막으로 재정의 건전성이 어떻게 변해 왔는지를 살펴보자. 즉, 정부의 수입에서 지출을 뺀 수지가 플러스(+)이면 흑자이고 마이너스(-)이면 적자를 나타낸다. 적자가 되면 어떤 형태이든 정부의 채무가 늘어나게 된다. [그림 3-18]은 지난 100여 년에 걸쳐 중앙정부의 재정수지를 GDP 대비 비율로 보여

그림 3-18 재정수지(GDP 대비 비율)

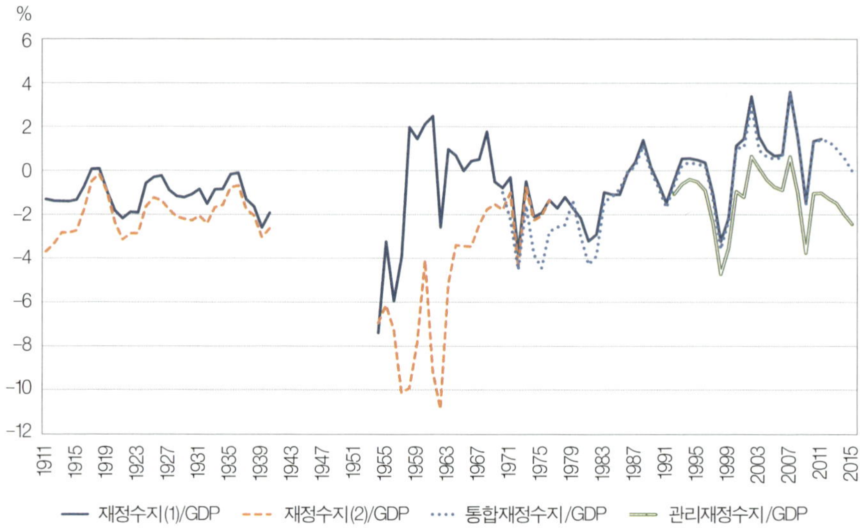

자료: 김재호(2018).

준다. 재정수지(1)이 그것이다. 그림에 따르면, 해방 전에는 대부분의 기간에 재정수지 적자를 보였으며, 해방 후에도 적자와 흑자인 시기가 번갈아 나타난 것으로 되어 있다. 이에 대해 재정수지(2)는 재정수지(1)에서 해외로부터 자금의 이전에 의존한 부분을 뺀 수지를 보여 준다. 해방 전에는 일본 정부로부터 총독부 재정으로 보충금이라는 명목으로 자금이 지원된 바 있다. 이를 빼고 보면 해방 전에는 GDP의 2% 전후 규모의 적자가 지속하였음을 알 수 있다. 해방 후에는 미국의 원조 물자가 유입되고 국내에서 판매된 경우 그 원화 대금이 대충자금으로 적립되어 정부의 재정 수입으로 편입되었다. 그 규모가 방대하여 만약 원조 자금이 없었더라면 1954년에서 1963년에 걸쳐 정부의 재정은 GDP의 4-11%의 적자를 본 것으로 나온다. 그 후에도 1970년대 초까지 원조 자금을 빼면 흑자가 적자로 바뀌거나 적자가 더욱 악화된 것으로 나온다. 이 시기 원조 자금이 재정에서 얼마나 큰 역할을 하였는지를 알 수 있다.

이에 대해 통합재정수지란 중앙정부뿐만 아니라 공기업이나 사업성 기금까지 포괄하는 공공 부문을 대상으로 하는 재정수지를 말한다. 그리고 관리재정수지란 거기에 사회보장기금 수지를 빼고 공적 자금 상환을 더해서 구한 것이다. 먼저 공공 부문의 통합재정수지는 데이터가 있는 1970년부터 1980년 중엽까지는 많을 때에는 GDP의 4%까지 적자를 보였다. 1987년 이후 겨우 흑자를 기록하였지만 정착되지 못하였고, 외환위기로 1998년에는 큰 폭의 적자를 기록한 후 흑자 기조로 돌아선 것으로 보인다.

그렇지만 관리재정수지로 보면 현재에도 적자를 벗어나지 못하였다. 그림에서 통합재정수지와 관리재정수지 사이의 갭은 대부분 사회보장기금의 흑자에 기인한 것이다. 사회보장기금에서 가장 비중이 큰 것이 국민연금인데, 그것이 흑자를 기록한 것은 연금 가입자가 늘면서 연금 부담금이 크게 늘어난 반면 연금 수령자는 아직 본격적으로 늘지 않았기 때문이다. 그렇지만 앞으로 1950-1960년대에 태어난 베이비부머들이 은퇴하여 연금 부담금 납부자에서 수령자로 바뀌게 되면 흑자가 빠르게 줄어들 것으로 생각된다. 장기적으로는 노동력 인구의 유입은 줄어드는 반면 은퇴자는 계속 빠르게 늘어날 전망이므로 연금기금은 결국 적자로 돌아설 것으로 예상된다. 따라서 통합재정수지보다는 관리재정수지로 보는 것이 타당하며, 우리나라 재정수지는 현재에도 적자 상태를 벗어나지 못하였다고 할 수 있다.

제4장

인적 및 물적 자본의 형성

한국의 경제성장률이 높고 선진국 경제를 빠르게 캐치업할 수 있었던 데에는 제2장에서 살펴본 바와 같이 인적 및 물적 자본의 빠른 형성이 기여한 바가 컸다. 이 장에서는 먼저 우리나라에서 인구 변천이 어떻게 나타났는지를 살펴본다. 경제성장의 각 국면에서 부양비를 포함한 인구의 구성이 어떻게 달라졌고, 그것이 경제성장에 미친 영향이 무엇인지 생각해 보고자 한다. 인적 자본은 학교 교육과 생산 현장에서의 훈련과 경험을 통해 형성되는데 그 실태를 살펴본다. 해방 전과 후에 걸친 취업자의 산업별 또는 종사상 지위별 구성이 어떻게 바뀌었고 그들의 1인당 부가가치 생산성이 어떻게 변해 왔는지도 고찰한다. 물적 자본형성에서는 교통 및 통신의 인프라에 관해 간단히 살펴보고, 특히 동아시아 국가가 다른 나라에 비해 투자율과 저축률이 매우 높다는 특징을 보였는데, 그것이 어떻게 가능하였는지를 생각해 보고자 한다.

1. 인구 변천

인구 변천이란 출생률과 사망률이 장기적으로 하락하는 추세를 보이는데, 그 과정에서 인구의 연령 구성이 크게 변하는 현상을 말한다. 좀 더 구체적으로 보면 인구 변천은 다음의 4단계를 거쳐 진행된다. 전근대의 전통 사회에서는 출생률도 높지만 사망률도 높아서 양자의 균형으로 인구가 정체되어 있는 시기를 1단계라 할 수 있다. 기술 수준이 높아지고 인구를 부양할 수 있는 식량의 공급이 늘어날 뿐만 아니라 의료기술이 늘고 보건에 관한 정보가 확산되면 사망률이 떨어지는 2단계로 들어가게 된다. 이 단계에서는 특히 유아의 사망률이 크게 떨어지게 되는데, 출생률은 그대로 유지되기 때문에 인구의 빠른 증가가 나타난다. 사망률뿐만 아니라 출생률도 하락하기 시작하면 3단계라 할 수 있다. 출생률이 하락하게 되는 것은 경제가 성장하고 여성의 경제활동 참가가 늘어나면서 출산과 육아의 기회비용이 높아지기 때문이다. 특히 여자의 교육이 보급되면서 출산에 관한 자기 결정권이 높아진 것이 큰 영향을 미쳤다. 마지막으로 4단계는 출생률이 사망률과 거의 같은 수준으로 낮아져서 양자의 균형으로 다시 인구가 정체되는 단계가 된다. 이것은 과거 선진국에서 나타났던 현상이고 시차를 갖고 개발도상국으로 확산되어 왔다고 할 수 있다.

[그림 4-1]은 한국의 조출생률과 조사망률의 장기 추이를 보인 것이다. 각각 인구 1,000명당 그해에 출생 또는 사망한 자의 숫자를 말한다. 예컨대, 1925년에 인구 1,000명당 45명꼴로 출생하였고 28명꼴로 사망하였음을 보여준다. 1960년까지는 조출생률이 평균 40-45명 수준으로 안정되어 있는 반면 사망률은 계속 하락하고 있었으므로 이 시기는 전술한 인구 변천의 2단계에 해당한다고 할 수 있다. 1925년 이전에는 데이터가 없지만, 조선 후기는 출생률과 사망률이 모두 높은 1단계라고 생각되고, 사망률이 하락하기 시작하는 시점은 개항기의 어느 시점이 아닐까 생각된다. 개항으로 인해 서구에서 의료기술과 보건 지식이 유입하기 시작하였고, 그것은 특히 유아 사망률을 떨어뜨리는 데 크게 기여하였을 것으로 추론된다.

한국에서 조출생률이 급격하게 떨어지기 시작하는 인구 변천의 3단계는 1960년대부터 시작한 것으로 보인다. 그 후 현재에 이르기까지 출생률과 사망률의 격차가 줄어들었고 2020년에는 역전되었음을 알 수 있다. 인구 변천의 마지막 단계로 접어들었다고 할 수 있다. 인구 중의 노인 비중이 이미 상당히 높아졌기 때문에 조사망률이 앞으로 좀 더 높아질 가능성이 크고, 출생

그림 4-1 조출생률과 조사망률의 추이

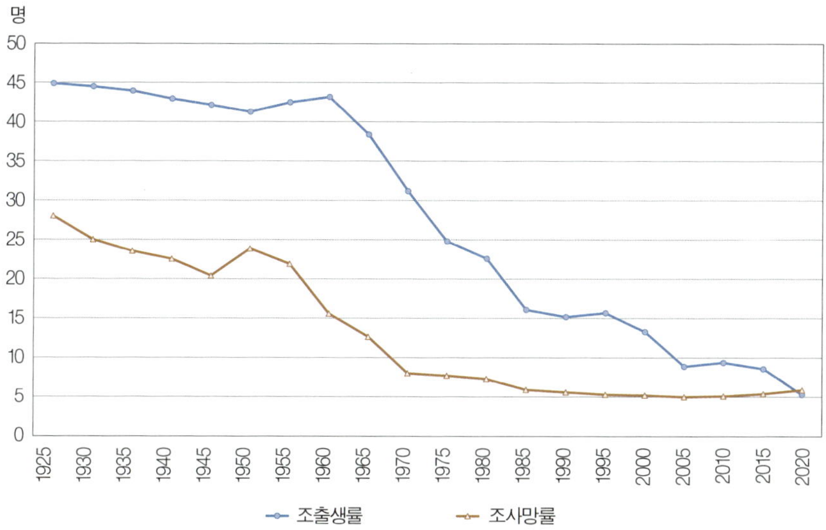

주: 인구 1,000명당 출생자 수와 사망자 수를 말한다.
자료: 『한국의 장기통계』(B. 인구); 통계청, KOSIS.

률의 하락을 막지 못하는 한 조출생률은 더 떨어질 것으로 생각되기 때문에 인구는 감소해 갈 것으로 전망된다.

그런데 조출생률이나 조사망률이라는 지표는 인구의 구성에 따라 달라진다. 젊은 인구의 비중이 높으면 조출생률이 높아지고, 노인 인구의 비중이 높으면 조사망률도 높아지기 때문이다. 그러한 인구 구성 차이의 영향을 받지 않는 지표가 필요한데, 그중 하나가 합계출산율(total fertility rate: TFR)이라는 지표이다. 그것은 한 여성이 일생 동안 출산하는 평균 자녀 수를 말한다. 그중에는 어릴 때 죽은 자녀 수도 포함된다. [그림 4-2]에 따르면, 우리나라 합계출산율이 1960년까지는 평균 6명으로 나와 매우 높은 수준을 보였다.

그림 4-2 합계출산율과 초혼 연령의 추이

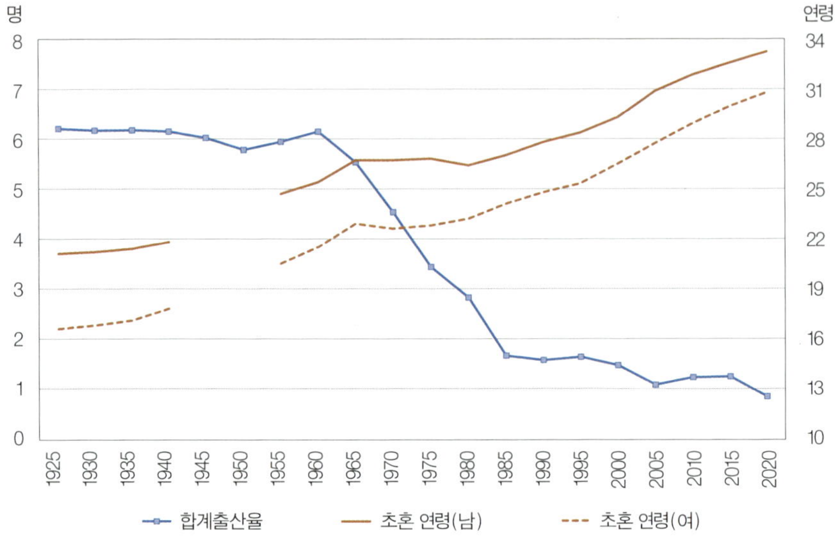

주: 합계출산율은 왼쪽 눈금. 초혼 연령(남)과 초혼 연령(여)는 오른쪽 눈금.
자료: 『한국의 장기통계』(B. 인구); 통계청, KOSIS.

그 후 출산율이 빠르게 하락하여 1985년 이후에는 2명 미만으로 떨어졌다. 이처럼 자녀 수가 급격히 줄어든 시기는 후술하듯이 저축률과 투자율이 급상승한 고도성장기에 해당하기도 한다. 그런데 합계출산율은 2018년 이후에는 1명 미만으로까지 떨어져 현재에는 0.84명에 불과하게 되었다. 이것은 자녀를 1명도 낳지 않은 여성이 그만큼 늘어났음을 뜻한다. 이러한 변화가 한국에서는 불과 2-3세대 사이에 일어난 것이다. 할아버지 세대에서 형제자매의 수를 생각해 보면 아버지 세대와 자기 세대보다 훨씬 많은 것이 일반적이다. 현재의 젊은 세대는 자녀 수가 기껏해야 1-2명이고 아예 자녀를 낳지 않는 경우도 드물지 않다.

[그림 4-2]에는 남녀의 초혼 연령도 제시하였다. 1925년에 남자의 평균 초혼 연령은 21세이고 여자는 17세를 넘지 않았다. 그림에 제시하지 않았지만, 조선 시대에는 초혼 연령이 더 낮았고 남자보다 여자의 초혼 연령이 더 높았다. 예컨대, 19세기 말 양반 가문의 남자 초혼 연령은 15세인 반면 여자는 17세로 나온다(Go and Park 2017). 20세기에는 평균 초혼 연령이 남녀 모두 계속 높아져 왔다. 현재 남자의 평균 초혼 연령은 33세이고 여자는 31세에 달하였다. 여자의 초혼 연령이 이렇게 높아지면 가임 기간이 줄어 합계출산율을 떨어뜨린 요인의 하나가 되었다고 생각한다.

우리나라의 합계출산율을 다른 나라와 비교해 보자. [그림 4-3]은 OECD 통계에 의거해서 주요 국가의 합계출산율 추이를 비교한 것이다. 거기에서 유럽의 EU 국가들은 EU로 묶어 평균으로 제시하였고, 미국과 일본 이외에 개발도상국으로서 인구 규모가 큰 중국, 인도, 브라질, 멕시코를 그리고 중동 국가로서 사우디아라비아를 제시하였다. 1960년 단계에서 EU와 미국, 일본 등은 합계출산율이 3명 전후인데 비해 나머지 다른 국가들은 6명 또는 그보다 더 많다. 그것이 그 후 대체로 하락 추세를 보였지만 그 양상은 나라마다 달랐다. 한국이 1960-1985년에 보였던 급속한 하락은 다른 나라에서는 보기 힘들 정도로 빠른 속도로 진행되었다. 중국이 1자녀 정책을 강력하게 추진하면서 한국과 유사하게 빠른 속도로 합계출산율 하락을 경험한 바 있다.

2000년대에 들어와 한국은 당시 가장 낮았던 일본이나 EU 국가들보다 더 낮아졌고, 최근에는 0.84명으로 일본(1.33명)이나 EU(1.53명)보다 훨씬 더 낮은 수준으로 떨어졌다. 세계에서 낮은 출산율로는 단연 1위에 있어 2위와의 격차가 크게 벌어져 있다. 한국은 특히 서울과 같은 대도시에서는 주택

그림 4-3 합계출산율의 국제 비교

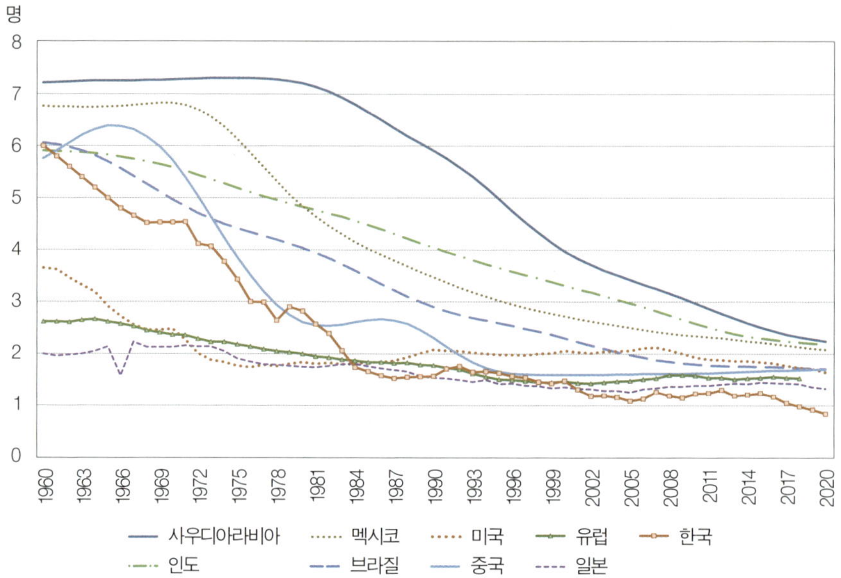

자료: OECD, Fertility Rate(https://data.oecd.org/pop/fertility-rates.htm).

가격이 너무 높아져 신혼부부가 주거를 구하기 힘들고, 자녀의 사교육에 드는 부담이 크다. 육아를 지원하는 제도나 시설이 근래에 빠르게 정비되고 있지만, 유럽에 비해 아직 충분하지 않아 여성의 출산과 육아의 기회비용이 높다. 나아가 초혼 연령이 높아지고 비혼 비율이 빠르게 늘어난 데에서 볼 수 있듯이 결혼을 기피하거나 하지 않아도 된다는 풍조가 확산되었다. 즉, 한국의 이례적으로 낮아진 저출산 현상의 배경에 젊은 층을 중심으로 출산이나 결혼에 대한 가치관이 바뀌고 있는 셈인데, 그 요인이 무엇인지는 앞으로 구명되어야 할 과제라고 생각된다.

그림 4-4 연령별 인구 증가율 추이

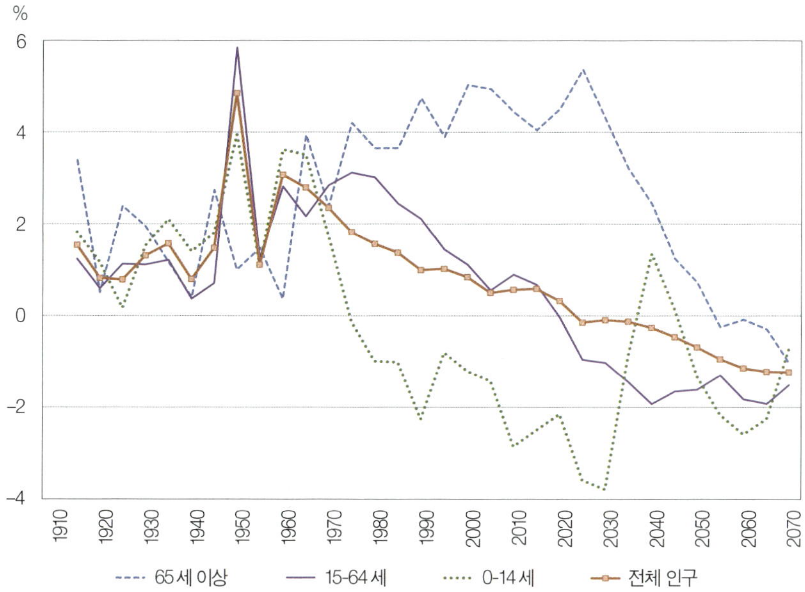

자료: 『한국의 장기통계』(B. 인구); 통계청, KOSIS.

이러한 인구 동향이 한국에서 연령별 인구 구성을 크게 바꾸어 놓았을 뿐만 아니라 앞으로도 그럴 것이라는 점이 주목된다. [그림 4-4]는 전체 인구와 연령별 인구 증가율을 보인 것이다. 연령은 0-14세의 유년인구, 15-64세의 생산연령인구, 그리고 65세 이상의 노년인구로 나누었고, 통계청의 장래 인구 추계 결과를 이용하여 1910-2070년에 걸친 인구의 연평균 증가율(또는 감소율)을 보인 것이다. 인구 센서스가 시행된 두 연도 간의 연평균 증가율(감소율)을 제시하였다. 보통 0과 5로 끝나는 연도로 5년마다 센서스가 실시되지만, 1944년과 1949년은 예외였다. 1949년에 인구 증가율(특히, 15-64

세)이 높게 치솟은 것은, 해방으로 인해 해외에 나가 있던 인구가 대거 귀국하였고 북한에서 월남한 인구가 많았기 때문이다. 그러한 사회적 인구이동에 의한 것을 제외하면 전체 인구의 증가율이 가장 높았던 것은 베이비붐 시기로 일컬어졌던 1950년대 후반과 1960년대 전반으로 3% 전후의 증가율을 보였다. 그 후 인구 증가율은 지속적으로 감소하여 2020년 이후에는 증가율이 처음으로 마이너스(−)로 바뀌게 되고, 2070년에는 연평균 −1.2%로 인구 감소가 점차 가속될 것으로 전망되고 있다.

연령을 세 그룹으로 나누어 인구 증가율을 보면 해방 전에는 그룹 간 증가율의 차이가 크지 않았지만, 1970년 이후에는 대조적인 추이를 보였다. 유년인구는 1975년에 증가율이 마이너스(−)로 돌아선 이후 감소세가 강화되었으며 2040년에 일시적인 플러스(+)를 제외하면 계속 감소될 것으로 전망되고 있다. 이에 대해 노년인구는 1965년 이후 증가율이 가속되고 2025년에는 증가율이 5.4%로 정점에 달한 후 증가세가 둔화되어 2055년 이후에는 감소로 돌아설 것으로 전망되고 있다. 유년인구와 노년인구의 이러한 대조적 변화는 저출산과 고령화의 심화를 단적으로 보여 준다. 이에 대해 15-64세 생산연령인구의 증가율은 1970년에 전체 인구의 증가율보다 높아진 후 그 상태를 2015년까지 유지하였지만, 그 후에는 반대로 전체 인구의 증가율보다 낮아졌을 뿐만 아니라 인구수가 감소로 돌아서게 된다.

[그림 4-5]는 이들 연령별 인구수와 함께 총부양비의 추이를 보여 준다. 유년인구가 감소로 돌아서는 것은 1970년이고, 생산연령인구는 2020년에, 노년인구는 2050년에 정점에 달한 후 감소로 돌아설 것으로 전망되고 있다. 각 연령 그룹이 점차 감소로 돌아서는 만큼 감소세가 가속된다. 2020년에 한국의 인구는 5,184만 명으로 정점에 달하였지만, 2070년에는 3,766만 명

그림 4-5 연령별 인구와 총부양비의 추이

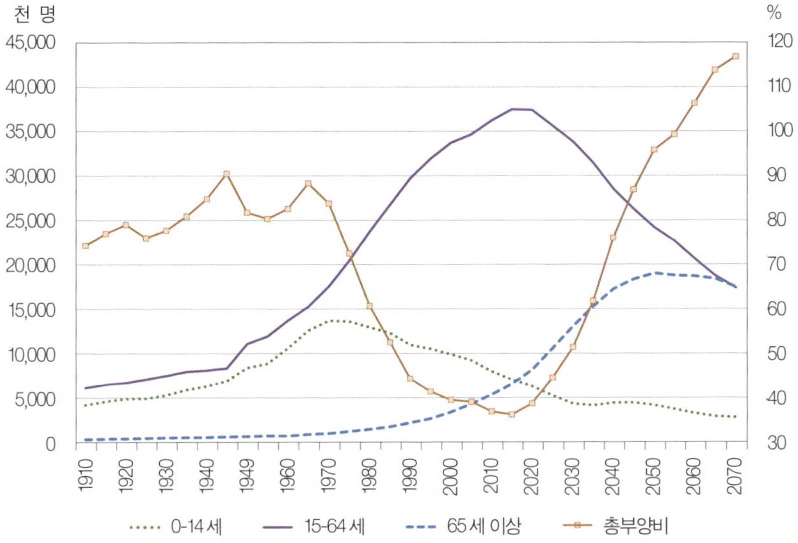

주: 총부양비=(0-14세+65세 이상 인구)/15-60세 인구, 오른쪽 눈금. 나머지는 왼쪽 눈금.
자료: 『한국의 장기통계』(B. 인구); 통계청, KOSIS.

으로 떨어질 전망이다. 이 인구는 1980년 이전의 인구 규모로 되돌아간 것을 뜻한다. 앞으로는 지금까지 경험해 보지 못하였던 인구가 매년 줄어드는 시대로 접어든 것이다.

이들 연령 그룹별 인구를 이용하여 부양비를 구할 수 있다. 유년(또는 노년)의 부양비는 유년(또는 노년)인구를 생산연령인구로 나누어 구한다. 그리고 양자를 합쳐서 총부양비라고 한다. [그림 4-5]에는 총부양비를 제시하였다. 총부양비는 1970년까지는 74-90%로 높은 수준이고 증가하는 추세를 보였다. 그 후 총부양비는 급속히 떨어진 후 2015년에 32%로 바닥을 친 후 다시 급속히 상승하는 U자형을 보이고 있다. 다만 U자형이라 해도 오른쪽 끝인 2070년의 총부양비가 117%에 달하여 왼쪽 끝보다 높은 다소 불균형의 양상이다. U자형의 총부양비에서 왼편이 높았던 것은 유년인구가 많았기 때문이고, 그 오른편이 높아진 것은 노년인구가 빠르게 늘어났기 때문이다.

그 사이에 총부양비가 급속히 떨어진 구간이 고도성장기와 겹친다. 이와 같이 총부양비가 빠르게 하락하는 국면을 인구 보너스(bonus)의 시기라고 할 수 있다. 거꾸로 총부양비가 빠르게 상승하는 앞으로 맞이하게 되는 국면은 인구 구성이 경제성장에 부담이 되는 인구 오너스(onus)의 시기라 할 수 있다. 그리고 인구 보너스 시기에는 저축률과 투자율의 급상승이 나타나 물적 자본형성을 가속시킨 요인이라 할 수 있는데, 이 점에 관해서는 물적 자본형성을 다룬 제4절에서 자세히 살펴보고자 한다.

2. 교육

앞에서는 인구의 양에 초점을 맞추었다고 한다면, 여기서는 인구의 질에 영향을 미치는 교육을 다루고자 한다. 인적 자본(human capital)이란 사람들의 경험이나 숙련이 갖는 경제적 가치를 말한다. 이것은 교육이나 훈련 등을 통해서 형성되며, 사람에 따라 그 크기가 다르다. 이것은 생산성을 높여 경제성장을 가져오는 중요한 요인으로 인식되고 있다. 따라서 기업이나 정부는 인적 자본의 형성을 장려하고 투자하기도 한다. 인적 자본은 가치가 감모되기도 한다. 예컨대, 새로운 기술이 들어와서 기존의 숙련이 더이상 쓸모없게 된다면 인적 자본의 가치가 떨어졌다고 할 수 있다. 이런 점에서 인적 자본은 물적 자본과 공통점이 많다. 다만 인적 자본은 무형 자산(intangible asset)이라는 점에서 차이가 있다. 예컨대, 물적 자본은 대차대조표에 자산으로 기록되지만, 인적 자본은 그렇지 못하다.

국민계정에서 물적 자본은 자본형성이라는 개념으로 파악되고 있고 지출 GDP에서 소비와 함께 지출의 중요한 항목으로 잡혀 있다. 이에 대해 인적 자본에 대한 투자는 그렇지 못하다. 예컨대, 교육을 통한 인적 자본의 형성에는 교육 시설 이외에도 교사의 노동과 학생들의 학업 시간이라는 자원이 투입된다. 여기서 교육 시설에 대한 투자는 고정자본형성 속에 포함되어 있지만, 교사 노동은 교육 서비스를 생산한 생산요소로 파악될 뿐이며 학생의 학업 시간과 노력은 인적 자본형성에서 중요한 요소이지만 국민계정의 어디에도 반영되어 있지 않다. 그리고 가계의 교육비 지출은 소비 지출로 간주되어 버린다. 학교 교육 이외에도 현장에서의 훈련이나 개인의 노력과 같이 다양한 형태로 인적 자본이 형성되지만, 이들이 모두 통계로 포착되지는 못한다.

여기에서는 인적 자본 중에서도 학교 교육에 초점을 맞추어 살펴보고자 한다. 우리나라에서 근대적 학교 교육은 19세기 말 선교사들에 의해 시작되었다. 갑오개혁(1894년)으로 관립 사범학교와 부속 소학교가 설립되기도 하였다. 식민지기의 학교 교육에는 민족 간 차별이 있었다. 학제가 달라 초등교육은 일본인이 6년제의 소학교를, 조선인은 4년제의 보통학교를 다녔다. 중등교육도 일본인의 5년제 중학교와 조선인의 4년제 고등보통학교로 달랐다. 여자의 중등교육은 여자고등보통학교로 구분되어 있었고, 나중에 고등여학교로 바뀌었다. 1922년에 교육 기간의 차이를 없앴고, 1938년에는 민족 간 학제의 구분이 폐지되었다. 1941년에는 소학교가 국민학교로 명칭이 바뀌고 1996년 초등학교로 바뀔 때까지 그 명칭이 사용되었다. 고등교육기관으로 1924년에 경성제국대학이 설립되었고, 이것이 나중에 서울대학교가 된다.

그림 4-6 각급 학교의 취학률 추이

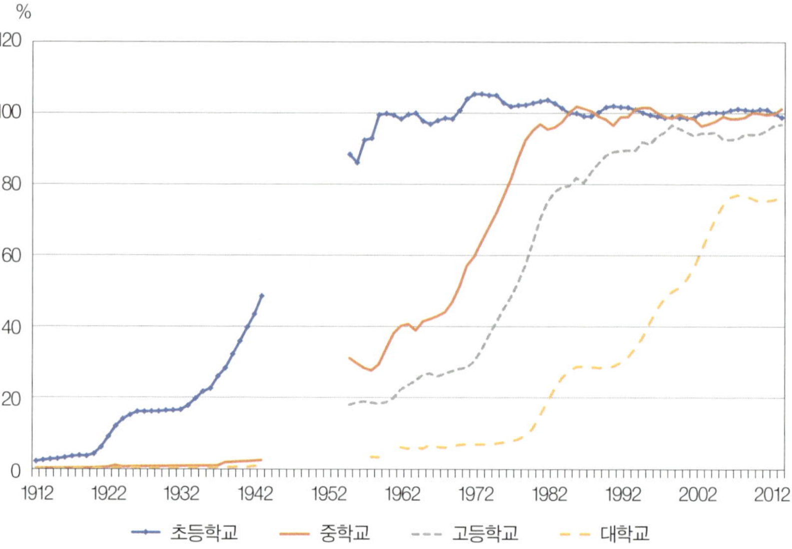

주: 취학률=재학생 수/학령인구.
자료: 조선총독부, 『朝鮮總督府統計年報』; 『朝鮮諸學敎一覽』; 통계청, 『한국통계연감』; 교육부, 『교육통계연보』; 한국교육개발원(2005).

해방 후에는 몇 차례 변경을 거쳐 초등교육은 국민학교(현재의 초등학교) 6년, 중등교육은 3년제의 중학교와 3년제의 고등학교로, 고등교육은 2년제의 전문학교와 4년제의 대학교로 개편되었다.

[그림 4-6]은 각급 학교의 취학률의 추이를 보여 준다. 취학률이란 각급 학교별로 재학생 수를 해당 학령인구로 나누어 구한다. 즉, 각급 학교의 대상이 되는 전체 아동 중에서 실제 재학하고 있는 아동의 비율을 뜻한다. 그런데 해방 전에 초등학교에 해당하는 보통학교(또는 소학교나 국민학교)가 4-6년제이고 입학 연령에서도 현재와 다른 경우가 있지만, 학령인구는 현재

와 마찬가지로 초등학교의 경우 6-11세를 적용하여 취학률을 구하였다. 중학교, 고등학교, 대학교의 학령인구도 각각 12-14세, 15-17세, 18-21세의 인구를 적용하였다. 해방 전의 연령별 인구통계는 5세 구간으로만 제공되고 있지만, 위 학령인구를 구하기 위해 필요한 연령별 인구는 직선보간의 방법으로 추정하였다. 그래프에 취학률이 100%를 넘는 경우가 보이는데, 그것은 재학생 중에 해당 학령인구를 벗어난 학생들이 있기 때문이다.

먼저 초등학교의 취학률을 보면 식민지기 초의 2%에서 말기에는 48%로 상승하였다. 1920년대 초의 빠른 상승에는 아동 수가 늘어난 것 이외에 학제가 4년제에서 6년제로 늘어난 효과도 포함되어 있다. 1930년대 중엽 이후에도 취학률의 증가가 빨랐는데, 각 면에 적어도 초등학교 1교를 두는 정책(1面1校制)을 시행한 결과라고 생각한다. 해방 전후에는 데이터가 없지만, 1950년대 말에는 취학률이 100%에 접근하였다. 이승만 정부가 1950년에 초등학교 의무교육을 시행하였으므로 그 사이에 취학률이 빠르게 높아졌다고 생각한다.

중등교육의 경우 해방 전은 중학교와 고등학교가 합쳐져 있었는데, 취학률이 1943년에도 2.3%에 불과하였다. 중등교육의 보급은 해방 후의 일이라고 할 수 있다. 중학교의 취학률은 1960-1980년에 급속히 높아졌고, 고등학교는 그보다 10년 정도의 시차를 가지고 1970-1990년에 급상승하였다. 한편, 대학교 취학률의 경우 식민지기 말에는 0.7%였고 1970년대까지는 10%를 넘지 못하였지만, 2008년에는 76.9%에 달한 후 감소 또는 정체한 것으로 나온다. 이 수치는 통계청의 『한국의 사회지표』에 나오는 수치(70.6%)보다 다소 높게 나왔다. [그림 4-6]에서는 대학교 취학률을 구할 때 재학생 수를 학령인구로 나누어 구하였지만, 『한국의 사회지표』에서는 군대 복무 등의 이유

그림 4-7 남학생 1인당 여학생 수

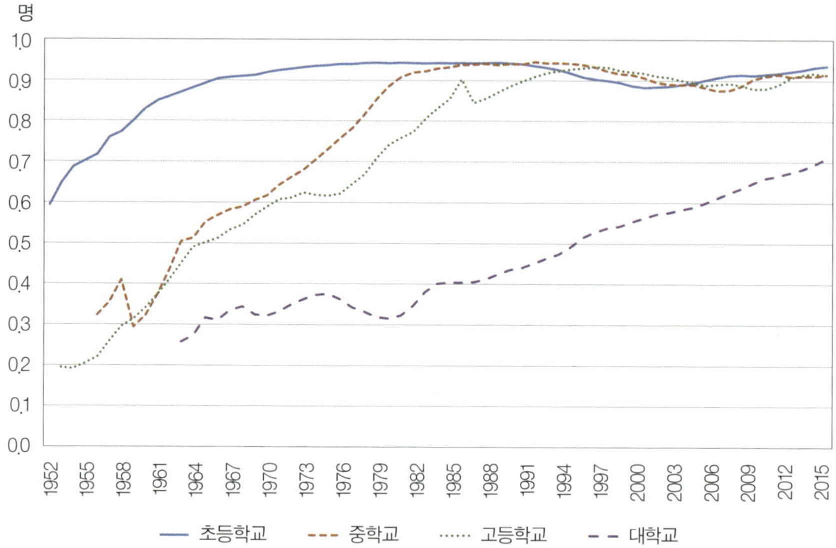

자료: 『한국의 장기통계』(E. 교육).

로 취학 적령을 벗어난 재학생을 빼고 구하였기 때문이다. 이로 인해 [그림 4-6]의 취학률이 다소 높게 나오지만, 전체 시기에 걸쳐 일관되어 있으므로 그 추이를 보는 데에는 문제가 없다.

교육의 보급에는 성별 차이가 보인다. [그림 4-7]은 남학생 1인당 여학생 수를 보여 준다. 초등학교의 경우 1952년에 0.6명이었는데 1966년에는 0.9명을 넘어섰다. 중학교와 고등학교 나아가 대학교로 가면 격차가 더 벌어진다. 고등학교의 경우 1953년에는 남학생 1인당 여학생 수가 0.2명에 그쳤는데, 1992년에는 0.9명을 넘어서게 된다. 대학생의 경우 고등학생이 0.9명을 넘어선 1992년에도 0.45명에 그쳤고, 2016년에는 0.71명으로 높아졌다. 그래

그림 4-8 교원 1인당 학생 수

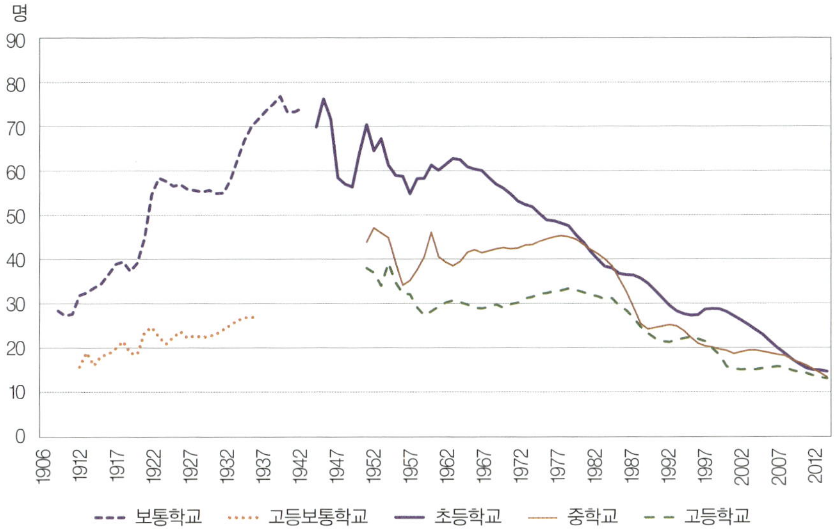

자료: 『한국의 장기통계』(E. 교육).

프에는 해방 전 데이터가 빠져 있지만, 식민지기에는 후술하듯이 성별 격차가 훨씬 더 심하였다. 따라서 지난 한 세기를 통해서 보면 극심하였던 성별 격차가 빠르게 해소되고 있으며 초등학교에서부터 격차가 해소되기 시작해서 중학교, 고등학교, 대학교로 확대되어 갔음을 알 수 있다.

학교 교육이 팽창하는 과정에서 교원 1인당 학생 수도 크게 변해 왔다. [그림 4-8]에 따르면 해방 전에 보통학교(현재의 초등학교) 교원 1인당 학생 수가 1908년의 28명에서 1943년에 74명으로 높아졌고, 해방 후에는 그렇게 높아진 수준에서 2016년 15명으로 떨어져 역U자형을 보였다. 중등학교의 경우 초등학교보다 교원 1인당 학생 수가 상당히 낮았지만, 해방 전과 후에 걸쳐서 초등학교보다는 좀 더 완만한 역U자형의 추이를 보였다. 해방 전에 교원 1인당 학생 수가 특히 초등학교에서 급증한 것은 교원 수의 증가가 교육 수요의 팽창을 따라가지 못하였기 때문이다. 해방 후에 교원 수를 크게 늘렸음에도 1970년대 중엽까지도 교원 1인당 학생 수를 50명 아래로 떨어뜨리지 못하였다. 이 시기는 그만큼 교육 수요가 팽창하고 있었기 때문이다. 그로 인해 오전반과 오후반으로 나누는 2부제 수업이 이루어지기도 하였지만, 소위 콩나물 교실이라고 말하는 과밀학급의 문제를 해소하기 어려웠다. 이것은 제한된 교육 시설과 교원 수의 가동을 극대화하여 교육 수요의 팽창에 대응한 것이라 할 수 있다. 과밀학급으로 교육의 질은 일부 희생되었지만 놀랄 만한 수준으로 교육의 양적 팽창이 이루어졌다고 할 수 있다.

교원 1인당 학생 수가 계속 줄어든 것은 학령인구가 감소로 돌아섰지만, 교원 수를 줄이지 않고 이전 수준을 유지하였기 때문이다. 그 결과 2016년에 도달한 초등학교 교원 1인당 학생 수는 14.6명으로 나왔는데, 이것은 선진국과 다르지 않은 수준이다. 같은 해에 미국은 15.2명, 영국은 16.9명, 일본은 16.6명이고, EU 22개국 평균은 13.6명으로 나왔다. OECD 국가의 평균은 15.0명이었다. 중학교와 고등학교의 경우에도 2016년에 각각 13.3명과 12.9명으로 나왔는데, 이 또한 OECD 국가의 평균과 크게 다르지 않았다(OECD, Students per teaching staff).

이상에서 본 취학률이나 학생 수에 의거한 통계는 매년 교육의 플로(flow)를 파악한 것이다. 이러한 교육의 플로가 축적된 결과를 인적 자본 스톡(stock)이라 할 수 있는데, 예컨대 인구의 평균 교육년수(school years)가 그것이다. 취학률의 상승이 빨랐다고 해도 그것은 해당 학령인구에 한정된 것이며, 전체 인구의 평균 교육년수를 높이는 데에는 상당한 기간이 소요된다. 전체 경제의 생산성에 영향을 미치는 것은 이 인적 자본 스톡이라 할 수 있다.

평균 교육년수를 구하기 위해서는 두 가지 방법이 있다. 하나는 개인의 최종 학력을 조사한 인구 센서스를 이용하는 것이다. 배로와 이(Barro and Lee)의 데이터 베이스는 인구 센서스 자료를 이용하여 각국의 평균 교육년수의 장기통계를 제공하고 있고, 인적 자본의 대리 변수로서 널리 이용되고 있다. 그런데 개별 국가의 통계를 면밀히 검토하면 받아들이기 힘든 점이 적지 않게 발견된다. 예를 들면, 플로 통계를 이용해서 구한 한국의 1935년 취학률은 개발도상국 평균보다 낮은 것으로 나오지만, 센서스 통계로 구한 평균 교육년수는 세계 평균보다 높은 것으로 나온다. 이것은 양립할 수 없는 일이다.

또 하나는 매년 각급 학교의 재학생 수 통계를 이용하여 교육년수를 누적해 가는 방법이다. 이 방법은 장기에 걸쳐 각급 학교의 재학생 수 통계가 있어야 하는데, 이러한 자료상의 요건을 만족하는 나라가 많지 않다. 그렇지만 센서스 자료로 접근하는 방법에 비해 실태에 가까운 결과를 얻을 것으로 생각된다. 고도는 한국, 일본, 대만, 미국에 대해 그러한 작업을 시도하였는데(Godo 2011, 2012), 여기서는 그 결과를 이용하기로 한다.

[그림 4-9]가 그것인데, 15-64세의 생산연령인구(남녀 합계)를 대상으로 하여 각국의 평균 교육년수를 제시한 것이다. 거기에서 먼저 해방 전 한국의 평균 교육년수를 보면 1920년에 0.6년에서 1942년에 1.2년으로 상승한 데 불과하였음을 알 수 있다. 초등학교 취학률이 같은 기간에 4%에서 43%로 상승하였지만, 그것은 해당 학령인구에 관한 것이고, 전체 인구를 대상으로 하는 평균 교육년수의 증가는 훨씬 완만해지는 것을 알 수 있다. 미국은 19세기 말에 이미 평균 교육년수가 7년에 이르렀고, 일본은 19세기 말에 평균 2년에 미치지 못한 수준에서 출발해서 그 격차를 줄여 1940년대 들어와 미국

그림 4-9 평균 교육년수의 국제 비교

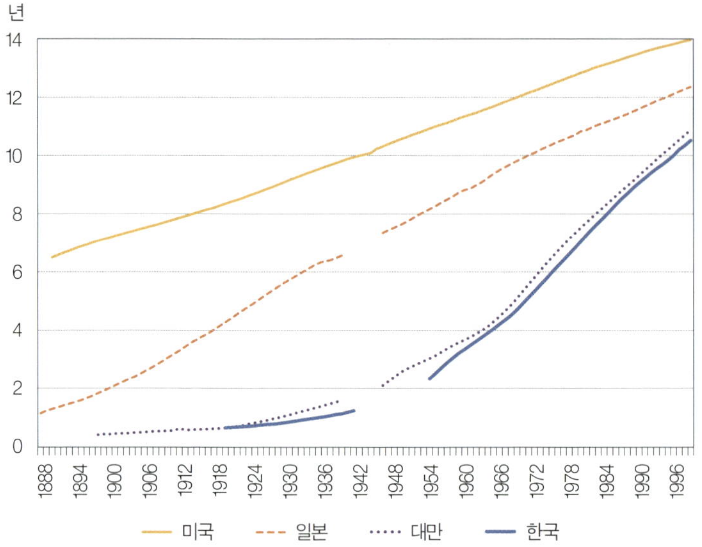

주: 1) 취학률이 인적 자본의 플로를 보여 준다고 한다면, 인구의 교육년수는 그 스톡를 보여 준다.
2) 평균 교육년수란 15-64세 인구(남녀 합계)를 기준으로 한 것이다.
자료: Godo(2011, 2012).

의 19세 말 수준에 도달하였다. 이에 대해서 대만은 한국보다 약간 더 높지만 그 차이가 크지 않았다. 여기에서 주목되는 것은 한국과 대만의 평균 교육년수는 해방 전에는 미국이나 일본과의 격차가 오히려 벌어지고 있었다는 점이다. 한국과 대만에서 인적 자본형성에서 본격적인 캐치업은 해방 이후에 시작되었음을 알 수 있다.

한국은 1955년의 평균 교육년수는 2.3년이었던 것이 2000년에 와서 10.5년으로 크게 늘어났다. 대만도 거의 비슷한 속도로 늘어났다. [그림 4-9]에서 각국의 그래프 기울기를 비교해 보면 해방 전과는 달리 한국과 대만의 기울

그림 4-10 한국의 평균 교육년수와 성별 격차

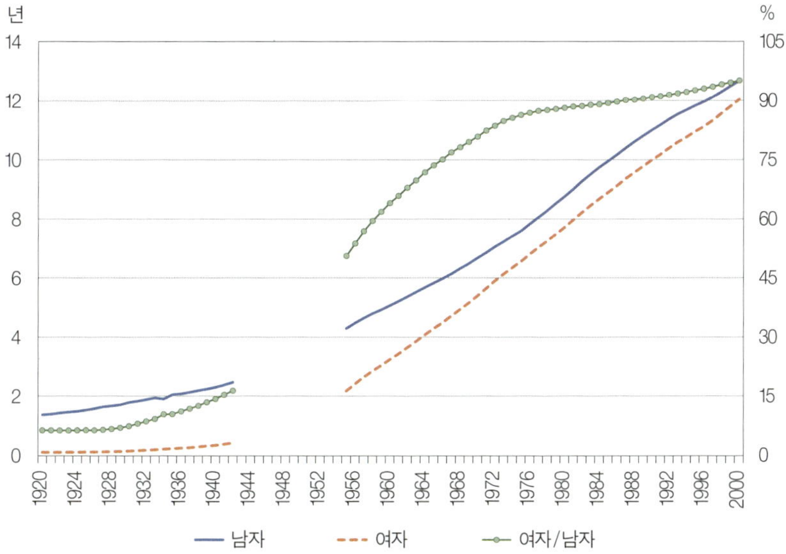

주: 평균 교육년수란 15-39세 인구를 기준으로 한 것이다. 남자와 여자의 평균 교육년수는 왼쪽 눈금. 남자 대비 여자의 비율은 오른쪽 눈금.
자료: Godo(2011, 2012).

기가 가장 가팔랐고, 그다음 일본, 미국의 순서로 되어 있음을 알 수 있다. 데이터가 2000년까지 나와 있지만, 만약 현재의 증가 속도가 20년 더 지속되었다고 한다면 현재 미국이나 일본과의 격차는 더욱 좁혀졌을 것으로 생각된다. 즉, 한국과 대만은 인적 자본의 스톡에서 해방 전은 격차가 더 벌어졌지만, 해방 후에 매우 빠른 속도로 캐치업이 이루어졌음을 알 수 있다.

[그림 4-10]은 동일한 자료를 이용하되 15-39세 인구를 대상으로 한국에서 남자와 여자의 평균 교육년수를 비교한 것이다. 그림에 따르면 남자는 1920-1942년간에 1.4년에서 2.5년으로 높아진 반면, 여자는 같은 기간

에 0.1년에서 0.4년으로 높아졌다. 남자 대비 여자의 비율은 1920년에 6%에서 1942년에 16%로 높아진 데 불과하였다. 해방 후에 남자는 1955-2000년에 4.3년에서 12.7년으로, 여자는 2.2년에서 12.0년으로 각각 늘어났다. 남자 대비 여자의 비율은 50%에서 95%로 좁혀졌다. 이를 통해 해방 전에는 교육에서 성별 격차가 매우 심하였지만 해방 후 그 격차가 빠르게 좁혀졌음을 알 수 있다.

[그림 4-9]는 15-64세의 생산연령인구를 대상으로 한 것인데, 그보다 더 젊은 연령인 15-39세로 한정하면 교육년수의 축적이 더 빨라지는 것을 알 수 있다. 그리고 이 연령으로 한정해서 본 것은 여자의 가임연령에 초점을 맞추기 위한 것이다. 가임 기간에 있는 여성의 교육년수가 해방 이후 급속히 높아진 것은 출산에 관한 여성들의 인식이 전통 사회로부터 벗어나게 되는 계기가 되었다고 생각된다. 즉, 출산에 관한 여성의 자기 결정권이 높아진 것은, 비농업 부문에서 여성의 경제활동 참가가 늘어나면서 출산과 육아의 기회비용이 높아진 것과 함께, 출산율의 급격한 하락을 가져오는 요인이 되었다.

마지막으로 [그림 4-11]은 김재호(2018)에 의거해서 정부에 의한 교육 지출의 GDP 대비 비율을 보인 것이다. 해방 전 한국의 통계는 총독부 재정 중 교육비 지출과 지방의 교육재정 회계를 더해 구한 것인데 다소 중복이 포함되어 있다. 1970년 이후는 한국은행의 일반정부 총지출 중 교육 지출이며 중복이 배제된 것이다. 그 사이의 1950-1960년대는 중앙정부와 지방정부 간 교부금 등으로 인한 중복을 배제하기 어려워 데이터를 제시하지 않았다. 먼저 해방 전 한국 교육 지출의 GDP 대비 비율을 보면 1911-1940년에 0.2%에서 1.9%로 빠르게 높아졌지만, 미국이나 일본에 비하면 낮은 수준에 머물러 있었음을 알 수 있다. 대만이 한국과 비슷한 수준이었다. 영국의 교육비 지출

그림 4-11 교육 지출의 GDP 대비 비율: 국제 비교

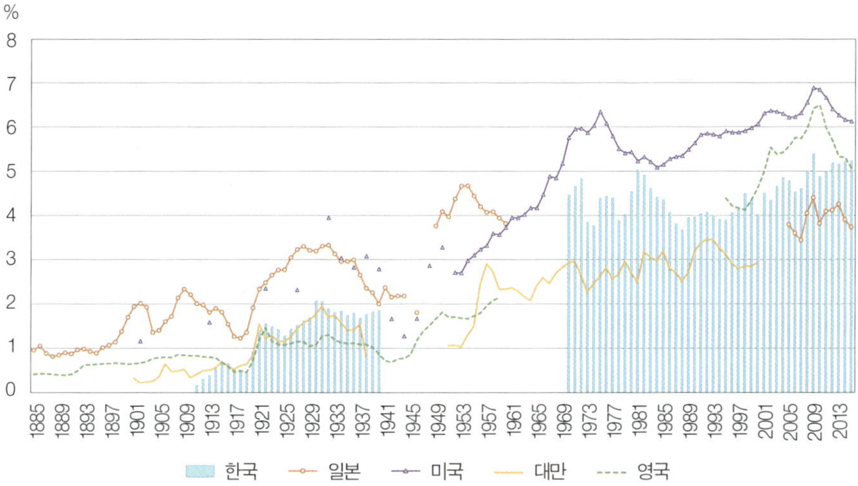

자료: 김재호(2018).

수준은 19세기 중엽 이후의 장기 추이를 보였는데, 20세기 초까지도 GDP의 1%에 미치지 못하였음을 볼 수 있다. 이때까지도 선진국 정부는 교육 지출에 그다지 적극적이지 않았던 것으로 보인다. 영국은 1920년대 이후 1%를 넘겼지만, 미국이나 일본에 비해 낮은 수준에 머물러 있었다. 전시에는 교육비 지출의 비중이 크게 줄어든 것은 공통된 현상이다.

제2차 세계대전 후에는 모든 나라에서 교육 지출 수준이 전전에 비해 한 단계 상승하였음을 알 수 있다. 한국은 1970년 이후 시기에 따라 기복이 보이지만 GDP의 4-5%의 수준을 유지해 왔고 근래에는 5%를 넘어섰다. 미국의 교육 지출은 GDP의 5-6%를 유지하였지만 2000년대 이후에는 6-7%로 좀 더 높아졌다. 영국이 전전 수준에 비해 크게 상승한 점이 눈에 띈다. 이에

대해 일본의 교육 지출은 전전에 비해 높아졌지만, 현재는 4% 수준으로 한국보다 낮아졌다. 대만도 그러하다. 요컨대, 한국의 교육 지출 수준은 해방 전에 비해 크게 높아졌으며, 현재는 미국과의 격차를 1% 포인트 정도로 좁혔고 그림에서 제시한 다른 나라와 같은 수준이거나 이미 추월하였다고 할 수 있다.

3. 취업구조

여기에서는 우리나라 취업구조가 어떻게 변해 왔는지를 살펴보고자 한다. 인적 자본의 형성은 학교 교육에서만 이루어지는 것이 아니라 생산 현장에서의 훈련과 경험을 통해서도 이루어진다. 생산성이 낮은 산업에 비해 생산성이 더 높거나 성장의 잠재성이 더 큰 산업에 취업해 있는 경우에 현장에서의 경험이나 훈련을 통해 질이 더 높은 인적 자본이 형성될 것으로 볼 수 있다. 예컨대, 농업에 종사하는 사람보다 도시의 상업이나 제조업에 종사하는 사람이 더 많은 경제 정보를 접하거나 관련 산업이 성장하면서 자신이 축적한 경험을 이용해서 새로운 기회를 포착할 가능성이 더 높을 것으로 생각된다. 이러한 관점에서 보면 취업구조는 경제성장의 단계나 특성을 보여 주는 것이지만, 인적 자본의 형성과도 무관하지 않다.

취업자 조사는 현재 통계청의 『경제활동인구조사』를 통해 이루어진다. 그에 따르면 취업자란 조사 대상 주간 중에 수입을 목적으로 1시간 이상 일한 자로 정의하고 있다. 가족이 경영하는 사업체에서 일한 가족종사자의 경우 주당 18시간 이상 일한 자를 취업자로 간주한다. 그리고 실업자란 조사 대상 주간에 수입 있는 일을 하지 않았고, 지난 4주간 일자리를 찾아 적극적으로 구직활동을 하였던 사람으로서 일자리가 주어지면 즉시 취업이 가능한 사람으로 정의한다. 이러한 취업자와 실업자의 합계가 경제활동인구가 되고, 그것을 노동의 공급으로 간주한다. 이러한 정의는 다른 나라에서도 마찬가지이다.

그런데 해방 전의 통계에서는 이러한 기준이 명확히 설정되지 않은 채 평소에 하는 일이 있는지 여부에 따라 유업자와 무업자로 구분하고 있었다. 따라서 부업이나 가족종사자와 같이 유업자와 무업자의 경계가 애매한 경우에는 조사자의 주관적 판단에 좌우될 가능성이 크다. 그리고 실업자를 따로 조사하지 않았고, 따라서 경제활동인구라는 노동의 공급에 대응하는 통계를 얻을 수 없다. 해방 전 통계를 볼 때에는 이러한 점에 유의할 필요가 있다. 해방 전에는 두 가지 종류의 유업자 통계가 있는데,『호구조사』와『국세조사』가 그것이다. 호구조사는 행정 자료로 호주(즉, 가구주)의 직업을 매년 조사한 것인데, 그때 가구원에 대해서도 호주와 같은 직업이면 '주업자'로, 다른 직업이면 '기타 업무자'로, 직업이 없으면 '무업자'로 분류한 것이다. 이에 대해 국세조사는 전체 가구를 대상으로 하는 인구 센서스인데 1930, 1940, 1944년에 조사가 이루어졌다.

[그림 4-12]는『호구조사』에 의거하여 호주의 직업별로 가구 수가 얼마나 되는지를 보여 준다. 전체 호수와 농림어업에 종사하는 호수는 오른쪽 눈금을 나머지는 왼쪽 눈금을 보면 된다. 전체 호수가 1917-1943년 사이에 306만 호에서 454만 호로 늘어났는데, 직업별로 증가 속도가 상당히 다른 것을 알 수 있다. 농림어업이 가장 완만하게 늘어난 반면, 광공업은 1930년대 중엽 이후 급증하였다. 상업교통업, 공무자유업, 기타 유업 모두 농림어업보다 빠

그림 4-12 조선인 호주의 직업별 호수

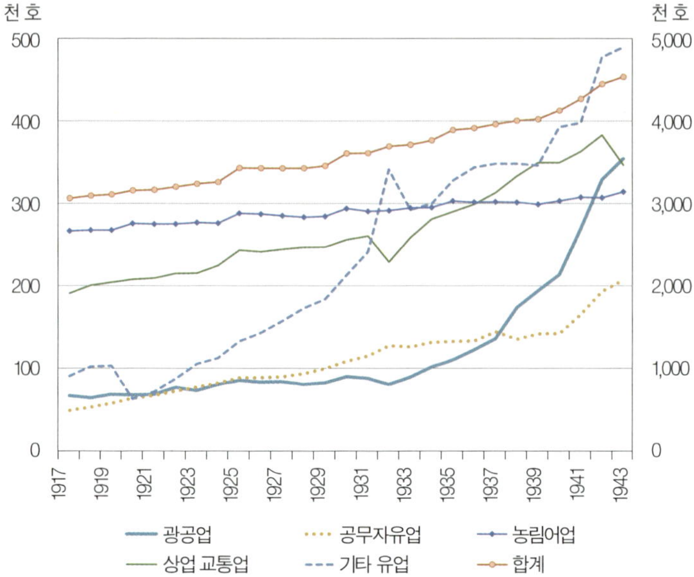

주: 농림어업과 합계는 오른쪽 눈금. 나머지는 왼쪽 눈금.
자료: 조선총독부, 『朝鮮總督府統計年報』.

른 증가를 보였다.

그런데 가구마다 가구원 수도 다르고 그들의 직업 또한 다르기 때문에 이를 개인 기준으로 바꾸어 볼 필요가 있다. 『국세조사』는 현재와 마찬가지로 개인 기준의 조사이다. 호구조사의 유업자 수는 1917년에 1,046만 명에서 1943년에 1,092만 명으로 나와 그 사이에 큰 변화가 없는 것으로 나왔다. [그림 4-13]은 조선인 유업자 수를 전체 인구로 나누어 구한 유업률을 보인 것이다. 그림에 따르면 여자보다 남자 유업률이 높게 나온 것은 통상 그러하지만, 양자 모두 유업률이 빠르게 하락하는 추세를 보였다는 점이 의외이다.

그림 4-13 조선인의 유업률: 호구조사와 국세조사

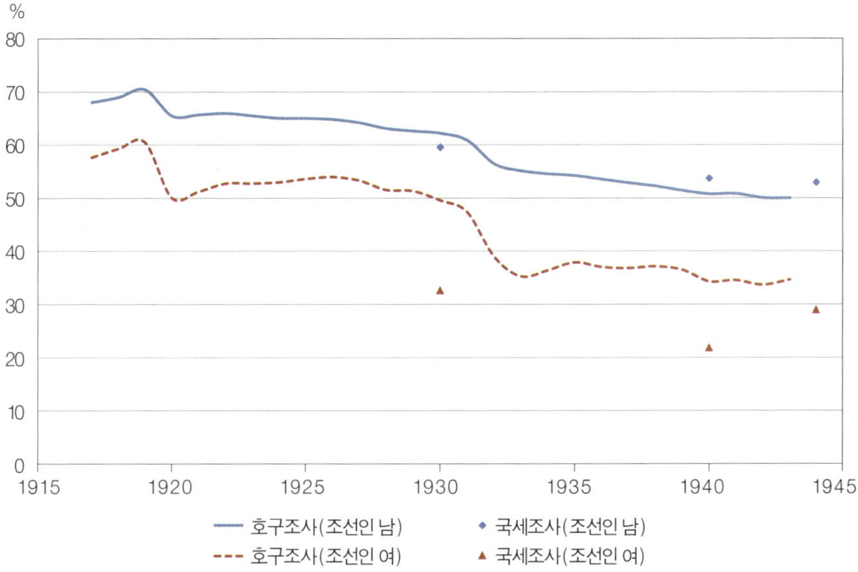

주: 유업률=유업자 수/전체 인구.
자료: 조선총독부, 『朝鮮總督府統計年報』; 『朝鮮國勢調査報告』.

호구 기준([그림 4-12])으로 보았을 때 농림어업 이외의 직업별 호수가 빠르게 늘어난 사실에 비추어 보아도 그러하다. 특히 1920년과 1930년대 초에 두 차례 계단식으로 하락한 점이 눈에 띈다. 『국세조사』의 결과는 남자와 여자로 나누어 제시하였는데, 1930-1940년에 남녀 모두 하락한 것으로 나온다. 특히 여자의 하락 폭이 컸는데, 1944년에는 다소 반등하였지만 1930년에 비해서는 여전히 하락한 상태이다. 왜 이런 현상이 나타났는가에 대해서는 좀 더 따져볼 필요가 있다.

가내공업에 관한 조사를 보면 당시 농가가 부업의 형태로 공산품을 생

산하는 것이 일반적이었다. 농한기를 이용하여 여성의 경우 마직물이나 면직물과 같은 직물을 짜거나, 남자의 경우 가마니나 멍석 등을 짜는 가내공업 생산이 광범위하게 이루어지고 있었다. 직물의 경우 시장에서 공장제 생산품이 거래되고 있었음에도 불구하고 그보다 효율이 떨어지는 가내 부업이 유지되었던 것은, 농가의 아낙네들이 농한기에 이들 직물을 생산해서 자급하면 현금 지출을 줄여 가계에 보탬이 되었기 때문이다. [그림 4-14]는 전술한 호구조사와 국세조사에 의거하여 광공업의 유업자 수를 성별로 나누어 보인 것이다. 여기서 농가 가내공업이라 한 것은 호구조사에서 농가의 가구원이 농업 이외의 직업에 종사하는 자를 말한다. 그래프에서 (+)기타 업무자로 되어 있는 파선은 광공업에 종사하는 주업자(실선)와 기타 업무자를 더한 것을 말하고, (+)농가 가내공업으로 되어 있는 점선은 거기에 다시 농가 가내공업을 더한 것이다.

그림에 따르면, 남자([그림 4-14]의 패널 A)의 경우 광공업의 주업자는 1930년대 중엽 이후 빠르게 증가하고 있는데, 이들은 공장 등에 고용된 전업화된 근로자라고 생각된다. 이에 대해 농가의 가내공업으로 분류된 것은 농한기에 일시적으로 이루어지는 부업과 같이 전업화되지 않은 자들로 생각된다. 그림에서 1930년과 1940년에 제시된 네모 표식이 국세조사의 결과인데, 남자 유업자의 경우 1930-1940년에 증가한 것으로 나온다. 그리고 이들 유업자 수가 주업자 수보다 많은 것으로 볼 때 농가 가내공업 중 일부가 국세조사에서 유업자 수로 파악되었음을 알 수 있다. 농가 가내공업에는 일시적인 부업에서부터 전업에 가까운 것까지 다양한 스펙트럼이 있었을 것으로 생각된다.

이에 대해 여자(패널 B)의 경우는 유업자의 대부분이 가내 부업에 종사한

그림 4-14 조선인 광공업 유업자 수의 추이

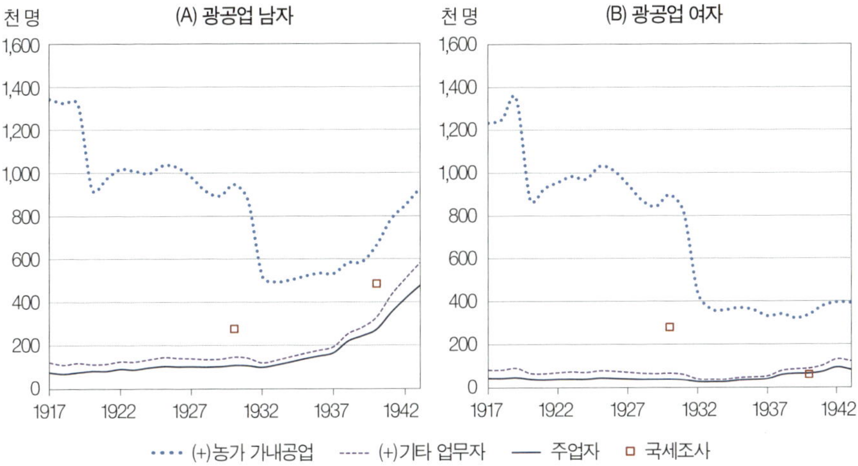

자료: 조선총독부,『朝鮮總督府統計年報』;『朝鮮國勢調査報告』.

것으로 나온다. 그리고 국세조사의 결과를 보면 1930-1940년에 유업자 수가 크게 감소한 것으로 나온다. 이것은 이 시기 공장 근로자 수가 늘어나고 있었음에 비추어 의문이다. 그 내용을 검토해 보면 1930년 국세조사에서 유업자로 파악되었던, 예컨대 마직물업자들이 1940년 조사에서는 거의 없는 것으로 나온다. 그 사이에 이들이 사라진 것이 아니라 거의 그대로 유지되었음을 다른 가내공업 통계로 확인할 수 있다. 즉, 그들이 유업자 통계에서 사라진 것은 1940년 국세조사에서 유업자의 기준이 1930년보다 좀 더 엄격해졌기 때문임을 알 수 있다. 앞에서 유업자 조사는 명확한 기준이 없어 조사자의 주관적 판단에 좌우될 수 있음을 이야기하였는데, 그것이 점차 엄격하게 바뀌어 간 것으로 생각한다. 그리고 호구조사의 유업자 기준은 국세조사보다는 좀 더 느슨하였기 때문에 가내 부업 종사자들이 대부분 유업자로 파악되었던 것으로 생각된다. 그리고 호구조사의 유업자 기준도 후기로 올수록 점차 엄격해진 쪽으로 바뀌어 온 것으로 보인다. 예컨대, 1930년 국세조사를 시행하면서 그때 적용되었던 유업자 기준이 그 이후 실시된 호구조사에 영향을 미친 것으로 보인다. 그림에서 호구조사로 구한 유업률이 계단식으로 크게 하락하는 양상을 보인 것은 그 때문으로 생각한다(김낙년 2010a).

이상을 통해 드러난 것은 당시 조선의 농가에서는 주로 농한기를 이용하여 아직 농업과 분리되지 못한 채 부업이나 가내공업이 광범위하게 존재하였다는 것이다. 다른 한편, 농업 이외의 산업에서는 그 산업의 '주업자'들이 규모는 크지 않았지만 빠르게 증가하고 있었다. [그림 4-14]의 광공업 유업자 추이에서 볼 수 있듯이, 농가 부업 형태로 이루어지는 전통적인 가내 수공업은 쇠퇴 또는 해체되어 가고 있었던 반면, 공장 근로자와 같이 전업화된 유업자들이 빠르게 늘어나고 있었던 것이다. 따라서 유업자라 해도 그 속에는 질이 다른 여러 부류가 뒤섞여 있고 그 변화 방향도 달랐음에 유의할 필요가 있다.

해방 후는 1963년부터 『경제활동인구조사』 결과를 이용할 수 있으며, 그에 따라 남녀의 경제활동 참가율의 추이를 보면 [그림 4-15]와 같다. 경제활동 참가율이란 전술한 정의에 따라 조사된 취업자와 실업자의 합계(즉, 경제활동인구)가 15세 이상의 인구에서 차지하는 비율을 말한다. 경제활동 참가율이 남자는 1963년에 78%인 반면 여자는 37%에 불과하였다. 그 후 남자는 완만하게 하락하는 추세를 보여 현재는 73%이고, 여자는 계속 증가하여 53%에 이르렀다. 남자의 참가율이 하락한 데에는 경기 변동을 제외하면, 예컨대 상급학교로의 진학자가 늘었다든지 근래에는 인구의 큰 비중을 차지하는 베이비부머들이 은퇴하여 비경제활동인구가 된 것을 들 수 있다. 남녀의

그림 4-15 한국의 경제활동 참가율과 실업률 추이

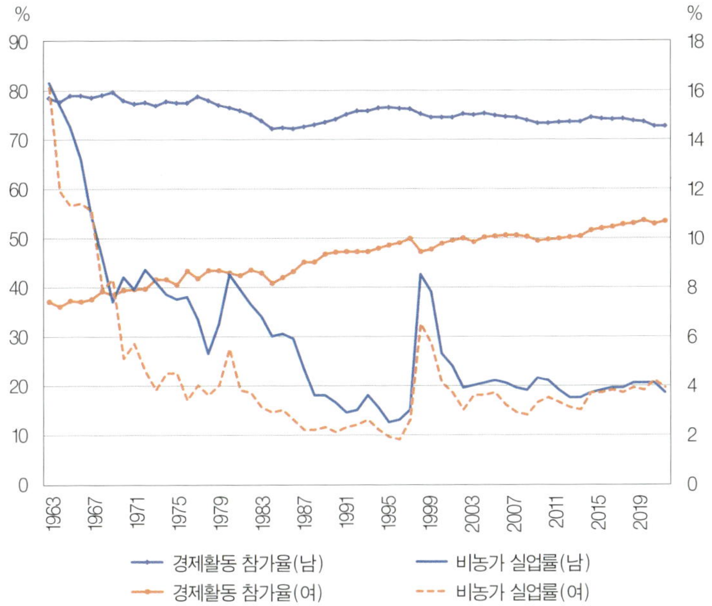

주: 경제활동 참가율=(취업자+실업자)/15세 이상 인구. 왼쪽 눈금.
실업률=실업자/경제활동인구. 오른쪽 눈금.
자료: 통계청, KOSIS.

차이가 점차 줄어들었지만, 현재에도 20% 포인트의 차이를 보였다. 일본의 경우 경제활동 참가율이 1973-2021년에 남자는 82%에서 71%로 떨어진 반면 여자는 48%에서 53%로 높아져 한국과 유사한 양상을 보였다. 미국도 1948-2018년에 남자는 86%에서 69%로 떨어진 반면 여자는 33%에서 57%로 높아졌는데, 성별 격차는 더 작다. EU 국가들도 여자의 경제활동 참가율이 높아 성별 격차는 이보다 더 작은 것으로 나온다. 한국의 경제활동 참가율에서 성별 격차가 더 큰 것은 취업을 유지하면서 출산 및 육아를 양립시킬 수 있는

여건이 선진국과 비교하여 미흡하기 때문으로 생각된다.

[그림 4-15]에는 비농가의 실업률 추이도 제시하였다. 실업률은 경제활동인구 중 실업자의 비율로 정의되는데, 통상 농가의 실업률이 낮기 때문에 비농가로 한정한 것이다. 그림에 따르면 1960년대 초에는 실업률이 16%에 이르렀지만, 그 후 빠르게 하락하여 현재는 4% 수준으로 떨어졌음을 알 수 있다. 외환위기 때 실업률이 일시적으로 치솟은 것을 볼 수 있다. 그리고 해방 후 1950년대에는 실업률 데이터가 없지만, 당시 경제성장률이 상대적으로 낮은 점을 감안하면 실업률이 더 높았을 것으로 생각된다. 즉, 고도성장기를 통해 실업률이 크게 하락하였음을 알 수 있다.

[그림 4-16]은 산업별 취업자 수의 추이를 보인 것이다. 전체 취업자 수는 1963-2021년에 756만 명에서 2,727만 명으로 크게 늘어났으며 연평균 2.2%의 증가율을 보였다. 그 과정에서 산업별 구성이 크게 바뀌었다. 농림어업이 1963년에 63%를 차지하였지만, 현재에는 5%로 줄었고, 광공업(현재 광업은 비중은 미미해져서 제조업이라 해도 좋지만)은 9%에서 1988년에 28%로 정점을 찍은 후 현재는 16%로 떨어졌다. 그에 대해 사회간접자본(SOC)과 서비스업의 비중은 28%에서 79%로 크게 늘어났다. 광공업은 취업자 수가 1991년에 522만 명까지 늘어나 고용 증가를 주도하였지만, 그 이후에는 역할이 반대로 뒤바뀌었다.

SOC 및 서비스업의 취업자는 1980년 이전에는 통합되어 있었지만, 그 이후에 세분된 내역을 알 수 있다. 거기에서 기타 산업의 취업자 증가가 빠른데, 거기에는 공공행정, 교육, 보건, 기타 사회 및 개인 서비스업이 포함되어 있다. 도소매 음식·숙박업의 비중이 높지만 최근에는 코로나 사태의 영향을 가장 크게 받아 취업자가 줄었다. 금융보험, 부동산, 사업서비스와 운수 및

그림 4-16 산업별 취업자 수

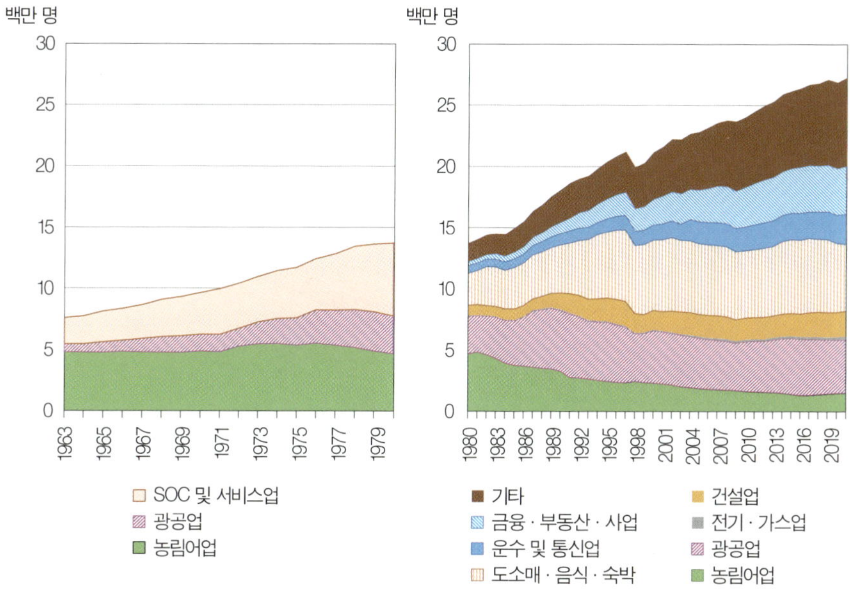

주: 1963-1980년에는 통합되어 있던 SOC 및 서비스업이 1980년 이후에는 세분되었다.
자료: 통계청, KOSIS.

통신업은 비중을 계속 높이고 있다.

그런데 이들 각 산업의 취업자 생산성은 얼마나 차이가 있을까? 이를 직접 보여 주는 데이터가 없지만, 여기에서는 산업별 취업자 통계를 한국은행 국민계정의 산업별 부가가치 생산 통계와 결합하여 취업자 1인당 부가가치 생산을 비교해 보았다.[1] [그림 4-17]이 그 결과이다. 거기서 이용된 표준산업

1 국민계정의 산업별 부가가치 생산 통계에는 고정자본 소모가 포함되어 있다. 부가가치 생산 중에서 고정자본 소모의 비중이 높아졌고 산업별로는 제조업이 높고 서비스업이 낮았다. 산업별 취업자 1인당 부가가치를 비교할 때에는 이 점에 유의할 필요가 있다.

그림 4-17 산업별 취업자 1인당 부가가치

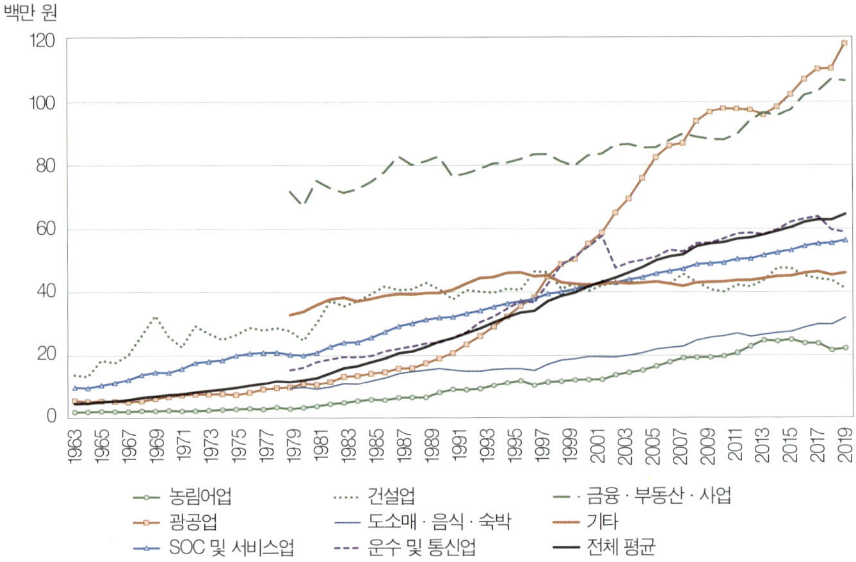

주: 1인당 부가가치는 2015년 불변 가격.
자료: 통계청, KOSIS; 한국은행, ECOS.

분류가 여러 차례 개편되면서 계열이 단절된 경우가 있다. 예컨대, 운수 및 통신업의 취업자 1인당 부가가치가 2003-2004년에 뚝 떨어진 것은 분류의 변경으로 취업자 수가 늘어났기 때문이다. 그 외에도 분류 변경에 의한 단절이 있지만 문제될 정도는 아니다. 거기에서 동그라미, 네모, 세모로 표식을 한 그래프는 농림어업, 광공업, SOC 및 서비스업으로 산업을 세 가지로 분류한 것이고, 표식이 없는 산업은 1980년부터 SOC 및 서비스업 내역을 보여 준다(단, 건설업은 1963년부터). 취업자 1인당 부가가치의 단위는 100만 원이고 2015년 불변 가격이므로 각 연도의 1인당 부가가치 수준을 비교할 수 있다.

먼저 검은색 실선으로 표시한 취업자 1인당 부가가치의 전체 평균을 보면 1963년에 448만 원에서 2021년에 6,450만 원으로 높아졌으며, 연평균 4.7%로 증가하였다. 1963년에는 전체 평균 대비로 농림어업이 0.44배, 광공업이 1.23배, SOC 및 서비스업 2.33배로 나와 SOC 및 서비스업이 가장 높았다. 그런데 1998년 이후 광공업과 서비스업의 역전이 일어났고 2021년에는 전체 평균 대비로 농림어업이 0.35배, 광공업이 1.84배로 크게 뛰었고, SOC 및 서비스업은 0.88배로 오히려 평균 아래로 떨어졌다. 광공업의 생산성이 특히 1990년대 이후 놀랄 만한 속도로 증가하였음이 주목된다.

1980년 이후에는 서비스업을 좀 더 세분해 볼 수 있다. 그림에 따르면, 금융·부동산·사업서비스의 1인당 부가가치 생산이 1980년에는 압도적으로 높아 전체 평균의 6.2배나 되었는데 2021년에는 1.65배로 크게 줄었다. 그 사이 기간의 연평균 증가율은 1%에 불과하여 전체 평균 증가율 4.3%에 크게 미치지 못하였기 때문이다. 도소매·음식·숙박업은 서비스업 중에서 생산성이 가장 낮았는데, 같은 시기에 전체 평균의 0.84배에서 0.5배로 떨어져 격차가 더 벌어졌다. 기타 산업(공공행정, 교육, 보건, 기타 사회 및 개인서비스업)은 1980년에는 전체 평균 대비 2.82배로 높았지만, 현재에는 0.71배로 평균 아래로 떨어졌다. 기타 산업의 연평균 증가율은 0.8%에 그쳐 예시한 산업에서 증가율이 가장 낮았다.

이 시기(1980-2021년) 광공업(주로 제조업)의 취업자 1인당 부가가치 생산의 연평균 증가율은 6.2%로 나와 다른 산업에 비해 특히 높았다. 그것은 앞 시기(1963-1980년)의 증가율 3.9%에 비해서도 높아져 생산성의 증가 추세가 가속되었음을 알 수 있다. 그것은 부가가치 생산의 증가가 빨랐으면서도 취업자 증가가 미미하였기 때문이다. 1963-1980년의 광공업 취업자의 연평균 증가율은 9.5%였지만, 1980-2021년에는 0.9%로 낮아졌다. 1990년대 이후로 한정하면 광공업 취업자 수는 오히려 감소하였다. 즉, 1980년대까지는 광공업의 성장은 빠른 고용 확대를 수반하고 있었지만, 그 후에는 오히려 고용을 줄이면서 생산성이 높아지는 양상을 보였다고 할 수 있다. 여기에는 중국이 WTO 가입으로 세계시장에 본격적으로 진출한 것이 큰 영향을 미쳤다고 생각한다. 저임금을 무기로 하는 중국의 제조업 제품과 경쟁이 되지 않는 한국의 중소 제조업체는 도산하거나 생산을 해외로 이전하는 것을 피하기 어려웠다. 제조업에서 상대적으로 효율이 낮은 업종에 종사하는 취업자 수가 줄어들었다. 반면 대기업의 경우에는 확대된 세계시장을 무대로 글로벌 기업으로 성장하였다. 그 결과가 제조업의 취업자 1인당 부가가치 생산성의 비약적 상승으로 나타났다고 생각한다.

한편, 이 시기에 농림어업의 취업자는 1963-1980년에는 연평균 −0.1%로 감소하였지만 1980년 이후는 −2.8%로 감소 추세가 한층 강해졌다. 이 산업의 1인당 부가가치 생산성 증가율이 상대적으로 높게 나온 것은 그 때문이다. 이에 대해 서비스업 취업자의 증가율은 1963-1980년의 연평균 6.2%에서 1980년 이후 3.2%로 낮아졌지만, 농림어업이나 제조업에서 고용이 감소한 것과는 달리 서비스업에서만 고용의 증가가 나타났다. 앞에서 금융보험·부동산·사업서비스와 기타 산업(공공행정, 교육, 보건 및 개인서비스업)의 취업자 1인당 생산성 증가율이 가장 낮았음을 지적하였는데, 이들 산업의 취업자 연평균 증가율이 1980년 이후 각각 6.2%와 3.9%로 가장 높았다. 도소매·음식·숙박업은 코로나 감염 사태의 충격으로 2019-2021년간의 취업자 수가 연평균 −4.4%로 감소하였지만, 그 이전인 1980-2019년간에는 연평균 2.1%의 증가율을 보였다. 즉, 이 산업은 생산성이 가장 낮았음에도 불구하고 취업

그림 4-18 종사상 지위별 취업자 수와 자영업의 비중

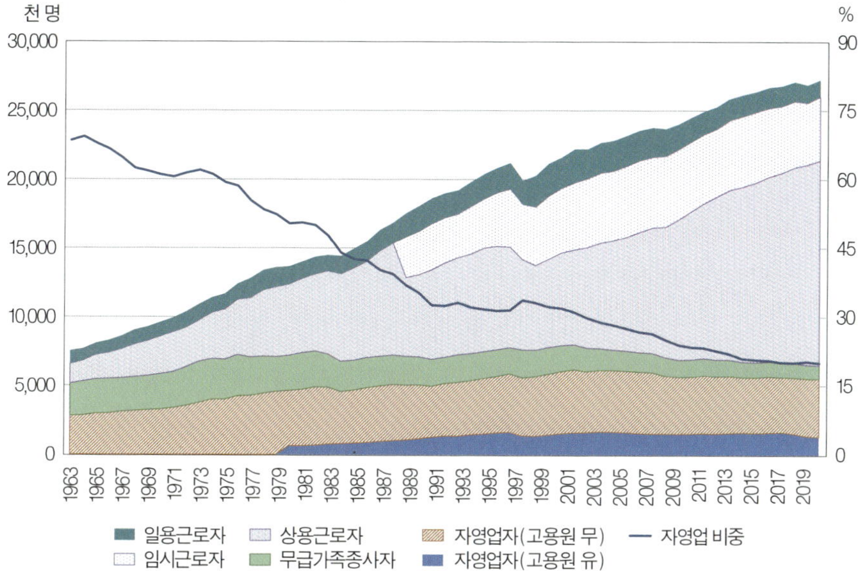

주: 자영업 비중은 오른쪽 눈금. 나머지는 왼쪽 눈금.
자료: 통계청, KOSIS.

자 수는 계속 늘어나고 있었던 것이다. 즉, 서비스업은 생산성 증가가 상대적으로 완만해진 대신에 고용을 늘리는 역할을 하고 있다고 할 수 있다. 서비스업의 이러한 역할은 제조업의 경우와는 달리 국제 경쟁 압박을 상대적으로 덜 받기 때문에 가능하였을 것으로 생각한다.

또 하나 살펴보고자 하는 것은 종사상 지위에 따른 취업구조의 변화이다. [그림 4-18]은 취업자를 근로자(상용 · 임시 · 일용 근로자)와 자영업자(고용원이 있는 경우와 없는 경우)와 무급가족종사자의 추이를 보인 것이다. 1963년에는 전체 취업자 중 근로자의 비중이 32%에 불과하였고, 자영업자가 37%,

그들의 가족종사자가 31%였다. 당시 농림어업의 취업자 비중이 63%나 차지하고 있었는데, 그들이 자영업자와 가족종사자의 대부분을 차지하고 있었다. 현재 근로자 비중은 80%로 늘었고, 자영업자와 무급가족종사자는 각각 16%와 4%로 줄었다. 1988년부터 상용근로자와 임시근로자를 구분하고 있는데, 현재 상용·임시·일용 근로자의 비중은 각각 72%, 22%, 6%로 되어 있어 임시 및 일용 근로자의 비중이 작지 않다.

그런데 우리나라는 취업자 중 자영업(자영업자와 무급가족종사자)의 비중이 상대적으로 높은 편이다. [그림 4-19]는 OECD 통계를 이용하여 2019년에 각국의 자영업 비중과 함께 1인당 GDP를 제시한 것이다. 한국은 제시된 나라 중에서 자영업 비중이 6번째로 높은 나라인데, 한국보다 높은 나라들은 모두 1인당 GDP가 상당히 낮은 나라들이다. 한국과 소득이 비슷하면서 자영업 비중이 높은 나라는 이탈리아 정도뿐이다. 일본은 한국과 소득이 비슷하지만 자영업 비중은 한국의 1/2 미만으로 나온다. 미국은 자영업 비중이 가장 낮은 나라이다. 통상 경제가 발전하면 자영업의 비중이 줄어드는 경향이 있는데, 한국은 경제발전 수준에 비추어 자영업이 여전히 높은 비중을 유지하고 있다고 할 수 있다. 자영업으로 진출하는 동기에는 두 가지 경우가 있다. 하나는 자신의 사업을 일구어 나중에 기업으로 키우기 위한 도전으로 자발적으로 선택한 경우이다. 또 하나는 근로자로서의 적절한 고용 기회를 찾지 못해 생계를 위해 불가피하게 선택한 경우이다. 한국은 후자의 성격이 강한 것으로 생각한다.

자영업자의 소득이 근로자와 비교해서 어느 수준인지를 정확히 알기가 쉽지 않다. 『가계금융복지조사』에서 가구주가 상용근로자, 임시 및 일용근로자, 자영업자인 가구의 평균(또는 중앙 median) 가구소득을 보면 2021년에 각

그림 4-19 자영업 비중의 국제 비교(2019년)

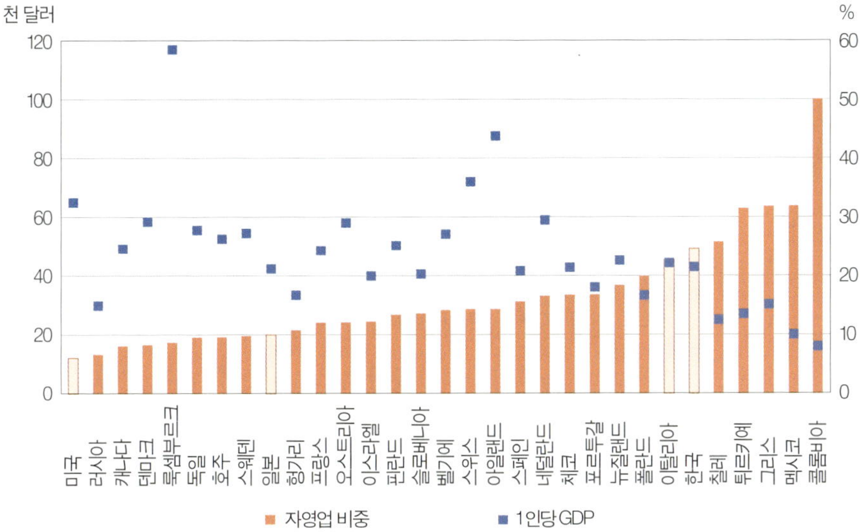

주: 자영업 비중은 오른쪽 눈금. 1인당 GDP는 왼쪽 눈금.
자료: OECD, Self-employment Rate.

각 8,096(6,867)만 원, 3,844(3,057)만 원, 6,587(5,222)만 원으로 나온다. 즉, 상용근로자와 임시 및 일용 근로자 가구 사이의 격차가 매우 크고, 자영업자 가구는 그 사이에 있는 것으로 나온다. 다만 이것은 가구소득이기 때문에 가구주와 다른 가구원의 소득이 모두 포함되어 있고 재산소득이나 이전소득도 포함되어 있어 근로자와 자영업자의 소득을 정확히 보여 주는 것은 아니다.

근로자와 자영업자의 전체 소득은 한국은행의 국민계정 통계를 이용하여 보다 장기에 걸친 변화를 볼 수 있다. 가계에 귀속되는 소득 중 임금 및 급여 항목이 근로소득의 총액을 뜻하므로 이것을 취업자 통계의 전체 근로자 수(상용, 임시, 일용 포함)로 나누면 근로자의 평균 근로소득을 구할 수 있다. 이에 대해 자영업자의 소득은 가계의 영업잉여 중에서 자영업자와 관계가 없는 주택이 창출한 영업잉여를 빼주고, 준법인으로 분류되어 있는 자영업자의 소득인 '준법인기업소득인출'을 더하는 다소 복잡한 방법으로 구해진다.[2]

[그림 4-20]이 그 결과인데, 여기서 소득은 2020년 기준의 소비자물가지수로 나누어 구한 불변 가격으로 제시하였다. 먼저 근로자의 연평균 소득은 1975년에 711만 원이었던 것이 2021년에는 3,979만 원으로 상승하였다. 자영업자의 경우 무급가족종사자를 뺀 경우와 포함한 경우로 나누어 제시하였다. 먼저 무급가족종사자를 뺀 자영업자의 연평균 소득은 1990년대 초까지는 근로자보다 소득이 더 높은 경우가 많았지만, 그 이후 자영업자의 연평균 소득은 2,000만 원 수준에서 정체되었고, 2020년에는 코로나 감염 사태를 반영하여 더욱 하락하는 양상을 보였다. 그 사이에 근로자의 소득은 계속 상승하였기 때문에 격차는 더욱 커져 최근에는 근로자의 1/2 수준으로까지 벌어진 것을 알 수 있다. 자영업자의 소득을 무급가족종사자까지 포함한 1인당 소득으로 보면 1990년대 이전에도 근로자의 소득을 능가한 적이 없는 것으로 나온다. 그래프에는 전술한 전체 자영업자 소득 중 '준법인기업소득인출'의 비중을 점선(오른쪽 눈금)으로 표시하였는데, 1990년대까지는 10%에 머물러 있던 것이 그 후 빠르게 상승하여 현재는 45%에 달한 것을 볼 수 있다.

---

2 국민계정에서 가계의 영업잉여에는 자영업자의 소득뿐만 아니라 임대소득이 포함되어 있어 이를 빼 줄 필요가 있다. 임대소득에는 실제 주택을 임대해서 얻은 소득도 있지만, 자가의 경우에는 임대소득이 발생한 것으로 간주되는 귀속 임대료도 포함되어 있다. 가계의 영업잉여에서 이들 실제 및 귀속 임대소득을 뺀 것을 혼합소득이라 한다. 여기서 또 한 가지 고려할 부분이 있다. 자영업자 중에서 법인은 아니지만 거기에 준해서 회계를 처리하는 경우 준법인으로 간주하여 그들의 영업잉여를 가계가 아니라 비금융법인 부문으로 분류한다. 그리고 준법인으로부터 가계소득으로 간 부분을 재산소득의 하나인 '준법인기업소득인출'이라는 항목으로 잡힌다. 따라서 자영업자의 전체 소득은 위의 혼합소득과 '준법인기업 소득인출'의 합계가 되고, 이를 자영업자 수로 나누어 그들의 1인당 소득을 구할 수 있다.

그림 4-20 근로자, 자영업자, 비근로자의 1인당 연소득 추이

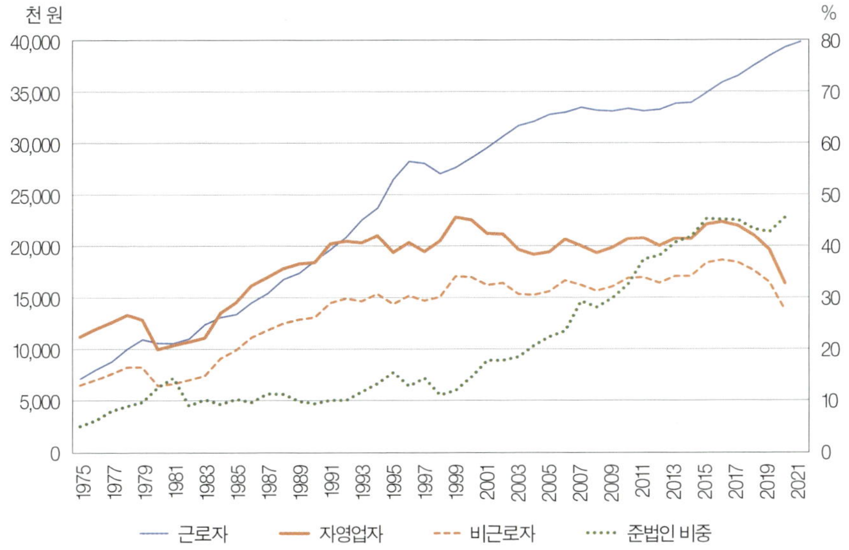

주: 1) 2020년 불변 가격.
2) 비근로자는 자영업자와 무급가족종사자의 합계.
3) 연소득 추정방법은 본문 참조.
4) 준법인 비중은 오른쪽 눈금, 나머지는 왼쪽 눈금.
자료: 한국은행, ECOS; 통계청, KOSIS.

자영업자 중에서 고용원이 있는 경우는 현재에는 대부분 준법인으로 분류되고 있으며, 나머지 고용원이 없는 자영업자의 소득은 더욱 열악한 것으로 추정된다. 즉, 자영업자 내부에서도 격차가 크게 벌어져 있음을 알 수 있다.

그러면 자영업자의 소득이 열악하고 근로자와 비교하여 격차가 벌어져 왔음에도 불구하고 아직도 여전히 자영업의 비중이 높게 유지되고 있는 것에 관해서는 왜 그런지 좀 더 따져 볼 필요가 있다고 생각한다. 자영업자들이 소득이 낮은 것은 한정된 시장에 너무 많이 진출해서 시장을 쪼개서 나누어

갖기 때문으로 생각된다. 진입장벽이 낮은 전통적인 서비스업의 경우에는 특히 그러하다. 도시를 둘러보면, 예컨대 음식점, 빵집, 치킨점, 세탁소, 미용실 등이 좁은 지역에 밀집되어 있는 것을 많이 볼 수 있다. 그 밀도가 외국에 비해 훨씬 높다. 그러다 보니 가족까지 동원해서 장시간 노동에 시달리면서도 수입은 보잘것없는 상황이 나아지지 않는 것이다. 그럼에도 불구하고 자영업으로의 진출이 끊이지 않는 것은 자영업 진출 동기에 관해 앞에서 언급하였듯이 생계를 위해 다른 적절한 선택지가 없기 때문으로 생각된다(김창욱·김선빈 2014).

이와 관련해서 한국에서 65세 이상 노인의 경제활동 참가율이 현재 36.3%로서 세계에서 가장 높은 수준이라는 점을 지적할 수 있다. OECD 국가의 평균이 15.5%이고, EU 27개국의 평균이 5.9%라는 점을 감안하면 이례적이라 할 수 있다(OECD Labour force participation rate). 그 원인은 OECD나 EU 국가들에 비해 한국이 연금 제도의 도입이 늦어 은퇴해도 연금이 없거나 용돈 수준의 연금밖에 타지 못하는 노인의 비율이 매우 높기 때문이다. 이보다 더 젊은 자영업자도 소득이 낮아도 생계를 위해 일을 그만둘 수 없는 경우가 많다. 자영업의 비중이 점차 줄어드는 추세를 보이고 있지만, 경제발전 수준에 비해 자영업 비중이 여전히 높게 유지되고 있는 것은 그 때문이라 생각한다.

4. 물적 자본의 형성

물적 자본형성에는 도로나 철도 또는 주택 등의 건설 투자, 기계 등의 설비 투자, 특허권과 같은 무형의 지식재산 생산물, 그리고 재고 증감이 포함된다. 이들 물적 자본형성을 합쳐서 총투자라고 하며, 투자의 주체에 따라 정부 투자와 민간 투자로 나눌 수 있다. 도로나 철도 또는 통신 시설은 민간자본이 투자하기도 하지만, 정부가 투자하는 경우가 일반적이다. 근대의 교통 및 통신 시설은 경제활동을 뒷받침하는 인프라일 뿐만 아니라 개항 이후 근대문명을 상징하는 것으로서 종래 좁은 지역을 벗어나기 어려웠던 개인의 삶과 사고방식을 확장하는 데에도 큰 영향을 미쳤다. 여기에서는 임채성(2018)에 의거하여 그 실태를 간단히 살펴보기로 한다.

근대의 교통은 증기기관이나 내연기관과 같은 동력을 이용하여 여객과 화물을 대량으로 신속하게 수송함으로써 경제활동을 획기적으로 확대하였다. [그림 4-21]의 패널 A는 철도 영업노선과 도로연장을 보여 준다. 해방 전에는 경인선(1899년)과 경부선 및 경의선(1905년), 경원선 및 호남선(1914년)이 개통되면서 한반도에 X자 철도망이 형태를 갖추었다. 그 후에도 철도건설이 이어져 1940년대에는 철도 영업노선이 6,000km를 넘었다. 해방 후에는 남북분단으로 철도망이 대폭 줄었지만, 그 후 영업노선이 크게 확장되지는 않았다.[3] 철도차량은 해방 전에는 증기기관차 위주였지만 그 후 디젤기관차로 바뀌었고 전동차와 전기기관차가 등장하였다. 2004년 이후에는 고속철도인 KTX가 운행되었다.

해방 전의 도로망 정비는 철도에 비하면 크게 뒤처졌다. 도로연장도 크게 늘어나지 않았고 그중 포장된 도로의 비중도 낮았다. 1960년대 후반부터 경인(1968년) 및 경부(1970년) 고속도로를 비롯하여 전국에 고속도로가 부설되

3 고속철도를 포함하여 기존 철도노선을 복선화하는 투자가 이루어졌지만, 이는 궤도연장이어서 영업노선에 포함되지 않는다.

그림 4-21 교통 및 통신 인프라

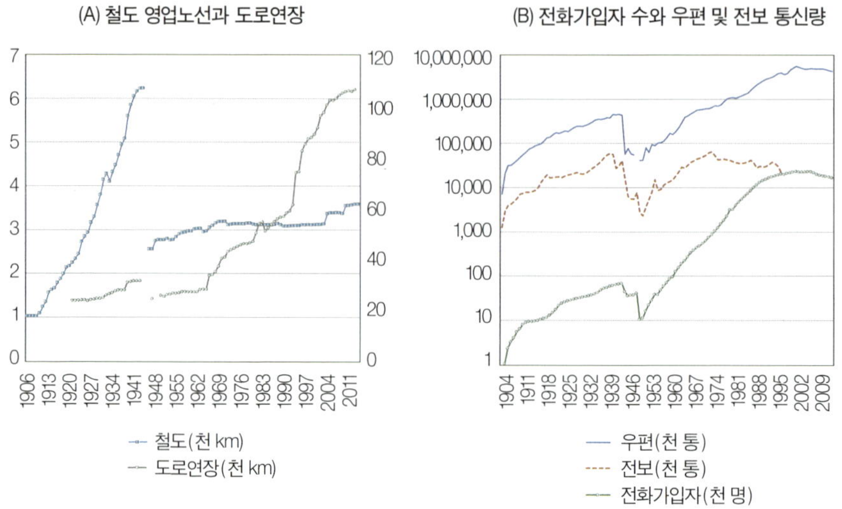

주: 해방 전은 남북한 합계이다. 철도는 왼쪽 눈금, 도로연장은 오른쪽 눈금.
자료: 『한국의 장기통계』(L. 교통과 통신).

었고 포장도로의 비중도 높아졌다. 이와 함께 자가용 승용차 대수가 급격히 늘어나면서 육상 교통의 중심이 과거의 철도 중심에서 점차 도로와 자동차 중심으로 바뀌었다.

[그림 4-22]는 주요 교통수단별로 여객과 화물의 수송량을 로그 눈금으로 보인 것이다. 패널 A는 여객수송량을 여객 수와 수송 거리를 고려한 인킬로미터(passenger-km)로 제시하였다. 1950년대까지는 철도가 가장 중요한 이동 수단이었고, 그 후 자동차의 보급이 늘면서 공로(도로)의 중요성이 더 커졌다. 도시의 지하철이 개통되면서 수송량이 비약적으로 늘어났고, 국제항공은 여객 수가 적지만 거리를 고려할 경우 급속히 늘어나 철도와 도로를 능가

그림 4-22 교통수단별 교통량

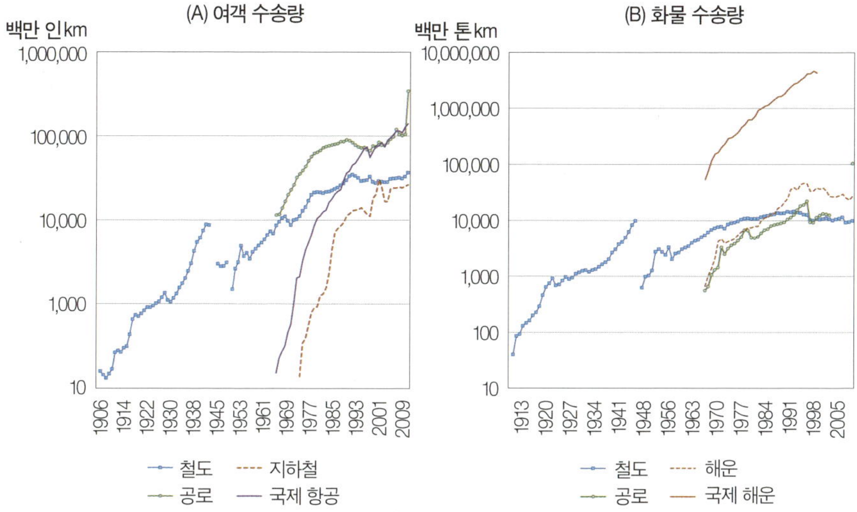

주: 해방 전은 남북한 합계이다.
자료: 『한국의 장기통계』(L. 교통과 통신).

하기도 하였다. 패널 B는 화물수송량을 화물량과 수송 거리를 고려한 톤킬로미터(ton-km)로 제시하였다. 해방 전에 철도에 의한 화물수송이 급속히 늘어났고 해방 후에도 철도가 한동안 화물수송의 주력이었지만, 점차 해운이나 공로에 자리를 내주었다. 국내 운송에서도 해운의 역할이 빠르게 늘어났지만, 국제 운송에서는 해운의 역할이 압도적으로 커진다. 한국의 경제성장이 무역에 크게 의존한 결과임을 알 수 있다.

우편과 전신, 전화와 같은 근대의 통신도 정보전달의 비용과 시간을 획기적으로 낮추어 거래를 활성화하였다. 먼저 우체국이 정비되어 전국의 촘촘한 우편망이 구축되었고 우편물 집배를 위한 기동 장비가 늘어났다. 전기통신에서도 전신국과 전화국 및 각 취급소가 설치되고 전신망의 확대와 전화기 보급이 이루어졌다. [그림 4-21]의 패널 B에는 통신량에 관한 지표를 로그 눈금으로 제시하였다. 우편과 전보 통신량 및 전화가입자 수가 해방 전부터 빠르게 증가하였고, 남북분단과 한국전쟁으로 인해 대폭 축소된 후 다시 회복된 것을 볼 수 있다. 다만 전보 통신량이 1975년 이후 감소로 돌아선 것은 전화기 보급이 늘어나 이를 대체하였기 때문이다. 우편물과 전화기 보급도 2000년대에 들어와 감소로 돌아섰는데, 1990년대 말부터 초고속 인터넷망이 정비되고 인터넷 이용과 휴대폰의 사용이 일반화되었기 때문이다.

그런데 정부 투자와 민간 투자를 합친 총투자는 그 재원을 총저축으로 조달한다. 총저축은 국민경제가 처분할 수 있는 소득 중에서 소비로 지출되지 않고 남은 부분을 말한다.[4] 그리고 이들 총투자와 총저축을 국민총처분가능소득으로 나누어 주면, 총투자율과 총저축률과 같은 지표를 구할 수 있다. 이를 통해 예컨대 전체 처분 가능한 소득 중에서 몇 %를 소비하고 저축하였는지, 그리고 국내의 각 자본형성에는 얼마나 투자하였는지를 알 수 있다.

[그림 4-23]은 국내총고정투자율[5]과 총저축률을 3년 이동평균값으로 제시하였다. 먼저 그 추이를 보면 해방 전에는 10%에 미치지 못하다가 1930년대 후반에 이를 넘어서기 시작하였다. 해방 후에는 다시 10% 아래로 떨어졌지만, 그 후 빠르게 상승하여 1991년에 38%로 정점에 달한 후 하락하는 역 U자형을 보였다. 이에 대해 총저축률은 유사한 추이를 보여 1988년에 40%

4 총투자는 개념상 총저축과 일치해야 하지만 실제의 통계에는 차이가 있으며 이를 통계상 불일치라고 한다.

5 총투자는 대상 지역에 따라 국내총투자율과 국외투자율로 나눌 수 있고, 국내총고정투자란 국내총투자에서 재고 증감을 제외한 것이다.

그림 4-23 저축과 투자(국민총처분가능소득 대비 %)

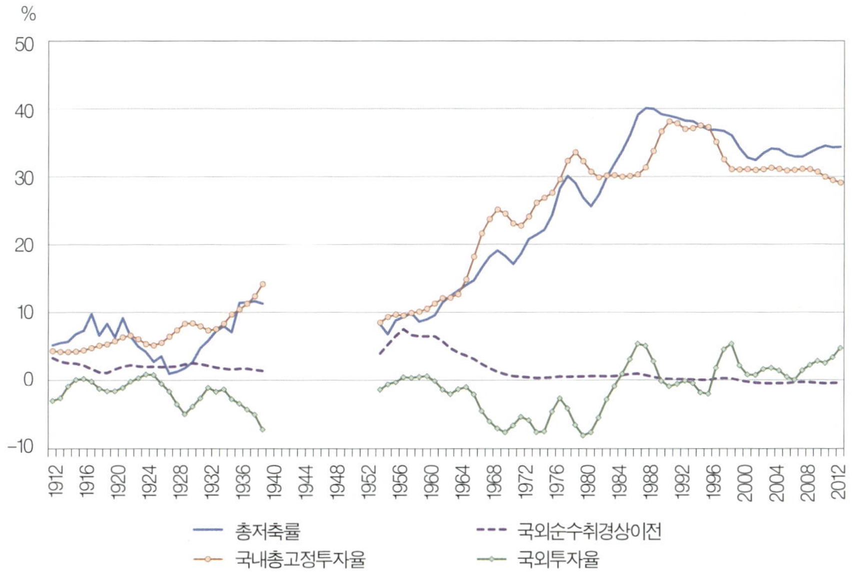

자료: 『한국의 장기통계』(N. 국민소득); 한국은행, ECOS.

로까지 상승하였다가 하락하는 양상을 보였다. 투자율의 빠른 상승이 저축률에 의해 뒷받침되고 있었음을 알 수 있다.

그런데 투자율이 저축률보다 높아 국내 저축으로 재원을 충당할 수 없는 때에는 해외 저축에 의존하게 된다. 이를 보여 주는 것이 그래프의 국외투자율이다. 1980년대 중엽까지 국외투자율이 마이너스(-)로 되어 있는 것은 해외 저축에 의존하면서 투자가 이루어졌음을 보여 준다. 현재는 국외투자율이 플러스(+)가 되어 국내 저축이 해외로 투자되고 있음을 알 수 있다. 그리고 그래프에 국외순수취경상이전이라는 항목을 제시하였는데, 그것이 플러스(+)인 것은 원조가 유입되었음을 말한다. 예컨대, 1957년에는 원조가 국민총처분가능소득의 8%에 달할 정도로 큰 규모였다. 만약 1950-1960년대에 원조가 없었더라면 국내 저축이나 투자도 그만큼 줄어들었을 것으로 생각된다. 한국의 투자 재원에는 해외 저축이나 원조의 비중이 높았음을 특징으로 들 수 있지만, 그럼에도 불구하고 1960년대 이후 투자율의 급상승은 역시 국내 저축률의 뒷받침을 통해서 가능하였음은 주목할 만한 점이라고 생각한다.

그런데 한국의 투자율은 다른 나라와 비교해 어떤 특징을 보였을까? [그림 4-24]에는 한국과 함께 일본, 대만, 미국의 고정자본 투자율을 3년 이동평균값으로 제시하였다. 전전에는 일본의 투자율이 가장 높았고, 그다음이 대만이고 한국이 가장 낮았다. 전후 일본의 투자율은 한 단계 더 높아졌지만 1973년에 35%의 정점에 달한 후 하락으로 돌아섰다. 대만은 일본보다 다소 늦은 1975년 또는 1980년에 30%로 정점에 달한 후 하락하고 있다. 이에 대해 한국은 일본이나 대만보다 늦게 출발해서 1991년에 38%로 정점에 달한 후 하락하였다. 한국은 일본과 대만보다 투자율의 증가 속도가 더 빨랐고, 도달한 정점의 수준도 더 높았다. 그런데 미국의 경우를 보면 투자율의 급등과 하락이 심하지 않고 전후에는 15-20% 수준에 머물러 있었다. 그래프로 제시하지 않았지만, 선진국의 투자율은 전후에 대체로 20% 전후의 수준으로 나타났다. 따라서 동아시아 국가가 그들 간에 시차가 있지만 투자율의 급상승이 나타났으며, 그 도달 수준 또한 다른 나라에 비해 매우 높았다는 특징을 공유하고 있다고 할 수 있다.

한국의 고도성장기에 나타난 투자율의 급상승은 결국 저축률로 뒷받침되었는데, 그 저축률의 급상승이 어떻게 가능하였는지는 구명될 필요가 있

그림 4-24 고정자본 투자율의 국제 비교

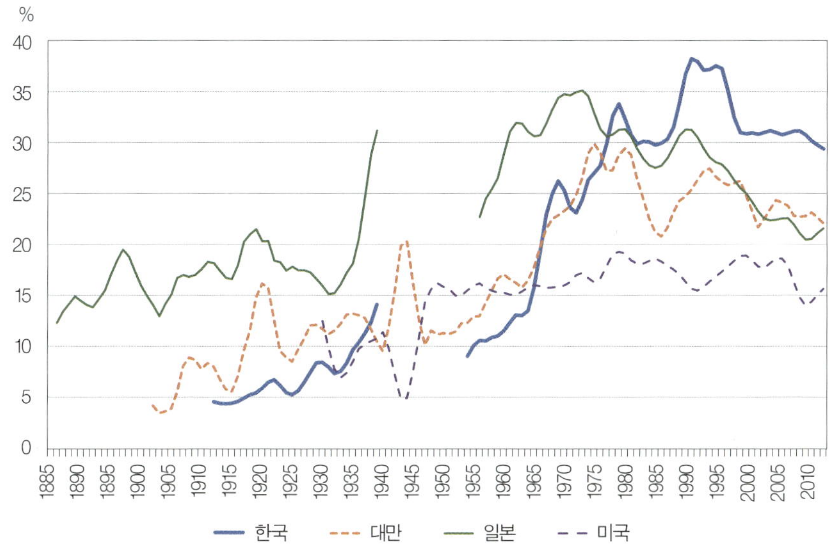

자료: 한국은 『한국의 장기통계』(N. 국민소득); 한국은행, ECOS. 일본은 大川·篠原·梅村 編(1974); 総務省統計局. 대만은 溝口 編(2008); Statistics Taiwan. 미국은 BEA.

다. 거기에는 다양한 요인들이 영향을 미쳤을 것으로 생각된다. 먼저 저축의 증가가 투자율을 높여 경제성장을 가져왔다고 보는 것이 일반적이지만, 인과관계를 반대로 생각할 수도 있다. 즉, 경제성장으로 소득이 늘어나면서 저축률이 높아졌다는 것이다. 한국과 같이 성장률이 매우 빨랐던 나라에서는 과거 가난한 시절을 경험하였던 기성세대가 소득이 늘어나도 소비를 늘리는 데 인색한 경우를 종종 볼 수 있다. 그것은 현재의 소비가 과거의 소비 행태로부터 영향을 받기 때문이다. 예컨대, 소득이 두 배 늘어났다고 해도 소비의 증가가 그에 미치지 못하면 저축률이 높아지게 된다. 즉, 소비 습관이 바뀌는 데에는 시차(time lag)가 존재한다는 것이다(Carroll et al. 2000). 한국의 저축률이 고도성장기에 급상승한 요인의 하나를 여기에서 찾을 수 있다.

앞에서 인구 변천을 살펴보았을 때 고도성장기에 유년이나 노년 인구보다 생산연령인구가 크게 늘어났고, 그로 인해 양자의 비율인 총부양비가 급속히 떨어졌음을 지적한 바 있다. 이러한 인구 구성의 변화가 저축률의 이례적인 상승을 가져온 중요한 요인이라 생각한다. 부양을 받는 인구는 소득이 없이 소비를 하므로 저축된 것을 쓰는 마이너스(−)의 저축자(dissaver)가 되고, 생산연령인구는 자기가 번 소득보다 소비가 작아 순 저축자(net saver)가 될 가능성이 높다. 따라서 인구 중에서 부양인구의 비중이 떨어지고 생산연령인구와 같이 순 저축자의 비중이 높아지면 국민경제의 저축률은 높아지게 된다(Kang 1994).

그런데 생산연령인구가 빠르게 늘어났다고 해서 저축률의 급상승이 반드시 실현되는 것은 아니다. 생산연령인구가 늘어나도 그들이 실제로 소득을 벌어 순 저축자가 되지 않으면, 저축률 상승으로 이어지지 않기 때문이다. [그림 4-25]는 인구와 취업자(해방 전은 유업자)의 연평균 증가율의 추이를 나타낸 것이다. 생산연령인구의 연평균 증가율이 해방 전에는 1.2%였지만, 고도성장기에는 2-3%로 높아졌다. 해방 직후에 급등한 것은 해외에 나가 있던 자들이 대거 귀국하였기 때문이다. 그리고 1970-1980년대에는 생산연령인구와 전체 인구의 증가율의 갭이 크게 벌어져 있는 것을 볼 수 있는데, 그것은 이 시기 부양 비율의 빠른 하락을 보여 준다.

여기에서 주목되는 것은 비농업 취업자 증가율이 고도성장기에는 연평균 6% 전후로 매우 높았으며, 늘어난 생산연령인구를 흡수하는 데 그치지 않고 농가인구의 급속한 유출을 일으키고 있었다는 점이다. 다만 1990년대 후반 이후는 고용 증가율이 급속히 둔화되고 있다. 해방 전에는 비농업 유업자 증

그림 4-25 인구 및 취업자의 연평균 증가율

주: 해방 전의 취업자란 유업자를 말한다.
자료: 『한국의 장기통계』(N. 국민소득; B. 인구); 통계청, KOSIS; 김낙년(2010a).

가율이 낮지 않았지만, 압도적 다수인 농가인구의 감소를 가져올 정도는 아니었다. 해방 직후부터 1950년대는 신뢰할 만한 취업자 통계가 없지만, 1960년대 초의 도시 가구의 실업률이 매우 높았던([그림 4-15]) 데에서 알 수 있듯이 비농업 취업자 증가는 미미하였을 것으로 생각된다. 즉, 이 시기에 생산연령인구가 급증하였음에도 불구하고 일자리를 찾지 못해 순 저축자가 되지 못한 경우가 많았다. 이에 대해 고도성장기에는 늘어난 생산연령인구가 고용될 기회가 많았고, 순 저축자로 될 수 있었다는 점이 이전 시기와 다른 점이라 할 수 있다(金洛年 2017).

그림 4-26 총부양비의 국제 비교

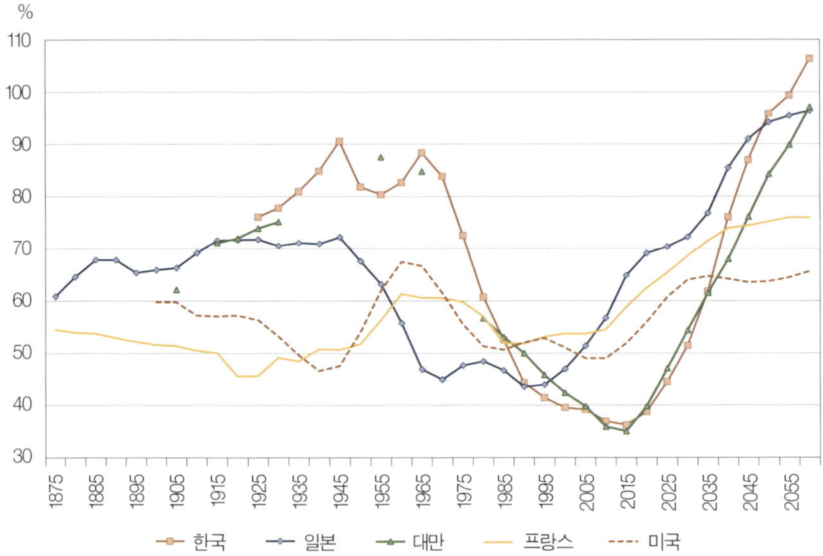

자료: 『한국의 장기통계』(B. 인구); 통계청, KOSIS; OECD, Historical population data and projections; Susan Carter et al.(2006); 大川·篠原·梅村 編(1988); 溝口敏行 編(2008); Statistics Taiwan.

이러한 인구의 연령별 구성 변화는 동아시아의 다른 나라에서도 유사하게 나타났다. [그림 4-26]은 일본과 대만, 그리고 미국과 프랑스의 총부양비 추이와 전망을 비교한 것이다. 대만은 한국과 거의 유사한 U자형의 추이를 보이고 있다. 일본은 한국이나 대만보다 20년 정도 앞서서 U자형이 나타났지만, U자의 골의 깊이가 다소 얕았다고 할 수 있다. 미국과 프랑스의 총부양비에서는 동아시아 국가에서 나타난 바와 같은 U자형이 뚜렷이 보이지 않았다. 동아시아 국가에서 총부양비가 급격히 떨어지는 국면을 인구 보너스(bonus)가 발생한 시기라 할 수 있으며, 각국의 투자율과 저축률이 모두 급상승하여 고도성장이 이루어진 시기와 겹친다. 한국에서는 개항기에 서구의 의료기술과 보건 지식의 유입이라는 충격으로 인구 변천이 시작되었음을 앞에서 언급한 바 있다. 일본과 대만도 한국보다 다소 앞서 개항을 통해 유사한 충격을 받았고, 그로 인해 시차가 있지만 유사한 인구 변천이 시작되었다고 생각한다. [그림 4-26]은 또한 동아시아에서 총부양비가 U자형의 빠른 하락 국면을 지나면 급격하게 상승하는 국면으로 전환될 것임을 보여 준다. 고령화의 진행 속도가 매우 빨라 인구 구성이 점점 더 경제성장에 부담이 되는 국면으로 들어갈 것으로 전망되고 있다. 이것은 다른 나라에서는 보이지 않는 동아시아 국가가 안고 있는 공통된 과제라 할 수 있다.

마지막으로 한국에서 물적 자본의 형성은 앞에서 살펴본 인적 자본의 형성과 긴밀히 연결되어 있었음을 지적해 두고자 한다. 물적 자본형성을 가능하게 한 저축률의 급상승은 1960년대 이후의 출산율의 급격한 하락과 밀접한 관계가 있다. 차명수(2014)에 따르면, 출산율 하락은 자녀의 양과 질의 상충관계(trade off)에서 양보다는 질을 선택한 결과라고 볼 수 있다. 여기서 자녀의 질을 선택하였다는 것은 양육의 부담을 감안하였을 때 자녀의 수를 줄이는 대신에 자녀 1인당 교육 투자를 늘리는 선택을 하였음을 뜻한다. 이 선택은 앞에서 본 바와 같이 취학률이 빠르게 상승하였고 점차 상급학교로 확산되어 간 것으로 나타났다. 그런 의미에서 물적 자본과 인적 자본의 형성은 출산율 하락을 매개로 하여 긴밀히 연결되어 있었다고 할 수 있다.

제5장

생활 수준과 불평등

지금까지는 GDP 또는 1인당 GDP를 중심으로 살펴보았지만, 거기에는 몇 가지 한계가 있다. 첫째는 1인당 GDP는 생활 수준을 보여 주는 유용한 지표이지만 거기에서 포착되지 못한 것들도 많다. 예컨대, 근로시간에 따라 여가를 누리는 나라와 그렇지 못한 나라가 있지만, GDP에는 그 차이가 반영되지 않는다. 환경이나 건강, 수명 등도 그러하다. 교육의 보급도 생활 수준을 나타내는 한 요소로 볼 수 있지만, 그에 관해서는 인적 자본의 형성을 다룬 제4장에서 살펴본 바 있다. 둘째, 1인당 GDP는 평균 소득을 보여 주는 것이기 때문에 그 소득이 어떻게 분포되어 있는가를 보여 주지 못한다. 소득이나 부의 편중이 극심할 경우 평균값만으로는 하층의 생활 수준을 가늠하기 어렵다. 이 장에서는 이러한 주제를 다루고자 한다.

1. 생활 수준

여기에서는 1인당 GDP로 포착하기 어려운 생활 수준의 지표로서 근로시간(또는 그 이면의 여가 문제)과 수명에 초점을 맞추고자 한다.[1] 먼저 우리나라의 근로시간이 매우 길어 세계적으로도 일을 가장 많이 하는 나라라고 평가를 받아 왔다. 그만큼 여가를 제대로 누리지 못하였다고 할 수 있다. 그렇지만 근로시간이 1980년대 이후 빠르게 줄어들고 있는 것도 사실이다. 그 실태를 통계 자료로 확인해 보자.

---

1 생활 수준을 보여 주는 지표인 실질임금의 추이에 관해서는 후술한다. 제10장에서는 해방 후의 실질임금과 1인당 GDP의 상승률을 비교하였고([그림 10-8]과 [표 10-2]), 제11장에서는 1인당 피용자 보수와 근로자의 노동생산성 증가율을 비교([그림 11-7])하였다.

그림 5-1 산업별 주당 평균 근로시간

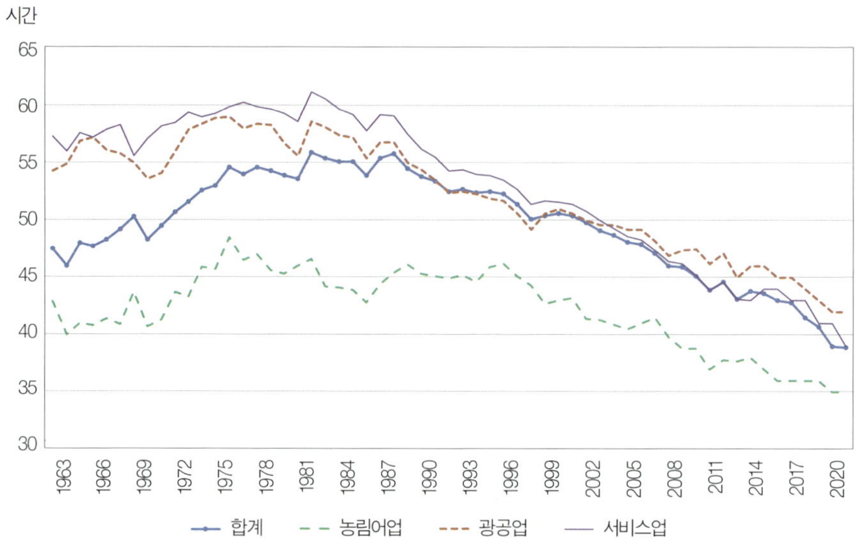

자료: 통계청, KOSIS; 『한국의 장기통계』(C. 노동력).

[그림 5-1]에는 우리나라의 주당 평균 근로시간의 장기 추이를 보였다. 통계청은 1963년부터 『경제활동인구조사』를 시행해 왔는데, 이를 통해 산업별로 취업자들의 평균 근로시간을 알 수 있다. 그림에 따르면, 2021년 현재 우리나라 취업자는 주당 평균 39시간을 일한 것으로 나온다. 하루 8시간씩 5일 근무하면 주당 40시간이므로 대략 그 수준임을 알 수 있다. 그 추이를 보면 1980년대가 55시간으로 가장 높았고, 1960-1970년대에는 근로시간이 늘어났다가 1990년대 이후에는 감소하는 역U자의 양상을 보이고 있다. 산업별로 보면 농림어업과 제조업 또는 서비스업의 양상이 많이 다르다. 농림어업에서 근로시간이 다른 산업보다 훨씬 적었다. 예컨대, 농업은 자연환경의

영향을 크게 받아 일이 집중되는 농번기가 있는가 하면, 일이 별로 없는 농한기가 상당히 길기 때문이다. [그림 5-1]에 따르면 1960-1970년대에는 제조업과 서비스업의 근로시간이 늘어나는 추세를 보였지만, 취업자의 구성이 농림어업에서 제조업과 서비스업 쪽으로 옮겨 감에 따라 평균 근로시간이 늘어났음을 알 수 있다. 근로시간이 감소하게 된 것은 후술하듯이 다른 나라에 비해 우라나라의 근로시간이 훨씬 많다는 비판이 컸고, 이를 줄이기 위한 제도나 정책의 역할이 컸다고 생각된다. 「근로기준법」에는 하루 또는 1주일에 허용되는 근로시간의 한도를, 예컨대 8시간이나 40시간으로 정하고 있고 휴일과 유급 휴가에 대해서도 규정을 두고 있다. 고도성장기에는 「근로기준법」이 있어도 제대로 준수하지 않는 사업장이 많았지만, 점차 어렵게 되었다. 특히 2000년대에 들어와 주 5일제 근무가 확대되면서 평균 근로시간이 빠르게 감소하고 있다.

다른 자료에서도 유사한 추이가 확인되고 있다. [그림 5-2]는 고용노동부가 상용근로자 10인 이상을 고용하는 민간 사업체를 대상으로 임금과 근로시간 등을 조사한 『임금구조기본통계조사』에 의거한 것이다. 그림에 따르면, 1980년대의 월 근로일수는 25일 정도였던 것이 2000년대에 들어와 줄어들기 시작해서 근래에는 21일로 떨어졌다. 30일 중 평균 9일이 휴일이므로 주 5일제가 정착하였음을 알 수 있다. 그런데 그래프를 보면 하락 추세가 가끔 역전되는 톱니바퀴 양상을 보이고 있다. 그것은 이 데이터가 매년 6월을 대상으로 조사되었는데 거기에 포함된 휴일 수가 매년 일정하지 않고 하루 더 많거나 적은 해가 주기적으로 반복되기 때문이다. 월 근로시간 수도 그 영향을 받아 톱니바퀴 양상을 보이고 있지만, 하락 추세가 뚜렷이 나타나고 있다. 이를 주당 평균 시간으로 환산해 보면 [그림 5-1]의 양상과 다르지

그림 5-2 근로일수와 근로시간 수의 추이(매년 6월 기준)

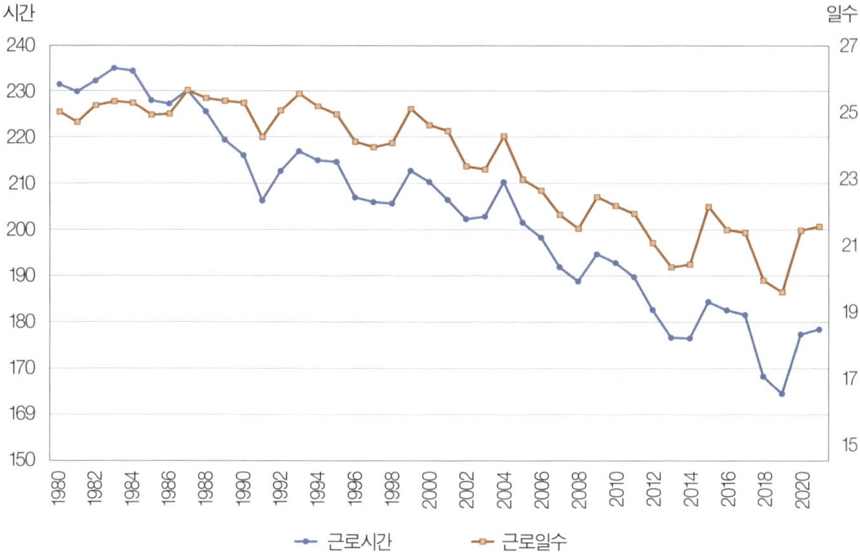

자료: 고용노동부, 『임금구조기본통계조사』(마이크로 데이터).

않다.

그러면 우리나라의 근로시간을 다른 나라와 비교해 보면 어떤 수준일까? [그림 5-3]은 한국과 비교 대상으로 영국, 프랑스, 미국을 선정하여 제조업의 연간 근로시간을 제시한 것이다. 각국의 데이터가 모두 존재하는 1980-2000년을 보면 영국과 미국은 연간 1,900시간을 일하였고, 프랑스는 그보다 적은 1,600-1,800시간을 일한 것으로 나온다. 이에 대해 한국은 1980년에 거의 3,000시간에 육박하였고, 그 후 감소하였다고 하지만 2000년에도 2,660시간을 일한 것으로 나왔다. 이들 선진국에 비하면 한국의 근로시간이 매우 길었음을 알 수 있다. 다만 선진국의 경우에도 19세기 말(1870년)에는

그림 5-3 제조업의 연간 근로시간: 국제 비교

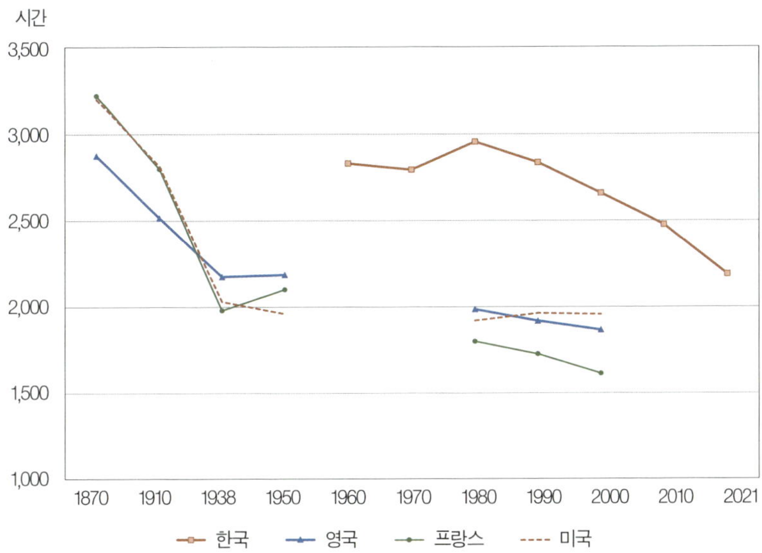

자료: 통계청, KOSIS; OECD(2021), *How Was Life?*, Vol. 2.

근로시간이 매우 높아 프랑스와 미국은 3,200시간 일한 것으로 나왔다. 그 수준은 한국에서 근로시간이 가장 길었던 1980년대 수준보다 더 높았다. 선진국에서 나타난 이러한 긴 근로시간은 제2차 세계대전 발발 전에 2,000시간 전후 수준으로 떨어졌다. 그래프에서 제2차 세계대전 전은 30-40년 단위로 제시되어 있어 그 후의 10년 단위와 비교하여 근로시간이 실제보다 급속히 하락한 것으로 보이는 점에 유의하기 바란다. 그 후 미국의 근로시간은 그 수준을 유지해 왔지만, 영국과 프랑스는 완만한 하락 추세를 이어 갔다. 한국은 이들 선진국과 여전히 큰 격차를 보였지만 근래에도 빠르게 하락하고 있어 그들과의 격차를 좁히고 있다.

그림 5-4 우리나라 연령별 생존율

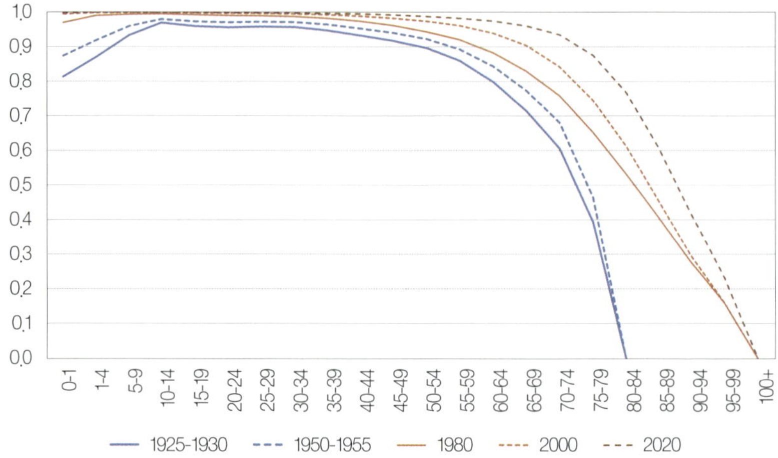

자료: 통계청, KOSIS; 『한국의 장기통계』(B. 인구).

한편, 한국인의 수명도 크게 늘어났다. [그림 5-4]는 생명표를 이용하여 연령별로 생존율이 어떻게 변천해 왔는지를 보여 준다. 생명표에는 각 연령별로 사망할 확률이 제시되어 있는데, 이 확률을 1에서 빼면 생존율이 된다. 한국에서 전체 인구를 전수 조사하는 센서스가 처음 실시된 것은 1925년이며 그 후 거의 5년마다 센서스가 실시되었다. 그림에서 1925-1930년 또는 1950-1955년으로 되어 있는 것은 5개년 평균값을 나타낸다. 연령별 추이를 보면 태어나서 1년이 될 때까지 생존율이 낮았지만, 그 후 빠르게 높아져 10-14세에서는 97%에 달한 후 한동안 안정적으로 유지되다가 고령으로 감에 따라 생존율이 급속히 하락하는 양상을 보이고 있다. 여기서 주목이 되는 것은 앞 시기로 갈수록 영아 또는 유아의 생존율이 크게 낮아진다는 것이다. 예컨대, 1925-1930년의 0-1세(영아) 생존율은 81% 정도로 태어난 영아 중에서 19%가 사망함을 알 수 있다. 그래프로 제시하지 않았지만, 조선 후기에는 생존율이 훨씬 더 낮았던 것으로 보인다. 차명수(2009)의 추정에 따르면, 18-19세기에는 과반수의 영아가 사망하여 생존율이 50%에 미치지 못하였던 것으로 나온다. 따라서 개항 이후 서구의 근대적 의료기술이나 보건 지식이 유입되면서 영아 사망률이 낮아지기 시작하였던 것으로 생각된다. 1980년에는 영아의 생존율이 97%에 달하고, 2000년 이후에는 99.4%를 넘게 된다.

이와 함께 고령자의 생존율도 빠르게 높아졌다. 그래프가 최근 연도로 올수록 오른쪽으로 확대되고 있어 생존율이 급속히 떨어지는 연령이 계속 높아졌음을 알 수 있다. 예컨대, 75-79세 연령까지 생존할 확률은 1925-1930년, 1950-1955년, 1980년, 2000년, 2020년에 각각 39%, 46%, 65%, 75%, 88%로 높아졌음을 알 수 있다. 제시한 연도가 25년 또는 20년 간격으로 되어 있는데 20-25년이 지날 때마다 생존율이 7-19% 포인트씩 높아진 셈이다. 지난 100년 동안에 한국인의 수명 연장은 실로 괄목할 만하였다. 다만 유의할 것은 1925-1930년과 1950-1955년의 경우 85세 이상의 연령구간이 설정되어 있지 않아 그보다 오래 생존한 자들이 모두 80-84세 구간에서 사망한 것으로 처리되었지만, 실제로는 그보다 더 오래 생존한 경우가 있었다. 이를 감안하면 1925-1930년과 1950-1955년 그래프가 0이 되는 연령구간이 80-84세보다 더 높았을 것이다. 1980년 이후에도 100세 이상을 한 구간으로 합쳐 놓았다. 그래프에서 모두 사망하는 연령구간이 80-84세 또는 100세 구간에 몰리는 부자연스러운 모습이 나타난 것은 그 때문이다.

[그림 5-5]는 우리나라의 출생시의 기대여명을 보여 준다. 1925-1930년에 기대여명이 놀랍게도 40세에도 미치지 못하였는데, 그것은 앞에서 보았듯이 영유아 단계에서 사망률이 높았기 때문이다. 그 후 기대여명은 계속 상승

그림 5-5 한국의 출생시 기대여명

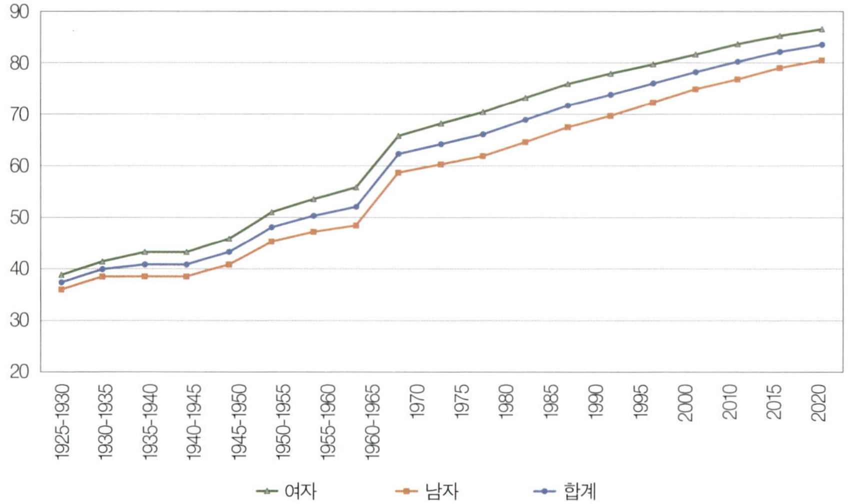

자료: 통계청, KOSIS; 『한국의 장기통계』(B. 인구).

하여 2020년 현재에는 남자가 80.5세, 여자는 86.5세, 합계 83.5세에 달하였다. 이 수준은 그래프로 제시하지 않았지만 OECD 국가 중에서도 상위 그룹에 속한다. 즉, 20세기 초에는 영유아 사망률이 매우 높아 기대여명이 매우 낮은 단계에 있었지만 100년간에 걸쳐 선진국 수준으로 급속히 캐치업이 일어났음을 알 수 있다.

[그림 5-6]은 15세 남자의 기대여명을 다른 나라와 비교한 것이다. 출생시(즉, 0세)가 아니라 15세의 기대여명을 보면 영유아기의 사망률 차이를 배제하고 보는 셈이 된다. 미국의 경우 19세기 후반에는 45세 정도로 유지하다가 20세기부터 상승 추세가 나타난다. 프랑스는 미국과 유사한 추이를 보였지만, 제1-2차 세계대전이 일어난 1910년대와 1940년대에 하락한 것이 눈에

그림 5-6 15세 남자의 기대여명

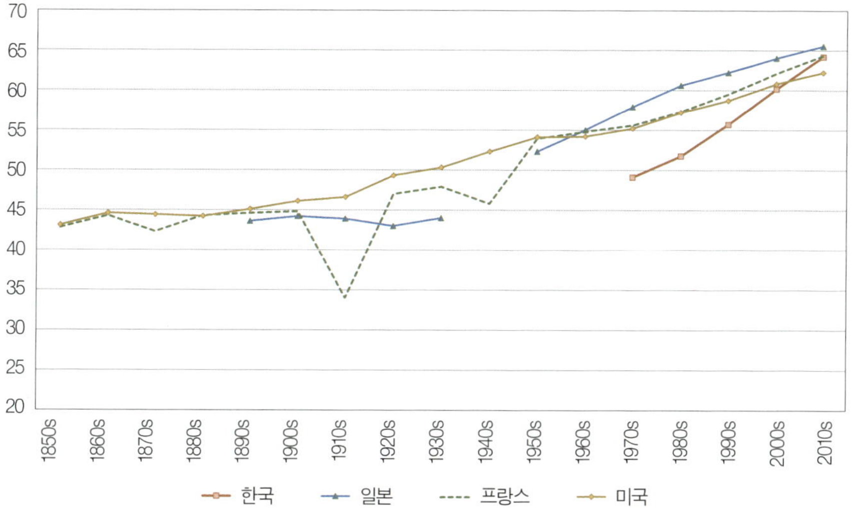

자료: 통계청, KOSIS; OECD(2021), *How Was Life?* Vol. 2.

띈다. 프랑스 여자의 경우 그래프로 제시하지 않았지만, 세계대전기에 기대여명이 떨어지는 현상은 나타나지 않았다. 미국과는 달리 유럽이 세계대전의 전장이 되었고, 그 영향이 주로 남자에 집중되었기 때문으로 보인다. 일본의 경우는 제2차 세계대전 전에는 44세 수준에 머물러 있었지만, 전후에 빠르게 상승하여 다른 나라를 능가하였다. 이에 대해 한국은 1970년 이후의 데이터가 제시되었는데, 1970년대에 한국과 선진국(프랑스, 미국, 일본)과의 기대여명 격차가 7세 정도로 나왔는데, 그 후 빠르게 캐치업하여 미국을 넘어섰고 프랑스와 같은 수준에 달하였다. 한국은 이전 시기의 데이터가 없지만 기대여명이 다른 나라에 비해 상당히 낮았을 것으로 생각되며, 1970년 이후 보였던 빠른 캐치업의 양상이 그 이전부터 나타났을 것으로 생각된다.

그런데 이러한 수명의 연장은 평균값으로 본 것인데, 거기에 계층 간의 차이가 없었을까? 누구나 무병장수를 바라고 있고, 또 계층 간에 이를 위해 쓸 수 있는 자원에 차이가 있다면 사망률이나 수명에서 격차가 나타날 것으로 예상할 수 있다. 그렇지만 한국을 포함한 대부분의 통계 당국은 성이나 연령에 따른 사망률이나 기대수명 격차에 관한 정보를 제공하지만, 계층 간 정보를 직접 조사하여 제공하지는 않고 있다. 그런데 통계청의 『사망원인통계』는 사망신고서에 의거하여 작성되는데, 거기에는 사망자의 성별, 연령, 학력, 결혼 상태, 거주 지역과 사망 원인 등의 정보가 실려 있다. 이 자료와 『인구센서스』를 이용하여 두 통계에 공통된 조사항목별로, 예컨대 성별, 연령, 학력, 혼인 상태, 거주 지역으로 세분해서 대응시키면 세분된 그룹별로 사망자 수와 인구수를 알 수 있고, 양자를 나누어 사망률을 구할 수 있다. 여기서 학력의 차이를 계층으로 간주한다면 사망률의 계층별 차이를 도출할 수 있다. 우리나라는 죽을 때까지도 사망신고서에 학력을 신고하게 만든 제도 덕분에 이것이 가능해졌다고 할 수 있다.

[그림 5-7]은 남자를 대상으로 계층별 사망률 격차가 연령별로 어떻게 달라졌는지를 보여 준다. 여기서 계층이란 학력을 기준으로 상위 50%와 하위 50%의 두 계층으로 나눈 것이다. 무학에서 대졸까지의 각 학력을 곧 계층으로 간주하기는 어렵겠지만, 학력이 높은 상위 50%와 그 아래의 50%가 어느 정도 상하 계층을 나타내는 것으로 보아도 큰 문제는 없을 것으로 생각된다. 1985년부터 1995년, 2005년, 2015년의 4개 연도를 제시하여 10년 간격으로 어떤 변화가 나타났는지를 볼 수 있게 하였다. 각 연도의 평균 사망률을 100으로 두고 연령별로 상위 50%와 하위 50% 두 그룹의 사망률을 제시한 것이다. 하위 50%의 사망률은 평균인 100보다 위에 있고 상위 50%

그림 5-7 연령별 계층별 사망률 격차(남자 평균 사망률=100)

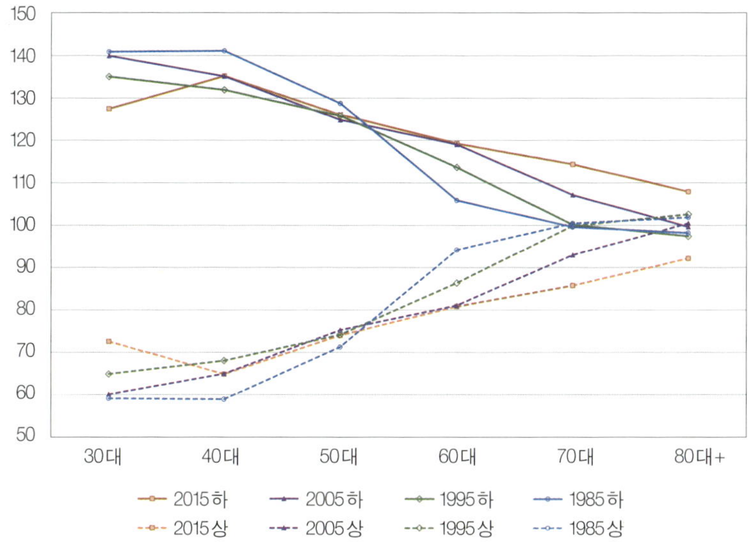

주: 1) 학력이 높은 50%와 낮은 50%로 상하 계층을 구분.
2) 『사망원인통계』의 사망자 신고 자료와 센서스 자료를 결합해서 추정.
자료: 김낙년(2018a).

는 100 아래에 있기 때문에 100을 중심으로 하층과 상층의 사망률이 거울에 비친 것처럼 거의 대응하는 양상을 보이고 있다. 그래프에서 조사연도는 표식으로 구분하였고, 하위 50%는 실선으로 표시한 반면 상위 50%는 파선으로 표시하여 양자가 서로 대응하는 것을 알 수 있게 하였다.

예컨대, 1985년에 40대의 경우 상위 50%의 사망률은 평균(=100) 대비 58인 반면 하위 50%의 사망률은 142로 나와 하위 50%가 상위 50%보다 사망률이 2.4배 높았다. 그 격차가 50대에 줄기 시작하여 60대에는 93 대 107로 줄었고, 70대 이후에는 97 대 103으로 거의 접근하였음을 알 수 있다. 40대

전후로 젊을 때에는 계층 간 사망률 격차가 크게 벌어져 있지만, 고령으로 갈수록 그 격차가 빠르게 줄어드는 것은 그 이후의 연도에서도 마찬가지로 확인된다. 아무리 계층 간 차이가 벌어져 있더라도 고령이 되면 사망률 격차를 계속 유지할 수 없게 됨을 보여 주고 있다.

그런데 여기서 주목되는 것은 10년마다 그 양상이 크게 달라져 왔다는 점이다. 50대 이하 연령에서 계층 간 사망률 격차가 고령에 비해 상대적으로 크게 나타나는 양상은 지난 30년간 변하지 않았다. 그에 대해 60대 이상에서는 계층 간 사망률 격차가 10년마다 크게 벌어지고 있는 것을 볼 수 있다. 예컨대, 60대의 사망률 격차는 1985년에 94 대 106이었지만, 그 후에도 점차 벌어져 2015년에는 80 대 119로 확대되었다. 그리고 70대에서는 1995년까지는 계층 간 격차가 없었지만, 그 후 벌어지기 시작해서 2015년에는 86 대 114로 확대되었다. 80대 이상에서는 계층 간 격차가 1985년에 102 대 98로 하층의 사망률이 오히려 더 낮았던 것이 점차 격차가 줄어 2015년에 들어와서는 92 대 108로 역전된 것을 볼 수 있다. 다시 말하면, 계층 간 사망률이 접근하는 연령대가 점차 높아지고 있으며, 이전 시기에서는 사망률의 차이가 거의 없었던 60대 이상에서 계층 간 격차가 빠르게 확대되어 왔음을 알 수 있다.

[그림 5-8]은 여자 사망률의 계층 간 격차를 마찬가지 방법으로 구해 제시하였다. 여자의 경우 계층 간 격차의 폭이 상대적으로 작을 뿐만 아니라, 1985년에는 30대에서 계층 간 사망률 격차가 가장 컸지만, 최근으로 올수록 그 연령이 점차 높아져 2015년에는 60대에서 격차가 가장 크게 벌어졌다는 점에서 남자와 다소 다른 양상을 보이고 있다. 그렇지만 60대 이상의 연령에서는 남자에게서 나타났던 특징들이 그대로 나타나고 있다. 즉, 계층 간 사망률이 접근하는 연령대가 점차 높아지고 있으며, 60대 이상에서 계층 간 격

그림 5-8 연령별 계층별 사망률 격차(여자 평균 사망률=100)

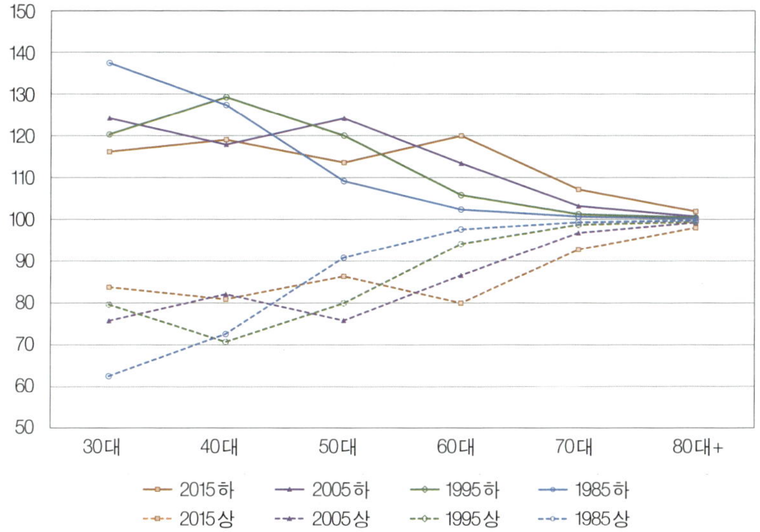

자료: 김낙년(2018a).

차가 빠르게 확대되어 왔다. 다만 여기에서도 남녀 간 차이가 보이는데, 예컨대 여자는 80대 이상이 되면 계층 간 사망률 차이가 2015년에 98 대 102로 나온 데 비해 남자는 92 대 108로 계층 간 차이가 더 크다. 즉, 여자는 사망률의 계층 간 차이가 상대적으로 작고 고령이 되면 그 차이가 미미해지는 반면, 남자는 고령이 되어도 계층 간 사망률 격차가 상당히 유지된다는 것은 흥미로운 사실이라고 생각한다.

2. 소득 불평등

여기에서는 우리나라 소득 불평등이 어떻게 변해 왔는지, 다른 나라와 비교해서 어느 수준인지를 살펴보고자 한다. 개인의 소득을 정확히 파악하기는 매우 어렵다. 소득은 민감한 정보이므로 소득을 조사할 때 자기 소득이 얼마인지를 정확히 밝히지 않는 경우가 많다. 가계조사와 같은 서베이 자료는 개인이나 가구의 소득과 지출에 관한 상세 정보를 제공하지만, 후술하는 바와 같이 소득이 누락되거나 과소 보고되는 경우가 많다. 이에 대해 사업체를 대상으로 하는 임금조사의 경우는 근로자와 그를 고용한 사업체에 관한 정보를 비교적 정확히 얻을 수 있지만, 예컨대 일정 규모 미만의 사업체나 자영업자들이 대상에서 빠지기 때문에 전체를 대표하지 못하는 한계가 있다. 이에 대해 과세 자료는 국세청이 과세한 개인 소득을 정확히 알 수 있는 반면, 면세자들의 소득을 파악하지 못하는 한계가 있다. 이러한 각 자료의 장단점을 감안하여 이용 자료(가계조사, 사업체 조사, 과세 자료)에 따라 세 가지로 나누어 소득분배 실태를 살펴보고자 한다.

1) 가계조사를 이용한 접근

우리나라의 대표적인 가계조사로서 먼저 통계청의 『가계동향조사』를 들 수 있다. 피조사가구가 매월 얼마의 소득을 얻고 소비하였는지 가계부를 작성하고, 이를 취합하여 분기 및 연간 통계로 발표하고 있다. 통계청이 발표하는 소득분배 지표는 오랫동안 이 자료를 이용하여 작성되어 왔다.

[그림 5-9]는 이 조사를 이용하여 구한 지니계수의 추이를 보여 준다. 지

그림 5-9 가계조사로 구한 지니계수의 추이

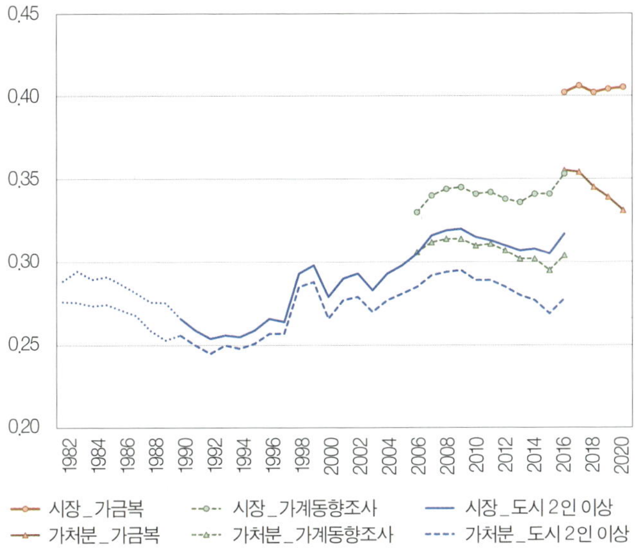

자료: 통계청, 『가계동향조사』; 『가계금융복지조사』.

니계수는 0과 1 사이의 값이며 높을수록 불평등이 높음을 뜻한다. 거기에서 가장 계열이 긴 것은 도시 2인 이상 가구로 한정된 것인데 실선과 파선으로 제시하였다. 실선은 시장소득이라 하여 근로소득, 사업소득, 재산소득, 사적 이전소득의 합계이며 세전 소득을 말한다. 그에 대해 파선은 이 시장소득에다 공적 이전 소득(공적 연금, 기초연금, 사회수혜금)을 더하고 공적 이전 지출(경상조세, 연금을 비롯한 사회보험 부담금)을 뺀 처분가능소득을 말한다. 양자의 차이는 소득재분배가 얼마나 이루어졌는지를 보여 준다. 통계청은 현재 1990년 이후의 통계를 제공하고 있는데, 1982-1989년의 점선으로 표시한 것은 이전에 공개된 마이크로 데이터를 이용하여 도시 근로자 가구로 한정해서 구한 지니계수를 소급 연장한 것이다.

통계청은 조사 대상을 도시의 2인 이상 가구에서 2003년에 비도시의 2인 이상 가구를 추가하였고, 2006년부터는 1인 가구를 추가하여 농어가를 제외한 전국의 모든 가구를 포함하게 되었다. 따라서 전체 가구를 대상으로 하는 소득분배 지표는 2006년 이후로 계열이 짧다. [그림 5-9]에서 이들 가구의 지니계수를 표식이 있는 파선으로 나타냈는데, 동그라미 표식은 시장소득을, 세모 표식은 처분가능소득을 말한다. 전술한 도시 2인 가구의 지니계수와 비교해 보면 지니계수가 크게 높아진 것을 알 수 있다. 그동안 조사 대상에서 빠졌던 1인 가구나 농어가의 소득이 상대적으로 낮았는데, 그들이 추가되면서 불평등이 커진 것으로 나왔기 때문이다.

그런데 가계동향조사의 이 결과는 얼마나 실태를 반영하고 있을까? 이를 검토하기 위해 국세청의 소득세 과세 자료를 이용할 수 있다. [그림 5-10]은 먼저 2010년도 납세자의 소득구간별로 인원수를 구하고, 그 소득구간에 맞추어 같은 해 가계동향조사로 파악된 소득자 수를 비교한 것이다. 소득세 자료는 상층의 소득을 파악하는 데에는 문제가 없지만, 소득이 낮은 구간으로 가면 과세 미달로 빠진 자들이 점점 더 늘어난다. [그림 5-10]은 최상층의 인원수를 잘 식별할 수 있도록 Y축의 인원수를 통상의 눈금이 아니라 로그 눈금으로 제시하였다. Y축이 한 칸 높아지면 인원수가 10배씩 커지게 된다. 소득구간의 단위는 100만 원인데, 예컨대 가장 높은 소득구간은 5억 3,600만 원 이상이고, 가장 낮은 구간은 2,100만 원 미만으로 설정되어 있다. 그림에 따르면 소득이 5,400-7,500만 원 구간에서는 두 자료의 인원수가 근접하였지만, 소득이 그보다 더 높아지면 가계조사에서 파악된 인원수와의 괴리가 커진다. 예컨대, 1억 1,700만-2억 2,200만 원 구간에는 소득세 자료에는 19

그림 5-10 가계조사와 소득세 통계의 소득구간별 인원수 비교(2010년)

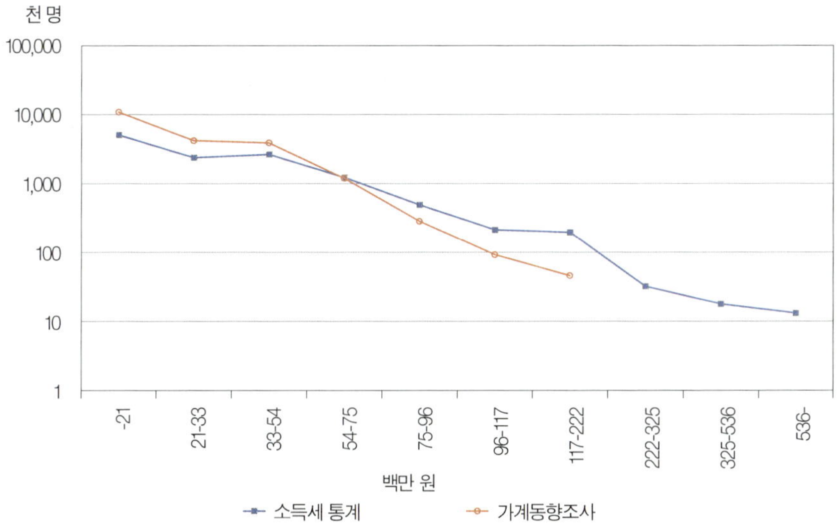

주: Y축인 인원수는 로그 눈금. X축은 소득구간.
자료: 김낙년·김종일(2013); 원자료는 국세청, 『국세통계연보』; 통계청, 『가계동향조사』, 2010년.

만 5,000명이 파악되었지만, 가계조사에서는 4만 6,000명이 파악된 데 불과하였다. 그보다 높은 소득구간에서는 가계조사에서 파악된 소득자가 한 명도 없다. 최상위로 갈수록 소득의 누락과 과소 신고가 두드러졌음을 알 수 있다. 여기에서는 2010년의 경우를 예시하였지만 다른 연도도 크게 다르지 않다.

이를 소득의 종류별로 보면 근로소득과 금융소득은 원천징수되기 때문에 국세청이 그 소득을 정확히 파악하고 있다고 할 수 있다. 이에 대해 사업소득은 소득자의 신고에 의거하고 있는데, 과소 신고의 유인이 크기 때문에 국세청이 파악한 사업소득이 실태를 정확히 반영한다는 보장이 없다. 근로소득의 경우에도 고소득층으로 갈수록 과소 보고의 경향이 나타나는 것을 확인할 수 있다. 보다 심각한 것은 이자와 배당과 같은 금융소득이다. 2010년에 가계조사로 파악된 금융소득은 국세청이나 국민계정으로 파악되는 전체 금융소득 50조 원의 5%에도 미치지 못한 것으로 나왔다. 보통 지난달에 자신의 금융소득이 얼마인지를 물으면 답하기 어렵다. 얼마간의 예금이 있는 경우도 그렇지만 금융소득이 많은 경우에도 이자나 배당소득이 얼마인지를 면밀히 따져 보지 않으면 정확히 알기 어렵다. 그 경우 응답하지 않는 경우가 많은데, 이들의 금융소득이 0으로 처리된 것으로 보인다. 특히 금융소득은 최상층에 집중되어 있음을 고려하면 [그림 5-10]에서 최상위 소득의 누락과 과소 신고는 금융소득의 누락과 과소 신고에 기인한 바가 크다고 생각한다.

김낙년 · 김종일(2013)은 이 문제를 제기하였고, 이러한 소득의 누락과 과소 보고를 보정하면 우리나라의 소득 불평등은 종래 OECD 국가에서 중간 정도로 인식되어 온 것과는 달리 실제로는 불평등이 가장 높은 그룹에 속하게 된다는 점을 밝힌 바 있다. 이것은 통계청의 소득분배 지표에 대한 불신과 비판으로 이어졌고, 소득분배 지표를 개선하는 계기가 되었다. 통계청은 2011년 이후『가계금융복지조사』를 시행하고 있었는데, 가계동향조사처럼 매달 가계부를 작성하는 방식이 아니라 매년 4월 초에 지난해의 소득을 묻는 방식으로 이루어진다. 그리고 2016년부터는 이렇게 조사된 소득이나 비소비지출(세금, 사회보험료 등)을 국세청 등의 행정 자료를 이용하여 누락이나 과소 신고를 보정하고 있다. 이를 통해 가계조사의 정확도를 크게 높였다고 할 수 있다. 통계청은 소득분배 지표를 2016년 이후에는 이 가계금융복지조사에 의거하여 발표하고 있다. [그림 5-9]에서 시장_가금복과 가처분_가금

그림 5-11 OECD 국가들의 소득분배 지표의 비교

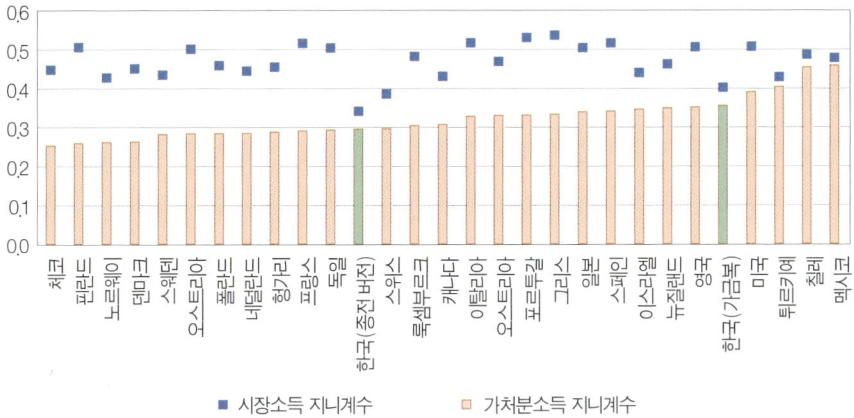

자료: OECD, Statistics(Income distribution database).

복으로 제시한 지니계수가 그 결과이다. 예컨대, 2016년에 가계동향조사에서 전체 가구의 시장소득 지니계수와 처분가능소득 지니계수는 각각 0.353과 0.304였는데, 가계금융복지조사에서는 0.402와 0.355로 크게 높아졌음을 알 수 있다. 그래프에서 가계동향조사에 의거해서 구한 지니계수가 2017년 이후 중단된 것으로 나온 것은 그 때문이다.

[그림 5-11]은 2016년의 보정된 한국의 소득분배 지표를 OECD 국가와 비교한 것이다. 네모 표식은 시장소득 지니계수를, 막대그래프는 처분가능소득의 지니계수를 나타낸다. 거기에서 보정되기 전의 가계동향조사에 의거한 처분가능소득 지니계수로 보면 한국은 OECD 국가 중 중간에 위치하였지만, 가계금융복지조사로 보정된 지니계수로는 불평등이 높은 순으로 5번째에 위치하는 것으로 바뀐다. OECD 국가 중 우리나라보다 소득 불평등이

높은 나라는 멕시코, 칠레, 튀르키예, 미국임을 알 수 있다.

시장소득 지니계수를 보면 한국은 0.4 정도인데 스위스를 제외하면 가장 낮은 것으로 나온다. OECD 국가의 많은 나라에서 고령화가 한국보다 더 일찍 진행되었기 때문에 은퇴한 인구의 비중이 한국보다 상당히 높다. 그들은 연금을 수령하고 있어 처분가능소득이 있지만, 시장소득으로 보면 소득이 0인 경우가 많다. 많은 OECD 국가에서 시장소득 지니계수가 0.5 전후에 달해 한국보다 월등히 높게 나온 것은 그 때문이다. 그와 동시에 그들의 시장소득 지니계수와 처분가능소득 지니계수의 차이가 크게 벌어져 있는데, 이를 소득재분배 효과라고 할 수 있다. 한국은 이들 국가에 비해 두 지니계수의 차이가 작아 소득재분배가 크지 않은 것으로 나온다. 거기에는 한국의 복지 지출이 낮은 것도 한 요인이지만, 연금 제도의 도입이 늦어 은퇴자 중에서 연금을 수령하지 못하거나 용돈 수준에 불과한 경우가 많은 것이 중요한 요인이라고 생각한다.

[그림 5-11]은 2016년을 비교한 것인데, [그림 5-9]를 보면 2016년 이후 최근까지 시장소득 지니계수는 횡보하고 있는 반면, 처분가능소득 지니계수는 빠르게 하락하고 있다. 그리고 이 시기는 1950년대 후반에서 1960년대 전반에 출생한 베이비부머들이 본격적으로 은퇴하기 시작하는 시기이다. 그들은 직장생활을 시작할 무렵인 1988년에 국민연금이 도입되었기 때문에 대부분 은퇴하면서 연금을 수령할 것으로 생각된다. 그와 동시에 그들보다 한 세대 위의 현재 연금을 수령하지 못하는 고령자들은 점차 사망하게 된다. 그 결과 은퇴자 중 연금을 수령하는 자의 비중이 현재보다 빠르게 높아질 것으로 예상된다. 한국에서 고령화가 진행됨에 따라 은퇴자의 비중이 빠르게 늘어나면 시장소득 지니계수는 높아지고, 처분가능소득 지니계수와의 차이가

커질 것으로 생각된다.

2) 사업체 조사를 이용한 접근

여기에서는 사업체 조사를 이용하여 근로자 간의 임금 격차를 살펴보고자 한다. 여기에서는 고용노동부의 『임금구조기본통계조사(이하 임금구조조사로 줄임)를 이용하였다. 이 조사는 1968년에 『직종별임금실태조사』로 시작되었고, 2008년 이후에는 『고용형태별근로실태조사(이하 고용형태조사로 줄임)로 통합되었다. 현재 1980년 이후의 마이크로 데이터를 제공하고 있다. 전국의 상용근로자 10인(1999년 이후는 5인) 이상 고용하고 있는 민간 사업체를 대상으로 근로자의 임금과 근로시간 등을 조사하고 있다. 고용형태조사는 2008년 이후 임시일용근로자를 포함하여 1인 이상 사업체로 대상을 확대하였다. 그렇지만 공공기관이나 자영업자 등이 조사에서 빠져 전체 취업자를 대표하지 못하는 한계가 있다. 한편, 근로자 개인과 사업체에 관한 상세 정보를 얻을 수 있으므로 임금함수를 추정하여 임금분포의 변화에 영향을 미친 요인들을 분석할 수 있다는 장점이 있다.

먼저 [그림 5-12]는 이 데이터를 이용하여 각 근로자의 시간당 임금을 구하고, 그 분포를 지니계수로 제시한 것이다. 1980년부터 계열이 가장 긴 것은 상용근로자 10인 이상을 고용한 사업체를 대상으로 한 것이고, 2008년 이후는 고용형태조사에 의거한 것인데, 근로자 5인 이상 또는 1인 이상을 고용한 사업체를 대상으로 한 것이다. 거기에는 근로자란 상용근로자 이외에 임시일용근로자까지 포함한 것이다. 소규모 사업체에 고용된 근로자의 시간당 임금이 상대적으로 낮았으므로 그들을 포함하면 지니계수가 높아졌음을

그림 5-12 시간당 임금의 사업체 규모별 지니계수

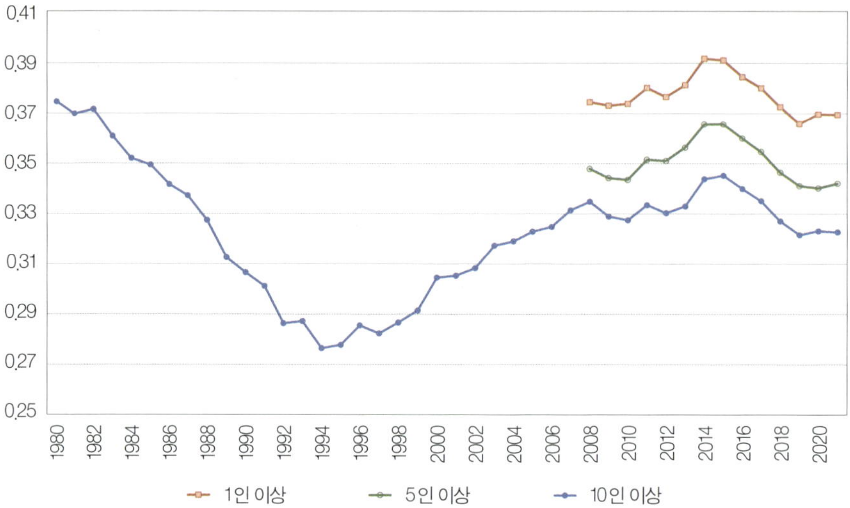

자료: 통계청, 『임금구조기본통계조사』; 『고용형태별근로실태조사』(마이크로 데이터), 각 연도.

알 수 있다. 1인 이상 사업체로 대상을 넓히면 지니계수가 한층 더 높아졌음을 알 수 있다. 다만 그 추이를 보면 사업체 규모가 달라도 연동하고 있는 것으로 나왔다.

1980년 이후 지니계수의 장기 추이를 보면 1990년대 중엽을 바닥으로 하여 하락하였다가 2009년까지 상승하여 U자형의 양상을 뚜렷이 보였다. 2010년 이후에는 기복을 보이고 있지만, 2015년 이후 하락으로 돌아선 것으로 보인다. 이것을 [그림 5-9]의 가계동향조사에 의거한 지니계수(그중에서 도시 2인 이상 가구의 시장소득 지니계수)의 추이와 비교해 볼 수 있다. 가계동향조사에 의거한 지니계수에는 임금 이외에 사업소득이나 금융소득이 포함되어 있고, 가구원의 소득을 합친 다음 가구원 수의 루트값으로 나눈 균등화 소득으로 지니계수를 구하였다는 점에서, 근로자의 시간당 임금으로 직접 지니계수를 구한 [그림 5-12]와는 차이가 있다. 두 지니계수의 추이에서 1990년대 중엽을 바닥으로 하는 U자형의 양상을 보인 것과 2009년 이후 상승 추세가 꺾인 것은 유사한 점이라 할 수 있다. 다만 가계조사([그림 5-9])에서는 외환위기 직후에 지니계수의 급등이 나타났지만, 사업체 조사([그림 5-12])에서는 그러한 현상은 나타나지 않았다. 또한 1990년대 중엽을 바닥으로 하는 U자형이 모두 나타났지만, 가계조사에서는 1980년대 초보다 2009년 쪽의 지니계수가 더 높았지만, 사업체 조사에서는 반대로 나왔다는 점을 차이점으로 들 수 있다.

이러한 양상의 시간당 임금 격차의 추이를 규정한 요인이 무엇일까? 여기에서는 임금 격차를 규정하는 요인으로서 성별·학력별·경력연수별·사업체 규모별 격차가 시기별로 어떻게 나타났는지를 살펴보고자 한다. 먼저 [그림 5-13]은 지난 42년간의 성별 임금 격차 추이를 제시하였다. 그중에서 조정되지 않은 성별 격차(성별 격차_미조정)란 여자의 시간당 임금의 단순평균이 남자 시간당 임금의 몇 %에 해당하는지를 보여 준다. 예컨대, 1980년에는 여자의 임금이 남자의 40%에 불과하였는데, 2021년에는 71%로 좁혀진 것을 볼 수 있다. 그런데 이 성별 격차에는 여자가 남자보다 학력이 더 낮고 근속연수나 경력이 더 짧아서 임금이 낮을 수 있는데, 이를 조정하지 않은 단순평균임금을 비교한 것이다. 이에 대해 근로자의 인적 속성이나 고용된 사업체의 특성 차이 등을 모두 통제한 시간당 임금의 순수한 성별 격차를 구해 볼 필요가 있다.

이를 위해 1980-2021년의 임금구조조사(마이크로 데이터)를 이용하여 매년 식 (5-1)과 같은 임금함수를 추정하였다. 여기서 피설명변수인 $\ln(hW)$는 근로자의 시간당 임금을 구한 다음 로그값을 취한 것이다. 근속연수(T)와 그

그림 5-13 성별 시간당 임금 격차의 추이(기준: 남자)

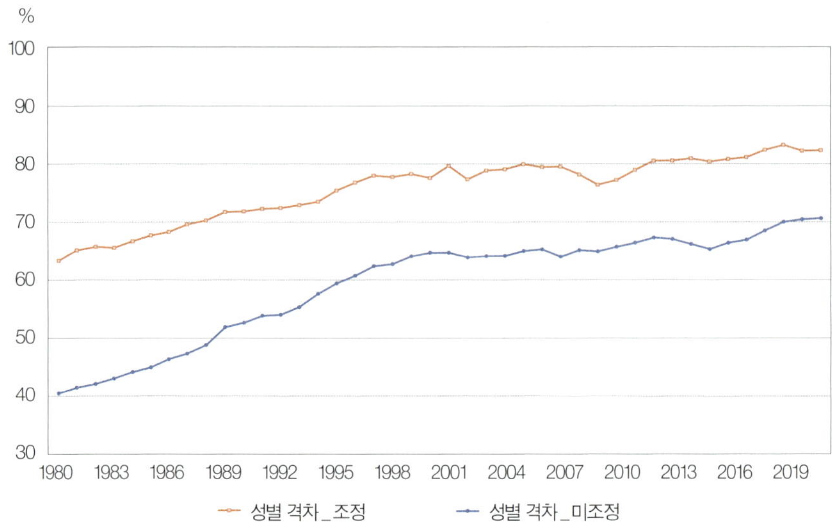

주: 1) 1998년까지는 상용근로자 10인 이상 사업체, 그 후는 5인 이상 사업체이다.
2) 각 연도의 추정된 모든 변수의 계수값은 1%의 유의수준에서 통계적으로 유의하였다.
자료: 통계청, 『임금구조기본통계조사』(마이크로 데이터), 각 연도.

제곱(T^2)은 연속 변수이고 나머지는 모두 카테고리 변수로 되어 있다. S(성)는 여자인 경우는 1, 남자는 0이 되는 카테고리 변수이고, E(학력)는 대졸 이상은 0이고 다른 학력은 각각 1이 되는 카테고리 변수이고, C(경력연수)는 경력이 10년 이상은 0이고 그 이하의 다른 구간은 각각 1이 되는 카테고리 변수이다. 고용된 사업체의 특성으로서 Z(사업체 규모)는 500인 이상 사업체가 0이고 다른 규모의 사업체는 각각 1이 되는 카테고리 변수이다. 그 외의 설명변수를 X_i라고 하였는데, 거기에는 직종과 산업 변수 이외에 자료에 따라 고용 형태(정규직과 비정규직)나 노조 유무가 포함될 수 있다. ϵ은 오차항을 말한다.

$$\ln hW = \alpha + \beta_T T + \beta_{T2} T^2 + \beta_S S + \beta_E E + \beta_C C + \beta_Z Z + \beta_i X_i + \epsilon \qquad (5\text{-}1)$$

식 (5-1)에서 성별 임금 격차의 계수값(β_S)이 1980년에 −0.457로 추정되었는데, 그것은 여자의 시간당 임금이 남자의 0.633배에 해당한다는 것을 뜻한다.[2] 즉, 여자의 시간당 임금이 다른 모든 설명변수들이 동일한 남자와 비교하여 63.3%에 해당한다는 것이다. 이렇게 구한 매년의 임금 격차 추이를 [그림 5-13]의 성별 격차_조정으로 제시하였다. 1980년에 그것과 성별 격차_미조정과의 차이가 23% 정도 났는데, 그것은 여자가 남자보다 학력이나 경력이 더 짧거나 고용된 사업체 특성의 차이로 설명됨을 뜻한다. 지난 42년간의 성별 격차 추이를 보면 두 지표 모두 빠르게 좁혀져 온 것을 볼 수 있다. 그렇지만 2021년 현재에도 여자의 시간당 임금은 남자의 71%로 나왔는데, 그 차이인 29% 중에서 12%는 인적 속성과 사업체 특성의 차이로 설명되는 것이었고, 이를 제외한 17%만큼 여전히 순수한 성별 격차가 남아 있음을 알 수 있다.

[그림 5-14]는 동일한 요령으로 식 (5-1)에서 β_E를 추정해서 얻은 학력별 임금 격차를 보인 것이다. 이하에서는 위의 성별 격차와는 달리 조정된 순수 격차만을 보였다. 대졸 이상 학력의 근로자가 받는 시간당 임금을 기준

2 식 (5-1)의 종속변수가 로그값으로 되어 있으므로 계수(β_S)의 지수값(=exp(−0.457)을 구하면 0.633이 되고, 이것은 기준이 되는 남자의 시간당 임금 대비 여자의 시간당 임금이 0.633배(즉, 63.3%)가 됨을 뜻한다. 다른 카테고리 변수의 경우도 마찬가지 방법으로 구할 수 있다.

그림 5-14 학력별 시간당 임금 격차의 추이(기준: 대졸 이상)

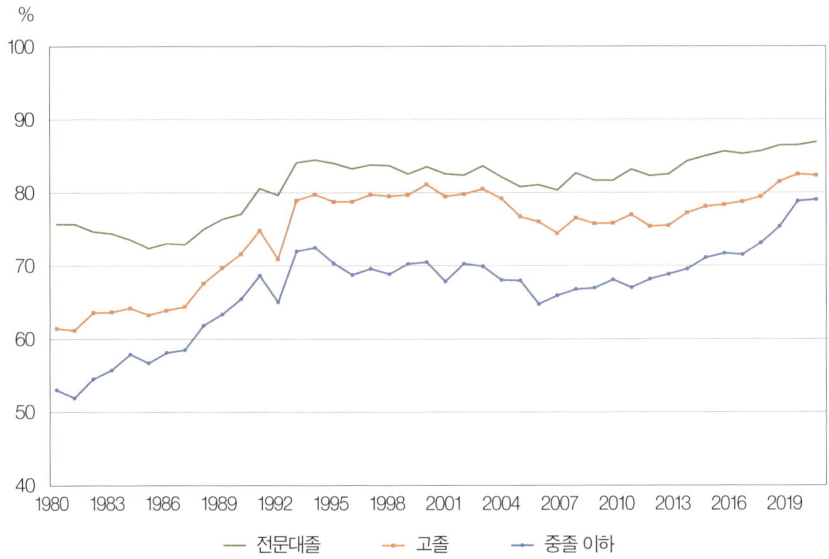

주: [그림 5-13]과 동일.
자료: 통계청, 『임금구조기본통계조사』(마이크로 데이터), 각 연도.

으로 하였을 때 1980년에는 중졸 이하의 임금은 53%, 고졸은 61%, 전문대졸은 76%로 나왔다. 그것이 2021년에는 각각 79%, 82%, 87%로 격차가 좁혀졌다. 성별 격차와 마찬가지로 학력별 임금 격차에서도 지난 42년간 괄목할 만한 축소가 나타났다고 할 수 있다. 이를 시기별로 보면 1980년에서 1990년대 중엽까지는 학력별 임금 격차가 급속하게 줄어든 반면, 그 후 2000년대 중엽까지는 격차가 다소 확대되었다가 그 후 다시 축소로 돌아서는 양상을 보였다.

[그림 5-15]는 동일한 요령으로 식 (5-1)의 β_C를 추정한 경력별 임금 격차

그림 5-15 경력연수별 시간당 임금 격차의 추이(기준: 10년 이상)

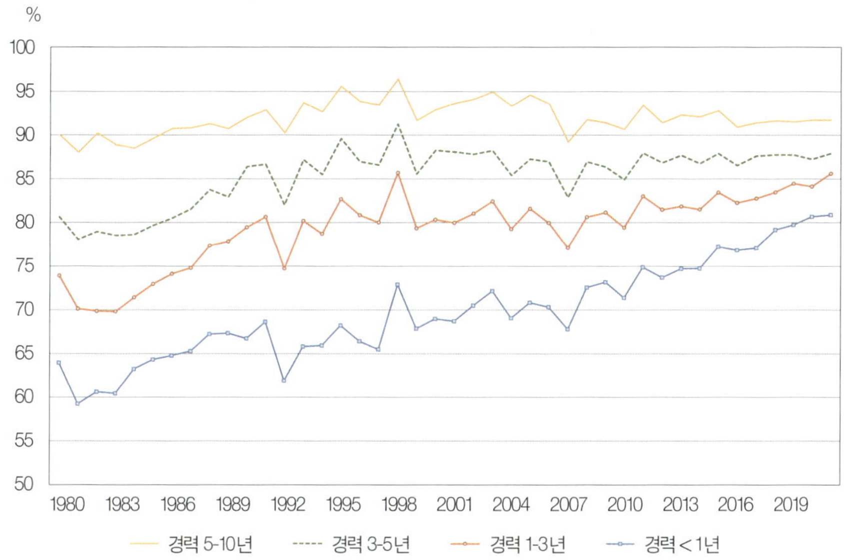

주: [그림 5-13]과 동일.
자료: 통계청, 『임금구조기본통계조사』(마이크로 데이터), 각 연도.

이다. 10년 이상 경력자의 시간당 임금을 기준으로 하여 그 이하 기간 경력자와의 임금 격차를 보인 것이다. 경력 간 임금 격차는 외환위기 때까지는 모든 경력의 임금 격차가 빠르게 축소되다가 그 추세가 정체되었지만, 경력이 낮을수록 임금 상승이 더 빨랐다. 예컨대, 1980년대 초에 1년 미만 경력자의 임금은 10년 경력자 대비로 60%였지만 2021년에는 81%로 격차가 줄어들었다.

이에 대해 [그림 5-16]은 식 (5-1)에서 β_Z를 추정한 사업체 규모별 임금 격차를 보인 것인데, 상당히 다른 양상이 나타났다. 즉, 1980년에 사업체 규모(10-29인, 30-99인, 100-299인, 300-499인)별 시간당 임금은 500인 이상 사업체

그림 5-16 사업체 규모별 시간당 임금 격차(기준: 500인 이상)

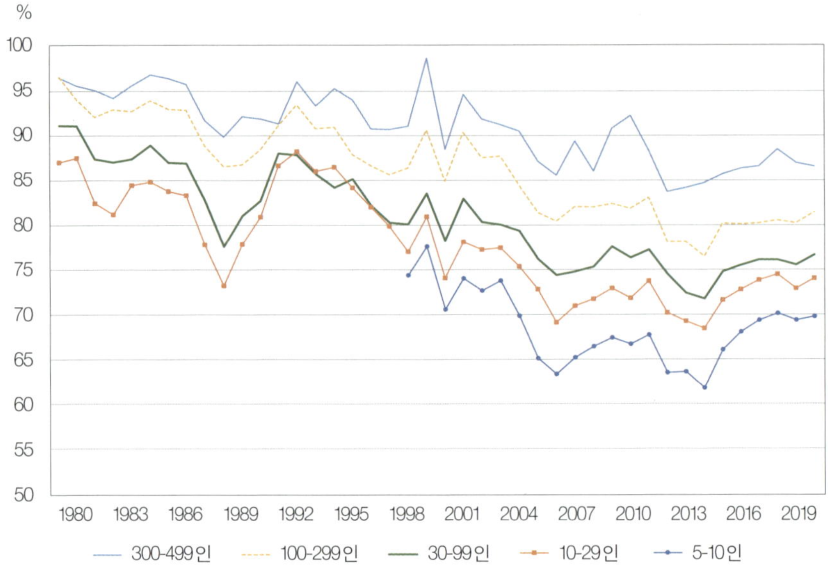

주: [그림 5-13]과 동일.
자료: 통계청, 『임금구조기본통계조사』(마이크로 데이터), 각 연도.

대비로 각각 87%, 91%, 97%, 96%로 나왔지만, 2015년에는 각각 68%, 71%, 76%, 85%로 격차가 크게 벌어졌다. 시기별로 보면 1980년 말까지 격차가 확대되다가 줄어들었고, 1993년 이후에는 더 큰 규모로 격차가 확대되다가 2015년 이후 줄기 시작하는 U자형의 양상을 보였다. 1999년부터는 조사 대상에 5-10인 규모 사업체가 추가되었는데 그들의 임금은 2015년에 500인 이상 사업체 임금의 62%로 격차가 더 벌어진 것을 제외하면 다른 규모의 사업체와 유사한 양상을 보였다.

요컨대, 1980년에서 1990년대 중엽까지 시간당 임금 격차의 축소는 성,

학력, 경력과 같은 인적 속성의 차이에 기인하는 임금 격차의 축소에 주로 기인하였음을 알 수 있다. 대학졸업자들이 꾸준히 늘어나 노동 공급이 크게 늘어났고, 성 또는 학력에 따른 차별에 대한 비판적 인식이 늘어난 것이 영향을 미쳤다고 생각된다. 1987년의 민주화와 노사분규 폭발이 임금 격차를 줄이는 데 가세하였다. 이에 대해 그 후 2000년대까지 임금 격차가 크게 벌어진 것은 사업체 규모별 임금 격차의 확대가 주도하였다. 1990년대 중엽까지 빠르게 진행되었던 성별·학력별·경력연수별 격차의 축소 추세가 이 시기에 정체하거나 다소 후퇴하기도 하였다. 그리고 2010년에 들어와 또는 그 중반부터 현재까지는 임금 격차가 다시 축소되는 방향으로 돌아섰다.[3]

박이택(2018a, 2018b)은 같은 자료를 이용하여 불평등 요인을 분해하는 방법으로 접근하였는데, 이와 유사한 결과를 얻었다. 그는 이를 1980년대 초에 존재하였던 성이나 학력으로 단층화된 연공적 임금 체계가 해체되는 과정에 있었던 것으로 해석하고 있다. 1990년대 중엽 이후 임금 불평등의 확대는 과거의 불평등 구조가 다시 살아난 것이 아니라 기업 규모별로 분절화된 다른 형태의 양극화 체계로 바뀐 것으로 보았다. 평균 임금은 인적 속성뿐만이 아니라 사업체의 총요소생산성의 영향을 받으므로 노동자 간 임금 격차에는 사업체의 특성에 기인한 바도 크다고 할 수 있다. 특히 대기업과 중소기업 간에는 이러한 생산성의 차이가 크게 벌어졌는데, 그 차이가 누적된 것이 기업 규모 간 임금 격차의 확대로 나타난 것이다. 이러한 '조직적 지대'를 근로자가 향유할 수 있는 길은 대기업에 취직하는 것이다. 그 결과 1990년대 이전에는 연공별·학력별 임금 격차를 전제로 해서 높은 학력을 얻고 경력을 쌓는

3 그 외에도 정규직과 비정규직 간의 차별과 노조 유무별 임금 격차가 외환위기 이후 사회 문제로 부상하였다. 이에 관해서는 외환위기 이후를 대상으로 하는 제12장에서 다룰 예정이다.

것이 중요하였지만, 현재에는 좋은 직장을 잡는 것이 중요해졌고 그를 위한 경쟁이 치열해졌다고 할 수 있다. 다만 근래에는 사업체 규모 간 임금 격차를 포함해서 격차가 모두 축소되는 방향으로 돌아섰는데, 이것이 노동시장에 미칠 영향에 대해서는 좀 더 지켜볼 필요가 있다고 생각된다.

3) 과세 자료를 이용한 접근

앞에서 본 가계조사는 특히 최상위 소득자를 중심으로 소득의 누락과 과소 신고의 문제가 있고, 사업체 조사도 임금소득에 국한될 뿐만 아니라 조사 대상에서 제외되는 부분이 있어 전체를 대표하지 못하는 한계가 있다. 이 문제를 보완할 수 있는 것이 과세 자료라고 생각한다. 과세 자료의 경우에도 탈세된 경우가 있고 면세자들의 정보를 얻지 못하지만, 상위 소득자들의 실태를 파악하는 데에는 앞의 두 자료보다 우위에 있다. 근로소득과 금융소득의 경우에는 소득이 발생하는 곳에서 원천 징수되고 그 결과가 국세청에 보고되기 때문에 개인별 소득이 거의 정확히 포착된다고 할 수 있다. 그에 비해 사업소득 또는 임대소득의 경우에는 소득자의 신고에 의거하고 있으며, 세금을 줄이기 위한 과소 보고의 유인이 높아 누락되거나 과소 신고되는 부분이 적지 않을 것으로 생각한다.

이러한 과세 자료의 특성을 감안할 때 이를 이용하면, 예컨대 상위 1% 또는 10%의 소득자가 전체 소득의 몇 %를 차지하는가를 보여 주는 소득분배 지표를 만들 수 있다. 국세청은 소득구간별로(예컨대, 2016년은 연소득이 1,000만 원 미만에서부터 10억 원 이상까지를 15개 구간으로 나눈 통계표를 제시) 각 구간의 소득자 수와 그들의 소득액 및 과세액을 보여 준다. 이때 이 자료를 통해 얻을 수 있는 것은 과세된 소득자에 관한 정보뿐이므로 별도로 전체 소득자 수와 전체 소득을 알 필요가 있다. 전체 소득의 경우는 국민소득(GDP)에서 가계로 귀속되는 소득을 가져올 수 있고, 전체 소득자 수의 경우는 소득자 여부의 경계가 애매한 경우가 많아 보통 20세 이상 성인 인구를 이용한다. 이를 이용해서 성인 인구를 소득이 높은 순으로 줄을 세운 다음, 과세 자료에서 얻은 상위 1% 또는 10%에 해당하는 자의 소득을 전체 소득으로 나누어 각각의 소득 비중을 구한다.

그런데 한국의 과세 자료는 개인별로 모든 소득을 통합해서 보여 주지 못한다. 예컨대, 국세청에 종합소득을 신고할 때에는 모든 소득을 신고해야 하지만, 종합소득을 신고하지 않아도 되는 예외가 광범위하게 인정되고 있다. 예컨대, 사업소득자는 종합소득을 신고해야 하지만, 근로소득만 있는 경우에는 근로소득 연말정산 신고로 끝나고, 그 외에 다른 소득이 일정 규모를 넘지 않는 경우는 종합소득 신고가 면제되고 있다. 다만 여러 종류의 소득이 일정 규모 이상이면, 예컨대 금융소득이 2,000만 원 이상이면 종합과세 신고 대상이 된다. 그 외에도 일용근로자의 경우는 근로소득이지만 연말정산을 하지 않기 때문에 따로 분리하여 집계되고 있다. 따라서 모두가 종합소득을 신고하는 미국과 비교할 때 과세 자료로 개인별 소득을 파악하는 데 어려움이 있다.

[그림 5-17]은 국세청에 신고한 근로소득과 종합소득을 대상으로 위의 방법으로 상위 1%의 소득 비중이 어떻게 변해 왔는지를 보여 준다. 거기에서 근로소득이란 일용근로소득까지 포함한 것이다. 종합소득이란 종합소득 신고자를 대상으로 소득순으로 20세 이상 인구의 1%에 해당하는 자들이 전체 소득에서 차지하는 비중을 제시하였다. 거기에는 사업소득과 2,000만 원 이

그림 5-17 상위 1%의 소득 비중

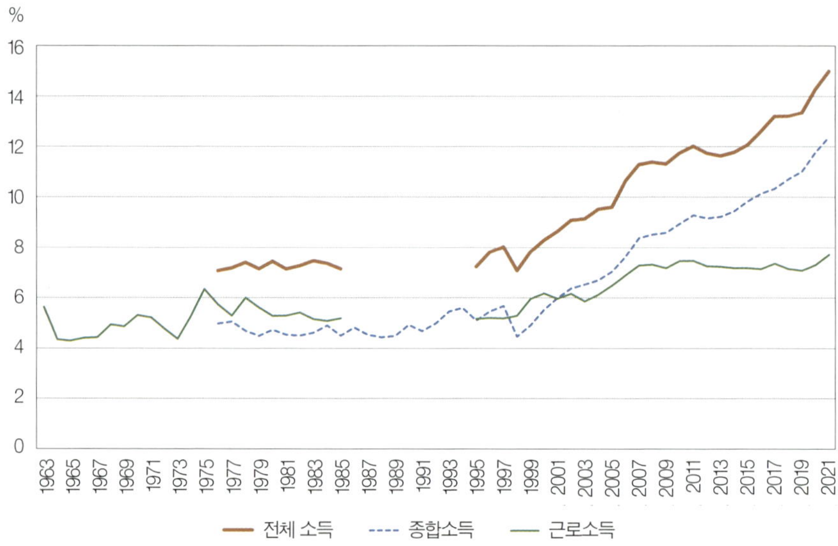

자료: 김낙년(2018b). 최근 연도는 저자가 업데이트함.

상의 금융소득이 포함되어 있으므로 최상위 소득자들은 여기에 포착되어 있다고 할 수 있다. 그런데 근로소득이 있으면서 종합소득을 신고한 경우가 있어 그만큼 근로소득과 종합소득 자료가 중복될 수 있는데, 2015년에 종합소득의 28%가 그러하였다. 그래프의 전체 소득이란 이러한 중복되는 부분을 뺀 소득을 말하며 소득순으로 성인 인구의 상위 1%가 차지하는 소득의 비중을 말한다. 보통 소득집중도를 말할 때에는 이 전체 소득을 가리킨다.

이에 의거하여 먼저 근로소득을 대상으로 해서 구한 상위 1%의 소득 비중을 보면, 1960년대에는 5% 전후에서 1970년대 중엽에 6%로까지 높아진 후 하락하는 추세를 보였다. 1986-1994년은 데이터가 없지만, 그 후 2010년까지 빠르게 상승하였고, 그 후 하락 또는 정체하고 있다가 최근에 다시 고개를 들고 있음을 알 수 있다. 앞의 사업체 조사에서 얻은 1980년 이후의 시간당 임금 지니계수 추이와 비교해서 크게 다르지 않은 것으로 보인다. 이에 대해 사업소득과 금융소득을 중심으로 하는 종합소득의 추이를 보면, 1990년대 말까지 5% 전후 수준에 머물고 있었는데, 그 후 급속히 상승하여 최근에는 12%를 넘어선 것을 알 수 있다. 2010년대에는 근로소득이 하락 또는 정체하고 있음에도 불구하고 비근로소득은 빠른 상승세를 이어 갔다고 할 수 있다. 양자를 합친 전체 소득의 집중도를 보면 1976-1985년에는 7%를 조금 넘는 수준이었지만, 1990년대 중엽 이후 급속히 상승하여 2011년에 12%에 달하였고, 그 후 일시적으로 하락하기도 하였지만, 다시 상승 추세를 이어 가 최근에는 15%에 달하였다. 비근로소득 중에서도 배당소득이 근래에 빠르게 늘어난 것이 소득집중도를 높인 가장 큰 이유라고 생각한다. 1986-1994년에는 근로소득 데이터가 없어 전체 소득도 공백으로 되어 있는데, 종합소득의 추이와 크게 다르지 않았을 것으로 생각된다. 1990년대 말부터 2010년까지는 근로소득과 비근로소득이 모두 빠르게 상승하여 전체의 소득집중도가 급등하였지만, 그 후에는 두 소득의 추이가 하락과 상승으로 갈라졌다는 점이 주목된다.

[그림 5-17]은 해방 후를 대상으로 자료 이용이 가능한 경우를 제시하였지만, 해방 전으로도 연장할 수 있다. 당시 1934년에 조선소득세령에 의해 현재의 종합소득세에 해당하는 제3종 소득세가 처음 도입되었으며, 그 후 10년간에 걸쳐 소득세 통계를 이용할 수 있다. 해방 후에는 소득종류별로 분리 과세가 시행되었다가 1975년에 다시 종합소득세로 이행하여 현재에 이르고 있다. [그림 5-17]에서 1975년 이전에 종합소득 데이터가 없는 것은 그

그림 5-18 소득 상위 1%의 소득집중도

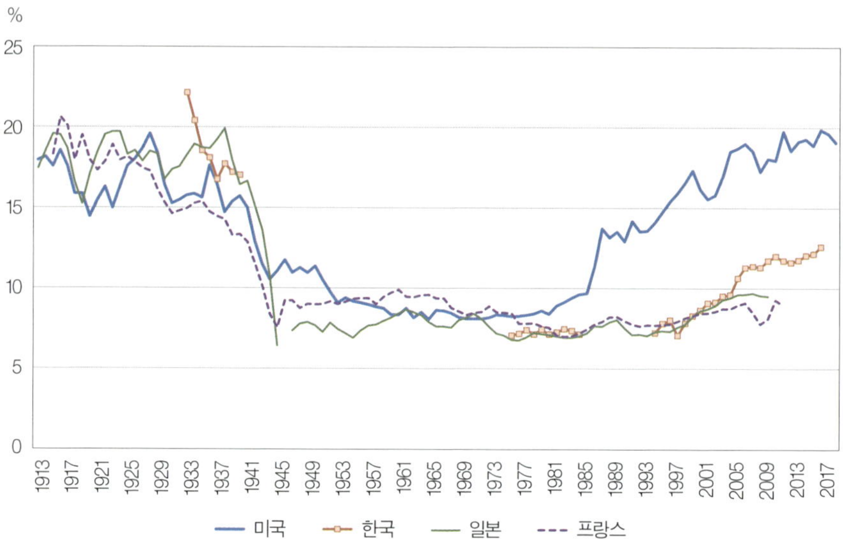

자료: World Inequality Database.

때문이다. 해방 전에도 인구 센서스가 이루어졌고 국민계정 통계도 추계되어 있으므로 이를 이용하여 소득집중도를 구할 수 있다. 이처럼 과세 자료를 이용하면 장기에 걸쳐 일관된 소득분배의 추이를 볼 수 있는데, 이것은 기존의 서베이 자료에서는 기대할 수 없는 과세 자료의 장점이라 할 수 있다.

[그림 5-18]은 위에서 구한 한국의 소득 상위 1%의 소득 비중을 다른 나라와 비교한 것이다. 거기에 한국의 해방 전 추정 결과도 제시하였는데, 17-21%로 상당히 높게 나왔다(김낙년 2013). 그 내역을 보면 사업소득, 지대, 급여가 중심인데 지대의 비중은 하락하고 있었고 금융소득은 5% 정도의 비중을 차지하고 있었다. 한국은 데이터의 공백이 길지만, 해방 전과 해방 후의

상위 1% 소득 비중의 급격한 하락은 주로 해방 직후에 일어난 변화라고 생각된다. 먼저 해방 전 한국의 높은 불평등 수준은 식민지 체제의 특성이 반영된 것으로 볼 수 있다. 한국에 들어온 일본 식민자들은 자본과 기술 면에서 한국인보다 현격한 우위를 가지고 있었다. 예컨대, 1930년대 주식회사 자본금의 90% 정도는 일본인이 투자하고 있었으며, 대기업이나 금융기관의 임원은 주로 일본인이었다. 전체 인구의 2.9%(1940년)에 불과한 일본인이 전체 경지의 9.5%(1942년)를 차지(허수열 2005)하고 있었고, 그중에는 대지주가 많았다. 최상위 소득자로 갈수록 일본인의 비중이 압도적으로 많았을 것으로 생각된다.

해방 후 일본인들은 모두 한국으로부터 철수하지 않을 수 없었는데, 그들이 소유하고 있던 재산과 사업체는 해방 후 미군정의 관리하에 놓였다가 한국 정부에 이양된 후 1950년대에 걸쳐 민간에 불하되었다. 이 과정에서 과거 일본인 소유의 사업체는 자본이나 기술을 의존해 왔던 일본과의 관계가 단절되었을 뿐만 아니라 남북분단과 체제 전환의 정치적 혼란 속에서 제대로 운영되기 어려웠다. 따라서 전전에 일본인이 취득하였던 높은 소득이 그대로 한국인에게 귀속되었다고 보기 어렵다. 한국인 내부의 소득 격차에서 중요한 것이 경지 소유의 불평등에 기인한 것이다. 경지 소유를 둘러싼 지주와 소작 농민 간의 계급갈등은 해방 후 농지개혁으로 이어졌다. 농지개혁에 관해서는 제9장에서 살펴볼 예정이지만, 그 과정에서 당시 최상층 소득자의 다수를 차지하고 있었던 지주계급이 몰락하였다. 다시 말하면, 해방 전에는 민족 간 또는 지주와 소작인 간의 소득 격차가 심각하였는데, 해방으로 기존 체제가 무너지고 불평등이 크게 완화된 상태에서 한국이 출발하게 되었다고 할 수 있다.

한국의 소득집중도 수준과 추이를 다른 나라(미국, 일본, 프랑스)와 비교해 보자. [그림 5-18]에 따르면, 각국의 소득집중도가 전전에 매우 높은 수준에 있었던 것은 다른 나라도 마찬가지였고, 전후에 급격히 낮아진 후 1970년대까지는 안정적으로 추이하였음을 알 수 있다. 제2차 세계대전기에 각국의 소득집중도가 크게 떨어진 것은 최상층에 집중되어 있던 금융 자산 가치와 소득이 전시의 충격으로 급락하였고, 급여 소득에서도 격차를 줄이는 쪽으로 규제가 이루어졌기 때문이다. 그런데 1980년대 이후에는 소득집중도가 급속히 상승한 영미형 국가와 그렇지 않은 유럽·일본형 국가의 분화가 나타났음을 알 수 있다. 특히 미국은 전전의 높은 불평등 수준으로 다시 돌아가 커다란 U자형의 양상을 보이고 있다. 한국의 소득집중도는 1990년대까지는 유럽·일본형 국가에 가까운 수준이었지만 그 후 빠르게 상승하여 근래에는 두 유형의 중간 정도에 위치하고 있음을 알 수 있다.

[그림 5-19]는 근로소득에 한정한 상위 0.1%의 소득집중도를 미국 및 일본과 비교한 것이다. 과세 자료에서 파악된 소득자는 전수 조사된 것이기 때문에 상위 0.1%와 같이 최상층으로의 소득집중도를 보일 수 있다. 이것은 샘플 조사에서는 불가능한 과세 자료의 장점이라 할 수 있다. 그림에 따르면, 미국은 제2차 세계대전 이전에 2.5% 정도의 수준에 있다가 전후 크게 하락한 다음 1970년대 이후 급속히 상승하여 전전의 수준을 2배 가까운 수준으로 상승하는 U자형을 보였다. 이에 대해 일본은 소득집중도가 1% 전후 수준에서 비교적 안정되었다는 점에서 뚜렷한 차이를 보인다. 한국의 경우는 대체로 일본에 가까운 수준을 유지해 왔지만, 외환위기 이후에는 소득집중도가 급속히 상승하여 점차 미국 쪽으로 한 걸음 다가선 것을 알 수 있다.

그러면 1990년대 중엽 이후 한국에서 근로소득으로 한정해서 보거나 전체

그림 5-19 근로소득 상위 0.1%의 소득집중도

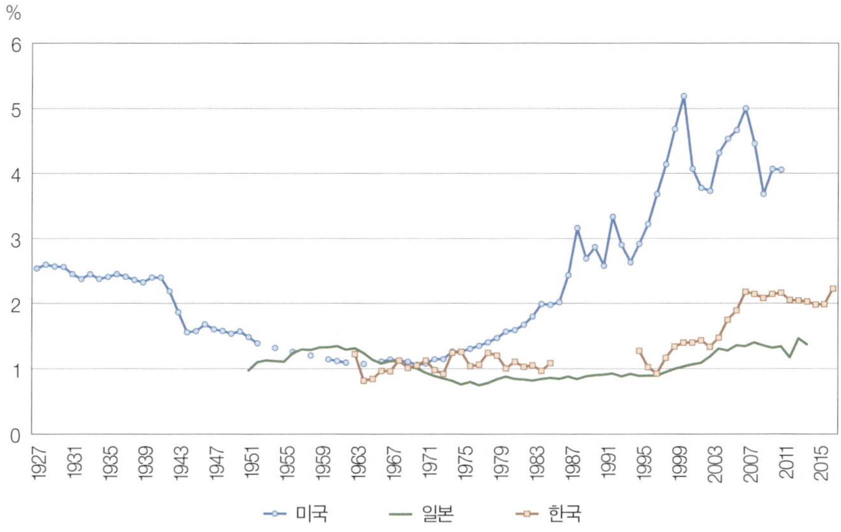

자료: 한국은 World Inequality Database; 미국은 Piketty and Saez(2013) and update; 일본은 Moriguchi and Saez(2008) and update.

소득으로 보더라도 최상층으로의 소득집중이 빠르게 높아진 것은 왜일까? 앞의 사업체 조사를 이용한 분석에서는 기업 규모 간 임금 격차가 이 시기 불평등의 확대를 주도한 것으로 나타났다. 여기에서는 특히 최상위 소득의 동향에 영향을 주었을 것으로 생각되는 요인을 몇 가지 추가로 고려해 보자.

먼저 외환위기 이후 기업지배구조의 변화와 성과주의 보수 체계가 확산된 점을 들 수 있다. 한국의 경우 외환위기를 계기로 기업경영 시스템이 개편되면서 대기업을 중심으로 부분적으로 영미식 지배구조가 도입되었다(정구현 외 2008). 기업의 자금 조달이 종래의 은행 중심에서 자본시장 쪽으로 옮겨 감에 따라 기업경영에서도 종래에 비해 자본시장에서 평가되는 기업 가치를 극

대화하거나 투명성을 높이는 방향으로 나아갔다. 이러한 변화 요구는 국내 기업에 대한 외국인 투자자의 지분참여 확대로 더욱 강해졌다. 한편, 기업의 규모가 커지고 사업 내용의 복잡화·전문화·첨단화가 진행됨에 따라 전문경영인의 역할이 커졌다. 이 과정에서 대규모 기업집단(재벌)에서는 소유경영자와 전문경영인의 역할 분담이 나타났는데, 소유경영자는 계열사(또는 사업부)의 경영을 전문경영인에게 맡기는 대신, 그 성과를 평가하고 보상하는 방식으로 그들을 통제하고자 하였다. 이를 위해 대기업 CEO와 임원에게는 경영의 책임과 함께 파격적인 보상과 스톡옵션이 주어졌다. 이것은 대규모 기업집단 내부에서 계열사(또는 사업부) 간의 경쟁을 통한 CEO 시장이 형성되었음을 뜻한다. CEO뿐만 아니라 그 이하의 직원에 대한 보상 체계에서도 종래의 연공 방식 대신에 연봉제와 인센티브제와 같은 성과주의 방식이 외환위기 이후 빠르게 확산되었다는 점이 지적되고 있다(정구현 외 2008).

[그림 5-19]에서 본 근로소득자 상위 0.1%에 들어가는 자는 2010년에 16,971명이 되는데, 그중에는 기업이나 금융기관의 CEO나 임원이 대부분 포함되어 있을 것으로 볼 수 있다. 거기서 상위 0.1%의 소득 비중이 2%라고 하면, 그것은 평균 소득의 20배에 해당하는 것이 된다. 그림에 따르면 1960년대 말에는 미국, 일본, 한국이 모두 소득 배율이 10배 정도의 수준에 머물러 있었는데, 미국은 1970년대 이후 상승하기 시작하여 1990년대 말에는 40배를 넘는 수준으로까지 급등하였다. 포브스(Forbes)를 이용해서 미국의 상위 100대 CEO들의 평균 수입으로 더욱 좁혀서 근로자 평균 소득 대비로 보면 1970년 이후 30년간에 걸쳐 대략 100배에서 1,000배로 늘어난 것으로 나온다.

이에 비해 일본은 10배 전후의 수준을 유지하다가 근래에 13배로 약간 상승하는 기미를 보이는 데 그쳤다. 두 나라 사이에 이렇게 뚜렷한 대조가 나타난 것에 관해서 모리구치와 사에즈는 기업 경영자의 선발을 둘러싼 외부 노동시장의 발달 여부를 중요한 요인으로 들고 있다(Moriguchi and Saez 2008). 즉, 미국 기업의 경우 경영자는 주로 경쟁적인 외부 노동시장에서 선발되며, 특히 스타(star) 경영자를 둘러싼 경쟁이 치열하다. 그에 대해 일본에서는 범용적인 기술보다는 해당 기업에서만 사용되는 기술(firm specific human capital)을 중시하며, 기업 경영진도 내부에서 승진한 자들로 채워지기 때문에 경쟁적인 외부 시장이 발달하지 못하였다. 일본의 기업별 노조와 같은 제도도 기업 내 임금 격차의 확대를 막은 요인으로 지적되고 있다.

이에 대해 한국은 근로소득자 상위 0.1%의 보수가 1990년대 말까지 전체 근로자 평균의 10배 전후의 수준을 유지하였지만, 외환위기 이후에 급등하여 근래에는 20배가 넘는 수준으로까지 높아졌다. 그 소득의 수준이나 증가 속도에서 일본과는 달라진 경로를 밟고 있으며 미국 쪽으로 한 걸음 다가선 것으로 보인다. 거기에는 외환위기 이후 전술한 성과주의적 보상을 강화하는 방향으로 기업경영 시스템이 바뀐 것이 영향을 미쳤다고 생각된다. 특히 대기업집단 내부에서 계열사 간의 경쟁을 통한 CEO 시장이 형성된 점이 주목되는데, 이것은 CEO 시장의 범위와 그 보수 인센티브의 활용이라는 점에서도 미국과 일본의 중간적 형태라고 할 수 있다.

또 하나 고려할 요인은 소득세의 세율구조가 특히 최상층 소득자에게 유리한 방향으로 변해 왔다는 점을 들 수 있다. 소득세법에 규정되어 있는 최고세율의 추이를 보면, 1960-1970년대는 빠르게 상승하여 70%의 정점에 도달한 후 계속 하락하여 2005년에 35%로까지 떨어졌다. 2012년에 38%로 올라 역전되기 시작해서 현재는 45%로 높아졌다. 1980년대 이후 미국(레이건 정부)이나 영국(대처 정부)을 중심으로 신자유주의적 개혁이 추진되고 소득세율을 대폭 인하하는 조세 정책이 당시 세계적인 조류가 되었는데, 한국도 예외가 아니었던 것이다. 그런데 최고세율을 대폭 인하하였지만, 그 세율이 적용되는 과세표준은 명목 금액으로 고정되어 있는 경우가 많았다. 그 경우 명목소득이 늘어나면 점차 높은 세율이 적용되는 상위 구간으로 밀려 올라가 실제 적용되는 세율이 높아지는 효과가 나타난다. 이것은 제3장의 재정에 관해 살펴볼 때 '감추어진 증세'라고 불렀던 것이다. 우리나라에서 소득세 증세가 주로 이러한 형태로 이루어졌음을 거기에서 지적한 바 있다. 그런데 이미 최고세율의 적용을 받고 있는 최상위 소득자의 경우에는 더 이상 밀려 올라갈 상위 소득구간이 없으므로 이러한 증세 효과가 나타나지 않는다. 즉, 그들은 그동안 최고세율이 계속 인하되어 온 효과를 모두 향유한 반면, 그보다 소득이 낮은 구간에 있는 자들은 법정 세율의 인하 효과가 '감추어진 증세' 효과로 상쇄되고 있었던 것이다.

요컨대, 최상위 소득이 상대적으로 더 빨리 상승하던 시기에 누진 과세는 오히려 후퇴하였던 것이다. 이것은 상위 계층이 늘어난 저축을 이용하여 부동산이나 금융 자산에 대한 투자를 늘리고, 그 수익으로 다시 소득이 더욱 늘어날 수 있다. [그림 5-17]에서 상위 1%의 소득집중도가 1990년대 중반 이후 빠르게 상승하였고, 거기에는 근로소득에서도 격차가 커졌지만, 비근로소득에서 소득의 상위 집중도가 더욱 빠르게 진행되었음을 본 바 있다. 거기에는 누진 과세의 후퇴가 영향을 미쳤을 것으로 생각한다.

이상에서 상위 1%의 소득집중도를 주요 선진국에 한정해서 비교하였는데, [그림 5-20]은 개발도상국까지 확대해서 비교한 것이다. 거기서 막대그래프가 2010년대 중엽 각국의 상위 1%의 소득집중도를 나타내는데, 왼쪽의 가

그림 5-20 상위 1%의 소득집중도와 성인 1인당 소득

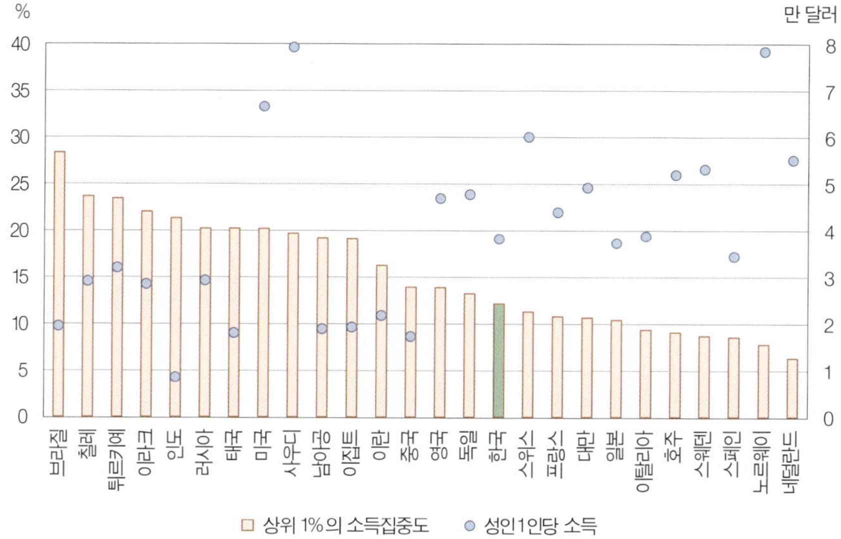

자료: World Inequality Database.

장 높은 브라질이 28%이고 오른쪽의 가장 낮은 네덜란드가 6%로 나와 편차가 매우 큼을 알 수 있다. 한국의 12%는 그 중간 정도에 해당한다. 앞에서 가계조사로 본 한국의 지니계수가 OECD 국가 중에서 높은 그룹에 속한다는 점을 보았는데, 세계 전체로 비교 대상을 넓히면 OECD 이외의 국가는 대부분 한국보다 불평등도가 더 높았다고 할 수 있다. [그림 5-20]에서는 각국의 성인 1인당 소득을 동그라미 표식으로 함께 제시하였다. 그림에 따르면, 사우디아라비아와 같은 산유국과 미국을 예외로 하면, 대체로 소득이 높은 나라에서 불평등이 낮고 소득이 낮은 나라의 불평등이 더 높은 양상을 보이고 있다. 이것은 높은 소득과 낮은 불평등도가 양립할 수 있음을 시사하

는 것으로 생각된다.

3. 자산의 불평등

마지막으로 자산(또는 부)과 그 분포에 관해 간략히 살펴보고자 한다. 먼저 한국은행이 작성하는 국민대차대조표 등을 이용하면 가계에 귀속되는 전체 자산의 규모와 구성, 그리고 부채가 어떻게 변해 왔는지를 볼 수 있다. [그림 5-21]은 1970년 이후 가계 총자산을 국민소득 대비로 보여 준다. 그림에 따르면, 총자산의 규모는 현재 GDP의 7배에 달하고 있으며 금융부채가 1배를 조금 넘기 때문에 이를 제외한 순자산은 GDP의 6배에 근접하고 있다. 1970년대에 이 비율이 4-5배였으며, 부동산 가격의 변화로 인한 등락이 보이지만 상승하는 추세를 보이고 있다. 이것은 소득보다 자산이 더 빠르게 늘고 있고, 자산으로부터 얻은 수입이 점점 더 중요해지고 있음을 뜻한다.

자산의 내역을 살펴보면, 그래프의 범례에서 현금 및 결제성 예금을 포함한 위쪽의 항목이 금융 자산이고 그 아래가 비금융 자산이 된다. 금융 자산의 비중을 보면 1970년대에는 미미하였지만 그 후 급증하였다. 아직 비금융 자산에 미치지는 못하였지만, 금융 자산이 전체 자산의 증가를 주도하였음을 알 수 있다. 금융 자산 중에서 비결제성 예금(즉, 정기예금)이 가장 규모가 컸지만, 보험 및 연금 준비금(여기서 연금은 퇴직연금을 말함)과 공적 연금으로 이루어진 사회보장기금, 그리고 주식(지분증권 및 투자펀드)의 비중이 빠르게 높아졌음이 주목된다. 이 중에서 주식은 소유집중도가 매우 높은 자산인 반면, 보험이나 연금은 중산층을 중심으로 고르게 분포되어 있다고 할 수 있

그림 5-21 자산과 부채의 국민소득 대비 비율의 추이

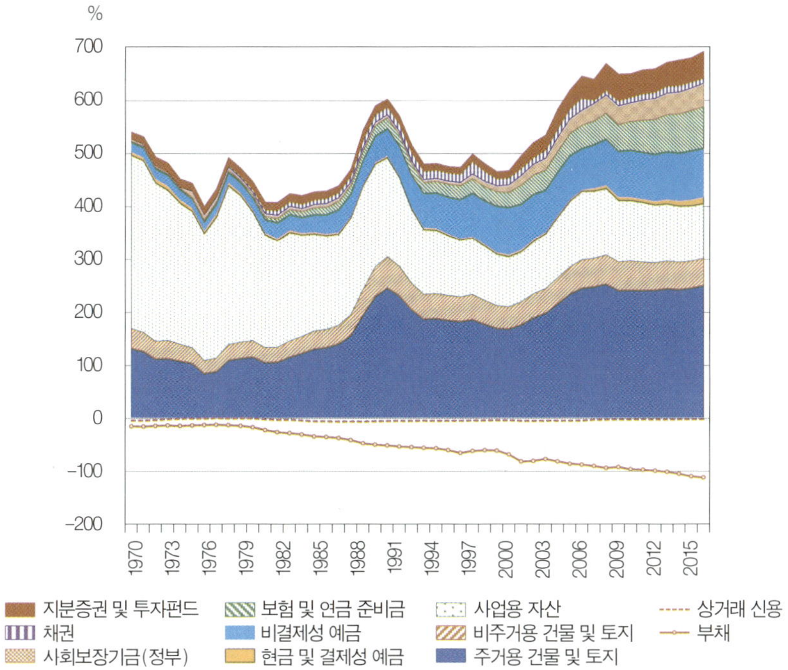

자료: 한국은행, 「자금순환표」; 「국민대차대조표」, ECOS; 조태형 외(2015).

다. 이에 비해 실물자산은 주거용 또는 비주거용 건물 및 토지가 비중을 높여 온 데 비해 사업용 자산은 1970년대에 가장 큰 항목이었지만 그 후 비중이 크게 떨어졌다. 이들은 주로 논밭이나 산림 그리고 자영업자들의 사업용 자산을 말하는데, 1차 산업이나 자영업의 비중 하락을 반영한 것으로 볼 수 있다.

그러면 이들 자산은 개인별로 어떻게 분포되어 있을까? 자산에 관한 조사는 통상 표본가구를 조사하는 서베이 방식으로 이루어진다. 가계의 자산

과 부채를 조사한 가계금융복지조사가 대표적이다. 그런데 개인의 자산은 소득보다 정확히 파악하기 어렵다. 자산의 경우는 거래 자체가 없거나 빈번하지 않아 그 가치를 객관적으로 드러내기 어렵고, 소득보다 과소 파악되는 경우가 많다. 이러한 서베이 조사를 보완하는 것으로서 과세 자료 등을 이용하여 자산의 분포를 추정한 연구들이 이루어져 왔다.

두 가지 접근을 소개하고자 한다. 먼저 상속세 자료를 이용하는 유산승수법(estate multiplier method)이 있는데, 그 아이디어는 상속세 자료로 파악된 피상속인(즉, 사망자)의 자산 정보를 이용하여 살아 있는 자들의 자산 분포를 추정하는 것이다. 만약 사망자가 무작위(random)로 발생한다면 사망자가 소유한 자산의 분포를 살아 있는 자의 자산 분포로 볼 수 있겠지만, 사망할 확률은 연령이나 성별, 그리고 계층별로 차이가 크다. 만약 연령, 성별, 계층별로 나눈 집단의 사망률을 알 수 있다면, 집단별 사망자 수에 그에 해당하는 사망률의 역수(이것이 유산승수법에서 말하는 승수가 된다)를 곱해 주면 살아 있는 인구수를 추정할 수 있다. 마찬가지로 그 사망률의 역수를 사망자가 남긴 자산에 곱해 주면 살아 있는 자들의 자산 분포를 구할 수 있다. 그 결과를 예시하면 자산 상위 0.1%가 차지하는 자산의 비중은 8.9%로 추정되었다(김낙년 2016). 이것을 가계금융복지조사에서 파악된 4.1%와 비교하면 그 비중이 2배 이상 높아졌다. 서베이 자료가 최상층의 자산을 상당히 과소 파악하고 있음을 알 수 있다. 그런데 이 유산상속법에서도 최상층의 자산이 과소 파악될 가능성이 있다. 그들의 경우 상속세를 줄이기 위해 치밀하고 장기적인 대응이 이루어지므로 상속세로 포착된 자산이 그들의 실제 자산을 모두 반영하지 않기 때문이다.

또 하나의 방법으로 자본소득을 이용하여 자산을 추정하는 방법인데,

소득자본화법(income capitalization method)이라고 한다. 예컨대, 금융소득은 소득세 자료에서, 전체 금융 자산은 전술한 국민대차대조표에서 얻을 수 있으므로 양자의 비율로 평균 수익률(=금융소득/금융 자산)을 구할 수 있는데, 이 수익률로 개인의 금융소득을 나누어 그가 소유한 자산 규모를 추정하는 것이다. 물론 개인별로 금융 자산의 수익률이 다르겠지만 평균에 수렴한다고 볼 수 있다. 다만 가계금융복지조사의 금융소득은 국세청의 행정 자료로 보정되었지만, 최상위 금융소득자의 경우 샘플에 포함되지 않아 과소평가될 가능성이 높다(김낙년 2020a). 이를 국세청의 금융소득 종합과세 자료로 보완할 필요가 있다. 이 방법으로 구한 자산 상위 0.1%의 자산 비중을 보면 10%로 나와 앞의 유산승수법의 결과(8.9%)보다 더 자산이 집중된 것으로 나온다(김낙년 2019).

[그림 5-22]는 자산의 상위 10%가 차지하는 자산 비중을 국제 비교한 것이다. 거기에서 한국은 두 개의 데이터가 제시되어 있는데, 한국 1은 유산승수법으로, 한국 2는 금융 자산에 관해서는 소득자본화법을 적용한 결과이다. 시기별로 다소 차이가 보이지만 한국의 경우 상위 10%가 65%의 자산을 차지한 것으로 나온다. 미국의 경우(Saez and Zucman 2014), 2012년에 과세 단위(tax unit) 기준으로 상위 10%, 1%, 0.1%의 자산집중도를 보면 각각 77.2%, 41.8%, 22%로 나왔다. 한국보다 미국의 자산 집중이 훨씬 높다. 그러한 차이가 주로 상위 0.1%의 집중도에서 나왔는데, 한국이 10%인 데 비해 미국이 22%로 나와 한국보다 두 배 이상 높았기 때문이다. 프랑스와 영국의 상위 10%의 비중은 상대적으로 안정되어 있으며, 근래에는 50-55%의 수준을 보였다. 중국의 경우 이 비중이 근래에 급격히 상승하여 67%에 달하였으며 미국 쪽으로 접근하고 있다. 한국의 비중은 현재 중국보다는 낮으며, 미국

그림 5-22 자산 상위 10%가 차지하는 자산 비중: 국제 비교

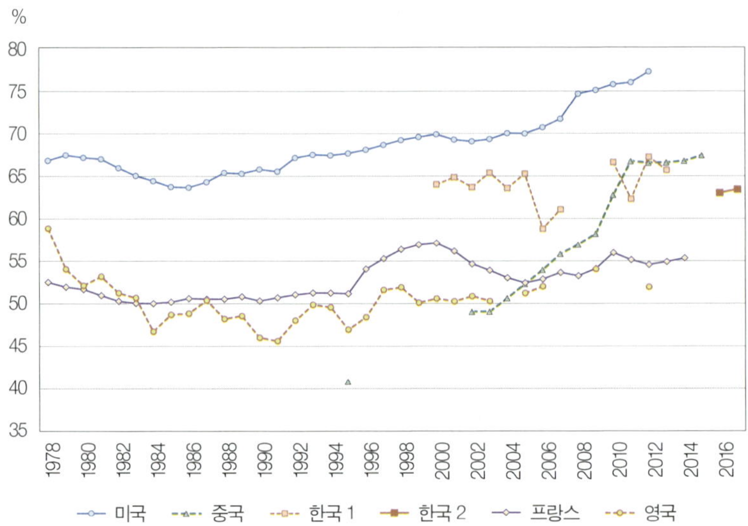

자료: 김낙년(2016, 2019); Saez and Zucman(2014); Garbiniti et al.(2016); Piketty, Yang, and Zucman(2019); Alvaredo et al.(2017).

과 유럽(프랑스와 영국)의 중간 정도에 위치하고 있음을 알 수 있다. 이에 대해 그래프를 제시하지 않았지만 상위 1%의 자산집중도를 보면, 상위 10%의 경우와 비교해서 국가별 집중도의 순서에는 변함이 없지만, 한국의 집중도가 상대적으로 좀 더 떨어져 프랑스에 가까워진 것으로 나온다.

이상 제1장에서 제5장에 걸쳐 경제성장의 장기 추이를 주제별로 살펴본 제1부는 여기서 마친다. 이어지는 제2부에서는 한국경제의 전개 과정을 개항기로부터 출발해서 시대별로 고찰하기로 한다.

제2부

한국경제의 전개 과정

제6장

개항기: 비숍의 기행문을 통한 관찰

제2부는 한국경제의 전개 과정을 시기별로 고찰하는데, 이 장은 첫 번째 시기인 개항기를 다룬다. 제1부는 주로 20세기 이후를 대상으로 하여 정비된 장기통계를 이용할 수 있었지만, 개항기는 무역 통계를 제외하면 의거할 만한 통계가 많지 않다. 근대적 통계 조사가 식민지기 이후부터 시작되기 때문이다. 따라서 개항기에 관해서는 한국을 방문해서 전국 각지를 돌아다니며 꼼꼼하게 관찰 기록을 남긴 영국인 비숍의 기행문을 이용하여 19세기 말의 상황을 들여다보고자 한다. 이 기록은 후술하듯이 사료적 가치가 충분히 있다고 판단하기 때문이다. 그와 함께 무역 통계와 논의 지대량에 관한 미시 자료 등을 이용하여 이 시기 무역의 실상과 그 영향으로 이루어진 산업의 재편에 관해서도 살펴보기로 한다.

1. 비숍의 『한국과 그 이웃나라들』

이사벨라 버드 비숍(Isabella Bird Bishop, 1831-1904년)은 영국에서 태어났으며, 많은 베스트셀러 작품의 작가이자 왕립지리학회 최초의 여성 회원인 지리학자이기도 하다. 사진 1은 비숍의 모습이다. 비숍은 세계 곳곳을 찾아다니며 직접 현장을 보고 연구하는 자세를 견지해 왔다. 비숍이 한국을 처음 방문한 것은 63세의 고령이었지만, 고종과 민비를 여러 차례 직접 만났고, 외교관이나 선교사뿐만 아니라 조선의 곳곳을 방문하여 현지에서 접한 조선인들 삶에 관한 생생한 관찰 기록을 남겼다. 그것이 1898년에 영국에서 출간된 *Korea and Her Neighbours*(『한국과 그 이웃나라들』, 이인화 역, 도서출판 살림, 1994)이다. 다음은 '저자 서문'의 첫 문단을 인용한 것인데, 영어권 독자들에게 조선에

사진 1 이사벨라 버드 비숍
자료: Stoddart(1906).

대한 비숍의 생각을 간략히 전달하고 있다.

"1894년 겨울과 1897년 봄 사이 나는 네 차례에 걸쳐 한국을 답사하였다. 한국 여행은 몽골리안들의 국가와 지리, 그 민족적 특성을 연구해 온 내 학문적 계획의 일부였다. 처음 한국을 방문하였을 때 나는 한국이 지금까지 내가 여행한 나라들 중에서 가장 재미없는 나라라는 인상을 받았다. 그러나 곧 청일전쟁 동안 한국의 정치적 불안, 급속한 변화, 그리고 어찌 될지 알 수 없는 한국의 운명을 깨달으면서 이 나라에 대해 참으로 강렬한 흥미를 갖게 되었다. 또 시베리아의 러시아 정부 아래 있는 한국인 이주자들의 현황을 보았을 때 나는 미래에 있을 이 나라의 더욱 큰 가능성에 대해 눈을 뜨게 되었다. 한국에 머무는 사람들은 누구나 예외 없이 이 나라가 처음에 안겨 주는 찝찝한 인상들을 잊어버리게 할 만큼 강렬한 매력을 지니고 있음을 알고 있다"고 하였다.

당시 외국인이 조선에 대해 연구서를 쓰는 것은 참으로 어려운 일임은 상상하기 어렵지 않다. 무엇보다 의거할 수 있는 믿을 만한 자료가 부족하였기 때문이다. 비숍은 이에 대해 다음과 같이 언급하고 있다. "한국을 정확하게 연구하고 전달한다는 것이 애초의 목적이었다. 이 목적을 달성하기 위해

나는 내가 할 수 있는 것을 다 하였다고 감히 말하고 싶다. 나는 이 시기 한국에 있었던 거의 모든 유럽인들을 인터뷰하였다.” 즉, 비숍은 현지의 조선인의 삶을 직접 관찰하였을 뿐만 아니라 이미 조선에 와 있던 선교사나 외교관의 경험과 지식을 광범위하게 흡수하고자 하였음을 알 수 있다. 그리고 단순히 관찰에 그치지 않고 치밀한 탐문을 통해 충분히 이해하지 않으면 서술할 수 없는 묘사들이 많이 나온다. 예컨대, 결혼이나 장례, 무속신앙이나 귀신에 관한 서술이 그러하다. 이에 대해 비숍은 “이 책의 몇 가지 주제에는 상세한 세부 묘사들이 있는데, 이는 곧 사라질 운명에 놓여 있는 관습들과 제사 및 의식을 종이 위에 기록하여 남기려는 생각의 결과물이다”라고 언급하였다. 이들 서술을 보면 현재에는 거의 사라져 버렸지만, 당시 조선인들이 결혼이나 장례의 각 절차에 대해 어떤 의미를 부여하고 있었고, 귀신이나 미신을 대하는 사고방식이 무엇이었는지를 알게 해 준다. 나아가 일본인들이 민비를 시해한 을미사변을 서술할 때에는 마치 현장에 있는 것과 같은 상세한 서술을 하고 있는데, 그것은 비숍이 일본 히로시마에서 열린 을미사변 관련 법정에 직접 참관해서 지켜보았던 심문과 판결에 의거한 것이다.

이 기행문은 비숍이 직접 관찰한 것 이외에도, 당시 유럽인들이 조선과 조선인을 어떻게 어떻게 인식하고 있었는지도 반영되어 있고, 조선인들의 관습이나 문화에 관해서는 현지인들의 생각을 탐문하여 정리한 결과가 실려 있다. 이를 통해 현지에 대한 비숍의 인식이 점차 깊어져 갔던 것으로 생각된다. 그의 기행문이 사료로서의 가치를 갖고 있다고 생각하는 것은 기록의 현장성이라고 생각한다. 그는 서문에서 이렇게 밝히고 있다. “한국의 해외 통신망이 완비되어 있지 않은 탓에 나는 여행의 경험들을 일본에서 한 것처럼 그때그때 편지로 남기지 못하였다. 대신 노트에 세심하게 기록하는 방법을 택하였다. 이 기록은 시간이 지남에 따라 한국에 대한 관찰을 오래 수행하면 할수록 점차로 수정되었다." 즉, 현장에서 관찰한 것을 그 자리에서 세심하게 기록으로 남겼고, 그에 의거해서 기행문이 서술되었던 것이다. 시간이 한참 흐른 뒤에 기억에 의존해서 서술된 것보다는 현장의 모습을 생생하게 전달할 수 있었다고 생각된다.

그런데 기행문에서 관찰자의 관점이 중요하다고 생각한다. 만약 당시를 살았던 현지인이 기행문을 썼다면, 현재의 시각으로 보면 특이하게 보이는 것도 그들에게는 익숙한 것이어서 주목을 받거나 기록으로 남겨지지 못하였을 것으로 생각한다. 현재를 살고 있는 한국인의 관점은 4-5세대를 앞서 살았던 조상보다는 비숍과 같은 외국인의 관점에 더 가깝지 않을까 생각한다. 19세기 말의 영국에서 살았던 비숍은 근대의 산업사회를 이미 경험하였고 국가와 시민의 관계를 포함하여 근대 정치 및 사회 체제에 관한 인식도 현재의 한국인과 크게 다르지 않다고 생각되기 때문이다. 즉, 사회를 보는 관점이 비숍과 현재의 한국인에게 공유되는 점이 있다는 의미에서 이 기행문은 마치 비숍의 눈을 통해서 125년 전의 조선의 실상을 엿볼 수 있게 해 주는 타임캡슐과 같은 의미가 있지 않을까 생각한다.

다만 비숍이 영국인이므로 동양을 바라보는 시각에 오리엔탈리즘의 문제가 들어가 있을 수 있다고 생각한다. 즉, 동양의 문화나 가치가 서구보다 열등하다고 보는 시각이다. 기행문에 그렇게 해석될 만한 서술이 없지는 않다. 그렇지만 한국에 대한 이해가 깊어지면서 애정으로 바뀌고 있음을 알 수 있다. 비숍이 한국을 떠나면서 다음과 같은 소회를 적고 있다. 즉, "러시아와 일본이 한국의 운명을 놓고 서로 대립한 상태에서 내가 한국을 떠나게 된 것은 매우 유감스럽다. 내가 처음에 한국에 대해 느꼈던 혐오감은 이제 거의 애정이랄 수 있는 관심으로 바뀌었다. 이전의 어떤 여행에서도 나는 한국에서보다 더 섭섭하게 헤어진 사랑스럽고 친절한 친구들을 사귀어 보지 못했다(제37장[1])"고 하였다.

또 하나는 비숍이 러시아나 중국보다는 일본에 우호적인 태도를 보였는데, 당시 국제 정치에서 영국이 취한 외교적 입장이 반영되지 않았나 생각된다. 나중에 일본의 야욕이 들어났음에 비추어 보면, 결과적으로 일본을 변호한 셈이 되었다고 비판할 수 있다. 다만 그것을 비숍의 편견 탓으로만 돌리기는 어렵다. 비숍은 마지막 장에서 조선의 보다 나은 장래를 위해 두 가지가 필수적이라고 보았다. 하나는 군주의 권력을 헌법의 제어하에 두어야 한다는 것이고, 또 하나는 조선의 개혁을 위해서는 외부의 도움이 불가피하다는 점이다. 조선 내부에는 그러한 개혁의 담당 세력이 보이지 않았기 때문이다. 비숍은 조선이 필요로 하는 외부의 도움을 결국은 일본에 기대할 수밖에 없지 않을까 하는 전망과 함께, "슬프게도 …… 궁극적으로는 조선을 보호국으로 만들고자 하는 일본의 야심이 분명하게 느껴진다"는 우려를 밝히고 있다. 이러한 양립되기 어려운 비숍의 전망은 당시 조선이 처한 어려운 상황, 즉 국가의 운명이 풍전등화에 처하였음에도 불구하고 내부에 이를 개혁할 역량을 갖춘 세력이 보이지 않았고, 도움을 청할 수 있는 이웃의 나라들은 오히려 야심을 품고 있었다는 딜레마를 반영한 것으로 생각한다.

1 '제37장'이란 『한국과 그 이웃나라들』에서 인용된 장을 말하며, 이하 동일하다.

2. 경제 및 사회 상황

비숍의 기행문에는 그녀가 접한 자연의 아름다움이라든지 만난 풍물이나 사람들에 대한 상세한 묘사가 많지만, 여기에서는 먼저 당시의 경제 및 사회 상황을 보여 주는 것을 중심으로 간단히 살펴보고자 한다.

먼저 여행지를 어떤 교통편으로 이동하였는지를 보고자 한다. 비숍은 일본의 나가사키에서 배를 타고 부산까지 이동하였다. 부산에서 제물포로 갈 때에도 배로 3일 걸려 이동하였고, 나중에 원산에서 다시 부산으로 이동할 때에도 마찬가지였다. 이때의 선편은 모두 일본의 일본우선(日本郵船)이라는 해운회사가 운영하고 있었다. 10년 전(즉, 1884년)까지만 해도 나가사키에서 부산을 거쳐 블라디보스톡으로 가는 선편이 5주에 한 번, 부산을 거쳐 제물포로 가는 선편은 한 달에 한 번 운행되었는데, 이제는 하루도 빠짐없이 크고 작은 증기선들이 부산에 도착한다고 한다.

사진 2는 비숍이 찍은 제물포의 모습이다. 비숍은 여행할 때 카메라를 들고 다녔다. 7.3kg이나 하는 세 발 달린 카메라와 1.8kg의 손 카메라와 그에 딸린 기구들이다.

제물포에 도착한 비숍이 서울로 이동할 때에는 배로 이동할 수가 없었다. 제물포와 마포 간의 증기 연락선을 설치한다는 논의가 있었지만, 물이 얕은 곳이 있어 실현되지 못하였다고 한다. 최초의 철도인 경인선은 아직 개통(1890년)되지 않았다. 영국 총영사가 제물포까지 마중을 나왔는데, 비숍은 6명의 가마꾼이 드는 가마를 타고 7시간 걸려 서울에 도착하였다. 총영사는 가마꾼이 끄는 조랑말을 타고 이동하였다. 길은 종종 깊게 파인 진흙 웅덩이가 나왔고, 이를 피하기 위해 길이 없는 곳을 돌아가기도 하였다. 나중에

사진 2 제물포 항구
자료: Bishop(1898).

비숍이 한강을 거슬러 올라가 남한강이나 북한강 주변의 마을들을 답사하였는데, 그때에는 나룻배로 이동하였다. 지방의 도로에 관한 비숍의 설명을 인용해 보고자 한다. 즉, "말을 타거나 터덜터덜 걷거나 어느 경우든 한 시간에 4.8km 이상을 갈 수 없는 한국의 도로는 거의 이름이 붙어 있지 않다. 인공적으로 만들어진 도로가 거의 없어서 여름에는 먼지 자욱한 길, 겨울에는 눈 녹은 진창길이 되는데, 그나마 청소하거나 보수하지 않아 길 표면은 매우 울퉁불퉁하고 돌출한 돌멩이가 많다. 대부분의 경우 도로는 말과 사람의 통행에 의해 발자국이 나서 어느 정도에 이르면 '길'이라는 것이 인정되는 그런 수순을 밟고 있었다. …… 많은 개울에는 다리가 없고 다리가 있어도 통나무에 나뭇가지를 얽어 놓은 정도였다. …… 심지어는 서울의 중앙으로 통하는

'6대로'까지도 다리의 상태가 부실하여 마부가 말에서 내려 다리가 중량을 지탱할 수 있는지를 서너 걸음 앞서 걸으며 확인하면서 건너간다. …… 내가 광범하게 체험한 바에 따르면, 교통의 불편이 한국의 발전에 커다란 장애임에 틀림이 없다(제10장)"고 말한다.

비숍이 한국 땅을 처음 밟은 것은 부산의 개항장에 있는 외국인 거류지였다. 비숍의 묘사에 따르면, "그곳은 중요한 영사관들, 은행들, 많은 일본식 상점들과 다양한 영국 또는 일본식 주택들이 언덕과 바다 사이를 빽빽이 들어찬 꽤 아름다운 마을이다. 거기에 견고한 옹벽과 제방이 있으며, 자치당국의 비용으로 도로가 건설되고 배수시설과 점등시설을 갖추고 있었다. 개별 가구당 현금 100푼씩 할당해서 징수한 자금으로 상수도가 가설되었다. 사람들은 이제 깨끗한 물이 풍부하게 공급되면 빈번하였던 유행성 콜레라가 끝나기를 바라고 있다. 특히 눈에 띄는 것은 도시 위쪽에 급속히 채워지고 있는 일본군의 군인 묘지였다." 또한 "어느 면으로 보나 부산의 거주지는 일본풍이다. 5,508명의 일본 인구 이외에도 8,000명에 달하는 일본인 어부들의 유동인구가 존재한다. 일본 총영사관은 세련된 유럽식 가옥에 기거하고 있다. 금융기관으로 제일은행이 들어와 있고, 우편 전신 업무 또한 일본인들에 의해 갖추어졌다. 일본인은 거주지를 청결하게 유지하였을 뿐만 아니라 한국에는 알려져 있지 않은 산업을 들여오기도 하였다. 기계를 이용한 탈곡과 정미업, 고래잡이, 어분 비료 제조업 등이 그것이다"라고 하였다.

이에 대해 조선인이 거주하는 곳은 부산의 구시가지였으며, 외국인이 거주하는 신시가지와 뚜렷한 대비를 이루고 있었다. 비숍의 묘사에 따르면, "부산 구시가지의 좁은 거리는 초라한 오두막집들로 채워져 있었다. 그 오두막집들은 창문이 없는, 진흙으로 된 담벽과 짚으로 된 지붕의 깊숙한 처마를 가졌다. 모든 벽에는 지상으로부터 60cm 되는 높이에 굴뚝의 역할을 하는 검은 연기 구멍이 나 있었다. 오두막집 바깥에는 고체와 액체의 쓰레기들이 버려진 불규칙한 도랑이 나 있었다. …… 좁고 먼지 많은 구불구불한 거리를 따라 상품들이 땅바닥에 무더기로 놓여 있었다. …… 물건을 흥정하는 소리가 드높고, 물건값을 깎느라고 많은 시간이 낭비되는데 팔릴 때에는 원래 불리어진 값의 1/10에도 못 미치기 일쑤였다"라고 하였다.

부산에 대해 살펴본 외국인과 조선인 거주지의 대비되는 모습은 제물포와 원산의 개항장에서도 다르지 않았다. 제물포에 관한 묘사를 좀 더 소개하면, "일본인 거주지는 서울로 가는 큰길의 거의 전부를 차지하고 있었고, 조선인의 마을은 그 바깥에 위치한다. 영국 교회가 서 있는 언덕 아래로부터 그 언덕을 타고 오르며, 더러운 샛길을 거쳐 닿을 수 있는 모든 암층 위에 조선인들의 토막이 꽉 드러차 있다." 그리고 "이 도시의 6,700명의 주민들, 더 정확히 말해 그중 절반가량의 남자들은 늘 움직이고 있었다. 좁은 길을 항상 의관을 갖추고 어슬렁거리면서 겉으로는 아무런 일도 하는 것 같지 않은 사람들로 가득 차 있었다. 그곳은 1달러에서 많아야 20달러 정도의 재고품을 갖춘 상설 점포가 있는 것을 제외하고는 부산의 구시가지와 다를 바 없다. 소액의 거래에도 흥정하는 데 한 시간 넘게 쓰면서도 사업이 유지되고 있는 듯하다. 외국인 거주지에서 조선인들은 주로 짐꾼으로 일하며 그들의 나무 지게로 엄청난 무게의 짐을 운반하는 일로 생활하는 것 같다(제1장)."

개항장의 외국인 거류지가 형성된 것은 조선이 개항하면서 일본을 비롯하여 외국과 맺은 불평등조약에 근거를 두고 있으므로 관련 조항을 간략히 보충 설명해 두고자 한다. 먼저 조선 정부가 1876년에 일본과 맺은 강화도조약에는 부산(나중에 제물포와 원산 추가)을 개항하고, 부두로부터 동서남북

10리의 범위 내에서는 일본인의 자유로운 통행과 통상, 일본 화폐의 유통이 가능하였고, 토지를 임차하여 가옥을 지을 수 있게 하였다. 그리고 일본인이 죄를 범하여 재판을 받게 될 경우에는 일본 법률에 의거하여 재판을 받을 수 있게 하였는데(이를 영사재판권이라 함), 조선 내에 치외법권을 인정하는 것이었다. 여러 가지 점에서 조선의 주권이 제약되고 있어 불평등조약이라 할 수 있다. 앞에서 보았듯이 개항장의 외국인 거류지가 압도적 다수인 일본인을 중심으로 자치단체가 만들어지고 마치 작은 일본(little Japan) 사회가 형성될 수 있었던 것은 이러한 사정으로 인한 것이다. 비숍이 방문하였던 것은 개항 후 20년이 경과하지 않은 시점인데, 외국인 거류지와 구래의 조선 사회 간의 대비가 뚜렷이 나타났음을 알 수 있다.

1882년에 조선과 청국이 맺은 조청상민수륙무역장정은 더욱 심각한 불평등조약이었다. 임오군란(1882년)으로 민씨 정권이 무너질 위기에 빠지자 민비가 청국에 파병을 요청하였고, 청군의 도움으로 정권을 되찾을 수 있었다. 청의 영향력이 확대되는 속에서 맺어진 조약이었으며, 거기에 조선이 청의 '속방'임이 명시되었다. 그 외에도 청국의 치외법권이 강화도조약보다 더욱 강화되었고, 청국 상인이 개항장 이외에 양화진과 서울에서의 통상도 허용되었다. 이로 인해 청국 상인이 통상에서 유리한 위치에 올라서게 되었고 앞서 진출한 일본 상인과의 경쟁이 격화되었다. 이 조약은 청국이 청일전쟁에서 패하면서 폐기된다. 그 외에도 미국, 영국, 독일과의 통상조약이 맺어졌으며, 앞서 이루어진 불평등조약의 내용이 대체로 이어졌다.

다시 비숍의 여행기로 돌아가, 비숍이 서울에서 찍은 사진을 몇 가지 보기로 하자. 사진 3은 남대문 사진이다. 좌우로 초가의 민가가 들어서 있는 것을 볼 수 있다. 사진 4는 서울의 광화문 일대이다. 사진의 가운데 광화문

사진 3 남대문
자료: Bishop(1898).

사진 4 광화문 일대
자료: Bishop(1898).

이 보이고 왼쪽에 경복궁이 보인다. 이 일대는 기와집으로 되어 있음을 볼 수 있다. 사진 5는 서울의 남쪽 거리라고 되어 있는데, 길의 양쪽에 초가와 기와집이 늘어서 있으며 길에는 사람들이 왕래하고 있는 것이 보인다. 사진 6은 서울의 잡화상이라 되어 있는데, 파는 물건이 보잘것없이 보인다.

여행할 때 부딪치는 문제의 하나가 여비를 지불하는 데 사용되는 화폐였다. 개항장이나 서울에서는 일본의 엔이나 달러를 환전할 수 있었지만, 내륙으로 들어가면 그렇지 않았기 때문이다. 서울에 50일간 체류한 비숍은 나룻배로 한강을 거슬러 올라가는 여정을 시작하게 된다. 한 달 이상 남한강과 북한강 주변을 답사한 다음, 나룻배를 버리고 육로로 금강산을 거쳐 원산으로 향하게 된다. 화폐에 관한 비숍의 설명을 인용하면, "나는 내륙지방을 향하는 모든 여행자들을 괴롭히던 돈에 관련된 어려움 때문에 상당히 우려스러운 계획을 잡게 되었다. 일본의 엔화와 그 잔돈들은 오직 서울과 개항장에서만 유통되었으며, 은행이나 환전상은 내륙 어디에도 없었으므로 현금만이 유통되었다. 당시 한국의 화폐 가치는 명목상으로 달러당 3,200푼에 달하였다. 이 동전은 수백 개씩 밀짚 끈에 꿰어져 있는데, 그것을 세는 것이나 운반하는 것이나 지불하는 것이 모두 성가신 일이 된다. 100엔을 현금으로 운반하는데 여섯 사람 또는 한 마리의 조랑말이 필요하다. 단 10파운드에 불과한 것인데 ……(제5장)"라는 고민이었다. 여기서 현금이란 엽전을 말하는데, 현재로 비유하자면 몇백만 원이 드는 여행 경비를 모두 10원짜리 동전으로 싸 짊어지고 가서 지불해야 하는 상황을 생각할 수 있다.

사진 7은 비숍 일행이 여행을 떠나는 모습이다. 조랑말에 타거나 짐을 싣고 이동하였음을 볼 수 있다. 사진 8은 비숍 일행이 한강을 거슬러 올라갈 때 이용하였던 나룻배이다. 이 나룻배를 이용할 때에는 조랑말을 데리고 갈

사진 5 서울의 남쪽 거리
자료: Bishop(1898).

사진 6 서울의 잡화상
자료: Bishop(1898).

사진 7 여행을 떠나는 비숍 일행
자료: Bishop(1898).

사진 8 비숍이 한강 주변을 여행할 때 이용한 나룻배
자료: Bishop(1898).

수 없고 엽전을 나룻배의 바닥에 까는 방식으로 운반하였다.

당시 외국인 여행자들은 그들의 영사를 통해 (현재의) 외교부에서 지방 관청으로 보내는 단자(單子)라고 불리는 편지를 지참하고, 이를 지방 관청에 보이면 음식과 교통 또는 돈에서 여러 가지 편의를 얻을 수 있는 제도가 있다고 한다. 그런데 서울과는 달리 지방 관청에서는 외국인에게 제공한 편의의 대금을 중앙정부로부터 돌려받지 못하는 경우가 많아서 지방 관청에서는 이를 탐탁스럽게 여기지 않았다고 한다. 비숍은 이러한 제도를 이용할 수 없었고, 결국은 여행 중에 사용할 엽전을 나룻배의 바닥에 깔아서 운반하였다. 여행 중 남한강을 돌아 나와 단양에 도착하였을 때에는 바꾸어 간 엽전이 다 떨어지기도 하였다. 갖고 간 은화를 엽전으로 바꾸고자 하였지만 아무도 은의 가치를 믿지 않아 교환하지 못한 채 하루를 허비하였고, 환전을 위해 다시 서울로 돌아가야 하는 상황이 되었다. 다행히 제천 근처의 마교 장터에서 은화 70개를 6,000냥의 동전으로 바꿀 수 있었다. 장정 6명을 동원해서 동전을 배까지 날라 배의 바닥을 다시 채울 수 있었다.

그렇지만 시기와 지역에 따라 상황은 달랐던 것으로 보인다. 청일전쟁 발발 후에 비숍은 조선을 떠나 중국 각지를 답사한 후 일본을 거쳐 1895년 겨울에 다시 조선을 방문하게 된다. 그때 평양을 비롯한 조선의 서북부 지방을 답사하는 과정에서 화폐에 대해 다음과 같은 언급이 나온다. "일본의 영향 아래에서 은으로 만들어진 엔화는 서서히 한국경제의 내부로 침투하고 있었다. 그러므로 나는 새로 주조된 한국의 주화의 견본조차 본 일이 없음에도 불구하고, 전번의 여행처럼 돈을 한 짐 싸들고 다녀야 한다거나, 엔화를 거슬러 받을 수 없어서 곤란에 처하는 불편이 없이 모든 여관에서 쉽게 통용되는 커다란 엔 은화를 사용하면 되었다(제26장)"고 하였다. 청일전쟁 이후 일본의 정치적 영향력이 확대됨에 따라 엔화의 조선 내 유통도 확대되어 갔음을 알 수 있다.

비숍은 조선의 상거래 규모가 미미한 수준이어서 상업이 아직 발달하지 못하였다는 점을 곳곳에서 언급하고 있다. 먼저 서울의 상점에 관한 묘사를 보면, "상점들 역시 서울의 인상을 초라하게 느끼게 하는 데 큰 몫을 한다. 대개 서울의 상점에서 내다 파는 물건들을 다 합해 봐도 6달러 정도에 불과하다. …… 나는 종각 옆에 있는 서울에서 가장 큰 상점에 한번 가 보았다. 가게 안의 상품들을 모두 한아름에 들어올 만큼 작은 것이었다. 서울의 3대 대로 가운데 하나는 걷다 보면 큰길에 수레로 된 움직일 수 있는 간이매점이 두 줄로 늘어서 있는 것을 볼 수 있다. …… 이런 곳이나 다른 상점에서 거래되고 있는 한국의 중요 상품 22가지를 든다면 다음과 같다. 면제품 옷감, 짚신, 삿갓, 도자기, 촛대, 빗, 유리구슬, 담뱃대, 담배쌈지, 타구(唾具), 뿔테 안경, 한지, 목침, 사방침, 부채, 잉크병, 말안장, 빨래 방망이, 곶감, 알사탕, 미역, 버섯 등이다. 이 밖에도 유럽인들의 저급한 취향이 그대로 베여 있는 겉으로만 번드르르한 외제 수입품의 조악한 콜렉션이 있다. 6페니짜리 등유, 손거울, 번쩍거리는 그릇 등이다. …… 평범한 놋쇠 식기 세트와 기타 놋쇠 제품들이 만들어지고 있으며, 검은 라커칠을 한 목공 제품에 조개껍질로 전통 문양을 만들어 붙인 제품이 종종 팔리기도 한다. 또한 비단에 금실로 자수를 놓은 제품들이 있으나 그 다자인이 거칠고 색깔도 조야한 것이 많다. …… 그리고 외국인들은 영국 공사관이 있는 거리를 '장롱의 거리'라고 부른다. 이들 장롱은 비록 크지 않지만 정말로 멋있다. 이러한 제품들은 철저히 한국적임에도 불구하고 극도로 화려하다(제2장)"고 하였다.

서울에는 상설 상점이 있었지만, 지방으로 가면 5일마다 서는 장시를 제외하면 거래가 이루어지지 않았다. 예컨대, 황해도 봉산의 장터에 관해서는 비숍이 거래된 상품을 거의 망라하듯이 나열하고 있다. 그의 묘사를 보자. 즉, "마을에는 가게라곤 없었고 있다 해도 아주 적었다. 누구도 상품을 저장하고 있지 않았기 때문에 사실 장날을 제외하고는 무엇을 산다는 것이 거의 불가능하였다. 평상시 잠잠하고 답답하였던 마을들은 장날에는 일변한다. 떠들썩해지고 울긋불긋해지고 사람들의 물결로 뒤덮이는 것이다. 이른 아침부터 공식적으로 지정된 장터로 가는 길은 농부들이 팔거나 물물교환할 물건들도 가득 찬다. …… 그 옆의 큰길에는 보부상들이 무거운 짐을 지고 가거나 짐꾼이나 황소에 짐을 싣고 간다. …… 몇몇 사람들은 노점 진열대를 세우고 비단, 모시, 호박, 허리끈, 단추, 조그만 거울, 담배쌈지, 색경 등을 판다. 그러나 많은 양의 필수품과 사치품들은 대부분 낮은 탁자나 땅 위에 놓인 돗자리 위에 전시되는데, 상인은 시설물을 설치하기 전에 집주인에게 얼마간 돈을 치른다"라고 언급하고 있다.

비숍은 마치 장에 나와 있는 물건을 하나도 빠뜨리지 않을 듯이 더 이어간다. 비숍은 각 품목에 대해 설명을 덧붙이기도 하였지만, 여기에서는 품목만 나열한다. 즉, 참깨가 빽빽이 박힌 엿, 사탕과자, 일본과 영국산 셔츠감, 삼베옷, 터키산 빨간 무명옷, 얇은 비단, 아날린과 사프란 인디고 등의 염료, 성냥, 나무빗, 금속 머리핀, 돈지갑, 전라도에서 온 종이, 짚으로 된 돗자리, 부싯돌, 아마포나 짚이나 갈대로 만든 모자, 한국에서 생산된 조잡하고 좁다란 면옷, 말 재갈, 나막신, 철제 제품으로서 냄비, 가래, 문고리, 못, 그리고 여러 용도로 쓰이는 장독들, 그 외에도 우비, 기름종이, 모자덮개, 고춧가루, 쌀, 완두콩, 두부 등이다. 이것들은 농민들이 장시에서 어떤 품목을 구입할 수 있었는지 보여 주는 것이다. 이들 중에는 농민이 내다 파는 것도 있지만, 대부분은 보부상에 의해 공급된 것이다. 제법 다양한 물품들이 장시에 나왔는데, 그중에는 일본이나 영국산 면제품이나 잡제품이 포함되어 있어 수입품이 농촌의 장시를 통해서도 소비되었음을 알 수 있다. 다만 장시의 거래량은 그다지 많지 않았던 것으로 보인다. 거래품목을 나열한 다음 뒤이은 비숍의 묘사에 따르면, "거래는 매우 더디게 이루어졌고 모여든 사람들도, 몇 시간씩이나 그들 사이에 서 있었던 얌전한 황소처럼 대개 조용하였다. 오후 늦게 행상인들은 짐을 꾸렸고 다음 장터에 들르기 위해 출발했다(제26장)"고 하였다.

그런데 지역에 따라서는 비숍이 관찰하지 못한 큰 돈벌이가 되는 상거래가 있지 않았을까라고 추론되는 부분도 있다. 다음 인용은 평양을 방문하였을 때 경험한 일인데, 상인들의 씀씀이가 비숍도 놀랄 정도였다. "내가 묵었던 집은 집주인의 중개 사업의 대상이 되는 상인들이 많이 드나들었고, 오락은 일상생활이 되었다. (비숍의 일행으로 통역을 맡았던 관료 출신의) 이 씨는 매일 저녁 식사에 초대되었고, 마지막 날 저녁에는 그를 초대한 모든 사람들이 함께 즐겼다. 그 식사의 1인당 음식값은 세인트 레스토랑의 저녁 값과 맞먹는다! 소음은 이들 모임의 필수적 요소다. 남자들은 가장 큰 목소리로 고함지른다(제30장)"고 하였는데, 그 정도의 소비 지출을 감당하려면 전술한 서울의 상점과 농촌의 장시에서의 돈벌이로는 불가능하다고 생각되기 때문이다.

조선의 농업이나 농민에 대한 언급이 여기저기 나온다. 먼저 한강 유역의 주민들에 대해 언급한 부분을 인용하고자 한다. "주민들은 말 그대로 농부들인데, 대부분이 양반으로부터 농지를 빌려 쓰고 있다. 토지 소유자는 추수를 마친 후에 그들을 쫓아버릴 수도 있는 권리를 갖고 있었지만, 억압적으로 그 권리가 행사되고 있는 것 같지는 않았다. 지주는 씨앗을 제공하며, 농부는 지주에게 소출의 반을 지불하였다. 몇몇 사람들은 땅을 사서 권리증서를 획득하였다. 1894년에 그들은 하루에 경작할 수 있는 땅의 크기를 기준으로 매겨진 세금을 지불하였고 보리, 콩, 쌀, 목화에 대해서도 세금을 지불하였는데 그 총합은 변동이 있었다. …… 돈은 거의 유통되지 않으며, 물물교환으로 거래가 행해지거나 혹은 농부들은 자기 노동으로 대가를 지불하기도 한다. 농부들의 가장 중요한 지출은 좋은 의복용으로 외국산 면제품을 사는 것이다. 내륙 수로의 종착지로 잘 알려진 영월에서 이것은 서울보다 더 비싼 가격인 50cm당 30전으로 팔리고 있다(제6장)"고 하였다.

이어서 다른 지역의 농업에 관해 묘사한 것이다. 즉, "장안사에서 원산까지 육지 여행을 하는 동안 나는 한강 유역에서보다 한국의 농업을 더 잘 관찰할 수 있는 좋은 기회를 가졌다. 일본의 정갈함과 산뜻함, 중국의 부지런하고 알뜰함에 비해 한국의 농업은 다소 헤프고 정리되지 못한 감이 들었다. 여름에 김을 매 주어야 할 잡초가 남아 있고 돌멩이들이 밭에 그대로 방치되어 있었다. 들 주위와 논둑은 울퉁불퉁하고, 그리 보기 좋지 않은 농가의 돌담은 심히 파손되어 있었다. 들을 가르는 좁은 길은 잡초가 무성하게 자라 있었고 논고랑도 똑바르지 않았다. 그러나 대체로 작물의 발육 상태는 좋았고 대부분의 작물이 생각하였던 것보다 청결하였다. 가축은 거의 없었고 서울 주변이나 도시 근교의 지역을 빼고는 비료를 거의 사용하지 않는데도 땅이 충분히 비옥하다는 사실은 주목할 만한 것이었다(제12장)." 비숍은 같은 시기의 일본과 중국을 두루 답사하였기 때문에 한국 농업의 특징을 그들과 비교해서 평가하고 있다. 비숍이 조선에서 답사한 지역은 남한강과 북한강 주변 지역과 거기에서 원산에 이르는 지역, 그리고 황해도와 평안도의 서북지방이어서 전라도와 경상도의 농촌이 빠져 있는 것이 아쉽다.

그곳에 사는 농민이나 양반 또는 관리들에 관한 묘사가 많이 나온다. 그중에서 양반 관리들에 대해서는 '한국 사회의 기생충'이라 할 정도로 평가가 혹독하다. 여주를 방문하였을 때 그에 관한 서술을 소개하면, "관아 안에는 한국의 생명력을 빨아먹는 기생충들이 우글거렸다. 기기에 티롤 모자를 쓰고 푸른색이 주색인 조잡한 면직 제목을 입은 군인들과 포졸들, 문필가들, 부정한 관리들, 늘 일이 손에 달린 척 가장하는 전령들이 있었고, 많은 작은 방에는, 더욱 많은 사람들이 마루에 모여 앉아, 서예 도구를 옆에 놓고 긴 장죽에 담배를 피우고 있었다(제7장)"고 묘사하고 있다.

여기서 "여주엔 '높은 양반'이 많이 있다고 들었는데, 그래서인지 단지 700호 가구를 가진 마을의 지방관은 자연히 그리 높은 지위가 아닌 것 같았다. 지방관이 부임해 왔을 때 그들은 낮춤말을 쓰고 마치 그들의 하인에게나 하는 명령을 내렸다. 지방관 또한 그렇게 주로 서울에 살면서 가끔 넓고 정성들여 장식한 관아의 폐허 같은 자신의 근무지에 내려와 일을 하고 약탈품을 나눠 갖는 것이다. 결국 양반들은 그들이 무슨 계략을 세워도 다 할 수 있다. 이런 일은 여기에만 국한되는 것은 아니다. 거의 모든 강변가의 지방관들은 부재중이며, 대부분의 시간을 수도에서 조세를 짜내는 데 보내고 있다. 나는 세 명의 다른 지방관들과 비슷한 면담을 하였다. 나는 3엔을 현금으로 바꿔 달라는 요구 외에는 하지 않았다. 그리고 그때마다 금고가 비어 있다는 소리를 들었다(제7장)"고 한다. 양반 관리에 대한 이러한 부정적인 묘사는 비숍을 대하는 그들의 불친절로 인해 강화되지 않았을까 생각된다. 그리고 거기에서 묘사된 일들을 모두 비숍이 직접 관찰한 것이라고는 할 수 없으며, 그녀가 만난 조선에 살았던 선교사나 외교관들의 인식이 반영된 것이라고 생각된다.

농민에 관한 비숍의 인식은 다음의 묘사에서 잘 드러난다. 즉, "만일 가난이라는 것이 생필품의 부족이란 뜻으로 이해되는 것이라면, 한강 유역의 계곡들에 사는 주민들은 결코 가난하지 않다. 사람들은 그들 자신을 위해서나, 한국의 관습에 따라서 그들에게 환대를 바랄 수 있는 길손을 위해서나, 충분한 정도의 생필품을 가지고 있다. 아마 그들은 모두 빚을 지고 있는 것 같은데, 이 부채의 굴레를 목에 감고 있지 않은 한국인은 정말 드물다. 말하자면 그들은 생활에 절대적으로 요구되는 물품보다는 돈이나 재산이 결핍되어 있는 것이다. 그들은 게을러 보인다. 나는 정말로 그렇다고 생각하였다. 그러나 그것은 한국인들이 자기 노동으로 획득한 재산이 전혀 보호되지 못하는 체제 아래 살고 있기 때문이다. 이를테면 만일 어떤 사람이 '돈을 번' 것으로 알려지거나, 심지어는 사치품인 놋쇠 식기를 샀다고 알려지기만 해도, 근처의 탐욕스러운 관리나 그의 앞잡이의 주의를 끌게 되거나, 부근의 양반으로부터 대부를 갚도록 독촉당하는 식이었다. 그럼에도 불구하고 한강 유역의 자작 농가들은 실질적인 안락함을 누리고 있는 것 같았다(제6장)"고 언급하고 있다.

비숍은 경제 이외에도 조선인의 관습과 의식에 대해서도 많은 관심을 쏟았다. 한국의 무속신앙 또는 귀신이나 미신에 관한 서술이 대표적이다. 예컨대, 당시 조선인이 숭배하였던 귀신들의 족보(神譜)나 서열, 무당이나 지관 또는 무당의 악귀를 쫓아 버리기 위한 축귀법 등에 관해 상세히 조사해서 정리하고 있다. 그에 따르면, "한국인들은 하늘과 땅과 별과 공기와 산과 강과 바다에 귀신이 가득 차 있다고 믿는다. 심지어는 귀신은 그늘진 나무, 계곡, 많은 샘, 그리고 산마루에 자주 들른다. 녹색의 언덕비탈 위에, 농사가 지어지는 평화로운 계곡 속에, 풀이 우거진 골짜기에, 나무가 많은 고지에, 길과 강 옆에, 심지어는 동서남북 어디에나 귀신은 널리 도사리고 있으면서 사람의 운명에 대해 극히 음성적인 장난을 통해 위안을 얻는다고 믿어진다. 또 귀신들은 지붕, 천장, 아궁이, 광과 석재 어디에든 있다. 그들은 굴뚝과 헛간과 마루와 부엌을 채우고 있다. …… 이러한 다신관(多神觀)은 자연의 냉혹함이 비교적 적어 자연과 거래를 두고 대상화하기보다 정서적, 감정적으로 동화하려는 경향이 강하게 나타나는 환경의 영향으로 보인다"고 한다.

나아가 "한국인들이 지니고 있는 이러한 믿음은 그들을 소심한 불안에서 영구히 벗어나지 못하게 만든다. …… 귀신의 삶은 모든 면에서 한국인들에게 영향을 끼쳐서 그들의 부귀를 유지하기 위해 귀신을 달래는 행위를 계속하게 만든다. 그리고 귀신은 그들의 숭배가 소홀할 때는 가차 없는 재난으로 보복하기 때문에 한국인들은 결국 평생 동안 귀신에 대해 노예적으로 복종할 수밖에 없게 된다"고 한다. 그리고 이것은 단지 의식의 문제에 그치지 않았다. 즉, "무당을 부르는 데 소요되는 비용은 비싸다. 무속 사업은 매년 2억 20만 달러가 소요되는 것으로 알려져 있다! 사람들이 귀신의 은혜를 얻거나 불운을 피하고자 할 때는 그 중개인으로서 주술사를 고용하는 것이 필수라고 믿는다. 민중들을 억압하는 것은 의식에서 쓰여지는 제물이나 무당의 현세적인 권력이 아니라 무당을 고용하는 데 드는 비용이다(제34장)"라고 한다. 이러한 무속신앙은 조상 숭배를 중시하는 일부의 식자층을 제외한 나머지, 즉 왕족을 비롯해서 빈궁한 초가집에 거주하는 하층민에 이르기까지 모든 부녀자와 대다수 남성들의 의식세계를 지배하였다고 할 수 있다.

조선인에 대한 비숍의 인식은 그녀가 시베리아의 조선인 정착촌을 방문하게 되면서 크게 바뀐다. 그녀가 러시아령 만주로 간 것은 2만 명에 가까울 것으로 추정되는 조선인들이 어떠한 환경에 있는지를 조사하기 위한 것이다.

이것은 조선인이 자신의 정부가 아닌 다른 정부 아래에 있을 때 생활상이 어떻게 변할지를 관찰해 볼 수 있는 좋은 기회가 된다. 마치 제1장에서 언급한 바 있는 제도의 실험이 이루어진 것으로 볼 수 있다. 1860년대부터 함경도로부터 국경을 넘어 굶주린 조선인들의 이주가 시작되었고 거의 황무지나 다름없는 프리모르스크를 중심으로 정착민이 16,000명에서 18,000명에 이르렀다. 1884년 이전에 이주한 조선인들은 러시아 국민으로서 권리를 주장할 수 있게 되었고, 자치가 운영되어 이 지역의 관리들이 한국인 가운데에서 뽑혔다.

이들에 관한 비숍의 묘사를 소개하면, "이곳의 한국 남자들에게는 고국의 남자들이 갖고 있는 그 특유의 풀죽은 모습이 사라져 버렸다. 토착 한국인들의 특징인 의심과 나태한 자부심, 자기보다 나은 사람에 대한 노예근성이 주체성과 독립심 또는 아시아인의 것이라기보다는 영국인의 터프한 남자다움으로 변하였다. 활발한 움직임이 우쭐대는 양반의 거만함과 농부의 낙담한 빈둥거림을 대체하였다. 돈을 벌 수 있는 많은 기회가 있었고 만다린이나 양반의 착취는 없었다. 안락과 어떤 형태의 부도 더 이상 관리들의 수탈 대상이 되지 않았다"고 한다. 사진 9는 비숍이 시베리아에서 관찰한 조선인 정착민들과 그들의 가옥을 그린 것이다.

이어서 비숍은 "한국에 있을 때 나는 한국인들이 세계에서 제일 열등한 민족이 아닌가 의심한 적이 있고 그들의 상황을 가망 없는 것으로 여겼다. 그러나 이곳 프리모르스크에서 내 견해를 수정할 상당한 이유를 발견하게 되었다. 이곳의 한국인들은 번창하는 부농이 되었고 근면하고 훌륭한 행실을 하고 우수한 성품을 가진 사람들로 변해 갔다. 이들 역시 한국에 있었으면 똑같이 근면하지 않고 절약하지 않았을 것이라는 점을 명심해야 하였다. 이들은 대부분 기근으로부터 도망쳐 나온 난민들에 불과했었다. 이들의 번영

사진 9 비숍이 시베리아에서 관찰한 조선인 정착민들
자료: Bishop(1898).

과 보편적인 행동은 한국에 남아 있는 민중들이 정직한 정부 밑에서 그들의 생계를 보호받을 수만 있다면 천천히 진정한 의미의 '시민'으로 발전할 수 있을 것이라는 믿음을 나에게 주었다"고 말한다. 이것은 개인의 재산권을 보호하고 개인의 노력에 대해 인센티브를 부여하는 제도가 경제성장을 가져온다는, 제1장에서 살펴본 현대 제도경제학의 핵심을 19세기 말의 비숍이 정확히 깨닫고 있었음을 보여 준다. 그것도 단순한 이론적 추정에 그치지 않고 다른 제도 아래 살고 있는 두 조선인 집단의 경제적 성과를 비교한다는 '실험'의 결과에 의거해서 말이다.

한 가지 추가하고 싶은 점은 비숍이 조선을 여행하면서 강도를 만나 가진 것을 빼앗길지 모른다는 불안을 전혀 느끼지 못하였다는 점이다. 다음의 인용은 서울과 그 주변을 돌아다니면서 느낀 소감을 언급한 것이다. 즉, "한

마디 덧붙이고 싶은 것은 유럽에는 서울처럼 치안이 잘 유지되어 여자들이 남자의 에스코트를 받지 않고도 자유롭게 나다닐 수 있는 도시가 전혀 없다는 것이다. 이것은 바로 나 자신이 성벽 밖의 모든 곳을 어떤 사소한 불상사도 겪지 않고 돌아다니면서 직접 깨달은 것이다(제2장)"라고 하였다. 지방을 돌아다닐 때에도 외국인에 대한 과도한 호기심으로 자신에게 무례하게 굴거나 불편하게 만든 점에 대해 불만을 늘어놓았지만, 치안에 대한 걱정은 없었다고 하였다. 비숍이 만주에서 마적을 만나 귀중품을 털렸던 것과 대비된다. 현재에도 서울은 세계의 도시 중에서 가장 치안이 잘 유지되어 있다고 알려져 있다. 100년이 훨씬 넘어 이어지고 있는 이 조선 사회의 특질은 주목할 만하다고 생각한다.

3. 격동하는 국제 정세와 개혁의 좌절

비숍이 방문하였던 1894년 2월에서 1897년 1월까지의 기간은 조선을 둘러싼 국제 정세가 급변하였고 국내 정치가 요동을 친 시기였다. 이에 관해서는 이미 역사 연구와 교육을 통해 많이 알려져 있으므로 기행문의 관련된 내용을 여기서 자세히 언급할 필요는 없을 것이다. 다만 이 시기 주요 사건의 큰 흐름을 요약하고, 특히 정부의 성격과 관련하여 재정 상황에 관해서는 여기서 부연해 두고자 한다. 이 시기 화폐 제도와 토지 및 지세 제도에 관해서는 식민지기의 제도 변화를 다루는 다음 장에서 언급할 예정이다.

비숍이 한국에 처음 도착하였을 때에는 동학 농민봉기가 막 일어났을 때인데, 농민군에 의해 진주성이 함락되자 위기를 느낀 조정은 다시 청군의 파병을 요청하였고, 그것이 빌미가 되어 일본도 군대를 보내 그해 6월에 조선에서 청일전쟁이 발발하였다. 이때 일본군은 서울을 점령하였고 그 영향 아래에서 개화파 정부가 들어섰다. 이 정부는 군국기무처를 설치하고 그 후 19개월 동안 1-3차에 걸친 갑오개혁이 추진되었다. 그중 몇 가지를 언급하면, 중앙관제를 개편하여 의정부를 중앙 통치의 중추기관으로 하고 그 산하에 8개 아문을 두었다. 궁내부를 분리하여 의정부가 업무에 관여하지 못하게 하였다. 그 외에도 과거제 폐지와 새로운 인재를 등용할 제도의 시행, 조세 금납화, 은본위 화폐 제도 시행, 도량형 통일, 경무청의 설치와 기존 군제의 폐지, 문벌의 폐지와 신분제 철폐, 조혼 금지와 과부의 재가 허용 등 광범위에 걸쳐 있다. 그 내용은 정치, 경제, 사회의 각 분야에 걸친 근대적인 제도개혁이라는 성격을 갖는다고 할 수 있다. 이것은 갑신정변(1884년)이나 동학 농민봉기를 통해 표출된 조선 내부의 개혁 요구가 반영된 것으로 볼 수 있다. 다른 한편, 일본의 개입으로 추진되었다는 점에서 타율적인 성격도 가지고 있었으며, 왕실을 비롯한 기득권층은 이에 크게 반발하고 있었다.

청일전쟁에서 일본이 승리함에 따라 조선에 대한 청국의 영향은 배제되었다. 그런데 전후 일본이 청국과 맺은 시모노세키 조약으로 요동 반도를 할양받게 되자, 러시아를 비롯하여 독일과 프랑스의 3국이 일본에 압력을 행사하여 요동 반도를 청국에 되돌려 주게 한 사건이 발생하였다. 이를 삼국간섭이라 하는데, 이를 계기로 일본과 러시아의 대립 구도가 만들어졌고 고종과 민비 등이 러시아에 접근하여 일본을 견제하고자 하였다. 당시 일본은 러시아와 대적하기는 아직 이른 상황이라 판단하여 조선의 러시아 접근을 저지하고자 하였다. 이를 위해 민비를 시해하는 을미사변을 일으켰는데, 그것은 조선 내에서 일본에 대한 반발을 고조시킨 결과를 낳았다. 그에 더하여 갑오개혁의 일환으로서 상투를 자르도록 강제한 단발령(1895년 말)의 시행은 거센 저항에 부딪혔고, 일본뿐만 아니라 그들의 지원으로 추진되어 온 갑오개혁에 대한 반발로 이어졌다.

이러한 상황에서 고종이 러시아 공사관으로 피신하는 아관파천(1896년 2월)이 일어났다. 그와 함께 고종은 단발령에 동의하지 않으며 을미사변에 연루된 자와 갑오개혁의 추진자들을 반역자로 단죄할 것을 선언하였다. 그로 인해 기존 내각이 무너졌고, 김홍집을 비롯해 갑오개혁을 주도하였던 자들은 고종이 보낸 근위대에 의해 살해되고 말았다. 그 후 갑오개혁에서 추진되어 온 개혁조치들은 상당수가 무효로 되돌려졌다. 대표적으로 왕권을 제한하고자 하였던 중앙관제도 과거로 후퇴해 버렸다. 비숍이 기행문에서 다루고 있는 시기는 여기까지이다.

그 후의 전개를 좀 더 연장해서 언급하면, 주지하듯이 고종이 러시아 공사관을 1년 만에 나와 1897년에 대한제국을 선포하였다. 그 헌법에 해당하는 대한국 국제(1899년)를 보면 자주독립의 제국이며, 황제가 무한한 군권을 갖고 입법, 행정, 군 통솔권, 외교 등 권력을 집중한 전제군주국임을 천명하였다. 이에 앞서 독립협회는 1898년에 만민공동회를 개최하여 러시아에 의존하는 정부와 러시아의 이권침탈을 반대하고, 의회 설립을 요구하였다. 대한국 국제는 이러한 요구가 거세지자 독립협회를 해산시키고 집회를 금지한 다음 발표된 것이었다. 거기에는 국민의 기본권에 관한 규정이 빠져 있어 근대적 헌법과는 거리가 멀었다. 대한제국은 갑오개혁이 지향하였던 바로부터 크게 후퇴하였다고 할 수 있다. 그 후 한국의 지배권을 두고 일본과 러시아의 대립이 고조되었고, 러일전쟁(1904-1905년)에서 일본이 승리함에 따라 한국이 그 식민지로 전락하게 되었음은 주지하는 바와 같다.

이 시기 정부의 성격에 관해서는 재정 상황을 통해 들여다볼 수 있다. 개항기의 정부재정은 수입이 지출에 미치지 못해 적자가 계속되었다. 이에 대응하여 고종은 청이나 일본으로부터 차관을 도입하였고 그 대가로서 해관(海關)의 인사권을 넘기고 해관세를 담보로 제공하였다. 각종 이권을 헐값에 넘기기도 하였다. 매관매직이 횡행한 것도 그 일환으로 볼 수 있다. 가장 중요한 재원 조달 수단은 1882년부터 시작된 당오전의 발행이었다. 당오전의 명목 가치는 종래의 엽전(당일전)의 5배였지만 금속 가치는 2배에 불과하여 그 발행으로 막대한 주조 이익을 얻을 수 있었다. 개항 당시 동전의 유통 규모는 2,000만 냥 전후였는데, 1893년에는 7,000만-8,000만 냥에 달해 그 차액은 당오전의 발행으로 추정된다(오두환 1991). 이러한 악화의 남발은 당시 물가를 치솟게 만들어 인플레이션을 통한 과세가 이루어졌다고 할 수 있다. 그뿐만 아니라 당오전의 유통은 서울과 경기 및 그 인접 지역으로 한정되고, 그 밖의 지역은 엽전이 유통되어 동전의 유통 지역이 양분되었다. 이것은 상품의 유통에도 영향을 미쳐 지역 간에 쌀값이 연동하지 않고 따로 움직이는 등 시장이 분할되는 상황이 벌어졌다(이영훈 2016). 재정위기가 통화의 남발과 극심한 인플레이션을 낳고 그것이 시장경제의 발달을 저해하였음을 알 수 있다.

정부재정이 위축되는 상황에서도 왕실재정은 팽창하였다. 왕실의 생활자료를 조달하기 위해 설치된 궁방 중에서 왕비전에 속하는 명례궁(明禮宮)의 경우 수입과 지출의 실태가 밝혀져 있다(이영훈 2016). 그 수입의 내역을 보면, 1892-1893년에 국왕과 왕비의 하사금이 88%를 차지하였는데, 그것은 대부분 당오전의 발행 수입에 의한 것이었다. 그 지출 내역을 보면 궁중에서 왕실의 안녕을 기원하기 위한 고사와 연회를 위한 식료비로 쓰인 것이 80%에 달하였다. 이것은 1853년의 동 비중이 41%였으므로 2배로 불어난 것이다.

지출부에 따르면, 1893년의 한 해에 29회의 고사와 다례가 행해졌고, 조정의 관료와 외국의 빈객을 대상으로 하는 음식의 하사가 37회에 달한 것으로 나왔다.

대한제국의 성립 이후 왕권이 강화되면서 황실재정은 더욱 팽창하였다. 황실재정에는 전술한 궁방 이외에 정부재정의 일환으로 편성되어 있는 궁내부, 황실의 재산을 관리하기 위해 설치된 내장원, 그리고 황제의 비자금을 관리하는 별고(別庫)가 있었다(이영훈 2016). 내장원은 당초에는 규모가 크지 않았지만, 정부의 재원으로 되어 있는 역둔토 등의 토지, 홍삼 전매사업, 금광을 비롯한 광산, 군역청이 관할하는 어염선세(魚鹽船稅)와 상업 관련의 무명잡세(無名雜稅) 등을 자신의 관할로 귀속시키면서 규모가 크게 불어났다. 국고에서 지급되는 궁내부 경비보다 내장원 수입이 훨씬 컸으며, 이를 합친 황실 수입이 1903-1904년에 탁지부가 관할하는 국고 수입의 44-70%에 달하였다(김재호 2016).

그 외에도 갑오개혁 이후 전환국에서 발행된 백동화의 주조 이익도 컸다. 전술한 명례궁의 수입과 지출 구조는 대한제국기에도 달라지지 않았는데, 주된 수입이 당오전에서 백동화의 발행 수입으로 바뀌었을 뿐이었다. 주조 이익은 매관매직과 함께 별고의 주된 수입원이었으며, 이 자금은 황실과 국가재정을 두루 총괄하던 이용익과 같은 심복에 의해 관리되어 인삼의 전매와 미곡의 매매 또는 이자 수입을 얻기 위한 대부로 활용되었다. 이 점에서 황제는 대한제국 최대의 상인과 다를 바 없는 존재였다고 할 수 있다. 조선왕조가 전통적으로 유지해 왔던 성리학적 공공국가의 모습은 대한제국기에 와서는 자취를 감추고, 가산제(家產制) 국가의 모습을 드러내었다고 평가되고 있다(이영훈 2016).

한국이 자주적 개혁을 통해 근대국가를 수립하는 데 왜 실패하였는지에 관해서는 깊은 성찰이 필요하다. 먼저 세계 정세에 무지한 채 권력 투쟁에만 골몰하였던 위정자들이 책임을 면할 수 없다. 그들의 권력다툼은 더 이전으로 거슬러 올라간다. 비숍이 왕비와 고종을 여러 차례 만났고 그들에 대해 애틋한 연민의 감정을 지니고 있었지만, 당시의 정치사를 다음과 같이 한마디로 요약하였다. 즉, "대원군의 섭정(1864-1873년)이 끝날 즈음부터 왕비의 시해에 이르기까지의 한국 정치사는 왕비와 그 일족, 그리고 대원군 간의 피비린내 나는 반목으로 일관되었다." 대원군의 섭정이 끝나자 민비와 그 일족이 득세를 하였고, 임오군란(1882년)으로 대원군이 복귀하게 되자 위기에 처한 민비가 청군을 불러들여 대원군을 유폐시켜 버렸다. 이때 서울에 파병된 청군이 근대적 개혁을 시도한 갑신정변(1884년)의 실패를 가져온 요인이 되었다. 동학 농민봉기로 인한 정권의 위기로 다시 청군을 불러들였고, 그것이 청일전쟁의 도화선이 된 것은 전술한 바와 같다. 일본은 대원군과 민비의 뿌리 깊은 반목을 이용하고자 하였다. 청일전쟁이 발발하기 직전인 1894년 6월에 일본군이 경복궁을 점령하였을 때 민비를 견제하기 위해 대원군을 앞세웠지만, 갑오개혁을 추진하면서 대원군은 국정에서 배제되었다. 을미사변 때에도 일본은 대원군을 다시 입궐시켜 그가 민비의 폐위를 주도한 것처럼 만들었다. 그 후 고종이나 시해되기 전에 민비는 러시아를 끌어들이려고 하였고 러일전쟁으로 이어졌다. 외세를 끌어들인 권력 투쟁의 끝이 결국 주권의 상실로 이어진 것이다.

더 근본적으로는 조선이 왜 근대 사회로의 발전이 지체되었는지, 그로 인해 서구의 문물과 사상이 밀려 왔을 때 제대로 대처하지 못하였는지를 물어야 할 것이다. 이에 관해서는 기행문의 마지막 장에서 조선 사회의 문제에 대한 비숍의 진단과 처방이라 할 수 있는 언급을 다소 길지만 인용한다.

"한국은 가난한 나라가 아니다. 자원은 고갈되지 않은 채로 미개발되어 있다. 성공적인 농업을 위한 능력도 거의 이용되지 않고 있다. …… 불행히도 한국 국민의 잠재된 에너지가 사용되지 않고 있다. 중산층이 진출할 수 있는 길이 열려 있지 않다. 중산층이 그들의 에너지를 쏟을 숙련된 직업이 없다. …… 한국은 특권 계급의 착취, 관공서의 가혹한 세금, 총체적인 정의(正義)의 부재(不在), 모든 벌이의 불안정, 대부분의 동양 정부가 기반하고 있는 가장 나쁜 전통인 비개혁적인 정책, 음모로 물든 공직자의 약탈행위, 하찮은 후궁들과 궁전에 한거하면서 쇠약해진 군주, 가장 부패한 제국과의 동맹, 그리고 널리 퍼져 있으며 민중을 공포의 도가니로 몰아넣는 미신이 한국을 초라하고 볼품없는 모습으로 위축시켜 버렸다. 그 속에서 나의 한국에 관한 첫인상이 생겼다. 그럼에도 불구하고 희망은 한국의 바다에, 땅에, 간난에 견딜 수 있는 국민 속에 있음을 나는 보았다.

한국에서 아주 심각하고 보편적으로 저주스러운 관습은 수천 명의 멀쩡한 신체를 가진 사람들이 자신들보다 부유한 친척이나 친구들에 매달려 의존하는 악습이다. 그에 대해 부끄러움도 없고 그것을 비난하는 여론도 없다. …… 한 무리의 식객을 안고 있는 사람에게 하나의 탈출구는 관직이다. 지위가 높든 낮든 관직은 국고로 그의 식객들을 부양할 수 있는 길을 열어준다. …… 정부 고용은 이 쓰레기 계급을 위한 자선사업과 거의 다름이 없다. 오랜 세월 동안 한국을 불명예스럽게 하였던 것이 바로 매관매직이었다. …… 그들이 관직을 임명 받으면 나라의 월급을 축내고 수뢰를 받는 일 이외에 할 일이 거의 없다. 나는 실제로 노동하는 땅의 경작자가 이 모든 기생충의 부양자라는 것을 싫증이 나도록 반복하였다. 한국에서 농부들은 가장 열심히 일하는 계급이며, 비록 원시적이지만 땅과 기후에 잘 적응함으로써 자기 노동의 생산량을 쉽게 배가시킬 수 있다. 그러나 이익이 안전하게 보호된다는 보장이 없으므로 그들은 자신의 가족을 먹여 살리고 옷을 입힐 정도로만 생산하는 데 만족하고, 더 좋은 집을 세우거나 품위 있게 옷을 입으려고 하지 않는다. …… 명백한 절망으로 찌든 계급들이 무관심, 타성, 냉담, 생기 없는 마비 상태로 가라앉아 있다는 것은 놀랍지 않다(제37장)"고 진단하였다.

그리고 그에 대한 처방으로서 비숍은 다음과 같이 말한다. "한국은 이런 전망 없는 상황에서 교육으로써, 생산 계급을 보호함으로써, 부정적인 관리들을 처벌함으로써, 그리고 모든 관직에 실무적인 테스트를 부과함으로써, 즉 실제로 일한 것에 대해서만 지불함으로써 새로운 국가를 건설해야 한다"고 주장하였다. 이러한 비숍의 견해는 현재 우리와 공유할 수 있는 근대적인 시각을 가지고 당시 조선의 구석구석을 누비면서 직접 현장에서 보고 숙고한 결과로 얻은 것이라는 점에서 경청할 만하다고 생각한다.

4. 개항기 무역과 산업

조선은 개항으로 자유무역의 시대에 들어섰다고 할 수 있다. 수입품에 대해 5%의 협정관세가 부과되었지만, 무역에 관한 규제는 이루어지지 않았다. 여기에서는 개항기 무역의 실태와 그것이 산업에 미친 영향에 대해 생각해 보고자 한다.

무역 통계가 이 시기의 전국적인 실태를 보여 주는 거의 유일한 통계라고 하였지만, 통계 작성 기관에 의해 일관된 방식으로 통계가 작성된 것은 아니었다. 1876년부터 개항장 무역이 시작되었으나 관세를 부과하는 해관(海關)이 설치(1884년)되기까지는 조선에서 무역 통계를 작성하는 기관이 없었다. 이 시기의 개항장 무역은 일본이 거의 독점하고 있었으므로 일본 측의 무역 통계로부터 역으로 파악할 수 있다. 해관이 설치된 이후 조선의 무역 통계는 청국의 해관통계서(*Return of Trade at the Treaty Ports and Trade Reports*)의 부록으로 수록되어 있다. 당시 청국은 조선에 차관을 제공하는 대가로 해관의 운영권을 장악하고 있었고, 청국과 조선 해관의 세무책임자가 모두 서양인이어서 이 자료는 영문으로 발간되었다.

청일전쟁의 발발(1894년)이후 이 자료에는 조선의 무역 통계가 더 이상 실리지 않게 되었지만, 조선 해관은 통계를 계속 작성하고 있었던 것으로 보인다. 예컨대, 러시아 대장성이 발간한 『한국지』에는 1883-1897년의 무역 통계가 실려 있는데, 그것은 해관에서 작성된 통계와 연속하는 자료임을 알 수 있다. 그 외에도 19세기 말에는 영국 영사관이 작성한 연차 보고서(*Diplomatic and Consular Reports*)가 있지만, 품목이 소략하고 수량 통계가 빠져 있어 이용에 한계가 있다. 조선총독부는 1908년부터 1941년까지 매년 『조선무역연표』라는 상세한 통계서를 발행하였는데, 그 이전의 1901-1907년간은 조선 해관의 통계를 수집하여 『조선수출입품7년대조표』로 발간한 바 있다. 이와 같은 무역 통계의 상황은 당시 조선 정부가 기본적인 역할도 하지 못하였음을 상징적으로 보여 준다고 생각한다.[2] 여기서 이용된 이 시기 무역 통계는 여러 곳

2 이들 자료에서 무역액을 표시하는 화폐단위도 제각각으로 달랐다. 청국의 해관통계서와 러시아의 『한국지』에 실려 있는 통계는 멕시코 달러(은화)로 표시되어 있는데, 이것은 조선의 개항장뿐만 아니라 중국을 비롯하여 동남아시아 각지에서도 유통되었던 것이다. 영국 영사관 자료의 금액 통계는 파운드로 되어 있고, 조선총독부가 작성한 자료에는 일본 은화로

에 흩어져 있는 이들 자료를 모아서 연결한 것이다.

이들 무역 통계는 품목별로 수량과 금액을 보여 준다. 품목별 수출액 또는 수입액을 각 수량으로 나누어 주면 수출 또는 수입의 품목별 단가를 구할 수 있다. 각 품목이 무역액에서 차지하는 비중을 가중치로 본다면 품목별 단가를 이용하여 수출 또는 수입단가지수를 구할 수 있다. 그리고 수출액 또는 수입액을 각각 수출 또는 수입단가지수로 나누면 수출 또는 수입물량지수가 된다. 이것은 가격의 변화를 제거해서 무역량이 실제로 얼마나 늘어났는지를 보여 준다.

[그림 6-1]은 이렇게 구한 조선의 수출량 추이를 일본 및 세계 평균과 비교한 것이다. 1913년을 100으로 하는 지수를 로그 눈금으로 보인 것이다. Y축의 눈금이 한 칸 높아지면 수출 규모가 10배씩 증가하는 것을 보여 주며, 그래프의 기울기가 가파를수록 증가율이 높은 것을 뜻한다. 1870년 이후 제1차 세계대전 전인 1913년까지는 세계의 무역이 꾸준히 증가한 시기였으며, 매디슨에 따르면 수출 증가율은 연평균 3.3%로 나온다. 이 시기 일본의 수출은 세계 평균보다 상당히 빨랐고, 조선의 수출은 시기에 따라 기복을 보였지만 일본과 다르지 않은 증가율을 보였다(Maddison 1995). 제1차 세계대전 이후 세계의 무역은 정체 또는 감소하였던 것과는 달리 조선의 수출 증가 추세는 지속되었으며, 특히 제1차 세계대전기에는 일본의 수출 증가율도 크게 앞질렀음을 알 수 있다.

무역의 규모를 GDP 대비로 가늠해 볼 수 있다. GDP의 추계가 1911년부터 시작되므로 그해의 수출과 수입의 대GDP 비율인 수출 또는 수입 의존

표시되어 있다. 참고로 일본 은화는 멕시코 은화와 거의 동등한 것으로 유통되었는데, 위조된 멕시코 은화가 많아지면서 일본 은화가 점차 주된 결제 및 회계 수단으로 사용된다.

그림 6-1 실질 수출액 추이의 국제 비교(1913=100)

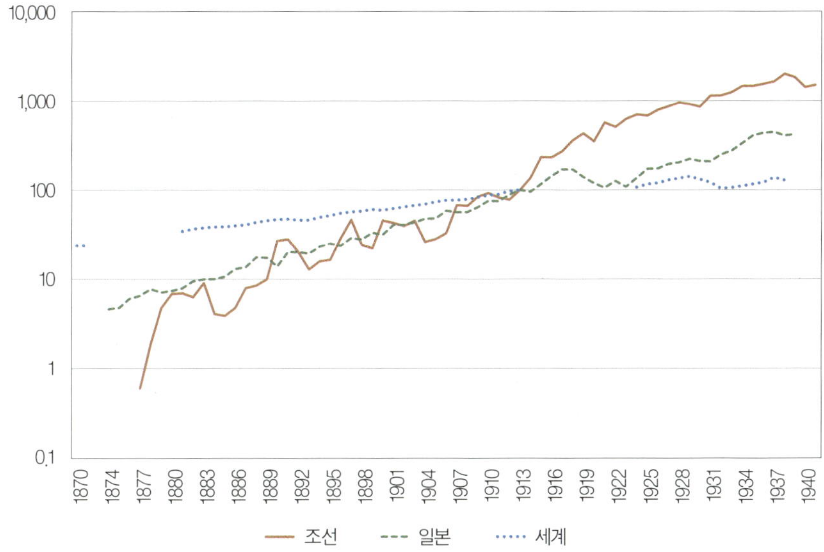

자료: 세계 수출액은 Maddison(1995); 일본은 山澤·山本(1979); 조선은 『한국의 장기통계』(V. 대외무역과 환율).

도는 각각 7%와 13%로 나왔다([그림 2-7] 참조). 양자를 합친 무역 의존도는 20%가 된다. 식민지기에 정점에 달하였던 1935년의 수출 또는 수입 의존도는 33%와 32%(양자의 합계 65%)였으므로 그에 비해 1/3에 다소 못 미친 수준이었다. 다만 개항 때의 무역이 0이라 볼 수 있으므로 개항 후 35년간 무역 의존도가 20% 포인트가 늘어난 것을 뜻한다. 이 시기 무역이 조선인의 삶에 본격적으로 영향을 미치기 시작하였다고 할 수 있다.

이 시기 무역을 대표하는 품목으로서 수출에서는 쌀과 콩, 수입에서는 가장 비중이 높았던 면직물인 생금건(生金巾)과 면사를 선정하여 그 추이를 보다 구체적으로 살펴보자. [그림 6-2]는 이들 품목의 무역량 추이를 보

그림 6-2 주요 무역품의 수량 추이

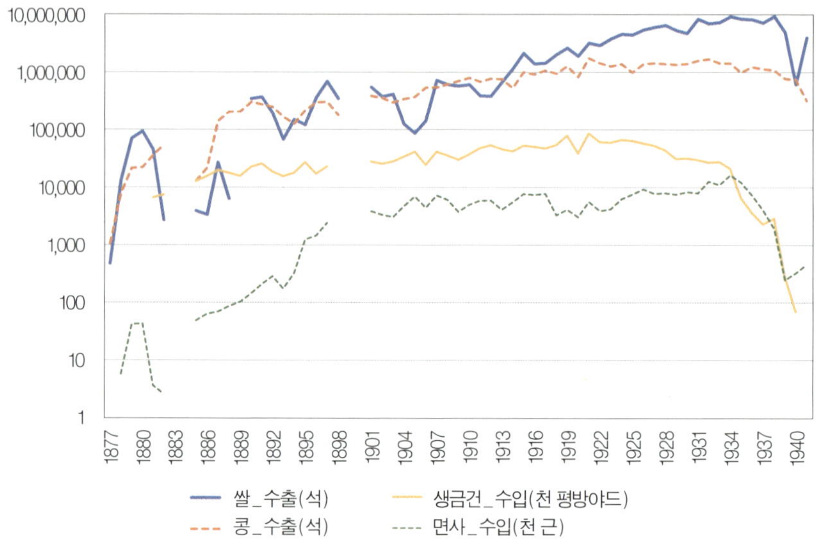

자료: 김낙년(2001).

여 준다. 거기에서 쌀과 콩의 수량은 석(石)이고, 생금건은 천 평방야드, 면사는 천 근이며, 로그 눈금으로 표시하였다. 쌀 수출은 개항기에는 그 증감의 기복이 매우 컸으며 식민지기에 들어와서 안정적으로 증가하였다. 개항기의 쌀 수출은 미작의 풍흉에 크게 영향을 받았으며, 특히 흉작 시에 쌀의 수출로 인해 쌀값이 급등하였으므로 조선의 지방관이 쌀의 수출을 저지하고자 방곡령(防穀令)을 내리기도 하였다(吉野 1978). 쌀의 수출시장이 출현하였지만, 그 수출상품화 과정은 순탄하지 않았음을 뜻한다. 콩은 개항기의 대표적인 수출품으로서 쌀보다 수출량이 많았던 해가 적지 않았다.

[그림 6-3]은 상대 가격과 교역조건의 추이를 보인 것이다. 먼저 조선미

그림 6-3 주요 품목의 상대 가격과 교역조건 추이

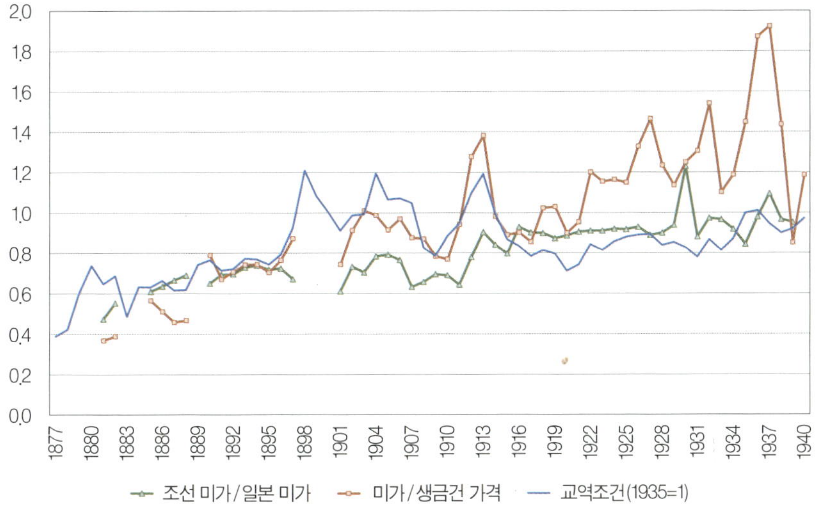

자료: 김낙년(2001); 『한국의 장기통계』(V. 대외무역과 환율).

의 수출 가격을 일본미 가격과 비교해 보면 1881년에는 일본미의 48%로 낮았지만, 이후 점차 격차가 좁혀져 1910년에는 69%에 달하였다. 1930년대로 가면 두 지역의 미가가 거의 접근한 것으로 나왔다. 이것은 개항 이후 쌀 수출이 증가하였지만, 조선미 가격은 일본미보다 빨리 상승하여 조선에 유리하게 변하였음을 뜻한다. 이것은 조선에서 쌀의 증산에 강한 인센티브로 작용하였을 것으로 생각된다.

개항기 쌀의 생산 동향은 전국을 조사한 통계가 없어 그 정확한 실태를 알기 어렵지만, 개별 지주가 수취한 지대량에 관한 사례연구를 이용하여 그 실태를 엿볼 수 있다. [그림 6-4]는 지주의 추수기(秋收記) 등을 이용하

그림 6-4 논의 단위 면적(두락)당 지대량

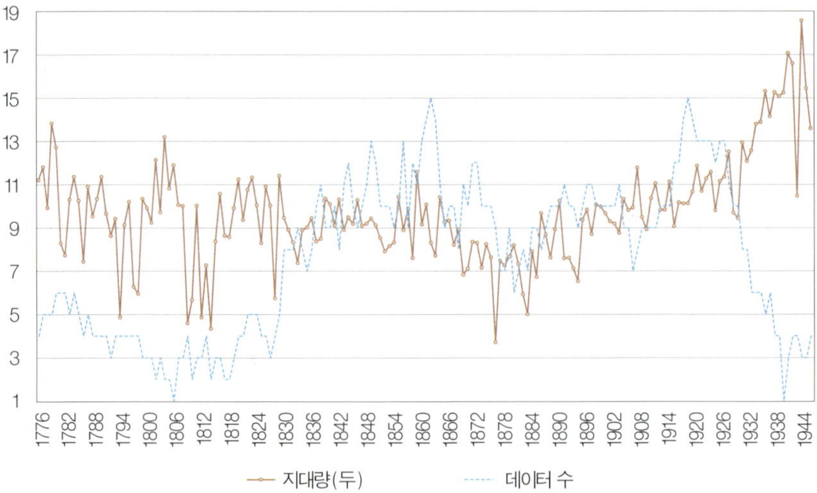

주: 1) 33개의 개별 사례연구에서 구한 논의 두락당 지대량를 연도별로 단순 평균한 것이다.
2) 데이터 수란 각 연도의 지대량 데이터가 있는 사례 수를 말한다.
자료: 『한국의 장기통계』(G. 농업).

여 구한 논의 두락[3]당 지대량에 관한 33개의 사례연구 결과를 종합한 것이다.[4] 그림에서 각 연도의 데이터 수란 지대량 데이터가 있는 사례 수를 말한다. 예컨대, 1830년에서 1932년까지는 이용된 데이터 수가 매년 6-15개이며, 이들 사례연구의 지대량을 단순 평균하여 제시하였다.[5] 1830년 이전과 1932년 이후에는 데이터 수가 6개 이하로 떨어진다. 데이터 수가 상대적으로 많

3 두락은 볍씨 1두를 파종하는 면적을 말하며 대략 6a에 해당한다.
4 이들 사례연구의 대상 지역은 전라, 경상, 충청이 중심이어서 전국을 커버하는 것은 아니지만, 주요 곡창 지대를 포함하고 있다.
5 참고로 지대량 데이터가 누락된 경우 그 전과 후의 연도에 데이터가 있는 때에는 그 평균값으로 누락된 연도를 보간해 보았다. 그 경우 각 연도의 데이터 수가 평균 14개(1830-1932년)로 늘어나지만, 그렇게 구한 두락당 지대량의 추이는 [그림 6-4]와 크게 다르지 않았다.

은 1830년 이후의 100년간에 초점을 맞추어 보면 1880년대를 바닥으로 하여 하락하다가 상승으로 전환하는 U자형의 추이를 보였음을 알 수 있다.

이것은 논에서 수취되는 지대량이므로 논의 생산성을 직접 보여 주는 것은 아니다. 그렇지만 논의 소작료율이 이 시기에 50% 전후의 수준(竝作半收)에서 크게 변하지 않았다고 생각되기 때문에 생산성의 대리변수로 이용할 수 있다. 19세기 조선의 위기 상황(이영훈 편 2004)을 보여 주는 논 생산성의 장기 하락이 1880년대 이후 상승으로 돌아섰다고 할 수 있다. 데이터 수가 적어 이 결과가 전국의 실태를 보여 준다고 단언하기는 어렵지만, 전국을 대상으로 하는 근대적 통계조사가 이루어지지 않는 시기에는 이러한 개별 사례의 미시 자료를 축적하는 수밖에 없다. 1880년대 이후 산업의 주력인 쌀 생산이 증가로 돌아선 이유는, 개항으로 쌀의 수출이 늘고 가격도 조선에 유리하게 변하여 쌀의 작부 면적을 늘리고 그 생산성을 높이는 인센티브로 작용한 것이라 할 수 있다. 콩의 수출 증가도 마찬가지로 증산 효과를 미쳤을 것으로 생각된다.

이러한 상황 변화에 기민하게 반응하는 지주층이 나타났다. 식민지기에 100정보 이상의 경지를 소유한 대지주가 부를 축적한 시기가 대체로 개항기에 집중된 것으로 나온다(장시원 1989). 예컨대, 전라북도 고부 김씨가의 경우 1890년대를 전후하여 대지주로 급속히 성장하였고, 식민지기에는 경성방직을 설립하여 조선의 대표적인 자산가로 이름을 올렸다(주익종 2008). 그들은 군산이 개항장이 되고 주변 곡창 지대의 쌀이 대량으로 수출되는 환경이 조성되면서 부를 축적할 기회를 포착한 것으로 알려졌다(김용섭 1977). 그 외에도 개항기에 대지주로 성장한 사례가 적지 않았다(이영훈 2016).

수출 증가가 조선의 국내 생산에 긍정적 효과를 미쳤다고 한다면, 수입의 경우는 어떠하였을까? [그림 6-2]에는 대표적인 수입품으로서 생금건의 수입량 추이를 보였다. 생금건은 기계제 면직물로서 개항 초기에는 단일 품목으로 수입액의 과반수를 차지할 정도였지만, 점차 수입 직물의 종류가 다양화되었다. 생금건과 이보다 좀 더 거친 면직물인 시팅(sheeting)의 수입량은 제1차 세계대전기까지는 증가하였지만, 그 후 조선에 대규모 방직공장들이 진출하면서 감소로 돌아섰고, 1930년대에는 조선 내 생산품이 수입품을 빠르게 대체해 갔다.

[그림 6-3]에는 조선미 1석당 수출 가격을 수입 생금건 100평방야드당 가격으로 나눈 비율을 제시하였다. 1881년에 조선미 1석당 수출 가격은 5엔이고, 수입 생금건 100평당야드당 가격은 13엔이었으므로 조선미를 1석 수출해서 생금건을 37(=5/13×100)평당야드 수입할 수 있었다. 이 비율이 1900년대에는 90평방야드로 높아졌고, 1930년대는 139평방야드를 수입할 수 있게 되었다. 즉, 쌀에 비해 면직물의 상대 가격이 그만큼 저렴해졌음을 말한다. 쌀과 생금건은 개별 품목인데, 이를 전체 수출 및 수입 품목으로 확대해서 본 것이 [그림 6-3]의 교역조건이다. 그것은 1935년=1인 지수인데, 1870년대에 0.47에서 1900년대에 0.99로 크게 높아졌다. 즉, 이상은 개항기에 무역을 통해서 조선의 소비(따라서 소득) 수준이 그만큼 더 높아졌음을 뜻한다.

그런데 수입 면직물 가격이 상대적으로 저렴해졌다는 것은 조선의 재래 직물업에 미친 충격이 그만큼 컸음을 뜻한다. 재래의 면사 생산은 효율성이 매우 낮았기 때문에 기계제 방적업에서 생산된 수입 면사에 대해 경쟁력을 가질 수 없었다. 이러한 상황에서 직물을 짜는 직포 부문이 살아남는 길은 저렴한 수입 면사를 이용한 원료비 절감과 저임금 활용이었다. 이러한 면직물업 재편의 방향은 기존 연구에서 이미 밝히고 있듯이 일본이나 중국에서도 나타났으며, 조선에서도 어느 정도 확인할 수 있다(梶村 1977; 村上 1976, 1979). [그림 6-2]에서 면직물의 원료로 쓰이는 면사의 수입량 추이를 보였는데, 개항기 면사 수입의 급속한 증가는 조선에서도 재래 면직물업이 그러한 방향으로 재편이 진행되고 있었음을 보여 준다.

그러나 면사 수입은 러일전쟁 이후 정체되었지만, 면직물 수입은 계속 증가하였다. 1908년에 일본의 조선에 대한 면제품 수출은 면사가 33%, 면직물이 67%로 면직물 중심이었지만, 중국에 대한 면제품 수출은 면사가 78%, 면직물이 22%로 거꾸로 면사 중심이었다는 대조를 보였다(村上 1976). 이것은 조선이 일본은 물론 중국보다도 수입 면사를 이용한 재래 직물업의 재편과 성장이 쉽지 않았음을 보여 준다.

재래 직물업의 실태에 관해서는 총독부의 조사를 통해 처음으로 드러나게 되었다. 조선의 공장 수와 공산액을 조사한 『조선총독부통계연보』에 따르면, 1911년에 전체 공장 수 252개 중에서 조선인 공장이 66개였다.[6] 그중 정미업의 공장이 75개(그중 조선인 공장이 16개), 면직물 공장은 12개(그중 조선인 공장이 9개)였다. 조선인 면직물 공장의 공장당 기술자 수는 1.6명이고, 직공 수는 30명으로 나왔다. 이에 대해 직물의 생산 호수는 93만 호였고, 그중 48만 호가 면직물의 생산 호수였다. 직물의 생산 호수가 이렇게 많은 것은 전업화된 것이 아니라 농가의 부녀자들이 농한기에 부업으로 영위하는 가내공업이 생산 호수로 파악되었기 때문이다. 면직물의 전체 생산액에서 공장

6 통감부에서도 공장 수를 조사하였는데, 그에 따르면 1907년에 전체 공장 수 70개 중에서 조선인 공장 수는 7개에 불과하였다. 다만 공산액은 조사되지 않으며, 공장 생산액과 전체 공산액이 모두 조사된 것은 1911년부터였다. 공장 이외에도 회사 수가 조사되었다. 다만 이 시기 회사는 상업이나 운수 또는 금융 분야에 집중되어 제조업 회사는 적었다(전우용 2011). 더구나 현재의 회사와는 달리 이권을 추구하는 성격이 강한 경우가 많아 회사 수가 생산의 실태를 반영하는 것으로 보기 어렵다.

생산이 차지하는 비중은 3.5%에 불과하였다.

이 시기 공장의 정의는 종업원 수 10인 이상 또는 원동력을 갖는 것으로 되어 있다. 따라서 9인 이하의 종업원을 고용하여 시장 판매를 목적으로 생산하는 직물업자들이 존재하였을 것으로 볼 수 있다. 1930년대의 『조선공장명부』에 따르면, 5인 이상의 직공을 갖는 조선인 면직물 공장은 20개 전후에 그쳤으며(허수열 1993), 이들이 발전할 전망을 갖기 어려웠다. 결국 재래 직물업은 농촌 가내 수공업의 형태로 살아남는 데 그쳤으며, 일찍부터 수입 면제품이 조선의 면직물 시장을 제패하였다. 다만 이러한 수입품에 의존한 조선 내 면직물 소비시장의 확대는 식민지기에 들어와 일본의 대규모 방적자본이 진출함에 따라 수입 대체되는 과정을 밟게 된다.

5. 맺음말

개항은 쇄국을 고수해 왔던 조선에 큰 충격을 주었다. 먼저 무역이 빠르게 늘어났고 그로 인해 산업구조가 재편되는 계기가 되었다. 조선인의 삶에도 커다란 변화가 초래되었다. 개항은 조선인들이 서구의 상품뿐만 아니라 지식과 기술 또는 사상과 제도를 접할 수 있게 되었음을 뜻한다. 기존의 중국 중심의 동아시아 전통적인 질서는 근대의 새로운 가치를 담고 있는 서구의 문물 앞에 더 이상 맞설 수 없었고 급속히 해체되어 갔다. 서구 문물을 빠르게 받아들인 일본이 청일전쟁에서 청국에 완승한 것이 그것을 상징적으로 보여 준다.

이것은 근대 사회에 걸맞는 제도의 수용을 포함하여 체제 변화를 요구하는 것이었지만, 조선은 이러한 시대 조류에 부응하지 못하였다. 격변하는 국제 정세 속에서 기득권을 지키기 위한 권력다툼은 결국 조선을 외세의 각축장으로 만들었다. 갑신정변이나 갑오개혁과 같은 시도가 있었지만, 개혁의 주체 세력이 형성되지 못한 상황에서 실패하거나 중도반단(中途半斷)에 그쳤다. 조선은 불행하게도 자주적인 근대국가로 나아가는 데 실패하였고 일본의 식민지로 전락하였다.

따라서 개항기를 개방은 되었지만 근대적 개혁은 이루어지지 못한 시기로 특징지을 수 있다. 개방을 통해 조선은 국제 분업의 원리에 따라 비교우위 산업인 농업이 수출산업으로 등장하였지만, 비교열위에 있는 면직물을 비롯한 공산품은 수입에 의존하는 체제가 성립되었다. 이를 미면 교환체제(村上 1976)로 부르기도 하고, 탈공업화(주익종 2008)가 나타난 시기로 볼 수도 있다. 즉, 개방으로 저렴해진 국제 가격으로 공산품을 수입할 수 있어 해당 지역의 공업화가 저해되고 1차 산업 중심의 산업구조가 고착될 수 있다는 것이다. 이것은 대부분의 후진국이 처한 상황이기도 하다. 공업 쪽에 비교우위가 생기려면 그를 위한 인적 및 물적 자본이 형성되고 사회적 능력이 축적될 필요가 있지만, 이 시기는 이를 촉진하는 제도의 정비가 이루어지지 못하였다. 다음 장에서는 식민지기에 이루어진 조선의 제도 변화에 관해 살펴보고자 한다.

제7장

식민지 지배와 제도 변화

이 장은 조선이 일본의 식민지로 편입되면서 어떠한 제도 변화가 일어났는지를 살펴본다.[1] 먼저 일본이 조선을 식민지로 어떻게 통치하려고 하였는지 살펴본 다음, 조선 총독과 식민지 행정 그리고 이 시기 시행된 법령에 관해 좀 더 구체적으로 들여다보고자 한다. 식민지 경제 제도에 관해서는 관세 및 화폐 제도를 간략히 언급한 후 토지소유권 제도와 지세 제도를 크게 바꾼 토지조사사업의 내용과 의의를 고찰한다. 토지조사사업의 경우 한국사 교과서에서 조선인의 토지를 '수탈'한 것으로 서술하고 있지만, 이는 사실과 다르다. 식민지기에 도입되거나 이식된 제도 중 일부를 제외하면 제9장에서 살펴보게 되는 바와 같이 해방 후에도 계승되어 현재까지 이어지고 있다. 그런 의미에서 이 시기 제도 변화는 현재의 우리와 무관한 것이 아니고 현행 제도의 전사(前史)로서 의의를 가지고 있다고 생각한다.

1. 일본의 식민지 통치 방침

일본은 첫 식민지인 대만을 영유하게 되었을 때 그 통치 방침을 놓고 고민에 빠지게 된다. 그때 일본은 외국인 법률고문으로부터 자문을 구하는 등 서구 식민지 정책의 경험을 참고로 하였다. 당시 이 문제를 담당하였던 하라 다카시(原敬)가 '대만문제2안'(臺灣問題二案)이라는 의견서를 낸다. 그에 따르면 대만을 식민지(colony)로 간주하는 제1안과 일본과는 다소 제도의 차이가 있더라도 식민지로 간주하지 않는 제2안을 제시한 후, 제2안으로 할 것

1 이 장은 김낙년(2003)의 제2장에 크게 의존하였다.

을 건의하고 있다. 제1안은 대만 총독에게 충분한 직권을 주어 자치를 인정하는 안이다. 이에 비하여 제2안은 독일의 알사스로렌이나 프랑스의 알제리의 예에서 보이는 바와 같이 대만의 제도를 가능한 한 일본에 접근시켜 최종적으로는 양자의 구분을 없애려는 안이다. 제2안으로 결정한 이유로서 지리적 근접성 때문에 통신이나 인민의 왕래가 용이한 점과 함께 인종적 유사성을 들고 있다. 여기에는 식민지에 대한 일본의 동화주의적 발상이 이미 나타나 있다.

다만 하라(原敬)의 이러한 구상이 식민지 영유 초기부터 그대로 실현된 것은 아니었다. 대만 총독에게는 후술하듯이 임위입법권을 비롯하여 광대한 권한이 주어졌으며 더구나 총독은 무관이 독점하였기 때문이다. 이러한 경향은 조선을 합병할 때 더욱 강하게 나타났다. 조선 총독은 후술하듯이 본국 정부의 직접적인 통제로부터 벗어나 상당히 독립적인 지위를 가지고 있었기 때문이다. 영유 초기 식민지는 군부에 장악되어 무단정치로 식민지 민족의 반발과 저항을 무력을 동원하여 억누르고 있었다. 통치기구 면에서 보면 하라가 의도한 동화주의 방침은 대만에서도 그랬지만, 조선에서는 더욱 후퇴하였다고 할 수 있다.

1919년에 조선에서 일어난 3.1운동은 종래의 무단정치에서 벗어나 동화주의 노선을 한층 강화하는 계기가 되었다. 일본에서는 조선에 자치를 허용해야 한다는 주장도 나왔지만, 그러한 주장은 정부 당국자에 의해 명확히 부정되었다. 1918년에 일본의 총리가 된 하라가 3.1운동으로 물러난 데라우치(寺內正毅) 총독의 후임으로 부임하는 사이토(齋藤實) 총독에게 제시한 조선통치사견(朝鮮統治私見)은 이에 대한 일본 정부의 입장을 명확히 보여 준다. 그에 따르면, 조선의 통치가 구미 제국과는 사정이 근본적으로 다름에도 불구하고 종래 그들의 식민지 제도를 모방하려 한 것이 잘못이며, 오히려 동화주의가 불철저하였다는 점을 반성하고 있다. 자치를 부정하고 동화주의를 철저히 추구해야 하는 근거로서 조선이 "언어, 풍습에 다소 상이한 점이 있다 하더라도 그 근본을 따지면 거의 동일한 계통에 속하며, 인종도 다르지 않고, 역사도 고대로 거슬러 올라가면 거의 동일하다"는 점을 들고 있다. 또한 "조선이 걸핏하면 독립을 획책하려고 한다는 의구심"에 대해서도 "만약 조선이 소요나 반란을 일으킨다 하더라도 우리의 병력과 부력(富力)으로 이를 능히 진압할 수 있다"는 인식을 보였다. 따라서 그런 우려 때문에 동화주의의 근본 정책을 후퇴시켜서는 안 된다고 주장하였다. "다만 문명의 정도나 생활 상태를 하루아침에 같은 수준으로 끌어올릴 수 없다면 당분간은 그 진행의 완급을 조정할 필요가 있을 뿐"이라고 보았던 것이다.

여기서 드러나는 일본의 식민지 통치의 발상은 당시 대표적인 식민지 통치 방식이었던 영국의 자치주의와 프랑스의 동화주의와 비교해 볼 필요가 있다. 이를 필드하우스에 의거하여 간단히 소개하면(Fieldhouse 1982), 먼저 거대한 식민지 제국을 건설한 영국은 백인 이주의 긴 역사를 가진 이주형과 주로 19세기에 들어와 확대된 이민족 지배형의 두 가지로 나눌 수 있다. 전자는 백인의 이주와 함께 그들의 제도가 이식되고 본국과 거의 동질적인 사회를 형성하였다. 본국과의 관계에서도 자치가 이루어지고 자신의 대의정부를 갖기에 이른다. 이에 대하여 후자의 유형에서는 백인의 이주가 매우 제한적이고 압도적으로 다수인 원주민에 대한 전제적인 통치가 행해졌다. 양자는 이처럼 서로 달랐지만, 식민지를 본국의 한 지방으로 편입하려고 하지 않고 어디까지나 별개의 실체로서 간주하였던 점에서는 마찬가지였으며, 이 점이 영국 식민지 통치의 특징이라고 할 수 있다. 광대한 식민지를 지배하고 있는 영국으로서는 비용이 저렴하게 드는 통치 방식을 추구하지 않을 수 없었는데, 그것이 식민지 문제는 식민지 측에 위임하려고 하는 사고방식으로 이어졌다고 생각된다.

이에 대해 프랑스의 식민지 정책은 관료에 의한 직접통치와 본국으로의 동화를 지향한다는 점에 특징이 있다. 영국이 식민지를 본국과는 다른 실체로서 인정한 후 대영제국 내의 결합을 유지하는 현실적인 접근을 하였다고 한다면, 프랑스는 식민지를 본국의 한 지방으로 완전히 통합하려고 하였다. 그러나 언어와 종교, 문화가 전혀 이질적인 사회를 프랑스식의 원리로 동화하고자 하는 시도는 애초에 무리라 하지 않을 수 없었다. 프랑스는 식민지 통치의 권한을 본국 정부에 집중시켰다. 프랑스 의회는 본국과 식민지를 포괄하는 최고 권력기관으로서 입법권을 행사하였고, 각 식민지도 대표를 선출하여 본국 의회에 보냈다. 이것은 동화주의 원리가 실행되고 있음을 주장하는 중요한 근거였다. 그러나 실제로는 모든 식민지가 의원을 보낸 것은 아니고 또한 식민지를 대표하는 의원 수도 적었으므로 명분상의 장치에 지나지 않았다. 더구나 식민지 원주민의 대부분이 의원선거에서 배제되었다. 선거권은 시민권을 가진 자로 한정되었는데, 식민지 주민에게 자동적으로 인정되는 프랑스 국적과는 달리 시민권은 동화 정도에 따라 선별적으로 주어졌기 때문이다. 시민이 되기 위해서는 가톨릭 이외의 종교를 버리고 프랑스어 능력을 구비하는 등 프랑스인으로 동화될 것을 요건으로 하였는데, 이것은 대다수의 원주민을 시민권으로부터 사실상 배제하는 것과 마찬가지였다.

시민권이 없다는 것은 선거권만이 아니고 프랑스 헌법상의 제 권리로부터도 배제되는 것을 의미하였다. 프랑스의 법은 시민에게만 적용되고 비시민인 원주민은 전통적인 관습 등에 의해 임의적으로 처리되었다. 재판의 형식과 절차에서도 양자 간에 차별이 있었기 때문에 식민지의 법체계는 이중구조를 이루고 있었다. 원주민에게 동화로의 길을 열어 놓았다는 형식론의 이면에 차별은 공식화되고 정당화되는 셈이다. 동화주의가 실제로는 차별의 논리로 기능하게 된다는 점은 주의할 필요가 있다. 나아가 본국의 제도를 적극적으로 이식하거나 관료제를 통해 기존 지배질서를 재편하는 과정에서 식민지 주민과의 마찰이나 반발을 불러오기도 하였다. 그 결과 자치 방식보다 억압적이고 군사적인 성격이 강해지는 경향이 있다. 이것은 통치비용을 높여 동화주의를 후퇴시키는 하나의 요인이 되었다. 프랑스의 동화주의가 이념상으로는 자유, 평등 그리고 대의 제도의 원리에 서 있으면서도 실제로는 자치 방식보다도 정치적 자유를 억압하고 차별을 정당화하는 결과에 빠지게 된 것은 하나의 역설이라 할 수 있다.

이상의 식민지 통치 유형에 비추어 보면, 일본은 영국보다는 프랑스의 동화주의 방식에 가깝다고 할 수 있다. 다만 그 발상은 프랑스와 사뭇 다르다. 프랑스의 동화주의가 그 결과가 어찌 되었든 인류 이성의 보편성과 자유, 평등이나 대의 제도라는 이념에서 나온 것이라고 한다면, 일본의 동화주의는 식민지와 지리적·인종적·문화적 근접성 때문에 완전한 동화가 가능하다는 확신에서 나온 것이다. 만약 서구와 같이 본국과 멀리 떨어져 있고 인종도 전혀 다른 지역을 식민지로 지배하였다고 한다면 동조동근(同祖同根)이라든지 황민화(皇民化) 또는 내선일체(內鮮一體)로 표현되는 일본의 동화주의적인 발상은 나오지 않았을 것이다. 따라서 프랑스 동화주의의 실패가 명백히 드러났을 때에도 일본은 사정이 근본적으로 다르다고 생각하였다. 오히려 동화주의를 더욱 강화해 갔으며 전시하에서는 극한으로까지 추구되었다.

그러나 이것을 식민지 민족의 입장에서 보면, 민족성 그 자체의 부정에 의한 영속적인 지배 논리와 다르지 않으며 일본 동화 정책의 의도도 바로 여기에 있었다. 식민지에 자치를 인정하게 되면 그것이 언젠가는 독립으로 연결될지도 모른다고 생각한 일본 정부는 일관되게 자치주의를 거부하였다. 또한 동화주의를 추구할 때에도 단순히 제도의 이식에 그치지 않고 문화적·정신적인 면에 이르기까지 식민지 주민의 철저한 일본인화를 지향하였다. 그러한 의미에서 일본의 동화주의는 프랑스 모델의 단순한 모방이 아니라 그 역사적 실패를 충분히 알고 나서도 굳이 선택한 노선이며, 조선을 영구히 일본의 한 지방으로 만들고자 하였던 것이다.

2. 조선 총독과 식민지 행정

조선에서 총독은 육군과 해군의 통솔권과 정무 통할권을 가지고 천황에 직접 책임을 지는 지위에 있었다. 이것은 본국 정부의 각 국무대신(國務大臣, 이들은 현재 우리나라의 장관에 해당)이 분담하고 있는 사무에 대해서는 최고 행정기관으로서 천황을 보필(輔弼)하고 그 책임을 지던 것과 동일한 지위였다. 동시에 조선에 관한 한 각 국무대신에게 분담되어 있는 권한이 조선 총독에 집중되어 있었다. 따라서 법제적으로 보면 본국의 행정관청이 조선 총독을 자신의 통제하에 두었다고는 말하기 어렵다. 조선 총독은 또한 본국의 경우라고 한다면 법률로 정해야 하는 사항을 총독의 명령(이를 제령(制令)이라 하며 상세한 것은 후술)으로 대신할 수 있었다. 다시 말하면, 입법권이 일부 총독에 위임되어 있었던 셈이다. 이 때문에 본국의 의회(이를 이하에서는 당시의 명칭에 따라 제국의회라고 함)는 총독부 재정을 심의하고 의결하는 권한을 가질 뿐

입법에 관한 제국의회의 고유한 권한을 조선에까지 미칠 수가 없었다.

조선 총독에게 본국 정부의 통제로부터 상당히 독립된 광범한 권한을 준 것은 병합 초기의 사정이 반영된 것이다. 총독이 육해군 통솔권을 가짐에 따라 총독에 임용되는 자는 현역인 무관(육해군 대장)으로 한정되었는데, 그로 인해 식민지가 일본의 군부에 장악되어 그들의 정치적 기반이 되었다. 이에 따라 식민지 통치체제를 어떻게 할 것인가는 식민지를 넘어 본국의 정치 문제가 되었다. 일본에서 1912-1926년은 다이쇼(大正) 데모크라시의 시대라고 해서 정당 내각이 성립하고 보통선거가 실시되는 등 민주주의가 고양된 시기에 해당한다. 이를 반영하여 조선에서도 3.1운동을 계기로 무단정치에서 문화정치로 정책이 전환되었고, 총독의 권한에서 육해군 통솔권이 빠지고 문관도 총독을 할 수 있도록 제도가 바뀌었다. 이러한 변화는 민족운동 고양에 대한 유화적 대응이라는 측면이 있지만, 다른 한편에는 하라를 중심으로 하여 성립한 정당 내각이 군부 세력을 배제하면서 식민지에 대한 내각의 통제를 강화하였다는 측면이 있다. 이와 같이 총독의 지위를 낮추긴 하였지만, 내각이 조선 총독을 하부 기관으로 지휘·감독하는 데까지는 이르지 못하였다.

따라서 총독은 조선의 최고 행정관청으로서 여전히 상대적으로 독립적인 지위를 유지하였다. 따라서 조선에 대한 식민지 정책의 사령탑은 본국 정부라기보다는 총독부에 있었다고 할 수 있다. 그 결과 본국 정부와 총독부가 구체적인 정책 수준에서 보면 이해 충돌하는 경우가 종종 생겼다. 예를 들면, 1930년 전후의 쇼와공황기[2]에 조선미의 일본 수출이 늘면서 쌀값이 크게 하락하여 일본 농민이 어려움에 처하게 되었다. 이때 조선의 쌀 증산을 위해

2 쇼와(昭和)공황이란 1929년의 세계대공황이 파급되어 일어난 일본의 공황을 말한다.

산미증식계획을 추진하였던 총독부와 그 중단을 요구하는 농림성 간에 이해의 충돌이 일어났다. 또한 1930년대 중엽에 중요산업통제법을 조선에도 시행할 것인가를 둘러싼 대립도 있었다. 당시 조선의 공업화를 추진하고자 하였던 총독부는 일본으로부터 민간자본을 유치하는 데 장애가 될 수 있는 이 법의 조선 시행을 막고자 한 반면, 식민지를 포함하여 통제의 강화를 지향한 일본의 상공성 간에 이해관계가 대립하여 충돌한 적이 있다. 이들 사례는 본국 정부에 대해 조선 총독이 상대적으로 독립된 지위를 가지고 있었음을 보여 준다.

그런데 조선 총독의 지위를 조선 내부에서 보면 행정, 입법, 사법의 모든 권력을 한 손에 집중한 절대 권력으로 나타난다. 전술한 행정권은 물론이고, 조선인은 자신을 직접 구속하는 법령의 제정에 관여할 수 있는 길이 차단되어 있었다. 헌법에 의해 사법권의 독립이 보장되어 있는 본국과는 달리 조선의 재판소는 총독부의 내부 조직이었다. 총독은 재판소의 구성, 재판관의 임용자격 및 징계 등을 제령으로 규정하였기 때문에 행정으로부터 사법권이 독립되었다고 보기 어렵다. 요컨대, 조선총독부의 행정권은 입법권과 분리되지 않았고 사법권의 독립도 허용되지 않았기 때문에 조선에서는 총독의 권력을 견제할 수 있는 제도적 장치가 전혀 없었다고 할 수 있다.

이러한 조선인의 정치적 무권리 상황은 일본이 식민지 통치의 구호로 내건 내지(內地) 연장주의, 즉 동화주의 논리와도 모순된다. 이 때문에 조선인의 참정권 또는 자치 문제는 언젠가는 피해 갈 수 없는 문제로 등장하게 되었다. 3.1운동에서 표출된 민족저항운동에 직면하여 사이토 총독은 조선인에게 참정권을 부여하는 구체안을 비밀리에 만든 적이 있었다. 일부의 조선인에게 참정권을 줌으로써 민족 분할통치를 의도한 것이었다. 그 안(案)에는 제국의회에 조선에서 선출된 의원을 보내는 한편 조선에는 전국 수준의 조선지방의회를 설치한다는 것이었다. 그리고 일본에서 실시되고 있었던 보통선거가 아니고 일정 수준 이상의 납세자에게만 선거권을 주는 제한선거를 적용하고자 하는 안이었다. 만약 이 안이 시행되었다면 조선에서 선출되는 의원 수가 매우 제한되었을 뿐만 아니라 일본인이 다수를 차지할 가능성이 높았을 것으로 생각된다. 그러나 이 안도 자치가 결국은 독립으로 연결될지도 모른다는 점을 우려한 본국 정부의 반대로 실현되지 못하였다.

전시 말기에 황민화 정책이 강화되면서 조선에서 징병제의 실시와 함께 참정권 문제가 다시 떠올랐다. 총력전을 펼치고 있는 상황에서 식민지 민족을 전쟁협력으로 이끌 필요성과 내선일체라는 동화주의 논리가 그것을 불가피하게 만들었다. 1945년 4월 귀족원령(貴族院令)이 개정되었고, 그에 따라 조선에서 7명의 칙임(勅任) 의원이 임명되었다. 그리고 다음 총선거부터 조선에도 중의원(衆議院) 의원선거법 실시가 결정되었다. 다만 이 선거는 해방이 되면서 실시되지 못하였는데, 그 내용을 보면 직접 국세 15엔(円) 이상의 납세자를 선거권자로 하는 제한선거를 통하여 23명의 의원을 선출하여 제국의회로 보낸다는 것이었다. 사이토 총독이 구상한 전술한 안에서 조선지방의회의 설치 부분이 빠진 점이 주목된다.

다른 한편, 지방 수준(道, 府, 邑, 面)에서는 1920년에 매우 한정적인 지방자치가 실시되어 자문기관으로서 각 수준의 협의회를 두었고, 협의 회원의 일부를 민선으로 구성하게 되었다. 이 선거는 납세액에 따른 제한선거였고, 또한 조선인 중에는 이를 무시하거나 거부한 자들이 있어서 일본인이 다수를 차지하였다. 1930년에는 전술한 사이토 안을 폐기하는 대신에 조선의 지방제도를 개정하여, 종래 자문기관이었던 각 협의회를 의결기관(道會, 府會, 邑會,

단 面협의회는 제외)으로 바꾸고 그 의원을 선거로 구성하게 되었다. 다만 도회 의원의 경우에는 정원의 2/3를 부회 및 읍회의 의원 및 면협의회 회원에 의한 간접선거로 뽑고 나머지 1/3은 도지사가 임명하였다. 그러나 일본인에게 유리한 제한선거에는 변함이 없었고 지방자치단체의 자치입법권은 제약이 많았다. 예컨대, 임명직 관리인 도지사나 부이(府伊) 또는 읍장(邑長)이 자신의 판단 또는 상급단체장의 지휘에 의하여 각각 도회, 부회, 읍회의 의결에 대하여 재의에 부치게 하거나 취소 또는 재선거를 명할 수 있는 등 자치의 내용은 보잘것없었다.

이상과 같이 동화주의 논리 속에 숨어 있는 모순으로서 식민지 주민의 정치적 권리를 어떻게 할 것인가라는 문제에 대한 일본의 대응은, 식민지 자치로 연결될 우려가 있는 전국 수준의 조선의회를 부정하고, 지방 수준의 매우 한정적인 자치를 인정하는 정도에 그쳤다. 해방 직전에 조선에서 의원을 선출해서 제국의회로 보내는 방식으로 조선인의 참정권이 결정된 것은 프랑스 방식과 닮은 전개 방향을 시사한다는 점에서 흥미롭다. 그러나 조선인은 결국 식민지 지배의 전체 시기를 통하여 정치적 권리는 제한되어 있었다고 할 수 있다.

3. 식민지 법령 체계

식민지 조선은 일본의 영토로 편입되었지만, 그 법적인 지위는 본국과 달랐다. 전전에 조선을 포함한 일본의 식민지를 일본 본토를 뜻하는 내지(內地)와 구별하여 외지(外地)라고 불렀다. 그것은 일본이 통치하고 있으면서도 법제상으로는 일본과는 다른 이법지역(異法地域)임을 뜻한다. 식민지 조선의 법적 지위를 규정한 조선에 시행할 법령에 관한 법률(1911년)은 내지에서 제정된 법률은 특수한 경우를 제외하고는 원칙상 조선에는 시행되지 않는다는 전제 위에 서 있었다.

이 법률에 따르면, 조선에서 법률로 제정할 것을 요하는 사항은 조선 총독의 명령으로 규정할 수 있도록 되어 있다. 이 명령을 제령(制令)이라 함은 전술한 바와 같다. 다만 제령은 내각 총리대신을 거쳐 천황의 재가를 받아야 한다. 또한 내지의 법률 중에서 조선에도 확대 적용할 필요가 있는 것은 칙령(勅令)을 가지고 그 시행을 정하도록 되어 있다. 어느 쪽이든 조선에 시행할 법령의 제정에는 제국의회가 관여할 수 있는 길이 막혀 있었다는 점이 주목된다. 이것은 대만의 경우에도 마찬가지였는데, 제국의회에서 이 법률의 위헌론이 제기된 것은 그 때문이었다.

즉, 일본이 대만을 식민지로 영유하게 되었을 때에도 대만에 시행할 법령에 관한 법률(1896년)을 제정하였다. 그 내용은 조선의 경우와 유사하였는데, 대만 총독에게 법률의 효력을 갖는 명령(이를 대만에서는 율령(律令)이라고 함)을 발할 수 있는 권한을 주는 것이 위헌이라는 논란이 일었다. 이 문제에서 일본 정부는 딜레마에 빠졌다. 한편에서는 대만과 같은 완전 식민지에는 조차지 등과는 달리 본국 헌법의 효력이 미친다는 공식적인 입장을 견지하였지만, 다른 한편 문화나 전통이 다른 식민지에 하루아침에 본국 헌법을 적용하게 되면 수많은 어려운 문제에 부딪힐 것이라는 현실론을 고려하지 않을 수 없었다. 제국의회는 헌법이 식민지에도 적용된다면 그곳에서의 입법도 당연히 입법권을 가진 자신의 관할임을 주장하였던 것이다.

논란의 결과 이 법률은 3년간만 유효한 시한법(時限法)으로 성립되었다.

그 후 이 법률은 몇 차례 시한을 연장하다가 1922년 이후부터 시한을 두지 않고 존속하게 되었다. 이 과정에서 제국의회의 견제를 받아 대만 총독의 율령 제정권은 점차 많은 제약을 받게 되었다. 이에 비하여 조선에 적용된 위 법률의 제정은 제국의회의 반발을 받지 않아 처음부터 시한을 붙이지 않고 성립되었다.

그런데 제국의회가 제기한 위헌 논의에는 애초에 한계가 있었음에 주의할 필요가 있다. 총독에게 제령(또는 율령) 제정권을 위임하는 것은 헌법에서 제국의회에 주어진 고유 권한, 즉 입법권을 침해한다는 점이 위헌 논의의 초점이었다. 그 반면 헌법에 정한 인권의 보장, 국민의 참정권, 재판권의 독립 등과 같은 입헌주의 또는 법치주의 원리가 식민지에도 적용되는가의 문제는 전혀 도외시되었기 때문이다. 그 결과 식민지는 자국의 영토로서 당연히 헌법이 시행된다는 것이 일본 정부의 공식 입장임에도 불구하고 실제로는 헌법상의 제 권리가 식민지에는 적용되지 않고 법률의 시행은 거의 전적으로 행정명령에 맡겨지게 되었던 것이다.

그러면 조선에 시행된 법령의 실태가 어떠하였는지 간단히 살펴보기로 한다. 먼저 일본의 법률에 해당하는 것에는 세 가지 종류가 있었다. ① 제령, ② 칙령을 가지고 조선에 시행할 것을 정한 법률, ③ 외지에 시행할 목적으로 제정된 법률 또는 속인적(屬人的) 성격을 가진 법률이 그것이다. 식민지기 전체 기간을 통하여 시행된 법률 총수는 각각 680건(그중에서 개폐 규정인 407건을 빼면 실질적인 제정 건수는 273건), 130건, 40건이었다.

법률의 제정 주체와 시행 지역을 나누어 정리해 보면, ③은 제국의회가 제정하여 시행된 것이지만, 그 외는 모두 행정명령에 의하여 제정(①)되었거나 그 시행이 결정(②)된 것이다. 또한 ①은 조선에서만 시행되므로 일본과는 다른 법체계를 이루고 있는 것인데 대하여 ②와 ③은 일본에서도 공통으로 적용되는 법률이다. 이들 법령의 내용을 좀 더 구체적으로 들여다보자.

먼저 ①의 제령은 시행 건수가 가장 많고 적용되는 분야도 넓었다. 예를 들면, 지방 제도, 사회, 위생, 경찰, 법무, 산업, 토지, 조세, 전매 등의 분야와 관련된 제도는 제령으로 규정되었다. 여기에서는 몇 가지 제령을 예로 들어 그것에 대응하는 본국 법률과는 어떠한 관계에 있는지 살펴보고자 한다.

제령 중에서 개인의 법률 관계를 망라한 것으로서 조선민사령(朝鮮民事令, 1912년)이 있다. 그 내용을 보면 제1조에 "민사에 관한 사항은 본령(本令)과 그 외의 법령에 특별한 규정이 있는 경우를 제외하고는 다음의 법률에 의한다"라고 하면서, 일본의 민법, 상법, 각각의 시행법, 민사소송법 등 23개 법률을 의용(依用)할 것을 규정하고 있다. 또한 이들 법률을 조선에 시행할 때 일부 사항에 관해서는 조선의 사정에 비추어 재래의 관습에 의할 것을 규정하고 있다. 예컨대, 조선인 상호 간의 법률행위, 능력, 친족, 상속에 관한 규정, 부동산 물권(物權)의 일부가 거기에 해당한다. 다만 이들 재래의 관습은 그 후 조선민사령이 개정되는 과정에서 일부는 일본의 민법으로 대체되거나 성문법으로 되어 갔다.

의용한 일본 민법의 제1조는 "사권(私權)의 향유는 출생하면서 시작"하며, "외국인도 법령 또는 조약의 규정으로 금지된 경우를 제외하고 사권을 향유한다"고 규정하고 있다. 즉, 일본인이든 조선인 또는 외국인이든 누구나 신분이나 계급, 직업, 연령, 성 등에 의한 차별 없이 사권을 향유하게 되었음을 뜻한다. 여기서 사권이란 사인(私人) 간의 관계를 규율하는 법(사법)에서 인정하는 일체의 권리인데, 예컨대 재산권, 친족권, 상속권, 인격권 등을 말한다. 조선인의 일상생활이 점차 민법에 의해 규율하게 되면, 예컨대 전통적인 신분 차별의 관습은 하루아침에 사라질 수는 없었지만 점차 지속되기 어려워졌다고 할 수 있다.

일본의 상행위에 관한 법률이 새로 제정(예컨대, 파산법, 신탁법, 수표법, 유한회사법 등)되면, 이를 추가하기 위해 조선민사령을 개정하여 그 시행을 조선으로 확대하였다. 그뿐만 아니라 '의용'하고 있는 일본의 법률이 개정되면 개정된 내용이 자동적으로 조선에도 적용될 수 있도록 하였다. 이것은 경제활동을 위한 법적 환경을 가능한 한 일본에 접근시키기 위한 장치였다. 회사의 설립에서 총독의 허가를 의무화하였던 조선회사령(1910년)은 회사 설립의 자유를 인정한 일본 상법의 적용을 일부 제약하는 것이었다. 이것은 두 지역 간에 상법 체계의 중요한 차이였지만 1920년에 폐지되었다.

형사에 관한 것으로서는 조선형사령(朝鮮刑事令, 1912년)이 있다. 이것은 조선민사령과 마찬가지로 형법, 형사소송법 등 일본의 12개 법률의 '의용'과, 조선 시행에 따른 세부 사항을 규정한 것이다. 그 부칙에는 조선인에 대해서는 당분간 일부 죄목을 제외하고는 구한국의 형법대전(刑法大全)을 적용할 것을 규정하였다. 다만 이 규정은 1917년의 개정으로 삭제되었다. 또한 조선인에 대해서는 구래의 태형(笞刑, 즉 곤장으로 볼기를 치는 형벌)을 그대로 유지하였는데, 이를 규정한 조선태형령은 1920년에 폐지되었다. 형사 관계 법률 중에는 치안유지법(1925년)이 중요하였는데, 이것은 제령의 형식을 취하지 않고 칙령으로 조선에 확대 시행되었다. 따라서 양 지역의 형법 체계는 1920년 이후 거의 차이가 없어졌다고 할 수 있다. 이로 인해 근대적인 형사재판의 요소라고 할 수 있는 죄형법정주의, 신분상의 차별금지, 재판의 공개, 증거재판주의, 형사변호 제도 등이 조선에도 도입되었다고 할 수 있다. 다만 일본에는 없는 식민지적 특성도 나타났다. 예컨대, 일본의 형사법에서 예심(豫審)

제도는 원래는 검사의 기소권 남용을 막아 피고인을 보호하는 장치였지만, 조선에서는 그 취지와는 반대로 검사나 사법경찰이 인신구속 기한을 연장하는 수단으로 변질되었다는 문제가 지적되고 있다(신동운 1986).

이상은 일본의 법률을 '의용'하는 형식을 취해 본국의 법체계를 거의 그대로 이식한 사례이지만, 그와는 달리 조선에만 적용되는 규정으로 이루어진 제령도 다수 존재하였다. 예를 들면, 지방 제도, 재판소, 토지 관계, 조세와 같은 각종 제도에 관한 규정과 금융기관 및 단체 등의 설립과 운용, 산업의 장려 및 통제, 전매 등을 규정한 제령에는 일본에는 적절히 대응할 만한 법률이 없거나 조선의 특수 사정을 반영한 것이 많았다.

따라서 제령에 관한 한 정도의 차이는 있지만 양 지역은 법체계를 달리하고 있었다. 제령의 존재 이유도 바로 여기에 있었다. 다만 강조하고 싶은 것은 제령 중에서 민법이나 상법과 같이 근대 자본주의적 경제 관계의 기본적인 룰(rule)을 규정한 분야에서는 제령의 형식으로 일부의 예외를 두면서도 일본과 동일한 법체계를 지향하였고 또한 상당한 수준으로 접근하였다는 사실이다.

다음은 ② 칙령을 가지고 조선에 시행할 것을 정한 법률인데, 이것은 본국에 이미 존재하거나 제정되는 법률을 그대로 식민지에 확대 적용하고자 할 때 사용되는 형식이다. 즉, 일본 법률 제 몇 호를 조선에 시행한다는 내용의 칙령을 발하면 그 법률이 조선에도 시행되는 방식이다. 대만의 경우에는 전술하였듯이 율령 형식을 가능한 한 억제하면서 일본과의 법적 동화를 보다 촉진할 수 있는 ②의 형식에 더 많이 의존하였지만, 조선에서는 그렇지 않았다. 이 형식의 법률은 식민지를 포함하여 제국 전체에 시행될 필요가 있는 분야에 주로 적용되었다. 예컨대, 공업소유권에 관련된 특허권, 의장법(意匠

法), 상표법, 저작권법 등과 회계, 화폐, 통신, 대외 관계(관세, 외환 등), 전시 통제, 군대 관계의 여러 분야에 걸쳐 있다.

이 법률 형식에는 군형법이나 치안유지법과 같은 것도 있지만, 특히 식민지 경제를 본국에 통합하기 위하여 각종 제도의 통일을 도모한 점이 주목된다. 또한 총 130건을 시행 시기별로 보면 식민지기 초기에도 많았지만, 말기에도 집중되어 있었음을 알 수 있다. 이것은 전시 일본의 각종 통제입법, 대표적인 것으로서 수출입품 등 임시조치법, 임시자금조정법, 국가총동원법 등이 주로 칙령의 형식으로 식민지에까지 확대 적용되었기 때문이다.

마지막으로 ③ 제국의회가 외지에 시행할 목적으로 제정한 법률 또는 속인적(屬人的) 성격을 가진 법률이다. 먼저 조선에 시행할 목적으로 제정된 것으로서는 앞에서 언급한 조선에 시행할 법령에 관한 법률이나 조선은행법 등이 있고, 시행 지역에 조선이 포함될 것을 부칙에 명기한 것으로서는 국방보안법(1941년)이 있다. 또한 속인적 성질을 갖는 법률이란 그 성질상 지역에 상관없이 사람 또는 사건을 따라가서 효력을 미치기 때문에 조선에도 적용되는 법률이다. 예컨대, 퇴직 연금인 은급(恩給) 관계의 법률은 그 적용 대상인 관리와 그 유족이 만약 조선에 이주해도 계속 적용을 받았다.

이상은 일본의 법률에 해당하는 것이지만, 그 이외에 천황의 국무대권(國務大權)에 의해 발하는 칙령이 조선에도 그 효력을 미쳤다. 법률은 그 시행 지역이 원칙상 일본 내에 한정되고 식민지로 확대할 경우 칙령으로 그 시행을 정한다는 것은 전술하였는데, 칙령의 경우에는 역으로 시행 지역을 한정하지 않는 한 통치권이 미치는 전 지역에 적용되었다. 거기에는 전술한 조선 총독의 지위를 규정한 관제(官制)나 군제(軍制), 교육 관계 칙령이 포함된다. 그 중에는 일본의 학제(學制) 관련의 칙령과 조선교육령과 같이 그 시행을 일본

혹은 조선으로 한정한 것도 있었다. 그 외에도 행정명령으로서 조선 총독이 발하는 조선총독부령과 지방 장관이 발하는 도령(道令)이 있었다.

요컨대, 식민지 조선은 법제도상으로는 일본과는 다른 법역(法域)을 이루고 있었다. 조선을 포함한 완전 식민지에는 당연히 본국 헌법이 시행되어 그 효력이 미친다는 것이 일본 정부의 공식적인 입장이었다. 그러나 그것은 대외적으로 표명된 명분에 불과하며 실제로는 식민지 조선에 일본 헌법이 시행되었다고 보기 어렵다. 다만 현실 면에서 조선에 시행된 법령 체계는 조선인의 참정권을 제외하면 본국과의 법적인 동화를 지향하였고 또한 상당히 접근하였다고 평가할 수 있다. 그 결과 조선인은 헌법상의 제 권리, 특히 정치적 권리는 배제되면서도 경제 면에서는 본국으로의 통합이 급속히 진전되어 갔다.

4. 경제 제도

식민지 조선은 일본제국의 경제권에 편입되면서 일본의 경제 제도에 빠르게 동화되어 갔다. 여기에서는 조선의 관세 및 화폐 제도, 그리고 토지조사사업을 통해서 조선의 토지소유권 제도와 지세 제도가 식민지화의 과정에서 어떻게 변화하였는지 살펴보자.

1) 관세와 화폐 제도

먼저 관세 제도를 살펴보면, 일본은 조선을 합병할 때 구한국 정부가 열강과 맺은 불평등한 협정관세율을 앞으로 10년간 그대로 둘 것을 선언하였다. 당시 일본 자신도 아직 관세 자주권을 완전히 회복하지 못한 상태였고, 또한 열강의 통상에서의 기득권을 존중함으로써 조선 합병에 대한 반발을 누그러뜨릴 수 있을 것이라는 정치적 고려가 작용하였다. 그 결과 조선이 일본과의 무역에 적용되는 수출 및 수입세를 이출 및 이입세로 명칭을 바꾼 것 말고는 기존 관세 체계를 1920년까지 종전대로 유지하였다. 다만 당초의 선언에 저촉되지 않는 범위 내에서 조선의 수입 및 이입세의 면세 품목을 확대하였고, 일본 측에서도 조선미를 비롯한 일부 품목에 대한 이입세를 면제하였다.

관세 변경의 유예기간이 끝난 1920년에는 일본의 관세 관련 법령들을 조선에도 그대로 확대 시행하였다. 이로 인해 조선은 외국에 대해 일본과 동일한 관세 체계 속에 들어갔다고 할 수 있다. 이때 조선과 일본 간의 관세는 일본 측은 철폐한 반면, 조선 측은 총독부의 세입 감소를 메울 방도가 없다는 이유로 당분간 존치하기로 하였다. 그러나 이것은 제국의회의 반대에 부딪쳐 오래가지 못하고 1923년에 직물 등 3품목을 제외한 모든 이입세를 철폐하였다. 이들 3품목의 이입세가 폐지된 것은 1941년이었지만, 그 사이에 세율이 인하되어 갔기 때문에 두 지역의 경제는 관세장벽 없이 통합되었다고 할 수 있다.

한편, 조선의 화폐도 일본의 엔계(円系) 통화체제의 일환으로 편입되어 갔다. 식민지 통화를 본국 통화에 연계(peg)시키는 것은 관세통합과 함께 경제적 통합을 촉진하는 제도적 장치라고 할 수 있다. 그를 위해서는 본국 통화를 그대로 식민지에 통용시키는 방법도 있지만, 식민지와 본국의 통화를 분리한 후 양자를 고정환율로 묶어 둔 채 자유롭게 교환하도록 하는 방식을 생각할 수 있다. 일본은 후자의 방법으로 접근하였는데, 그 과정을 좀 더 자세히 살펴보자.

조선의 화폐는 종래 동전인 엽전이 중심이었고, 조선 말에는 재정 궁핍으로 인해 함량이 떨어지는 악화가 남발되고 있었다. 개항 이후에는 개항장을 중심으로 일본의 은화, 멕시코 달러, 중국의 은화 등이 유입되어 무역의 결제 수단으로 이용되고 있었다. 제6장에서 비숍의 기행문을 통해 19세기 말 개항장과 내륙지방의 화폐 상황이 크게 달랐으며, 내륙에는 주로 엽전이 유통되었지만 여행자에게 그것이 얼마나 불편하였는가를 보았다.

조선은 갑오개혁(1894-1896년)의 일환으로서 신식화폐발행장정을 발포하여 은본위제 확립을 지향한 개혁을 시도하였다. 그러나 본위화인 은화를 제대로 공급하지 못한 채 주조 이익이 큰 백동화가 남발되었기 때문에 성공하지 못하였다. 그때 본위화폐와 동일한 품위와 무게를 갖는 외국 화폐를 제한 없이 통용하도록 인정되었는데, 일본의 은화가 그 지위를 얻게 되었다. 그러나 그 후 일본은 금본위 제도로 이행(1897년)하였고, 또 러시아 세력이 진출하면서 조선에서 일본 은화의 지위가 불안정해졌다. 이런 상황에서 구한국 정부는 1901년에 금본위 제도를 지향한 화폐조례를 발포하고 중앙은행 설립계획을 추진하였지만, 결국 실패로 끝났다. 이러한 상황에서 일본의 제일은행이 은행권을 발행(1902년)하였다. 이 제일은행권의 유통은 개항장 부근에 한정되어 있었기 때문에 조선의 내륙으로는 침투하지 못하였다. 일본 상인이 내륙지방으로 거래를 확대하려면 동화와 교환해야 하였기 때문에 매우 불편하였다. 조선을 일본의 통화권에 포섭하기 위해서는 구래의 화폐인 엽전과 백동화의 정리가 요구되었다.

러일전쟁 중에 강요된 제1차 한일협약으로 메가타(目賀田種太郎)가 구한국 정부의 재정고문으로 파견(1904년)되었다. 그의 임무는 조선의 재정개혁과 함께 화폐정리사업을 추진하는 것이었다. 그는 일본의 금본위제를 따르고 있던 화폐조례를 실시하고 신화폐를 발행하여 종전의 동화를 정리하기로 하였다. 신화폐의 주조는 일본의 조폐국이 담당하고, 종래 그 업무를 담당하고 있었던 전환국은 폐지되었다. 나아가 이 조례에서 규정한 화폐와 품위 무게 형태가 동일한 화폐는 제약 없이 통용될 수 있도록 하였는데, 그것은 제일은행권을 법화(法貨)로 인정하는 것이었다. 또한 이 과정에서 제일은행은 구화폐를 회수, 정리하고 국고 업무의 위탁을 받는 등 사실상 중앙은행과 다름없는 역할을 하였다.

구래의 화폐 중에서 금속 가치와 명목 가치의 차이가 큰 백동화는 수년 내에 정리되었지만, 그렇지 않은 엽전은 보조화로서 병합 이후에도 명맥을 유지하였다. 1918년에 엽전이 최종적으로 정리되자 일본의 화폐법이 조선으로 확대 시행되었다. 한편, 중앙은행으로서 한국은행이 설립(1909년)되어 제일은행의 업무를 계승하였다가, 병합 후 조선은행으로 이름을 바꾸고 식민지 중앙은행으로서 조선은행권을 발행하였다.

따라서 식민지기 조선의 통화에는 일본과 동일한 보조화폐와 지폐로서 조선은행권이 있었다. 조선은행은 은행권을 발행할 때 금화 또는 일본은행권의 태환(兌換)에 응하기 위해 금화 또는 지금은(地金銀) 또는 일본은행권을 지불준비로 보유하게 되어 있었다. 나중에 일본이 금본위제로부터 이탈(1931년)한 이후에도 조선은행은 일본은행권 지불준비 의무를 변함없이 유지하였다. 이것은 식민지와 본국 간의 통화 연계를 안정적으로 유지하기 위한 장치였다. 식민지 측이 마음대로 통화 발행을 하지 못하도록 제도적으로 억제한 것은 그 때문이다. 그 결과 식민지기를 통하여 조선은행권과 일본은행권은 등가로 자유롭게 교환되었다. 조선의 통화 제도는 기능 면에서 일본에 거의 완전히 통합되었다고 할 수 있다.

대만에서도 대만은행이 동일한 방식으로 대만은행권을 발행하고 있다. 조선과 대만의 식민지 통화는 기능 면에서는 본국 통화와 대체되더라도 아무런 문제가 없을 정도로 동화되었다고 할 수 있다. 그럼에도 불구하고 그 발행 주체를 굳이 분리하여 본국 통화와 구별해 놓았다는 점이 주목된다. 이와 관련하여 제국의회에서 조선은행법안을 심의하는 과정에서 조선총독부 탁지부(度支部) 장관 아라이 겐타로(荒井賢太郎)의 발언이 많은 시사를 준다. 즉, 경제 상황이 아직 불안정한 조선에 직접 "일본은행 태환권을 유통시키는 일은 잘못하면 일본은행 태환권의 기초를 흔들 수도 있지 않을까"라는 우려가 있으며, 그렇기 때문에 "어쨌든 조선에는 특수 은행을 두어 일본은행 태환권과는 다른 태환권을 발행하게 하는 것이 모두에게 안전할 것"이라는 인식을 보였다. 대만은행법안을 심의할 때에도 유사한 취지의 논의가 있었다. 만약 일본은행권을 그대로 식민지에서 사용할 경우 "유사시에" 일어날지도 모르는 식민지의 혼란이 본국으로 파급될 것을 우려하였고 이를 피하기 위해서는 식민지에 본국과 구별되는 통화를 발행할 필요가 있었다는 것이다. 결국 식민지 통화는 본국 통화에 동화될 것을 지향하면서 동시에 차별되는 지위에 있었다고 할 수 있다.

식민지 통화에 관한 이러한 인식은 영유 초기에 한정되지 않고 그 후에도 뿌리 깊이 남아 있었지만, 다른 한편 조선은행의 발권권(發券權)을 회수하여 일본은행권으로 통일하려고 하는 움직임도 있었다. 1924년에 조선은행의 감독 권한을 조선 총독으로부터 회수하여 대장성 대신(大藏省大臣)으로 옮긴 조선은행법 개정이나 그 후 종종 제기되어 온 조선은행 폐지론은 그러한 맥락에 있는 것이다. 그중에서도 1935년에 조선은행법 개정법안을 심의할 때 다카하시(高橋是清) 대장성 대신이 대만은행과 조선은행의 발권권을 회수하여 일본은행으로 통일하려는 방침을 표명한 일을 들 수 있다. 조선은행은 물론 여기에 크게 반발하였고 결국은 2.26사건으로 인하여 다카하시의 의도는 실현되지 못하고 끝났다. 조선은행 측의 반론 중에는 "유사시에" "조선은행권이야말로 내지(內地) 경제권 옹호를 위해 하나의 완충적 효과를 수행하는 데 중요한 사명을 띠고 있다"고 주장하였다. 전술한 은행 설립 초기의 인식이 드러나 있음을 알 수 있다.

그렇지만 조선은행권 존속의 필요성에 관해서는 이러한 소극적인 주장에 그치지 않고 대륙 진출의 수단으로서 조선은행권의 적극적인 역할을 강조한 점이 주목된다. 조선은행권은 그 유통 지역이 조선에 그치지 않고 시베리아 출병이나 청도(青島)사건, 만주사변과 같이 일본의 침략과 함께 대륙으로 확대되어 갔다. "일본은행권과는 달리 직접 금 태환의 의무가 없으므로 일종의 군표와 같이 사용할 수 있어 군비조달에 다대한 편익을 주었던" 것이다. 또한 만주중앙은행이 설립되고 만주국폐가 발행되어 만주로부터 철수가 불가피해지자 조선은행은 다시 중국 북부(北支)의 통화공작 역할을 담당하려고 하였다. 전술한 다카하시가 조선은행의 발권권을 회수하려고 하였던 것은 육군의 화북(華北) 진출을 저지하기 위해 군부 예산을 억제함과 동시에 조선은행권이 군용 통화로 사용되는 길을 차단하고자 하였던 것이다.

요컨대, 조선은행권은 기능 면에서는 본국 통화와 안정적인 등가교환을 일찌감치 실현하였다. 이것은 식민지 경제와 본국 경제의 통합을 촉진하는 중요한 제도적 장치가 마련되었음을 뜻한다. 다만 조선은행권은 일본은행권으로 통합하자는 논의가 제기될 정도로 동화되어 있었던 반면, 굳이 본국 통화와 분리함으로써 내지(內地) 경제를 옹호하기 위한 일종의 안전판으로서,

그리고 대륙 진출을 위한 화폐적 첨병으로서 역할을 담당하고 있었다. 여기에 식민지 통화로서 조선은행권의 성격이 드러난다고 생각한다.

2) 토지조사사업

전근대 농업 사회에서 토지는 인민의 경제 및 사회생활의 기반일 뿐만 아니라 국가재정의 원천이라 할 수 있다. 그런 만큼 토지 제도와 지세 제도가 어떠한가에 따라 그 사회의 성격이 달라진다고 해도 과언이 아니다. 일본은 조선에 토지조사사업을 실시하여 조선의 토지 제도를 자국의 제도에 접근시키려고 하였다. 이 과정에서 조선의 토지소유권과 지세 제도에 커다란 변화가 일어났다. 여기에서는 이 사업의 내용을 개관하고 그 의의를 생각해 본다.

조선의 토지조사사업(이하 사업으로 줄여서 말함)은 1910-1918년에 걸쳐 전국의 약 1,900만 필지의 토지를 대상으로 소유권, 가격, 형모(形貌)를 조사한 것이다. 소유권 조사란 토지의 소재지, 지목(논이나 밭 등의 토지 용도), 지번, 면적과 함께 그 소유권자를 조사하여 토지대장을 만들고, 지적도(地籍圖)에 의해 각 필지의 위치와 형상 및 경계를 명확히 하는 것이다. 토지 가격 조사란 지세를 부과하는 기준을 후술하는 구래의 과세 단위인 결부(結負)가 아니고 현재와 같은 토지 가격으로 바꾸기 위한 것이다. 토지의 형모 조사란 근대적 측량 기법으로 지형도를 만드는 것을 말한다. 이 과정에서 작성된 지적도와 토지대장은 토지에 관한 철저한 파악을 가능하게 하여 식민지기는 물론 해방 후에도 행정과 사법의 기초 자료로 활용되고 있다.

먼저 토지소유권 조사와 사정(査定)에 관하여 보면, 사업의 준비 작업으로 1907년에 통감부 산하에 부동산법조사회 등을 두고 조선의 토지 제도에 관한 조사가 이루어진다. 거기서 얻은 결론은 조선에서 일반 인민들 사이에 토지의 매매, 상속, 임대차, 저당 등이 널리 행해지고 있어 토지의 사적 소유권이 광범하게 성립되어 있었다는 것은 의심의 여지가 없다는 것이었다. 소작농의 경우 임차한 토지에 대해 물권적 권리가 성립해 있지 않으며, 따라서 지주의 소유권을 인정해도 민사상 문제가 발생하지 않을 것으로 판단하고 있었다. 문제는 이러한 사적 소유권에 대해 공적으로 증빙하는 제도가 미비하여 소유권이 제대로 보장되지 않은 점이라고 보았다(宮嶋博史 1991).

이러한 조선의 토지 관련 관행에 관한 사전 조사에 의거해서 사업은 토지소유자에게 자신의 소유지를 일정한 기간 내에 신고하게 하는 방식으로 진행되었다. 신고의 내용은 동별로 선출된 지주총대(總代)가 사업에 앞서서 작성된 결수연명부(結數連名簿, 이에 관해서는 후술)라는 지세징수대장과 대조하여 확인하였다. 만약 동일한 토지에 신고자가 2인 이상일 경우는 분쟁지로 분류되어 분쟁지조사위원회의 심의에 의하여 소유권이 사정되었다. 사업의 결과 소유권의 사정이 이루어진 전국 약 1,900만 필지의 토지 중에서 99.5%가 신고한 대로 그 소유가 인정되었다. 신고되지 않은 토지는 분묘나 잡종지와 같은 경제적 가치가 없는 토지로 0.05%에 불과하였다. 나머지 0.5%가 분쟁지였는데, 그 대부분이 국가와 사인(私人) 간의 국유지 분쟁이었다. 요컨대, 국유지에서 일부 분쟁이 일어났지만, 압도적인 부분은 소유권을 사정하는 데 문제가 없이 신고한 대로 인정되었던 것이다. 이것은 사업 이전에 조선에서는 토지의 사적 소유가 이미 일반적으로 성립해 있었고, 사업은 신고라는 절차를 통해 그 소유권을 인정하였음을 의미한다.

국유지 분쟁은 당시 역둔토라 불렸던 토지에서 주로 일어났다. 이들 토지는 사업 이전에 내장원이나 궁방에 속해 있던 왕실의 토지였지만 1908년에 모두 국유로 편입되었던 것이다. 이들 역둔토 중에는 궁방이 과거 개간하였거나 매입한 것도 있지만, 실제로는 민간 소유지인데 명목상으로 궁방의 소유로 되어 있는 토지가 적지 않았다. 사업 과정에서 이들 토지를 둘러싸고 소유권 분쟁이 제기되었던 것이다. 분쟁지심사위원회에서 처리된 국유지 분쟁의 사례를 보면 전반적으로 민간에 유리한 방향으로 처분되었다. 사업이 종료된 1918년 말의 국유로 편입된 역둔토 면적은 12만 7,000정보로 전체 토지의 3% 정도였는데, 이들도 대부분 1924년까지 연고가 있는 소작농에게 불하되었다. 불하조건은 법정 지가를 10년간 분할상환하는 것으로서 연고 소작농에게 유리한 것이었다(이영훈 2016).

이상에 비추어 보면 사업이 조선인의 토지를 수탈해서 국유화하였다는 한국사 교과서의 주장은 사실이 아니다. 조선인이 신고하지 못해 토지를 빼앗겼다는 주장도 마찬가지이다. 그것은 전술하였듯이 99.5%의 토지가 신고한 대로 소유권이 인정되었다는 사실과도 맞지 않으며, 조선 후기에 이미 토지의 사적 소유권이 광범하게 성립되었다는 역사적 사실을 부정하는 꼴이 된다. 교과서의 논리는 일제의 수탈을 강변하기 위해 역사를 왜곡하고 있는 셈이다.

이상의 토지소유권 조사를 전제로 해서 그 소유권을 근대적 형식으로 증명하기 위한 부동산 등기 제도가 도입되었다. 부동산 등기란 국가 기관이 법정 절차에 의해 공적인 장부(=등기부)에 부동산에 관한 권리 관계를 기재하고 공시하는 제도이다. 토지가옥증명규칙(1906년)과 조선부동산증명령 및 조선부동산등기령(1912년)이 실시되었고, 사업에 의해 소유권 증명의 기초 자료인 토지대장이 정비됨에 따라 사인의 토지소유권을 증명하고 보호할 수 있게 되었다(조석곤 1995). 조선 시대에 토지소유권을 입증하는 것으로서 문기

(文記)가 있었지만, 민간에서 작성된 것이므로 소유권 보장에 한계가 있었다. 문기를 위조하거나 타인의 문기를 훔친 경우도 있었기 때문에 민간에서 소유권 분쟁이 끊이지 않았다. 부동산 등기 제도는 국가가 민간의 소유권을 증명하는 것이므로 토지 거래에 따르는 불확실성을 획기적으로 줄이게 되었다. 실제 사업 이후 토지소유권의 이동이 크게 늘어났을 뿐만 아니라 저당권 설정을 통하여 토지를 담보로 자금을 조달하는 것이 용이해졌다.

사업의 또 하나 과제는 지세 제도의 정비에 있었다. 사업에 의해 토지소유자를 지세 납세 의무자로 정하고, 지세 부과의 기준으로서 토지 가격을 조사하였다. 그 의의를 드러내기 위해서는 구래의 지세 제도에 관해 간단히 언급해 두고자 한다. 조선 시대에는 국가의 토지 파악이 결부제(結負制)라는 독특한 방식으로 이루어졌다. 결부란 토지의 절대 면적이 아니라 과세의 단위이다. 1결은 100부가 되고 1부는 10속에 해당한다. 당시 토지대장인 양안(量案)에는 1결당 부과된 세금은 동일하지만, 그 실제 면적은 비옥도가 가장 높은 1등급은 3,000평이었고, 비옥도가 가장 낮은 6등급은 1만 2,000평과 같이 등급에 따라 차등을 두었다. 다시 말하면, 1결의 실제 면적은 최대 4배 차이가 있지만 비옥도의 차이를 반영하여 모두 동일한 과세액이 부과되도록 한 것이다. 이것은 토지 생산력의 차이를 반영하려는 이상(理想)에서 나온 것이라 할 수 있다. 그렇지만 현실에서는 토지의 실제 면적의 파악을 매우 곤란하게 만들었다. 결부는 양안에서만 쓰이고, 토지의 매매나 상속의 문서에서는 두락(斗落)이나 일경(日耕)과 같은 절대 면적을 나타내는 단위가 사용되었다(宮嶋博史 1991).

사업의 결과로 토지의 실제 면적이 처음으로 정확하게 파악되었는데, 487만 정보로 나온다. 이에 대해 구래의 결부 수로부터 추산되는 총면적은

276만 정보로 실제 면적의 62%에 불과한 것으로 나왔다. 거기에는 조선 정부가 아예 파악하지 못한 토지(이를 은결(隱結)이라 함)가 적지 않았고, 파악된 경우에도 실제 면적을 과소하게 파악한 것을 알 수 있다. 더구나 결부제로 파악된 토지의 등급이 높을수록 사업을 통해 결정된 지가가 높을 것으로 기대할 수 있지만, 개별 사례를 분석한 연구에 따르면 그러한 상관관계가 보이지 않았다(배영순 1987). 이것은 결부제에 기초한 과세가 생산성의 차이를 제대로 반영하지 못하였으며, 결부제의 실제 운영이 제도가 지향하였던 이상과는 동떨어져 불공정하였음을 말해 준다.

사업에 의한 징세 제도 정비의 핵심은 결부제를 폐지하고 전국의 토지 가격을 조사하여 새로운 과세 기준을 만드는 것이었다. 각 필지의 지가를 조사하기 위해서는 먼저 수확량과 곡가에 관한 정보가 필요하다. 수확량은 먼저 논과 밭을 여러 등급으로 나누어 등급별 표준 생산량을 책정한 다음, 각 동리에서 중위의 표준지를 선정해서 등급을 정하고, 그것과 개별 필지의 수확량을 조사 비교하되 각 필지의 특수 요인을 참작하는 방식으로 결정되었다. 곡가는 도 단위로 결정되었는데, 1911-1913년의 수확 후 4개월간의 중등품 평균 가격이 적용되었다. 수확량에 곡가를 곱해 조수입이 구해지면, 조수입의 50%에 해당하는 경작비(이것은 소작료율이기도 함)와 5%의 수선유지비와 세금을 공제하여 순수익을 계산한다. 이것을 당시 이자율을 감안한 9%의 환원율로 나누어 주면 해당 필지의 지가를 구할 수 있다. 수확량과 곡가는 실제보다 과소하게 잡혔으며, 결정된 지가는 실제의 70%의 수준이었다고 평가되고 있다(조석곤 1995). 이렇게 구한 각 필지의 토지 가격을 법정 지가로 정하고, 거기에 단일한 세율을 적용하여 지세를 부과하였다.

이러한 지세 제도의 개편은 다음과 같은 의의를 가지고 있다. 먼저 지가는 토지의 수익을 반영하는 것이기 때문에 지가에 과세하는 방식은 근대적인 수익 과세로서의 특징을 가지게 된다. 과세 기준인 법정 지가가 전국 통일의 기준에 의해 산정되었기 때문에 공평 과세에 접근하였다는 점을 지적할 수 있다. 종전의 결부제에서는 지목(즉, 논과 밭) 간, 지역 간, 필지 간에도 지세 부담의 격차가 컸던 점을 생각하면 그 의의를 알 수 있다. 1917년에는 예전의 결부제 방식과 과세지가제 방식으로 구한 지세액을 비교할 수 있는데, 그에 따르면 전체 지세 징수액은 17% 늘어났지만, 도별 증가율은 천차만별로 다르게 나온다. 예컨대, 경기도는 58%가 늘어난 반면 전라도는 3% 전후 줄었고, 강원도는 68%로 늘어났고 함경도는 14-31%나 줄었다. 이것은 경기도에는 왕족과 고위 관료의 농장이 많아 표준등급이 4-5등으로 낮게 책정된 반면, 중앙정부의 주요 세원인 전라도에서는 높은 2-3등의 표준등급이 강요되었기 때문이다(이영훈 2016). 기존의 지세 징수가 얼마나 자의적으로 이루어졌는지 알 수 있다.

또 하나 법정 지가가 결정되고 그것이 공부화(公簿化)됨에 따라 징세 과정의 투명성이 높아지게 되었다는 점을 들 수 있다. 조선 시대 국가는 양안에서 파악된 결수에서 작황에 따라 면세할 결수를 빼고 지세 부담 결수를 정한다. 그리고 이를 순차적으로 지방에 할당하는 방식을 취하였다. 지세 부담의 맨 아래의 단위는 면(面)이었는데, 면의 징세 업무는 향리층(=서 리(書吏))에 맡겨져 있었다. 당시의 토지대장인 양안(量案)은 토지 및 그 소유자의 일상적인 변동을 반영하지 못하기 때문에 실제 과세는 서리가 작성한 깃기에 의해 행해졌다. 깃기는 일종의 지세납세자 장부이지만, 납세자 명의가 실명으로 되어 있지 않고 더구나 작성자 이외에는 판독하기 어려운 글씨로 써 있는 점에 비추어 볼 때 서리의 사적 장부라는 성격이 강하였다. 이러한 깃기의 형식은 의도적인 것으로서 서리층에 의한 자의적인 지세 부과와 중간 횡령의 여지를 주는 것이었다(宮嶋博史 1991). 이러한 폐해는 전술한 결부제에 기초한 토지 파악의 한계 때문에 더욱 증폭되었다고 할 수 있다. 더구나 지방 관청은 독립된 조세 재원을 가지고 있지 않았고 서리층에 보수가 지급되지도 않았다. 제6장에서 비숍이 조선 관리들의 부정부패가 극심하다는 지적을 많이 하였는데, 그 배후에는 이러한 징세 시스템의 문제가 놓여 있었다고 할 수 있다.

지세 제도의 개혁은 조선 정부가 추진하였던 갑오개혁의 중요한 과제였다. 재정을 탁지부(度支部)에 통합하고 예산 제도를 도입하였을 뿐만 아니라 종래 토지에 부과되었던 각종 조세를 지세로 통합한 후 이를 금납(金納)으로 하였다. 특히 후자의 개혁은 조선 후기부터 진행되어 온 조세의 토지 집중과 금납화의 경향을 잇고 있는 것이다. 나아가 과세 기준인 결가(結價)를 합리적으로 책정하여 공평한 과세를 지향한 것이었다. 그렇지만 그것은 구래의 결부제를 전제로 한 것이었으므로 징세 기구를 개혁하는 데 한계가 있었다.

러일전쟁 후 조선의 내정을 장악한 일본은 종래 징세 업무를 담당하고 있었던 수령과 서리층을 징세 업무에서 배제하고 그 대신에 행정 기구와는 독립된 징세 기구를 만들었다. 그리고 통감부는 징세 과정을 장악하기 위해 구래의 깃기를 대체하는 결수연명부라는 지세 징수대장을 만들었다. 결수연명부는 면 단위로 작성되었는데, 지주가 자기 토지의 소재, 번호, 지목, 면적, 결수, 소유자의 주소 및 성명 등을 신고하는 방식으로 추진되었고, 지주 납세의 원칙을 세우고자 하였다. 전술하였듯이 사업이 토지소유권을 신고하는 방식으로 추진된 것은 이를 전제로 한 것이었다.

이상 사업이 조선의 토지와 지세 제도에 초래한 변화를 살펴보았는데, 조선 후기 이래 성장해 온 인민의 사적 토지소유권을 전제로 하고 있었다는 점, 갑오개혁이 지향하면서도 이루지 못하였던 지세 제도의 개혁 방향을 잇고 있다는 점에서 한국사의 내재적 전개와 연속성을 가지고 있었다. 다른 한편, 토지의 국유와 민유로의 사정(査定), 등기 제도의 도입, 결부제의 폐지와 과세 지가제로의 이행은 사업의 외래적 성격을 보이는 것이라 할 수 있다.

5. 맺음말

일본의 식민지 지배는 동화주의를 추구하였다. 그것은 식민지에 일본의 제도를 이식하고 동화시켜 결국에는 일본의 한 지방으로 영구히 편입하고자 한 것이다. 다만 정치 면에서 보면 지방 수준에서 제한적인 자치가 허용되었을 뿐 조선인의 참정권은 거의 인정되지 않았다. 이에 대해 경제 면에서는 지역통합(regional integration)이 이루어진 단계로까지 나아갔다. 조선과 일본의 시장이 통합되었고, 두 지역의 화폐도 언제나 1:1로 교환할 수 있도록 유지되었다. 법제도에서도 특히 민법이나 상법을 비롯한 경제 관련의 일본 법률이 조선에 거의 그대로 시행되었다. 이를 통해 어느 지역에서 경제활동을 하든 법적 환경에 차이가 없도록 접근시켰다.

이러한 지역통합은 대만을 포함해서 일본제국 전체로 확대되었는데, 현재의 유럽연합(EU)과 비교해 볼 수 있다. EU는 참가국이 자신의 경제 주권에 대한 제약을 자발적으로 받아들인 결과이지만, 일본제국의 지역통합은 식민지에 대한 제국주의적 지배의 한 형태라는 점에서 결정적인 차이가 있다. 그렇지만 경제적으로 보면, 역내의 각 지역이 완전히 개방되어 상품과 자본과 노동이 보다 자유롭게 이동할 수 있게 되었다. 그 결과 역내의 경제 변화가 급속히 촉진된다는 점에서는 EU와 동일한 효과를 갖게 되었다고 할 수 있다. 다음 장은 이러한 제도적 환경 속에서 식민지 경제에 어떤 변화가 나타났는지를 살펴보고자 한다.

제8장

식민지기 경제개발

이 장은 식민지기에 조선이 일본제국의 지역통합 체제에 편입되면서 경제에 어떤 변화가 일어났는지 살펴보고 그 의의를 생각해 보고자 한다. 식민지 경제의 변화를 가져오는 데 큰 역할을 한 것으로 일본의 자본 수출을 들 수 있다. 먼저 시기별로 어떤 자금이 어느 규모로 유입 또는 유출되었는가를 살펴본다. 1920년대에는 산미증식계획과 관련된 정책 자금이 많이 유입되었고, 쌀의 수출산업화가 촉진되었다. 그것이 조선의 농업뿐만 아니라 공업화의 전개에도 큰 영향을 미쳤는데 그 실태를 살펴본다. 1930년대 이후에는 민간자본과 정책 자금의 유입이 모두 크게 늘어났고, 그로 인해 공업화가 가속되었다. 그런데 중일전쟁 이후 특히 1940년대에는 통제가 강화되어 기존의 시장경제가 통제경제 체제로 이행하게 된다. 통제경제 체제의 경험은 비록 기간이 짧았지만, 해방 후 남한과 북한에 큰 영향을 남겼다.

1. 일본의 자본 수출

일본은 식민지와 반식민지인 만주를 제외하고 보면 자본의 순 수입국이었다. 유일한 예외가 제1차 세계대전기에 이루어진 유럽에 대한 자본 수출이었다. 제1차 세계대전 중에는 유럽 국가들의 참전으로 세계시장에 공백이 생겼고 일본이 이 기회를 포착하여 무역흑자를 달성할 수 있었기 때문이다. 그렇지만 세계대전 후에는 무역이 다시 적자로 돌아섰고 외화 부족 문제에 직면해 있었다. 그러나 그럼에도 불구하고 일본은 식민지에 대한 자본 수출을 가속적으로 확대해 갔다. 후발국 일본은 식민지에 대한 자본 수출에서 다른 주요 국가에 비해 오히려 적극적이었다고 할 수 있다. 여기에서는 일본의 자

표 8-1 일본과 조선 간의 자금 유출입 (단위: 백만 엔)

	1910-1920	1921-1931	1932-1937	1938-1941	1942-1944
국고 자금	26	34	41	167	438
행정비	7	16	13	25	31
군사비	10	16	24	46	98
국채	8	2	4	96	309
예금부 자금	1	21	−1	−11	−174
특수금융기관	10	39	39	78	48
회사 자금	14	20	76	209	834
일본 유가증권 매입	−3	−5	−24	−86	−1,105

자료: 김낙년(2003).

본 수출이 어떠한 경로를 통하여 어떤 규모로 이루어졌는지, 또한 그러한 자본 수출의 특징이 시기에 따라 어떻게 변해 왔는지를 살펴보고자 한다.

[표 8-1]은 김낙년(2003)에 의거하여 일본 자금이 어떤 경로로 얼마나 유입 또는 유출되었는지를 요약한 것이다. 기간별로 연평균 값을 보여 준다. 예컨대, 1910-1920년(11년간)의 국고 자금(國庫資金)이 2,600만 엔으로 되어 있는데, 이 기간에 조선에 유입된 국고 자금 유량(flow)의 누계 값을 11년으로 나누어 구한 연평균 값이다. 기간을 이렇게 설정한 것은 이용된 자료가 그러하기 때문인데, 대략 1910년대와 1920년대, 그리고 1930년대 이후는 다시 만주사변기(1932-1937년), 중일전쟁기(1938-1941년), 태평양전쟁기(1942-1944년)로 나누었다. 만주사변이 1931년, 중일전쟁이 1937년, 태평양전쟁이 1941년에 발발하였기 때문에 대략 거기에 대응하는 것으로 볼 수 있다.

표에 제시된 유출입 자금의 각 항목에 관해서 설명하면, 국고 자금 중에 행정비란 일본 정부가 조선총독부 재정을 지원하기 위한 보충금을 말한다.

조선에 주둔하는 일본군 경비는 총독부가 부담하지 않고 일본 재정에서 직접 지출되었는데, 군사비란 그것을 말한다. 중일전쟁 이후에는 조선도 군사비의 일부를 부담하게 되었으므로 그것을 뺀 순 유입액을 말한다. 총독부는 사업공채를 일본에서 발행하였는데, 그 수입금은 대부분 철도 건설과 개량에 사용되었다. 표의 국채란 일본에서 발행한 국채 수입에서 원리금 상환을 뺀 순 유입액을 말한다.

예금부 자금이란 조선에서 우체국에 저금을 하면 그것은 일본 대장성의 예금부 관할하에 들어가므로 자금이 유출된다. 그리고 대장성이 예금부 자금으로 조선의 지방자치단체에 융자하거나 채권을 인수하면 그만큼 자금이 조선으로 유입된다. 표의 예금부 자금은 유입에서 유출을 뺀 순 유입액을 말한다. 1920년대에는 유입이 더 많았지만, 후기로 갈수록 유출이 훨씬 더 커져 마이너스(-)가 되었음을 알 수 있다. 특수금융기관이란 일본에서 자금 조달을 위해 채권을 발행하였던 식산은행, 동양척식주식회사, 금융조합을 말하는데, 마찬가지로 순 유입액을 제시하였다. 회사 자금이란 민간회사를 중심으로 하는 자본금 출자나 차입금 또는 회사채 발행을 통한 자금의 순 유입액을 말한다. 이에 대해 일본 유가증권 매입이란 조선의 금융기관(민간 포함)이 일본이 발행한 국채를 비롯하여 유가증권을 매입한 것을 말하며 그만큼 자금이 유출되었다.

[표 8-1]을 이용하여 일본의 자본 수출이 어떤 경로로 이루어졌고 시기별로 어떤 특징을 보였는지 살펴볼 수 있다. 먼저 1910년대에는 식민지 지배의 기반을 정비하기 위한 국고 자금의 유입이 상대적으로 돋보였다. 회사 자금도 조선은행이나 식산은행과 같이 특수금융기관을 설립하기 위해 출자된 자본금이 큰 비중을 차지하였다.

1920년대에는 특수금융기관을 경유한 자금의 유입이 급증하였다. 조선의 산미증식계획을 추진하기 위한 자금은 주로 식산은행과 동양척식주식회사가 공급하였는데, 그들은 이 자금을 일본에서 채권을 발행해서 조달하였다. 그리고 이들 채권의 상당 부분은 전술한 대장성의 예금부가 인수하였다. 이것은 식민지 농업 개발을 위한 자금 조달에 일본 정부가 적극적으로 지원하였음을 뜻한다. 이러한 정책 자금의 동향에 비하면 이 시기 민간회사 자금의 유입은 상대적으로 정체되어 있었다.

만주사변기(1932-1937년)에는 앞 시기와는 거꾸로 정책 자금의 유입이 정체되는 가운데 민간회사의 직접 투자가 크게 늘어났다. 특수금융기관 경유 자금이 정체한 것은 산미증식계획이 쇼와공황[1] 때 일본 농민의 반발로 벽에 부딪혔기 때문이다. 총독부가 발행하는 국채도 신규 발행이 억제된 가운데 원리금 상환이 늘어나 순 유입액은 미미한 수준에 그쳤다. 이와는 대조적으로 민간자본에 의한 직접 투자가 광공업이나 전기업 분야를 중심으로 크게 늘어났다. 1930년대에 전개된 한국의 공업화는 여기에 힘입은 바가 크다고 할 수 있다.

중일전쟁기(1938-1941년)에는 각종 경로를 통한 자금 유입이 모두 급증하였다. 국고 자금에서 철도 건설과 개량을 위한 국채 발행이 크게 늘어났고, 군사비 유입도 급증하였다. 식산은행을 비롯한 특수금융기관 경유 자금도 늘어났는데, 그 자금의 성격은 1920년대의 농업 자금에서 광공업을 지원하는 자금으로 바뀌었다. 민간자본의 직접 투자도 급증하였다.

태평양전쟁기(1942-1944년)에는 앞 시기에 이어 국채 발행 수입, 군사비,

---

1 1929년 미국에서 시작된 대공황이 일본에 파급되어 1930-1931년에 일본경제를 위기에 빠뜨렸는데, 이를 당시 쇼와(昭和)공황이라 불렀다.

민간회사 자본을 중심으로 자금의 유입이 더욱 격증하였다. 다만 특수금융기관을 경유하는 자금의 유입은 오히려 축소되었다. 이것은 식산은행 등의 채권 발행이 줄어든 때문이 아니라 과거에 일본에서 발행되었던 것이 조선 내 발행으로 바뀌었기 때문이다. 즉, 조선 내에 조달이 늘어난 것이다. 그에 그치지 않고 조선의 금융기관이 일본 유가증권을 매입하는 것을 통해 방대한 규모의 자금이 일본으로 유출된 것을 알 수 있다. 다시 말하면, 자금의 유입과 동시에 유출이 격증하였다. 일본의 자본 수출 격증은 조선의 명목소득을 높였는데, 그것이 민간 소비 증가로 이어지는 것을 억제하기 위해 자금을 통제하였다. 자금 유출의 격증은 그 결과인데, 후술하듯이 자본 수출의 의미가 변질되었음을 뜻한다.

이하에서는 이와 같은 식민지 투자의 전개를 따라가면서 1920년대의 농업 개발, 1930년대를 중심으로 하는 공업화, 태평양전쟁기에 나타난 자본 수출의 변질에 초점을 맞추어 조선경제에 어떠한 변화가 나타났는지를 좀 더 구체적으로 살펴보자.

2. 농업 개발

식민지기 조선은 농업 비중이 압도적으로 높았고, 농업에서 쌀이 지배적인 지위에 있었다. 산미증식계획(1920-1934년)은 조선과 일본의 양쪽에서 그 필요성이 제기되었다. 조선총독부는 3.1운동의 대응책으로 쌀의 증산과 같이 조선 농민들이 효과를 실감할 수 있는 정책을 추진할 필요가 있었다. 일본은 공업화와 도시화가 진전되고 인구도 빠르게 늘어나고 있었기 때문에 쌀의 국내 생산으로는 수요를 충족하지 못해 수입에 의존하고 있었다. 특히 1918년에 일본에서 쌀값의 폭등으로 일어난 '쌀소동'이라는 소요 사태는 당시 내각의 사퇴를 가져올 정도로 심각하였다. 그런데 조선의 쌀의 단보(段步=1/10정보)당 생산성은 일본의 절반 수준에 불과하였기 때문에 조선에서 쌀의 증산 여력이 크다고 보았다. 더구나 조선은 엔 통화권에 있었으므로 수입에 외화를 지불할 필요가 없다는 장점도 있었다.

산미증식계획은 농업 생산력을 높이기 위해 비료와 노동력의 투입을 늘리는 농사 개량사업과 수리사업을 추진하였다. 특히 조선의 농업은 가뭄과 홍수의 피해가 빈번히 일어났는데 이를 개선하는 수리시설을 확충하는 것이 관건이라고 보았다. 그런데 거기에는 큰 자금이 소요되므로 총독부는 식산은행 등을 통해 필요한 자금을 융자해서 수리시설을 건설하고, 그 혜택을 보는 농민들이 수리조합을 결성하여 조합비를 거둬 원리금을 상환하게 하는 정책을 취하였다. 수리조합에 편입된 농가는 그 혜택을 보지만 조합비를 부담하였다. 그런데 농지의 위치에 따라 수혜 정도가 다르고 그에 따라 조합비 부담도 차등해야 하는데, 이를 둘러싸고 농민들 간에 이해관계가 충돌하곤 하였다. 그리고 이를 조정하지 못해 조합 자체가 설립에 이르지 못하는 경우도 많았다. 총독부는 수리조합 설립과 운영을 원활하게 하기 위해 자금 지원뿐만 아니라 제도적인 지원도 하였다.

설립된 수리조합 수는 1935년에 190개에 이르는데, 이들을 대상으로 사업이 시행되기 전과 후의 쌀 생산을 비교해 볼 수 있다. 『조선토지개량사업요람』에서 1927-1937년간의 실적을 보면, 사업 시행 전에는 단보당 벼 1석 남짓하던 수확량이 사업 시행 후에는 3석 전후로 크게 늘어났다. 사업의 성과가 단보당 평균 벼 2석에 가까운 수확량 증가로 나온 것이다. 당시 경지 소유자가 소작농에게 경지를 빌려주면 수확량의 절반을 소작료로 수취하였으므로 늘어난 수확량의 절반을 경지 소유자의 몫으로 볼 수 있다. 그리고 경지 소유자가 조합비를 부담하였기 때문에 양자를 비교하면 늘어난 수입 중에서 40-60%를 조합비로 부담한 것으로 추정된다. 물론 이 과정에서 경지 소유자가 부담하는 비료 대금이나 영농관리비가 추가로 늘어날 수 있다는 점을 감안하더라도 전체적으로는 수리사업의 경제성이 인정된다. 다만 조합에 따라서는 성과에 차이가 커서 쌀의 증수 효과가 예상에 미치지 못해 그 수익으로 조합비를 충당하기 어려운 경우도 있었다.

수리시설의 정비는 산미증식계획의 수리사업이 주도하였지만, 그 성과로만 설명되는 것은 아니었다. 수리시설을 갖춘 논은 1920년에 전체 논의 22%에서 1940년에 71%로 높아졌다. 1940년에 이를 관개설비별로 나누어 보면 제언(저수지)이 23%, 보(洑)가 47%, 양수기 7%, 기타 24%로 구성되어 있었다. 규모가 큰 제언의 경우는 대체로 수리조합에 의한 것으로 볼 수 있지만, 나머지는 농장형 대지주가 개인적으로 조성하였거나 농민들이 공동으로 조성한 것이다. 특히 보는 동리가 주체가 되어 하천수를 이용해 만든 전통적인 수리시설을 말하는데, 그 비중이 수리조합에 의한 것보다 2배 더 컸다(이영훈 2016). 쌀의 수출이 늘어나자 지주와 농민들이 그 수익성을 높이기 위해 수리시설 확충에 적극적으로 나섰음을 알 수 있다.

[그림 8-1]은 식민지기 조선의 쌀의 생산, 무역, 소비 동향을 보여 준다. 그런데 쌀 생산량에 관해서는 1936년에 조사방법이 바뀐 결과, 과거의 방식보다 생산량이 26%가 늘어나는 통계상의 단절 문제가 발생하였다. 이와 같은 문제에 당면하자 이를 처리하는 방식을 두고 당시부터 논란이 되어 왔다. 여기서는 토지조사사업이 시행되었던 시기(1910-1918년)에는 필지별 법정 지가

그림 8-1 쌀의 생산량, 수이출량, 국내 소비량의 추이

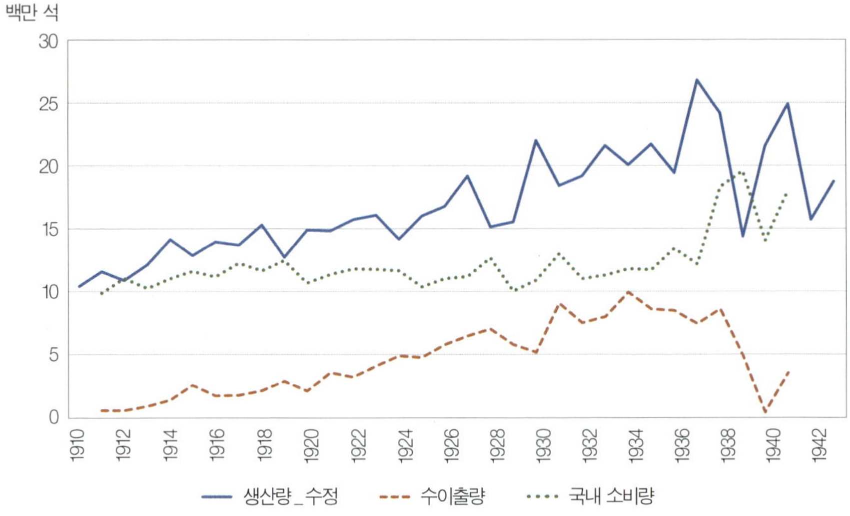

주: 수이출량=이출+수출. 일본에 대한 수출은 나머지 지역(수출)과는 달리 이출이라 한다.
자료: 조선총독부, 『농업통계표』.

를 산정하기 위해 수확량 조사가 이루어졌기 때문에 실태를 반영하는 것으로 보고, 위의 오차(26%)가 1918년부터 매년 1%(즉, 1918-1936년간의 연평균 증가율)씩 오차가 추세적으로 벌어져 왔다는 가정으로 수정하였다. [그림 8-1]의 생산량_수정이 그 결과를 보인 것인데, 쌀 생산량이 풍흉에 따른 변동을 수반하면서도 1930년대 말까지 증가하는 추세였음을 알 수 있다. 또한 단보당 쌀 수확량도 1910년대 전반의 0.83석에서 1930년대 후반에는 1.36석으로 증가하였으므로 산미증식계획의 성과가 어느 정도 나타난 것으로 볼 수 있다. 그러나 1939년에 가뭄으로 인한 공전의 대흉작으로 생산량이 격감하였고 그 후 어느 정도 회복되었다고는 하지만 전시하에서 쌀 생산은 정체를 면치 못하였다.

한편, 쌀의 수이출량[2]을 보면 1930년대 중엽까지 매우 빠른 증가 추세를 지속하였음을 알 수 있다. 식민지 초기에는 생산량 중에서 5%를 수출하던 것이 1930년대 중엽에는 그 절반 정도를 수출하는 데 이르게 되었다. 1930년대 말 이후를 제외하면 쌀이 조선에서 가장 중요한 수출 품목이며, 대부분의 농민이 수출 동향에 직접 영향을 받게 되었다고 할 수 있다. 현재는 수출이 대부분 공산품이고 제조업의 기업이 수출을 담당하고 있는 것과 대조적이다.

쌀 생산량에서 수이출량을 빼고 수이입량을 더하면 조선 내 쌀 소비량을 구할 수 있다. [그림 8-1]에 따르면 쌀 소비량은 중일전쟁까지는 정체하였다. 전시에 쌀 생산량과 수출량이 크게 변동하면서 소비량이 많아진 것으로 나왔지만, 여기에는 쌀 재고량의 변동을 감안할 필요가 있다. 이 사이에 인구가 증가하였기 때문에 1인당 쌀 소비량을 구해 보면, 그래프로 제시하지는 않았지만 1930년대 중엽까지는 감소하는 추세를 보이게 된다. 즉, 조선의 농민은 쌀의 소비를 줄여 가면서까지 쌀 수출을 늘렸다고 할 수 있다. 이것을 쌀의 '기아수출'이라고 표현하기도 한다. 한국사 교과서에서는 일본이 쌀을 '수탈'하였기 때문에 조선인의 쌀 소비가 줄었다고 설명하고, 산미증식계획의 추진으로 조선 농민이 더욱 궁핍해진 증거로 본다. 그렇지만 당시는 시장경제 체제이어서 쌀 거래가 당사자의 자유의사에 맡겨져 있었으므로 1인당 쌀 소비의 감소는 경제 논리로 설명할 필요가 있다.

조선의 쌀 증산을 웃도는 수출의 증대, 그로 인해 조선인의 1인당 쌀 소비가 감소한 데에는 두 가지 요인을 생각할 수 있다. 하나는 이 시기에 지주

2 당시 일본에 대한 수출과 수입을 이출과 이입이라 구분하였는데, 이하에서는 구분이 필요한 경우를 제외하면 구분하지 않기로 한다.

제가 발달해 있어 상당한 규모의 쌀이 소작미 형태로 지주에게 집중되었다. 지주는 농민보다 쌀의 상품화율이 높았으므로 이러한 쌀의 분배구조가 쌀의 상품화와 일본으로의 수출을 촉진하는 요인이라 할 수 있다. 이에 관해서는 나중에 좀 더 자세히 살펴볼 예정이다.

또 하나는 조선경제가 쌀이 부족한 일본경제와 통합됨에 따라 조선미의 가격이 일본미에 접근하거나 연동하게 되었는데, 이것이 쌀 가격을 높여 조선의 쌀 소비를 억제하였다는 것이다. 요즘은 소득이 늘어나도 1인당 쌀 소비가 계속 줄어들고 있지만, 당시에는 매끼 쌀밥을 먹는 것이 부의 상징이었다. 보통의 농민들은 대부분의 끼니를 조를 비롯한 잡곡으로 때우고 있었다. 농민들이 쌀을 생산하고서도 쌀을 제대로 먹기 어려웠던 것은, 쌀을 대량으로 수출하다 보니 귀해져서 가격이 비싸졌기 때문이다. [그림 6-3]에 따르면, 조선미 가격이 합병되기 전인 1900년대에는 일본미 가격의 70% 정도였는데, 1920년대에는 90%로 접근하였고, 1930년대 이후는 비슷한 수준에서 등락하였음을 알 수 있다. 조선미가 수출 상품이 되면서 벼의 품종에서나 그 건조 및 가공 과정에서도 상품성을 높여 품질 면에서 일본미에 점차 접근하였던 것도 가격 차이를 줄인 요인이라 할 수 있다.

조선의 쌀 소비가 줄었다고 해서 쌀을 수출한 것이 생활 수준의 하락을 가져온 것은 아니다. 비유를 하나 들면, 요즘 송이버섯은 귀하고 너무 비싸서 보통사람들은 좀처럼 먹기 어렵다. 그 이유 중의 하나가 일본으로 대량 수출되기 때문이다. 일본 사람들의 송이버섯 사랑은 유별나서 일본에서도 가격이 매우 높다. 한국의 송이버섯 채취 농가가 생산량을 늘렸다고 해도 더 많이 수출하고 나면, 송이버섯의 한국 내 소비가 줄어들 것이다. 그렇다고 해서 한국의 생활 수준이 떨어졌다고 이야기하지는 않는다. 송이버섯을 판

표 8-2 업종별 무역수지의 추이 (단위: 백만 엔)

	1918	1925	1930	1935	1940
농산물	83	196	129	243	15
공산품	−84	−132	−169	−343	−672
방직	−34	−45	−40	−89	−112
금속	−6	−11	−24	−56	−78
기계기구	−15	−11	−25	−63	−235
화학	−8	−24	−30	−35	−31
식료품	−6	−16	−19	−32	−64
전체 합계	30	86	−33	−66	−59

주: 플러스(+) 수치는 무역수지 흑자, 마이너스(−) 수치는 적자를 말한다.
자료: 김낙년(2003).

대금으로 다른 소비나 저축이 늘었기 때문이다. 송이버섯이 쌀보다 훨씬 더 귀하고 비싸지만, 두 이야기는 논리상 아무런 차이가 없다.

그러면 쌀을 비롯한 농업의 수출산업화는 조선경제에 어떤 의의가 있었을까? [표 8-2]는 무역 품목별로 조선과 일본의 무역수지(=이출−이입)를 1918년 이후 5개 연도의 추이를 보인 것이다. 표에 따르면 플러스(+) 수치는 무역수지 흑자, 마이너스(−) 수치는 적자를 말하는데, 농산물 이출에 의한 공산품 이입이라는 구조가 뚜렷하게 나타났음을 볼 수 있다. 이입된 공산품은 1930년대 전반까지는 방직제품이 가장 많았고 식료품 등을 포함하여 소비재가 중심이었다. 그 후 한국 공업화가 진전됨에 따라 기계기구 및 금속제품 등 생산재의 이입이 크게 늘어났다. 농업 부문의 대일 무역흑자가 공업 부문의 적자를 상당히 상쇄하였고 1935년까지도 그 70%의 수준을 유지하였음을 알 수 있다. 쌀의 무역흑자로 충당하지 못한 부분은 일본에서 유입된 자금으로 메워졌다. 중일전쟁 이후에는 공산품 이입의 자금원으로서 쌀에 의

한 무역흑자가 갖는 의의는 급속히 저하되어 갔다. 다만 농산물 무역수지가 1940년에 급감한 것은 그 전 해에 발생한 쌀의 대흉작 때문이다.

요컨대, 쌀 소비를 줄여서까지 이루어진 이출 증대는 무역을 통하여 일부 만주로부터 잡곡 등 대체식량 수입을 늘리기도 하였지만, 대부분은 조선 내 공산품의 소비 증대를 가져왔다. 조선 내 공산품 시장의 확대가 산미증식계획의 결과인 쌀 이출 증대로 초래되었다는 사실은 특히 주목할 만한 점이다. 그런데 공산품 소비의 확대가 쌀의 수이입을 통해 이루어졌다는 것은 다른 한편 조선 내 공업 생산의 대응이 그만큼 뒤처져 있었음을 의미하는 것이기도 하다.

[그림 8-2]는 공산품의 주요 업종별로 수이입 무역 의존도의 추이를 보인 것이다. 여기서 수이입 의존도란 수이입액을 그 생산액과 수이입액의 합계로 나누어 구한 것이다. 그림에 따르면, 업종별로 차이가 있었지만, 공업화가 본격화되기 전인 1920년대까지는 쌀에 의한 무역흑자에 기대어 공산품 수이입 의존도가 오히려 높아졌음을 알 수 있다. 그러나 조선 내 형성된 시장을 기반으로 하는 공업 생산이 그 후 급속히 전개되어 수이입 의존도는 1930년대에 저하되어 갔다. 즉, 조선 내 공산품 시장의 형성은 일본으로부터 민간자본의 진출을 유인하거나 조선 내 공업 생산을 자극하는 요인으로 작용하였던 것이다. 이 점을 고려하면 산미증식계획은 쌀에 의한 무역흑자 확대를 통해 조선 내 공산품 시장을 선행적(先行的)으로 확대하고 시장 면에서 그 후 공업화가 전개되는 기반을 형성한 것으로 평가할 수 있다.

한편, 당시 조선은 경지가 지주에게로 집중되어 있었음에도 유의할 필요가 있다. [그림 8-3]으로 그 실태를 살펴보자. 먼저 논의 소작지율(=소작지 면적/경지 면적)을 보면, 식민지기 초기에 이미 65%의 높은 수준이었는데 쇼와

그림 8-2 주요 업종별 수이입 의존도의 추이

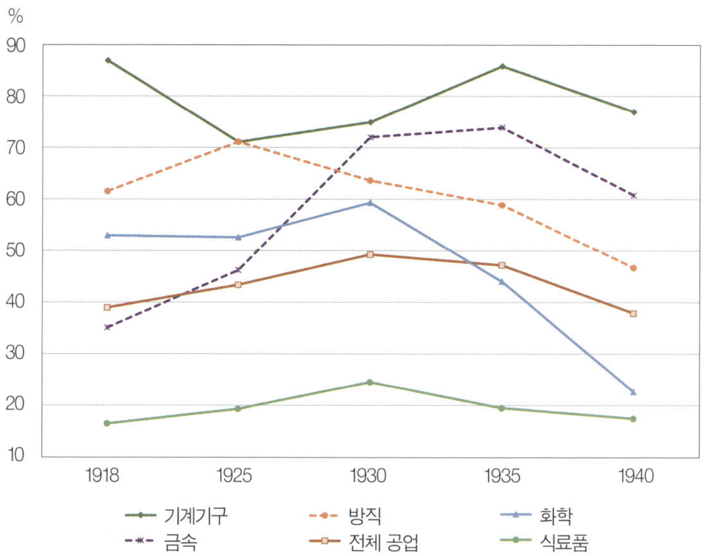

주: 수이입 의존도=수이입/(생산+수이입).
자료: 김낙년(2003).

공황 이후 약간 상승하는 경향을 보였다가 1930년대 중엽 이후에는 68%의 수준에 머물고 있었다. 밭의 소작지율은 논보다 낮아 43% 전후에 머물러 있다가 1920년대 후반에는 50%로 급상승한 후 그 수준에서 정체하였다. 농가호수 중에서 소작농이 차지하는 비율은 1920년대에 40% 전후에서 특히 쇼와공황기에 급증하여 과반수를 넘겼고 그 후 52-53%의 수준에 머물러 있다. 이것은 순 소작농만의 비율인데, 자작 겸 소작농도 상당한 규모에 달해 순수 자작농은 20%에도 못 미치는 상황이었다. 전체적으로 보면 농업에서 지주·소작 관계는 식민지기 초에 이미 지배적인 지위를 차지하고 있었으며, 미가의 상대 가격이 불리하게 바뀐 1920년대 후반에서 쇼와공황기에 걸쳐 더욱

그림 8-3 소작지율 · 소작농 비율의 추이

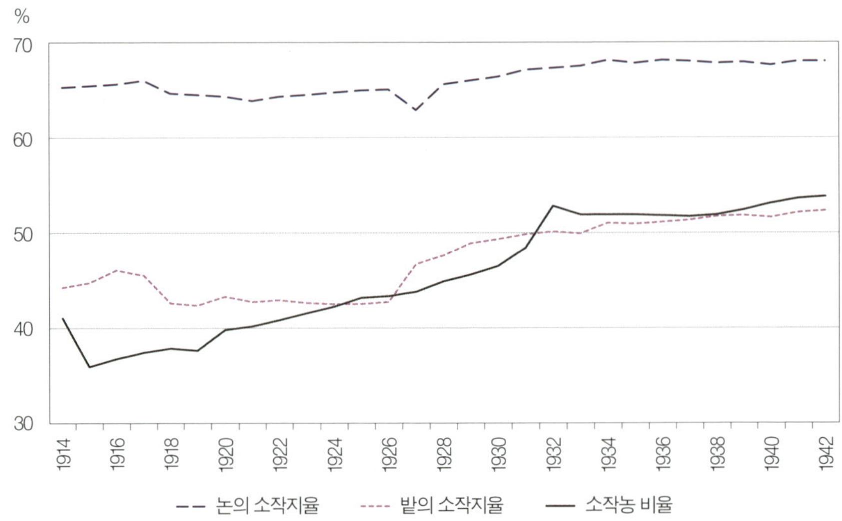

주: 1) 소작지율=소작지 면적/경지 면적.
2) 소작농 비율=소작농/전체 농가.
자료: 『조선총독부통계연보』.

확대되었지만 1930년대 중엽 이후 그 확대 경향이 멈춘 것으로 보인다.

소작지율과 소작료율(생산량 중 소작료로 납부 비율)을 이용하면 생산된 쌀이 계층별로 어떻게 배분되었는가를 개략적으로 추계할 수 있다. 예컨대, 토지 생산성이 자작지나 소작지에 차이가 없고 소작료율은 55%라고 가정한 경우에, 1930년대 초 전체 농가의 3.6%인 지주가 전체 생산량의 37%를 취득한 반면, 전체 농가의 53%를 차지하는 소작농의 몫은 20%에도 못 미치는 것으로 나온다. 더구나 쌀의 자가소비분을 제외하여 상품화되는 쌀을 보면 지주로의 집중이 더욱 심해진다. 지주는 취득한 쌀의 대부분을 상품화할 수 있었지만, 소작농의 취득분은 전체 인구의 평균 쌀 소비 수준에도 미치지 못하였기 때문이다. 그 결과 상품화된 쌀 중에서 지주에 의한 것이 60%에 달한 것으로 나온다. 따라서 일본에 이출된 쌀의 과반수는 지주에게서 나온 것이라 할 수 있다.

그런데 조선의 쌀 이출에서 곡물상이나 정미업자가 중요한 역할을 하였다. 조선에서는 농민(또는 지주)이 벼의 상태로 판매하였으므로 미곡상이나 정미업자의 손을 거쳐 현미 또는 백미로 가공한 다음 일본으로 이출되었기 때문이다. 앞에서 조선미 가격이 일본미에 접근하였다고 한 것은 조선의 중심 시장에서의 미가를 말하며, 개별 농가가 자신의 마당에서 곡물상에게 넘길 때 받는 가격과 격차가 컸다. 농민의 벼 판매가 대량 출하 계절에 집중하였을 뿐만 아니라, 개별 분산적인 농민과 미곡상 사이에는 자금력이나 정보력에 격차가 컸기 때문에 농민이 받는 벼 가격이 부당하게 억눌러졌을 가능성이 높았다. 1930년 농가경제조사의 사례에 따르면 그 가격 차이가 35%나 되는 것으로 나온다. 운송비와 같은 제 비용을 고려하더라도 큰 격차라 할 수 있다. 이를 뒤집어 보면 조선에서 곡물상 또는 정미업자들이 쌀의 이출 과정에서 얻는 수익이 컸음을 보여 주는 것이기도 하다.

그러면 이들 지주와 곡물상이 얻은 쌀의 생산과 이출에서 얻은 수익이 큰 규모에 달하였을 터인데, 그것이 어디로 갔는지를 구명할 필요가 있다. 하나는 토지를 집적하는 데 사용되었을 가능성을 생각해 볼 수 있다. 다만 [그림 8-3]에 따르면 논의 소작지율은 이미 60% 후반에서 미미하게 높아졌을 뿐이므로 논의 구입에 쓰였다고 보기 어렵다.

또 하나는 농외 투자를 늘린 것인데, 이를 직접 보여 주는 데이터는 없다. 여기서는 김낙년(2003)에 의거하여 주주 명부와 지주 및 곡물상 명부를 대조하여 성명이 일치하는 자가 소유하는 주식(즉, 그 납입 자본금)을 농업 수익으로부터 투자된 것으로 간주하는 방법으로 접근해 보고자 한다. 주주가 번 돈으로 토지를 매입해서 대지주가 된 역의 경우가 있을 수 있겠지만, 그 가능성을 무시해도 큰 문제는 없다고 생각한다. 주주 명부는 『조선은행회사조합요록』(朝鮮銀行會社組合要錄)에 실린 대주주 성명과 그 소유 주식 수 등을 이용하였고, 규모가 큰 회사의 경우 『영업보고서』(營業報告書)의 정보를 추가하였다. 납입 자본금이 5만 엔 이상인 회사로 한정하였다. 파악된 주주 수는 적지만 대주주들이기 때문에 투자액 기준으로 보면 주식 투자의 실태를 분석하기에는 부족하지 않다. 지주나 곡물상 명부는 도별 또는 지역별로 작성된 대지주 명부와 곡물상 명부를 이용하였다. 이들은 자료에 따라 경지 소유 규모가 30정보, 50정보, 100정보 이상인 지주로 한정된 것이다. 자료가 없어 일부 도가 빠졌다. 따라서 여기서 이용된 주주나 지주 및 곡물상은 주식이나 경지의 소유 규모가 상대적으로 큰 자들로 한정되어 있다.

조선인 회사를 대상으로 그 결과를 요약한 [표 8-3]에 따르면, 대표가 지주나 곡물상이기도 한 회사의 비율이 1925, 1935, 1939년에 각각 32%, 33%, 37%로 나와 1/3 정도 차지하였다. 이에 대해 주식 자본금 중에서 조선인 지주 및 곡물상의 기여도를 구해 보면 1925년에 29%였던 것이 1935년과 1939년에 각각 43%와 47%로 상승하였음을 알 수 있다. 즉, 그들의 자본금 기여도가 1930년대에는 절반 가까운 수준에까지 달하였으며 상승 추세를 보였다. 업종별로 보면 농업 회사에서 지주 등의 비율이 높게 나오는 것은 당연하며, 금융 상업 회사에서도 대체로 1/3 정도의 대표나 자본금이 지주 또는 곡물상에서 나왔다. 전기 광공업 회사의 경우 지주 곡물상 대표의 비율은 32-39%로 나왔고, 그들의 자본금 기여도는 27-47%로 나왔다.

일본인 회사의 경우([표 8-4]) 회사 수와 자본금 규모는 조선인 회사보다

표 8-3 조선인 회사 수와 자본금 중 지주 곡물상 비율

	1925		1935		1939	
	회사 수	비율(%)	회사 수	비율(%)	회사 수	비율(%)
전체 회사	117	32.5	209	33.5	485	36.7
농업	9	66.7	19	73.7	59	88.1
금융 상업	76	27.6	104	30.8	190	28.9
전기 광공업	23	39.1	50	32.0	165	35.2
철도운수기타	9	22.2	36	22.2	71	18.3
	자본금	비율(%)	자본금	비율(%)	자본금	비율(%)
전체 회사	1,365	29.2	2,114	42.5	5,553	46.6
농업	102	53.9	425	87.8	1,278	88.1
금융 상업	997	24.2	824	34.2	1,554	36.6
전기 광공업	65	47.3	369	26.8	1,742	36.6
철도운수기타	101	24.8	496	29.2	979	25.7

주: 1) 회사는 자본금 5만 엔 이상 대상.
2) 자본금의 단위는 만 엔.
자료: 김낙년(2003).

훨씬 컸다. 대표가 지주 및 곡물상인 비율은 조선인보다 다소 낮아 1/4 정도였고, 그들의 자본금 기여도는 23-24%로 나왔다. 다만 이 수치는 회사의 주주 중에서 일본에 거주하는 자들의 지주 또는 곡물상 여부를 확인하지 못하였다는 점을 감안하면 과소평가되었다고 생각한다.

지주 및 곡물상은 회사의 대표나 중역을 겸하는 자의 비율도 높아 그들은 단순히 주주로 머물지 않고 회사의 설립이나 경영에도 직접 참여하는 경우가 많았다. 이용된 자료가 주주든 지주든 상위 그룹에 한정되었으므로 만약 여기에 반영하지 못한 자들을 포함한다면 위의 비율은 상당히 더 높아질 것으로 생각한다. 다만 그들의 투자 분야를 보면 농업 내부 또는 쌀 이출과 관련이 깊은 분야에 투자한 것이 많았다. 농외 투자에서는 1925년에는 금융

표 8-4 일본인 회사 수와 자본금 중 지주 곡물상 비율

	1925		1935		1939	
	회사 수	비율(%)	회사 수	비율(%)	회사 수	비율(%)
전체 회사	393	28.2	734	23.2	1,119	20.6
농업	49	85.7	92	79.3	104	89.4
금융 상업	134	18.7	220	15.0	340	11.8
전기 광공업	107	23.4	177	21.5	338	20.7
철도운수기타	103	18.4	245	10.6	337	8.3
	자본금	비율(%)	자본금	비율(%)	자본금	비율(%)
전체 회사	6,690	24.1	11,292	23.5	16,586	22.5
농업	714	82.5	1,605	87.7	1,832	92.5
금융 상업	2,842	13.6	2,815	18.1	4,725	11.5
전기 광공업	1,145	24.8	2,994	13.9	5,929	19.1
철도운수기타	1,989	17.8	3,878	8.3	4,100	8.9

주: 1) 회사는 자본금 5만 엔 이상 대상.
2) 자본금의 단위는 만 엔.
자료: 김낙년(2003).

상업에 대한 투자가 많았지만, 1930년대 말로 가면 광업, 제조업 등으로 투자 분야가 확대되었다. 그런데 이상은 개인 주주를 대상으로 한 것이었고, 그 외에 법인 주주가 있다. 당시 공업화는 전기업, 제조업, 광업이 주도하였고 이들 분야의 회사 자본금에서는 일본 내 법인에 의한 투자가 많았다. 후술하듯이 일본으로부터 들어온 자본과 기술이 공업화의 중심적인 역할을 하였다. 다만 일본으로부터의 자본 유입 그 자체가 쌀의 이출로 초래된 공산품 시장의 확대로 인해 유인되었음은 앞에서 살펴본 바와 같다.

이상 1920년대 이후 전개된 산미증식계획과 농업의 수출산업화는 쌀에 의한 방대한 무역흑자와 농업 수익의 지주로의 집중을 낳았다. 그리고 그것이 각각 조선 내 공산품 시장의 선행적 확대와 농업 수익의 농외 투자라는,

즉 시장과 자금의 두 가지 경로를 통하여 조선의 공업화를 촉진하였다고 할 수 있다.

3. 식민지 공업화

식민지기 조선 공업화에 관한 종래의 통설적인 인식은 일본의 대륙 침략을 배경으로 하여 추진된 군수공업화 정책의 산물로 보고 있다. 만주사변(1931년)과 중일전쟁(1937년)을 계기로 조선을 대륙의 병참기지로 만들기 위한 군수 중심의 공업화가 추진되었다는 것이다(小林英夫 1990). 공업화 요구나 추진력이 조선 외부에서 주어진 만큼 공업은 조선 내부와의 유기적 관련이 없이 이중구조를 띠고 있었다는 점이 강조된다. 근래에는 이러한 시각의 연구는 많이 줄었지만, 한국사 교과서가 이런 인식에 기초하고 있다는 점에서 통설적이라 할 수 있다.

근래 특히 영어권 문헌에서는 한국경제가 고도성장을 통하여 신흥공업국으로 등장한 점에 주목하고, 그것과 식민지기 공업화와의 연속성을 강조하는 연구가 많다. 특히 박정희 정부 시기에 그 특징이 두드러졌던 국가 주도의 성장 유형(patterns of growth)은 식민지기에 그 기원을 두고 있다고 주장되고 있다(Eckert 1991; Woo 1991). 다시 말하면, 고도성장기 한국의 개발국가(developmental state)는 식민지기에 그 토양이 만들어졌다는 인식이다(Kohli 1994). 이러한 관점에서 식민지기 공업화는 총독부에 의한 산업 정책의 산물로 묘사된다. 이상의 두 시각을 보면 식민지 공업화에 대한 역사적 평가가 얼마나 크게 벌어져 있는가를 알 수 있다. 그러나 다른 한편, 이들 모두가 공업화에서 정부의 역할을 중시한다는 점에서는 공통점도 가지고 있다. 이들에 굳이 이름을 붙인다면 각각 군수공업화론과 개발국가론이라 할 수 있다.

그러나 이러한 국가 주도의 공업화론은 당시의 공업화 정책의 실태와 부합하지 않는다. 1920년 이후 조선의 산업 정책은 널리 알려진 바와 같이 산미증식계획을 중심으로 하였기 때문에 자연히 공업화를 위한 정책은 소극적이고 보잘것없었다. 쇼와공황 때 쌀값이 크게 떨어져 일본 농업과의 마찰이 격화되면서 조선의 중농 정책은 한계에 부딪히게 되었다. 이것은 조선의 공업화 쪽으로 관심을 돌리는 계기가 되었지만, 공업화 정책이 곧바로 구체화된 것은 아니다. 총독부가 해방 후에 나타난 바와 같은 공업화를 위한 산업 정책을 쓸 수가 없었다. 조선과 일본의 지역통합 체제를 유지해야 하는 제약이 있었기 때문이다. 총독부는 공업화를 추진하기 위한 재정적 수단도 갖지 못하였다. 앞 장에서 설명한 조선의 통화발행 제도의 제약 때문에 만주사변기에 일본에서 시행된 바와 같이, 중앙은행이 인수하는 형태로 국채를 발행하여 재정 자금을 조달하는 것이 불가능하였다.

공업을 진흥하기 위해서는 자금 조달뿐만 아니라 근대적인 기술이나 경영능력이 불가결한 요소인데, 이들은 총독부 스스로 확보할 수 있는 것이 아니고 일본에서 민간자본을 유치하는 이외에 방도가 없었다. 실제로 이 시기 공업화 정책은 우가키(宇垣) 총독 자신이 일본 내 대자본가에게 조선에 투자할 것을 권유하거나 행정조치를 통하여 자본 진출에 유리한 환경을 만드는 데 집중되었다. 조선의 임금이 저렴하다는 점 이외에도, 예컨대 공장법이나 중요산업통제법과 같이 자본이 회피하고 싶어하는 법령을 가능하면 조선에 적용하지 않음으로써 조선이 '자본의 자유로운 낙토'임을 호소하여 일본 자본의 진출을 유인하려고 하였다. 이것은 당시 '우가키 자유주의 정책'이라고 불리었는데(鈴木武雄 1942), 1930년대 전반에 공업화 정책의 특징을 잘 표현하고 있다. 공업화와 관련하여 주목되는 점은 총독부가 1920년대에 수력 조사를 통하여 대규모 전원개발의 가능성을 발견하였다는 것인데, 그 개발은 총독부가 주도하지 않고 일본의 민간자본을 끌어들이는 방식으로 추진되었다.

1936년의 조선산업경제조사회에서 '농공병진'이라는 형태로 공업의 진흥이 언급되기 시작하였고, 중일전쟁 이후인 시국대책조사회(1938년)에서 공업화의 방향이 보다 명확하게 설정되었다. 거기에서 조선의 공업 특히 군수공업을 비약적으로 진흥시키는 일이 긴요하다고 역설하고, 목표 연도인 1941년까지 확충해야 할 업종과 생산 목표량을 구체적으로 밝히고 있다. 다만 여기에서 확충 대상으로 선정된 업종은 엄밀히 말하면 군수공업은 아니고 주로 거기에 투입되는 소재산업을 말하는데, 당시의 표현에 따르면 '생산력확충계획산업'이었다. 그리고 중일전쟁 이후 물자, 자금, 인력을 동원하고 통제할 수 있는 입법이 이루어졌고, 이를 통해 이들 자원을 정책의 우선순위에 따라 배분하게 된다.

공업화 정책의 실태를 보면 중일전쟁 이전과 이후가 확연히 다르다는 점에 유의할 필요가 있다. 전시하에서는 생산력확충계획에 따라 특정 업종을 선정(targeting)하고 이를 지원하기 위해 각종 통제 수단을 동원하는 방식으로 공업화가 추진되었다. 즉, 시장을 완전히 부정한 것은 아니지만, 중요 물자를 중심으로 하여 계획이 이를 대체하기 시작하였으며 그 경향은 전시 말로 갈수록 강해졌다. 이에 비하면 중일전쟁 이전에는 군수공업화라고 할 만한 정책은 물론, 국가 주도에 걸맞는 개입주의적인 조치도 거의 보이지 않았다. 그런 의미에서 중일전쟁은 경제운영의 시스템이 크게 전환하는 계기였다.

이렇게 보면 기존 연구의 인식은 전시 이후 본격화되기 시작하는 군수공업화나 국가 주도적 요소를 그 이전 시기로까지 무리하게 확대 적용하려 하였다고 할 수 있다. 그런데 개발국가론의 관점은 주로 영어 문헌의 연구에서 지적 전통의 뿌리가 깊은 것으로 보인다. 거기에서는 식민지기의 총독부와 박정희 정부를 모두 강한 국가(strong state)의 유형으로 파악하며, 조선 시대 국가와는 단절된 것으로 보는 경향이 강하다. 좀 더 부연하면 조선 시대 국가는 민주적이지도 않았지만 그렇다고 해서 국왕의 전제주의라고도 할 수 없다. 양반 세력이 국왕의 일방적인 독주를 견제하고 있었기 때문이다(Wagner 1974). 이러한 견제와 균형이 조선왕조가 오랫동안 살아남을 수 있었던 것을 설명하는 요인이기도 하지만, 개항 전후 급변하는 정세에 대처하는 데에는 비효율적인 체제였다고 인식되고 있다(Palais 1975). 일제의 식민지 지배는 이러한 전통적인 정부를 중앙집권적인 권위주의 정부로 대체한 것으로 보았다(Eckert 1991). 따라서 박정희 시대의 권위주의 정부도 조선 사회 전통에서 온 것이라기보다는 식민지 정부에 기원을 두고 있다고 보았다. 그리고 이러한 강한 국가는 한편에서는 매우 억압적이지만, 다른 한편 개발 지향성을 가지고 있어 두 시기 모두 사회를 특정 목표를 향하여 변화시켰다는 점에서 공통점을 찾고 있다(Woo 1991; Kohli 1994).

여기에서 지적하고자 하는 것은 강한 국가라고 할 때 세 가지 점이 함축되어 있다. ① 강제할 수 있는 능력, ② 특정 집단이나 계급의 정치적 영향력으로부터 차단된 상대적 자율성, ③ 개입주의가 그것이다(Woo 1991). 개발국가론의 시각은 식민지 정부와 박정희 정부는 ①, ②, ③을 모두 가지고 있는 강한 국가라고 인식하고 있다. 그러나 보다 정확히 표현한다면 전시 통제에 들어가기 전까지 식민지 정부는 ①, ②를 가지고 있었지만 ③은 대단히 미약하였다. 따라서 전시에 전면적으로 등장하는 개입주의 이미지를 그 이전 시기

그림 8-4 공장 수·종업원 수 및 회사 납입 자본금 추이

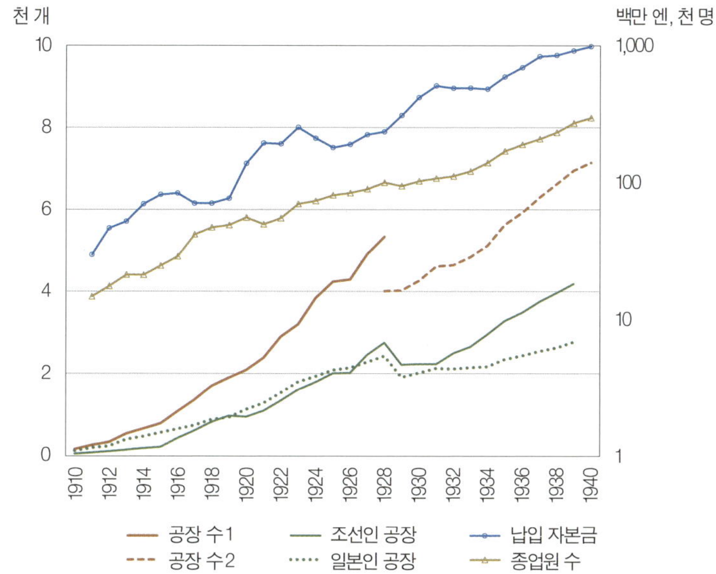

주: 1) 공장 수1보다 공장 수2의 공장 정의가 더 좁게 정의되었다.
2) 회사 납입 자본금과 종업원 수는 오른쪽 로그 눈금. 나머지는 왼쪽 눈금.
자료: 김낙년(2003).

까지 확대 적용하기는 어렵다.

국가 주도로 설명하는 공업화론의 설득력이 전시로 한정된다고 한다면, 그 이전 시기에 전개된 공업화에 관해서는 다른 설명 요인을 찾지 않으면 안 될 것이다. 먼저 식민지기에 전개된 공업화의 실태를 몇 가지 수량 지표로 보이고자 한다. [그림 8-4]는 공장 수와 종업원 수 및 회사의 납입 자본금의 추이를 보여 준다. 공장의 범위는 시기마다 약간 차이가 있지만 대체로 직공 5인 이상을 사용하는 사업체를 말하고, 그 이하는 가내공업으로 분류된다. 전체 공장 수는 1910-1928년에 151개에서 5,342개로, 그리고 1928-1940년간에

4,010개에서 7,142개로 증가하였다. 1928년에 공장 수 통계가 두 가지로 제시된 것은 그 이전과 이후에 공장의 범위가 약간 좁게 변경되었기 때문이다. 1910-1920년, 1920-1928년, 1928-1940년의 연평균 증가율을 구해 보면 각각 30%, 12.5%, 4.9%로 나타나 공장 수 증가율은 초기로 갈수록 더 높았다. 이것을 해방 후의 수치와 비교하면 1955-1970년, 1970-1990년의 제조업 사업체 연평균 증가율은 각각 6.9%와 5.4%였다. 식민지 초기의 공장 수가 적었던 탓도 있지만, 그 증가율은 해방 전이 오히려 높았다.

이를 민족별로 구분해 보면, 1910년대에 조선인 공장이 전체 공장의 25.8%였다가 급속히 비중을 높여 1940년에는 60.2%에 달하였다. 영세한 규모에는 조선인 공장이 많고 대규모의 근대적인 공장은 대부분 일본인 공장이었기 때문에 이러한 민족별 구성비는 실태를 제대로 반영하지 못한다. 그렇지만 일본인 자본의 진출로 조선인 자본은 정체하거나 몰락하였다는 종래의 통념과는 달리 조선인 공장이 매우 빨리 증가하였고, 더구나 구성비를 크게 높였다는 사실은 주목할 만하다. 이 과정에서 조선인 공장에서도 규모를 키운 것이 출현하였고, 초기에 정미소나 양조장과 같이 일부 업종에 치우쳤던 것이 점차 다양한 업종으로 진출하기도 하였다(허수열 1993).

공장 종업원 수는 이 시기 1만 5,000명에서 약 30만 명으로 증가하였다. 1910, 1920, 1930년대의 연평균 증가율은 각각 16%, 6.3%, 11.2%로 나타났는데, 해방 후인 1955-1970년과 1970-1990년의 증가율인 10.1%와 6.5%와 비교하여 낮지 않았다. 한편, 회사의 납입 자본금도 이 시기에 빠르게 증가하였다. 납입 자본금을 GDP 디플레이터로 나누어 1935년 불변 가격으로 제시하였는데, 그 연평균 증가율은 12.9%로 나왔다.

공장 통계의 증가율만 보면 이 시기 공업화의 진행이 매우 빨랐음을 알 수 있지만, 공업화의 수준은 여전히 낮은 단계를 벗어나지 못하였음에도 유의할 필요가 있다. 위의 공장 종업원 수는 1940년에 30만 명으로 늘었지만, 이 규모는 전체 유업자의 3.3%에 불과하였다. 공장보다 규모가 영세한 가내공업의 비중이 훨씬 높았다. 공업 생산액 중에서 가내공업의 비중이 1920년대 초까지 과반을 넘었으며, 공업화가 크게 진전된 1930년대 말까지도 20%대를 유지하고 있었다. 그 비율은 급속히 떨어졌지만, 가내공업 생산의 절대 수준은 중일전쟁 발발 때까지 오히려 늘어나고 있었다. 당시 가내공업 중에는 상품 생산을 영위하여 공장으로 성장한 경우도 있었지만, 대체로 자가소비적 성격이 강하였다. 공업화의 진전에도 불구하고 자급적인 가내공업이 구축되지 않았던 것은 대만과 대비된다. 조선은 대만과 달리 농업 노동의 계절적 편중이 심해 농한기가 길었는데, 그때에는 효율성이 낮더라도 농가가 부업 형태의 가내공업을 영위하는 것이 오히려 합리적이었기 때문이다(김낙년 2000). 그 결과 이 시기 공업 생산에는 일본 대자본의 진출에 의한 근대적 공장에서부터 중소 영세 규모의 공장, 그리고 저변에는 자급적 가내공업에 이르기까지 다양한 스펙트럼을 이루고 있었다.

생산과 무역 통계의 제품(서비스 제외)을 중간재와 최종재로 나누고, 최종재를 다시 생산재와 소비재로 분류할 수 있다. 여기서 중간재란 생산 과정에 투입되어 1회 사용되는 것으로 끝나지만, 생산재는 일정 기간 사용되는 내구재를 말한다. 제품의 분류별로 조선 내 소비는 (생산−수이출+수이입)의 산식으로 구할 수 있다. 여기서 중간재는 산업 간 분업 관련의 정도를 나타내는 것으로 볼 수 있으며, 최종재 중에서 소비재와 생산재의 조선 내 소비는 각각 소비와 투자의 수준을 보여 준다. [그림 8-5]에서 생산 구성이란 전체 생산 중에서 각 제품이 차지하는 비중을 말하고, 소비 구성이란 전체 소비

그림 8-5 제품별 생산 구성(P)과 소비 구성(C)의 추이

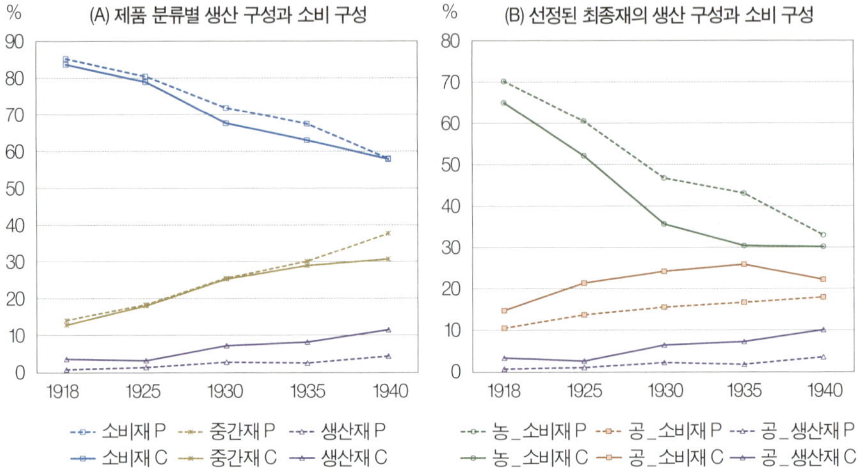

자료: 김낙년(2003).

중에서 각 제품이 차지하는 비중을 말한다. 가액이 아니고 구성비(%)로 제시한 것은 물가변동의 영향을 배제하여 시기별 추이를 비교하기 위한 것이다.

먼저 [그림 8-5]의 패널 A는 전체 제품을 소비재, 생산재, 중간재로 나눈 다음, 생산과 소비에서 각 제품의 구성비 추이를 보인 것이다. 생산 구성비는 파선으로, 소비 구성비는 실선으로 각각 나타냈다. 예컨대, 생산에서는 소비재의 구성비는 1918-1940년에 85%에서 58%로 급격히 하락하였고, 소비에서의 소비재 구성비도 같은 기간에 비슷하게 하락하였음을 알 수 있다. 소비재의 구성비가 크게 하락한 것은 그래프에서 읽을 수 있듯이 중간재와 생산재의 구성비가 크게 높아졌기 때문이다. 제품의 생산에 중간재의 구성비는 1918-1940년에 14%에서 38%로 급증하였고, 소비에서의 중간재 구성비는

13%에서 31%로 높아졌다. 중간재 구성비의 급속한 상승은 조선 내에서는 물론 조선과 일본 간의 산업 간 분업 관련이 심화되는 방향으로 변화되었음을 보여 준다. 그리고 생산재는 비중은 작았지만 빠르게 상승하였다. 특히 생산재의 생산 구성과 소비 구성은 1918년에 각각 1%와 4%였는데, 1940년에는 각각 4%와 11%로 높아졌다. 이것은 조선 내 투자가 일본으로부터 생산재의 이입에 크게 의존하는 형태로 늘어났음을 보여 준다.

[그림 8-5]의 패널 B는 농산물 소비재와 공산품의 소비재 및 생산재의 세 가지로 한정하여 각각의 생산과 소비의 구성을 본 것이다. 농산물 소비재의 구성비가 급격히 하락한 것과 대조적으로 공산품 소비재나 생산재의 구성비가 빠르게 상승하였음이 뚜렷하게 드러난다. 먼저 농산물 소비재의 생산 구성이 소비 구성보다 상당히 높았던 것은 앞에서 살펴본 쌀의 이출에 의한 것이다. 이에 대해 공산품 소비재와 생산재의 생산 구성은 1918-1940년간에 걸쳐 지속적인 상승을 보였다. 이 시기 물자의 생산이 꾸준히 늘어났기 때문에 구성비의 상승은 공업 생산의 절대 수준이 이보다 훨씬 빨리 증가하였음을 뜻한다. 즉, 공업화가 빠르게 진행되었음을 보여 준다. 여기서 공업화가 1930년대뿐만 아니라 통계가 제시한 1918년 이후 지속되어 온 현상임을 알 수 있다.

그리고 공산품의 소비 구성이 생산 구성보다 상당히 높았다는 사실은 조선은 무역을 통하여 자신의 공업 생산 능력보다 훨씬 더 많은 공산품을 소비하고 있었음을 말한다. 이것은 전술하였듯이 쌀의 이출에 힘입어 조선에서 공산품 시장이 앞서 확대되었고, 이에 유인되는 형태로 조선 내의 공업 생산이 늘어났음을 보여 준다. 그런데 공산품 소비재의 소비 구성이 1918-1935년에는 15%에서 26%로 늘어났지만, 1935-1940년에는 26%에서 22%로 하락

그림 8-6 면직물의 국내 소비와 수이입 의존도 추이

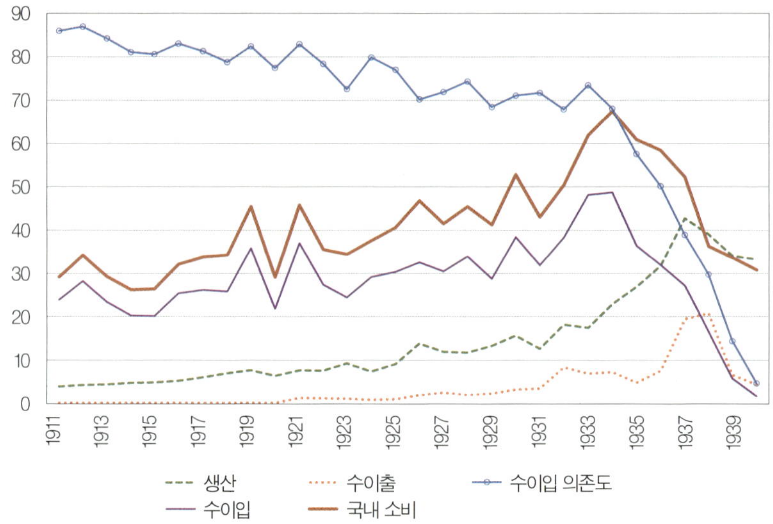

주: 1) 수이입 의존도의 단위는 %, 나머지의 단위는 백만 엔.
2) 수이입 의존도=수이입/(생산+수이입).
자료: 김낙년(2006).

하였다는 점이 주목된다. 이 시기 공산품 생산재의 소비 구성은 계속 높아진 것과는 대조되는 현상이다. 그래프로 제시하지 않았지만, 공산품 소비재를 세분해서 보면 방직 제품이나 식료품 등의 소비 구성이 하락하였기 때문이다. 이것은 중일전쟁을 전후한 시기에 조선에서는 대중 소비재의 소비가 더 이상 증가하지 못하고 감소로 돌아섰음을 보여 주는 것이다.

조선에서 수입에 의존하던 제품이 공업화가 진전됨에 따라 수입대체가 이루어지는 사례를 몇 가지 들어 보자. [그림 8-6]은 당시 가장 중요한 대중 소비품인 면직물의 조선 내 생산과 수이입 및 수출입, 그로부터 구한 소비의 추이를 보인 것이다. 모두 1935년 불변 가격으로 제시하였다. 먼저 면직물 소비액은 식민지기 초 3,000만 엔에서 1934년에는 6,700만 엔으로 정점에 달한 후 감소로 돌아섰다. 조선 내 소비는 대부분 수이입품으로 충당되었는데, 1930년대에 들어와 조선 내 생산이 빠르게 늘면서 수이입을 대체하고 있었음을 알 수 있다. 면직물의 수이입액을 생산액과 수이입액의 합계로 나누어 구한 수이입 의존도를 보면, 식민지기 초에 80%가 넘는 수준에서 서서히 떨어지다가 1930년대 조선 내 면직물 생산이 급증하면서 1940년에는 5%까지 떨어졌다. 중일전쟁 이후에는 원료 면화의 공급제약으로 조선 내 생산도 감소로 돌아섰지만, 수이입은 그에 앞서 급락하였다. 중일전쟁 이전에도 시기에 따라 진행속도가 달랐지만, 면직물의 수이입이 조선 내 생산으로 대체되어 왔음을 알 수 있다.

또 하나 [그림 8-7]은 고무신의 사례를 보여 준다. 고무신의 소비는 1910년대에 미미한 수준에 그쳤지만, 1920년대부터 급증하여 1937년에는 6,500만 엔에 달하였다. 3.1운동 이후에 고무신이 크게 유행하기 시작하였는데, 처음에는 주로 일본에서 들여왔지만, 조선 내 생산이 빠르게 늘면서 수이입품을 대체하였음을 알 수 있다. 수이입 의존도의 지속적인 하락 추이를 통하여 이를 확인할 수 있다. 중일전쟁 이후 생산이 감소로 돌아선 것은 전술한 면화와 마찬가지로 전시하에서 고무 원료 공급의 제약 때문이다. 앞의 면직물의 경우 방적(면사)과 직물 생산을 겸하는 대기업이 중심이었고 조선인 기업인 경성방직이 포함되어 있었지만, 조선에 진출한 일본의 방적회사가 수입대체 과정을 주도하였다. 이에 비하여 고무신의 경우는 소규모 공장이 중심이었고 초기 일본인의 생산으로 시작하였지만, 점차 조선인 주도로 바뀌어 갔다.

화학비료의 경우는 일본의 대자본(일본질소)이 조선에 진출하면서 그 수입대체가 일거에 이루어진 사례라 할 수 있다. 조선에서는 산미증식계획이 추

그림 8-7 고무신의 국내 소비와 수이입 의존도 추이

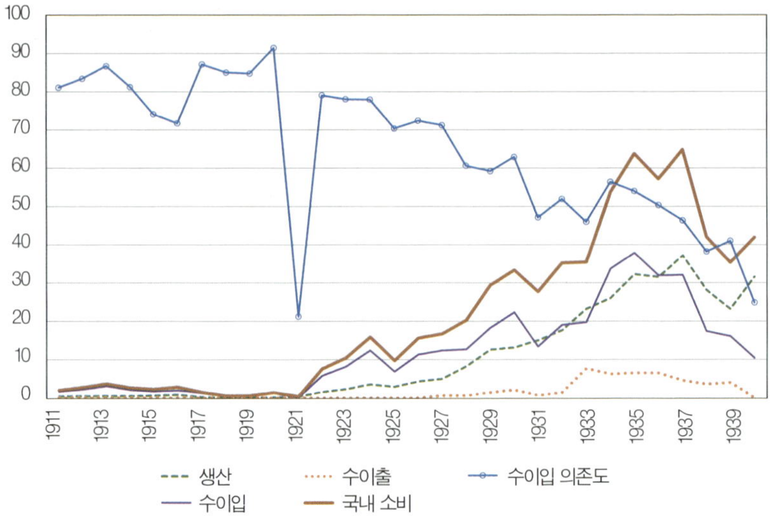

주: 1) 수이입 의존도의 단위는 %, 나머지의 단위는 백만 엔.
2) 수이입 의존도=수이입/(생산+수이입).
자료: 김낙년(2006).

진되면서 화학비료의 사용이 늘어나기 시작하였고 당초 일본으로부터의 이입에 의존하였다. 일본질소가 함경도에 일본에서도 찾아볼 수 없는 대규모의 수력 발전소(장진강, 부전강, 허천강 발전소)를 세웠고, 전기를 이용하는 최신 기술의 화학비료 공장(조선질소)이 1930년에 조업을 시작하면서 생산이 급증하였다. 이와 함께 조선 내 비료 소비도 크게 늘어나 1940년에는 2억 엔에 달하였다. 한편, 수입대체가 좀처럼 진행되지 않았던 제품도 있는데, 기계류가 대표적인 사례이다. 기계류의 조선 내 소비액은 초기에 600만 엔에서 1940년에는 2억 엔을 넘을 정도로 급속히 신장하였는데, 그 수이입 의존도는 80% 전후한 수준으로 크게 변하지 않았다. 이것은 설비 투자가 크게 늘어났음에도 불구하고 조선의 낮은 기술력으로 인하여 조선 내에서 조달하는 데 한계가 있었기 때문이다. 이것은 사실 해방 후 얼마 전까지도 기계류의 대일 무역 역조 문제로 이어졌던 것이다.

이상 공산품 시장의 확대는 품목에 따라 양상이 달랐지만, 조선 내 공업화를 유발하였다. 면방직이나 화학비료 공업은 수이입에 의존하는 조선 내 시장 규모가 일정 수준에 달하자 이 시장을 노린 일본 대자본의 직접 투자가 이루어진 경우이다. 고무공업은 먼저 고무신이라는 당시로서는 신제품이 수입되어 시장이 개척된 다음, 이 시장을 기반으로 하는 조선 내 소규모 공장이 다수 출현한 경우라 할 수 있다. 개발도상국에서는 1차 산품을 수출하고 공산품을 수입에 의존하는 구조가 고착되어 버리는 경우가 대부분이다. 거기에서 벗어나려면 인적 및 물적 자본의 축적이 필요할 뿐만 아니라 시장 확대의 기회를 포착해서 활용하는 민간 기업가의 창의적인 역할이 요구된다.[3] 앞에서 조선인 공장 수가 빠르게 늘어났고, 그 진출 분야도 다양해진 점을 지적하였다. 대규모 자본과 높은 기술이 요구되는 분야에서는 일본인 기업가가 주도하였지만, 그렇지 않은 분야에서는 진취적인 조선인 기업가들이 빠르게 성장하고 있었음을 시사 받을 수 있다.

이러한 개별 사례들의 동향은 공업 전체에서도 확인된다. 앞에서 보았던 [그림 8-2]에서 공산품 전체의 수이입 의존도를 구해 보면, 1918년에 39%에서 1930년에 49%에 달한 후 1940년에는 35%로 하락하는 완만한 역U자형

3 식민지기 대표적인 조선인 기업인 경성방직주식회사가 그 전형이라 할 수 있다. 주익종(2008)은 경성방직을 설립한 기업가(김성수와 김연수)가 대지주에서 기업가로 변신하여 많은 어려움 속에서 사업을 어떻게 키워 갔는지를 회사의 중역회의록과 회계장부와 같은 내부 자료 등을 이용하여 구명하였다. 이를 통해 경성방직이 기존의 예속자본이나 제국의 후예(Eckert 1991)로 보기보다는 성공적인 후발자이자 뛰어난 학습자였으며, 그 뒤를 이어 출현하게 되는 수많은 한국 기업들의 선구가 되었다는 점을 강조하였다.

을 보였다. 업종별로 차이가 보인다. 기계기구와 금속공업은 수이입 의존도가 매우 높았던 반면, 식료품은 낮았다. 비료의 조선 내 생산으로 화학공업의 수이입 의존도가 크게 떨어진 것을 볼 수 있다. 방직공업의 수이입 의존도가 앞의 면직물([그림 8-6])과 차이가 난 것은 견직물이나 인조견직물과 같이 수이입에 의존한 직물의 비중이 높아졌기 때문이다.

그런데 이러한 공업화의 양상은 전시 통제기로 들어가면 변질하게 된다. 이 점을 좀 더 살펴보기로 한다.

4. 전시체제

중일전쟁 이후 전시 통제가 시작되었다. 여기에서는 주요 전시 통제법을 살펴보는데, 이들은 일본과 조선 및 대만에도 동시에 시행되었다. 먼저 수출입품 등에 관한 임시조치법(1937년)은 품목을 지정하여 수출이나 수입을 제한하거나 금지하는 조치이다. 그 대상은 수출입품 이외에도 그것을 원료로 하는 제품으로 확대되어 물자에 대한 통제가 대부분 이 법령으로 이루어졌다. 이와 함께 자금의 통제를 위해 임시자금조정법(1937년)이 시행되었다. 그에 따르면 각종 사업을 갑(군수산업이나 그 기초산업), 을(갑이나 병에 속하지 않는 산업), 병(시국에 비추어 불요불급한 산업)으로 나누고 정책적인 우선순위에 따라 자금을 배정하였다. 나아가 국가총동원법(1938년)을 제정하여 정부에 광범위한 통제 권한을 위임하였고, 구체적인 통제 내용은 별도의 칙령으로 정하였다. 앞의 두 통제법이 물자와 자금에 대한 것이라면, 노동에 대한 통제는 국가총동원법에 의거해 실행되었다.

각종 가격도 통제의 대상이 되었다. 예컨대, 가격 등 통제령은 제2차 세계대전의 발발로 물가가 등귀하자 1939년 9월 18일자로 모든 가격을 동결하였다. 상품 가격에 그치지 않고 운임, 임금, 임대료 등으로 그 대상이 확대되었고, 회사의 이익금 처분과 소작료도 통제되었다. 즉, 상품 가격뿐만 아니라 거기에 투입되는 생산요소의 가격도 통제 대상이 되었다. 그렇지만 각종 물자와 그 원료의 수급조건은 계속 변할 수밖에 없고, 생산조건이 변하였음에도 불구하고 가격을 고정할 경우 생산 자체가 위축되는 등 비효율이 야기되었다. 이를 조정하기 위해 정부는 그때그때 품목별로 새로운 판매 가격을 지정하지 않을 수 없었는데, 당시 총독부 고시(告示)의 압도적 부분은 이들 판매 가격에 관한 고시였다. 중요 품목에 대해서는 정부가 가격기구를 대신하려고 하였던 셈이었다. 그렇지만 이러한 방식은 물자의 과잉과 부족이 조정되지 못한 채 생산을 위축시키고 암시장을 만연하도록 만들었다. 이를 단속하기 위해 경제경찰이 동원되는 등 통제가 더욱 강화되어 갔다.

나아가 국가총동원법에는 시장경제 체제의 근간이라 할 수 있는 재산권 보호와 계약 및 영업의 자유를 제한하는 조치가 다수 포함되어 있었다. 총동원을 위해 필요한 경우 공장, 사업장, 선박, 기타 설비를 관리, 사용, 수용할 수 있었다(공장사업장관리령). 필요한 경우 설비의 신설, 확장, 개량을 제한(기업허가령)하였고, 기존 사업 설비의 양도, 위탁, 폐지, 휴지, 그리고 법인의 합병 또는 해산을 명령할 수 있었다(기업정비령). 전시라는 한정이 붙기는 하였지만, 행정관청은 전쟁 목적을 위해 물자, 자금, 노동력을 자유자재로 동원할 수 있었고, 그 결과 사적 자치를 기본 원리로 하는 민법이나 상법은 이들 전시 통제법에 의해 광범위하게 제약 받았음을 알 수 있다.

이상에서 볼 수 있듯이 전시 통제체제는 종래의 시장경제 체제와는 질적으로 다른 체제로 변모해 갔다. 체제 원리로서 시장이 모두 폐기된 것은 아니지만, 상당 부분이 계획과 통제로 대체되었다. 단순히 가격을 규제하는 데 그치지 않고 시장체제를 뒷받침해 왔던 제도적 장치(소유권과 계약 및 영업의 자유를 보장하는 민법과 상법)가 정부의 광범위한 개입으로 사실상 형해화되었다고 할 수 있다.

전시에 공업의 실태를 보여 주는 자료는 제한되어 있다. 총독부의 통계연보는 1941년 이후에는 공식적으로는 발간되지 않았다. 이 시기에는 가격이 통제되고 있어 암거래된 경우가 적지 않았기 때문에 가액 통계만으로는 실태를 알기 어렵다. [표 8-5]는 생산량이 파악되는 품목에 한정하여 전쟁 직전인 1936년을 100으로 한 생산지수의 추이를 보여 준다(堀和生 1995). 먼저 광물, 철, 전력과 같이 생산력확충계획의 대상이 된 업종(표의 상단)은 그 생산을 전시 말까지 급속하게 늘리는 경우가 많았다. 여건에 따라 품목 간 차이가 큰 것으로 보이는데, 정책적 지원 대상이 된 품목들은 1944년 시점에서도 1936년에 비해 몇 배의 증산이 이루어졌음을 알 수 있다. 이에 비하여 대중 소비품의 경우에는 중일전쟁 발발에서 1930년대 말에 걸쳐 대체로 감소로 돌아선 것으로 보인다. 농작물의 경우에도 감자를 제외하면 중일전쟁 이후 감소 경향을 벗어나지 못하였다. 직물의 경우 면직물은 1938년에 정점에 달한 후 감소로 돌아섰지만, 견직과 인견직물의 생산이 그 이후에도 늘어나고는 있었다. 주류의 경우에도 대체로 1930년대 말에 생산의 정점에 달한 것으로 나타난다.

즉, 생산력확충계획 대상 업종과 그 외의 대중 소비재 산업(농업 포함) 간에는 전시하에서 생산 동향에 현격한 차이가 있음을 알 수 있다. 그 배후에는 자금이나 자원을 생산력확충산업에 집중적으로 지원하고 나머지 분야에는 그만큼 제약을 가하는 전시 경제 통제가 놓여져 있었음은 물론이다. 이러

표 8-5 공업 제품 및 곡물의 생산량 추이(1936년=100)

	1936	1937	1938	1939	1940	1941	1942	1943	1944
철광석	100	94	143	162	200	216	360	350	***532***
선철	100	108	141	142	118	143	153	248	***270***
보통강재	100	117	163	159	146	202	***254***	205	180
석탄	100	107	150	186	252	270	300	289	***309***
전력	100	112	130	142	185	205	233	273	***327***
합성암모니아	100	112	***121***	117	109	108	102	91	99
가성소다	100	235	***266***	223	256	253	201	198	192
미곡	100	***117***	105	63	94	109	68	82	70
맥류	100	***118***	97	110	105	98	83	72	107
잡곡	100	***110***	97	95	82	73	74	88	91
두류	100	***103***	96	55	80	73	45	54	66
감자	100	113	111	98	110	119	69	122	***145***
곡물 합계	100	***115***	101	76	94	99	69	79	82
면사	100	146	***169***	148	128	132	89	93	95
면직물	100	166	***191***	160	137	121	81	78	65
마직물	100	112	87	***113***	***113***	107	109		
견직물	100	98	102	118	102	109	***135***		
인견직물	100	142	50	87	233	247	***446***		
생사	100	***143***	115	112	112	115	89	65	60
메리야스양말	100	116	139	128	***149***	103	75	73	69
청주	100	***148***	136	114	118	125	117		
맥주	100	123	***174***	139	159	166	143		
소주	100	67	80	***112***	66	34	14		
탁주	***100***	87	99	78	93	93	51		

주: 이탤릭체로 쓴 굵은 수치는 1936년 이후 생산량이 정점에 달하였음을 말한다.
자료: 堀和生(1995: 277).

한 생산 동향의 분화는 중일전쟁 이후 시작되었지만, 공업 생산 전체는 산업별 GDP 통계에서 볼 수 있듯이 1940년까지 증가하였다. 다만 그 이후는 정

그림 8-8 식민지기 무역액(불변 가격)의 추이

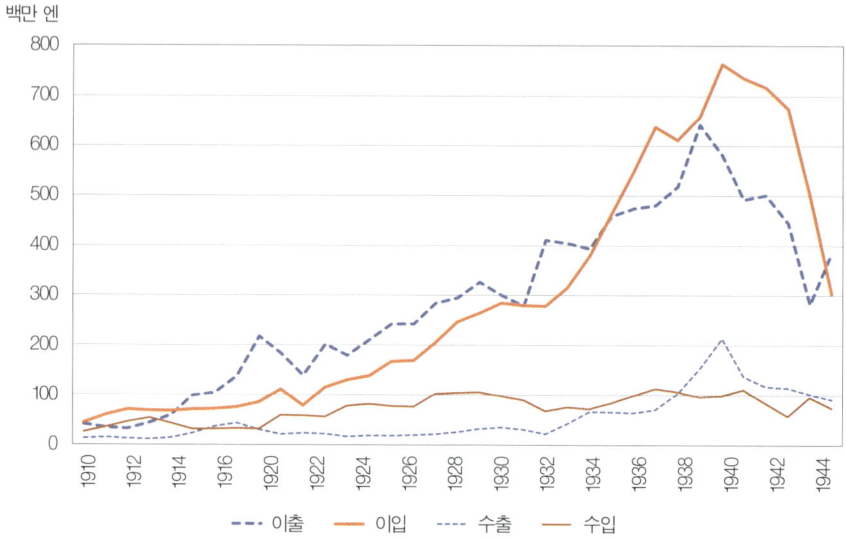

주: 1934-1936년 불변 가격.
자료: 김낙년(2003).

책적 지원이 집중된 분야와 그 외의 분야 간에 상반된 생산 추이가 더욱 심화되어 갔을 것으로 생각되며, 전체적으로는 축소되어 갔을 가능성이 높다고 생각된다.

한편, [그림 8-8]에서 볼 수 있듯이 무역도 1930년대 말부터 감소로 돌아서기 시작하였으며, 특히 1943년부터 현저하게 감소하였다. 다만 1940년대 초에는 이입보다는 이출의 감소가 더 빨랐지만, 1944년에는 결국 물자의 순유출이 일어났다. 공산품 소비에서 수이입품의 비중이 컸음을 생각하면 이것은 전시경제에서 커다란 공급제약으로 작용하였을 것으로 생각한다.

여기에서 중일전쟁 이전까지의 공업화와 전시 공업화는 그 의미가 상당

히 달랐음에 주의할 필요가 있다. 중일전쟁 이전에는 공산품 소비재를 중심으로 공업화가 진행되었고, 시장과 자금 면에서 농업의 수출산업화와 밀접하게 연계되어 있었다고 한다면, 전시 공업화는 정부의 통제에 의하여 대중 소비재의 생산과 소비를 억제 또는 희생하면서 생산력확충계획 산업으로 자원의 집중이 이루어졌다. 두 시기 모두 공업의 상대적 비중이 높아졌다는 의미에서 공업화의 진행을 이야기할 수는 있지만, 그 전개 메커니즘은 전혀 달랐던 것이다.

앞에서 태평양전쟁기에 일본에서 조선으로 자금 유입이 급증하였을 뿐만 아니라 자금의 유출 또한 격증하였음을 지적한 바 있다. [표 8-1]에서 본 바와 같이 이 시기의 자금 유출은 일본의 국채를 비롯한 유가증권 매입으로 나타났다. 이것이 어떤 의미가 있는지를 생각해 보자. 이 시기 조선의 금융기관이 일본의 유가증권 매입을 크게 늘릴 수 있었던 것은 예금이 급증하였기 때문인데, 그 배경에는 전시에 여러 경로로 유입된 자금이 지출되면서 조선에서 명목소득이 증가하였다. 이에 대해 전시하 대중 소비품의 공급은 크게 위축되어 있었다. 이러한 상황을 방치하면 급속한 인플레이션이 진행될 수밖에 없었으므로 저축을 장려하거나 강제하는 자금 통제가 불가피해진 것이다.

저축 강제는, 예컨대 급여 등을 지급할 때 저축을 미리 공제하여 그 지출을 제한하는 방식으로 이루어졌다. 1943년 자료에 따르면, 농민으로부터 쌀을 공출하게 되면 그 판매대금의 20%, 그리고 생산장려 보조금의 경우는 60%를 공제하여 금융조합 자신의 계좌에 예금으로 묶이게 된다. 1944년에는 판매대금 공제율이 30%로 인상되었다. 이러한 방식으로 금융조합의 예금이 크게 늘어났고, 그것은 식산은행이 발행한 채권을 매입하거나 일본의 유가증권을 매입하는 데 운용되었던 것이다.

조선은행의 통화발행은 제7장에서 살펴본 바와 같이 일본은행권을 지불준비로 하고 있었다. 이것은 조선은행이 통화를 남발하지 못하게 하고 두 지역 통화의 등가교환을 유지하게 만드는 장치였다. 그런데 거꾸로 전시에서처럼 일본으로부터 자금 유입이 급증하는 경우에는 조선은행권의 발행도 급증하게 되지만 이를 막는 장치는 없었다. 유입된 자금은 일본으로부터 물자의 이입에 쓰여질 수 있기 때문에 일본의 자본 수출은 통상 물자의 유입을 수반하였다. 유입 자금으로 무역수지 적자를 메우는 것이 그 전형적인 형태였다.

이에 대해 전시의 저축 강제에 의한 일본의 유가증권 매입은 조선에 물자가 유입되는 대신에 일본의 유가증권 보유가 늘어나게 된 것을 뜻한다. 이것은 전시하에서 일본의 물자 공급능력이 감소하는 상황에서 인플레이션이 일본으로 파급되는 것을 막기 위한 조치라고 할 수 있다. 그러나 전시 말로 가면 자금 통제의 한계로 인해 조선은행권의 회수가 점차 어려워지게 된다. 그로 인한 인플레이션의 압력을 가격 통제로 억눌렀지만, 해방으로 통제 권력이 사라지자 하이퍼인플레이션으로 폭발하게 된다. 따라서 전시 말 일본의 자본 수출은 인플레이션 수출로 변질되어 갔다고 할 수 있다.

5. 맺음말

이 시기가 다른 시기와 구별되는 가장 큰 특징은 물론 식민지 체제였다는 점이다. 더구나 중일전쟁을 기점으로 상이한 두 체제를 경험하였다. 먼저 중일전쟁 이전은 앞 장에서 살펴본 제도 변화를 전제로 해서 사실상 단일한 시장과 화폐를 가진 지역통합 체제로 편입되어 있었고, 식민지 정부는 개입주의적인 산업 정책을 추구하지 않았다. 이 시기에는 쌀 이출을 중심으로 하는 농업 개발이 이루어졌는데, 이는 개항기로부터 이어진 것이다. 그렇지만 개항기에 나타났던 미면 교환체제가 그대로 고착되지는 않았다. 즉, 공업화를 위해 변변한 산업 정책이 없었지만, 쌀의 수출산업화와 밀접한 연관을 가지면서 공산품 소비재를 중심으로 하는 공업화가 진전되었다.

그리고 제1부에서 살펴본 바와 같이, 이 시기는 해방 후와 비교해서 아직 농업 중심의 사회였고, 출산율이 높고 저축률은 낮아 인적 및 물적 자본이 형성되기 시작하였지만, 축적이 더뎠고 생산성도 낮았다. 경제성장률은 해방 후와 비교하여 절반에 미치지 못하였으며, 식민지 지배 민족이 근대적 기술과 자본에서 압도적 우위에 있었고 지주제 또한 발달하여 불평등이 다른 어느 시기보다 높았다. 그런 의미에서 개발에 뒤처진 사회가 상대적으로 더 개발된 사회에 지역통합 방식으로 편입되었을 때 어떠한 경제적 변화가 나타나는지를 보여 주는 사례가 된다고 생각한다.

전시에는 앞의 시장경제 체제와는 다른 체제로 전환되었다. 시장보다는 계획과 통제의 원리가 지배하는 시기였다. 이 시기 공업화는 정책적으로 선정된 부문에 자원을 집중하는 방식으로 전개되었는데, 공업화를 위한 산업 정책을 극한으로 추진한 사례라고 할 수 있다. 전시라는 특수 상황으로 인해 한쪽에 자원이 집중된 반면 다른 쪽이 희생되었기 때문에 지속 가능한 방식이라 할 수 없다. 앞 시기에 나타난 시장 원리에 따라 전개된 공업화와 뚜렷이 구별된다. 이 시기는 짧았지만, 해방 후에 미친 영향이 컸다고 생각한다. 북한은 후술하듯이 이러한 통제체제를 상당히 이어받았고, 한국의 경우에도 전시체제가 산업 정책에 미친 영향이 적지 않았다고 생각한다.

제9장

해방, 분단, 전쟁과 원조경제

이 장은 해방과 분단, 그리고 한국전쟁으로 이어지는 격동기의 체제 변화를 다룬다. 이때의 체제 선택이 이후의 경제성장에 지대한 영향을 미쳤다고 생각한다. 해방은 식민지기의 지역통합 체제의 붕괴와 경제 시스템의 변화를 가져왔다. 그리고 분단이 되면서 남한과 북한이 각각 계승한 식민지기 제도의 유산이 달랐는데, 그 내용을 살펴본다. 해방 후 일본인이 남기고 간 재산이 어떻게 처리되었는지, 식민지기의 농지를 둘러싼 계급 간 대립이 농지개혁을 통해 어떻게 해소되었는지, 그 실태와 의의에 관해서도 생각해 보고자 한다. 그리고 한국전쟁과 그로부터 시작된 냉전체제는 그 후 오랫동안 한국경제의 전개에 큰 영향을 미쳤다. 특히 이승만 정부 때에는 미국의 경제 원조와 이를 배분하는 과정에서 이루어진 외환시장의 규제가 1950년대 한국경제의 특질을 잘 보여 준다고 생각하여 그 실태에 관해서도 살펴보기로 한다.

1. 해방과 지역통합 체제의 붕괴

해방 전 일본제국의 지역통합 체제를 구성하고 있었던 통화와 환율, 관세, 법제도가 어떻게 바뀌었는지를 간단히 언급해 둔다. 먼저 해방 후 조선은행은 존속하였고 조선은행권도 그대로 통용되었다. 1950년에 한국은행법이 제정되었는데, 그 발행 제도를 보면 "대한민국 내의 유일한 법화로서 공사 일체의 거래에 무제한으로 통용된다"라고 규정되어 있을 뿐, 은행권 발행을 위한 별도의 지불준비 제도를 규정하지 않았다. 이것은 한국은행권이 불환지폐이며, 제도상 해방 전의 통화체제와는 단절되었음을 뜻한다. 다만 경과 규정을 두어 조선은행권의 유통을 인정하였는데, 한국전쟁이 일어나 서울이 점령

되자 조선은행권을 급히 대체할 필요가 생겨 한국은행권이 발행되었다.

한국은행은 불환지폐의 발행으로 은행권 발행이 용이해졌지만, 남발될 가능성을 안고 있었다. [그림 3-3]의 총통화 증가율의 장기 추이를 보면, 해방 직후와 한국전쟁기에 통화가 폭증한 것을 알 수 있다. 그로 인해 제3장 [그림 3-5]에서 이미 보았듯이 한국에서 이 시기 하이퍼인플레이션이 진행되었다. 해방 전후의 정치적 혼란과 한국전쟁으로 생산이 위축되는 등 물자의 공급이 크게 제한된 상황에서 통화가 남발되었기 때문이다.

전후에 각국의 인플레이션 진행 속도가 크게 달랐으며 그로 인해 각국 통화의 교환 비율인 대미 환율([그림 3-6])이 급변하였다. 해방 전에는 일본, 조선, 대만의 통화가 등가로 교환되었으므로 대미 환율은 동일하였지만, 일본제국 내의 등가교환 체제가 무너지면서 각국의 환율은 따로따로 움직이게 되었다. 일본제국 내 통화 간 고정환율을 유지할 수 있게 하였던, 일본은행권을 지불준비로 하는 통화체제가 무너지고, 각국이 독자로 통화 정책을 쓸 수 있게 되었기 때문이다. 비유하자면 금본위 제도에서 각국이 고정환율 유지를 위해 통화 정책을 쓸 수 없었지만, 금본위 제도가 붕괴된 후 그러한 제약에서 풀린 것과 마찬가지 상황이 되었다고 할 수 있다. 거꾸로 현재 지역통합이 이루어진 EU 멤버 국가들이 유로라는 단일 통화를 유지하기 때문에 독자의 통화 정책을 쓸 수 없는 것은 붕괴되기 전 일본제국의 지역통합 체제와 닮아 있다.

그리고 무역과 관세 제도도 해방 후에 개방체제를 후퇴시키는 방향으로 나아갔다. 먼저 전시하에서 무역에 대한 통제가 이루어졌음은 전술하였는데, 해방 후에도 대외무역에 대한 규제가 계속되었다. 무역에 관한 제도를 정비한 무역법(1957년)에 따르면, 수출의 진흥과 함께 "수입의 조정"을 목적으로 제시하고 있고, 이를 위해 무역계획을 수립할 것을 규정하고 있다. 무역적자를 줄이기 위해 수출은 허용하지만, 수입은 가능한 한 억제하되 국내 산업의 보호 육성과 수출산업에 필요한 설비와 원료의 공급을 의도한 것이었다.

관세는 미군정기에 10% 미만으로 억제되었지만, 정부 수립 후 제정된 관세법(1949년)은 국내 산업 보호와 재정 수입 확보를 위해 관세율을 대폭 인상하였다. 1876년 이후 열강에 의해 강요되었던 불평등조약으로 상실하였던 관세 주권을 회복하는 의의가 있다고 할 수 있다. 품목에 따라 관세율이 차등되었는데, 국내에 생산되지 않는 긴요한 원재료는 면세, 사치품은 40-100%, 나머지는 10-50%의 관세율이 부과되었다.

[그림 9-1]은 개항 이후 현재까지 각국의 평균 관세율 추이를 보여 준다. 품목마다 관세율이 다르지만, 관세 부과액을 수입액으로 나누어 구한 평균 관세율은 국내 시장의 보호 정도를 보여 주는 지표가 될 수 있다. 해방 전의 조선, 일본, 대만 모두 불평등조약의 영향으로 평균 관세율이 5% 전후에 머물러 있어 미국과 비교하면 강요된 개방체제였다고 할 수 있다. 주목되는 것은 해방 직후 조선과 대만의 관세율이 급등한 것이다. 이와 유사한 상황은 식민지 지배에서 독립한 대부분의 개발도상국에서도 발견된다. 다만 한국과 대만은 이러한 상황이 오래 가지 않고 1960년대 이후 관세율을 빠르게 낮추어 개방체제로 접근해 갔다.

이상과 같이 한국은 식민지 지배체제에서 벗어나 독자의 통화와 환율, 무역과 관세 제도를 갖게 되었다. 이것은 개항기나 식민지화 과정에서 상실하였던 관세와 통화 주권을 회복하는 과정이기도 하였다. 이를 통해 지역통합 체제하에서는 허용되지 않았던 민족주의적인 목표를 세우고 독자의 산업정책을 펼 수 있게 되었다. 그렇지만 이러한 새로운 경제체제로의 이행은 동

그림 9-1 각국의 평균 관세율 비교

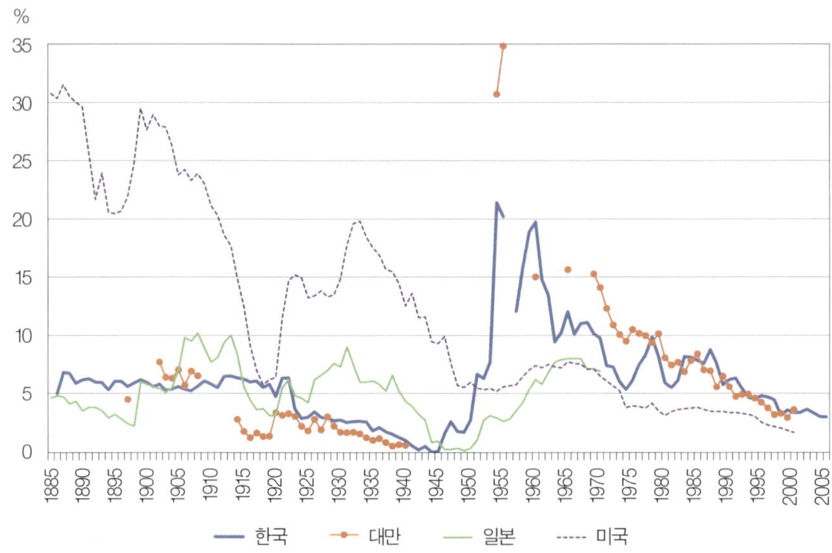

자료: 金洛年(2017).

시에 급격한 인플레이션과 환율 변동이 일어나고 시장경제나 개방체제가 일시적이지만 후퇴하는 과정이기도 하였다.

2. 대한민국의 수립과 법제도

대한민국 수립(1948년)의 의의는 제헌헌법에 집약되어 있다. 헌법의 총강(제1장)에서 대한민국은 민주공화국이고(제1조), 주권은 국민에게 있고 모든 권력은 국민으로부터 나온다(제2조)고 천명하였다. 나아가 대한민국은 정치, 경제, 사회, 문화의 모든 영역에서 각인의 자유, 평등과 창의를 존중하고 보장하며 공공복리의 향상을 위하여 이를 보호하고 조정하는 의무를 진다(제5조)고 규정하였다.

국민의 권리와 의무(제2장)로서 신체의 자유, 신앙과 양심의 자유, 학문과 예술의 자유를 가지며, 법률에 의하지 아니하고는 주거 침입 또는 수색을 받지 않으며 통신의 비밀이나 언론, 출판, 집회, 결사의 자유를 제한받지 아니한다. 재산권을 보장하며 그 행사는 공공복리에 적합하도록 하여야 한다. 모든 국민은 균등하게 교육을 받을 권리와 법률에 의해 재판을 받을 권리가 있으며, 공무원을 선거하거나 공무를 담임할 권리가 있다. 그와 함께 모든 국민은 법률이 정하는 바에 의해 납세와 국토방위의 의무를 진다는 점을 명시하였다(제8-30조).

그리고 국회(제3장), 정부(제4장), 법원(제5장)의 각 제도와 권한을 규정하여 삼권 분립을 규정하였다. 경제(제6장)에 관해서는 대한민국의 경제질서는 모든 국민에게 생활의 기본적 수요를 충족할 수 있게 하는 사회정의의 실현과 균형 있는 국민경제의 발전을 기함을 기본으로 삼으며, 각인의 경제상 자유는 이 한계 내에서 보장(제84조)된다는 점과 농지는 농민에게 분배(제86조)하는 것을 정하였다. 재정(제7장)에 관해서는 조세의 종목과 세율은 법률로써 정하고(제90조), 국가의 총수입과 총지출에 관한 예산을 편성해서 국회의 의결을 얻어야 하고(제91조), 수입 지출의 결산은 심계원(審計院)의 검사를 거쳐 국회에 보고할 것(제95조)을 정하였다.

이것은 제6장에서 살펴본 대한제국의 헌법에 해당하는 대한국 국제(1899년)와 대비된다. 거기에서는 황제가 무한한 군권을 갖고 입법, 행정, 군 통솔권, 외교 등 권력을 집중한 전제군주국임을 선언하였을 뿐만 아니라 국민의 기본권에 관한 규정은 아예 두지 않았다. 제7장에서 살펴본 식민지기 법제도와도 대비된다. 일본의 헌법은 그 효력이 식민지까지 미친다는 일본 정부의 입장과는 달리 실제로는 조선에 적용되지 않았으며, 일본 헌법에 나와 있는 국민의 기본권 보장, 입헌주의, 권력 분립 등은 조선과 무관하였다. 예컨대, 조선 총독에게 막대한 권한이 집중되었지만, 조선 내에서는 이를 견제할 장치가 없었다. 식민지기에 일본의 법률이 조선 총독의 명령인 제령의 형식으로 조선에 시행되었지만, 조선인은 자신을 구속하는 법률의 제정에 참여할 길이 없었다. 이러한 점에 비추어 보면 제헌헌법의 제정과 대한민국의 수립은 한국사에서 획기적인 일로서 이전 체제와 뚜렷이 단절되었음을 알 수 있다.

그러면 헌법 이외에 해방 전에 시행되었던 법령은 어떻게 되었을까? 이에 관해서는 남북한의 양상이 달랐는데, 먼저 한국에 관해 살펴보자. 제8장에서 보았던 전시 통제를 위해 만들어진 법률은 전시를 전제로 한 것이므로 전쟁의 종료와 함께 모두 효력이 중지되었다. 국가총동원법에 의거해서 발동되었던 수많은 법령이나 규칙, 명령, 고시 등도 마찬가지였다. 이에 따라 전시 입법으로 제약을 받았던 법령들이 회복되었다고 할 수 있다. 해방 후 정부가 수립되기까지 3년간은 미군정이 시행되었다. 미군정은 군정 법령을 발포해서 정치적·종교적·사상적 압박이나 민족 간 차별을 내포하는 법령(예컨대, 정치범처벌법, 치안유지법, 출판법, 정치범보호관찰령, 신사(神社)법 등)을 폐지하였지만, 그 외의 법령은 그대로 존속시켰다. 그 결과 경제 관련의 민법이나 상법 등은 모두 존속하여 해방 전후에 걸쳐 법적 공백은 없었다.

이들 법령은 정부 수립 이후에도 존속하였다. 그것을 가능하게 한 근거는 제헌헌법 제100조, 즉 "현행 법령은 이 헌법에 저촉되지 아니하는 한 효력을 가진다"는 조문이다. 그 결과 식민지기의 법령은 미군정 법령 및 정부 수립 이후 제정된 법령과 함께 공존하는 상황이 되었다. 다만 법전편찬위원회를 두어 민사, 상사(商事) 및 형사의 기초법전과 기타 소송, 행형(行刑) 등 사법 법규의 자료를 수집, 조사하며 그 초안을 기초, 심의하도록 하였다. 식민지기에 시행되었던 대표적인 법령인 조선민사령이 그 후 어떻게 되었는지 살펴보자. 한국의 새 민법은 법전편찬위원회에서 기초하고 국회의 심의를 거쳐 1958년에 제정되었고 1960년부터 시행되었다. 상법도 1962년에 제정된 후 1963년부터 시행되었다. 그러면서 그동안 조선민사령에서 의용(依用)해 왔던 일본의 민법이나 상법 등을 새 법률로 대체하였다.

즉, 조선민사령에서 규정한 민법이나 상법 및 동 시행법 등은 1960년 또는 1963년 이전까지 그대로 시행되고 있다. 그리고 이때 민법이나 상법이 새롭게 제정되는 형식을 취하고는 있지만, 사실은 일부 조항을 개정하는 정도였으며 내용이 크게 바뀐 것은 아니었다. 예컨대, 민법은 총칙, 물권, 채권, 친족, 상속의 5편으로 나누고, 그 이하 장절의 구성도 거의 달라지지 않았다. 다만 그간에 사회적·경제적 여건이 변하였고 법리가 발전한 점을 반영할 필요가 있었는데, 대표적인 것이 법원(法源)으로서 법률 이외에 관습법과 조리(條理)를 인정한 것(제1조)과 신의성실(信義誠實)과 권력 남용 금지(제2조)를 천명하는 제1장(통칙)이 새롭게 추가되었다는 점이다. 이것은 종래 계약의 자유와 소유권 보장을 중시하는 근대법에 대해 사회성이나 공공성의 관점에서 이를 상대화하려는 현대 법의 흐름을 반영한 것이다. 이 조항은 20세기 민법의 전형으로 일컬어지는 스위스 민법(1912년)에 그 연원을 두고 있으며, 이후 일본의 민법학자들에 의해 만주국 민법에서 수용되었고, 1947년 개정된 일본의 민법에서도 반영되어 있다(김낙년 2010b). 법제처(1999)는 그 외에도 새로 제정된 민법과 구민법의 차이점을 21개 항목으로 정리하고 있는

데, 그에 따르면 종래 학설이나 판례로 인정되어 왔던 것을 조문에 명기하거나 내용을 구체화한 것이 많았다. 그런 의미에서 경제 관련 법령은 식민지 초기에 시행되었던 것이 조선에 정착하여 해방 후에도 거의 그대로 존속하였다고 할 수 있다. 다만 전시에는 민법이나 상법이 통제로 인한 제약을 받았다는 의미에서 예외적인 시기라고 할 수 있다.

그런데 이들 경제 관련 법령이 해방 후에 폐지되지 않고 현재까지 거의 그대로 이어진 것을 어떻게 이해할 수 있을까? 조선민사령이 의용하고 있는 일본 민법에는, 예컨대 재산권 보호, 계약이나 영업의 자유, 회사 제도와 같은 근대 사회의 원리나 제도가 담겨 있다. 따라서 식민지기에 시행되었던 조선민사령은 일제의 동화주의라는 식민지 지배 정책의 일환으로서의 측면과 함께 근대적 제도의 도입이라는 측면을 동시에 가지고 있었던 것이다. 양 측면의 어느 쪽이 더 중요하였는지를 판단할 수 있는 계기가 해방 후 찾아왔다. 만약 그것이 식민지 지배의 장치에 불과하였다면 해방 후에 얼마든지 그것을 폐지할 수 있었다. 그렇지만 한국은 그렇게 하지 않았다. 오히려 해방 후에 조선민사령을 대체하기 위해 민법과 상법이 새로 제정되었을 때에도 신법은 구법을 거의 그대로 답습하였다. 그것은 경제 관련 법령의 경우 근대 사회의 보편적 원리를 담고 있어 그것을 단순히 식민지 지배의 장치라고 보기 어렵다는 점을 시사하고 있다. 경제 관련 법령이 해방 전과 해방 후를 통해 연속성을 갖는 것은 그 때문이다. 이것은 식민지에 시행된 법령 중에서 정치적 억압이나 민족 간 차별을 내포하고 있는 전술한 법령이 해방 직후에 폐지된 것과는 대비된다.

이와 관련하여 해방 후 민법안을 기초한 김병로가 국회에서 새로운 민법이 구민법과 거의 차이가 없다는 점이 논란되었을 때, 일본의 민법전과 민법학 자체가 "프랑스법, 독일법, 그것을 거의 가져와 그대로 번역한 것"이며 일본 고유의 것이 아니라는 인식을 보였던 점이 주목된다(정종휴 1994). 그는 새로 제정된 민법의 조문이 일본 민법과 일치하는 경우가 많다고 해서 그것을 문제로 생각하지 않았다. 이것은 만약 조선이 식민지로 전락하지 않고 자발적으로 서구 제도를 수용하여 민법을 만들었다고 한다면, 해방 후 새로 제정된 민법이나 일본의 민법과도 크게 다르지 않았을 것임을 시사하는 것으로 생각한다.

이에 대해 형법, 특히 형사소송법은 구법을 거의 그대로 계승한 민법과 달리 적지 않게 달라졌다. 조선형사령(1912년)을 대체하는 형법과 형사소송법은 민법보다 이른 1953년과 1954년에 새로 제정되었다. 조선형사령이 의용하였던 일본의 형사소송법이 전전에는 프랑스와 독일의 대륙법을 모델로 하였던 것이 전후 미국법의 영향을 받아 크게 개정되었다. 전후 개정된 일본국 헌법에 형사 절차에 관한 인권 보호 조문이 추가되었고, 이를 구체화하기 위해 형사소송법(1948년)에 영장주의 채택, 묵비권의 보장, 변호사 선임권의 확대 등 피의자나 피고인에게 절차적 권리를 보장하는 제도가 도입되었다. 재판의 절차도 종래 법원이 소송의 주도권을 행사하는 직권주의에서 소송 당사자의 주도권을 인정하는 당사자주의에 기초한 방식으로 바뀌었다. 즉, 재판의 진행이 검사 측이 기소장과 증거를 제출하고, 피고인과 변호인 측이 그에 반론하는 등 상호 공방을 중심으로 심리를 진행하고, 법원은 제3자적 입장에서 판결을 하는 방식으로 바뀐 것이다.

이것은 새로 제정된 한국의 형사소송법에도 영향을 미쳤다. 이 법안을 기초한 김병로가 국회에서 발언한 내용을 보면(신동운 2004), 새 형사소송법안은 당시 시행되어 왔던 조선형사령을 "흡수하고", 또 "미국 사람의 손으로 일본 형사소송법 전반에 걸쳐서 민주주의를 기본 이념으로 하는 개정 법률안을 일본 정부에 지시했고, …… 그것을 반영하여 제정된 것이 있다. 그래서 그 부분을 많이 우리도 형사소송법안에다가 참작을 했다." 여기서 그가 많이 참작하였다고 한 것은 전술한 내용으로 개정된 일본의 형사소송법을 말한다. 뒤이어 그는 "우리는 대륙법 체계만을 섭용한(받아들인) 것도 아니고 꼭 영미식 체계만 섭용한 것도 아니고 역시 우리에게 제일 편의한, 이러한 점을 절충해서 이 형사소송법안이 편성되었다"고 하였다. 즉, 기존에 시행되어 왔던 조선형사령을 전제로 하되, 시대의 조류를 반영하여 피고인의 절차적 권리를 보강하고 재판의 진행에 영미식 요소를 가미하는 방향으로 개편된 것을 알 수 있다.

이에 대해 북한은 한국과 다른 방향으로 나아갔다. 노동당의 20개조 정강(1946. 3. 23)에 따르면, 일제 통치기에 사용된 "일체 법률과 재판기관을 폐지"할 것을 천명한 데에서 알 수 있듯이 식민지기의 모든 법령을 부정하고자 하였다.[1] 다만 해방 직후에는 법적 공백을 피하기 위해 북조선에 시행할 법령에 관한 건(사법국 포고 제2호, 1945. 11. 16)에서 "조선 신국가 건설 및 조선 고유의 민정(民情)과 조리(條理)에 부합하지 않는 법령 및 조항을 제외하고 나머지 법령은 신법령이 발포할 때까지 각각 그 효력을 존속"하는 것으로 하였다. 그런데 임시인민위원회 사법국, 재판소, 검찰소의 구성과 직무에 관한 기본원칙(1946. 3. 6)에 따르면, "민사 또는 형사상 잠정적으로 일본 법률을 참고하는 때 판사는 그 민주주의적 의식과 조선 인민의 이익에 입각하여 재판하여야 한다"고 하였다. 북한의 법에서는 관습과 판례가 기존 사회질서를 대

1 여기서 인용된 북한의 법령은 정경모·차낙훈(1990)에 의거하였다.

변하는 것으로 보아 법원(法源)으로서 인정하지 않는 대신에 '민주적 법의식'이나 '인민의 이익'을 널리 인정하였다. 이것은 과도기에 법적 공백을 메우기 위한 것이지만, 법을 정치에 종속시켜 법적 안정성이나 예측 가능성을 보장하기 어렵게 하였다고 생각된다. 이와 함께 식민지기의 판검사를 사법기관의 과장 이상의 직원이나 판사로 임용할 수 없도록 하여 인적인 연속을 차단하였다. 그 결과 해방 전의 법령은 일부의 잠정적인 존속을 제외하면 모두 폐기된 것으로 볼 수 있다. 북한의 이러한 법적 단절성은 전시 이전의 경제 관련 법령을 계승한 남한과 커다란 대조를 이룬다.

한편, 전시 통제체제의 경험은 비록 짧은 기간에 그쳤지만, 해방 후 적지 않은 유산을 남겼으며 그 양상은 지역에 따라 달랐다. 일본의 경우 전후 고도성장기의 경제 시스템은 영미형과 구별되는 특징을 가지고 있는데, 그것이 전시체제에서 기원하는 경우가 적지 않다는 점이 지적되고 있다(岡崎·奥野 1993). 예컨대, 계급적 노사 관계를 배제하고 노동자를 포섭하고자 하였던 산업보국회, 주주 권한의 제한과 은행을 통한 간접금융의 확대, 통제회라는 업계 단체를 매개로 하는 정부와 기업 간의 긴밀한 관계와 같이 전시에 나타난 제도가 전후에도 형태를 바꾸어 연속되고 있는 것으로 이해되고 있다. 전후 일본 경제 시스템을 '1940년 체제'라고 불리기도 하는데(野口 2002), 이를 염두에 둔 것이다. 즉, 일본의 경우 전후 시장체제로 복귀하였지만, 전시에 만들어진 제도가 여러 분야에서 전후로까지 이어진 것으로 볼 수 있다.

북한의 경우 일본이나 한국과는 달리 해방 후 시장경제 체제로 복귀하지 않았다. 이것은 자연히 북한경제를 해방 직전의 전시 통제 방식에 계속 의존하도록 만들었다. 해방 직후에 시행된 경제 관련 법령의 주요 내용을 예시하면 다음과 같다. 토지개혁에 관한 법령(1946. 3. 5)에 의해 토지의 무상몰수와 무상분배가 실시되었다. 일본인과 '조선 인민의 반역자'가 소유하던 "일체의 기업소, 광산, 발전소, 철도, 운수, 체신, 은행, 상업 및 문화 관계 등은 전부 무상으로 몰수"하여 국유화하였다(임시인민위원회 결정 제58호, 1946. 8. 10). 다만 "조선 공민들의 개인 소유인 공장, 제조소 등의 개인 소유권을 보호"하는 것으로 하였다(인민위원회 결정 제91호, 1946. 10. 4). 다만 이들 중소 상공업은 공장허가령(1946. 7. 24)과 상점 허가제 실시에 관한 포고(1947. 2. 3) 등에 의해 허가 또는 통제를 받도록 하였다. "물가의 무질서한 폭등을 방지하고 정당한 가격의 상품매매"를 장려하기 위해 가격을 표시하게 하고 통제하였다(가격표시 규정에 관한 건, 1947. 1. 28). 이러한 조치를 전제로 하여 "인민 경제를 계획적으로 관리"하고자 하여 각 산업 또는 품목별로 목표 생산량과 그를 위한 투자액을 제시하는 등 '인민경제계획'을 추진하였다(북반부의 인민경제 부흥발전을 위한 1948년 계획실행 총괄과 1949-1950년 2개년 계획에 관한 법령 등).

요컨대, 경제의 계획화와 통제, 인적·물적 자원의 동원, 자산의 국유화와 같은 전시에 나타났던 정책지향은 해방 후에도 바뀌지 않았고, 국유화는 더욱 강화되었다. 전체주의라는 이념에서도 두 체제는 상통하는 점이 있다. 해방 직후 자유주의가 허용되었던 남한과 달리 북한에서는 큰 혼란이 없이 정치체제의 재편이 이루어질 수 있었던 것은 이처럼 이념과 정책 면에서 근본적으로 전환할 필요가 없었기 때문이다(木村 1999; Kimura 1999). 즉, 북한의 입장에서 보면 중일전쟁을 계기로 시장경제가 부분적으로 계획과 통제로 대체되기 시작하였고, 해방 후에는 주요 산업을 국유화한 다음, 1950년대를 통해 개인경제 부문에 남아 있던 사유재산과 시장경제 제도를 청산함으로써 사회주의 경제체제로 나아간 것이 된다. 이 점에서 전시 통제경제는 북한이 사회주의 체제로 이행하는 첫 단계였다고 할 수 있다. 물론 전시 통제경제는 자본주의를 전제로 하면서 전시의 필요에 따라 일시적으로 통제와 계획 원리를 도입한 것이라고 한다면, 북한은 사회주의 체제를 지향하고 있다는 점에서 본질적으로 다르다고 할 수 있다. 그렇지만 두 체제의 정치적인 성격이나 지향하는 이념의 차이를 인정하더라도, 경제조직 원리로서 시장이나 사적(私的) 자치를 부정하고 통제를 극대화하면 두 경제체제가 근접하게 된다는 점에 유의할 필요가 있다.

전시 통제체제나 그 운용 경험의 연속이라는 점에서 보면 한국이 가장 미약하였다고 할 수 있다. 해방 후 한국은 북한과 달리 시장경제로 복귀하였으며, 일본과 달리 전시 통제의 기획과 실무를 담당하였던 일본인들이 철수함에 따라 인적인 면에서 통제의 경험이 해방 이후로 이어졌다고 보기 어렵기 때문이다. 다만 전시에 나타났던 시장에 대한 정부개입은 해방 이후 자립경제 등을 목표로 하는 산업 정책에 영향을 미쳤다고 생각되며, 이 점에 관해서는 후술하고자 한다.

3. 귀속재산 불하와 농지개혁

1) 귀속재산 불하

앞에서 식민지 지배의 제도적 유산을 살펴보았는데, 여기서는 물적 유산에 대해 간단히 언급하고자 한다. 조선에 진주한 미군은 조선총독부를 대체하여 군정을 실시하고 군정 법령을 제정·공포하게 된다. 당초 군정 법령 제2호(1945년 9월 25일)에서는 국공유 재산은 군정청이 접수하지만, 일본 민간인의 사유재산은 거기에 포함하지 않았다. 그런데 3개월 후의 군정 법령 제 33호에서는 종전의 입장을 뒤집어 민간인의 사유재산도 미군정에 귀속되는 것으로 바뀌었다. 그 결과 일본군이나 정부의 재산, 철도 · 도로 · 전신 · 전화 등 국공유 기업의 재산뿐만 아니라 민간인 소유의 가옥이나 대지, 농장, 상점에 이르기까지 모든 일본인 재산이 몰수되어 미군정의 관리하에 귀속되었다. 이들 일본인 소유의 재산을 귀속재산(vested property)이라고 한다(이대근 2015). 일본은 아무리 전승국이라 해도 민간인 재산의 몰수는 국제법 위반이라고 항의하였고, 나중에 한일 국교정상화를 위한 협상에서도 이 문제를 제기하게 된다.

일본이 해외에 남긴 재산의 실태에 관해서는 연합국 최고사령관 총사령부(GHQ/SCAP)의 명령에 의해 일본 정부가 작성한 자료인『1945년 8월 현재 일본인 해외 자산』(*Japanese External Assets as of August 1945*)에서 그 전모를 파악할 수 있다(한국학중앙연구원 편 2005). 이를 요약한 [그림 9-2]에 따르면 일본의 전체 해외 자산은 219억 달러였고, 그중에서 조선은 52억 달러인 24%를 차지하고 있었다. 남한(10%)보다는 북한(14%)의 비중이 더 컸다. 일본의 해외 투자가 가장 많이 집중된 곳은 만주이며 39%에 달하였고, 만주 이외의 중국까지 포함하면 61%가 된다. 대만이 9%, 이들을 제외한 나머지 지역은 6%에 불과하였다. 1932년에 수립된 만주국은 일본의 괴뢰국가로서 반식민지로 볼 수 있으므로 (반)식민지에 대한 투자가 72%를 차지하고 있는 셈이다. 제7장에서 일본의 식민지 투자가 다른 열강보다 적극적이었음을 언급하였는데, 그 실태가 [그림 9-2]에 나타나 있다.

[그림 9-3]은 남한과 북한에 각각 남겨진 일본인 재산을 기업재산, 정부재산, 개인재산으로 나누어 비교한 것이다. 기업재산 중에서 상위 1,500사는

그림 9-2 일본 해외 자산의 지역별 구성

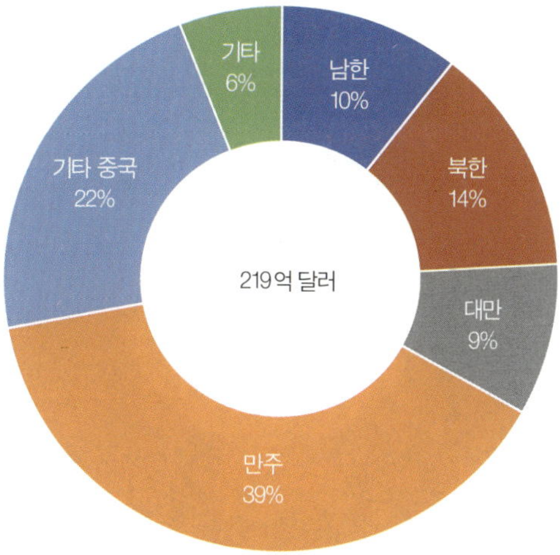

자료: 한국학중앙연구원 편(2005).

500씩 나누어 대기업, 중기업, 소기업의 3그룹으로 묶었고, 그 아래에 3,800사는 영세기업, 여기에 속하지 않는 나머지를 기타 기업으로 나누었다. 그래프에서 도넛 모양의 안쪽은 남한, 바깥쪽은 북한을 각각 나타낸다. 먼저 정부재산은 큰 차이가 없지만, 개인재산은 북한보다 남한에서 그 비중이 훨씬 높게 나온다. 서울을 비롯한 남한에 자산을 가진 인구가 더 몰려 있기 때문이다. 이와 달리 기업 중에서 대기업의 재산은 거꾸로 북한이 72%를 차지할 정도로 압도적이지만, 남한은 45%였다. 그 아래의 중기업, 소기업 또는 영세기업 3,800사 등의 비중은 대기업에 비하면 미미하였고, 그 정도는 북한에서 더욱 심하였다. 식민지기 자본 축적은 공업화를 이끌었던 대기업이 주도하였음을 알 수 있다.

그림 9-3 해방 당시 남한과 북한에 남겨진 일본인 자산 비중

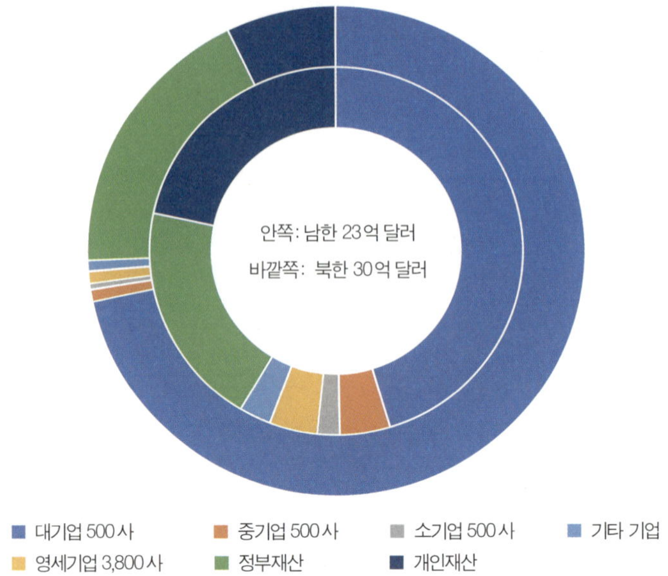

주: 상위 1,500개는 자산순으로 500개의 3그룹으로 나누고 대·중·소 기업이라 하였다. 그 외의 3,800개를 영세기업, 나머지 잔여를 기타 기업으로 나누었다.
자료: 한국학중앙연구원 편(2005).

[그림 9-4]는 이를 산업별로 본 것이다. 투자액이 광공업과 전기업에 집중되었으며, 남한보다 북한에 더 많이 투자되었음을 알 수 있다. 남한이 더 많은 것은 1차 산업과 금융, 상업 정도였고, 업종구분을 알 수 없는 영세기업의 경우에도 그러하였다. 이들 재산은 기업 형태를 취한 것으로 한정되었기 때문에 농업이나 상업 등에서 기업 형태를 취하지 않은 자영업자들이 빠져 있음에 유의할 필요가 있다. 제8장에서 살펴본 식민지 공업화는 이러한 지역간 편차를 수반하면서 진행되었음을 알 수 있다.

미군정은 귀속재산 중에서 일본인이 소유하였던 도시의 주택, 장부 가격

그림 9-4 일본인 기업자산의 산업별 분포

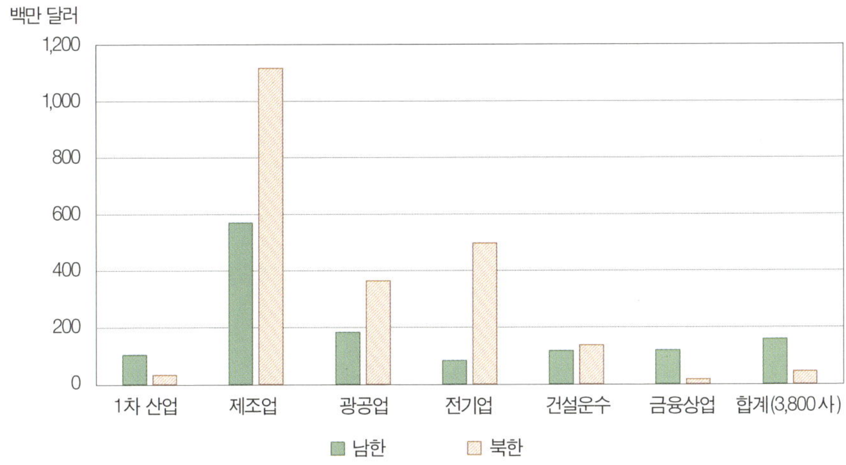

주: 산업별 분포는 상위 1,500개 기업을 대상으로 한 것이다. 합계(3,800사)는 산업별 정보가 없이 총액을 제시한 것이다.
자료: 한국학중앙연구원 편(2005).

100만 원 이하의 소규모 사업체, 농경지의 경우에는 민간에 불하하였고, 나머지는 정부 수립 후에 한국 정부에 이관하였다. 이관된 귀속재산의 총건수는 29만 건에 달하였는데, 부동산이 98%를 넘어 압도적으로 많았다. 기업체 재산은 건수로 2,203사(미군정에서 불하된 513사를 합치면 2,716사)에 달하였다. 그런데 이들 기업체 중에는 서류상으로만 남아 실제로는 유실 또는 훼손된 경우가 적지 않았다. 기업체가 온전히 유지될 수 있기 위해서는 원료나 부품 또는 에너지의 공급이 필수적인데, 해방과 분단으로 인한 정치·사회적 혼란과 일본과의 경제 관계 단절로 인해 경영상의 애로가 컸기 때문이다. 설비의 가동률이 떨어지고 적자를 면치 못한 기업이 많았다(이대근 2015).

이승만 정부는 이들 귀속재산의 민간 불하를 서둘렀다. 귀속 기업체의 경우 관리인을 두어 경영을 맡겼지만, 관리인이 어려운 경영 여건에서 기업을 존속 또는 성장시키기 위해 최선을 다하기를 기대하기 어려웠다. 관리인 중에는 나중에 해당 기업을 불하받는 경우도 있었지만, 그것이 보장된 것도 아니었다. 오히려 자신이 관리하는 기업을 희생하여 사욕을 채우는 경우도 많았다. 당시 재정 수요를 세금으로 충당하지 못해 재정적자를 메워야 할 필요성도 귀속재산 처분을 서두르게 만든 이유라고 할 수 있다. 1949년 12월에 귀속재산처리법이 제정되었고, 국공유로 지정된 이외에는 정부가 자유롭게 처분할 권한을 갖게 되었다.

귀속재산을 불하할 때 그 가격을 포함해서 불하조건을 정하는 문제가 중요하다. 기업체의 경우 2개 이상의 금융기관에서 조사한 공식적인 감정 가격에 의거하여 정부가 사정 가격을 정하고, 불하 가격은 이를 넘도록 하였다. 다만 낙찰되지 못할 경우 불하 대금의 납입기한을 연장하는 등의 조정이 이루어졌다. 공개입찰에 참여하는 매수인의 자격조건에서, ① 현재의 임차인 또는 관리인, ② 당해 기업의 주주나 사원 또는 노조의 조합원, ③ 2년 이상 근무한 종업원, ④ 농지를 매수당한 지주의 순으로 낙찰자의 우선순위가 정해져 있었다. 후술하듯이, 농지개혁으로 지주는 경지를 강제 매수당하는 대신에 지가증권을 교부하였는데, 이를 귀속재산 매수에 충당할 수 있게 하였다. 매수대금의 지불은 일시불을 원칙으로 하였지만, 실제로 이를 지킨 경우는 16%에 불과하였고 최대 15년까지 분납할 수 있게 허용되었다. 특히 규모가 큰 사업체는 대부분 장기 분납이 허용되었는데, 당시 높은 인플레이션이 진행되는 상황에서 이러한 분납은 매수 부담을 줄이는 효과가 컸다. 귀속재산의 불하 실적을 보면 기업체의 경우 정부 수립 후 10년에 걸쳐 2,029건이, 부동산의 경우 26만 건이 민간에 불하되었다. 귀속재산의 불하가 본격적으로 시작될 때 한국전쟁이 발발하였지만, 전쟁 중에도 불하가 중단되지 않았고 전후에 불하 건수가 크게 늘어났다(이대근 2015).

귀속재산의 불하를 둘러싸고 정경유착과 특혜의 논란이 있다. 전술한 매수 대금의 장기에 걸친 분납 허용은 특히 규모가 큰 기업체의 매수자에게 큰 특혜가 되었다고 생각한다. 그렇지만 귀속 기업체 불하의 의의는 소유자가 자기 책임하에 기업경영을 정상화할 수 있게 만들었다는 점에 있다고 생각한다. 앞에서 살펴보았듯이 관리인이 소유자와 같은 인센티브를 갖지 못해 결국 기업을 제대로 운영하지 못하였던 것과 대비된다. 1950년대 89개 주요 대기업의 기원을 추적한 결과(공제욱 1993)에 따르면, 불하받은 귀속 사업체가 36개(40%), 국유화된 귀속 기업체가 4개(5%), 식민지기 조선인이 설립한 기업체가 8개(9%), 해방 이후 신설된 기업체 또는 미상이 41개(46%)로 나와 절반 가까이가 과거 일본인 소유 기업체로 출발한 것임을 알 수 있다. 이후 신설된 기업이 빠르게 늘어나면서 이들의 비율은 급속히 떨어지지만, 귀속 기업체를 모태로 해서 대기업이나 재벌로 성장한 경우가 적지 않았다. 이한구(2007)에 따르면 한국화약, 해태제과, 동양맥주, 동일방직, 하이트맥주 등 16개 업체가 그러한 경우에 해당하는 것으로 나왔다. 불하 당시에는 대기업이었지만 그 후 살아남지 못한 경우도 많으며, SK나 애경그룹처럼 중소기업을 불하받아 이를 모태로 재벌로 성장한 경우도 있다. 그 외에도 자료로 추적이 어렵지만, 소규모 기업이나 상점을 불하받아 사업 기반으로 활용한 사례는 훨씬 더 많았을 것이다. 즉, 한국의 자본 축적이나 기업 성장에서 귀속재산이 큰 역할을 하였음은 부정할 수 없다고 생각한다.

2) 농지개혁

해방으로 식민지 지배체제가 붕괴하자 종래의 사회 시스템을 변혁하려는 요구들이 분출하였다. 농지개혁은 이를 대표하는 것인데, 농지 소유의 지주 편중이 극심하여 계급 간 갈등이 고조된 것을 배경으로 하고 있었다. 농지개혁이 한국경제 성장에서 어떠한 의의를 갖는지 생각해 보자.

해방 전에는 1940년에도 농가가 전체 인구의 71%를 차지할 정도로 인구의 다수가 농민이었다. 전체 농가 중에서 자신의 토지를 경작하고 있는 자작농은 18.1%에 불과하였고, 자신의 토지가 전혀 없는 소작농이 53.1%나 되었다. 자작 겸 소작농이 23.4%이고, 나머지는 피고용자이거나 화전민이었다. 소작으로 경작되는 경지의 비중은 논이 68%, 밭이 52%에 달하였다. 대다수의 농민이 토지를 거의 또는 전혀 소유하지 못하고 있었던 셈이다. 소작농이 부담하는 소작료는 수확의 50% 정도였고, 1930년대에는 소작료 부담을 둘러싼 지주와 소작인 간의 소작쟁의가 크게 늘어났다. 경지 면적은 한정되어 있는데 농가 인구가 계속 늘어났기 때문에 지주에 대해 소작인의 입지가 약화될 수밖에 없었다.

해방 후 이러한 농지 소유의 불평등을 더 이상 용인하기 어려워졌다. 기존의 지주 소작제를 폐지하고 농지를 경작자에게 돌려주어야 한다는 정치적 요구가 거세졌다. 지주들은 이에 저항하였지만 대세를 막기 힘들었다. 북한이 1946년에 토지개혁을 앞서 단행한 것은 남한에서도 농지개혁을 피할 수 없게 만들었다. 남북한의 체제 대립이 고조되는 상황에서 농지개혁은 이제 남한에서 사회주의 혁명을 예방하는 조치로서 의미를 갖게 된 것이다. 미군정은 일본인 지주들이 남기고 떠난 경지를 접수한 후 이를 연고 소작인에게 분배하였다. 그 방식은 나중에 조선인 지주를 대상으로 실시된 농지개혁에도 영향을 미쳤다.

1950년에 시행된 농지개혁법은 경작자가 아닌 자는 농지를 소유할 수 없도록 하고, 경작자도 3정보 이상을 소유하지 못하도록 하였다. 정부는 이 조건을 넘는 지주의 농지를 강제로 매수하여 소작인에게 분배하였다. 해당 농지를 유상몰수하고 유상분배하는 방식을 취하였는데, 그 대가로서 연 생산물의 1.5배를 5년에 걸쳐(즉, 매년 생산물의 30%) 분할 상환하도록 하였다. 다만 농민은 현물로 납부하였지만, 지주에게는 지가증권을 교부하고 나중에 현금으로 상환하였다. 현금으로 환산할 때 정부의 낮은 규제 가격을 적용하였으며, 한국전쟁으로 인해 상환이 예정보다 늦어졌다. 당시 인플레이션이 매우 빠르게 진행된 점을 감안하면, 지주에 대한 보상은 농민이 현물로 부담한 수준보다 훨씬 낮았던 것으로 평가되고 있다(김성호 외 1989). 이에 대해 북한의 농지개혁은 무상몰수와 무상분배의 방식을 취하였지만, 농민은 분배된 농지를 자유롭게 처분하거나 상속할 수 없었기 때문에 완전한 소유권이 인정된 것이 아니라는 점에서 남한의 농지개혁과 그 성격이 달랐다.

이러한 농지개혁이 그 후 한국의 경제성장에 미친 영향에 관해 생각해 보자. 농지개혁으로 인구의 다수를 차지하였던 소작농이 이제는 자신의 토지를 소유하고 경작하는 자작농으로 바뀌었다. 이를 통해 경지를 둘러싼 계급 간 갈등을 줄이고 사회적 통합에 기여하였다는 점을 먼저 지적할 수 있다. 그 대가로 경지에 대한 사유재산권이 일시적으로 부정되고 지주의 희생이 일방적으로 강요되었다. 선진국에서도 대공황이나 두 차례의 세계대전을 거치면서 불평등을 줄이기 위한 제도개혁과 정책이 광범위하게 추진된 바 있는데(Piketty 2014), 제2차 세계대전 후 독립한 국가에서 이루어진 농지개혁도 넓게 보면 그러한 세계사적인 흐름과 맥락을 같이하는 것으로 볼 수 있다.

농지개혁으로 한국에서 불평등이 획기적으로 줄고 지주계급이 소멸한 것의 정치적 의의는 크다고 생각된다. 역사적으로 보면 극심한 불평등과 강력한 지주계급의 존재가 민주주의나 경제발전에 부정적인 영향을 미치는 경우가 많았다. 예컨대, 중남미는 북미에 비해 토지 소유의 집중이 높고 지주계급의 정치적 영향력이 컸는데, 그것이 그 지역에서 선거권의 확산이나 공교육에 대한 투자가 북미에 크게 뒤처진 배경이 되었다(Skoloff and Engerman 2000). 이러한 지역 간 차이는 초기 부존자원 조건의 차이에서 유래한 것이지만, 일단 강력한 지주계급이 출현하면, 그 후에도 자신에게 유리한 제도를 만들어 냄으로써 불평등을 지속시키는 경향이 있음을 보여 준다. 현재에도 농지개혁이 실패하였거나 시행되지 않았던 개발도상국에서는 지주계급의 영향력이 온존되고, 그들의 이해에 반하는 제도개혁이 그만큼 어렵게 되는 것을 볼 수 있다.

여기에서는 특히 공교육의 도입과 확산이 지주계급의 이해와 충돌할 수 있다는 점을 지적할 수 있다. 공교육 도입에 대해 지주와 산업자본가 계급의 이해가 달랐는데, 그 배후에 제2차 산업혁명 이후 생산 과정에서 자본과 숙련 간(또는 물적 자본과 인적 자본 간)에 보완성(complementarity)이 강화되어 왔다는 점을 주목하기도 한다(Galor and Moav 2006). 그로 인해 공교육을 통한 대중의 인적 자본 축적은 산업자본의 수익성 향상에 기여하였지만, 그러한 보완성이 거의 없는 지주의 농업 생산에서는 그러한 효과를 기대하기 어렵고, 그를 위한 조세 부담만 늘어나게 된다는 것이다. 실제 미국에서 20세 전반기에 중등교육의 보급이 크게 늘어났을 때 주(states)별 차이가 컸는데, 토지 소유의 불평등이 높은 주일수록 공교육을 위한 재정 지출에 소극적이었음을 알 수 있다(Galor, Moav, and Vollrath 2009).

한국에서도 해방 전 초등교육의 보급 추이를 보면([그림 4-6]), 중등교육의 보급은 보잘것없었고 초등교육의 취학률도 1930년대 전반까지는 매우 느리게 상승하였다. 그 배경에 지주계급의 소극적인 대응이 하나의 요인으로 지적되고 있다. 식민지기 초등교육의 재원은 상당 부분 지방정부에서 조달되었는데, 그를 위한 과세에서 지주들이 부담하는 몫이 컸다. 이러한 상황에서 지주는 세금을 늘리기보다는 수업료를 높이는 방향으로 대응하였다(Go and Park 2013). 식민지기 공교육의 확산을 제한하였던 편향은 해방과 농지개혁으로 해소되었다. 제4장에서 이미 살펴보았듯이 해방 후 초등교육은 의무교육이 되었고(1950년), 1960-1970년대는 중등교육의 취학률이 급속히 늘어났다. 요컨대, 농지개혁은 이후 인적 자본의 형성에 두 가지 점에서 긍정적이라 볼 수 있다. 하나는 농민 대중의 소득과 구매력을 높인 것이 교육 수요의 증가로 이어진 점이고, 또 하나는 지주계급이 존속하였다면 예상할 수 있는 부정적 영향을 차단할 수 있었던 것이다(차명수 2014).

한편, 농지개혁이 농업 생산성을 높이는 데 기여하였는지에 관해서는 상반된 평가가 이루어지고 있다. 해방 전과 달리 소작료의 부담이 없어졌으므로 증산이나 농업 투자의 인센티브가 그만큼 커질 수 있다는 점을 강조하기도 한다(Jeon and Kim 2000). 이에 대해 농업 생산에서 지주들은 단순히 기생적 존재가 아니라 품종이나 농사기술 또는 신용의 제공과 같은 긍정적인 기여도 적지 않았음이 강조되기도 한다. 예컨대, 우대형(2001)은 농지개혁의 실시 이전과 이후의 미곡 생산량과 소작지 비중 등의 군별 데이터를 이용해서 회귀분석한 결과, 농지개혁 자체는 미곡 생산성을 높이지 못하였다고 평가하고 있다. 사실 농지개혁은 경제적 논리보다는 정치적 고려를 우선하여 경지를 재분배한 것이므로 보다 포괄적인 농업개혁으로 나아가지는 못하였다. 농업의 생산조건이 획기적으로 개선되기 위해서는 비농업 부문의 높은 고용 흡수력으로 농촌의 과잉인구가 본격적으로 해소되는 고도성장기를 기다리지 않으면 안 되었다.

4. 한국전쟁, 원조, 외환규제

한국전쟁(1950-1953년)은 소련과 중국의 지원 아래 북한의 한국 침략으로 시작되었고, 이에 대해 미국을 비롯한 UN군이 참전하여 맞섰고, 거기에 다시 중국이 참전해서 싸운 전쟁이다. 3년간의 전쟁은 휴전으로 끝이 났지만, 한반도에 막대한 인적 및 물적 피해를 입혔을 뿐만 아니라 그로 인해 형성된 동아시아의 냉전체제는 그 후 한국의 진로에 큰 영향을 미쳤다. 인적 피해만을 간단히 언급하면, 전쟁으로 인한 한국군 사망자 수는 약 14만 명이고 부상자와 실종자를 합치면 62만 명에 달한다. 16개국이 참전한 유엔군의 사망자 수는 3만 8,000명(부상자 등을 합치면 15만 명)이며, 그중 미군이 3만 4,000명에 달하였다. 민간인 사망자 수는 37만 명이고 부상자 등을 합치면 99만 명에 이르렀다. 북한군의 사망자 수는 자료에 따라 차이가 있지만 50만 명을 넘는 것으로 추정되며, 중공군의 사망자 수는 15만 명(부상자 등을 합치면 97만 명)에 달하였다(국가기록원, 홈페이지).

한국전쟁으로 한국은 탄생한 지 2년도 되지 않아 지구상에서 사라질 수도 있었던 위기를 겪었다. 휴전으로 그러한 우려가 불식될 수 있는 것은 아니었으므로 한국의 안보를 확고히 보장할 수 있는 장치가 불가결하였다. 이승만은 그 장치가 한미상호방위조약으로 보고 이를 통해 미국이 한국의 안보에 계속 관여하지 않을 수 없도록 만들고자 하였다. 그렇지만 미국은 동북아시아 안보의 중심을 일본에 두고 있었고, 전략적 가치가 상대적으로 낮은 한국과의 군사동맹에는 소극적이었다. 미국과의 군사동맹 없이 휴전으로 가면 한국의 국가적 생존이 어렵다고 본 이승만은 벼랑 끝 전술을 펼쳤다. 단독으로라도 북진통일을 위한 군사행동에 나서겠다고 공언하였으며, 휴전 협정을 깨기 위해 반공포로를 석방하는 조치를 단행하기도 하였다. 이에 대해 미국은 이승만을 휴전의 걸림돌로 보고 '제거'하는 방안까지 고려할 정도로 한미 간의 갈등이 첨예화되었다. 결국 양국이 한 발씩 양보하는 형태로 한미상호방위조약이 맺어졌고, 미군의 한국 주둔이 법적 근거를 갖게 되었다. 미국은 이를 통해 한국에 대한 공산주의 세력의 침략 위협을 봉쇄하는 동시에 이승만의 북진 무력통일 의지도 단념시키는 이중의 봉쇄 효과를 얻었다(차상철 2006). 그리고 한국군 전력 증강을 위한 군사 원조를 제공하는 조건으로 한국군을 UN군 사령부의 작전 지휘권하에 두는 것에도 합의하였다.

한미상호방위조약을 핵심으로 하는 한국의 안보체제는 남북의 첨예한 군사적 대치 속에서도 안보에 대한 불확실성을 크게 줄여 경제성장을 뒷받침하는 데 결정적 역할을 하였다. 그 외에도 여러 방면에서 무시할 수 없는 경제적 효과를 가져왔다고 생각한다. 먼저 국방비 문제를 들 수 있다. 만약 이 조약이 없었다면 한국이 지출해야 할 국방비가 현재보다 훨씬 더 높았을 것이다. 제3장에서 본 국방 지출의 GDP 대비 비율([그림 3-15])을 보면, 한국은 한국전쟁 직후인 1950년대 중엽에는 GDP의 9%를 국방비로 지출하였지만, 그 후 현재에는 2.5%까지 하락하였다. 일본은 전전에 국방비 지출이 높았지만, 전후에는 평화헌법과 미일상호방위조약 덕분에 1% 아래로 떨어졌다. 대만은 한국보다 국방비 지출 비율이 더 높다. 한국과 대만이 일본보다 이 비율이 크게 높았던 것은 일본과 달리 직접 군사적 대치를 하고 있기 때문이다. 미국은 전후에 세계의 경찰로서의 역할을 자임하고 있어 전전보다 군사비 지출 비율이 크게 높아졌다. 그 덕분에 이들 동아시아 국가는 군사비 지출을 크게 낮출 수 있었다고 생각한다.

또 하나 전쟁 이후 고착된 동아시아의 냉전체제는 중국을 죽의 장막에 가두어 놓는 효과가 있었다는 점이다. 만약 중국이 죽의 장막에서 좀 더 일찍 벗어나 세계시장으로의 복귀가 앞당겨졌다면, 그래서 한국이 유사한 조건에 있었던 중국과의 치열한 경쟁 속에 놓여져 있었다고 한다면, 한국 경제성장의 진로나 유형은 적지 않게 달라졌을 것으로 생각한다.

그리고 미국은 한국의 안정과 부흥을 위해 대규모 경제 원조를 제공하였다. 1950년대의 한국경제는 이러한 원조에 크게 의존하였다. 여기에서는 이러한 원조가 어느 정도의 규모였고, 이를 누구에게 어떻게 배분하였는지 살펴보고자 한다. 그것이 1950년대 한국경제를 이해하는 데 흥미로운 실마리를 제공한다고 생각하기 때문이다. 먼저 원조 규모에 관해서는 제4장의 [그림 4-23]을 통해 가늠해 볼 수 있다. 거기에서 국외순수취 경상이전이라는 항목이 있는데, 그것은 대부분 원조로 이루어져 있으며 플러스(+)는 원조의 순유입을, 마이너스(−)는 순 유출을 말한다. 원조의 규모가 1950년대 후반에는 GDP의 7%에 가까운 수준에 달하였으며, 1960년대 이후에는 빠르게 감소하였음을 알 수 있다.

[표 9-1]은 1957년을 예로 들어 외환 수급을 보인 것이다. 거기서 외환 수입 총액 4억 7,100만 달러 중에서 원조에 해당하는 증여(표의 C)가 3억 8,900만 달러로 83%를 차지하였고, 상품 수출(표의 A)로 벌어들인 외환 수

표 9-1 외환의 수입과 지출의 구성비(1957년)

	금액(백만 달러)			구성비(%)	
	수입	지출	수입-지출	수입	지출
재화 및 용역	79	466	-388	16.7	99.1
상품 A	19	390	-371	4.1	83.0
서비스 기타	14	62	-48	2.9	13.1
정부	48	14	34	10.2	3.0
(대유엔군 수입) B	43	-	43	9.2	-
증여 C	389	4	385	82.7	0.9
민간	31	2	29	6.5	0.4
공공	359	3	356	76.2	0.6
합계	471	471	-	100.0	100.0

자료: 한국은행, 『경제통계연보』, 1960.

입은 4%에 불과하였다. 그리고 외환 지출의 83%가 상품 수입을 위해 지출되었음을 알 수 있다. 그리고 정부의 대유엔군 수입(표의 B)이 외환 수입의 9%를 차지하고 있다. 이것은 한국전쟁 때 미군이 한국 내 원화의 지출이 필요한 경우 한국 정부로부터 원화를 대여받아 지출하였는데, 그 후 그것을 달러로 상환한 것을 말한다. 즉, 당시 외환 수입의 압도적인 부분은 원조로 들어왔고, 대부분이 상품의 수입으로 지출되었음을 알 수 있다. 1957년을 예시로 들었지만, 1950년대 다른 연도의 상황도 다르지 않았다.

1950년대는 또한 정부가 외환시장에 개입하고 복수환율제도가 시행되었다는 점에서 다른 시기와 뚜렷이 구별된다. 당시 환율에는 정부 간 외환 거래에 적용되는 공정환율 이외에 민간 거래에서 형성되는 시장환율 등이 있었다. 여기서 주목되는 것은 정부가 민간에게 외환을 배정할 때 적용한 환율이다. 예컨대, 원조물자를 도입하기 위한 원조 자금을 민간에 배정할 경우 배정받은 자는 그에 상응하는 원화 대금을 납부하게 되는데, 이때 적용되는 환율을 대충자금 환율이라고 한다. 이렇게 납부된 원화 대금은 대충자금으로 적립되어 정부 예산으로 쓰였는데, 당시 예산에서 대충자금이 큰 비중을 차지하고 있었다. 원조 중에서 무상으로 배분되는 구호물자가 있지만 그 비중은 작았고, 대부분은 원화 대금의 납부가 요구되었다. 그런데 이 대충자금 환율은 공정환율을 그대로 적용하기도 하였지만, 세금을 부과하거나 공매를 거쳐 배정할 경우에는 외환을 배정받은 자가 실제 부담하는 환율은 공정환율보다 높아지게 된다.

[그림 9-5]는 공정환율과 암시장 시세를 보여 주는 시장환율의 추이를 제시하였다. 공정환율은 일정 수준을 유지하다가 계단식으로 상승하는 양상을 보였다. 이에 대해 시장환율은 공정환율보다 항상 높았으며, 양자의 비율은 1950년대에 2-4배의 수준이었음을 알 수 있다. 공정환율은 1953년과 1955년에 대폭 인상되어 시장환율과의 갭을 줄였지만, 얼마 지나지 않아 다시 벌어지는 양상이 반복되었다. 1960년대 이후에 들어오면 환율 현실화(1960-1961, 1964년)에 의해 양자의 비율이 1에 접근하였다. 이러한 환율 동향의 배후에는 공정환율을 낮게 억누르고자 하는 이승만 정부와 환율의 가격 기능을 회복하고자 하는 미국과의 갈등이 놓여 있었다.

외환시장에 대한 정부개입의 효과를 [그림 9-6]을 이용하여 간단히 정리해 둔다. 거기에서 외환(즉, 달러)에 대한 수요함수 D는 통상 그러하듯이 마이너스(−)의 기울기를 가진다. 외환의 가격(즉, 환율)이 높으면 외환에 대한 수요량은 줄고 그 가격이 낮으면 수요량이 늘기 때문이다. 이에 비하여 외환의 공급 S는 수직선으로 그렸다. 그것은 1950년대의 외환 공급이 대부분 미국의 원조에 의한 것인데, 한국의 환율 수준과는 무관하게 결정되기 때문이

그림 9-5 대미 공정환율과 시장환율의 추이

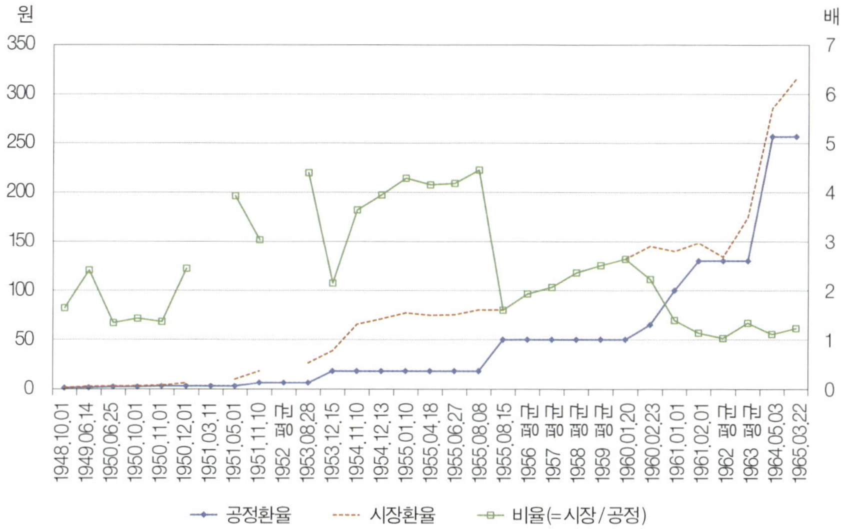

주: 비율(=시장/공정)은 오른쪽 눈금. 공정환율, 시장환율은 왼쪽 눈금.
자료: 김낙년(2002); 김광석·웨스트팔(1976).

다. 만약 정부의 개입이 없었다면 외환의 공급곡선과 수요곡선이 만나는 e_1 이 균형환율 수준이었을 것이다. 그런데 1950년대 이승만 정부는 공정환율을 e_2 수준으로 낮게 유지하고자 하였다. 외환을 공정환율로 배정받은 자들은 그림에서 (R_2+R_3) 규모의 경제적 지대(economic rent)를 얻게 된다. 이것은 당시 은폐보조(隱蔽補助)라고 불리던 일종의 특혜라고 할 수 있다. 공정환율을 낮게 유지하면 이러한 특혜를 얻기 위해 외환의 초과 수요가 (Q_2-Q_1)만큼 발생하게 되므로 외환을 누구에게 어떻게 배정하는가를 정해야 하는데 여기에 정부가 개입하게 된다.

미국은 이러한 정부개입이 정경유착을 낳고 외환을 비효율적으로 낭비하

그림 9-6 외환시장에의 개입과 경제적 지대

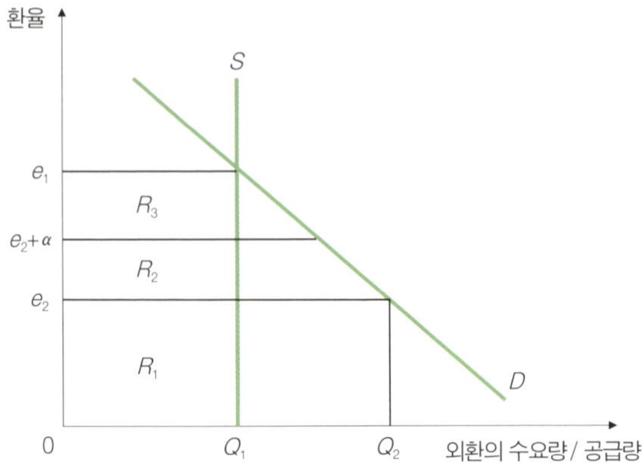

게 될 것으로 우려하였고, 공정환율(e_2)을 시장환율(e_1)에 접근시킬 것을 요구하였다. 이에 대응하여 이승만 정부는 원조 달러를 민간에 배정할 때 공정환율(전술한 대충자금 환율)을 적용하지만, 거기에 추가로 외환세를 부과하기도 하고 일부를 공매에 돌리기도 하였다. 그러면 원조 달러를 배정받은 자가 실제 부담한 환율은 e_2에 α만큼 부담이 추가되게 된다. 그렇게 되면 외환을 배정받은 자가 얻는 경제적 지대는 R_3로 줄어들고, 정부는 R_2만큼을 회수하게 된다. 1950년대의 외환배정은 이 α의 수준과 부과 방식을 둘러싸고 매우 복잡한 제도가 시행되었는데, 정부의 시장개입으로 인해 초래된 것이다.

그러면 이 시기 외환규제로 인해 창출된 경제적 지대가 어느 규모인지 추정해 볼 수 있다. 공정환율과 시장환율의 갭인 (e_1-e_2)에다 원조도입액을 곱해서 구할 수 있다. 즉, R_2+R_3=(시장환율－공정환율)×원조도입액이 된다. 이것을 GDP 대비 비율로 보인 것이 [그림 9-7]에 제시하였다. 1950년대에 이

그림 9-7 추정된 경제적 지대의 GDP 대비 비율

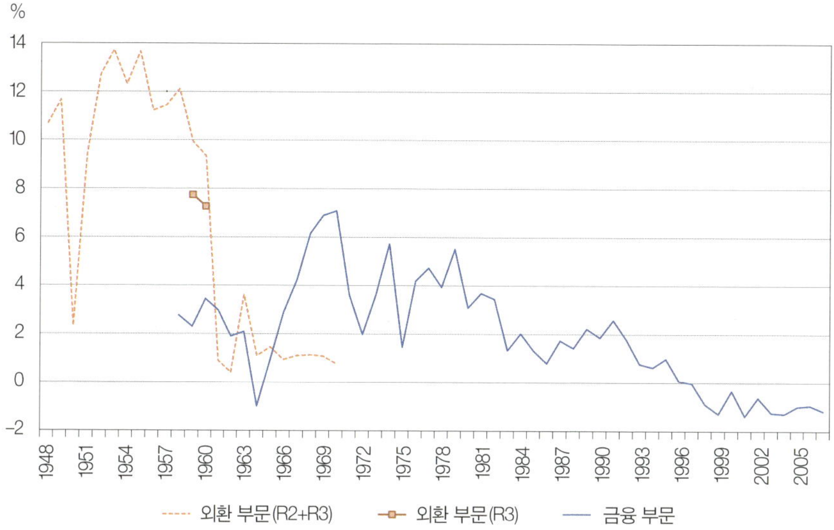

자료: 김낙년(1999, 2002). 단, 금융 부문의 지대는 김낙년(1999)을 수정, 업데이트한 것이다.

비율이 10%가 넘는 것으로 나왔는데, 여기에는 정부가 회수한 부분(R_2)이 포함되어 있으므로 이를 빼 줄 필요가 있다. 자료상 R_2의 규모를 추정하기 어려운데, 다행히 1959-1960년의 경우에는 공정환율을 넘는 추가 부담(a)이 모두 외환특별세라는 형태로 부과되었기 때문에 그 규모를 재정통계를 이용하여 파악할 수 있다. 이를 공제한 경제적 지대(R_3)의 GDP 대비 비율(즉, R_3/GDP)을 구해 보면 1959-1960년에 7-8%로 나왔으며, (R_2+R_3)/GDP에 비해 줄어든 것을 알 수 있다. 물론 이 수치도 실제보다 과장되어 있지만,[2] 1950년대

2 원조 중에서 민간에 배정되지 않은 부분을 여기에서 제외할 필요가 있다. 그리고 외환규제가 없을 경우 형성되었을 시장환율을 암달러 시세로 보았는데, 거기에는 암시장 거래에 따르는 리스크 프리미엄이 포함되어 있다.

에 이승만 정부는 외환시장에 개입하여 상당한 규모의 경제적 지대를 창출해서 배정하였다고 할 수 있다. 1961년 이후에는 단일 변동환율 제도로 이행하게 되면서 그러한 지대 창출은 더 이상 어렵게 되었다.

이승만 정부가 미국의 반대를 무릅쓰고 외환시장 개입에 집착한 것은 이를 산업 정책의 수단으로 활용하고자 하였기 때문이다. 당시 정부는 수입에 의존하던 공산품의 국내 생산을 서둘러 수입대체를 추진하고자 하였지만, 그를 위한 마땅한 수단이 없었다. 미국은 원조물자의 원화 대금인 대충자금을 한국은행으로부터의 정부 차입금 상환에 우선 사용할 것을 요구하였는데, 그것은 증발된 통화를 회수하여 인플레이션을 진정시키기 위한 것이었다. 이에 대해 이승만 정부는 경제의 안정화보다는 경제부흥이나 자립경제의 건설을 우선시하였고, 원조 자금을 그 수단으로 활용하고자 하였다.

그러면 이렇게 창출된 경제적 지대(즉, 정부규제로 저렴해진 외환)는 누구에게 배정되었을까? 원조 자금을 배정하는 절차를 보면 실수요자용과 민수용으로 나누고, 전자에는 공정환율을 적용하였지만, 후자는 공매로 배정하였다. 여기서 실수요자(end-user)란 원자재를 최종 소비하는 생산업자를 말하는데, 예컨대 원면의 경우라면 방적설비를 가지고 있는 생산업자가 실수요자가 된다. 그런데 실수요자라고 해서 공매 대상에서 제외하는 것은 특혜라는 비판을 받았으며, 미국의 요구로 점차 공매 방식으로 바뀌어 갔다. 그렇지만 그 경우에도 공매에 참여하는 자격을 제한하거나 실수요자에게 우선 배정하는 방법으로 그들을 우대하는 정책을 계속 견지하였다(김낙년 2002).

이승만 정부의 이러한 정책은 경공업의 수입대체 공업화 지향을 보여 주는 것인데, 미국의 동북아 전략과도 충돌하는 면이 있었다(Woo 1991; 李鍾元 1996). 예컨대, 미국은 한국에 공여한 원조 달러를 이용하여 일본의 공산품을 구매하게 되면 한 번의 원조로 두 나라를 모두 지원하는 효과를 가질 것으로 기대하였다. 이들 지역에 이미 형성된 분업 관계에 비추어 그러한 기대는 경제원리에 부합하는 것이었지만, 이승만 정부는 이를 완강히 거부하였다. 그렇게 되면 과거 식민지 경제로 복귀하는 것과 다름없다고 보았기 때문이다. 그 대안이 자립경제를 위한 경공업의 수입대체 공업화였고, 이를 위해 설비를 가진 실수요자를 지원하고자 하였던 것이다.

이승만 정부의 이러한 외환규제를 통한 지대의 창출과 배분은 얼마나 효율적이었을까? 생산설비를 가지고 있는 자들에게 저렴한 가격으로 원자재를 입수할 수 있게 하였기 때문에 공업 생산이 빠르게 늘어났다. 광공업의 비중은 1953-1960년에 8.9%에서 14.5%로 늘어났는데, 국내 시장이 보호되고 있었던 상황에서 전후 부흥기에 공산품에 대한 수요가 빠르게 늘어났기 때문이다. 다만 경제적 지대가 효율적으로 배분되었는지는 의문이다. 실수요자를 우대하는 지대 배분 방식은 설비를 가진 기존 업자에게 유리하지만, 잠재적 생산 후보자를 배제하게 되고 또한 기존 생산업자 간에도 효율성의 우열을 가리기 어려웠기 때문이다. 그 결과 경쟁의 범위가 좁아졌고, 공매 시에 업자 간의 담합이 빈번하게 이루어졌다(김낙년 2002). 외환규제로 환율의 가격 기능이 상실되었고 이를 대신하는 경제적 지대의 배분 기준도 명확하지 않았기 때문에 외환이 효율적으로 쓰이기는 어려웠을 것이다. 그리고 고도성장기에 한국이 일본과 미국을 아우르면서 수출지향적 공업화가 추진되었던 것과는 달리 이승만 정부는 일본을 배제함으로써 국제 분업의 이득을 온전히 누리지 못하였다. 이러한 점에서 1950년대 성장의 한계가 있었다고 생각한다.

5. 맺음말

[그림 9-8]을 이용하여 체제 전환과 제도적 유산의 큰 흐름을 정리해 두고자 한다. 식민지 경제의 제도적 유산을 논할 때 식민지기를 전시 이전과 전시로 구분하는 것이 필요하고, 남한과 북한이 계승한 제도가 달랐음을 고려할 필요가 있다. 그림은 합병과 중일전쟁을 계기로 그 이전과 이후의 체제가 달랐다는 점과 해방 후 남한과 북한이 각각 계승한 제도에 차이가 있음을 보였다.

먼저 식민지 경제는 일본으로부터 시장경제 제도가 이식되고 일본제국의 지역통합 체제에 편입되었다. 이것은 조선 후기 경제체제와의 단절을 뜻한다. 여기서 각 체제는 네모로 나타냈고 그 단절과 연속 여부는 음영의 차이로 구분하였다. 이 시기 조선경제는 독자의 통화나 환율 그리고 무역과 관세 제도를 갖지 못하였고, 따라서 이를 수단으로 활용하는 산업 정책은 허용되지 않았다. 그런데 중일전쟁 이후 경제에 대한 통제가 급속히 강화되기 시작하였다. 전시 법령을 발동하여 물자와 자금, 나아가 노동력이 전쟁 수행을 위해 동원되었다. 시장이 부분적으로 계획이나 통제로 대체되었고, 소유권과 계약 및 영업의 자유와 같이 시장경제를 뒷받침해 왔던 제도에 커다란 제약이 가해졌다. 그 결과 전시는 그 이전의 시장경제와는 상당히 다른 통제경제 체제로 이행하였다.

해방 후 북한은 식민지기에 시행되었던 법령을 모두 폐지하였다는 점에서 남한과 달리 법적 단절이 뚜렷하다. 그렇지만 경제체제 면에서 보면 전시 통제를 계승 또는 강화한 것으로 나타난다. 전시 민간기업에 대한 통제는 해방 후 주요 산업의 국유화로까지 나아갔고, 시장경제가 부분적으로 허용되었지

그림 9-8 체제 전환과 제도적 유산

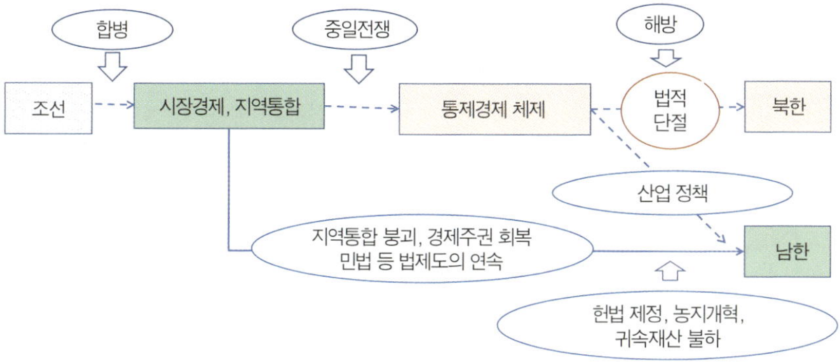

만, 농업이나 광공업의 증산과 가격안정을 위한 통제는 전시와 변함없이 지속되었다. 전쟁 때문이든 사회주의적 이념 때문이든 경제의 조직원리로서 시장과 사유재산 제도에 대한 제약 또는 부정은 경제의 운영을 통제에 의존하지 않을 수 없게 만든다. 두 시기는 정치적으로는 이질적인 체제임에도 불구하고 연속되는 것으로 본 것은 그 때문이다.

이에 대해 해방 후 한국은 전시 통제경제에서 시장경제로 복귀하고자 하였는데, 그 과정에서 중일전쟁 이전의 법제도와 시장경제 체제를 제도적 유산으로 계승하였다. 이 점이 그림에서 보는 바와 같이 북한과 결정적인 차이라고 할 수 있다. 이때 식민지기 조선이 편입되어 있었던 지역통합 체제가 붕괴되고 한국의 경제 주권이 회복되었다. 다만 그 과정에서 인플레이션이 급속히 진행되고 개방으로부터 후퇴를 초래하기도 하였다. 해방으로 제헌헌법이 제정되고 독립국가가 수립된 것이나 일본인이 남겨둔 귀속재산이 민간에 불하되었고 농지개혁으로 토지를 둘러싼 오랜 계급갈등이 마침내 해소된 것은 식민지기와 해방 후의 단절을 보여 준다.

전시 통제체제의 경험은 해방 후 남한에도 산업 정책의 추진이라는 형태로 영향을 남겼다. 즉, 전시에 강화된 정부개입은 시장경제로의 복귀에도 불구하고 해방 후에도 일부 지속되었는데, 자립경제의 추구라는 민족주의적 이데올로기가 이를 정당화하였다. 이승만 정부와 후술하는 박정희 정부는 각각 외환시장과 금융시장에 대한 개입을 지렛대로 하여 수입대체 공업화를 위한 산업 정책을 추진하였다.

1950년대는 전쟁과 분단 또는 체제 전환에 따른 혼란이 수습될 때까지는 제1부에서 살펴보았듯이 통화량과 함께 물가와 환율이 급등하였고, 저축과 투자가 부진하였으며, 초등학교 의무교육이 시작된 점은 주목되지만 그 효과가 나타나는 데 시간이 걸려 인적 자본의 축적은 더디게 진행되었다. 거기에다 정부의 비효율적인 외환규제가 계속되었고, 개방체제가 후퇴하였으며, 일본을 배제함으로써 국제 분업의 이득을 온전히 누리지 못한 점 등으로 인해 경제적 성과가 후술하는 고도성장기에 비해 낮았다.

제10장

고도 경제성장

이 장은 박정희 정부 시기에 이루어진 고도 경제성장을 다룬다. 박정희 정부의 경제개발 전략은 수출지향적 공업화라는 특징을 가지고 있는데, 그 내용이 무엇이고 어떻게 형성되었는지를 먼저 살펴보고자 한다. 그리고 경제개발을 위한 중요한 정책 수단으로서 금융을 장악하고 정책금융을 수출 증대와 중화학공업화를 위해 배분하였는데, 그 의의에 관해서도 생각해 본다. 박정희 정부는 한일 국교 정상화, 한국군의 베트남 파병, 중동 건설 수출 등을 추진하였다. 특히 한일 수교를 통해 일본으로부터 수입한 기계와 중간재를 한국의 노동력과 결합하여 노동집약적인 경공업 제품을 생산하고 이를 미국을 비롯한 세계시장으로 수출하는 가공무역 체제가 형성되었다. 나아가 1970년대에는 권위주의 체제가 강화되면서 중화학공업화를 위해 정부의 선별적인 산업 정책이 한층 강력하게 추진되었다. 이러한 가공무역 체제와 중화학공업화 정책의 의의와 한계를 생각해 보고자 한다.

1. 수출지향의 경제개발 체제

이승만 정부는 1960년에 4.19혁명으로 퇴진하였다. 그 후 헌법을 개정하여 대통령중심제를 내각책임제로 바꾸었고, 장면을 수반으로 하는 민주당 정부가 들어섰다. 그러나 이 정부는 1961년에 5.16군사정변으로 전복되었고, 헌법을 다시 대통령중심제로 개편한 후 박정희 정부가 출범하였다. 혁명공약으로 "반공을 국시(國是)"로 삼으며, "민생고를 시급히 해결하고 국가 자주 경제 재건에 총력을 경주한다"는 것을 내걸었다. 반공을 제일 앞에 내세운 것은 군사정부가 좌익세력과 연루되어 있다는 미국의 우려를 불식하기 위한 것이었다. 경제에 관한 공약에서 드러나듯이 박정희 정부는 경제개발을 우선적인 목표로 설정하였고, 이를 추진하기 위한 체제를 갖추고자 하였다.

먼저 정치 및 관료기구를 개편하여 정치 권력의 중앙집중과 행정부 우위의 체제를 만들고, 이를 기반으로 경제개발계획을 강력하게 추진하였다. 예컨대, 경제기획원의 설립(1961년)이 그 전형을 보여 준다. 경제기획원은 건설부(부흥부의 후신)로부터 계획 업무를 인수하였고, 재무부와 내무부로부터 각각 예산국과 통계국을 흡수하였을 뿐만 아니라 외자 도입에 대한 통제권도 장악하여 경제 정책 결정의 중심적인 지위에 서게 되었다. 1963년에 그 장관을 부총리급으로 높여 경제 부처 간에 있을 수 있는 마찰을 조정하고 규제하는 권한을 부여하였다.

그 결과 박정희 정부에서 행정부는 내부적으로도 신속하고 유연한 정책 결정이 가능하게 되었을 뿐만 아니라 외부로부터의 영향력에 대해서도 상대적으로 자립적인 지위를 누릴 수 있었다. 정부는 후술하는 다양한 통제 수단을 통해 민간기업이나 압력단체보다 우위에 서 있었고, 의회나 정당과 같은 정치세력의 영향력으로부터도 상대적으로 차단되어 있었다. 이것은 강한 국가(strong state) 또는 경성국가(hard state)의 특징이라 할 수 있는데, 정치적으로 권위주의적인 성격이 강화되는 한편, 정부의 경제 정책 전환을 용이하게 하고 정책 집행의 효율성을 높이는 조건이 되었다고 할 수 있다. 박정희 정부가 1950년대 이후 보호주의적인 경제체제하에서 형성된 기득권 세력의 이해관계를 단절하고 대외지향적인 전략으로 정책을 전환할 수 있었던 것도 이러한 특성에 기인한 것으로 볼 수 있다(Haggard, Kim, and Moon 1991).

박정희 정부의 경제개발을 향한 의지를 상징적으로 보여 주는 것이 경제개발계획의 추진이라 할 수 있다. 경제개발계획은 시장기구를 전제로 하여 민간을 정부의 정책 의도에 순응하도록 유도하는 계획(indicative planning)이며, 계획경제 체제하에서 실시되는 지시계획과는 다르다. 경제개발계획의 의의는 계획의 수립과 집행 과정에서 민간과 정부가 가지고 있는 관련 정보들을 효과적으로 동원하고 활용할 수 있었다는 점이다. 즉, 개발 초기에 정부가 경제개발을 향한 강력하고 지속적인 정책 의지를 표명하고 경제발전의 장기 전망을 제시한 것은 민간의 의사결정에 따르는 불확실성을 줄여 투자를 촉진하는 효과를 거둔 것으로 볼 수 있다. 그리고 계획의 수립과 집행 과정에서 민간과 정부 간에 또는 정부 부처 내부에서 정보의 상호 교류가 촉진되고, 복잡한 경제 실상이나 성장의 애로에 관한 관료들의 인식과 정책 능력을 높이는 데에도 기여한 것으로 평가할 수 있다(김낙년 1999).

그런데 경제개발계획이 처음부터 일관된 방향을 가지고 추진된 것은 아니었다. 특히 제1차 5개년계획(1962-1966년)이 1964년에 보완계획으로 변경되지 않을 수 없었던 것은 당초 경제개발의 방향을 놓고 한미 간에 벌어진 갈등의 산물이었다. 박정희 정부의 초기 공업화 전략은 내포적(內包的) 공업화라고 할 수 있는데, 다음과 같은 발상을 가지고 있었다(기미야 다다시 2008). 즉, 기간산업을 건설하여 자립적 경제구조를 구축해야 하며, 신고전파 경제학의 비교우위 원리에 따라서는 이를 달성할 수 없고, 국가가 자원 배분을 통제하는 국가 주도의 경제개발 전략을 강력히 추진해야 한다는 것이었다. 자립경제를 향한 강한 의지를 갖고 있다는 점에서 민족주의 이데올로기의 색채를 뚜렷이 띠고 있으며, 그 수단으로 시장이나 국제 분업의 원리를 불신하고 국가주의로 경도되어 있었음을 알 수 있다.

제1차 5개년계획에는 당초에 이러한 지향이 담겨 있었다. 의욕적으로 높은 성장률과 투자율을 목표로 내걸고, 이를 위해 종합제철소와 같은 기간산업을 조속히 건설하고, 이를 위한 자금으로 내자를 동원하고자 하였다. 당시 미국의 원조는 빠르게 줄고 있었고, 외국에서 차관을 도입하는 것도 여의치 않자 내자 동원의 한 방법으로 구상된 것이 통화개혁이었다. 1962년 6월에 당시의 화폐인 환화의 유통을 금지하고 새로운 원화를 발행하여 10환을 1원의 비율로 교환해 주는 조치였다. 이것만으로는 통화의 단위를 1/10로 바꾼 리디노미네이션이라 할 수 있지만, 이때 일정 금액 이상을 예금으로 동결하여 인출하지 못하게 만들었다. 이것은 나중에 설립되는 산업개발공사의 주식으로 출자하도록 하여 산업 자금으로 동원한다는 것이었다. 이것은 사유재산을 침해한 조치로써 경제에 큰 충격을 주었다. 미국은 이 조치가 정부에 대한 기업의 신뢰를 떨어뜨리고 오히려 투자를 저해하는 역효과가 크다고 보아 예금 동결을 해제할 것을 요구하였다. 그리고 통화개혁 추진자들이 산업 자금으로 동원할 수 있을 것으로 기대하였던 시중의 부동 자금 규모가 당초 예상에 크게 미치지도 못하였다. 결국 통화개혁은 혼란만 초래한 채 동결한 예금을 해제하였다. 즉, 내자를 동원하고자 하였던 시도가 실패한 것이다.

기간산업의 핵심으로 보았던 종합제철소의 건설 구상도 좌절하였다. 이를 위해서 대규모의 자금과 기술을 해외에 의존할 수밖에 없었는데, 이를 제공할 수 있는 선진국은 그에 대해 부정적이었다. 즉, 당시 한국의 실정에 비추어 볼 때 그러한 구상은 국제 분업의 원리에도 맞지 않아 효율적이지 않을 뿐만 아니라 사업성도 없어 실현되기 어렵다고 보았다.

이 과정에서 제1차 5개년계획은 좀 더 현실적인 방향으로 수정이 불가피하게 되었는데, 1964년 1월에 이를 담은 보완계획이 발표되었다. 그에 따르면 경제성장률과 투자율이 하향 조정되고, 종합제철소와 같은 대규모 건설

계획도 삭제 또는 유보되었다. 당시 국가주의적 지향을 보여 주던 '교도(敎導, 즉 지도받는) 자본주의'라는 표현이 사라지고, 민간기업의 역할을 보다 중시하는 방향으로 변화가 나타났다. 특히 주목되는 것은 수출 가능성에 대한 인식의 변화였다. 처음에 기대하였던 농산물이나 광산물보다는 경공업과 같이 노동집약적인 공업제품 중심으로 수출을 늘리는 방향으로 계획이 바뀌었다. 이것은 1960년대 초반에 실제로 이들 공업제품의 수출 실적이 기대 이상으로 크게 늘어난 것에 고무된 것이었다. 군사정부 초기에 강하게 표출되었던 내포적 공업화 전략이 미국의 반대와 현실의 벽에 부딪히면서 좌절하게 되었고, 그 결과 수출지향적 공업화 전략으로의 전환이 나타났다고 할 수 있다(기미야 다다시 2008).

이를 전후하여 수출을 촉진하는 정책들이 잇달아 시행되었다. 먼저 환율을 현실화하는 조치가 이루어졌다. [그림 9-5]에서 본 바와 같이, 1964년에 공정환율을 1달러에 130원에서 257원으로 거의 두 배로 인상하여 시장환율에 접근시켰음을 알 수 있다. 이것은 미국의 요구를 수용한 조치였지만, 그 동안 환율을 낮게(즉, 원화 가치를 높게) 규제함으로써 수출에 불리하게 작용하였던 것을 바로잡는 의미가 있었다. 그와 함께 수출에 대한 내국세와 관세를 감면하였다. 특히 수출용으로 투입되는 수입 원자재 및 자본재에 부과된 관세를 환급해 준 것은 투입재를 국제 가격으로 구매할 수 있게 함으로써 국내 시장 보호로 인해 수출이 저해되지 않도록 하는 의미가 있었다. 수출 실적에 따라 파격적으로 낮은 금리로 자금을 지원하는 수출금융 제도가 시행되었다.

이러한 금전적인 수출 인센티브를 부여한 것에 그치지 않고 수출 촉진을 위한 행정력이 광범하게 동원되었다. 상공부는 1962년부터 품목별, 지역별 및 대상국별로 연간 수출 목표를 책정하고 거기에 기업을 동원하였다. 특히 대통령이 직접 주재하는 수출진흥확대회의가 1965년부터 매달 개최되어 수출 진흥을 위한 주요 정책을 모색하고 실행하였다. 거기에는 관료뿐만 아니라 경제단체장, 주요 은행장, 학계 대표, 그리고 일선에서 수출을 담당하는 민간기업 대표들이 참석하여 수출상의 애로를 개진하고 이를 타개하는 데에 중요한 역할을 하였다(이영훈 외 2013). 그 외에도 대한무역진흥공사는 해외 지점망을 확대하여 수출 대상지의 시장정보를 수집하여 수출기업에 제공한다든지, 불량품의 수출로 한국 수출기업 전체의 명성을 떨어뜨리지 않도록 수출품에 대한 품질관리를 강화하기도 하였다. 또한 '수출의 날'을 지정하고 뚜렷한 수출 실적을 올린 수출업자에게 대통령이 직접 산업훈장을 수여하는 등 다양한 비금전적인 지원 수단이 활용되었다. 이러한 행정적인 지원은 수출 목표를 설정하는 정부와 이를 실행하는 민간기업이 정보를 공유하는 폭을 넓히고 장기적인 관점에서 수출에 투자할 수 있게 함으로써 가격 인센티브 못지않게 수출을 촉진하는 효과가 있었다고 생각된다. 그야말로 수출로 나라를 일으킨다(輸出立國)는 기치를 내걸고 수출 목표를 달성하기 위해 국가의 총력을 동원하였다고 할 수 있다.

환율 현실화 조치는 다른 한편 수입의 원화 가격을 높이기 때문에 수입을 억제하기 위한 양적 규제를 완화할 수 있게 하였다. 1967년에는 허가된 품목만을 수입할 수 있는 포지티브 리스트 방식에서 규제된 품목 이외에는 모두 수입을 허용하는 네거티브 리스트 방식으로 수입규제가 완화되었다. 한편, 1960년대는 외자 도입을 촉진하기 위한 제도가 정비되었다. 1950년대 말부터 미국의 원조가 감소하기 시작하였고, 원조 방식도 점차 무상원조에서 개발차관 형식으로 변경될 것이 확실시되고 있었기 때문에 수출 촉진과 함께 외자 도입이 이에 대한 대응책으로 모색되었다. 외자도입촉진법(1960년), 외국 차관의 지급보증에 관한 법률(1962년) 등이 제정되었고, 이들 법률은 1966년에 외자도입법으로 통합되었다. 외국 차관에 대한 정부의 지급보증, 차관 및 기술 도입과 외국인 직접 투자에 대한 각종 조세감면 등이 유인으로 작용하여 그 후 외자 도입이 급증하였다.

이상의 정책은 1950년대와 비교하여 대외 부문에 대한 정부개입을 줄이고 개방의 이점을 적극적으로 활용하였다는 점에 큰 의의가 있었다고 생각한다. 이것은 당시 수입대체 공업화 전략을 고수하였던 다른 개발도상국과는 달리 한국경제의 성공을 가져온 요인의 하나로 평가되고 있다. 그렇지만 이러한 정책을 단순히 시장 자유화 정책으로 보기는 어렵다. 후술하듯이, 금융시장에 대한 정부의 개입은 오히려 강화되었기 때문이다. 그뿐만 아니라 내포적 공업화에서 수출지향적 공업화 전략으로 정책이 전환된 이후에도 자립경제의 구축을 위해 기간산업을 건설하고자 하였던 내포적 공업화의 민족주의적 지향은 사라지지 않고 중화학공업화의 추진으로 되살아나게 된다.

2. 금융규제

박정희 정부는 대외 부문에서 정부의 개입을 줄인 반면, 금융시장에서는 오히려 개입을 강화하였다. 여기서는 그 실태와 의의를 살펴보고자 한다. 정부는 전국적 규모의 상업은행을 국유화하고 금융기관에 관한 임시조치법(1961년)으로 인사권을 장악하는 한편, 한국은행법을 개정하여 통화 신용관리에 대한 통제를 강화하였다. 외자 도입에 대한 정부의 허가와 지급보증제도 중요한 개입 수단이었다. 주요 금융자원을 통제할 수 있게 된 정부는 산업 간의 자원 배분은 물론 말단의 기업에 이르기까지 그 통제력을 미치게 되었다.

당시 기업의 자금 조달은 자본시장이 아직 성숙하지 않아 주로 간접금융에 의존하였다. 1963-1974년간에 민간기업의 자금 조달 구성을 보면, 신주 발행에 의한 조달이 전체 자금의 14%, 유보 이윤과 감가상각 등 사내저축이 20%인 데 비하여 나머지 2/3가 차입에 의존하고 있었다. 차입금 중에서 53%는 금융기관, 29%는 해외로부터, 그리고 19%가 사채시장을 비롯한 기타 부문에서 조달되었다(사공·존스 1981). 기업의 자금 조달이 외부 차입에 크게 의존한 것은 그만큼 부채가 많아 금융비용이 높으며, 경기가 악화될 때에는 기업이 부도의 위기에 몰릴 가능성이 높다는 뜻이다. 여기에서 벗어나기 위해서는 주식을 발행해서 자기자본 비율을 높이거나 회사채를 발행할 수 있는 자본시장이 발달할 필요가 있지만, 그렇지 못하였다.

1965년에는 낮게 규제되었던 금융기관의 이자율을 대폭 올려 현실화하는 조치가 이루어졌다. 이것은 전술한 환율 현실화 조치와 함께 시장 자유화 정책의 일환이라는 측면이 있다. 그렇지만 예금 이자율이 대폭 인상되었지만, 대출 이자율은 기업의 부담을 고려하여 그만큼 인상하지 못하였다. 그 결과 은행은 역(−)마진으로 손실을 보게 되었고, 정부가 이를 보전해 주지 않을 수 없었기 때문에 지속 가능한 정책은 아니었다. 예금 이자율을 대폭 인상한 것은 사채시장에 머물러 있던 자금을 제도권 안으로 끌어들이기 위한 것이었다. 제3장에서 본 [그림 3-7]은 금융기관의 예금과 대출을 GDP 대비로 보인 것인데, 거기에서 예금이 1960년대 후반에 대폭 증가한 것을 볼 수 있다. 이것은 금리 현실화 조치로 사채시장에 머물러 있던 자금이 금융기관으로 이동한 결과라고 할 수 있는데, 정부가 통제할 수 있는 자금의 범위가 그만큼 확대되었음을 뜻하는 것이기도 하였다. 다만 이 정책으로 은행은 수익성이 악화되었고, 높은 금리 부담을 감당하지 못하는 부실기업이 늘어나게 되자 1972년 8.3조치로 다시 저금리 체제로 되돌아갔다.

그런데 금융시장에 대한 정부개입은 어느 정도 규모였으며 어떻게 평가할 수 있을까? 이와 관련해서 금융시장의 경우 재화 및 서비스 시장이나 전술한 외환시장에 비해 시장실패의 가능성이 크다는 점에 유의할 필요가 있다. 금융 거래가 현재의 자금을 불확실한 미래의 상환 약속과 교환하는 것이기 때문에 통상의 거래에 비해 정보 불완전 문제가 더욱 심하기 때문이다(Hellmann, Murdock, and Stiglitz 1998). 금융시장이 온전하게 작동하기 위해서는 정보의 불완전을 줄이는 다양한 제도의 발달이 필요하지만, 개발도상국에서는 그렇지 못한 경우가 일반적이다. 그 결과 시장실패로 자금이 효율적으로 쓰일 곳이 있음에도 불구하고 그곳으로 융통되지 못하는 경우가 많이 생긴다. 이때 만약 정부의 적절한 개입이 이루어진다면 이러한 상황을 개선할 수 있다. 다만 그 과정에서 정부도 실패할 가능성을 배제하기 어렵다. 여기에서는 이 점에 초점을 맞추어 검토하고자 한다.

금융규제의 실태를 보기 위해 [그림 10-1]은 주요 이자율의 추이를 제시하였다. 모두 명목 이자율로 제시하였는데, 만약 실질 이자율을 보려면, 명목 이자율에서 소비자물가(CPI) 상승률을 뺀 차이를 보면 된다. 거기에 제시된 예금은행이나 산업은행의 대출 이자율은 모두 정부에 의해 규제된 이자율이다. 산업은행은 정부가 설립한 개발은행으로서 사회간접자본이나 중화학공업과 같은 규모가 큰 장기 자금을 공급하였는데, 일반은행보다 저리 자금을 공급하였다. 수출금융의 경우 수출 실적에 비례해서 융자를 해 준 것인

그림 10-1 각종 이자율과 국채 수익률, CPI 상승률

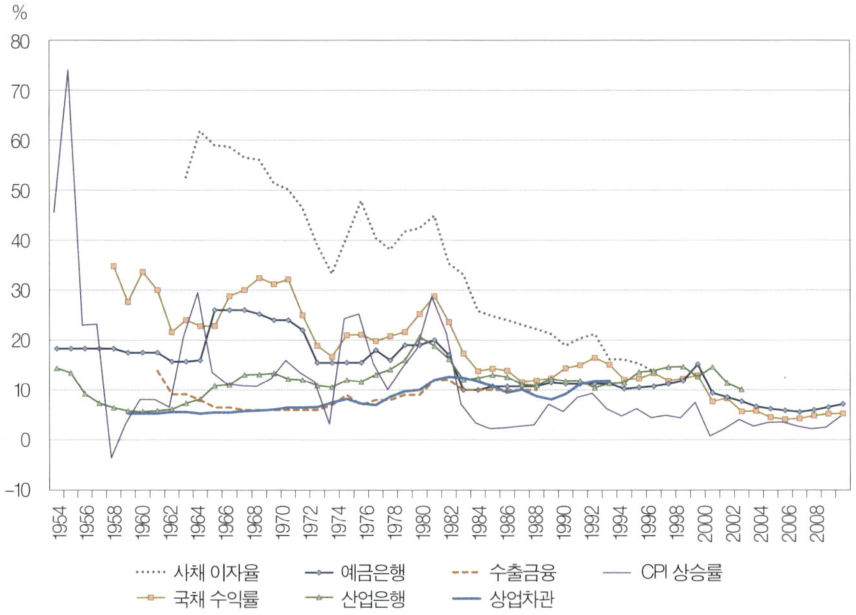

자료: 『한국의 장기통계』(S. 화폐와 금융제도; O. 물가); 콜·박영철(1984).

데, 고도성장기에 그 이자율이 6%로까지 떨어져 규제 금리 중에서도 가장 낮았다. 물가 상승률을 빼면 그 실질 이자율이 마이너스였음을 알 수 있다. 예금은행의 대출 이자율은 1965년에 전술한 금리현실화 조치로 대폭 인상된 후 조금씩 인하되었다가 1972년에 크게 떨어져 다시 저금리로 돌아간 것을 볼 수 있다.

이에 비해 규제받지 않은 시장 이자율은 상당히 높았다. 사채 이자율이 높았던 것은 상환 불능의 리스크가 반영되어 있기 때문이다. 이에 대해 국채의 발행 또는 유통 규모가 초기에는 크지 않았지만, 그 유통 수익률은 그러

그림 10-2 금융시장 규제로 인한 경제적 지대

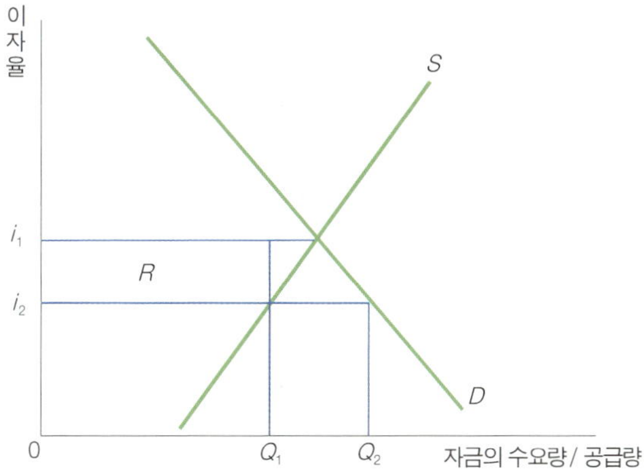

한 리스크가 거의 없다는 점에서 시장 이자율에 가깝다고 볼 수 있다. 상업 차관의 이자율은 국내 이자율에 비해 크게 낮았지만, 원리금을 상환할 때에는 환율 변동의 영향을 받게 된다는 점을 감안할 필요가 있다. 이상의 각 이자율은 전체적으로 하락하는 추세를 보였는데, 그것은 물가가 안정되어 간 추세를 반영하고 있다. 그리고 1960년대에는 이자율 간의 격차가 크게 벌어졌지만, 1980년대 이후에는 격차가 줄어 수렴되었음을 알 수 있다.

여기에서는 금융규제로 생긴 경제적 지대의 규모를 추정해 보고자 한다. [그림 10-2]는 규제가 없을 경우 자금의 수요와 공급이 균형을 이루는 시장 이자율(i_1)과 그보다 낮게 규제된 이자율(i_2)을 보인 것이다. 1950년대의 외환시장에서는 외환의 공급곡선(S)을 수직선으로 나타냈지만, 금융시장에서는 이자율이 높아지면 자금의 공급이 늘어나기 때문에 우상향하는 것으로 그렸다. 거기에서 R로 표시된 경제적 지대는 두 이자율의 차이($=i_1-i_2$)와 규제된

자금의 공급량(Q_1)의 곱으로 구할 수 있다. 그리고 금융규제하에서는 초과 수요(Q_2-Q_1)가 발생하기 때문에 자금을 배정하기 위한 정부의 개입이 불가피해지게 된다. 이를 누구에게 어떤 기준으로 배정하는가의 문제가 외환시장과 마찬가지로 제기된다.

김낙년(1999)은 규제가 없을 경우의 시장 이자율(i_1)을 사채 이자율로 보고 추정하였지만, 사채 이자율에는 상환 불능의 리스크가 반영되어 있는 만큼 경제적 지대가 과대 추정되는 문제가 있다. 여기에서는 전술한 국채의 유통 수익률을 시장 이자율로 보고 경제적 지대를 추정하였다. 앞 장에서 제시한 [그림 9-7]은 외환 및 금융 부문에서 창출된 경제적 지대의 GDP 대비 비율을 제시하였다. 거기에서 금융 부문의 경제적 지대는 1960년대 후반에 빠르게 늘어나 GDP의 7%에 달하였다가 1980년대 초까지 4% 전후에서 등락하였다. 그 후 금리에 대한 규제가 완화되면서 점차 미미한 수준으로 떨어졌다. [그림 9-7]은 또한 정부의 시장개입이 1950년대에는 주로 외환 부문에서 일어났지만, 1960-1970년대에는 금융 부문으로 바뀌어 갔음을 보여 준다.

그러면 금융 부문에서 발생한 경제적 지대는 누구에게 배정되었을까? 정책금융의 주된 목표가 수출 증대와 중화학공업의 진흥이었으므로 이 두 분야에 집중적으로 배분되었다. 먼저 수출금융의 경우 수출 실적에 비례해서 누가 어떤 품목을 수출하였는지 가리지 않고 자동으로 대출해 주었다. 이러한 단기 금융은 1960년대 중엽에 예금은행 대출의 3-4%에서 1970년대 중엽에는 13%로 늘어났다. 그 이외에 중소기업의 수출산업화를 촉진하기 위한 장기 대출(예금은행과 산업은행)도 있었는데, 같은 기간에 그 비중이 1%에서 8%로 늘어났다. 이들은 수출에 대해 직접 지원한 것이지만, 그 외의 일반대출에서도 과거의 수출 실적이나 외화를 벌어들일 수 있는 전망이 대출 여부를 결정할 때 중요하게 고려되었다.

경제적 지대를 수출 실적으로 배분한 것은 수출을 늘리려는 민간기업의 경쟁을 북돋우는 데 매우 효과적이었다. 수출 실적은 해외시장에서의 경쟁을 거친 결과이므로 효율성의 우열을 가리는 좋은 지표가 된다. 전술한 1950년대의 실수요자 우대라는 기준과 비교할 경우 수출 실적만 있으면 누구나 지원받을 수 있었으므로 경쟁의 범위에 아무런 제한이 없었다. 더구나 수출 실적은 거래은행에 도착한 수출신용장(L/C)으로 간단히 확인될 수 있었으므로 경제적 지대를 누구에게 얼마나 배정할지 투명하게 정해졌다. 즉, 경제적 지대를 효율적으로 배정하면서도 그를 위한 선별비용이나 집행비용이 거의 들지 않았던 것이다.

한편, 중화학공업에 대한 정책금융도 이 시기에 크게 늘어났다. [표 10-1]은 경공업과 중화학공업에 대한 은행(예금은행과 산업은행)의 대출 규모를 보여 준다. 거기에서 두 산업의 대출액을 해당 산업의 부가가치 대비 비율로 보면 1965년에 각각 23%와 53%였던 것이 1970년에는 51%와 97%로 나온다. 대출이 빠르게 증가하였을 뿐만 아니라 중화학공업에 상대적으로 더 많은 대출이 이루어졌음을 알 수 있다. 이를 수출액 대비로 보면 1965-1970년에 경공업은 93-97%인 데 비해 중화학공업은 394-632%로 훨씬 높았다. 그 후 중화학공업의 수출이 급속히 늘어나 이 비율은 1975년과 1980년에는 각각 153%와 112%로 떨어졌지만, 경공업에 비하면 여전히 높다. 즉, 중화학공업이 아직 수출산업으로 나아가지 못한 단계에서 상당한 규모의 정책금융이 지원되었음을 알 수 있다. 따라서 중화학공업의 초기 수입대체 과정에서는 전술한 수출 실적과 같은 기준을 적용하기 어려웠고, 정책금융이 효율적으로 배정되지 못하였을 가능성을 배제하기 어려웠다고 생각된다. 1972년에 8.3조

표 10-1 예금은행 및 산업은행의 산업별 대출금 구성 (단위: %)

	1955	1960	1965	1970	1975	1980
농림수산업	25.8	30.6	18.8	12.4	9.2	7.1
광업	4.9	4.3	2.8	2.4	1.6	1.0
제조업	44.3	42.1	45.7	47.5	56.2	55.8
경공업	26.9	18.7	21.5	21.6	27.9	19.6
중화학공업	17.4	23.4	24.2	25.9	28.3	36.2
사회간접자본	14.5	12.3	16.8	16.4	20.3	22.0
서비스 및 기타	10.5	10.7	15.9	21.3	12.7	14.1
전 산업	100.0	100.0	100.0	100.0	100.0	100.0
전 산업(억 원)	66	402	1,038	8,111	33,294	147,609
대출액/부가가치 생산액 비율(%)						
경공업	17.0	30.0	23.1	51.4	68.3	
중화학공업	40.5	109.9	53.2	96.7	76.7	
대출액/수출액 비율(%)						
경공업			92.6	97.4	65.8	50.7
중화학공업			394.1	632.0	153.5	111.6

자료: 콜·박영철(1984); 한국무역협회, 『무역동향』 각 연도.

치로 귀결된 부실기업 문제나 1970년대 말 일부 중화학공업 기업의 부실화는 그러한 가능성이 실제로 나타났음을 보여 준다.

1960년대 후반은 성장률이 높았고 투자도 유례없는 수준으로 증가하였으며, 그를 위한 은행 대출과 차관 도입도 급증한 시기였다. 심지어는 사채(私債)를 이용한 투자도 적지 않았다. 그렇지만 1970년대에 들어와 선진국이 불황에 빠지자 그 여파로 한국에서도 기업의 재무구조가 악화되고 부실기업이 빠르게 늘어났다. 그들은 사채에 더욱 의존하게 되었다. 차관을 도입하였던 기업 중에는 환율의 인상도 겹쳐 원리금 상환을 감당하지 못한 기업들이 늘어났다. 부실기업의 부채는 대부나 지급보증을 한 은행의 부실로 연결되었고, 차관기업의 도산은 한국의 신인도에 영향을 미쳐 새로운 외자 도입을 어렵게 할 우려가 있었다. 이러한 상황에서 결국 대통령의 비상긴급조치권을 발동해서 8.3조치라고 불리는 경제의 안정과 성장에 관한 긴급명령을 선포하였다.

그것은 1972년 8월 3일부로 기업과 사채권자의 모든 채권 · 채무 관계를 무효로 하고 새로운 계약으로 대체하는 것이었다(김정렴 1995). 채무자가 신고한 사채는 3년 거치 5년 분할상환하되 이자율을 월 1.35%로 한다는 것이었다. 당시 기업이 쓰고 있던 사채의 월평균 이자율이 3.84%였으므로 사채 이자 부담이 1/3로 경감되었다. 그 외에도 기업의 고리채를 장기 저리 자금으로 대환해 주고, 산업합리화 자금을 지원하였다. 환율을 안정시키고, 금융기관의 일반대출 금리를 19%에서 15.5%로 인하하였다. 이를 통해 기업의 금융비용 부담을 대폭 낮추었다.

모든 채무자는 사채를 신고하게 하였는데, 이를 통해 사채의 규모와 실태가 처음으로 구체적으로 밝혀졌다. 당시 신고된 기업의 사채는 3,456억 원에 달하였는데, 당시 통화량의 80%, 그리고 국내 여신 잔액의 34%에 해당하는 규모였다. 이 중에서 건수에서는 90%였지만 금액으로는 32%를 차지하던 300만 원 미만의 소액 사채의 경우에는 동결을 완화하는 조치가 취해졌다. 그리고 전체의 1/3에 해당하는 사채는 기업주가 자기 기업을 대상으로 높은 이자로 돈놀이를 하였던 위장사채였음이 드러났다. 이에 대해서는 해당 기업에 출자로 전환하도록 강제조치가 이루어졌다.

8.3조치는 사채권자들의 재산권을 크게 제한하는 초법적인 조치로서 자유 시장경제에서는 상상하기 어려운 일이라 할 수 있다. 다만 이 조치는 기

업의 재무구조나 수익률을 뚜렷이 개선하는 결과를 가져왔고, 급락하던 경기를 반등시켜 다시 고도성장의 궤도에 올리는 데 기여하였다고 평가되고 있다. 다시 말하면, 사채권자와 예금자 나아가 국민의 희생으로 기업을 구제한 셈이라 할 수 있다. 그리고 국민투자기금법(1974년)을 시행하여 중화학공업화를 강력히 추진하기 위한 사회적 자금을 조달하는 체제를 만들었는데, 이에 관해서는 나중에 다시 언급하고자 한다.

8.3조치와 함께 사금융을 양성화하여 제도권으로 끌어들이는 조치들이 이루어졌다. 단기 금융업법을 시행하여 정부의 감독하에 어음의 발행·할인·매매 등의 중개 업무를 담당하는 단자회사를 설립하였다. 상호신용금고법과 신용협동조합법을 만들어 서민 금융의 편의를 도모하였다. 그리고 기업공개촉진법(1973년)을 시행하여 기업의 자금 조달을 간접금융 중심에서 직접금융 쪽으로 유도하고자 하였다. 이 법은 1968년에 제정된 자본시장육성법과 같은 취지이지만, 일정 요건의 기업을 대상으로 기업공개를 사실상 의무화하는 조치를 담고 있다. 이것은 8.3조치로 혜택을 받은 기업들이 재무구조를 개선하고 투명하게 경영할 의무가 있다는 발상에서 나온 것이다. 그 결과 증권거래소가 설립(1956년)된 후 상장된 회사 수가 56개에 불과하던 것이 기업공개촉진법 이후 1979년 사이에 309개 대기업이 공개되고 상장기업 수도 355개로 늘어났다. 이를 바탕으로 증권 발행시장이 활발해져서 회사채가 기업의 장기자금 공급원으로 등장하게 되었다(김정렴 1995).

3. 한일 국교 정상화와 가공무역

이승만 정부에서 한일 국교 정상화는 미국의 강력한 요구에도 불구하고 결국 타결을 보지 못하였고, 그 과제는 박정희 정부로 넘어왔다. 여기에서는 한일 국교 정상화, 한국군의 베트남 파병, 중동 건설 수출, 나아가 정부의 노동시장 정책과 실질임금의 추이를 살펴보고 그것이 수출지향적 공업화에 어떤 의의가 있었는지를 생각해 보고자 한다.

일본은 미국을 비롯한 다른 나라와 맺은 샌프란시스코 강화조약(1951년)에서 한국의 독립을 인정하고 영토에 대한 모든 권리를 포기하였다. 다만 한국이 이 조약의 당사국으로 참여하지 못하였기 때문에 한일 양국 또는 양 국민 간의 재산 및 청구권의 처리는 별도 협정으로 정하게 되었다. 따라서 한일 간 교섭으로 국교를 정상화하는 조약의 체결이 과제로 남았다. 미국이 한일 수교를 적극적으로 추진한 것은, 냉전체제에서 자유주의 진영의 두 동맹국이 수교조차 하지 못한 채 반목하고 있는 것이 동북아의 안보를 위해 바람직하지 않기 때문이었다. 경제 면에서도 일본의 자본과 기술을 한국의 경제개발에 활용하는 것이 양국의 상호 이익을 증진할 것으로 보았다. 이러한 점에서는 한미일 세 나라 사이에 큰 이견이 없었다고 할 수 있다.

그럼에도 불구하고 한일협정이 오랫동안 타결되지 못한 것은 식민지 지배의 법적 성격에 관한 양국의 입장 차이를 좁히지 못하였기 때문이다. 한국은 1910년의 합병조약을 포함한 대한제국과 일본 간의 제 조약이 일본의 무력으로 강요된 것이므로 원천적으로 불법이며 무효라는 입장이다. 이에 대해 일본은 이들 조약은 당시의 국제법에 따라 유효하게 성립되었다는 입장이다. 결국 1965년에 체결된 한일기본조약(제2조)에서는 합병조약 등이 "이미 무효임을 확인한다"는 애매한 문구로 타협하였다. 한국은 이를 당초부터 무효였다고 해석한 반면, 일본은 지금은 무효이지만 당시에는 합법적이었다고 해석하였다. 그리고 양국의 "재산 및 청구권에 관한 문제의 해결과 경제협력에 관한 협정"에서 일본이 한국에 무상으로 3억 달러와 유상으로 장기 저리의 차관 2억 달러를 제공하는 것으로 결정되었다. 이 자금의 성격에 관해서도 협정의 제목에 청구권과 경제협력이라는 명칭이 병기되어 있듯이 한국은 식민지 지배에 대한 보상으로 본 반면, 일본은 단순한 경제협력 자금으로 해석하고 있다. 그와 함께 이 협정의 제2조에는 양국의 청구권에 관한 문제는 이것으로 "완전히 그리고 최종적으로 해결"된 것으로 되어 있다.

제2차 세계대전 후에 미국과 소련이 냉전체제로 돌입하면서 미국의 전략은 일본을 조속히 부흥시켜 동북아 지역에서 안보의 한 축을 담당하게 하는 방향으로 나아가게 된다. 이것은 일본에 대한 과도한 전쟁 배상을 물리지 않는 쪽으로 영향을 미쳤다. 미국은 제9장에서 언급하였듯이 일본인이 한국에 남기고 간 재산을 몰수하였고, 정부 수립과 함께 이들 귀속재산을 한국 정부로 이관한 바 있다. 협상 과정에서 일본은 민간인의 재산 몰수는 국제법 위반이므로 그에 대한 청구권이 소멸하지 않았음을 주장하기도 하였다. 미국은 전술한 샌프란시스코 강화조약에서 귀속재산 처리의 적법성을 일본이 인정하도록 하였는데, 그것으로 인해 한국은 이미 상당한 보상을 받은 것으로 보았다. 자금 규모가 5억 달러로 타결된 데에는 이러한 사정이 영향을 미쳤다고 생각된다.

한일수교의 추진에 대해 한국에서는 학생을 중심으로 격렬하게 반대하는 운동이 일어났고, 1964년에는 계엄령을 발포하여 이를 진압하기도 하였다. 반대하는 쪽에서는 일본의 주장에 타협하는 것은 굴욕외교이며 한국경제가 다시 일본에 예속될 것이라고 주장하였다. 이에 대해 정부는 일본과의 수교로 안보를 공고히 할 수 있을 뿐만 아니라 경제개발을 가속화할 수 있다는 주장으로 맞섰다. 결국 한일수교의 단행은 과거사 문제에 관한 민족주의적인 요구를 물리치고 안보와 경제라는 실리를 취한 것이라 할 수 있다.

한일수교의 경제적 효과를 간단히 살펴보자. 먼저 5억 달러의 청구권 자금은 10년에 걸쳐 분할하여 생산물과 용역의 형태로 도입되었다. 이것은 일본으로부터 물자를 도입하고 그 대금으로 지불하게 됨을 뜻한다. 그 용도를 보면(김정제 2000), 무상 자금은 농림수산업과 광공업의 자본재와 원자재 도입에, 유상 자금은 사회간접자본과 광공업의 자본재 도입에 사용되었다. 주목되는 것으로는 포항종합제철의 건설, 소양강댐을 비롯한 전력설비의 확충, 경부고속도로를 포함한 수송과 통신 시설의 확충을 들 수 있다.

그 외에도 일본으로부터 민간자본이 유입되기 시작하였을 뿐만 아니라 한일 간의 교역도 빠르게 늘어났다. 수교 이전에는 한국의 수입 대상국에서 미국이 압도적인 지위를 차지하고 있었지만, 수교 이후에는 일본으로부터의 수입이 미국을 능가하였다. 그 결과 한국의 일본과의 무역적자가 크게 늘어났다. [그림 10-3]은 한국의 국가별 무역수지 적자(또는 흑자) 규모를 전체 수입액 대비로 보인 것이다. 그림에 따르면 1962년에 전체(즉, 세계) 무역수지 적자가 전체 수입액의 82%에 해당하는 규모였는데, 미국과의 무역수지 적자가 그 대부분을 차지하였다. 이 적자는 미국으로부터 도입된 원조로 메워졌다. 그 후 미국과의 무역적자는 빠르게 감소하여 1970년대에는 흑자로 돌아섰음이 주목된다. 유럽(EU 15개국)과의 무역도 1970년대 초에 흑자로 바뀌었다. 이에 대해 일본과의 무역수지 적자는 한일수교가 이루어진 1965년을 경계로 미국과의 적자보다 더 커졌고, 그 이후에도 이어졌음을 알 수 있다. 1960

그림 10-3 한국의 국가별 무역수지 적자(또는 흑자)의 규모

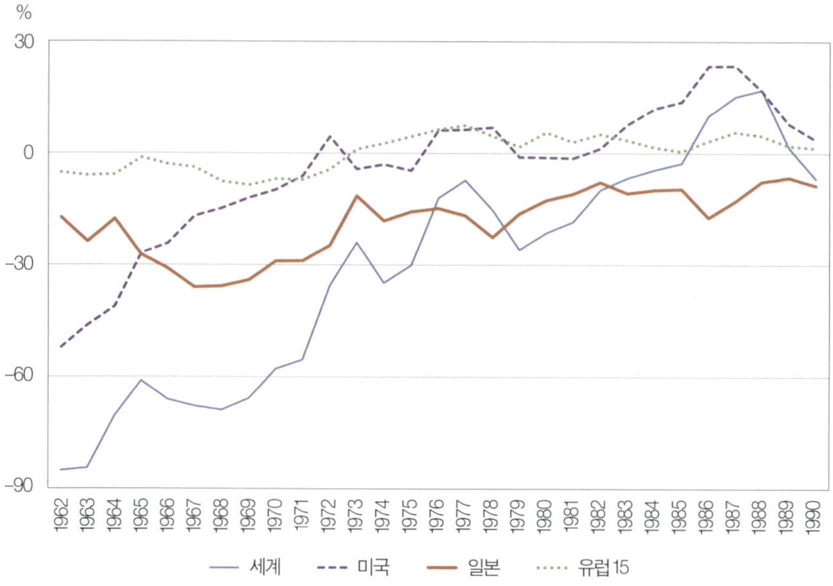

주: 국가별 무역적자(흑자)를 전체 수입액 대비 비율(%)로 제시하였다.
자료: UN, Comtrade.

년대 후반에는 일본으로부터 청구권 자금이 유입되면서 적자 폭이 더 커지기도 하였다. 이러한 방대한 규모의 대일 무역적자 구조가 고착된 것은 한국경제의 일본에 대한 종속을 보여 주는 것으로 종종 비판되어 왔다.

그렇지만 이 시기에 한미일을 포함하는 무역구조가 가공무역의 성격을 띠고 있었음에 유의할 필요가 있다. 이 시기 한국의 수출과 수입이 어떤 품목으로 이루어져 있는지를 확인해 두고자 한다. [그림 10-4](또는 [그림 10-5])는 수출(수입)에서 표준국제무역분류(SITC) 중분류(2자리수)별로 금액이 큰 상위 10개(8개) 분류를 선정하여 그 구성비를 제시한 것이다. 먼저 [그림 10-4]

그림 10-4 한국의 주요 수출품 구성

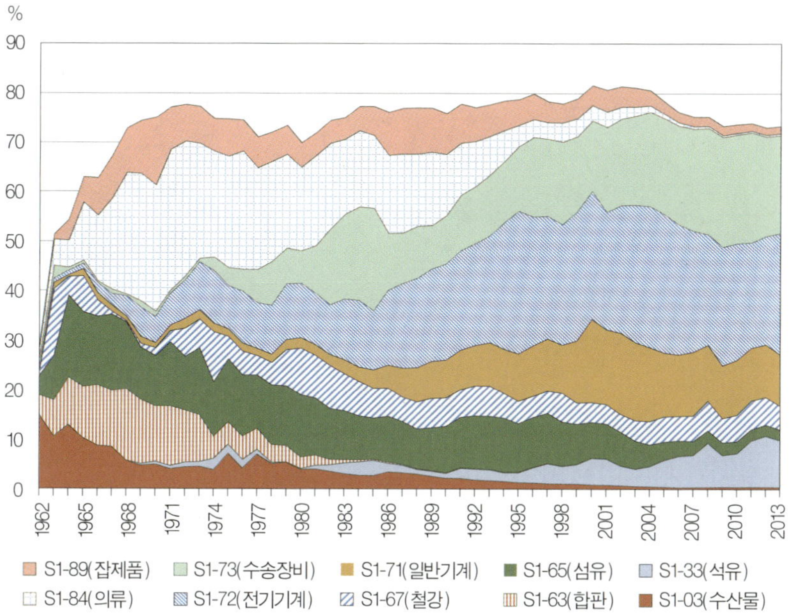

자료: 김낙년(2015).

에서 수출의 구성비를 보면 시기에 따라 크게 바뀌어 왔음을 알 수 있다. 1960년대 초에는 수산물(03[1])과 합판(63), 그리고 그래프에는 빠져 있는 중석 등의 광물(28)이 큰 비중을 차지하였지만, 1960년대 중엽 이후 섬유(65)와 의류(84), 잡제품(89)과 같은 경공업 제품의 비중이 크게 높아졌고 이들이 1970년대까지 수출을 주도하였음을 알 수 있다. 이들 제품의 수출 지역을 그래프에 제시하지 않았지만, 주로 미국이나 유럽 등으로 수출되었다. 이에 대해

1 여기서 수출 또는 수입 품목에 붙어 있는 번호는 표준국제무역분류(SITC, Rev.1) 중분류(2자리수) 번호를 나타낸다. 이하 동일.

그림 10-5 한국의 주요 수입품의 구성

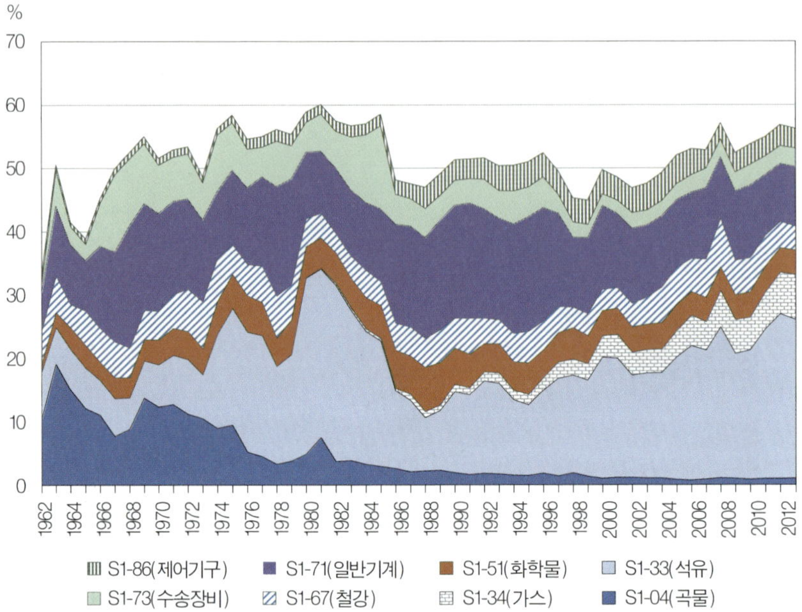

자료: 김낙년(2015).

[그림 10-5]의 수입품의 구성을 보면, 일반기계(71), 수송장비(73), 철강(67), 석유(33)가 가장 중요한 품목으로 높은 비중을 차지하였다. 석유의 수입은 특히 1973년과 1979년의 오일쇼크로 인해 그 비중이 급증하였음을 알 수 있다. 석유와 곡물을 제외한 기계류와 그래프에 제시하지 않은 부품과 소재 등은 주로 일본에서 수입되었다.

즉, 생산재·중간재·소비재로 이어지는 무역의 수직 분업에서 일본은 상류에 위치하여 기계와 중간재를 한국에 수출하였고, 한국은 이를 노동력과 결합해서 경공업 소비재를 생산한 다음 미국을 비롯한 세계시장에 수출하는

구조가 만들어졌다. 따라서 한국의 수출이 빠르게 늘어나면 일본으로부터 기계나 중간재의 수입도 함께 늘어나게 된 것이다. 그 결과 [그림 10-3]에서 보았듯이 미국과 유럽에 대해서는 한국의 수출이 증가하면서 무역적자가 줄고 1970년대에는 흑자로 전환되었지만, 일본에 대해서는 적자가 지속되었던 것이다. 이것은 한국이 기계나 중간재와 같이 기술 격차가 큰 중화학공업 제품에서는 일본에 의존하지 않을 수 없었지만, 이를 통해서 오히려 수출을 비약적으로 늘리고 경제성장을 견인할 수 있었다고 생각한다(김낙년 2015). 이러한 가공무역의 전개가 이 시기 수출지향적 공업화의 가장 큰 특징이라 할 수 있으며, 일본과의 관계가 단절된 채로 이루어진 1950년대의 수입대체 공업화와는 뚜렷이 구별되는 점이라고 할 수 있다.

한편, 한일수교가 이루어진 시기에 박정희 정부는 한국군의 베트남 파병도 추진하였다. 1965년부터 1972년에 철수할 때까지 매년 5만 명에 가까운 한국군이 파병되었으며, 이것은 베트남에 파병된 미군의 10%에 해당하는 규모였다. 파병의 국제정치적 또는 군사적 의의가 있겠지만, 여기에서는 경제적 측면에 초점을 맞추고자 한다. 한국의 베트남 파병은 자발적으로 참전하는 형식을 취하고 있었지만, 미국으로부터 그에 상응하는 대가를 염두에 두고 있었고, 한국에 유리한 조건을 얻기 위해 미국과 치열한 협상을 벌였다(주익종 2018). [그림 10-6]은 베트남 특수라고 할 수 있는 외화수입 규모와 구성 내역을 보인 것이다.

거기에서 당초 기대하였던 베트남에 대한 상품 수출은 미미한 수준에 그쳤다. 이것은 베트남에 대한 미국의 원조 자금이 BA(Buy American) 정책에 의해 미국 제품을 구매하도록 하는 제약이 따랐기 때문이다. 따라서 베트남 특수는 군납과 군인 또는 기술자가 번 급여의 송금이 주된 형태가 되었다. 군

그림 10-6 베트남 파병 한국군 수와 베트남 특수

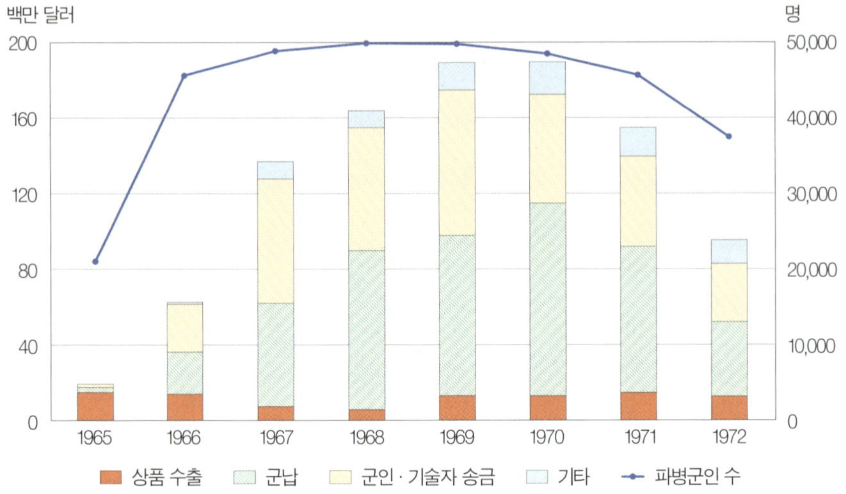

주: 파병군인 수는 오른쪽 눈금. 나머지는 왼쪽 눈금.
자료: 기미아 다다시(2008); 주익종(2018); 朴好根(1993).

납에는 군복이나 군화와 같은 물품을 군에 납품하거나 세탁이나 건설과 같은 용역을 제공하여 얻은 대가를 말한다. 베트남 파병 기술자는 국내에 취업한 경우에 비해 몇 배 높은 수입을 올릴 수 있었는데, 1968년에 그 인원수가 1만 6,000명으로까지 늘어난 후 감소로 돌아섰다. 군인들의 급여도 미국이 지급한 해외 근무수당으로 국내 근무보다 훨씬 높아졌다. 병사들은 봉급의 70-80%를 한국으로 송금하였고, 당시 한국에서는 구하기 힘든 텔레비전을 사서 보내기도 하였다(기미야 다다시 2008).

이들 베트남 특수의 합계는 10억 달러에 달하였는데, 전술한 청구권 자금보다 규모가 컸다. 그 외에도 베트남 전쟁으로 인해 한국의 대미수출이 늘어난 효과가 있지만, 그것은 여기에 포함되지 않았다. 그리고 기술자의 베트남 파견은 서독으로 간 광부 및 간호사와 함께 이 시기 인력 수출이 외화 획득의 중요한 형태였음을 보여 준다. 베트남에서 시작된 해외 건설 용역의 수출은 종전 후 중동 건설 붐을 타고 본격화되었다.

1973년에 중동전쟁을 계기로 중동에서 자원 민족주의가 강화되고 석유를 무기화한 결과 유가가 4배나 폭등하는 제1차 오일쇼크가 발생하였다. 그로 인해 세계경제는 인플레이션이 급속히 진행되었고 한국은 석유 수입 대금의 급증으로 무역수지 적자가 눈덩이처럼 불어났다. 1979년에는 이란혁명을 계기로 다시 제2차 오일쇼크로 이어졌다. 이러한 위기 상황은 다른 한편 기회를 제공하기도 하였는데, 그것이 중동에 대한 건설 수출이었다. 오일쇼크로 중동 국가들에는 석유 판매대금인 오일머니(oil money)가 엄청난 규모로 쌓였고, 그들은 이것으로 자국의 인프라를 구축하기 위해 대규모의 토목건설 사업을 벌였기 때문이다.

[그림 10-7]에서 해외 건설수주 실적을 보면, 1970년대 후반에 급증하여 1981년에 137억 달러에 달한 후 급격히 하락하는 역U자형의 양상을 보였다. 이 중에서 90%가 중동에서 수주한 것이다. 다만 이 중 상당 부분은 현지에서 지출되기 때문에 이를 제외한 건설 수입은 그 28% 정도에 그쳤다. 이것이 실제의 외화 수입이라 볼 수 있는데, 그것의 상품 수출액 대비 비율을 보면 1974년에 2%에서 1978년 18%에 달하였고, 1982년에는 20%로 정점을 찍은 후 하락하였다. 이것은 당시 석유 수입으로 인해 급증한 국제수지 적자를 메우는 데 크게 기여하였다.

해외 건설과 관련하여 국내 인력의 송출이 크게 늘어났다. 그 추이를 보면 그래프를 제시하지 않지만 [그림 10-7]의 해외 건설 수주액과 유사한 역U자형을 보였으며, 1982년에 17만 명으로 정점에 달하였다. 해외 건설에 송출

그림 10-7 해외 건설 수입과 상품 수출액 대비 비율

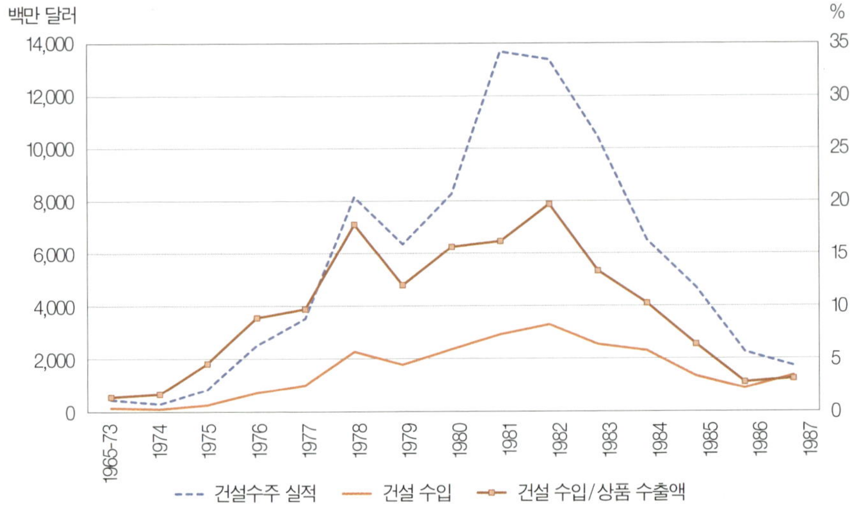

주: 건설수주 실적과 건설 수입은 왼쪽 눈금. 건설 수입의 상품 수출 대비 비율은 오른쪽 눈금.
자료: 조수종(1988); 『한국의 장기통계』(V. 대외무역과 환율).

된 근로자 임금이 국내보다 훨씬 높았고 그로 인해 국내 건설업의 임금을 끌어올리기도 하였다. 그리고 이렇게 벌어들인 달러의 국내 송금으로 국내 통화량이 늘어나 1970년대 중반에 인플레이션의 주요 요인으로 등장할 정도였다. 그렇지만 중동 건설 붐이 쇠퇴하게 되자 상황은 반전되어 버렸다. 해외로 진출하였던 건설업체들이 다수 부실화되고 현지의 건설장비 등이 갈 곳을 찾지 못한 채 방치되는 상황에 직면하기도 하였다(조수종 1988).

마지막으로 박정희 정부의 노동 정책과 실질임금의 추이에 관해 간략히 언급해 두고자 한다. 1963년에는 노동조합법과 노동쟁의조정법을 개정하여 노사협의회 설치, 노동조합의 정치 활동 금지, 공익사업의 범위를 확대하

여 노동쟁의에 대한 통제를 강화하고자 하였다. 그리고 외국인의 직접 투자를 적극적으로 유치하기 위해 외국인투자기업의 노동조합 및 노동쟁의조정에 관한 임시특례법(1970년)을 제정하였다. 이것은 수출자유지역에서 노동운동을 탄압하는 법적 근거가 되었다. 1971년에는 국가보위에 관한 특별조치법, 이어서 1972년에는 유신헌법이 공포되면서 노동 3권에 대한 제한이 가해졌다. 즉, 공무원 이외에도 국민경제에 중대한 영향을 미치는 사업체에 종사하는 근로자의 단체행동권을 제한하였다. 유신헌법 하에서는 대통령긴급조치가 발동되어 거의 모든 집회나 시위가 금지되었으므로 노동쟁의 또한 사실상 금지되었다고 할 수 있다.

이처럼 노동 3권은 억압되었지만, 근로기준법은 근로자 보호를 강화하는 방향으로 개정이 이루어졌다. 1961년 개정에서는, 예컨대 해고할 때 30일 전에 예고하도록 하였고, 1년 근속한 경우 30일의 급여를 퇴직금으로 적립하고, 연장 · 야간 · 휴일 근로에 대해서는 통상임금의 50/100을 가산해서 지급하도록 하였다. 다만 이 근로기준법이 특히 중소업체에서는 제대로 지켜지지 않은 경우가 많았다고 생각된다. 제1차 오일쇼크로 인한 불황 때에는 부당해고와 임금체불 등의 근로기준법 위반이 속출하였다. 이에 대해 국민생활안정을 위한 대통령 긴급조치(3호, 1974년)가 발동되어 거기에서 임금채권의 우선 변제와 근로기준법 위반에 대한 처벌 강화가 이루어졌다. 이들은 1975년 근로기준법 개정에 반영되었다.

이상 박정희 정부의 노동 입법 및 노동 정책의 특징은 노사협의회 기능 강화를 통해 노사협조를 강조하였고, 노동 보호를 강화하는 대신에 노동 3권에 대한 규제를 강화하고 특히 노동쟁의를 억압하였다고 할 수 있다(문무기 2014).

그림 10-8 실질임금 및 1인당 GDP의 전년 대비 증가율

주: 실질임금은 명목임금을 통계청의 소비자물가지수로 나누어 구하였다. 1965년 이전은 서울 소비자물가지수로 디플레이트하였다.
자료: 『한국의 장기통계』(D. 임금); 고용노동부, 『사업체노동력조사』; 한국은행, ECOS.

그런데 노동 3권을 억압하는 정책은 노동쟁의가 사회적 불안이나 소요로 연결될 수 있다는 정치적 고려 이외에, 당시 가공무역 구조에서 수출 경쟁력을 유지하기 위해서는 임금 상승을 억제할 필요가 있다는 발상에서 나왔다고 할 수 있다. 그렇지만 실질임금의 추이를 보면 노동 억압 정책이 임금 상승을 억제하지는 못한 것으로 보인다. [그림 10-8]은 노동부의 『매월노동통계조사』(1993년 이후는 사업체노동력조사)에서 전 산업의 평균임금을 소비자물가지수로 나누어 구한 실질임금의 전년 대비 증가율을 보인 것이다. 1960년

표 10-2 기간별 평균 실질임금과 1인당 GDP 증가율 (단위: %)

	제조업	전 산업	농업_남자	목수	1인당 GDP
1960–1970	5.3		5.3	4.8	6.8
1970–1980	8.6	8.2	9.6	9.3	7.4
1980–1997	7.3	6.8	4.7	4.3	7.9
1997–2021	2.9	2.2			3.3

주: 실질임금은 명목임금을 통계청의 소비자물가지수로 나누어 구하였다. 1965년 이전은 서울 소비자물가지수를 이용하였다.
자료: 『한국의 장기통계』(D. 임금; O. 물가); 고용노동부, 『사업체노동력조사』; 통계청, KOSIS.

대에는 전 산업의 데이터가 없어 한국은행의 『한국통계연보』에서 제조업으로 한정된 임금을 제시하였다. 그리고 실질임금 증가율을 1인당 GDP의 증가율과 비교할 수 있게 하였다. 그림에 따르면 1960년대 초에는 임금 상승이 물가 상승에 미치지 못해 실질임금이 감소하였고 1인당 GDP 증가율과 괴리가 큰 것으로 나왔지만, 그 후에는 양자가 대체로 유사한 추이를 보였다. 임금이 급등한 시기는 1960년대 말, 1970년대 후반, 1980년대 말이었고, 반대로 1980년과 외환위기인 1997년 및 2011년에 실질임금이 하락한 것으로 나왔다.

[표 10-2]는 기간별로 실질임금과 1인당 GDP 증가율을 비교한 것이다. 표에 따르면, 1960년대는 제조업의 임금 증가율은 1960년대 연평균 5.3%에서 1970년대 8.6%로 높아졌다. 제조업과 전 산업의 임금을 비교해 보면 큰 차이가 보이지 않는다. 이 시기의 임금통계가 있는 농업 부문(남자)과 목수의 실질임금 증가율을 보아도 1960년대에는 5% 전후였던 것이 1970년대는 9%를 넘어 증가율이 높아진 것으로 나온다. 그리고 1인당 GDP 증가율과 비교해 보아도 1960년대에는 임금 증가율이 그에 미치지 못하였지만 1970년대에는 역전되었음을 알 수 있다. 종래의 연구에서 이 시기 근로자는 임금이 억제되

어 경제성장의 혜택을 누리지 못한 것처럼 묘사되고 있지만, [표 10-2]는 그것이 사실이 아님을 보여 준다.

박정희 정부의 노동 정책은 특히 노동쟁의에 대해 억압적이었지만, 그것이 실질임금 상승을 막지는 못하였다. 근로자에 대한 보수는 노동생산성을 보여 주는 1인당 GDP의 증가율과 크게 다르지 않은 속도로 높아진 것이다. 앞에서 1950년대 외환시장이나 1960-1970년대 금융시장의 경우에는 정부가 가격(즉, 환율과 금리)을 낮게 규제하는 개입을 하였음을 살펴보았다. 그에 대해 노동시장에서는 노동운동을 억압하였지만, 임금(즉, 가격)을 낮게 규제하지는 않았다. 인플레이션 대책으로 종종 임금인상의 자제를 호소하였던 경우가 있었지만, 임금은 기본적으로 노동시장에서 수요와 공급에 의해 결정되었던 것이다. 그리고 이러한 실질임금의 상승은 저임금을 무기로 하는 경공업 제품 중심의 가공무역이 점차 한계에 부딪히게 되었음을 보여 주는 것이기도 하다.

4. 중화학공업화

1973년 1월 박정희 정부는 중화학공업화를 본격적으로 추진한다는 선언을 하였다. 철강, 조선, 기계, 전자, 화학, 비철금속공업을 중점적으로 육성하여 1980년대 초까지 수출 100억 달러를 달성하고, 수출에서 중화학공업 제품의 비중을 절반 이상으로 높임으로써 1인당 소득 1,000달러 시대를 열겠다는 계획을 밝혔다.

그 배경을 잠시 언급하면, 1960년대 말부터 국제 정세가 격변하였고, 국내 정치도 요동치고 있었다. 미국은 베트남전 개입의 실패를 계기로 닉슨 독트린을 발표(1969년)하여 이 지역에서 군사적 개입을 줄이고 아시아의 방위는 아시아인의 힘으로 한다는 방향으로 정책을 전환하였다. 그로 인해 월남은 머지않아 패망(1975년)하게 되는 상황에 빠졌다. 남북한 긴장도 고조되었다. 1968년에는 북한이 청와대를 습격하기 위해 31명의 무장 게릴라를 서울에 침투시킨 사건(1.21사태)이 있었다. 며칠 후에는 미해군의 정보수집함인 푸에블로호가 원산 앞바다의 공해상에서 북한에 강제로 납치되어 한반도의 긴장이 고조되는 사태가 일어나기도 하였다. 이 와중에서 미국은 주한미군을 일부 철수한다는 계획을 추진하였고, 한국 정부의 강력한 저지에도 불구하고 1971년에는 주한미군이 6만 3,000명에서 2만 명이 감축되었다. 이것은 박정희 정부가 자주국방과 방위산업 육성의 필요성을 절감하게 하는 한편, 1972년에 7.4공동성명을 발표하는 등 남북협상을 추진하는 계기가 되었다. 이를 배경으로 박정희 정부는 1972년 10월 초헌법적인 국가긴급권을 발동하여 국회의 해산, 정치활동의 금지, 비상계엄령을 선포한 후 국민투표를 통해 유신헌법을 통과시켰다. 위의 선언은 장기 집권을 위한 체제를 출범시키면서 중화학공업화를 통해 자립경제를 달성한다는 청사진을 제시한 것이라 볼 수 있다.

따라서 중화학공업화 선언은 1차적으로는 정치적 고려에서 이루어졌다고 볼 수 있다. 다만 그를 위한 경제적 여건이나 필요성도 커지고 있었다. 경공업 제품의 수출이 급증하면서 그를 위한 투입재로서 중화학공업 제품에 대한 수요도 늘어났는데, 이것은 국내 시장이 형성되고 있었음을 뜻한다. 이러한 투입재를 계속 수입에 의존해서는 만성적인 무역적자에서 벗어날 수 없었다. 전술한 바와 같이 근로자의 임금이 빠르게 상승함에 따라 저임금에 의존하는 가공무역이 머지않아 한계에 부딪히게 될 것으로 전망되고 있었다. 그리고 기업들도 경제개발 초기와는 달리 수출을 통해 세계시장을 경험하고 경영자원을 축적하고 있었다. 그렇지만 1차 산업 종사자가 여전히 취업자의 과반을 차지하고 있는 개발도상국이 높은 기술이 요구되는 중화학공업화를 추진한다는 것은 너무 의욕적이어서 실현 가능성이 커 보이지는 않았다.

사실 중화학공업을 육성하려는 노력은 그 이전부터 이루어졌다. 제2차 5개년계획에서는 '자립적인 공업발전의 기틀을 확립'하기 위하여 철강공업, 각종 기계공업 및 석유화학공업의 건설을 추진하였고, 이를 정책적으로 지원하기 위해 이들 공업을 육성하기 위한 법을 제정하였다. 그리고 이들 산업에 대해 금융지원을 늘렸지만, 전술한 8.3조치로 귀결된 부실기업 사태에서 드러난 바와 같이 성과가 기대에 미치지 못하였다. 당시 중화학공업은 아직 수출산업으로 나아가지 못한 채 좁은 국내 시장과 과도한 외부 자금 의존에 따른 금융비용의 상승으로 한계에 직면해 있었던 것이다(김낙년 1999).

이에 대한 정부의 대응은 개입주의적인 성격을 한층 강화하는 방향으로 전개되었다. 다시 저금리 체제로 돌아가 금융 압박을 강화하였으며, 중화학공업화를 위한 자금을 동원하기 위해 국민투자기금(1974년)을 설치하였다. 이것은 공적 연금과 같은 공공기금뿐만 아니라 금융기관의 저축성 예금 증가액 중에서 20%까지를 국민투자기금에 예치하거나 국민투자채권을 인수하도록 의무화한 것이다. 그리고 이렇게 조성된 자금을 중화학공업의 건설과 그 수출 증대를 위해 저금리로 공급하였다. 이와 함께 산업기지 개발이 추진되었다. 중화학공업화는 계획 단계부터 공장과 함께 항만이나 도로, 용수나 전력 등의 유틸리티, 노동력을 공급하기 위한 주거지구의 건설을 포함하는 계획도시가 조성될 필요가 있었기 때문이다(김성남 · 박기주 2014).

그런데 중화학공업은 중후장대하여 초기에 대규모 자금이 소요되며, 규모가 클수록 단가가 떨어지는 규모의 경제라는 특성을 가진 경우가 일반적이다. 따라서 좁은 국내 시장에만 의존해서는 경제성을 가질 수 없고 처음부터 해외 시장을 겨냥한 수출산업으로 나아갈 필요가 있었다(오원철 1999; 박영구 2008). 그리고 수출금융을 지원할 때에는 기업이 무엇을 수출하든 가리지 않고 지원하였지만, 중화학공업의 건설은 어느 산업을 육성할 것인지, 나아가 어느 기업이 이를 담당할 것인지를 정부가 선정하는 방식으로 전개되었다. 산업의 선정에는 방위산업에 대한 고려 이외에 기술적으로 한국의 캐치업이 가능한지 또는 수출산업으로 발전시킬 수 있는지의 여부를 중요하게 고려하였다(Stern et al. 1995). 이 점에서는 한발 앞선 일본의 경험을 참고로 활용하였다. 기업의 선정에서도 비록 경공업 분야이긴 하지만 거기에서 실적을 쌓고 경영자원을 축적해 온 기존의 대기업이 담당하는 것이 실패 가능성을 줄일 것으로 생각되었다. 따라서 대기업이 중화학공업화를 주도하게 되었고 그 과정에서 재벌에 경제력이 집중되는 결과를 낳기도 하였다(박기주 2014).

이처럼 정부가 목표로 하는 산업을 선정하고 거기에 총력을 집중한 빅푸시(big push) 정책은 중화학공업의 급속한 성장을 가져왔다. 제조업을 소비재와 투자재 산업으로 나누었을 때 두 산업의 부가가치 비율(=소비재/투자재)을 호프만(Hoffmann) 비율이라 하는데, [그림 10-9]는 그 추이를 보여 준다. 영국의 경우 이 비율이 19세기 중엽에 5였다가 1940년대에 와서 1 아래로 떨어졌음을 알 수 있다. 일본은 그러한 변화가 20세기 초에서 1930년대에 걸쳐 나타났다. 이에 대해 한국과 대만은 그러한 변화가 1960-1970년대로 늦게 나타났지만, 기간은 더욱 짧아졌다. 후발국으로 올수록 중화학공업화의 기간이 압축되었음을 알 수 있다.

그림 10-9 호프만 비율(=소비재 산업/투자재 산업)의 국제 비교

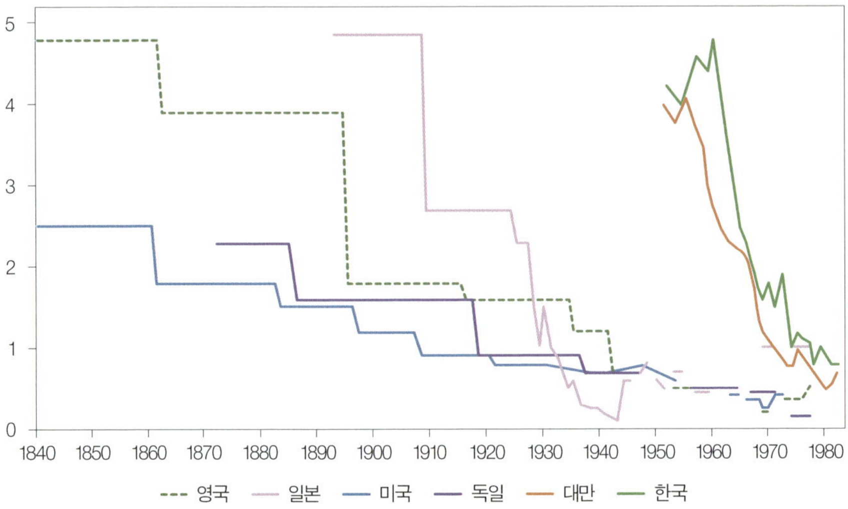

주: 김창남·와타나베(1997); Kim and Jongil(2001).

몇 가지 사례를 들어 보자. 철강산업에서 종합제철소의 설립은 박정희 정부 초기의 숙원사업이었지만, 사업성이 없다고 본 미국의 반대로 추진되지 못하였다. 그 후에도 여러 차례 해외 자금의 도입이 시도되었지만, 결국 1969년에 일본의 청구권 자금을 이용하여 포항에 연산 103만 톤 규모의 포항종합제철을 설립하는 방안으로 결정되었다. 일본으로부터 청구권 자금 7,370만 달러와 상업차관 5,000만 달러, 거기에 7,690만 달러에 해당하는 내자가 투입되었다. 1970년에 1기 고로의 건설에 착공한 후 3년 만에 완공되어 조업이 시작되었다. 이때 설비의 내용, 공장의 건설, 시운전을 포함한 초기 조업에 대해 일본 기술자가 파견되어 기술 자문과 지도를 받았고, 포항제철의 기술 요원들이 일본의 제철소에서 기술연수를 받았다. 정부는 철강산업육성법

(1969년)을 제정하여 금융과 세제상의 지원을 하였다. 이후 4기에 걸쳐 고로를 건설하여 1981년에는 연산 850만 톤의 규모로 시설이 확장되었다. 그 결과 철강 생산량이 1973-1981년에 45만 톤에서 818만 톤으로 급증하였다. 이를 통해 조선 · 기계 · 전기 · 건설 등의 산업에서 급증하는 국내 철강 수요를 충족시켰음은 물론 수출도 빠르게 늘려 갔다(이상철 2014).

자동차산업의 경우 1960년대에 분해부품(KD)의 조립 방식으로 자동차를 생산하고 있었는데, 그 경우 다국적 기업의 하청 생산을 벗어나기 어렵고 국내 부품산업의 발전도 기대하기 어려웠다. 이를 극복하고자 하는 노력이 1974년에 장기자동차공업진흥계획으로 나왔다. 박정희 정부는 1980년대 초까지 자동차 생산 규모를 50만 대로 늘린다는 목표를 제시하고, 이를 위해 완성차 업체에게 자동차 양산체제를 위한 계획을 제출하되 국산 고유 모델의 소형 승용차를 개발하고 이를 수출산업으로 발전시킬 것을 요구하였다. 정부는 이를 통해 자동차공업을 국내 기계공업 발전의 견인차로 키우고자 하였고, 자동차 업체도 정부의 후원을 도약 기회로 보아 적극적으로 호응하였다. 그중에서 현대자동차는 포드와 엔진 공장의 자본합작 회사 추진이 어렵게 되자 고유 모델인 포니를 개발하기로 하였다. 이탈리아와 일본의 회사와 용역 및 기술 제휴를 맺고 1975년에 울산에 종합 자동차공장을 완공하고 1,200cc급 포니의 본격 생산과 함께 그 수출길도 열었다. 이를 발판으로 세계 5위의 자동차 생산국으로 발돋움할 수 있었다(박이택 2014).

그러나 성공 사례만 있었던 것은 아니다. 1979년의 제2차 오일쇼크 충격으로 일부 중화학공업 기업들이 경영난에 빠졌다. 현대양행의 창원공장과 옥포조선소를 대표적인 실패 사례로 들 수 있다. 1980년에는 신군부가 중화학공업의 과잉 · 중복 투자로 인한 기업 부실화를 막는다는 명분으로 1개 분야

그림 10-10 기계장비의 현시적 비교우위(RCA)의 추이

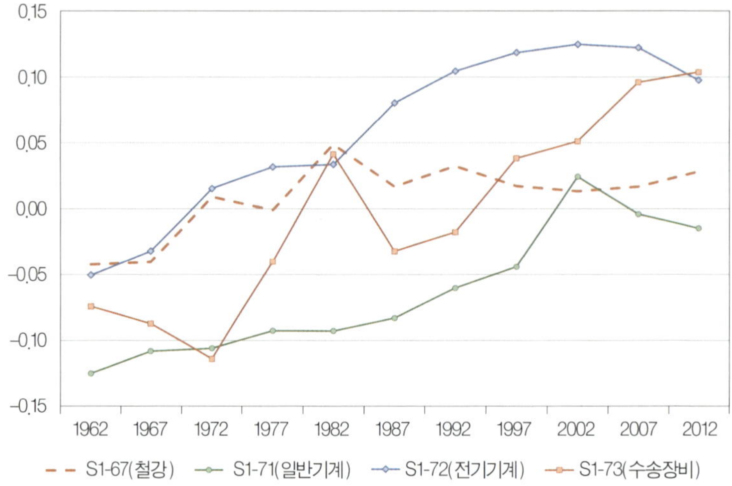

자료: 김낙년(2015), 원자료는 UN, Comtrade.

를 한 회사가 맡아 전문화하는 방향으로 구조조정을 추진하였다. 그렇지만 민간기업을 강제로 통폐합하는 것은 적법하지도 않았고 심한 반발을 불러와 결국 혼란만 초래한 채 백지화된 것으로 평가되고 있다(김성남 · 박기주 2014).

중화학공업화가 진전된 결과 한국 산업의 비교우위가 어떻게 변하였는지를 제2장에서 본 [그림 2-9]를 이용하여 확인해 두고자 한다. 거기에서 현시적 비교우위(RCA)가 0보다 크면(작으면) 비교우위(열위)에 있는 산업임을 뜻한다. 그림에 따르면, 1970년대에 기계장비가 연료(석유)와 함께 대부분 수입에 의존하여 비교열위에 있었던 산업인데, 그 정도가 급속히 줄어 1990년대 이후에는 비교우위 산업으로 역전되어 한국의 무역을 주도하였음을 알 수 있다. [그림 10-10]은 기계장비를 세분해서 보여 준다. 그림에 따르면, 전기기계

와 철강은 1970년대 초부터 비교우위 산업으로 전환하였고, 자동차를 포함한 수송장비도 1970년대에 급속히 비교열위에서 벗어나서 1982년에는 비교우위 산업이 되었다. 이에 대해 일반기계는 아직도 비교열위 산업에 머물고 있는데, 이것은 한국이 여전히 대일 무역수지 적자를 지속해 온 요인이기도 하다(김낙년 2015).

박정희 정부의 중화학공업화를 향한 빅푸시 정책이 없었다면 한국의 산업구조가 중화학공업 중심으로 전환하는 데 더 많은 시일이 소요되었을 것으로 생각된다. 중화학공업의 특성상 규모의 경제가 작용하고 자본의 회임 기간이 길어 초기의 셋업(set up) 비용이 많이 들기 때문에 정부의 강력한 지원 없이 민간기업이 성공 여부가 불확실한 사업에 뛰어들기는 쉽지 않았을 것이기 때문이다. 다만 그러한 개입이 효율적이었나라는 관점에서 보면, 중화학공업화가 이루어 낸 성취의 이면에도 눈을 돌릴 필요가 있다고 생각한다. 자원이 중화학공업에 집중됨으로써 다른 분야가 상대적으로 희생되었고, 정부가 금융에 개입함으로써 금융산업의 발전이 지체되었으며, 재벌에 경제력이 집중되는 부작용도 수반하였는데, 이에 관해서는 다음 장에서 살펴보기로 한다.

5. 맺음말

박정희 정부 시기는 제1부에서 살펴본 바와 같이 경제성장률이 연평균 9.7%로 높았고, 지출 면에서 보면 투자와 수출의 유례없는 증가가 경제성장을 견인하였다. 각급 학교별로 취학률이 급속히 상승하여 인적 자본의 축적이 빠르게 진행되었다. 인구 구성에서는 경제활동인구가 급증한 반면, 유년

인구는 감소로 돌아섰고 노인인구가 아직 본격적으로 증가하지 않아 총부양비가 빠르게 하락한 시기이기도 하였다. 그로 인한 저축률의 급속한 상승이 높은 투자율을 가능하게 하였다. 이 시기의 경제성장률은 대부분 자본과 노동의 생산요소 투입 증가로 설명되며, 총요소생산성(TFP) 증가율의 기여가 상대적으로 낮았다. 비농업 부문을 중심으로 고용 증가가 가장 돋보여 이농이 빠르게 진행되었으며 성장의 효과가 농촌의 저변으로까지 확산되었다. 그 결과 성장과 형평이 양립한 시기라고 할 수 있다.

박정희 정부 시기의 경제성장을 보다 긴 비교사의 시각에서 보면, 제1장에서 언급한 거센크론의 경제적 후진성 가설로 설명되는 부분이 많다. 그에 따르면 후발국은 선발국의 기술을 차용하여 공업화 속도가 매우 빨랐을 뿐만 아니라 공업화 자금을 동원하기 위해 선발국에서는 없었던 금융 제도를 창출하였다. 독일의 경우 영국의 상업은행과는 다른 투자은행이 나타났고, 더 후진적이었던 러시아에서는 국가가 직접 나서서 자금을 동원하였다. 한국에서는 국가가 금융기관을 장악하고 목표로 하는 산업을 육성하기 위해 정책금융을 활용하였다는 점에 특징이 있었다. 후진성이 클수록 생산설비나 기업의 규모가 더 커지며, 소비재보다는 생산재에 더 중점을 두고, 국민들의 소비를 줄이는(즉, 저축을 늘리는) 압박이 더 강해진다고 하였는데, 이 시기 한국도 그러하였다. 특히 중화학공업화를 통해 자립경제를 달성하겠다는 박정희의 민족주의는 공업화 이데올로기의 역할을 하였을 뿐만 아니라 장기 집권을 정당화하는 명분으로 활용되기도 하였다.

다만 거센크론의 가설에서는 주목되지 않았지만, 한국의 경우 이 시기 수출지향적 공업화를 추진하였다는 점이 또 다른 중요한 특징으로 지적될 수 있다. 노동집약적인 경공업 제품을 수출하여 국제 분업의 원리에 부합하였던 가공무역 단계에서도 그러하였지만, 중화학공업화를 추진할 때에도 수출을 지향하지 않을 수 없었다. 중화학공업은 규모의 경제라는 특성으로 인해 국내 시장이 좁은 한국에서는 당초부터 수출산업으로 발전하지 않으면 생존하기 어렵기 때문이다. 수출을 중시하고 그 실적을 정책 자금 배분의 기준으로 활용한 것은 정부의 개입에도 불구하고 그 실패를 줄이는 데 기여하였다고 생각한다. 그리고 정책을 주도한 것은 정부이지만, 공업화를 실행하고 수출을 담당한 것은 민간기업이었다. 따라서 고도 경제성장의 결과 민간기업이 크게 성장하였고, 경제 규모가 커졌을 뿐만 아니라 복잡다기해졌으며, 소득이 높아짐에 따라 사람들의 욕구도 다양화되었다. 그로 인해 정부가 우위에 서서 경제성장과 같은 단일한 목표를 향해 민간을 이끌어 가는 종래의 방식은 더 이상 어렵게 되었다. 박정희 정부의 개발전략과 권위주의적인 체제는 그의 사후에 도전에 직면하게 되는데, 이에 관해서는 다음 장에서 다루고자 한다.

제11장

정책 전환과 사회개발

이 장은 1980년대에 들어와 경제개발 정책의 전환을 시도한 이후 외환위기(1997년)까지의 시기를 다룬다. 전두환 정부는 물가를 안정시키고, 정부 주도에서 민간 주도 경제체제로의 전환을 모색하였는데 그 내용을 간단히 살펴본다. 1987년의 민주화는 권위주의 체제하에서 억눌려 왔던 요구들이 폭발하는 계기가 되었다. 먼저 노동쟁의가 급증하였고, 그에 따라 노사 관계도 변화하지 않을 수 없게 되었다. 대도시로 인구가 집중되고 부동산 가격이 급등하게 되자 주택 문제의 해결이 모색되었다. 민주화는 또한 소득과 부의 격차를 줄이는 요구로 나타났고, 공정거래법을 강화하여 재벌의 경제력 집중을 억제하고자 하였다. 고도성장기에는 경제개발에 초점이 맞추어졌다고 한다면, 이 시기는 정책의 지향이 사회개발로 확대되었다고 할 수 있다.

1. 개발 정책의 전환과 거시경제

박정희 대통령이 1979년에 최측근인 중앙정보부 부장(김재규)의 총탄에 맞아 쓰러지면서 유신체제가 무너졌다(10.26사태). 그보다 3주 전에 민주회복을 요구하는 야당 총재(김영삼)를 국회의원에서 제명하였고, 이를 계기로 촉발된 부산과 마산 지역의 소요 사태를 진압하는 과정에서 권력 내부의 갈등이 폭발한 것이다. 이는 권위주의 체제의 붕괴로 이어질 수 있었지만, 얼마 지나지 않아 신군부가 군을 동원하여 권력을 장악하였다(12.12사태). 이에 저항하여 일어난 5.18민주화운동(1980년)은 무력으로 진압되었다. 그 후 대통령의 임기를 7년의 단임제로 하되 유신헌법과 같은 간선제를 유지한 헌법 개정이 이루어졌고, 1980년에 전두환 정부가 출범하였다. 이 대통령 간선제는 후술하듯이 1987년에 민주화운동의 저항에 부딪혀 직선제로 개정된다.

이 과정을 통해 권위주의 체제가 존속하였지만, 성장을 우선하는 박정희 정부의 정책은 더 이상 지속하기 어려웠다. 1970년대는 고도성장이 이루어졌지만, 두 차례의 오일쇼크도 있어 물가가 급등하고 부동산 가격이 치솟았다. 특히 원유 수입대금이 급증한 반면, 수출 증가가 그에 미치지 못해 경상수지 적자가 눈덩이처럼 불어났다. 제2장의 [그림 2-11]에 따르면, 오일쇼크 때 경상수지 적자 규모가 GNI 대비 10% 전후 수준까지 이르렀다. 당시 한국의 대외채무는 '외채망국론'이 제기될 정도로 이미 높은 수준에 있었으므로 경상수지 적자를 줄이는 것이 시급한 과제가 되었다. 그리고 10.26사태로 인한 정치 불안과 냉해로 인한 농산물 흉작이 더해져서 1980년에는 고도성장 이후 처음으로 경제성장률이 마이너스(-)로 떨어졌다.

이러한 상황에서 전두환 정부는 먼저 물가를 안정시키기 위해 통화와 재정의 긴축을 추진하였다. 제3장의 [그림 3-4]에서 총통화 증가율을 보면 1980년에 44%에서 1981-1982년에 36-37%, 1985년에 18%로 떨어졌다. 1981-1982년에 통화량 감축이 그다지 크지 않았던 것은 정책금융이 여전히 시행되고 있어서 예금은행에 대한 한국은행의 대출이 늘어났기 때문이다. 1986-1988년에도 통화 증가율이 연 30%로 다시 높아진 것으로 나왔는데, 그것은 후술하는 3저 호황으로 인해 무역수지 흑자가 크게 늘어났기 때문이다. 무역흑자로 벌어들인 달러의 국내 유입으로 통화가 팽창하지 않도록 한국은행이 통화안정증권을 발행해서 통화를 회수하였지만[1] 한계가 있었던 것이다. 그 후 통화 증가율은 감소하였고 외환위기 직전까지 연 20% 전후의 증가율로

1 해외에서 벌어들인 달러가 국내로 유입되어 통화 증발로 나타나지 않도록 하는 것을 불태화라고 한다.

안정되었다.

재정의 긴축도 강력하게 추진되었다. 당시 이중곡가제가 시행되어 농민으로부터 쌀 생산비에 소득보상을 더한 가격으로 추곡을 수매한 다음 도시민에게 그보다 낮은 가격으로 판매하였는데, 그로 인한 양곡관리 적자가 크게 불어났다. 추곡 수매 가격은 매년 정치적 고려로 높게 결정되었는데, 1981년 이후 인상률을 종래와 달리 대폭 낮추었다. 정부 예산도 대대적인 삭감이 이루어졌다. 그 결과 제3장의 [그림 3-18]에서 보았듯이 정부의 통합재정수지가 1981년 GDP 대비 4.3% 적자였던 것이 1987년에는 흑자로 돌아섰다. 그 결과 정부의 지출 초과로 인한 인플레이션 요인은 제거되었다.

이상의 안정화 정책으로 물가안정이 달성되었다. 제10장의 [그림 10-1]에서 소비자물가지수 상승률을 보면, 1980-1981년에 29%와 21%에 달하였던 물가 상승률이 1982-1983년에 7%와 3%로 떨어졌다. 이후 1980년대 말과 1990년대 초에 물가 상승률이 다시 8% 전후로 높아지기도 하였지만, 고도성장기와 달리 한자릿수의 물가 상승률을 유지하고 있다. 물가안정을 위한 정책 전환은 성공적이었다고 평가할 수 있다.

한편, 1970년대에 강력하게 추진되었던 중화학공업은 채산성 악화로 부실화되는 기업들이 나오게 되자 1980년대 초에 정부가 나서서 발전설비·자동차·건설 중장비 등에서 구조조정이 이루어졌다. 그 이후에도 조세감면규제법이나 공업발전법(1986년)에 의거하여 산업합리화 업종이나 기업으로 지정될 경우 부실기업을 정리하거나 투자조정을 통해 기업을 통폐합하였다. 이 과정에서 정부는 조세 및 금융을 지원하고 시장 독점의 허용이나 진입규제와 같은 경쟁 제한 조치가 이루어지기도 하였다. 이것은 기업의 부실이 금융으로 파급되어 경제 전체에 미치는 악영향을 최소화하기 위해 정부가 나선 것으로

그림 11-1 서부 텍사스산 원유의 배럴당 가격

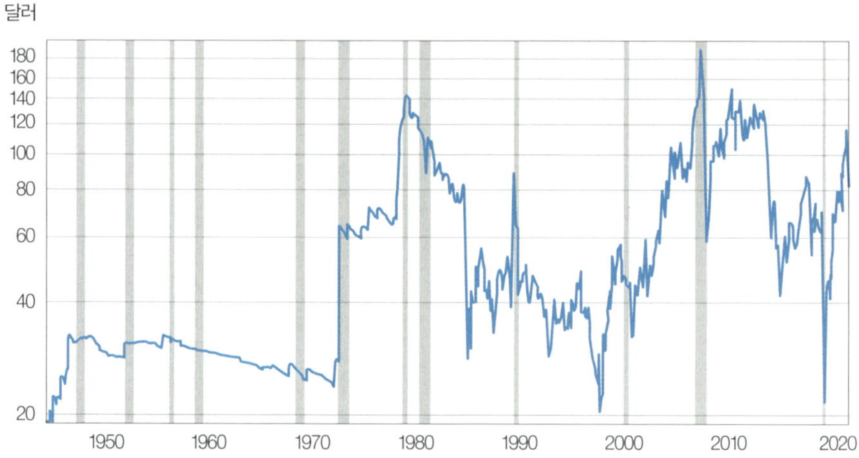

자료: Macrotrends(https://www.macrotrends.net/1369/crude-oil-price-history-chart).

볼 수 있지만, 기업이나 금융 부문이 자구적 노력보다는 정부의 보호와 지원에 안주하려는 도덕적 해이(moral hazard)를 부추기기도 하였다. 제10장에서도 1972년의 8.3조치가 기업 부실화의 비용을 결국은 국민에게 전가하였음을 살펴본 바 있는데, 기업의 파산 리스크를 사회가 일부 공유하는 체제가 1980년대 이후에도 이어졌다고 할 수 있다(고영선 2010).

그런데 1970년대 말에서 1980년대 전반에는 오일쇼크로 인한 고유가와 고금리로 인해 경제의 어려움이 가중된 시기에 해당한다. [그림 11-1]은 서부 텍사스산 원유 배럴당 가격의 장기 추이를 보인 것이다. 미국의 소비자물가지수로 나누어 구한 불변 가격이며, Y축의 가격은 로그 눈금으로 되어 있다. 그림에 따르면, 1960년대에 배럴당 20달러대였던 유가가 1973년과 1979년에 급등하여 100달러를 넘었음을 알 수 있다. 그 후 유가가 서서히 하락하다가

그림 11-2 미국 연방기금 금리의 장기 추이

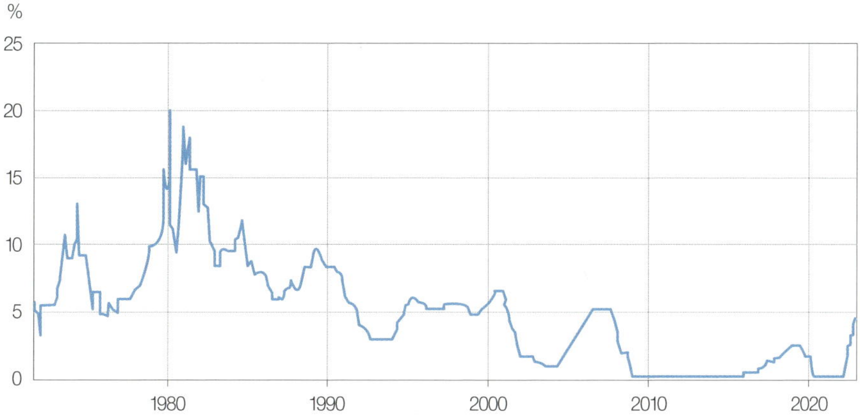

자료: Trading Economics(https://ko.tradingeconomics.com/united-states/interest-rate).

1986년에 급락한 후 1990년대까지 40달러 전후에 머물러 있었다.

[그림 11-2]는 국제 금리를 대표하는 미국 연방기금 금리의 장기 추이를 보인 것이다. 그림에 따르면, 두 차례 오일쇼크로 인해 인플레이션이 빠르게 진행되었던 시기에 금리가 급등하였음을 볼 수 있다. 특히 1979년에는 미국 연방은행이 인플레이션을 잡기 위해 급격하게 금리를 인상하여 20%라는 역사상 유례없는 고금리가 나타났다. 이것은 그보다는 훨씬 작은 규모이지만 최근인 2022년에 세계 각국이 인플레이션을 잡기 위해 금리를 급격히 올리고 있는 상황과 유사하다고 할 수 있다. 이러한 고금리는 인플레이션이 진정되자 하락하기 시작하여 1980년대 후반에는 6-10%까지 떨어졌다.

그런데 역사상 유례가 없는 미국의 고금리는 자금이 다른 나라에서 미국으로 몰리게 함으로써 달러 가치를 크게 높이는 결과를 가져왔다. 그로 인해 미국의 수출은 불리해진 반면, 상대적으로 통화 가치가 낮아진(즉, 환율이 높아진) 다른 나라로부터 미국의 수입이 급증하였다. 미국의 무역적자가 눈덩이처럼 불어났고, 이때 대미 무역흑자를 크게 늘린 나라가 일본과 독일이었다. 그리고 미국의 레이건 정부는 고금리로 침체된 경기를 부양하기 위해 대대적인 감세 정책을 추진하였다. 그로 인한 경기 부양 효과로 세금이 더 많이 걷히기는 하였지만, 감세 규모에는 크게 미치지 못하였다. 그 결과 재정적자도 눈덩이처럼 불어났는데, 무역수지 적자와 함께 당시 미국의 쌍둥이 적자로 불렸다.

미국은 이에 대처하기 위해 1985년에 G5(미국, 영국, 독일, 프랑스, 일본) 재무장관 회의를 열어 플라자 합의를 도출하였다. 거기에서 미국 달러 가치의 하락을 용인하고, 특히 방대한 무역흑자를 누린 일본과 독일의 달러당 환율을 낮추도록 하였다. [그림 11-3]에는 엔/달러 환율을 보였는데, 1971년에 미국이 달러의 금 태환 중지를 선언한 이후 엔/달러 환율이 360엔에서 1978년 184엔으로 거의 1/2로 하락한 다음 1980년 전반에 상승하는 추세를 보였지만, 플라자 합의로 다시 급락하여 1995년에는 84엔으로까지 떨어진 것을 알 수 있다. 독일의 마르크도 그래프로 제시하지 않았지만, 유사한 양상을 보였다. 이에 대해 한국의 원/달러 환율은 1985년에 870원에서 1989년에 671원으로 하락하였지만, 엔/달러 환율에 비해서는 하락 폭이 작았다. 그 후에도 엔/달러 환율이 1995년까지 계속 하락하였지만 대조적으로 원/달러 환율은 상승하였다. 즉, 플라자 합의 이후 각국의 달러당 환율이 급락하였지만, 일본을 비롯한 선진국의 하락 폭이 가장 컸고 한국의 하락은 미미한 수준에 그쳤다. 이것은 한국의 수출 경쟁력을 높이는 데 크게 기여하였다.

요컨대, 1970년대 말에서 1980년대 전반까지는 유가와 금리가 역사상 유

그림 11-3 한국과 일본의 달러 대비 환율

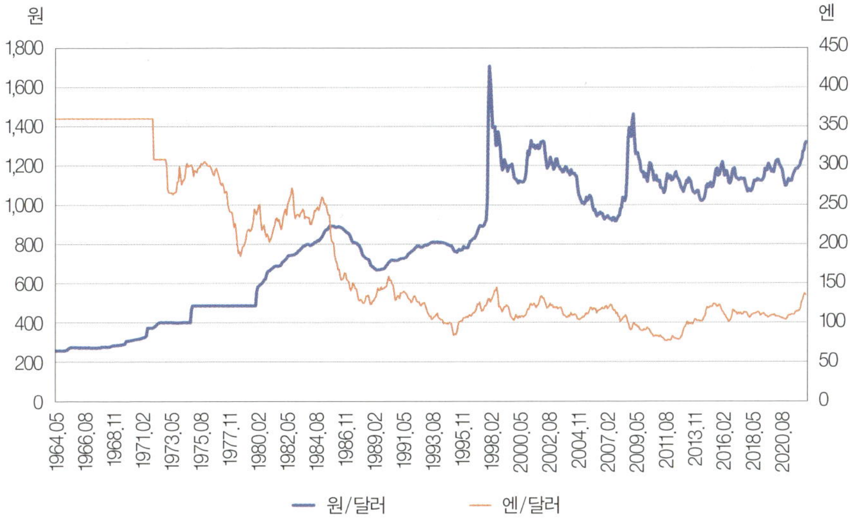

주: 한국은 왼쪽 눈금(원/달러), 일본은 오른쪽 눈금(엔/달러).
자료: 한국은행, ECOS.

례가 없는 수준으로 높았지만, 1980년대 후반에는 저유가와 저금리에 더하여 달러 가치가 크게 하락한 소위 3저 호황을 맞이한 것이다. 한국은 원유는 물론 유가의 영향을 받는 원자재를 대부분 수입에 의존하고 있었고, 대외채무가 많았을 뿐만 아니라 투자 자금의 상당 부분을 외자로 조달하고 있었으므로 저유가와 저금리는 한국경제에 커다란 호재였다. 그리고 수출을 경제성장의 동력으로 삼고 있었으므로 주요 국가와 비교해서 한국의 대미 환율이 상대적으로 크게 높아진 것은 수출을 비약적으로 늘리는 효과를 낳았다. 제2장의 [그림 2-11]에 따르면, 1980년에 경상수지 적자가 GNI 대비 9%였던 것이 1986년에 해방 후 처음으로 흑자로 돌아섰고, 1988년에는 그 규모가 GNI 대비 7%에 달하였다. 1990년대에 경상수지가 다시 적자로 돌아서기도 하였지만, 외환위기 이후에는 경상수지 흑자 구조가 정착한 것을 볼 수 있다.

제2장의 [그림 2-8]은 수출품 구성이 어떻게 변하였는지 보여 준다. 거기에서 주목되는 것은 중화학공업을 대표하는 기계운수장비인데, 수출액에서 차지하는 비중이 1970, 1980, 1990, 2000년의 각각 8%, 22%, 42%, 58%로 비약적으로 늘어났다. 즉, 1980년대 중엽 이후 무역의 흑자 구조가 정착할 수 있었던 것은 가계운수장비를 비롯한 중화학공업 제품이 수출의 주역으로 등장하였기 때문이다. 앞에서 1970년대 말에서 1980년대 초에 중화학공업의 채산성 악화로 구조조정이 이루어졌음을 언급하였지만, 초기 정착 과정에서 유가와 금리가 치솟는 등 대외 여건의 어려움이 가중되었기 때문으로 생각된다. 이러한 중화학공업이 한국의 주력 산업으로 자리를 잡게 된 것은 3저 호황이라는 유리한 대외 여건에 힘입은 바가 컸다고 생각한다.

이와 대조적으로 엔/달러 환율이 고도성장기에 비해 1/3 수준으로 급락한 일본은 수출과 경기가 부진에 빠졌고, 거기에서 벗어나기 위해 저금리 정책으로 대응하였다. 이것은 경기를 진작시키는 한편 일본의 주가와 부동산 가격을 급등시켰고, 가치가 높아진 엔화로 해외 자산을 대거 매입하기도 하였다. 달러로 표시된 일본의 소득과 자산은 치솟았고, 외형적으로는 일본경제가 전성기를 누리는 듯이 보였다. 그렇지만 금융 정책이 긴축으로 전환되면서 1990년대 초에 이러한 버블이 붕괴되고 자산 가치가 급락하였다. 그 후 일본경제는 물가가 계속 하락하는 디플레이션에 돌입해 기업의 도산이 늘고 고용이 악화되는 악순환에 빠졌다. 1995-2015년간에 일본의 경제성장률은 세계에서 가장 낮은 마이너스를 기록하였는데, 이 시기를 일본에서는 '잃어버린

20년'이라고 부르기도 한다. 이처럼 플라자 합의의 결과는 일본의 정책적 대응의 실패도 작용하여 한국과 일본에 대조적인 영향을 미쳤다고 할 수 있다.

이 시기는 또한 금융의 자율화가 모색되었다. 박정희 정부의 개발 정책이 금융규제를 핵심으로 하고 있었던 만큼 금융에 대한 정부개입의 축소가 가장 큰 과제였다고 할 수 있다. 먼저 정부가 소유하던 은행의 민영화가 이루어졌다. 1981-1983년에 걸쳐 4개 시중은행(한일, 제일, 서울신탁, 조흥)이, 1991-1997년에는 외환 · 국민 · 주택 은행이 민영화되었다. 그렇지만 민영화 이후에도 은행의 조직이나 자산운용에 대한 정부의 개입이 사라지지는 않았다. 은행장에 대한 정부의 인사권이 명목상으로는 폐지되었지만, 실제로는 정치권에 의해 좌우되었다. 그리고 투자금융회사 및 상호신용금고, 보험회사와 증권회사와 같은 비은행 금융기관이 다수 신설되었다. 이들은 은행보다 금리가 높았고 자산운용에 대한 정부의 규제가 상대적으로 적었기 때문에 대기업이 이 분야로 활발히 진출한 결과 은행보다 빠르게 성장하였다.

은행을 자율화하기 위해서는 정책금융을 축소할 필요가 있었다. 그렇지만 이 시기에는 중소기업에 대한 금융지원이 확대되었고 전술한 산업합리화를 지원하는 자금의 융자도 확대되어 정책 자금의 규모를 줄이는 데 한계가 있었다. 1994년에는 한국은행이 총액한도 대출 제도를 도입하여 정책금융을 축소하는 방향으로 대출 제도를 개편하였다. 그리고 한국은행의 대출을 종래의 정책금융에서처럼 자동으로 재할인되는 방식이 아니라 미리 한도를 정해 운영함으로써 통화조절 기능을 강화하였다(고영선 2010).

금융기관의 금리를 자유화하는 것도 중요한 과제였다. 금리의 가격 기능을 회복함으로써 자금의 효율적인 배분을 도모할 수 있기 때문이다. 제10장의 [그림 10-1]에서 보았듯이 1980년대 이후에는 물가안정으로 은행의 실질

금리가 플러스(+)를 유지하였고, 1980년대 중엽을 경계로 하여 총저축이 총투자를 상회하여 만성적인 자금의 초과 수요 상황에서 벗어나게 됨에 따라 금리 자유화에 유리한 환경이 조성되었다고 할 수 있다. 그렇지만 금리 자유화는 더디게 진행되어 1991년에 추진계획이 발표되기도 하였지만 1996년 이후에야 실행되었다.

한편, 1993년에 금융실명제가 도입되어 금융 거래의 투명성을 높였다는 점도 지적해 둘 필요가 있다. 종래에는 저축을 장려하기 위해 가명이나 차명으로 금융 거래를 허용하였는데, 1982년에 장영자 · 이철희의 어음 사기 사건에서 그 문제점이 드러났다. 당시에도 가명이나 차명으로 숨겨진 음성 자금을 양성화하기 위해 금융실명제 도입의 필요성이 제기되었지만, 김영삼 정부에 와서 시행되었다.

요컨대, 이 시기는 박정희 정부의 금융 통제 방식에서 벗어나 금융 자율화가 모색되었다. 그렇지만 정책금융을 지원해 왔던 오랜 관행이 쉽사리 청산되지 못하였고, 은행의 인사권이 정부나 정치권에 좌우되는 상황에서 자율 경영을 기대하기 어려웠다. 기업의 자금 조달 구성에서 부채 비율이 매우 높아 외부의 충격에 취약하였다는 점도 정부가 금융에 대한 영향력을 모두 내려놓지 못하였던 이유가 되었다고 생각한다. 그 결과 금융에 대해 정부가 통제하고 책임을 지는 방식은 이미 유효하지 않게 되었지만, 그것을 대신해서 금융기관이 자기 책임하에 자금을 배분하고 관리하는 시스템은 아직 작동하지 못한 과도기의 상태에 있었다고 할 수 있다.

2. 민주화와 노사 관계

전두환 정부는 1987년에 선출하는 차기 대통령을 1980년에 개정된 헌법에 따라 간선제로 하고자 하였지만, 간선제가 민의를 제대로 반영하지 못한다고 본 대중들의 광범한 저항에 부딪히게 되었다. 거기에다 박종철 학생의 고문치사 사건의 은폐 조작이 폭로되면서 헌법 개정을 요구하는 대규모 시위로 발전하였다(6월 민주화운동). 마침내 여당의 노태우 대선 후보가 직선제 개헌을 수용하였고(6.29 선언), 여야의 합의로 헌법이 개정되었다. 개정 헌법에 따른 직선제 선거로 노태우 정부가 출범하였고, 그 후 김영삼 정부와 김대중 정부로 이어지는 평화적 정권교체가 이루어졌다.

1987년 헌법에는 5년 단임제의 대통령을 직선제로 선출한다는 것 이외에도 많은 조항이 개정되거나 신설되었다. 예컨대, 대통령의 비상조치권과 국회해산권을 폐지하고, 국정감사권을 부활하여 국회의 권한을 강화하고, 구속적부심사청구권의 보장을 포함한 국민의 신체와 생명에 대한 보호를 강화하고, 언론·출판 또는 집회·결사에 대한 검열이나 허가를 금지하여 표현의 자유를 확대하고, 노동 3권을 실질적으로 보장하고, 헌법재판소를 신설하였다. 경제 질서에 관해서는 개인과 기업의 경제상의 자유와 창의를 존중하되 적정한 소득분배와 시장지배 및 경제력 남용의 방지 등을 위해 경제에 대한 규제와 조정을 할 수 있게 규정하고 있다. 유신헌법 이후 독재체제를 가능하게 하였던 조항들이 폐지되고 민주적 요구가 수용되었다고 할 수 있다.

이러한 정치적 변화는 그동안 권위주의 체제하에서 억눌려 왔던 다양한 요구들이 분출하는 계기가 되었다. 그동안 노동자의 단체행동권을 사실상 억압하였던 노동 분야가 대표적이라 할 수 있다. 6.29 선언으로 정치적 상황

그림 11-4 노사분규 건수와 근로손실 일수 및 노동조합 조직률

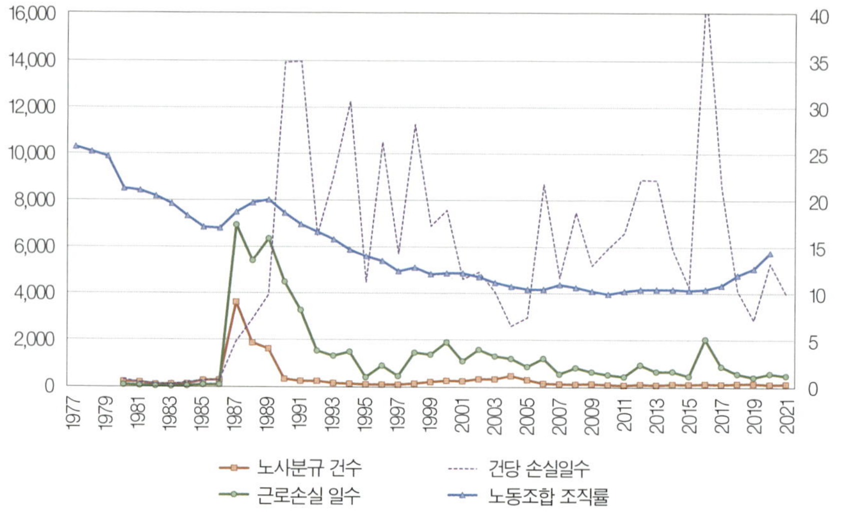

주: 노사분규는 건수, 근로손실의 단위는 천 일, 건당 손실일수의 단위는 일이며 왼쪽 눈금. 노동조합조직률(%)은 오른쪽 눈금.
자료: Lindauer et al.(1997); 고용노동부, 홈페이지.

이 바뀌자 노사분규가 폭발하였다. [그림 11-4]에 따르면, 노사분규 건수는 1986년까지 연평균 176건에서 1987년에 3,617건으로 치솟았고 1988-1989년에도 그 절반 수준을 유지하였지만, 1990년 이후에는 크게 줄어 1986년 이전과 크게 다르지 않은 수준으로 떨어졌다. 파업으로 인한 근로손실 일수도 1980년 말에 급등한 후 잦아들었다. 여기서 근로손실 일수란 파업 기간 중 파업 참가자 수에 파업시간을 곱한 다음 8시간(1일 근로시간)으로 나누어 구한 것이다. 여기까지만 보면 1987-1989년은 예외적인 시기이고 그 후는 다시 과거로 돌아간 것처럼 보인다. 그런데 건당 근로손실 일수를 구해 보면 양상이 전혀 달라진다. 1986년 이전은 노사분규 건당 손실일수는 평균 191일에 불

과하였지만, 1989년에 3,930일로 치솟았고 1990-1991년에는 1만 4,000일에 달하였다. 그 이후에도 등락은 있지만 1986년 이전과 비교해서 확연히 높아진 것을 알 수 있다.

노동운동이 탄압을 받던 1986년 이전 시기는 소규모 사업체 중심으로 분규가 일어났고 잘 조직되지 못해 불법 파업으로 규정되기 쉬웠고 파업이 일어나도 조기에 종료되었다고 생각된다. 그에 비해 1987년 이후에는 대기업을 중심으로 노조에 의해 잘 조직된 파업이 몇 주 또는 몇 달을 지속한 경우가 늘어났다. 노사분규 건수가 줄었지만, 건당 근로손실 일수가 크게 늘어난 것은 그 때문으로 생각된다(Lindauer et al. 1997). 한편, 노동조합의 조직률을 보면 1970년대 후반 이후 하락하고 있었는데, 1987-1989년에 일시 반등을 보인 후 하락 추세가 이어져 10% 수준으로까지 떨어졌고, 최근에 와서 14%로 회복되었다. 대기업이나 공공 부문과는 달리 취업자의 대부분을 차지하는 중소기업에서는 노조 결성 비율이 낮았고, 그나마 하락하고 있었던 것으로 보인다.

노사분규가 폭발적으로 확대된 데에는 6.29선언으로 나타난 정치 정세의 변화가 결정적인 계기가 되었지만, 이 과정에서 종래의 억압적인 노동 통제 시스템이 더 이상 유효하지 않게 되었음을 보여 주었다고 생각한다. 권위주의 정부가 노동운동을 억압해 온 것은 결과적으로 사용자가 근로자에 대해 일방적으로 우위에 서는 노사 관계를 낳았다. 거기에 열악한 작업환경뿐만 아니라 관리자의 근로자에 대한 비인간적 대우 또는 화이트칼라와 블루칼라 간의 차별 등에 대한 불만이 누적되었다. 사내 문제로 국한되지 않았다. 1970년대 후반 이후 부동산 가격의 급등과 부의 불평등 확대는 근로자들의 상대적 박탈감을 키웠다. 노동운동의 고양은 권위주의적인 노사 관계에서 탈피해서 새로운 노사 관계의 구축을 모색하지 않을 수 없게 만들었다

(Vogel and Lindauer 1997).

한국의 노동 관련 지표를 보면 긍정적인 측면과 부정적인 측면이 섞여 있다. 먼저 후자의 열악한 작업환경의 실태를 살펴보자. 한국의 근로자들은 OECD 국가에서 가장 긴 시간을 노동한 것으로 나온다. 제5장의 [그림 5-3]에 따르면, 영국 · 프랑스 · 미국의 근로자들이 1980년에 연간 1,800-2,000시간 일할 때 한국은 3,000시간으로 1.5배 이상 더 노동한 것으로 나온다. 이들 선진국에서도 19세기 말에 장시간 노동을 하였다가 20세기 전반에 걸쳐 근로시간이 하락하였는데, 고도성장기 한국의 근로시간이 이들 국가의 19세기 말 수준이었음을 알 수 있다. 그 후 한국의 근로시간은 빠르게 감소하고 있지만, 여전히 선진국과의 격차가 벌어져 있다.

한국의 근로자들은 또한 선진국보다 매우 높은 산업재해에 노출되어 있었다. [그림 11-5]는 산업 재해자 수와 재해율의 추이를 보인 것이다. 재해자 수란 근로자가 업무와 관련하여 사망 또는 부상하거나 질병에 걸린 근로자 수를 말한다. 1982년 이후 감소 추이를 보이다가 2000년대에 증가로 돌아선 후 횡보하고 있다. 이에 대해 재해율(%)은 재해자 수를 근로자 수로 나누어 구한다. 그런데 분모인 근로자 수를 산업재해보상보험 가입 근로자로 한정해서 구한 것이 재해율1이다. 이에 따르면, 2003년에 0.9%였던 재해율이 2018년에 0.5%로 떨어졌다가 최근 0.6%로 높아졌다. 그런데 2000년 이전에는 분모에 해당하는 산업재해보상보험 가입 근로자 수 통계가 없어서 이를 전체 근로자 수로 대신한 재해율2를 제시하였다. 재해율2는 산업재해보상보험에 가입하지 않은 근로자들이 입은 재해가 포함되지 않아 재해율1보다 실제의 재해율을 과소평가한다. 앞 시기로 갈수록 산업재해 보험에 가입하지 않은 근로자가 많아지므로 그러한 편향이 커질 것으로 생각된다. 그리고 사

그림 11-5 산업 재해자 수와 재해율의 추이

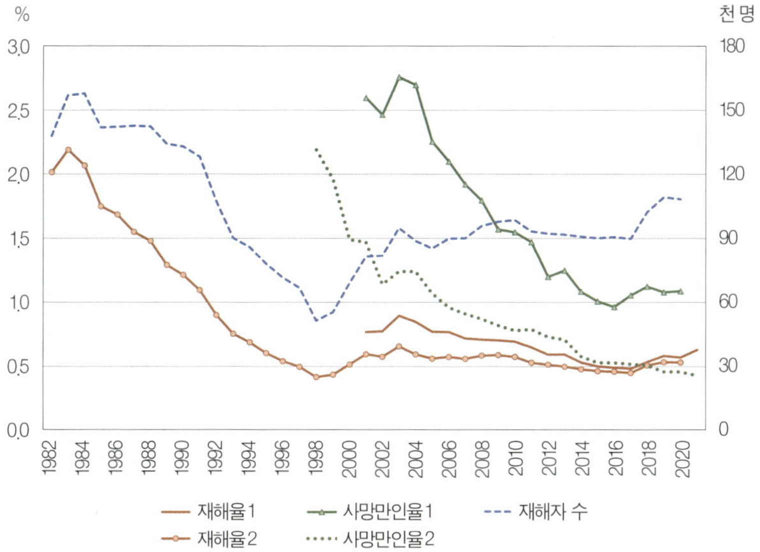

주: 1) 재해율(%)=(재해자 수/근로자 수)×100. 재해율1은 산업재해보상보험 가입 근로자, 재해율2는 전체 근로자 수 대비 재해자 수 비율을 말한다.
2) 사망만인율1=(사망자 수/근로자 수)×10,000. 사망만인율2는 사망 사고로 한정한 경우이다.
3) 재해자 수는 오른쪽 눈금. 나머지는 왼쪽 눈금.

자료: 고용노동부, 홈페이지; 통계청, KOSIS.

망만인율1이란 재해자 중에서 사망자 수가 근로자 만 명당 몇 명인지를 보여 주며, 사망만인율2란 분자인 사망자 수를 사고로 사망한 경우로 한정한 것이다.

한국은 근로자 1만 명당 사고로 인한 사망자 수(즉, 사망만인율2)가 1990년대 말에 2명에서 현재에는 0.43명으로 크게 줄었음을 알 수 있다. 이 수치를 다른 나라와 비교하면 2019년에 일본과 독일은 0.14명, 미국은 0.37명, 영국은 0.03명으로 나와 한국보다 훨씬 더 낮았다. 나라마다 통계의 산출방법이나 적용 범위 등에서 차이가 있음을 감안하더라도 한국은 선진국에 비해 여전히 사고로 인한 산업재해로 사망한 자들이 많았다. 1980-1990년대의 상황은 자료의 제약으로 재해율1의 수치밖에 알 수 없지만, 1980년대 초에는 매년 전체 근로자 수의 2%가 사고로 사망 또는 부상하거나 질병으로 인한 산업재해를 입은 것으로 나온다. 1980년대 초에 재해율 수준이 매우 높았다는 점과 함께 외환위기까지 그 감소가 매우 빨랐다는 점이 주목된다.

다른 한편, 한국의 임금과 고용 지표의 향상을 다른 나라와 비교하면 매우 양호한 것으로 나온다. [그림 11-6]은 선정된 중위소득 국가의 제조업을 대상으로 1965-1985년(단, 일본은 1950-1970년)의 20년간 실질임금과 고용의 연평균 증가율을 보인 것이다(Lindauer et al. 1997). 그에 따르면, 예컨대 그리스는 임금이 빠르게 증가한 대신에 고용 증가가 낮았고, 브라질은 반대의 경우임을 보여 준다. 이들에 대해 일본, 대만, 한국 등 동아시아 국가들은 임금과 고용 증가가 모두 빠른 것으로 나오며, 그중 한국은 양자가 모두 연평균 8%의 성장을 보여 가장 돋보였다. 즉, 한국의 고도 경제성장에서 근로자들이 소외된 것은 아니며 고용과 임금 증가의 혜택을 함께 누렸다고 할 수 있다.

이 문제를 좀 더 엄밀하게 따져 볼 필요가 있다. 근로자의 임금이 빠르게 상승하였다고 해도 그것이 노동생산성 증가에 미치지 못한다면 근로자들은 자신이 기여한 몫을 보상받지 못하였다고 할 수 있기 때문이다. 따라서 실질임금 증가를 노동생산성 증가와 비교할 필요가 있다. 그런데 고용노동부 등의 임금 조사가 종업원 1인 이상의 전체 사업체로 확대된 것은 근래의 일이고, 그 이전 시기로 가면 소규모 사업체가 조사 대상에서 빠지기 때문에 전체 근로자를 커버하지 못하는 한계가 있다. 여기에서는 국민계정의 제도 부문별 소득통계를 이용하여 임금과 노동생산성을 구해 비교하고자 한다.

그림 11-6 제조업의 실질임금과 고용 증가율, 1965-1985년

주: 각국의 실질임금 및 고용 증가율은 1965-1985년의 20년간의 연평균 증가율. 단, 일본은 1950-1970년간의 연평균 증가율.
자료: Lindauer et al.(1997).

근로자의 평균임금은 국민계정의 피용자 보수를 경제활동인구조사의 전체 근로자 수로 나누어 구할 수 있다. 이에 대해 근로자의 노동생산성을 구하는 방법은 노동소득과 자본소득이 혼합되어 있는 자영업자를 어떻게 처리할 것인가의 문제로 인해 다소 복잡하다.[2] 여기에서는 근로자를 고용한 부문에서 창출된 영업잉여와 피용자 보수의 합계(분자)를 전체 근로자 수(분모)

2 종래에 노동생산성을 GDP/취업자 수로 정의해서 임금(=피용자 보수/근로자 수)과 비교하는 경우가 많았다(박종규 2013; 김유선 2016). 그렇지만 이 정의의 분자인 GDP에는 고정자본 소모나 주택의 주거서비스와 같이 노동의 생산성과 무관한 부분이 포함되어 있다. 그리고 임금과 노동생산성의 분모도 한 쪽은 근로자 수이고 다른 쪽은 취업자 수로 달라 일관된 기준으로 비교되지 않았다. 근로자의 노동생산성을 구하고자 할 경우 자영업 부문에 고용된 근로자와 그들이 기여한 영업잉여도 고려할 필요가 있다. 구체적인 것은 김낙년(2023a)을 참조하기 바란다.

로 나누어 노동생산성을 구하였다. 이때 자영업자 중에서 고용원이 없는 자영자는 제외하고 고용원이 있는 고용주는 포함하였다. 즉, 고용주와 그 가족종사자도 영업잉여를 창출하는 데 노동을 투입하는 것으로 보아 그들도 분모인 전체 근로자 수에 포함하여 노동생산성을 구하였다. 이렇게 구한 평균임금과 노동생산성은 모두 명목금액인데 이를 GDP 디플레이터로 나누어 불변 가격을 구하였고,[3] 각 증가율을 3년 이동평균으로 제시하였다.

[그림 11-7]이 그 결과인데, 그림에 따르면 근로자 1인당 피용자 보수로 측정한 실질임금 증가율이 1977-1982년간은 노동생산성 증가율을 앞섰고, 1983-1986년간은 역전된 것으로 나온다. 그렇지만 1987년에서 외환위기에 이르는 시기에는 거꾸로 실질임금 증가가 노동생산성보다 크게 앞선 것으로 나왔다. 전국적인 노사분규의 폭발이 실질임금을 노동생산성보다 빠르게 끌어올린 요인이라고 생각한다. 외환위기 이후에는 다시 역전되어 실질임금 증가가 노동생산성 증가에 크게 미치지 못하는 상황이 2011년까지 지속되었고, 그 후에는 또다시 역전되는 양상을 보였다. 이처럼 실질임금과 노동생산성의 증가는 어느 한쪽이 다른 쪽을 앞선 시기가 번갈아 나타났으며, 자료가 이용 가능한 전체 시기(1975-2021년)의 연평균 증가율은 각각 3.8%와 3.7%로 나와 임금 쪽의 증가가 다소 높았지만, 양자가 거의 균형을 이루고 있었다고 할 수 있다.

---

3 근로자의 생활 수준 변화를 측정할 때에는 임금으로 구매할 수 있는 소비재나 서비스의 수량을 측정하는 것이므로 소비자물가지수(CPI)를 이용해서 실질임금을 구한다. 그렇지만 여기에서는 임금을 노동생산성과 비교하고 있으며, 임금은 이론적으로 근로자의 한계생산물가치로 결정된다고 볼 수 있다. 따라서 임금과 노동생산성의 증가율을 비교할 때에는 근로자가 소비하는 품목이 아니라 생산하는 품목으로 구한 물가지수로 실질화하는 것이 타당하다(Feldstein 2008). 여기서 임금과 노동생산성의 불변 가격을 모두 CPI가 아니라 GDP 디플레이터로 구한 것은 그 때문이다.

그림 11-7 노동생산성과 1인당 피용자 보수의 증가율

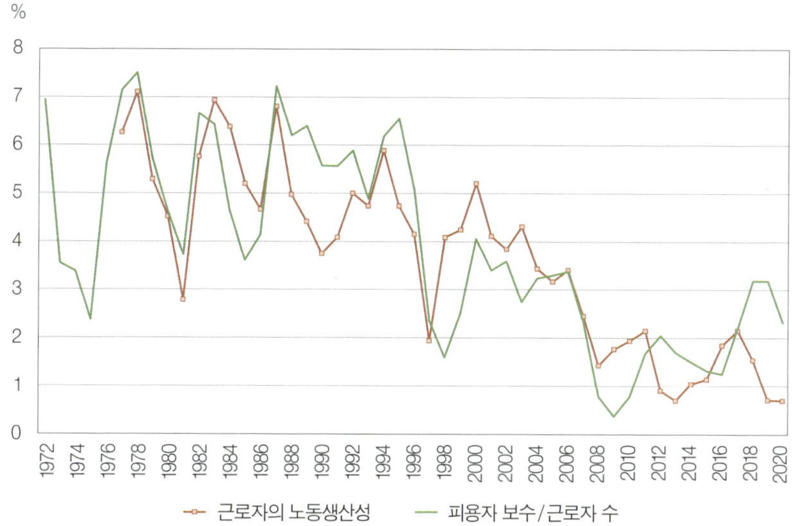

주: 1) 1인당 피용자 보수와 노동생산성은 GDP 디플레이터로 실질화한 것이다.
2) 노동생산성은 근로자를 고용한 부문의 (피용자 보수+영업잉여)를 근로자 수(단, 고용주와 가족종사자를 포함)로 나누어 구하였다.
3) 모두 3개년 이동평균.
자료: 한국은행, ECOS; 통계청, KOSIS.

이것은 전체 소득을 노동과 자본의 몫으로 나눌 때 노동(또는 자본)의 몫인 노동(또는 자본)소득분배율의 추이와 대응하고 있다. 노동소득분배율을 구할 때 노동소득과 자본소득이 혼합되어 있어 분리하기 어려운 자영업자 소득을 어떻게 처리하느냐에 따라 여러 가지 정의가 가능하다. [그림 11-8]에는 세 가지 추계 결과를 제시하였다. 이강국(2019)[4]은 외환위기 이후 노동소

4 주상영·전수민(2014, 2019)과 이병희(2015)도 그와 동일한 산식을 이용하였다.

그림 11-8 노동소득분배율의 추이

주: 노동소득분배율=노동소득/전체 소득. 다만, 각 연구가 실제 적용한 정의와 자료에 차이가 있다(본문 참조).
자료: 박정수(2020); 이강국(2019); 김낙년(2023).

득분배율이 빠르게 하락하였음을 강조하였지만, 그 산식의 문제[5]로 인해 하락 추세가 실제보다 과장되었음이 지적되고 있다(박정수 2020). 그런데 기존 연구에서는 국민계정에서 가계의 영업잉여를 자영업으로 간주하였지만, 거기에는 자영업의 일부인 준법인이 빠졌고 자영업과 관련이 없는 주거서비스가

5 이강국(2019)은 자영업을 빼고 법인만을 대상으로 한 노동소득분배율을 (피용자 보수+국외순수취 피용자 보수)/(국민소득−가계영업잉여)로 정의하였다. 그렇지만 이 정의는 박정수(2020)가 지적하였듯이 그가 의도하였던 법인 부문의 노동소득분배율이 아니다. 즉, 자영업에 고용된 근로자의 피용자 보수가 이 산식의 분모와 분자에 들어가 있지만, 그들이 창출하는데 기여한 영업잉여는 분모에서 빠져 있어 일관성을 갖지 못한다.

포함되는 문제를 안고 있다. 김낙년(2023a)은 이들을 바로잡은 결과를 보여 준다.

노동소득배율의 추이를 보면 추계 결과가 차이가 있지만, 대체로 민주화(1987년) 이후 뚜렷한 상승 추세를 보였으며, 외환위기 이후 빠르게 하락하였다가 2010년 이후 다시 상승으로 돌아선 것을 알 수 있다. 이것은 앞의 노동생산성과 실질임금 추이에서 보았던 것과 부합한다. 즉, 노동생산성보다 실질임금의 증가가 빨랐던 시기는 노동소득분배율이 상승하였고, 반대의 경우 하락하였음을 알 수 있다.

[그림 11-8]의 전체 시기를 대상으로 추세선을 구해 보면, 이강국(2019)은 통계적으로 유의한 마이너스(-) 기울기를 갖고, 박정수(2020)는 반대로 플러스(+) 기울기를 갖는 것으로 나왔다. 이에 대해 김낙년(2023)의 추세선 기울기는 통계적으로 유의하지 않게 나왔다. 즉, 노동소득분배율은 전체 시기의 평균이 73%로 나왔으며 이를 기준으로 이보다 높은 시기와 낮은 시기가 번갈아 나타나 전체적으로 균형을 이루었다고 할 수 있다.

3. 대도시 집중과 부동산

경제성장은 도시화를 수반하여 인구의 도시 집중을 낳았다. [그림 11-9]는 인구 센서스에 의거하여 농촌과 도시 인구의 장기 추이를 보여 준다. 여기서 농촌이란 군 지역을 말한다. 해방 전 인구는 남북한 합계이고 해방 후는 남한에 한정한 것이다. 1944-1949년에 농촌 인구가 크게 떨어진 것으로 나온 것은 그 때문이다. 농촌 인구는 1966년까지 늘어난 후 감소로 돌아섰다. 전

그림 11-9 도시 및 농촌 인구와 도시인구 비율

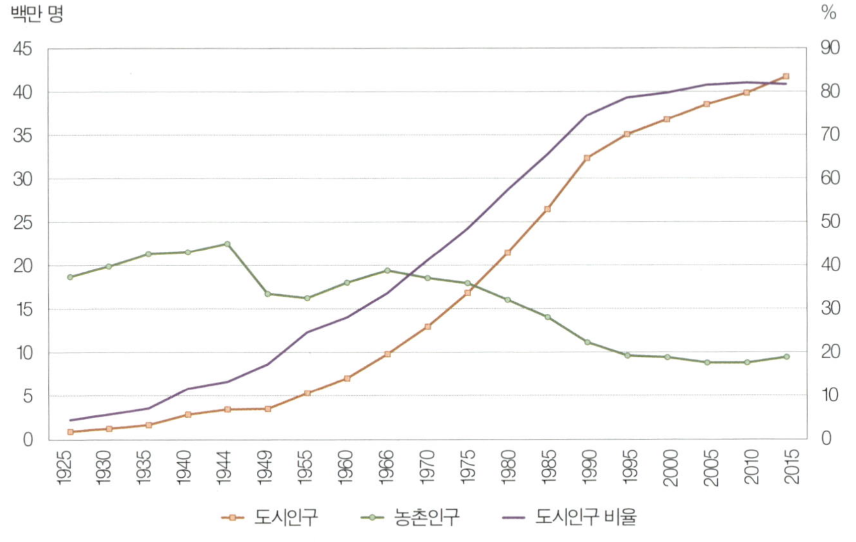

주: 1) 해방 전은 남북한 합계. 농촌이란 군 지역을 말한다.
2) 인구는 왼쪽 눈금. 도시인구 비율은 오른쪽 눈금.
자료: 『한국의 장기통계』(B. 인구); 통계청, KOSIS.

체 인구 중 도시에 거주하는 인구의 비율을 보면 1925년에 4%에서 현재 82%까지 높아졌다.

[그림 11-10]은 시도별 순 유입인구 수를 보여 준다. 시도별로 대체로 5년 간격으로 전입에서 전출인구를 뺀 순 유입인구 수가 얼마나 되는지를 보인 것이며, 마이너스(-)는 인구가 순 유출되었음을 뜻한다. 해방 전은 남한으로 한정한 것인데, 1935-1940년에 서울의 순 유입인구는 19만 명인 반면, 경상도를 비롯한 지방의 순 유출인구는 그보다 규모가 훨씬 컸다. 그것은 당시 공업화가 빠르게 진행되었던 북한 지역으로 인구가 이동하였기 때문이

그림 11-10 시도별 순 인구 유입

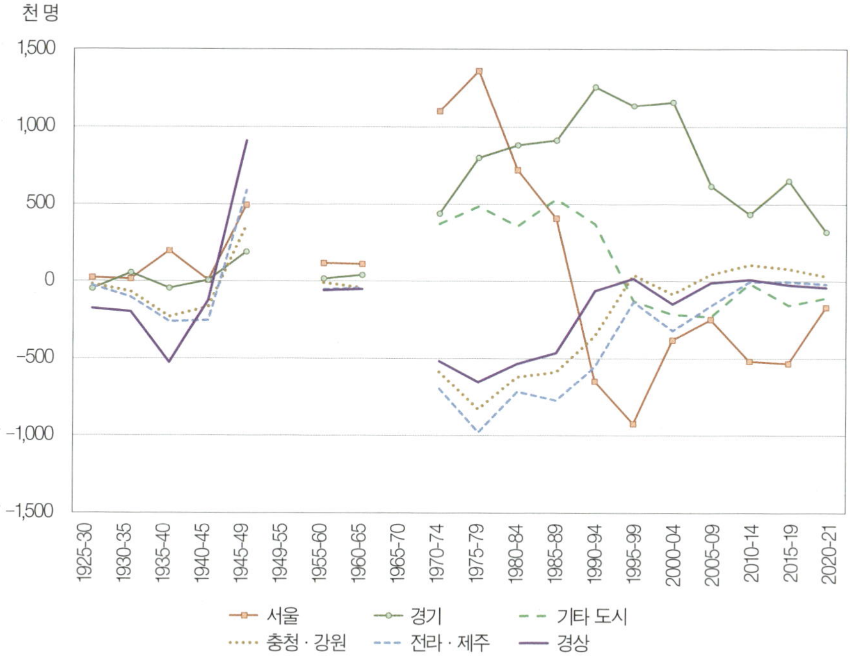

주: 시도별로 5년간 인구의 순 유입 또는 순 유출을 보여 준다.
자료: 『한국의 장기통계』(B. 인구); 통계청, KOSIS.

다. 1945-1949년에는 모든 시도가 순 유입으로 나왔는데, 거꾸로 월남하거나 해외로부터 귀국한 인구가 많았기 때문이다. 1949-1955년과 1965-1970년은 데이터가 없어 비워 두었지만, 그 사이의 1955-1965년간을 보면 서울에 인구의 순 유입이 나타났지만, 그 규모는 크지 않았다.

그러던 것이 1970년대에 들어와서는 서울과 기타 도시(직할시나 광역시), 그리고 경기도로 인구의 순 유입이 폭발적으로 늘어났다. 10년 동안에 서울에 246만 명, 경기도에 124만 명, 기타 도시에 85만 명이 늘어났고, 다른 도에서는 그 정도 규모의 인구가 빠져나갔다. 그 경향은 1980년대에도 그대로 이어졌다. 1990년대 이후에는 서울에서 그리고 5년 늦게 기타 도시에서 인구가 순 유출로 바뀌었고, 다른 도의 인구 유출이 잦아들었다. 이에 대해 경기도는 현재까지도 인구의 순 유입이 계속되고 있다. 즉, 인구가 도시로 이동하였을 뿐만 아니라 수도권에 집중되었음을 보여 준다. 1990년대 이후 서울의 인구가 순 유입에서 순 유출로 바뀌고 경기도로 인구 유입이 크게 늘어난 이유는, 후술하듯이 경기도에 신도시가 건설되면서 서울의 주거 수요를 대거 흡수하였기 때문이다.

인구가 도시와 수도권으로 집중하게 된 것은 경제성장 과정에서 산업이나 취업구조가 크게 바뀌었기 때문이다. [그림 11-11]은 농가인구와 비농업 취업자의 연평균 증가율을 3개년 이동평균으로 제시한 것이다. 비농업 취업자의 경우 해방 전은 유업자 통계에 의거한 것이므로 해방 후의 취업자와 개념상 차이가 있지만, 전체적인 추이를 보는 데 지장은 없다. 해방 전에는 농가인구의 증가율이 플러스(+)를 보여 계속 증가해 왔음을 알 수 있다. 비농업 유업자는 증가율이 높았지만, 당시 그 규모가 작아 그보다 훨씬 큰 규모의 농가인구를 줄이기에는 역부족이었다. 그러한 상황은 해방 후 1960년대까지 이어졌다. 농촌에 경지는 한정되어 있는데 인구가 계속 늘어나면 경지는 상대적으로 더 귀해지고 사람의 값이 더 떨어지게 된다. 조선 시대부터 식민지기까지 지주제가 강고히 유지된 것은 그 때문이다. 사람의 값이 싸다 보니 기계화와 같은 노동력의 투입을 줄이는 기술이 개발될 유인이 없으며, 전통 사회 이래의 저급한 농업기술에서 벗어나지 못하였다. 1960년대까지 한국의 농촌이 빠져 있는 이러한 빈곤의 함정은 한국에 특유한 것은 아니고, 다른 많은 개발도상국이 현재까지도 빠져 있는 함정이기도 하다.

그림 11-11 농가인구와 비농업 취업자의 연평균 증가율

주: 1) 해방 전은 남북한.
2) 해방 전은 유업자(가내공업 제외), 해방 후는 취업자.
3) 연평균 증가율은 3년 이동평균.
자료: 김낙년(2010a); 통계청, KOSIS.

그런데 1970년대 이후 고도성장기에는 이러한 상황이 크게 바뀐다. 농가인구가 급격히 줄어들기 시작하자 농촌에는 점차 일손이 부족해졌다. 임금이 올라가니 기계화가 진행되고, 그로 인해 노동생산성이 높아지니 농가소득도 높아지게 된 것이다. 그 추동력은 비농업 부문에서 왔다. [그림 11-11]에서 비농업 취업자의 증가율을 보면 경기에 따른 기복이 있고 추세적으로 하락하고 있었지만, 1965-1995년의 연평균 6%의 증가율이 30년간 계속되었다. 이처럼 빠른 고용 증가가 장기간 지속된 것은 다른 개발도상국에서는 찾아볼 수 없었던 것이다. 이를 통해 경제성장의 혜택이 농촌의 저변에까지 파급되었고,

그림 11-12 농가소득의 증가율과 농촌과 도시 가구의 소득 격차

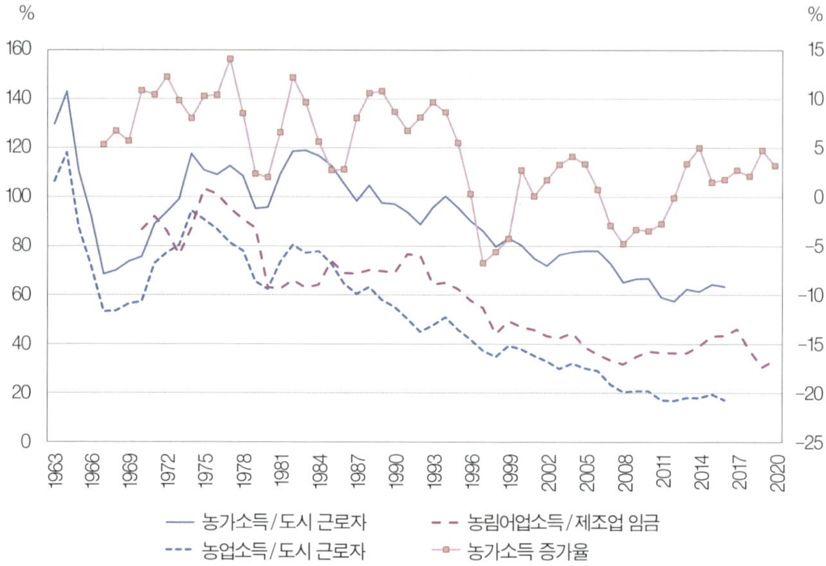

주: 1) 농가소득 증가율은 3년 이동평균이며 오른쪽 눈금. 나머지는 왼쪽 눈금.
2) 농가소득(농업소득)의 도시 근로자가구 소득 대비 비율.
자료: 통계청, KOSIS; 한국은행, ECOS.

농촌은 빈곤의 함정에서 벗어날 수 있었다.

[그림 11-12]는 농가소득의 연평균 증가율을 3년 이동평균으로 보였다. 농가소득은 1960년대 후반에서 외환위기까지 기복은 있지만 연평균 8%로 증가하였다. 그로 인해 농가소득의 도시 근로자가구 소득 대비 비율은 1970년대 중엽 이후 1980년대에 걸쳐 100%를 넘어 농가소득이 도시 근로자가구를 앞질렀다. 그렇지만 외환위기 이후에는 농가소득 증가율이 마이너스(-)와 플러스(+)를 오가며 정체되었고, 농가소득은 근래에는 도시 근로자가구 소득의 60% 수준으로까지 떨어졌다. 도시와 농촌 간의 소득 격차가 1990년

대 중엽 이후 크게 벌어진 것이다.

그런데 농가소득에는 농업소득 이외에 농외소득이나 이전소득이 포함되어 있는데, 이 중 농업소득을 도시 근로자가구 소득 대비로 보면 격차가 더 벌어진다. 이들은 농가나 도시 가구를 대상으로 한 가계조사로 구한 것인데, [그림 11-12]에는 국민계정을 이용하여 농림어업 종사자와 제조업 근로자의 1인당 소득을 비교해 본 결과도 제시하였다. 즉, 농림어업의 영업잉여를 해당 취업자 수로 나눈 것을 농림어업 종사자의 1인당 소득으로 보고, 그것을 제조업의 근로자 1인당 피용자 보수와 비교해 본 것(그림의 '농림어업소득/제조업 임금')이다. 표본조사와는 달리 전체를 포괄하는 지표라고 할 수 있다. 그림에 따르면 1970년대 중엽에는 양자가 근접하였지만, 그 후 계속 하락하여 40% 수준으로 떨어졌다. 이것은 농림어업의 생산성이 제조업을 따라가지 못하였음을 보여 준다. 그 결과 농가는 농업소득에만 의존할 수는 없고 가구원이 비농업 부문에 취업해서 농외소득을 얻는 겸업농가가 늘어났다. 그렇지만 농외소득을 늘려도 외환위기 이후에 도시와의 격차가 확대되는 것을 막지 못하였다.

다른 한편 대도시에는 인구가 집중되었지만, 그들을 수용할 수 있는 도시 인프라가 구축되지 못하였다. 그로 인해 도시 주변이나 높은 지대에는 이농한 자들의 무허가 주택인 판자촌이 대규모로 형성되었다. 이농의 형태를 보면, 농가에서 젊은이가 단신으로 도시에 나와 학교에 다니고 일자리를 잡아 정착한 경우가 많았지만, 일가족이 한꺼번에 도시로 나오기도 하였다. 그 경우 농사 이외에 다른 기술이 없는 사람들이 도시에서 일자리를 찾기는 쉽지 않았고 정착 과정이 순조롭지 못하였다.

이를 상징적으로 보여 주는 사례로서 1971년에 일어난 광주대단지 사건을 들 수 있다. 서울시는 무허가 판자촌의 정리사업으로 경기도 광주군에 광주대단지(현재의 성남시)를 조성하여 철거민을 집단 이주시키고자 하였다. 이주민에게 택지를 분양해서 정착을 유도하고자 하였지만, 토지 투기 붐이 불면서 분양 가격이 대폭 인상되었다. 그렇지만 생업 대책이 마련되지 않은 채 이주한 철거민들은 대부분 실업 상태에 있었으므로 이를 감당하기 어려웠다. 서울시의 무성의한 대응에 분노한 철거민들은 관용차와 경찰차를 불태우고 대규모 시위로 확대되었다. 결국 철거민들의 요구가 수용되었고, 긴급 구호 양곡의 지급과 취로사업의 실시, 교통 대책과 상수도 가설, 시장의 개설과 학교의 건립 등 도시의 기본 인프라가 정비되는 계기가 되었다. 이는 급격히 이루어진 도시화 과정의 이면에 소외된 빈민층의 불만이 누적되기도 하였음을 보여 준다.

대도시 인구집중은 주택과 부동산 가격의 급등을 가져오기도 하였다. [그림 11-13]은 주택과 토지 가격의 전년 대비 상승률 추이를 보인 것이다. 여기에서 KB국민은행이 전국의 주택 가격을 표본 조사한 결과를 전국 주택(KB)으로 보였다. 이에 대해 한국은행의 국민대차대조표에는 주택의 가격을 주거용 건물과 주거용 부속토지로 나누어 파악하고 있는데, 그 결과도 제시하였다. 다만 이들의 계열이 길지 않아 1960년대까지 추계된 전국의 토지 가격(조태형 외 2015) 중에서 주택과 관련된 대지 가격의 상승률을 보였다. 이들과 비교할 수 있도록 소비자물가(CPI) 상승률도 참고로 제시하였다.

먼저 대지 가격의 전년 대비 상승률을 보면 특히 1980년대까지 변동 폭이 매우 컸음을 알 수 있다. 1960년대 후반, 1970년대 후반(1978년에 85%), 1980년대 후반에 거의 10년 간격으로 지가의 폭등이 나타났다. 소비자물가지수와 비교해 보면 지가의 상승이 얼마나 컸는지 알 수 있다. 1990년대 초와 외

그림 11-13 주택과 토지 가격의 전년 대비 상승률

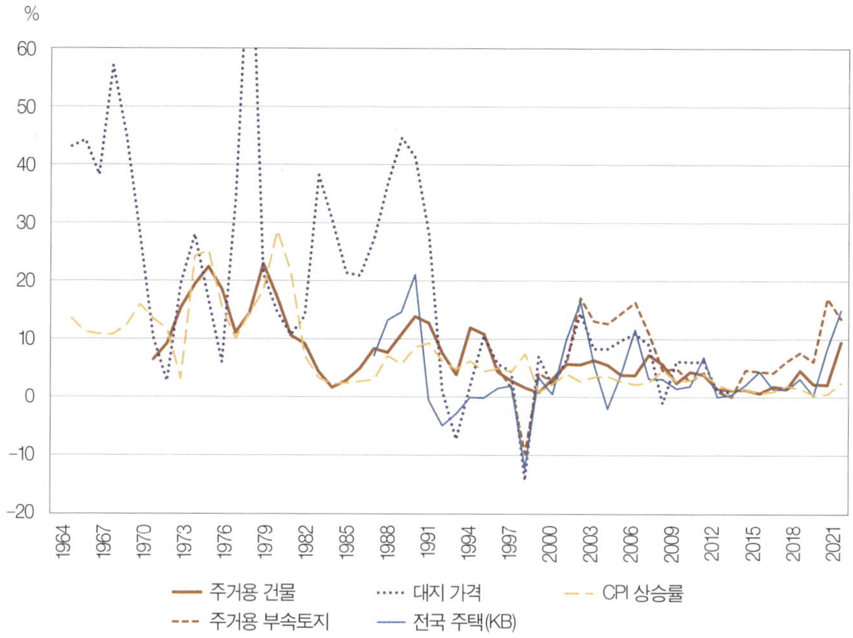

자료: 한국은행, 「국민대차대조표」, ECOS; 조태형 외(2015); KB국민은행; 통계청, KOSIS.

환위기 때에는 지가와 주택 가격이 급락하였지만 얼마 지나지 않아 반등하였다. 코로나 감염병 사태로 경기 하강을 막기 위해 각국이 앞다투어 금융을 완화하고 재정 지출을 늘린 결과 주택 가격이 다시 급등하였다. 그림에는 나타나지 않지만, 최근에는 미국을 비롯하여 많은 나라가 인플레이션을 잡기 위해 금리를 빠르게 인상하는 바람에 주택 가격이 급락으로 돌아섰다.

1960년대 후반 지가의 폭등은 부동산 투기 억제에 관한 특별조치세법(1968년)을 낳아 양도차액의 50%를 과세하였다. 1970년대 후반에는 경제성

장률도 높았고, 해외 건설 수출의 호조로 달러의 국내 유입이 급증하는 상황에서 부동산 가격이 다시 급등하였다. 이에 대해서도 투기 억제와 지가 안정을 위한 종합 대책이 나와 투기를 부추긴 아파트 전매를 막기 위해 2년 내 단기 매도 시에는 70%, 미등기 매도 시에는 100%의 양도소득세를 부과하는 방식으로 대응하였다. 1980년대 후반의 3저 호황기에는 물가가 안정되어 있음에도 불구하고 부동산 가격의 급등이 보다 장기에 걸쳐 나타났다. 부동산 등의 자산 가격 상승이 소득 증가보다 빨라 부의 불평등이 확대되었다. 이것은 자산이 없는 서민들의 상대적 박탈감을 심화시켜 정치적인 문제로 부상하였다.

노태우 정부는 근본적 해결책을 모색하여 주택 공급을 획기적으로 확대하는 방안을 내놓았다. 경기도에 신도시(분당, 일산, 평촌, 산본, 중동) 건설을 포함하여 전국에 200만 호의 주택을 공급하기로 한 것이다. [그림 11-14]에는 주택건설의 실적을 보였는데, 1987년까지 매년 23만 호의 주택이 공급되던 것이 그 후 10년 동안 매년 58만 호로 2.5배 늘어났다. [그림 11-13]에서 볼 수 있듯이 신도시의 주택건설이 완공되고 입주가 본격적으로 시작된 1991년 이후에는 부동산 가격이 급락하였다. 그 후에는 부동산 가격은 1980년대 이전에 비해 상대적으로 안정되어 있었다고 할 수 있지만, 주기적인 등락이 반복되는 양상을 보였다.

이와 관련하여 [그림 11-14]에서는 주택건설 실적을 공공과 민간으로 나누어 보았는데, 민간 부문의 비중이 더 컸고 시기에 따른 등락이 심한 것을 알 수 있다. 예컨대, 외환위기로 부동산 가격이 급락하면서 주택건설도 크게 위축되자 경기를 활성화하기 위해 건설경기를 부양하고 부동산 규제를 완화하는 정책으로 전환하였다. 그 후 2002년에 다시 부동산 가격이 급등하자

그림 11-14 주택건설 실적과 재고 주택 중 아파트 비중

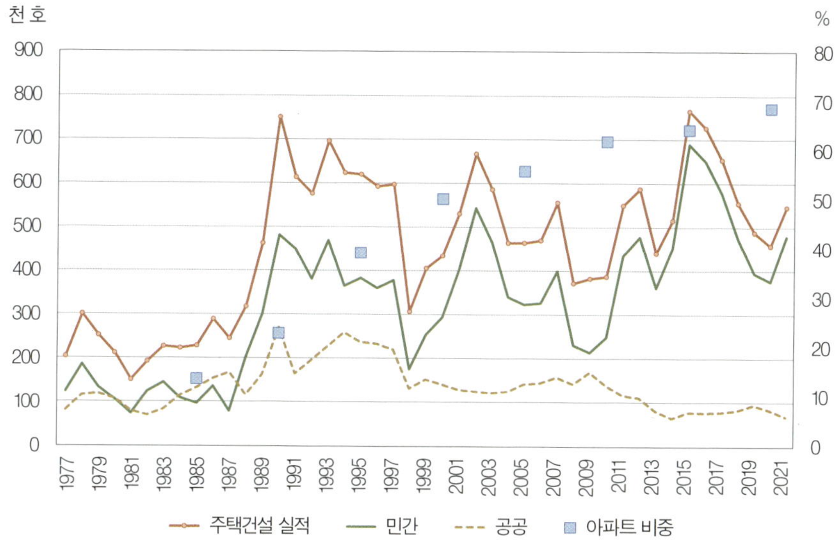

주: 주택건설 실적의 단위는 천 호. 재고 주택 중 아파트 비중은 오른쪽 눈금.
자료: 국토교통부, 「주택건설인허가 실적」(홈페이지).

이를 규제하기 위한 정책으로 전환하였다. 즉, 시기에 따라 경기를 부양하는 정책과 부동산 투기를 억제하는 정책이 번갈아 바뀌면서 민간주택 건설의 변동 폭이 크게 나타난 것이다. 주택 공급과 부동산 가격의 안정을 위해서는 일관된 정책이 요구됨을 알 수 있다.

주택건설이 늘면서 주택보급률이 높아졌다. 전국의 주택보급률은 2020년에 104%이고 수도권으로 한정하면 98%에 달하였다. 1,000명당 주택 수는 1995년에 215개였던 것이 2020년에는 418개(수도권으로 한정하면 191개에서 385개)로 늘어났다. 이를 주택당 인구수로 바꾸면 1995년에는 주택당 4.7인이었던 것이 2.4인으로 반감하였다. 즉, 인구 증가에 비해 주택 증가가 훨씬 빨

랐지만, 1인 가구의 증가를 포함하여 가구원 수가 빠르게 줄고 있어 주택에 대한 수요가 계속 늘어났음을 알 수 있다.

마지막으로 우리나라 주택이 아파트 중심으로 이루어진 것의 의의를 간단히 언급하고자 한다. [그림 11-14]에서 재고 주택 중 아파트의 비중을 제시하였는데, 1985년에 13%였던 것이 2020년에는 69%로 급증하였음을 알 수 있다. 신규 주택건설이 대부분 아파트로 구성되었으므로 전체 주택의 구성을 짧은 기간에 이렇게 획기적으로 바꾸어 놓은 것이다. 아파트가 고층화되면서 주택당 토지 면적이 미미해졌고, 토지가 부족한 수도권에 대규모로 인구 밀집을 가능하게 하였다. 인구가 수도권에 몰리는 것은 거기에 활용 가능한 인프라와 경제적·문화적 자원이 상대적으로 풍부하기 때문이다. 만약 단독주택 중심이었다면 인구 밀집은 물리적으로 불가능하였고 수도권의 양상은 지금과는 전혀 다르게 전개되었을 것이다. 그리고 중산층의 자산이 주로 주택으로 이루어졌음을 생각하면, 아파트는 토지의 효율적인 활용을 통해 중산층의 자산 형성에 핵심적인 역할을 하였다고 할 수 있다.

4. 기업집단의 형성과 규제

한국경제의 성장을 현장에서 이끌어 온 주체는 기업이라 할 수 있으며, 그중에서도 재벌이라 불리는 대규모 기업집단이 이를 대표한다고 할 수 있다. 다만 그에 대한 평가는 극단적으로 갈려 있다. 한편에서는 수출을 주도하고 중화학공업이나 첨단산업에 진출하여 한국경제의 위상을 높였다는 긍정적인 평가가 있는가 하면, 다른 한편에서는 정경유착이나 재벌 가족에 의

한 폐쇄적인 소유 또는 경영체제를 벗어나지 못하였고, 그러한 문제가 한국 경제를 외환위기에 빠지게 하였던 주된 요인이라는 부정적인 평가도 이루어지고 있다. 그로 인해 1987년에 개정된 공정거래법에서는 대규모 기업집단으로 경제력이 집중되는 것을 억제하기 위한 규제가 이루어지고 있다. 여기에서는 대규모 기업집단이 어떻게 형성되었고, 어떤 문제를 안고 있는지 간단히 살펴보고자 한다.

먼저 대규모 기업집단의 경제력 집중이 어느 정도인지를 몇 가지 지표를 이용하여 언급해 두고자 한다. 기업집단이란 동일인(보통 재벌 총수)이 사실상 사업 내용을 지배하는 회사의 집단을 말한다. 여기서 사업을 지배한다는 것은 동일인이 그 관련자와 합쳐서 당해 회사 발행주식의 30% 이상을 소유하거나 그 회사의 대표 또는 임원을 선임하는 등의 영향력을 행사하고 있는 것을 말한다. 그리고 기업집단 내 계열회사의 자산 총액이 일정 기준을 넘는 경우 대규모 기업집단으로 지정하게 된다. 공정거래법이 1987년에 개정되면서 경제력 집중을 억제하기 위한 조항이 신설되었는데, 그때 이렇게 정의된 대규모 기업집단에 대해서는 상호출자나 출자 총액 또는 다른 계열회사에 대한 채무보증을 제한하고 있다.

[그림 11-15]는 기업집단 수와 그 산하의 계열회사 수를 보여 준다. 1970년대에는 20대 기업집단, 1987-1998년은 30대 기업집단의 계열회사 수를 예시하였지만, 2002년 이후에는 기업집단 수 자체가 변동하고 있다. 그림에서 2002-2016년은 상호출자 제한을 받는 기업집단 수를 보였는데, 2002-2008년은 계열회사의 자산 총액이 2조 원 이상이고 2009-2016년은 5조 원 이상인 기업집단을 말한다. 2017년 이후는 자산 총액이 5조 원 이상인 공시 대상 기업집단을 말한다. 그림에서 2008-2009년과 2016-2017년에는 정의가 바뀜에

그림 11-15 기업집단의 계열회사 수와 자산 총액

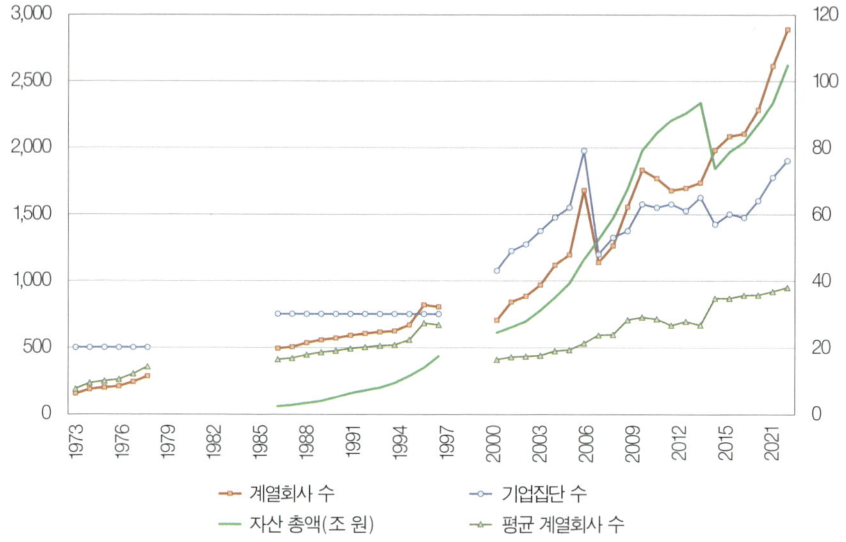

주: 기업집단 수와 평균 계열회사 수는 오른쪽 눈금. 계열회사 수와 자산 총액은 왼쪽 눈금.
자료: 1978년까지는 사공일(1980); 1987-1998년은 Yoo(1999); 2002년 이후는 공정거래위원회 홈페이지.

따른 계열의 단절이 나타났다. 이러한 자료상의 단절에 유의하면서 기업집단별 평균 계열회사 수를 보면 각 시기에 증가하는 추세를 보였다. 다만 외환위기 직전에 계열회사 수가 빠르게 늘어났다가 데이터의 공백 이후 2002년에는 크게 떨어진 것으로 나왔는데, 그것은 외환위기 때 일부 기업집단이 퇴출되었고 살아남은 기업집단도 강도 높은 구조조정이 이루어졌기 때문이다. 그 후에도 현재까지 기업집단과 계열회사 수가 늘고 있고, 기업집단 평균 계열회사 수도 증가 추세를 보였다.

그러면 이러한 기업집단이 국민경제에서 차지하는 비중이 얼마나 될까?

그림 11-16 GDP와 광공업 부문에서 기업집단의 비중

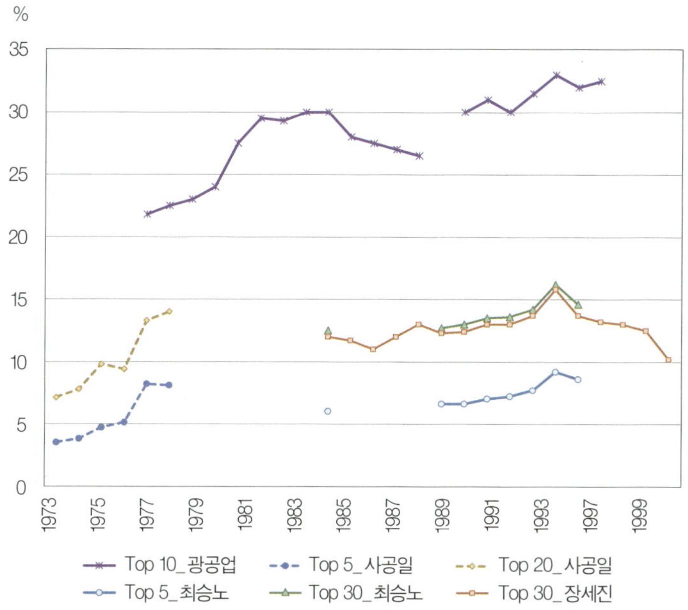

주: Top에 붙은 수치는 상위 기업집단 수를 말한다.
자료: 사공일(1980); Yoo(1999); 장세진(2003); 광공업은 이재형 외(1999).

[그림 11-16]에는 기업집단이 생산한 부가가치가 GDP 또는 광공업 부문에서 어느 정도의 비중을 차지하는지를 보인 것이다. 1970년대에는 사공일(1980)이 추정한 결과인데, 상위 5대 및 20대 기업집단의 비중이 빠르게 늘어난 것으로 나온다. 이에 대해 1985년 이후의 상위 5대 및 30대 기업집단의 비중은 최승노(1997)와 장세진(2003)이 추정한 것이다. 각 연구에서 이용된 자료와 방법이 달라 1970년대와 1980년대 이후를 일관되게 비교하기 어려운 점이 있다. 이에 대해 광공업에 한정해서 본 30대 기업집단의 부가가치 비중(이재형 외 1999)은 1970년대 말 이후 일관된 추이를 보여 준다. 그림에 따르면, 광공업

부가가치에서 기업집단이 차지하는 비중은 GDP 대비 비중보다 훨씬 더 높게 나왔는데, 그것은 기업집단의 주력 사업이 제조업에 있기 때문이다.

이상을 종합해 보면, 1970년대에서 1980년대 초는 기업집단의 비중이 빠르게 높아진 시기라고 생각된다. 정부 주도로 중화학공업화가 강력히 추진되었고, 거기에 상위 기업집단이 적극적으로 진출하였기 때문이다. 그리고 광공업에서의 추이에 비추어 보면, 1980년대 초에 중화학공업의 구조조정 과정에서도 기업집단의 비중은 계속 높아진 것으로 나온다. 그런데 1980년대 후반에는 추계 결과가 다소 엇갈리고 있어 명확하지는 않지만, 기업집단의 비중 확대가 주춤하였던 것으로 보인다. 그에 대해 1990년대 전반에는 모든 추계 결과가 그 비중이 상승하였음을 보여 준다. 1970년대와 같은 정도는 아니지만, 이 시기에도 대규모 기업집단이 빠르게 확장되었음을 알 수 있다. 외환위기 이후에는 기업집단의 강도 높은 구조조정의 결과 비중이 감소한 것으로 생각된다. 2000년대 이후에는 이러한 추계가 없지만, [그림 11-15]에서 본 바와 같이 일정 요건을 만족하는 기업집단 수도 빠르게 늘어났고, 그 산하의 평균 계열회사 수도 증가하고 있었다. 이를 고려하면 공정거래법의 경제력 억제 조항에도 불구하고 대규모 기업집단의 국민경제에서 차지하는 비중은 외환위기 때를 제외하면 꾸준히 높아졌을 가능성이 크다고 생각된다.

그런데 한국에서 대규모 기업집단이 형성되고 그들의 국민경제에서 차지하는 비중이 높아진 것은 어떻게 가능하였을까? 이에 관해서는 독립된 기업보다는 기업집단의 형성을 유리하게 만드는 환경이 있었다는 점을 생각해 볼 수 있다. 먼저 한국의 금융시장은 정부의 통제하에 있었고 불완전하였으므로 자금이 필요하다고 해서 시장에서 쉽게 조달하기는 어려웠다. 이러한 상황에서 자금을 원활하게 조달할 수 있는가가 기업경영의 관건이라 할 수 있

그림 11-17 기업집단의 총수 일가 및 계열 회사의 지분율

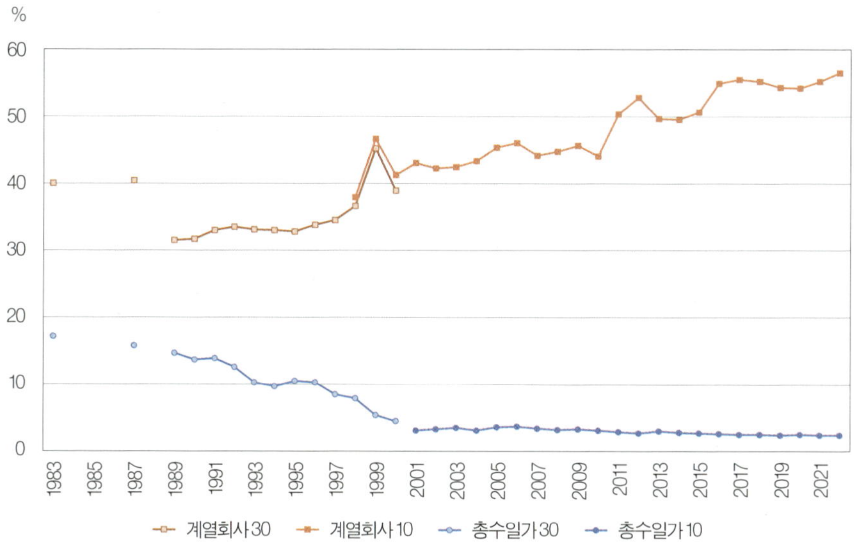

주: 범례에 붙은 수치는 10대 또는 30대 기업집단 수를 말한다.
자료: 30대 기업집단은 Yoo(1999); 10대 기업집단은 공정거래위원회(2017, 2022).

다. 이때 기업집단은 전체 계열회사를 통제할 수 있으므로 내부의 자본시장을 형성하는 방식으로 대응할 수 있다. 예컨대, 신규 사업에 진출하기 위한 자금이 필요한 경우 자금의 여유가 있는 계열회사가 당해 회사에 자금을 융통해 주거나 출자를 할 수도 있다. 또는 당해 회사에 대해 채무보증을 해 주어 은행으로부터 대출을 받을 수 있게 할 수도 있다. 이러한 내부 자본시장은 기업집단이 다각화를 추구할 때 유리하게 작용하였다고 할 수 있다.

[그림 11-17]은 총수가 있는 10대 또는 30대 기업집단의 내부지분율 추이를 보여 준다. 총수 일가가 소유한 주식이 1983년에 전체 계열회사 주식의 17%였던 것이 급속히 떨어져 2000년대 이후 2-3%의 수준으로 미미해졌다.

이에 대해 계열회사가 보유하고 있는 다른 계열회사 주식의 지분율은 1983년에 40%에서 최근에는 57%까지 높아졌다. 즉, 기업집단의 다각화가 이루어지는 과정에서 계열회사에 대한 출자가 중요한 역할을 하였음을 알 수 있다. 그리고 재벌 총수는 지분율이 하락하였음에도 불구하고 계열회사의 높은 지분율을 이용하여 전체 기업집단에 대한 지배력을 유지할 수 있었다. 그런데 공정거래법은 1987년의 개정에서 대규모 기업집단의 계열회사 출자 총액을 순 자산의 40% 이내로 제한하였지만, 외환위기로 인해 이 제도가 폐지(1998년)된 후 부활(2000년)하였다가 다시 폐지(2009년)되었다. 이렇게 오락가락한 것은 재벌 총수의 계열기업 지배 억제와 기업의 자유로운 투자 촉진이라는 두 목표가 충돌하였기 때문이다. [그림 11-17]에서 계열회사 지분율이 이러한 제도 변화에 따라 등락한 것을 볼 수 있다.

한편, 기업집단은 계열회사 간 상호 채무보증을 통해 은행으로부터 자금을 조달하였다. 그런데 채무보증은 계열회사가 부실해지면 빚보증을 해 준 다른 계열회사가 연쇄 도산할 우려가 있다는 점에서 1993년의 공정거래법 개정에서 자기자본의 200%를 넘지 못하게 제한을 두었다. 1997년에는 이를 다시 100% 이내로 제한하였고, 2001년에는 이를 금지하였다. 외환위기 직전에 30대 기업집단의 평균 채무보증은 174%(장세진 2003)로 나왔는데, 기업집단은 그만큼 은행으로부터 더 많은 대출을 받았음을 뜻한다.

물론 기업집단의 다각화는 내부 자본시장에만 의존하였던 것은 아니고, 외부 자본시장에 더 크게 의존하였다. [그림 11-18]은 한국은행의 『기업경영분석』을 이용하여 전체 제조업 기업의 자기자본 대비 부채의 비율을 보인 것이다. 1970년대부터 외환위기 때까지 부채 비율이 300-400%로 나와 그 이전 또는 이후 시기와 비교하여 매우 높았음을 알 수 있다. 경제위기에 빠졌던 1972

그림 11-18 부채 비율과 차입금 의존도

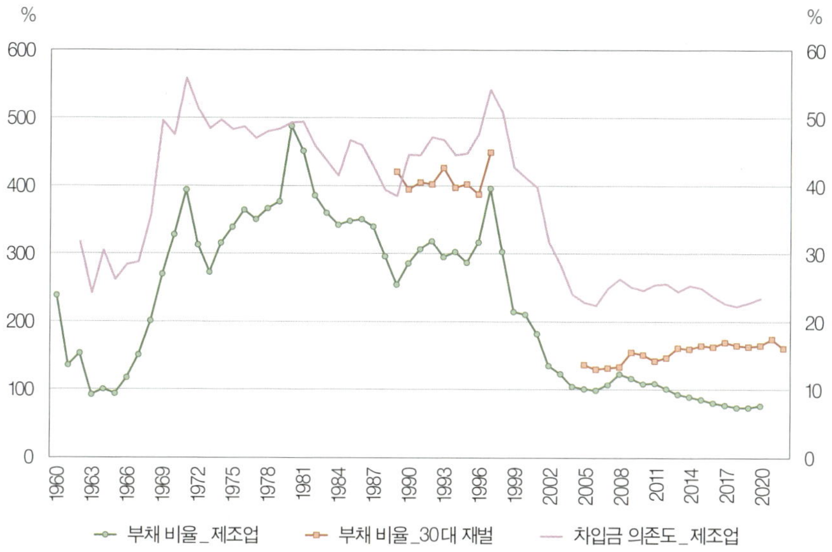

주: 1) 부채 비율=(부채/자기자본)×100, 차입금 의존도=[(차입금+회사채)/총자본]×100.
2) 차입금 의존도_제조업은 오른쪽 눈금, 나머지는 왼쪽 눈금.
자료: 한국은행, 「기업경영분석」, ECOS; 공정거래위원회, 홈페이지; 이재형(1997).

년, 1980년, 1997년에 특히 더 높았다. 총자본 중에서 회사채를 포함한 차입금 의존도도 마찬가지로 역U자형의 양상을 보였다. 즉, 이 시기 기업집단을 포함한 제조업 기업의 자금 조달이 주식보다는 차입금 중심으로 이루어졌다. 주식시장이 아직 충분히 발달하지 못한 점도 있지만, 주식의 발행은 차입금과 달리 소유 구조의 변동을 가져올 수 있으므로 재벌 총수의 입장에서는 이를 피하고자 하였기 때문이다.

30대 기업집단의 부채 비율을 보면 1990년대에 400%를 넘어 제조업 평균보다 더 높았다. 1970년대에는 이러한 데이터가 없지만, 기업집단의 부채 비율이 평균보다 더욱 높았을 것으로 생각한다. 정부 주도로 추진된 중화학공업화에 정책금융이 집중되었고, 재벌도 이러한 정책에 부응하여 기업집단을 확장하는 기회로 삼았기 때문이다. 정부도 실패 위험을 줄이기 위해 과거 실적으로 검증된 기업이 신산업에 진출하기를 원하였다. 이것은 기존 기업집단의 산업 기반이 중화학공업 중심으로 재편되는 계기가 되었다. 다시 말하면, 재벌은 초기의 사업 분야에 머물지 않고 성장 잠재력이 높은 쪽으로 나아갔고, 이러한 주력 사업의 교체를 통해 더욱 확장할 수 있었다고 생각된다.

이와 같이 재벌은 비관련 분야로 다각화하면서 성장하였지만, 그와 함께 일부 산업에서는 수직적 계열화 양상을 보였다. 자동차 · 전자 · 화학 공업과 같이 많은 부품이 필요하거나 복잡한 생산 단계를 갖는 산업에서 특히 그러하다. 예컨대, 현대자동차가 완성차 생산에 뛰어들었을 때에는 한국에 자동차의 전방 또는 후방 연관 산업이 제대로 갖추어지지 못하였다. 즉, 자동차의 중간재 시장이 불완전하였던 것이다. 믿을 수 있는 부품을 안정적으로 확보하지 못하면 자동차산업을 성공시키기 어려웠다. 이를 수입에 의존할 경우는 자동차 생산으로 큰 부가가치를 기대할 수 없었으므로 정부도 부품의 국산화를 적극적으로 지원하였다. 따라서 자동차산업의 성장은 관련 분야를 계열화하는 방식으로 전개되었다. 현대자동차 그룹은 현재 차량용 철강(현대제철)에서부터 부품(현대모비스, 현대위아 등), 완성차(현대자동차, 기아자동차), 물류(현대글로비스), 자동차 금융(현대카드)에 이르는 수직적 계열화가 이루어졌다.

수직 계열화된 기업들은 그들 간 내부 거래의 비중이 높다. 예컨대, 삼성전자는 삼성SDI, 삼성코닝, 삼성전기 등과 수직적인 거래 관계를 맺고 있다. TV 브라운관 제조업체인 삼성SDI는 제품의 52%를 삼성전자에 납품하고 있었으며, 브라운관용 유리를 생산하는 삼성코닝은 매출의 61%가 삼성SDI와의 거래에서 발생하였다. 전기부품 생산업체인 삼성전기도 제품의 69%를 삼성전자에 공급하고 있다(장세진 2003).

이러한 수직 계열화는 중간재를 시장에서 구매하는 경우와 비교하여 장점이 많다. 통상적인 시장 거래에서는 제품에 대한 정보를 탐색하거나 협상하고 분쟁이 생길 경우에 대비하는 등 상당한 거래비용이 생기기 마련인데, 수직 계열화에서는 그러한 비용이 거의 들지 않는다. 그리고 계열화된 기업 간에는 마케팅 비용을 쓸 필요도 없고, 긴밀한 정보교류를 통해 기술개발을 촉진할 수도 있다. 다시 말하면, 수직 계열화된 기업이 마치 하나의 기업으로 묶여 있는 것과 같은 효과를 기대할 수 있다. 다른 한편, 바로 이러한 특성이 단점이 되기도 한다. 예컨대, 그만큼 시장경쟁의 압력을 덜 받기 때문에 독립된 기업보다 혁신의 인센티브가 작동하기 어려울 수 있다. 만약 어느 계열회사가 부실화될 경우에는 계열화된 회사 전체의 효율을 떨어뜨리는 위험에 빠질 수도 있다. 시장 거래에서는 다른 기업으로 거래처를 바꾸면 되지만, 계열로 묶이게 되면 그러한 유연성이 제약을 받기 때문이다.

한국에서 대규모 기업집단의 성장이 빨랐고 한국경제 성장을 주도하였던 것은 이상에서 본 바와 같이 그럴 만한 이유가 있었다. 그런데 대규모 기업집단에서 가장 큰 문제로 지적될 수 있는 것은 재벌 총수의 주식 소유 지분이 미미함에도 불구하고 계열회사 전체에 대해 통제권을 행사하고 있다는 것이다. 이것은 대리인 문제(agency problem)를 일으키는데, 재벌 총수가 자신의 이익을 위해 계열회사의 소액 주주 이익을 희생하는 경우가 생긴다. 이 문제는 주로 경영권 세습과 관련하여 일어나는 경우가 많다. 한국의 상속세 최고세율이 50%(경영권이 있는 최대주주의 상속인 경우는 60%)로 높아 상속세를 내고 나면 후계자가 경영권을 유지하기 어려운 경우가 많기 때문이다. 그에 대비해서 후계자의 주식 소유 지분이 많은 비상장회사를 만든 다음, 계열회사와의 내부 거래 등을 통해 빠르게 성장시키고, 그 회사를 통해 다른 계열회사에 대한 지분을 늘리는 방법이 곧잘 동원되었다.

예컨대, 계열회사 간 내부 거래에 관한 공정거래위원회의 조사에 따르면, 거래 가격을 통상의 시장 가격보다 높이거나 낮추어 계열회사 사이에 수익과 손실을 인위적으로 조정하고 있었음이 드러났다. 거기에는 부실화된 계열기업을 구제하기 위한 경우도 있었지만, 산업연관의 하류에 있는 조립 기업들이 상류에 있는 계열회사들이 공급하는 부품 등을 시장 가격보다 높은 가격으로 매입하는 방법으로 보조하는 경향이 나타났다. 이것은 재벌 일가의 소유 주식 지분이 이미 덩치가 커진 조립 기업보다 부품회사 쪽이 더 높았으므로 자신들의 지분이 낮은 상장사의 수익을 의도적으로 지분이 높은 쪽으로 이전시킨 것으로 볼 수 있다(장세진 2003). 이것은 재벌 일가에게 더 큰 이익이 가도록 하기 위해 상장사의 소액 주주 이익을 침해한 것이 된다. 그리고 그룹의 지원을 받은 계열회사가 효율적인 경쟁자를 배제하게 만드는 결과가 초래될 수도 있다. 이것은 공정거래법에서 부당 내부 거래로 제한을 받고 있다. 기업집단의 내부 거래를 모두 감시하는 데 한계가 있지만, 앞으로 부당 내부 거래에 대한 감시와 규제가 강화되면 기업집단이 경영권 승계 문제를 포함하여 어떻게 변모해 갈 것인지 주목되는 부분이라고 생각한다.

5. 맺음말

이 시기는 제1부에서 살펴본 바와 같이 투자와 수출의 증가율이 고도성장기보다 떨어졌지만, 경제성장률은 1980-1996년간에 연평균 8.8%로 나와 여전히 높은 성장을 이어갔다. 이전 시기는 줄곧 국제수지가 적자였지만, 1980년대 후반에 처음으로 흑자로 돌아섰다. 그 배경으로 플라자 합의 이후 3저 호황이라는 외부 여건이 호전된 것도 있지만, 중화학공업이 비교우위 산업이 되어 수출의 주역으로 등장하였다. 인적 자본의 형성에서도 초중고의 취학률이 100%에 접근하고 대학교의 경우도 40%를 넘어 선진국과의 격차를 좁혔다. 노동생산성이나 총요소생산성(TFP)의 증가율도 높아져 1990년 전후에 정점에 달하였다. 유럽과 일본이 제2차 세계대전까지 벌어진 미국과의 생산성 격차를 1960년대에 빠르게 따라잡았다고 한다면, 한국은 이보다 시동이 늦게 걸린 셈인데 사회적 능력을 축적하는 데 시일이 소요되었기 때문이었다. 소득분배도 이 시기에 크게 개선되었다. 이러한 점에서 이 시기의 경제적 성과가 다른 시기에 비해 크게 돋보였다고 할 수 있다.

이 시기에 민주화가 이루어졌다는 점도 주목된다. 서구 근대사를 보면, 시민혁명으로 개인의 인권과 재산권을 보호할 수 있게 되었고, 그 체제하에서 산업혁명이 일어나고 경제의 지속적인 성장이 나타났다. 이를 전제로 하여 20세기에 들어와 비로소 보통선거가 이루어지고 대중 민주주의가 실현되었다. 이에 대해 한국은 서구가 이룩한 근대의 성과인 이들 제도를 일거에 제헌 헌법에 도입하였다. 제도의 형성에서 후발성의 이익을 누렸다고 할 수 있다. 그렇지만 권위주의 체제가 출현한 데에서 알 수 있듯이 형식적인 제도의 도입만으로는 민주주의의 실현을 기대하기 어렵다. 그 후 한국의 경험은 민주화가 실현되기 위해서는 먼저 재산권을 보호하는 제도가 들어오고, 그 속에서 경제성장이 이루어져 중산층이 형성되고, 그들의 교육 수준이 높아지고 요구도 다양해지는 변화가 필요함을 보여 준다. 그런 의미에서 한국경제의 고도성장은 권위주의 체제의 극복을 준비하는 과정이기도 하였다고 생각한다. 그리고 민주화를 계기로 권위주의 체제하에서 억눌려 있었던 요구들이 분출하였고, 경제개발에 밀려 있었던 사회개발이나 공정이 중요한 의제로 떠오르게 되었다.

또 하나는 이 시기가 정부 주도에서 민간 주도의 시장경제 체제로 전환하고자 하였던 과도기라는 점이다. 긴축 정책을 통해 물가를 안정시키는 데 성공하였지만, 금융 자율화는 더디게 진행되었다. 그로 인해 금융기관은 아직 자기 책임하에 자금을 배분하고 감시하는 시스템을 구축하지 못하였다. 대규모 기업집단도 경쟁적으로 투자를 늘리고 있었지만, 부실화 위험의 대비에는 소홀하였다. 과거에 정부가 부실기업을 구제해 왔던 관행이 기업의 도덕적 해이를 부추겼기 때문이다. 즉, 정부 주도에서 민간 주도 경제체제로 전환하려면 거기에 걸맞는 기업 지배 구조(corporate governance)와 금융 시스템이 갖추어질 필요가 있었지만, 그렇지 못하였다. 이것은 외환위기를 초래한 중요한 요인이 되었다.

제12장

저성장 속의 한국경제

이 장은 외환위기로부터 현재까지를 다룬다. 외환위기는 한국경제에 종전과 비교할 수 없을 정도로 큰 충격을 주었고 기업·금융·노동·공공 부문에 걸쳐 구조 변화를 피할 수 없게 만들었다. 여기에서는 외환위기가 어떻게 일어났고 어떤 결과를 낳았는지를 간단히 살펴보고자 한다. 그 후 한국경제는 성장률이 빠르게 하락하면서 불평등이 확대되는 이중고를 안게 되었는데, 그것은 성장률도 높고 불평등도 비교적 낮았던 이전 시기와 대비되는 특징이라 할 수 있다. 여기에서는 그 실태를 좀 더 구체적으로 들여다보고자 한다. 이러한 상황은 조세 및 재정 지출을 통한 소득재분배의 요구를 높였다. 정부의 복지 지출이 다른 나라와 비교하여 어느 수준인지, 나아가 한국의 복지체제가 어떠한 특징을 띠고 있는지 생각해 보고자 한다.

1. 외환위기와 그 결과

1997년 11월 21일에 한국 정부는 국제통화기금(IMF)에 긴급 구제금융을 신청하기로 하였다. 그해 여름부터 동남아시아의 여러 나라로 외환위기가 확산되고 있었는데, 마침내 한국으로까지 파급되어 온 것이다. 대내적으로도 한보, 삼미, 진로, 기아와 같은 대기업들이 잇따라 부도를 맞으면서 다른 기업들도 안전한가에 대해 의구심이 고개를 들기 시작하였다. 1997년 10월 말부터 국제신용평가 기관들이 한국의 국가신용등급을 속속 낮추기 시작하였고, 해외의 채권자들이 무차별적으로 원화 채권을 달러로 바꾸어 앞다투어 인출하고자 하는 사태가 벌어졌다. 한국은행의 외화보유고로는 한꺼번에 몰린 외환 수요를 감당할 수 없었고, 국가 부도 사태에 빠진 것이다.

그림 12-1 원/달러 환율과 이자율의 추이

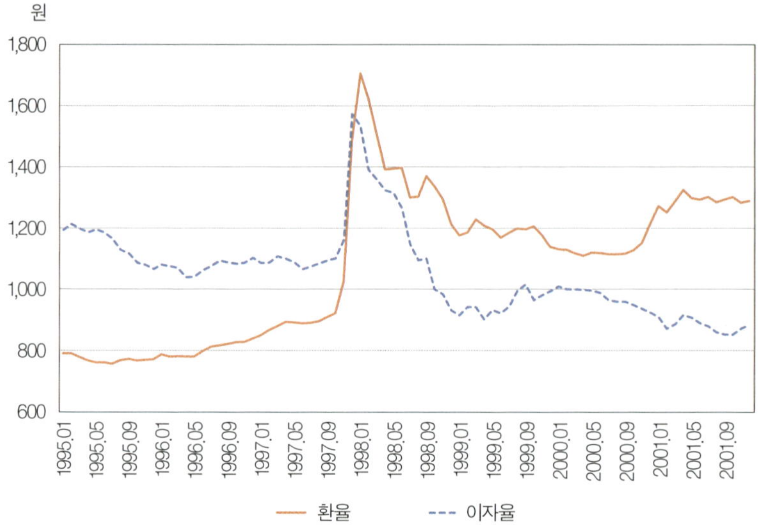

주: 이자율은 3년 만기 AA- 등급의 회사채 이자율(오른쪽 눈금). 환율은 왼쪽 눈금.
자료: 한국은행, ECOS.

이로 인해 먼저 원/달러 환율이 급등하였다. [그림 12-1]은 월 단위로 환율과 이자율의 추이를 보여 주는데, 원/달러 환율은 1997년 초에 850원이었지만 외환위기 직후인 1998년 1월에는 1,707원까지 치솟아 1년 전의 두 배로 높아졌다. 이러한 패닉 현상은 자금시장에서도 나타나 이자율(3년 만기 AA- 등급의 회사채 기준)이 급등하였다. 1997년 초에 12%였던 이자율이 그해 말에는 24%로 두 배 뛰었다. 정부도 외환시장을 안정시키는 것을 우선하다 보니 긴축 정책을 펴지 않을 수 없었다. 그로 인해 이자율이 치솟고 자금시장이 경색됨에 따라 많은 기업이 부도 사태에 직면하게 되었다.

[그림 12-2]는 어음 부도율의 추이를 보여 준다. 어음교환소를 통해 교

그림 12-2 어음 부도율과 부도기업 수 추이

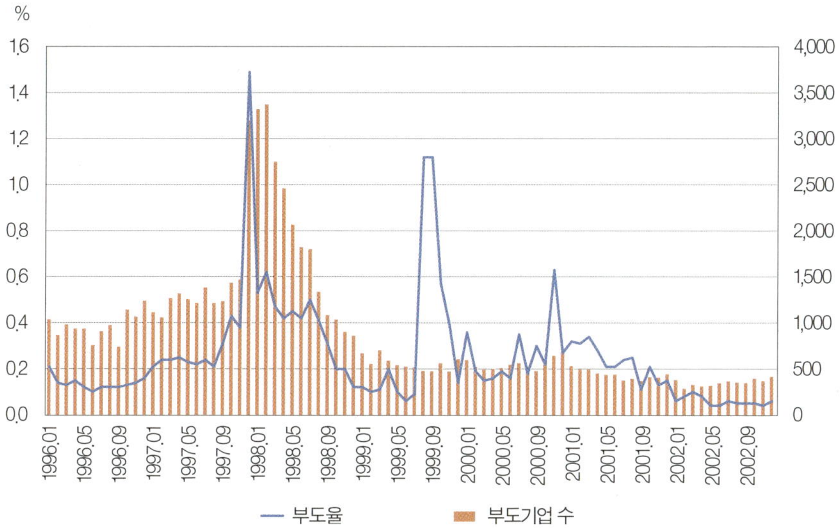

주: 부도기업 수는 오른쪽 눈금, 부도율은 왼쪽 눈금.
자료: 한국은행, ECOS.

환된 각종 어음과 수표의 금액에서 부도가 난 금액의 비율을 말한다. 그림에 따르면, 1996년에 0.1%대에 머물러 있던 부도율이 1997년에 0.2%대로 높아졌고, 9월부터 빠르게 상승한 후 12월에는 1.5%까지 치솟았다. 부도기업 수도 외환위기 전에 매월 1,000개 전후였던 것이 1997년 말과 1998년 초에는 3,000개를 넘었다. 이 과정에서 도산한 기업과 일자리를 잃은 근로자들이 속출하였고 경제성장률도 마이너스(-)로 떨어졌다. 주식과 부동산의 자산 가격도 급락하였다. 예전의 경제위기와 비교할 때 그 정도가 가장 심각하였다고 할 수 있다.

외환위기 원인에 관해서는 근본요인(fundamentals)론과 자기실현(self-fulfilling crisis)론을 들 수 있다(고영선 외 2007). 전자는 투자 실패로 인해 기업과 금융의 부실 누적, 정책 실패, 감당하기 어려운 수준의 경상수지 적자와 같이 위기로 갈 만한 요인들이 쌓였음에 주목하는 것이라면, 후자는 근본요인에서 문제가 없더라도 국제금융시장이 불안정하고 특정 통화에 대한 투기적 공격이 이루어질 때 외환위기가 발생할 수 있음을 강조한다. 사실 투기적 공격이 이루어지는 것은 근본요인에 문제가 드러날 때 가능하다는 점을 감안하면 양자의 요인이 상호작용한다고 생각된다.

한국경제의 취약성을 드러낸 근본요인으로서 먼저 기업 부문을 들 수 있다. [그림 12-3]은 한국은행의 기업경영분석을 이용하여 제조업 기업의 주요 재무제표를 보인 것이다. 거기에 매출액 영업이익률(=영업이익/매출액)과 (영업이익+영업외수지)/매출액으로 정의된 매출액 경상이익률을 제시하였다. 후자는 전자와 달리 분자에 영업외수지가 포함되어 있으므로 금융비용을 감안한 이익률이 된다. 즉, 매출액 영업이익률은 1990년대에 7%의 수준을 보인 반면, 매출액 경상이익률은 등락이 심하며 평균 1.4%에 불과하였다. 한국 기업의 부채 비율이 매우 높아 금융비용까지 감안하면 영업 실적이 부진하였을 뿐만 아니라 불안정하였음을 알 수 있다. 차입이자/매출액으로 구해지는 금융비용 부담률이 5%를 넘는 것이 보통이었고, 경기가 좋지 않거나 차입금 평균 이자율이 높아지는 충격이 발생하면 매출액 경상이익률이 곤두박질치는 양상이 반복해서 나타났다. 경제위기에 해당하는 1972년, 1980년, 1997년에 매출액 경상이익률이 급락하여 0이나 마이너스(−)로 떨어진 것을 알 수 있다.

이것은 기업의 영업 실적이 금융비용도 제대로 커버하지 못하였음을 보여주는데, 빚을 내어 수익이 나지 않는 사업에까지 무리하게 투자하였음을 뜻한다. 그런데 이러한 기업의 행태가 반복해 왔던 것은 순익보다는 규모의 확

그림 12-3 제조업 기업의 주요 재무제표

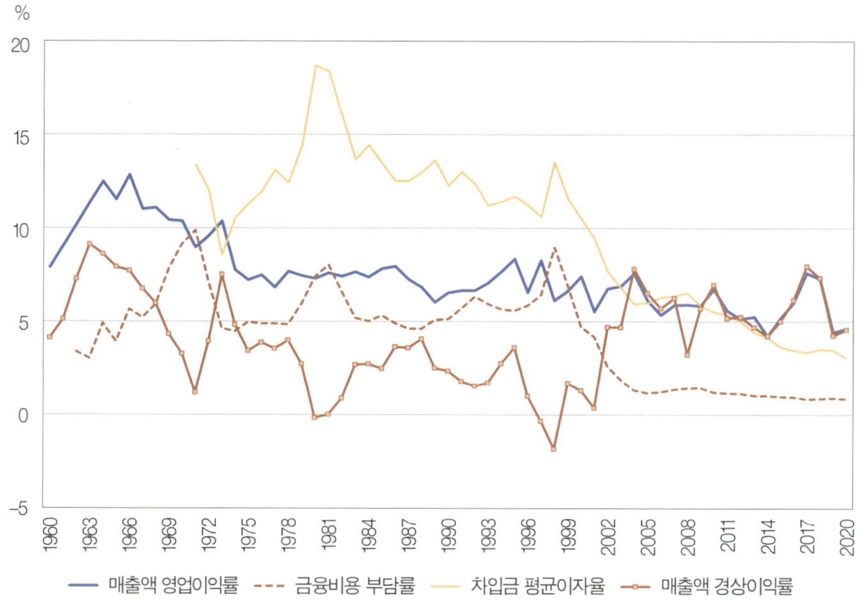

주: 1) 매출액 영업이익률=영업이익/매출액.
2) 금융비용 부담률=(차입 또는 회사채 이자)/매출액.
3) 차입금 의존도=(차입금+회사채)/총자본.
4) 매출액 경상이익률=(영업이익+영업외수지)/매출액.
자료: 한국은행, 「기업경영분석」, ECOS.

장을 더 중시하였고, 정부가 경제위기 때마다 부실화된 기업을 구제하였기 때문이다. 만약 기업(또는 기업집단)이 리스크를 모두 자신이 부담한다면 뛰어들지 않았을 사업이라도, 실패할 경우 정부가 구제해 줄 것으로 기대하면, 실패할 리스크를 과소평가하게 된다. 이것은 정부가 암묵적으로 기업의 사업 리스크를 일부 공유하는 시스템이 만들어졌음을 뜻한다. 박정희 정부에서는 이를 통해 기업(집단)이 중화학공업과 같은 리스크가 큰 사업에 실패를 무릅

쓰고 과감하게 뛰어들도록 만들었다고 생각한다. 그 반면에 이 시스템은 기업의 도덕적 해이(moral hazard)를 부추겨 과잉 또는 부실 투자로 경제위기를 낳기도 하였다.

제11장에서 1980년대 이후 정부 주도에서 민간 주도의 시장경제 체제로 정책을 전환하고자 하였지만, 불완전한 시도에 그쳤음을 언급한 바 있다. 기업 부문에서는 박정희 정부 시기와 같은 기업(집단)에 대한 통제가 더 이상 유효하지 않게 되었지만, 기업이 위기에 빠졌을 때 정부가 구제할 것이라는 기대를 불식하지는 못하였다. Lim(2001)은 1980년대 이후 외환위기까지의 상황을 기업에 대한 탈(脫)보호 없는 탈(脫)통제(de-control without de-protection)로 특징짓고 있다. 특히 대규모 기업집단의 경우에는 대마불사(too big to fail)라는 기대가 작용하고 있었다. 즉, 대규모 기업집단이 망하면 거액을 대출한 은행의 부실로 이어질 뿐만 아니라 계열회사의 도산과 그로 인한 실업이 경제에 미치는 부정적 영향이 워낙 커서 결국은 정부가 구제에 나서지 않을 수 없을 것으로 생각되었기 때문이다. 1990년대에 들어와 대규모 기업집단이 앞다투어 규모의 확대에 나섰던 것은 이러한 도덕적 해이의 탓이 컸다고 생각된다.

금융 부문도 정부의 금융규제에서 벗어나 자율화를 지향하였지만 불완전한 전환에 그쳤다. 은행이 민영화되고 비금융 금융기관이 늘어나면서 금융규모가 급속히 확대되었지만, 그에 상응하여 건전성을 감독하는 체제가 정비되지 못하였다. 예컨대, 기업의 회계나 공시 기준이 후진적이었고 신용평가기관의 평가능력과 공신력도 높지 않았다. 금융의 감독기구가 분할되어 있어 건전성 감독이 미치지 못하는 사각지대도 늘어났다. 더구나 자본시장이 개방되면서 금융기관의 해외 영업활동에 대한 규제가 대폭 완화되었다. 이 과정에서 금융기관은 단기의 외화차입을 빠르게 늘렸다. 이때 금융기관의 자산과

그림 12-4 외환위기 전후의 경상수지와 금융계정

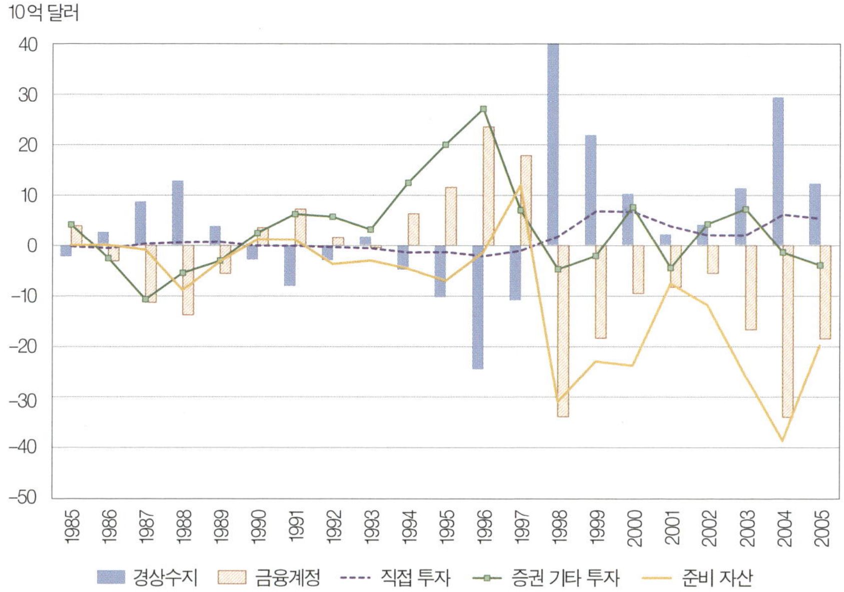

주: 1) 금융계정=직접 투자+증권 기타 투자+준비 자산. 경상수지=금융계정+오차 및 누락.
2) 금융계정은 +(-)이면 순 유입(출)을 나타낸다. 금융계정을 구성하는 항목(직접 투자, 증권 기타 투자, 준비 자산)도 마찬가지.

자료: 한국은행, ECOS.

부채가 균형을 이루고 있다고 해도 만약 단기 자금을 빌려와 장기로 운용하고 있다면 양자의 만기 불일치(maturity mismatch)로 인해 외화 유동성에 문제가 생길 수 있다. 그렇지만 이에 대한 감독이 제대로 이루어지지 못하였다(고영선 외 2007).

[그림 12-4]는 외환위기 전후에 걸쳐 경상수지와 그에 대응하는 금융계정의 추이를 보여 준다. 그림에 따르면, 경상수지는 1995년부터 외환위기가 발생할 때까지 적자 폭이 빠르게 늘어나고 있었다. 이 적자는 해외로부터 자금

의 순 유입으로 메워지는데, 이를 파악한 것이 국제수지표의 금융계정이다. 금융계정이란 순 해외 자산에서 순 해외 부채를 뺀 것으로 이 값이 마이너스(−)이면 부채가 자산보다 더 커서 자금이 순 유입되었음을 말한다. 그래프에서는 편의상 금융계정의 부호를 반대로 바꾸어 자금의 순 유입을 플러스(+)로 나타내었다. 예컨대, 1994-1997년의 금융계정이 플러스로 나온 것은 경상수지 적자에 대응하여 해외 자금이 순 유입되었음을 보여 준다. 양자가 일치해야 하지만, 그렇지 않은 것은 누락 및 오차가 있기 때문이다.

여기서 주목하고자 하는 것은 이 금융계정의 내역을 직접 투자, 증권 투자, 기타 투자, 준비 자산으로 나누어 보인 것이다. 거기에서 장기 자금으로 볼 수 있는 직접 투자는 규모가 크지 않았고, 대부분이 증권 투자와 기타 투자(양자의 합계인 증권 기타 투자)로 이루어졌음을 알 수 있다. 이들은 대부분 단기 자금으로서 언제든 빠져나갈 수 있는 것인데, 외환위기 전부터 그러한 단기 자금의 유입이 급증하였던 것이다. 기타 투자는 주로 국내 금융기관에 의한 해외로부터의 단기 외화차입으로 이루어져 있다. 이렇게 빌려온 단기 자금을 국내 기업에 장기로 빌려주는 경우가 많았는데, 그 경우 이들 금융기관의 자산과 부채의 만기 불일치라는 문제가 발생하게 된다. 외환위기 직전에 단기 자금 성격의 해외 부채 규모가 한국은행의 외화보유고보다 2배 이상 많았지만, 이를 미리 감시하거나 규제하지도 않았다. 이러한 취약점이 노출되자 아시아발 외환위기가 한국으로 파급되어 오는 것을 막지 못하였던 것이다.

외환위기가 발발하자 패닉에 빠진 외환시장과 금융시장을 안정화시키는 것이 급선무였고, 나아가 근본요인을 제거하기 위한 기업·금융·노동·공공 부문의 개혁에 나서지 않을 수 없었다. 기업 부문에서는 채무를 감당할 수 없게 된 부실기업을 정리하고, 위기가 다시 반복되지 않도록 기업구조를 개혁하고 시장규율을 강화하는 것이 과제로 되었다(고영선 2010). 외환위기 직전에 채무가 많은 상위 63개 기업집단 중에서 무려 30개가 부실화된 것으로 드러났다. 이들 중에서 기업의 존속 가치가 청산 가치보다 큰 경우는 채권단의 출자전환과 채무경감으로 회생시키고자 하였지만, 그렇지 못한 기업은 청산되었다. 부실기업의 처리는 대기업 간의 사업교환(빅딜)과 금융기관의 협약에 기초한 기업개선작업(워크아웃)을 중심으로 추진되었다.

기업구조개혁은 김대중 정부의 5+3 원칙에 따라 추진되었다. 1998년 초에 김대중 대통령 당선인은 4대 그룹 총수와 (1)기업경영의 투명성 제고, (2) 상호 채무보증 해소, (3) 재무구조의 획기적 개선, (4) 핵심 주력사업으로의 역량 집중 및 중소기업과의 협력 강화, (5) 지배주주와 경영자의 책임성 강화라는 5대 원칙에 합의하였다. 그해 8월에는 여기에 (1) 제2금융권의 지배구조 개선, (2) 계열사 간 순환출자의 억제 및 부당 내부 거래 차단, (3) 변칙적인 상속·증여의 방지라는 3대 과제를 추가하였다. 이러한 조치들은 기업에 대한 시장의 규율을 높이는 데 일정한 성과를 거두었다고 평가할 수 있다. 특히 1999년에 5대 그룹인 대우를 구제하지 않기로 한 것은 기업과 금융기관은 물론 일반 투자자까지 손실을 보게 하여 대마불사라는 도덕적 해이가 더 이상 통하지 않음을 보여 준 계기가 되었다.

금융 부문의 구조개혁에서는 정부 주도로 금융 시스템을 조속히 정상화시켰다. 대형 은행의 경우 공적 자금을 투입하여 자본을 확충하되 기존 경영진의 퇴출과 기존 주식의 소각 및 직원들의 구조조정이 추진되었다. 규모가 작은 은행이나 종합금융회사를 비롯한 비은행 금융기관의 경우에는 합병되거나 파산하였다. 그리고 금융안전망을 개선하기 위해 은행, 증권, 보험을 포괄하는 통합 감독기구로서 금융감독원이 설립되었다. 노동 부문에서는 정부가 노사정위원회를 구성하여 사회협약을 통해 노사 관계 개혁을 추진하였다. 이 과정에서 사용자 측이 요구하였던 정리해고제와 파견근로제를 도입하는 한편, 근로자 측의 요구인 교원노조의 설립과 노조의 정치 활동 등이 허용되었다. 공공 부문에서는 포항종합제철을 포함한 공기업을 민영화하였고, 중앙 및 지방 정부 산하의 기구와 인력을 대폭 감축하는 구조조정이 추진되었다(고영선 2010).

외환위기 이후 구조개혁의 결과 한국경제는 여러 가지 면에서 크게 변모하였다. 먼저 [그림 12-1]에서 본 바와 같이, 1997년 말에 치솟았던 원/달러 환율과 이자율은 빠르게 진정되었다. 다만 환율은 안정을 되찾은 새로운 수준이 외환위기 이전보다 높아졌지만, 이자율은 10% 미만으로 떨어져 외환위기 이전보다 더 낮아졌다. [그림 12-2]에서 어음 부도율과 부도기업 수도 빠르게 안정되어 갔다. 1999년에 부도율이 다시 급등한 것은 대우그룹 계열사의 워크아웃 과정에서 나타난 것으로서 일반적인 부도와 성격이 다르며,[1] 2002년 이후에는 부도율이 외환위기 이전보다 안정되었다.

외환위기 때까지 확대되었던 경상수지 적자는 [그림 12-4]에서 보았듯이 1998년에는 대규모 흑자로 전환되었다. 환율과 이자율이 급등하여 수출이 늘고 수입이 대폭 줄었기 때문이다. 그에 대응하여 금융계정이 큰 폭의 마이너스(-)로 바뀌었는데, 그만큼 순 해외 자산이 늘어났음을 뜻한다. 그 내역을 보면 외환위기 때까지 급증하였던 단기 자금 성격의 증권 및 기타 투자는 일정 한도 내로 억제되었고, 한국은행의 준비 자산이 대폭 늘어난 것을

1 1999년 8월에 부도율이 다시 급등한 것은 대우그룹 계열회사가 워크아웃에 들어가게 되면서 그들이 발행한 융통어음이 대량 부도 처리되었기 때문이다. 다만 이들은 워크아웃 추진 과정에서 채무상환 유예로 발생한 부도로서 금융제재가 수반되는 일반적인 부도와는 성격이 다르다.

알 수 있다. 경제성장률은 1997-1998년에 6.2%와 −5.1%로 곤두박질쳤던 것이 1999-2000년에 11.5%와 9.1%로 크게 반등하여 V자형의 회복이 이루어졌다고 할 수 있다.

기업구조 개혁의 결과 기업의 자금 조달 구조도 크게 바뀌었다. 제11장의 [그림 11-18]에서 보았듯이 제조업 기업의 부채 비율이 외환위기 직전에 400%였던 것이 2000년대 초에는 100%대로 크게 떨어졌다. 30대 재벌의 부채 비율도 마찬가지 양상을 보였다. 그에 따라 기업의 차입금 의존도도 큰 폭으로 떨어진 것을 알 수 있다. 제3장의 [그림 3-9]는 한국은행의 자금순환표에 의거하여 제조업에 한정하지 않고 전체 비금융기업의 자금 조달 구성을 보인 것인데, 거기에서도 유사한 양상을 확인할 수 있다. 즉, 외환위기를 기점으로 하여 대출금의 비중이 급락한 대신에 주식이나 채권의 비중이 급증하였다. 대기업은 자본시장에서 주식이나 회사채를 발행해서 자금을 조달하게 됨에 따라 은행의 대출은 가계와 중소기업 중심으로 바뀌었다.

[그림 12-3]에서 보았듯이, 제조업 기업의 재무제표도 외환위기를 계기로 양상이 크게 변하였다. 차입금의 평균 이자율과 금융비용 부담률이 급락한 것을 볼 수 있다. 금융비용까지 감안한 매출액 경상이익률이 2001년까지는 0에 가까웠지만, 그 후 5%로 뛰어 정상 수준을 회복하였다. 주목되는 것은 그 이전까지는 매출액 영업이익률과 매출액 경상이익률 간의 갭이 크게 벌어져 있지만, 그 이후에는 금융비용이 크게 낮아져서 두 이익률이 거의 같은 수준으로 되었다는 것이다. 매출액 경상이익률의 추이를 보면 1960년대에서 외환위기까지는 변동 폭이 매우 컸지만, 기업구조 개혁 이후에는 5% 전후의 수준으로 안정되었음을 볼 수 있다.

1980년대 이후 정부 주도에서 민간 주도의 시장경제 체제로 전환하고자 하였지만, 의도한 결과를 낳지 못하였다. 고도성장기에 정부에 의한 금융규제와 그로부터 형성된 관행이 쉽게 바뀌지 않았다. 정부 주도의 경제체제에서 기업·정부·금융·노동시장 간의 보완성(complementality)이 형성되었기 때문이다. 예컨대, 부채 비율이 매우 높은 기업 시스템은 금융시장에 맡기기보다는 정부의 금융규제와 더 잘 부합하는 측면이 있다. 이것은 역사발전에 경로 의존(path dependence)이라는 특성을 띠게 하여 과거에 형성되었던 경로를 좀처럼 벗어나기 어렵게 만든다. 외환위기라는 충격과 그로 인해 불가피해진 각 분야에 걸친 대대적인 구조개혁을 통해서 비로소 기존의 역사적 경로가 바뀌게 되었다고 할 수 있다.

2. 저성장과 고용의 둔화

외환위기 이후에 나타난 변화 중에서 이전 시기와 구별되는 특징이 저성장과 불평등 확대라고 할 수 있다. 먼저 경제성장률의 하락과 그에 따른 고용의 둔화가 어떻게 나타났는지를 좀 더 살펴보자.

[그림 12-5]는 국민계정 통계를 이용하여 GDP와 국내총소득(GDI) 및 가계의 순소득(NNI)의 전년 대비 증가율을 3년 이동평균으로 제시한 것이다. 불변 가격 GDP의 증가율은 1997년의 외환위기 때 급락한 후 빠르게 회복되었지만, 성장률의 하락 추세가 계속 이어져 최근에는 2% 아래로까지 떨어졌다. 과거의 고도성장기와는 확연히 구분되는 저성장 시대로 들어선 것을 알 수 있다. GDP에 교역조건 변화를 반영한 실질 무역손익을 더하면 GDI가 되는데, 그 증가율은 외환위기 이후 2010년대 초까지 GDP 증가율보다 낮았

그림 12-5 GDP, GDI 및 가계의 순소득(NNI)의 증가율

주: 1) GDI(국내총소득)=GDP+교역조건 변화를 반영한 실질 무역손익, NNI=GDI+국외순수취요소소득−고정자본 소모. 가계의 순소득은 이 NNI에서 기업과 정부의 몫을 빼서 구한다.
2) 모두 3개년 이동평균으로 제시.
자료: 한국은행, ECOS.

다. 그것은 이 시기에 한국의 수출품 가격보다 수입품 가격이 상대적으로 더 높아져 교역조건이 불리해진 것을 뜻한다. 이 시기 대표적인 수출품이 반도체를 비롯한 IT 제품인데 이들은 생산성의 빠른 증가로 단가가 크게 떨어진 반면, 주요 수입품인 원유의 가격은 그렇지 않았기 때문이다. 나아가 GDI에서 국외순수취요소소득을 더하면 GNI(국민총소득)가 되고 거기서 고정자본 소모를 빼면 국민순소득(NNI)이 된다. 가계의 순소득은 거기에서 기업과 정부의 몫을 빼서 구할 수 있다. 이를 소비자물가지수로 나누어 구한 증가율을 보면, 외환위기 이후 GDP나 GDI 증가율보다 더욱 낮아진다. 이것은 외

환위기 이전에 GDP 증가율도 높았고 GDI나 가계소득의 증가율은 그보다 더 높았던 것과는 양상이 완전히 뒤바뀐 것을 알 수 있다. 가계가 실제 체감하는 소득 증가율은 외환위기 이후에는 이미 하락하고 있는 경제성장률보다 더욱 낮았음을 뜻한다.

경제성장률과 가계소득의 증가율이 외환위기 이후 이렇게 떨어진 것이 무엇 때문인지 좀 더 천착해 보자. 먼저 경제성장에 영향을 미친 저축률과 투자율의 추이를 살펴보자. [그림 12-6]은 저축과 투자를 국민총처분가능소득 대비의 비율로 제시하였는데, 먼저 총저축률과 이를 부문(가계, 기업, 정부)별로 나눈 저축률을 보자. 총저축률은 1988년에 40%가 넘어 정점에 달한 후 2002년까지는 하락 추세를 보였다가 그 후 다소 상승하였다. 총저축률이 외환위기 이후에도 평균 35%를 유지하였는데, 이것은 국제적으로 보아도 매우 높은 수준이다. 외환위기 이전과 이후의 두드러진 차이는 총저축의 부문별 구성이 크게 바뀌었다는 것이다. 즉, 가계저축률이 크게 떨어진 반면 기업저축률이 빠르게 상승하는 대조를 보였다. 가계저축률이 떨어진 것은 가계의 소득에 비해 지출의 증가가 더 빨랐기 때문인데, 이 시기 가계 지출 증가의 요인으로서 교육비가 증가한 것과 함께, 주택 구입이 늘어나면서 이자 부담이 크게 높아진 점을 들 수 있다. 그 외에도 연금이나 건강보험과 같은 사회보험의 가계 부담금이 이 시기에 빠르게 늘어났다. 이들 지출은 통상의 소비 지출과는 달리 인적 자본과 가계 자산을 늘리는 데 쓰였다고 볼 수 있다. 따라서 외환위기 이후에는 이전과 비교하여 가계저축이 크게 줄어들었다기보다는 가계가 자산을 늘리는 방향으로 저축 형태가 바뀌었다고 할 수 있다. 가계저축률은 근래에 다소 상승하여 최근 10%를 회복하였다.

이에 대해 기업의 저축률은 외환위기 이후 빠르게 상승하였는데, 그것이

그림 12-6 저축률과 투자율

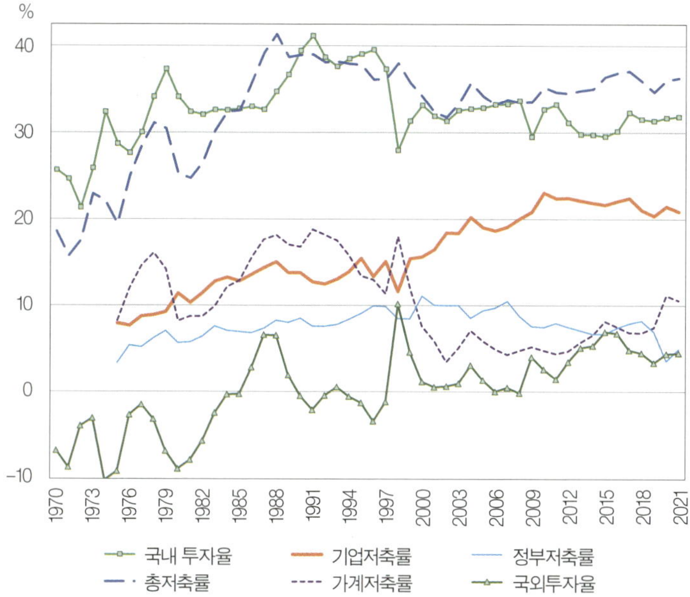

주: 1) 저축률과 투자율 모두 국민총처분가능소득 대비 비율이다.
2) 총저축률=가계+기업+정부 총저축률.
3) 총투자율=국내투자율+국외투자율.
자료: 한국은행, ECOS.

얼마나 투자 증가로 이어졌는지 따져 보자. [그림 12-7]은 가장 중요한 투자 주체인 비금융법인 기업을 대상으로 하여 그들의 투자와 저축을 국민총처분가능소득 대비 비율로 제시한 것이다. 먼저 기업의 총투자율은 그들의 총고정자본형성을 국민총처분가능소득으로 나눈 것인데, 1990년대에 들어와 외환위기 직전까지 평균 23%로 돌출한 것을 제외하면 다른 시기는 횡보하는(flat) 양상을 보였다. 다만 총고정자본형성 중에서 기존 설비의 대체투자인 감가상각분(즉, 고정자본 소모)을 뺀 순 투자율을 보면 1970년대 말부터 계

그림 12-7 비금융법인 기업의 투자율과 저축률

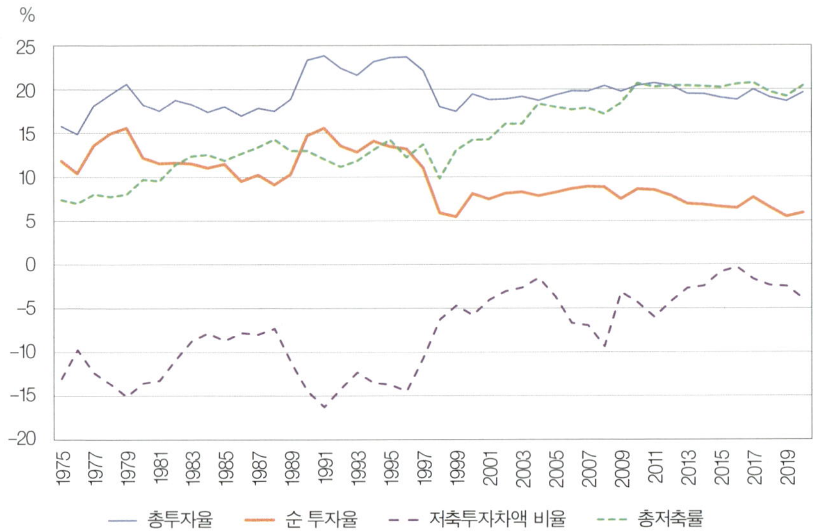

주: 1) 비금융법인의 총고정자본형성과 총저축 등을 국민총처분가능소득 대비 비율로 제시하였다.
2) 총고정자본형성=고정자본 소모+순고정자본형성.
3) 총저축=고정자본 소모+순저축.
자료: 한국은행, ECOS.

속 하락해 왔음을 알 수 있다. 이에 대해 비금융법인의 총저축률은 1980년대 말까지 상승한 후 다소 하락하였다가 외환위기 이후 빠르게 상승하여 20%에 달하였다.

저축투자차액이란 저축에서 투자를 뺀 것을 뜻하는데, 이 값이 마이너스(−)이면 외부에서 자금을 조달해서 투자를 늘렸음을 뜻한다. 그림에는 이를 국민총처분가능소득으로 나누어 구한 저축투자차액 비율을 제시하였다. 그림에 따르면, 1990년대에 들어와 기업들이 외부 차입에 의존하는 방식으로

투자를 크게 늘렸지만, 외환위기 이후에는 이 비율이 빠르게 줄어들었다. 이것은 그림에서 총투자율과 총저축률의 갭이 외환위기 이전에 크게 벌어져 있다가 그 후 급속히 좁혀져 양자가 거의 근접한 것에서도 확인할 수 있다.[2]

요컨대, 기업의 저축률이 외환위기 이후 빠르게 늘어났지만, 기업의 투자율은 정체되어 있었기 때문에 기업의 고정자본에 대한 투자가 내부 자금으로 거의 충족되었음을 뜻한다. 과거에는 정부가 정책적으로 지원하는 분야의 경우 투자 성과가 좋지 않더라도 정부가 구제해 줄 수 있다는 암묵적인 기대가 있었으므로 기업이 부채를 늘려서라도 적극적으로 투자에 나섰다고 한다면, 외환위기 이후에는 기업의 투자 행태가 매우 신중하게 변하였음을 보여 준다. 이것이 투자율과 경제성장률을 떨어뜨린 요인의 하나라고 생각한다.

[그림 12-6]은 총저축률과 국내 및 국외 투자율의 추이도 보여 준다. [그림 12-7]이 비금융법인에 한정한 것이지만, 이것은 전체 경제에 관한 것이다. 거기에서 국내 투자율은 1990년대에 40%에 달하였던 것이 외환위기 이후 평균 32%로 떨어졌다. 외환위기 이후 총저축률은 이보다 더 높았기 때문에 양자의 차이가 국외투자율이 된다. 그림에서 국외투자율이 마이너스(−)인 경우에는 해외에서 자금을 조달하였음을, 플러스(+)인 경우에는 해외로 투자하였음을 뜻한다.[3] 외환위기 이후 국외투자율이 계속 커져 왔는데, 그 중에는 증권 투자나 기타 투자와 같은 단기 투자 이외에도 해외 직접 투자의 비중이 꾸준히 높아졌다. 그림에서 국내 투자율의 하락 또는 정체와 국외투자율의 상승이 대응하고 있어 국내보다 국외 투자의 규모는 작지만 비

---

2 이것과 저축투자차액 비율이 일치하지 않는 것은 후자에는 재고 투자나 비생산·비금융 자산의 순 구입이 포함되어 있기 때문이다.

3 그림에서 총저축률과 국내 투자율의 차이가 국외투자율과 정확히 일치하지 않는 것은 통계상 불일치 때문이다.

중을 빠르게 높여 왔음을 볼 수 있다. 이것도 성장률 하락을 가져온 요인이 된다.

경제성장률은 노동과 자본의 투입뿐만 아니라 총요소생산성(TFP)에 의해서도 영향을 받는다. 제2장에서 한국의 성장회계(growth accounting)를 추정한 바 있다. 그 결과인 [그림 2-13]에 따르면, 경제성장률은 빠르게 하락하는 추세를 보였는데, 그것은 자본 투입인 자본 스톡과 노동 투입의 양과 질을 각각 나타내는 총근로시간과 학력의 증가율이 모두 하락한 것으로 대부분 설명된다. 총근로시간은 늘기는커녕 근래에는 빠르게 감소하고 있음을 알 수 있다. 선진국과 같이 경제가 성숙하게 되면 자본과 노동 투입의 증가율이 떨어지는 것이 일반적이며, 그 대신에 경제성장률과 자본 및 노동 투입 증가율의 차이인 TFP의 증가율이 상대적으로 중요한 역할을 한다. 그림에서 TFP의 증가율을 보면, 1980년대에 빠르게 높아져 1990-2000년대에는 연평균 2.4%를 유지하였다가 근래에는 1% 수준으로 떨어졌다. 앞으로도 요소 투입의 빠른 증가를 기대하기 어렵다는 점을 감안하면, TFP 증가율을 높이지 못하면 경제성장률의 하락 추세를 막을 수 없을 것이다.

저성장 속에서 고용이 크게 둔화되었다. 거기에는 중국이 개혁과 개방을 통해 세계시장에 본격적으로 진출한 것이 큰 영향을 미쳤다. 중국은 1992년에 한국과 수교를 맺었고, 2001년에는 WTO에 가입하게 되었다. 세계시장에서 중국의 급속한 부상은 국제 분업 구조의 재편을 가져왔다. 수출품 생산의 부가가치 사슬(value chain)을 보면, 일본이 한국을 포함한 동아시아와 ASEAN에 중간재를 공급하고 이들 지역을 경유해서 최대의 소비지인 미국으로 수출하는 수직 전문화가 1980년대 이후 나타났는데, 여기에 중국이 진출하면서 지역 간 무역구조가 중층화되었다. 즉, 아시아의 대미수출에서 중국이 부가가치 생산의 가장 하류에 파고 들어옴에 따라 동아시아와 ASEAN은 중국에 수출을 위한 중간재를 공급하는 위치로 밀려 올라갔고, 다시 그 위의 상류에 일본이 위치하는 지역 간 무역구조로 변모하였다(김낙년 2015).

이 과정에서 한국의 산업은 재편이 불가피해졌다. 중국에 중간재를 공급하는 중화학공업 중심의 대기업은 시장의 확대로 높은 성장을 누린 반면, 노동집약적인 경공업 중심의 중소기업은 저임금을 무기로 하는 중국과의 경쟁에서 밀려나 도태되거나 해외로 생산기지를 이전하지 않을 수 없게 되었다. 이것은 한국의 산업별 고용구조에 큰 영향을 미쳤다. [그림 12-8]은 산업별 취업자의 증가율을 3년 이동평균으로 제시하였다. 그림에 따르면, 광공업(대부분 제조업) 취업자는 경기에 따라 등락이 컸지만, 중국과의 교역이 시작되었던 1990년대 초부터 증가율이 급속히 하락하였고 외환위기 후의 일시적인 반등을 제외하면 2010년까지 고용이 계속 감소하였다. 광공업은 고도성장기에 고용 증가를 주도하였는데 중국과의 교역 이후에는 그러한 역할을 하기는커녕 오히려 기존의 고용 수준도 유지하지 못하였다. 이에 대해 SOC(사회간접자본) 및 서비스업의 취업자는 증가율이 하락하는 추세를 보였지만, 광공업 취업자가 감소할 때에 고용을 흡수하는 역할을 하고 있었음을 알 수 있다.

이것은 제4장의 [그림 4-17]에서 보았듯이 산업별 취업자 1인당 부가가치의 격차로 나타났다. 그림에 따르면, 광공업의 취업자 1인당 부가가치 생산이 1990년대 전반까지는 SOC 및 서비스업에 비해 크게 낮았던 것이 그 후 역전되었을 뿐만 아니라 급속히 격차를 벌린 것을 알 수 있다. 광공업은 상대적으로 효율이 떨어지는 사업체들이 도태됨으로써 1인당 부가가치 생산이 높아졌고, 거기서 밀려난 근로자들이 서비스업으로 들어오는 경우가 많아 서

그림 12-8 산업별 취업자 증가율(3년 이동평균)

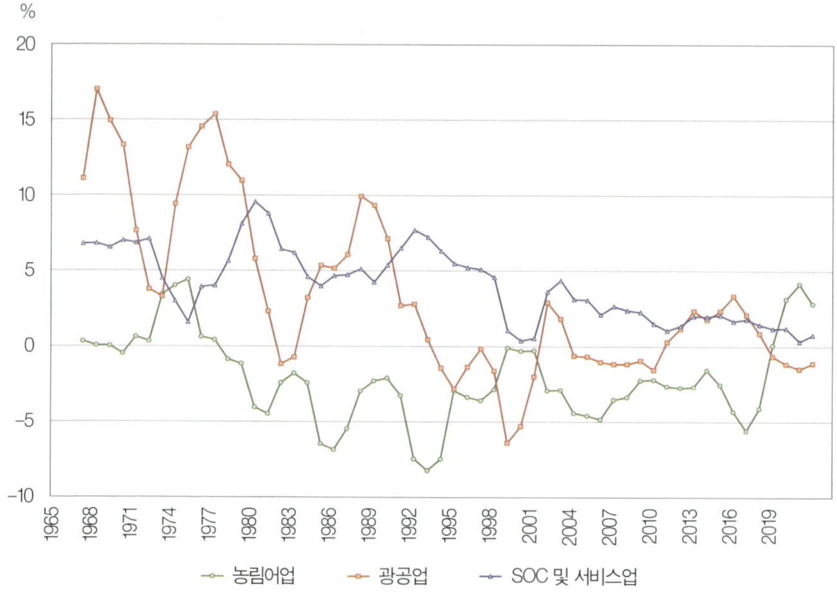

자료: 통계청, KOSIS.

비스업의 1인당 부가가치 증가는 더디게 나타났다고 할 수 있다. 제조업의 경우 국제 경쟁에 직접 노출되어 생산성이 낮으면 살아남기 어렵지만, 서비스업은 그렇지 않았던 사정이 배후에 작용하였기 때문으로 생각한다. 그 결과 제조업과 서비스업과의 생산성 격차가 외환위기 이후 두드러졌다.

3. 불평등의 확대

외환위기 이후에는 저성장 속에서 불평등이 빠르게 확대되었다. 여기에서는 고용 형태(정규직과 비정규직)와 노조 유무에 따른 임금 격차의 실태가 어떠하였는지 살펴보고, 임금 격차를 줄이기 위한 대표적인 정책으로서 최저임금의 인상에 관해서도 간단히 언급하고자 한다.

먼저 비정규직 근로자의 규모인데, 그 정의에 관해서는 논란이 있다. 통계청은 경제활동인구조사에서 근로자의 종사상 지위를 상용근로자 이외에 임시 및 일용 근로자로 나누어 파악하고 있다. 조사 매뉴얼에 따르면, (1) 고용계약 기간이 1달 또는 1년 미만인 경우, (2) 고용계약 기간을 정하지 않은 경우에도 회사의 인사관리 규정의 적용을 받지 않거나 퇴직금 및 상여금 등 각종 수당 수혜를 받지 못한 경우가 일용 또는 임시 근로자로 분류된다. 특히 (2)의 기준으로 인해 근로기준법의 적용이 일부 유예되는 등 근로조건이 열악한 중소 영세 사업체에 고용된 근로자들이 임시 근로자로 파악되었다.[4] 통계청은 또한 2003년 이후 경제활동인구 부가조사에서 비정규직 근로자를 한시적 근로자(고용계약 기간이 정해져 있는), 시간제 근로자(파트타이머), 비전형(파견, 용역, 특수형태, 가정 내, 일일) 근로자로 나누어 조사하고 있다. 따라서 상용근로자 중에서도 비정규직이 적지 않으며, (2)의 기준에 해당하는 근로조건이 열악한 임시근로자가 비정규직 범위에 들지 않아 정규직으로 분류되는 경우가 적지 않게 되었다.

[그림 12-9]에서 일용 및 임시 근로자의 추이를 보면, 외환위기 이후 전체

4 사업체 규모에 따른 임시 및 일용 근로자의 비중을 보면 2001년에 5인 미만은 91%, 5-9인은 71%, 10-49인은 49%, 100-299인은 18%, 300인 이상은 12%로 나왔다(정이환 2013).

그림 12-9 비정규직 근로자 비중

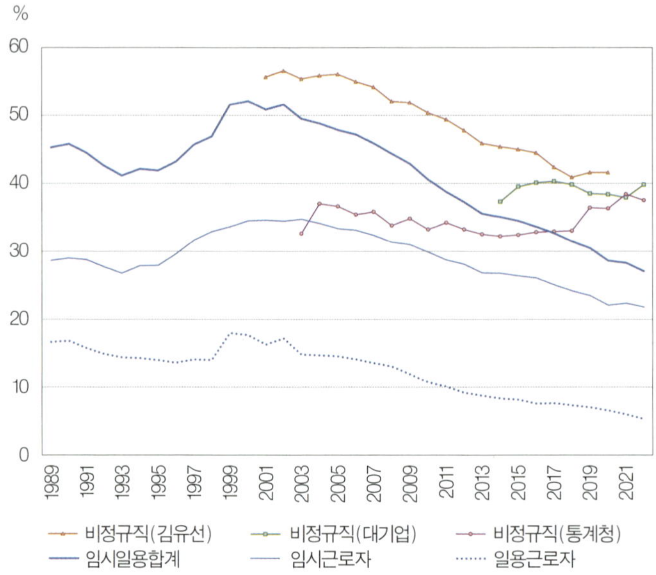

주: 1) 비정규직(통계청)의 비중이 2018-2019년에 상승한 것은 비정규직 범위가 확대된 자료상의 단절로 인한 것이다.
2) 비정규직(대기업)이란 고용 형태 공시제도의 적용 대상인 300인 이상 고용 사업체.
자료: 통계청, 「경제활동인구조사 및 동 부가조사」; 김유선(2022).

근로자의 52%를 차지할 정도로 높아졌다가 하락 추세를 보여 현재는 27%로 떨어졌다. 김유선(2020)은 일용 및 임시 근로자에다 상용근로자 중에서 비정규직으로 파악된 근로자를 더한 것을 전체 비정규직 근로자로 보았다. 이것이 가장 넓은 정의라 할 수 있는데, 마찬가지로 하락 추세를 보였다. 이에 대해 통계청이 조사한 비정규직 근로자는 2004년에 전체 근로자의 37%로 나오며 미미한 하락 추세를 보이다가 다소 높아졌다.[5] 비정규직은 중소 또는

5 2018-2019년의 상승은 비정규직의 범위가 다소 넓어진 통계상의 단절 때문이다.

영세 기업에만 분포한 것은 아니고 대기업에서도 널리 이용되고 있다. 대기업에 직접 고용되거나 파견근로자 형태로 간접 고용되고 있는 비정규직 근로자가 대기업에서 일하는 근로자의 40%에 달한 것으로 나왔다.[6]

[그림 12-10]은 『고용형태별 근로실태조사』를 이용하여 정규직과 비정규직 근로자 간의 임금 격차를 구해 본 것이다. 거기에서 먼저 정규직 대비 비정규직 시간당 임금의 단순평균 격차(그림의 미조정)를 보면 2006년에 59%에서 2021년에 75%로 차이가 줄었지만, 여전히 큰 격차가 벌어진 것으로 나왔다. 그렇지만 비정규직이 낮은 임금을 받는 것에는 정규직보다 학력이 낮거나 저임금 직종이나 산업에 몰려 있기 때문일 수 있다. 이러한 근로자의 인적 속성과 사업체 특성의 차이를 감안한 순 임금 격차를 구해 볼 필요가 있다. 식 (12-1)은 제5장에서 순 임금 격차를 추정하는 데 이용되었던 식 (5-1)에 고용형태 변수인 N을 추가한 것이다. N은 정규직일 때에는 0이고 비정규직일 때에는 1이 되는 카테고리 변수인데, 그 계수인 β_N은 식 (12-1)의 다른 변수들이 모두 동일하고 고용 형태만 다를 경우 정규직 대비 비정규직의 시간당 임금 격차(그림의 조정)를 측정한다.[7] [그림 12-10]에서 모든 변수를 통제한 순 임금 격차를 보면 98-104%로 나와 격차가 거의 없거나 2011년 이후에는 오히

6 2014년 이후 상시 300인 이상 근로자를 고용한 사업체를 대상으로 고용 형태별 공시 제도가 시행되었다. 사업주가 직접 고용한 근로자뿐만 아니라 다른 사업주 소속이면서 파견, 하도급, 용역 등의 형태로 해당 사업체에서 일하는 근로자까지 포함하여 공시하고 있다. 그 내역을 보면 대기업이 직접 고용한 비정규직과 파견 등의 형태로 간접 고용한 비정규직 비율이 각각 20% 정도로 나온다. 사업체 규모가 커질수록 직접 고용보다는 간접 고용의 비율이 더 높아지는데, 예컨대 500인 미만 대기업의 직접 및 간접 고용의 비율은 23%와 4%였지만, 1만 명 이상 기업의 경우는 그 비율이 13%와 30%로 뒤바뀌어 있다(김유선 2022).

7 식 (12-1)에서 피설명변수인 $\ln(hW)$는 근로자의 시간당 임금(로그값)이고, 근속연수인 T와 그 제곱인 T^2는 연속변수이고, 나머지는 모두 0과 1의 값을 갖는 카테고리 변수이다. S는 성, E는 학력, C는 경력연수, Z는 사업체 규모, X_i는 직종이나 산업 등 그 외의 설명변수, ϵ은 오차항을 말한다.

려 비정규직의 임금이 더 높아 역전된 것으로 나왔다.[8]

$$\ln hW = \alpha + \beta_T T + \beta_{T2} T^2 + \beta_S S + \beta_E E + \beta_C C + \beta_Z Z + \beta_N N + \beta_i X_i + \epsilon \qquad (12\text{-}1)$$

식 (12-1)에서 통제변수를 어디까지 포함할 것인가는 추정된 임금 격차에 영향을 미친다. 통제변수를 늘리면 통제된 변수가 모두 동일한 근로자의 임금을 비교하게 되므로 추정된 격차는 점점 줄어든다. 반대로 통제변수를 줄이면 추정된 임금 격차가 커지며, 통제변수를 모두 없애면 관찰된 임금 격차를 모두 순 격차로 보는 셈이 된다. 결국 통제변수의 선택은 무엇을 노동시장에서 차별로 보는가를 정하는 문제가 된다. 예컨대, 비정규직 근로자가 임금이 높은 직종으로 이동하는데 장벽이 있다고 할 경우 식 (12-1)에서 직종을 통제변수로 포함하면, 그러한 장벽에 기인한 임금 격차를 포착하지 못하게 되므로 임금 격차가 과소평가될 수 있다. [그림 12-10]에는 인적 속성(성, 학력, 경력)만을 통제해서 구한 임금 격차를 제시하였다.[9]

이것을 통제하는 것만으로도 비정규직의 임금은 2006년에 정규직 대비 87%로 줄어든 것으로 나왔고, 이 비율은 2021년에 95%로 축소되었다. 정규직과 비정규직 간의 임금 격차는 통상의 인식과는 달리 대부분 인적 속성의

---

8 정이환(2013)은 노동시장 불평등의 요인으로서 고용 형태와 기업 규모의 어느 쪽이 더 중요하였는지를 제기하고, 2004년의 경제활동인구 부가조사 등을 이용하여 고용 형태보다 기업 규모가 더 중요하였다는 결론을 얻었다. 여기에서는 『고용형태별 근로실태조사』를 이용하고 그가 통제한 변수들을 모두 통제할 경우 정규직과 비정규직의 순 임금 격차는 그의 연구 결과보다 더욱 미미해졌고, 근래에는 역전된 것으로 나왔다.

9 여기서 인적 속성의 하나인 근속연수를 통제하지 않았는데, 비정규직은 경력이 길어도 근속연수가 짧은 경우가 많다는 점을 감안하였다. 만약 근속연수를 통제하면 이들 비정규직의 임금을 근속연수가 짧은 정규직 임금과 비교하게 되므로 임금 격차를 과소평가하게 되기 때문이다. 근속연수를 통제변수로 추가할 경우 2012년 이후 비정규직 임금이 더 높은 것으로 역전되어 버린다.

그림 12-10 정규직(=100) 대비 비정규직 근로자의 임금

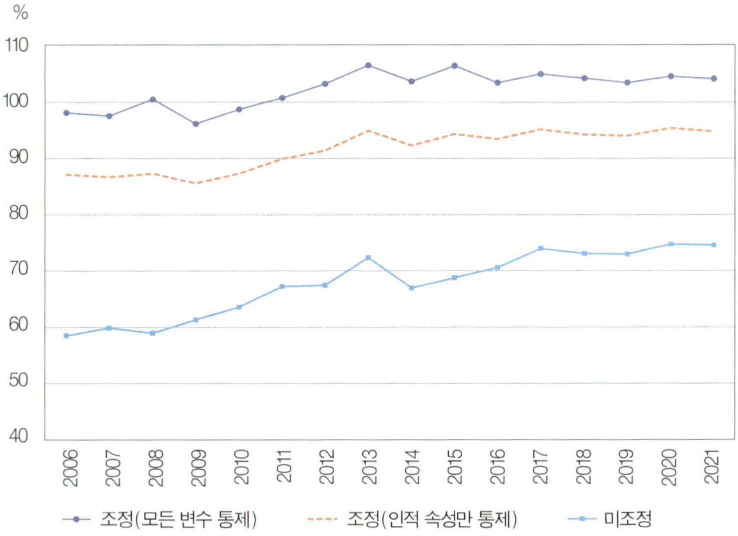

주: 미조정은 정규직과 비정규직 시간당 임금의 단순평균의 격차이고, 조정은 인적 속성이나 사업체의 특성의 차이를 통제한 순 임금 격차를 말한다.
자료: 고용노동부, 『고용형태별 근로실태조사』(마이크로 데이터).

차이로 설명됨을 알 수 있다.[10]

그럼에도 불구하고 정규직과 비정규직의 불평등이 기업 규모별 임금 격차에 비해 부당한 차별로 인식되고 사회적인 주목을 더 끌고 있다. 정이환(2013)은 그 이유의 하나로서 비전형 근로자들이 자신들을 직·간접적으로 고용한 대기업에 대해 근로조건의 개선을 내걸고 조직화와 동원화가 이루어졌기 때

10 여기에 추가로 고려할 필요가 있는 것으로서 비정규직 근로자는 4대 보험에 가입되지 않은 경우가 많은데, 시간당 임금 격차에서는 이 점이 반영되지 않는다. 또 하나는 영세업체에 고용되어 있는 저임금 근로자들은 전술하였듯이 대부분 임시근로자로 분류되지만, 고용 형태의 분류 기준에서는 정규직 근로자로 파악되는 경우가 적지 않다는 점이다.

문으로 보았다. 이에 대해 영세 사업체에 고용된 근로자들은 더욱 열악한 조건에 놓여 있음에도 불구하고 조직화가 어려워 사회적 발언이 미약하였고 주목을 받지도 못하였다고 할 수 있다. 그들을 고용한 사업체가 생산성이 떨어져 지불 능력이 낮았기 때문이다.

한편, 외환위기 이후에 노조 유무별 임금 격차가 확대되었다. 노동고용부의 『임금구조 기본통계조사』는 1987년부터(2008-2012년은 제외), 『고용형태별 근로실태조사』는 2006년 이후 노조 가입 여부를 조사하였다. [그림 12-11]은 이를 이용하여 노조 유무별 임금 격차를 보였다. 먼저 노조와 비노조 간의 단순 임금 격차(그림의 미조정 A)를 보면, 민주화(1987년) 이후 85% 전후로 벌어졌고, 외환위기 이후에 다시 벌어져 2000년대 전반에는 75% 전후까지 떨어졌다가, 데이터의 공백이 있지만 근래에는 다소 축소로 돌아섰음을 볼 수 있다. 『고용형태별 근로실태조사』를 이용한 임금 격차(그림의 미조정 B)는 더욱 벌어져 2000년대 말에 61%로까지 떨어진 후 최근에는 68%로 높아졌다. 고용형태조사의 조사 대상은 임금구조조사보다 임금이 낮고 대부분 노조에 가입되어 있지 않은 소규모 사업체의 근로자를 더 많이 포함하고 있는데, 이러한 커버리지의 차이로 인해 노조 유무별 격차가 더욱 벌어진 것으로 나왔다.

노조 유무별 임금 격차의 경우에도 근로자의 인적 속성과 사업체 특성의 차이를 감안한 순 임금 격차를 구해 볼 수 있다. 식 (12-1)에서 고용 형태 변수인 N 대신에 노조 유무를 나타내는 카테고리 변수 U로 바꾸어 U의 계수인 β_U를 추정하면 된다. 그 결과를 그림에서는 순 임금 격차(조정 A 또는 조정 B)로 제시하였다. 그림에 따르면, 1980년대 말에 95%로 벌어진 후 1991-1997년에 97-102%로 차이가 미미해졌다가 외환위기 이후에 다시 92%로 벌어진 것으로 나왔다. 류재우(2005)는 『임금구조 기본통계조사』를 이용하되 남자로

그림 12-11 노조 유무별 임금 격차(노조 있는 경우=100)

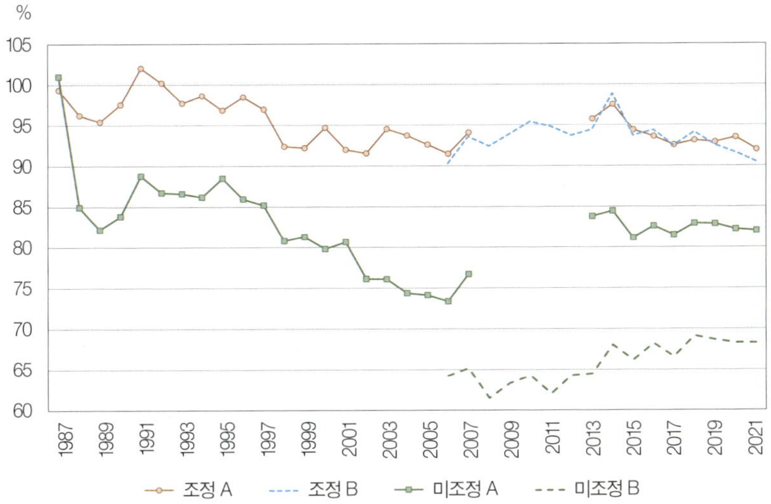

주: 1) 미조정 A(또는 B)는 노조 유무별 시간당 임금의 단순평균 격차이고, 조정 A(또는 B)는 근로자의 인적 속성과 사업체 특정의 차이를 통제한 순 임금 격차를 말한다.
2) A는『임금구조 기본통계조사』, B는『고용형태별 근로실태조사』에 각각 의거한 것이다.
자료: 고용노동부,『임금구조 기본통계조사』;『고용형태별 근로실태조사』(마이크로 데이터).

한정해서 노조의 임금 효과를 추정하였는데, 거기에서도 유사한 결과가 나왔다.『고용형태별 근로실태조사』를 이용한 경우에도 양자의 순 임금 격차가 95% 전후로 나와 어느 자료를 이용하더라도 결과가 크게 다르지 않음을 알 수 있다.

노조와 비노조 간의 단순 임금 격차가 크게 벌어져 있음에도 불구하고 여기서 추정된 순 격차는 일반적인 인식과는 달리 그다지 크지 않아 5% 또는 많아야 10%를 넘지 않은 것으로 나왔다. 여기에는 두 가지 점을 추가로 고려할 필요가 있다. 하나는 노조는 주로 대기업이나 공공 부문에 집중되어 있고 중소기업으로 가면 노조가 없는 경우가 일반적이다. 즉, 노조의 유무와 기업 규모 간의 상관관계가 매우 높다. 현실에서는 노조가 있는 대기업과 노조가 없는 중소기업이 관찰되는 경우가 일반적이며 양자 간의 임금 격차가 매우 크지만, 그 격차의 상당 부분이 기업 규모 간 격차로 포착되었다. 그림으로 제시하지 않았지만, 식 (12-1)에서 기업 규모(Z)를 통제하지 않고 노조 유무별 임금 격차를 구하면 [그림 12-11]의 순 격차보다 크게 벌어진다.

또 하나는 노조 유무에 따라 근속연수의 격차가 상당히 벌어졌는데, 그러한 차이가 노조의 영향력으로 나타났을 가능성이 크다는 점이다. 그 경우 노조의 임금 효과를 추정할 때 근속연수를 통제하게 되면 노조의 영향력이 과소평가된다. 식 (12-1)에서 근속연수를 통제하지 않고 추정하면 노조의 임금 효과가 상당히 커지는 것으로 나온다.

노조 유무에 따른 근로자 평균 근속연수를 구해 보면 노조가 있는 경우 1987-2021년에 5년에서 13년으로 크게 늘어났다. 이에 비해 노조가 없는 경우에는 같은 기간에 4년에서 6년으로 늘어나는 데 그쳤다. 영세 규모 사업체를 포함하는 『고용형태별 근로실태조사』로 보면 그 격차는 더 컸다. 이렇게 관찰된 근속연수의 차이 중에서 노조의 영향력으로 설명되는 부분이 얼마나 되는지를 추정해 볼 수 있다.[11] 그 결과에 따르면, 노조가 근속연수를 늘리는 효과가 1980년대 말에는 비노조의 1.1배 정도에 불과하였지만, 근래에는 1.4-1.5배의 수준으로 높아진 것으로 나왔다. 나아가 노조는 근속연수를 늘리는 데 그치지 않고 근속연수에 대한 보수율을 높임으로써 비노조와의 임금 격차

11 추정방법은 식 (12-1)에서 종속변수를 시간당 임금($\ln hW$) 대신에 근속연수(즉, $\ln hT$)로 바꾸고 다른 통제변수를 그대로 이용하였다. 여기에서 노조 유무를 나타내는 카테고리 변수(U)의 추정된 계수값을 β_U라고 하면, β_U의 지수값($=\exp(\beta_U)$)은 노조 유무별 근속연수의 순 격차를 보여 준다.

를 확대하였다.[12]

이것은 노조가 기존 노동자에 대한 고용 보호를 강화하였지만, 신규 고용을 상대적으로 더욱 위축시킨 결과라고도 할 수 있다(류재우 2005). 일반적으로 노조의 영향력 확대는 경영자 입장에서 볼 때 근로자의 채용이나 전환배치 또는 해고와 같은 인력의 효율적인 활용을 어렵게 할 수 있는데, 한국에서도 특히 대기업 노조를 중심으로 그러한 현상이 두드러졌다. 외환위기 이후 노동시장의 유연화가 높아졌지만, 노조의 보호를 받고 있는 대기업 정규직 근로자는 예외이어서 시장규율이 잘 작동하지 않는 것으로 평가되고 있다(김대일 2008). 이것은 대기업이 정규직 일자리를 늘리는 것을 꺼리고 비정규직 근로자에 의존하게 만든 요인이라고 생각한다. [그림 12-9]에서 대기업이 직접 고용하였거나 파견 등의 형태로 간접 고용한 비정규직 근로자의 비율을 보였는데, 전체 취업자 중 비정규직의 비율보다 더 높았다. 대기업에서 이같이 비정규직 근로자에 크게 의존해 있는 것은 그들의 임금이 저렴할 뿐만 아니라 경기의 부침에 따라 고용을 손쉽게 조정할 수 있기 때문이다. 그런 의미에서 대기업 노조에 의한 높은 임금과 고용의 보장은 비정규직 근로자의 양산이나 좋은 일자리를 찾지 못한 청년층의 실업 확대와 무관하다고 할 수 없다.

그런데 외환위기 이후 빠르게 확대되었던 근로소득의 불평등은 2010년 이후 대체로 축소되는 방향으로 돌아섰다. 이 시기 임금 격차를 주도하던 사업체 규모별 격차([그림 5-16])도 2015년 이후 빠르게 축소되었다. 이러한 추이는 과세 자료에 의해서도 확인된다. [그림 12-12]는 국세청의 근로소득 연말

---

12 노조와 비노조 간에 근속연수에 대한 보수율 차이는 다음과 같이 구해 볼 수 있다. 즉, 근로자를 노조와 비노조의 두 그룹으로 나눈 다음, 각각에 대해 식 (12-1)의 임금함수를 추정하여 각 근속연수의 계수값(β_T)을 비교해 보면 노조 그룹이 비노조 그룹보다 높게 나온 것으로 확인할 수 있다.

그림 12-12 근로소득의 분위별 비중과 지니계수의 추이

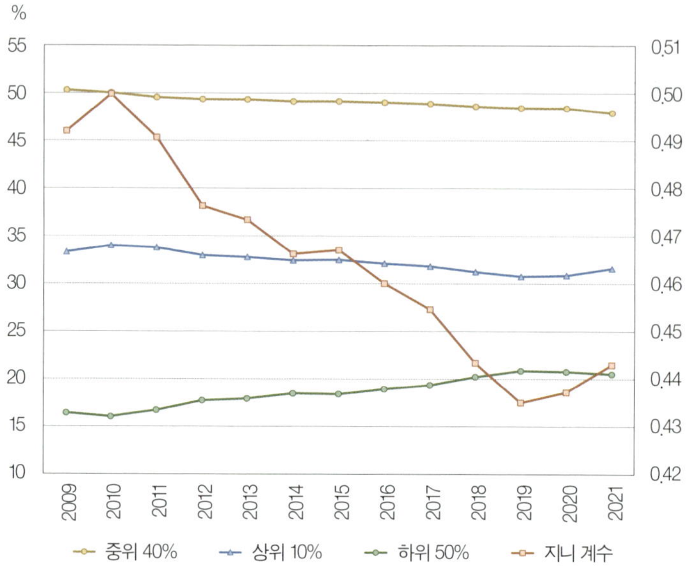

주: 1) 국세청의 근로소득 연말정산 자료와 일용근로소득 자료를 이용하여 추정.
2) 분위별 비중은 왼쪽 눈금, 지니계수는 오른쪽 눈금.
자료: 김낙년(2018b). 최근 연도를 업데이트하였다.

정산 자료와 일용근로소득 자료를 결합하여 전체 근로소득자의 소득분위별 분포와 지니계수를 제시한 것이다. 여기에 따르면 지니계수가 2010-2021년에 0.5에서 0.44로 하락하였다. 전체 근로자를 소득 상위 10%, 중간 40%, 하위 50%로 나누어 분위별 소득 비중을 보면 상위 10%와 중간 40%의 소득 비중이 하락한 반면, 하위 50%의 비중은 상승하였다. 즉, 2010년 이후 근로소득의 분포는 개선되고 있었음을 알 수 있다. 다만 2020년 이후에는 그 추세가 멈춘 것으로 보인다.

임금 격차의 확대 추세가 계속되지 않고 축소로 돌아선 것이 무엇 때문

그림 12-13 한국의 최저임금 수준의 국제 비교

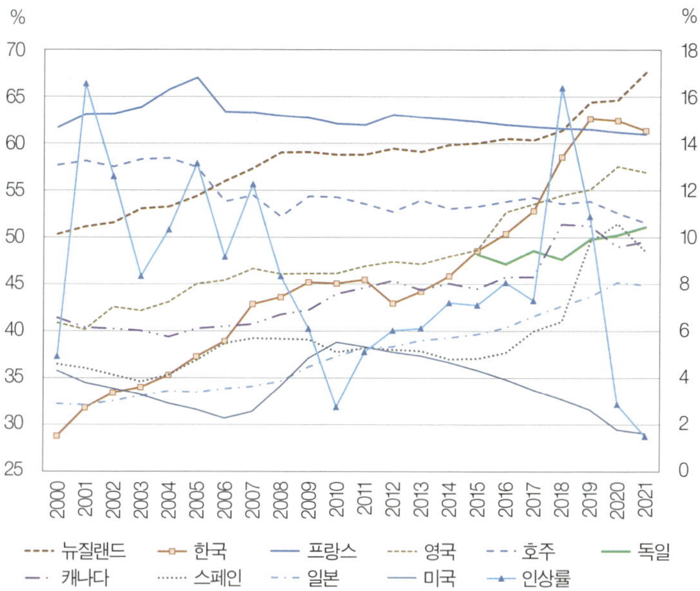

주: 1) 최저임금 수준이란 각국의 근로자 시간당 임금의 중앙값(median) 대비 최저임금 비율이다.
2) 한국의 최저임금 인상률은 오른쪽 눈금.
자료: 김낙년(2020b); OECD, Statistics.

일까? 한 가지 가능성으로서 최저임금이 이 시기에 빠르게 인상되었음을 지적할 수 있다. [그림 12-13]은 2000년 이후 매년 최저임금 인상률을 보였는데, 2008년까지는 8%에서 17%로 인상률이 매우 높았으며, 글로벌 금융위기로 잠시 억제되었다가 다시 높아졌다. 특히 문재인 정부는 시간당 최저임금 1만 원의 공약을 내걸고 2018-2019년에는 11-16%로 인상하였다가 부작용이 커지자 그 후 인상률을 2% 정도로 낮추었다. 각국의 최저임금이 근로자 시간당 임금분포의 중앙값(median) 대비 몇 %에 해당하는지를 기준으로 그 수준을 비교할 수 있다. 그림에서는 이 방식으로 OECD 주요 국가의 최저임금이 어떤 수준인지를 보였다. 여기에 따르면, 한국의 최저임금은 2000년에 중앙값의 29%에 불과하였지만 2019년에는 63%로까지 급등하여 OECD 국가 중 최저임금 인상이 가장 빨랐다. 특히 2012-2019년간에는 최저임금이 중앙값의 43%에서 63%로 치솟아 프랑스를 능가하였고, 최근에 급등한 뉴질랜드에 이어 2위에 해당하는 수준으로 높아졌다.

최저임금제는 후술하는 소득재분배와 달리 시장에서 결정되는 임금을 규제하여 가격기구를 왜곡하는 방식으로 이루어진다는 점에 유의할 필요가 있다. 그로 인해 최저임금 인상이 하위 계층의 소득을 높이는 데 기여하였지만, 부작용이 컸다고 생각된다. 최저임금 인상은 고용주 입장에서는 큰 부담이 되며, 고용의 감소를 가져올 수 있다. [그림 12-14]는 2010년 이후 5년마다 사업체를 전수 조사한 『경제총조사』를 이용하여 사업체 규모별로 1인당 부가가치와 임금을 비교한 것이다. 종사자 300인 이상 사업체의 1인당 부가가치를 100%로 놓았을 때 10인 미만 사업체는 2015년에 그 21-44%, 100인 미만 사업체도 그 절반을 조금 넘는 수준에 불과하였다. 사업체 규모가 작을수록 부가가치 생산성이 크게 떨어져 임금의 지불 능력에 한계가 있었음을 알 수 있다. 그럼에도 불구하고 1인당 임금의 규모별 격차는 부가가치 격차보다 작았다. 중소 규모로 갈수록 부가가치 대비로 보았을 때 실제의 임금 부담은 더 컸다고 할 수 있다. 이러한 상황에서 최저임금의 급격한 인상은 생산성이 낮은 사업체를 도태시킬 가능성이 컸다고 생각된다.

김낙년(2020b)은 통계청의 『지역별 고용조사』를 이용하여 최저임금의 인상이 고용, 근로시간, 시간당 임금에 미친 영향을 분석하였는데, 여기에 따르면 2018년에 이루어진 최저임금의 급격한 인상은 시간당 임금을 높인 반면

그림 12-14 사업체 규모별 1인당 부가가치와 임금의 격차

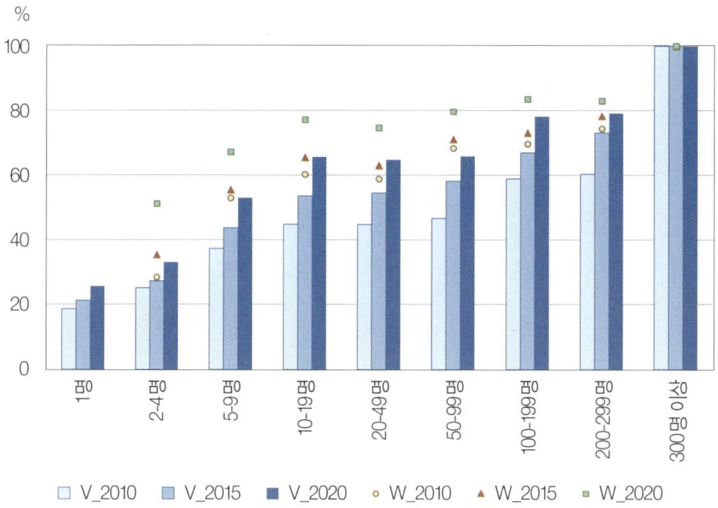

주: 막대그래프는 300인 이상 사업체를 기준(100%)으로 각 규모의 1인당 부가가치를 보인 것이고, 각 표식(동그라미, 세모, 네모)은 각 규모의 1인당 임금을 보인 것이다. V는 부가가치, W는 임금을 말한다.
자료: 통계청, 『경제총조사』, 각 연도.

고용을 떨어뜨린 것으로 나왔다. 구체적으로 최저임금 1% 포인트의 인상이 고용 증가를 2만 명 낮추는 효과가 있었던 것으로 추정되었다. 최저임금 수준이 낮았을 때에는 인상률이 높아도 고용에 미친 부정적 효과가 크지 않았지만, 문재인 정부가 추진한 최저임금의 급격한 인상은 최저임금이 이미 국제적으로 높은 수준에 달한 시기였으므로 고용에 미친 부정적 효과가 컸다. 한국은 최저임금을 준수하지 않는 비율이 다른 나라와 달리 매우 높은데, 최저임금을 감당하지 못한 중소업체나 자영업자가 그만큼 많았음을 뜻한다. 임금은 결국 노동생산성 증가를 통해 높아질 수 있는 것인데, 그러한 생산성의

뒷받침이 없이 최저임금을 무리하게 인상하면 자영업자의 도태와 고용의 축소 등 부정적 효과가 더 커질 수 있다.

[그림 12-14]에서 주목되는 것은 2010년 이후 5년 간격으로 보인 사업체 규모별 1인당 부가가치의 생산성 격차가 꾸준히 줄었다는 것이다. 그와 함께 규모별 임금 격차도 2010-2015년간은 소폭(그림의 동그라미와 세모 표식)으로, 2015-2020년간에는 큰 폭(세모와 네모 표식)으로 줄어들었음을 볼 수 있다. 즉, 규모별 임금 격차가 2010년대에 들어와 축소로 돌아선 것은 그 배후에 규모별 부가가치 생산성 격차가 축소되었기 때문임을 알 수 있다.

외환위기 이후 2000년대에 걸쳐 사업체 규모별 임금 격차의 확대가 전체 불평등을 주도하였음을 보았다([그림 5-16]). 2010년 이전은 전체 사업체를 대상으로 한 『경제총조사』를 이용할 수 없지만, 광공업으로 한정하면 규모별로 1인당 부가가치와 임금의 연도별 통계를 1999년까지 연장할 수 있다. 그것에 따르면, 2000년대에는 1인당 부가가치와 임금의 격차가 모두 대체로 확대되는 추세를 보였다가 2010년대에 들어와 축소되는 추세로 돌아서는 U자형의 양상을 보였다. 요컨대, 사업체 규모별 임금 격차가 확대되었다가 축소로 돌아선 것은 그 배후에 있는 생산성 격차의 동향에 규정된 바가 컸다고 생각된다.[13]

---

13 정이환(2013)은 한국의 고용체제를 '신자유주의적 분절체제'라는 성격을 가진 것으로 보고 있다. 여기서 분절체제란 대기업의 정규직 근로자가 노조의 보호를 받고 내부 노동시장이 형성되어 고용이 대체로 안정되어 있고 임금과 근속기간 등에서 나머지 부문과 현격한 격차가 나타남을 말한다. 이에 대해 중소기업이나 비정규직 근로자는 기업 내부시장이 제대로 형성되지 못하고 사회적 보호를 받지 못한 채 시장에 그대로 방치되어 있다는 점에서 신자유주의적이라고 하였다. 그리고 이 분절체제와 신자유주의를 동시에 극복하는 것이 과제이고, 그 대안을 '사회적 노동시장'의 구축에서 찾아야 한다고 주장하였다. 그런데 이러한 분절체제가 기업 규모 간 생산성 격차에 근거하고 있다는 점에 유의할 필요가 있다. 예컨대, 기업 규모 간의 생산성 격차를 해소하지 못한 채 사회적 규제를 강화하는 것은 최저임금의 과도한 인상에서 본 바와 같은 부작용을 초래할 우려가 크다. 생산성을 높이고

그림 12-15 20대와 30대의 고용률과 실업률

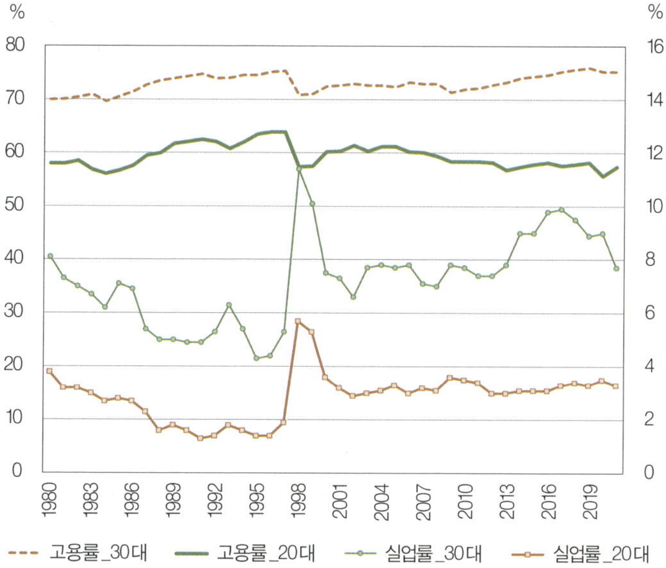

주: 1) 고용률=15-64세 취업자 수/15-64세 인구.
2) 고용률은 왼쪽 눈금, 실업률은 오른쪽 눈금.
자료: 통계청, KOSIS.

외환위기 이후 저성장과 고용 둔화의 충격은 청년층에서 가장 크게 나타났다. [그림 12-15]는 20대와 30대의 고용률과 실업률을 보인 것이다. 고용률은 15-64세 취업자 수를 해당 인구수로 나누어 구한다. 30대의 고용률은 외환위기로 하락한 후 점차 이전 수준을 회복해 간 것으로 나타났지만, 20대의 고용률은 회복되기는커녕 근래에는 더욱 하락하였다. 실업률의 경우도 마찬가지였다. 30대의 실업률은 외환위기 이후 실업률이 2% 미만에서 3% 이

그 규모 간 격차를 좁히는 성장의 문제가 분배와 함께 고려되어야 하는 이유이다.

상으로 높아진 것을 볼 수 있는데, 20대의 실업률은 30대보다 훨씬 더 높았을 뿐만 아니라 상승하기도 하였다.[14] 20대 청년은 일자리를 구하고자 하지만 찾지 못한 비율(즉, 실업률)이 높았을 뿐만 아니라 고용률의 하락이 보여주듯이 구직을 아예 포기하는 경우가 늘어났음을 알 수 있다.

이상에서 근로소득 내부의 불평등(즉, 임금 격차)에 초점을 맞추어 살펴보았지만, 비근로소득의 양상은 달랐다. [그림 5-17]에서 상위 1%의 소득집중도 추이에서 보았듯이 외환위기 이후 2010년까지는 근로소득과 비근로소득의 집중도가 모두 높아졌지만, 그 이후에는 근로소득의 집중도가 하락 또는 정체하였던 반면, 비근로소득을 반영하고 있는 종합소득이나 전체 소득의 집중도는 계속 높아졌다. 즉, 비근로소득에서 격차가 커진 것이 전체 불평등의 확대를 주도하고 있다고 할 수 있다.

비근로소득 중에서 사업소득 이외에 특히 금융 자산이나 부동산 자산으로부터 얻은 소득이 중요한데, 이러한 자산의 분포는 소득의 분포보다 훨씬 더 편중되어 있다(김낙년 2019). 상위 1%의 소득집중도가 근래에 빠르게 높아진 것은 특히 배당소득이 빠르게 늘어났기 때문이었다. 금융 자산의 편중이 워낙 심해서 그 수익이 늘어나면 곧바로 불평등의 심화로 귀결되고 있음을 알 수 있다.

그런데 금융 자산이나 부동산 자산의 형성은 스스로 번 소득 중의 일부를 저축하거나 상속이나 증여와 같은 부의 이전(transfer)을 통해 이루어진다. 우리나라에서 부의 축적에서 상속이나 증여가 기여한 비중은 1990-2000년대

14 실업률의 정의가 2000년부터 구직기간 1주 이상에서 국제기준에 따라 4주 이상으로 바뀌었고 이로 인해 실업률이 다소 높아지는 단절이 생겼지만, 이를 감안해도 실업률이 이전보다 높아진 것으로 생각된다.

에 29%였던 것이 근래에는 38%로 높아지는 추세를 보인 것으로 나왔다(김낙년 2017). 이것은 선진국과 비교하면 아직 낮은 수준인데, 우리나라의 사망률이 선진국보다 낮았고, 경제성장률과 저축률이 높아 젊은 층이 자산을 축적할 기회가 상대적으로 많았기 때문이다. 그렇지만 앞으로 고령화가 더욱 진행되고 경제성장률이 더 떨어지면 상속이나 증여를 통한 부의 축적이 저축을 통한 경우보다 점점 더 중요해질 것으로 전망된다. 이것은 부의 불평등을 심화시킬 수 있다. [그림 5-17]에서 나타난 근로소득보다는 부의 편중에 기인한 소득 격차가 불평등을 주도하는 양상은 앞으로도 계속 이어질 가능성이 크다고 생각된다.

4. 재분배와 복지국가

외환위기 이후 불평등이 확대되면서 조세 및 재정 지출을 통한 소득재분배에 관심이 높아지고 있다. 정부에 의한 소득재분배가 다른 나라와 비교하여 어느 수준인지, 나아가 한국의 복지체제의 특징이 무엇인지 살펴보자.

먼저 한국의 소득재분배 수준은 유럽 국가들에 비해 매우 낮은 것으로 인식되고 있다. [그림 5-11]이 그 근거로 널리 이용되어 왔다. 거기에는 2016년 전후에 OECD 국가의 시장소득과 가처분소득의 지니계수가 제시되어 있는데, 양자의 차이를 소득재분배 효과로 볼 수 있다. 그것에 따르면, 재분배 효과는 핀란드, 프랑스, 독일이 각각 0.24, 0.23, 0.21로 높았고 많은 나라에서 0.2에 가까운 수준을 보인 데 비해, 미국은 0.12, 한국은 0.05로 매우 낮았다. 한국보다 낮은 나라는 튀르키예와 멕시코, 칠레 정도였다.

그렇지만 이를 가지고 한국의 재분배 수준이 국제적으로 매우 낮다 고 곧바로 결론 내리기는 이르다. 몇 가지 추가로 고려할 문제가 있다. 먼저 거기([그림 5-11])에서 눈에 띄는 것은 한국의 시장소득 지니계수가 0.41로 가장 낮은 반면, 다른 나라들의 시장소득 지니계수는 0.5 전후로 높아 격차가 컸다는 점이다. 유럽 국가들은 한국보다 앞서 고령화가 진행되어 은퇴한 노인들의 비중이 높았는데, 시장소득 기준으로 측정하면 그들의 소득이 대부분 0이 되므로 불평등도가 높게 나온다. 그리고 연금 제도를 갖추고 있어 그들은 대부분 은퇴 후 연금을 받게 되므로 이를 포함하는 가처분소득 기준으로 바꾸면 불평등도가 크게 줄어든다. 고령화로 인해 이들 국가의 의료비 지출 비중도 매우 높다. 즉, 유럽의 재분배 수준이 특히 높았던 것에는 고령화 효과가 반영되어 있다는 점에 유의할 필요가 있다.

이를 감안하기 위해 [그림 12-16]은 각국의 고령화 정도와 소득재분배의 관계를 보여 준다. X축은 65세 이상 인구의 비율이고, Y축은 두 지니계수의 차이로 측정한 재분배 효과이다. 고령화가 진행될수록 재분배 효과가 높았으며 양자의 상관계수는 0.7로 나온다. 그래프에서 추세선이 우상향하고 있으므로 한국의 재분배 수준이 낮은 것은 유럽보다 아직 고령화가 덜 진행된 것으로 상당 부분 설명될 수 있음을 알 수 있다. 다만 한국은 그림에 제시된 추세선보다도 상당히 아래에 위치하고 있어 고령화 차이를 감안하고 나서도 유럽과의 격차가 여전히 남았다. 그것은 후술하듯이 한국은 유럽보다 연금 제도의 도입이 늦었고 사회부조의 지출이 유럽보다 낮았기 때문이다. 미국을 비롯한 영어권 국가들도 유럽보다 재분배 수준이 상당히 낮은 것으로 나오는데, 그중 일부는 유럽보다 고령화가 덜 진행된 것으로 설명된다. 이에 대해 일본은 유럽보다 고령화가 더 진행되었지만, 재분배 수준은 유럽에 미치지

그림 12-16 고령화 비율과 소득재분배

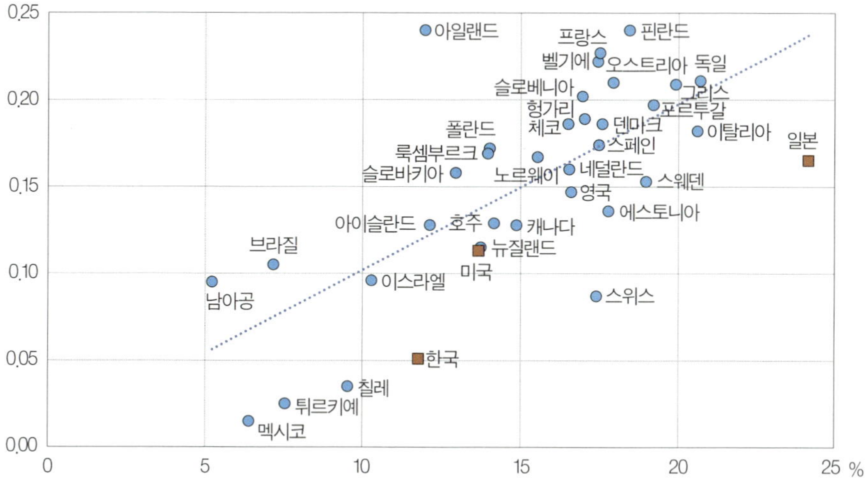

주: X축은 65세 이상 인구 비율, Y축은 시장소득 지니계수에서 가처분소득 지니계수를 뺀 재분배 효과.
자료: OECD, Statistics.

못한 것을 알 수 있다.

또 하나 고려할 것은 앞의 두 그래프에서 보인 재분배 효과가 현금으로 지급된 사회수혜금, 직접세, 연금이나 건강보험 등의 사회보장기여금(SSC)으로 한정해서 구한 것이라는 점이다. 여기에서 빠진 간접세와 현물 서비스를 포함해서 보면 재분배의 양상이 달라질 수 있다. 이것은 한국뿐만 아니라 구미 선진국에 대해서도 마찬가지로 이야기될 수 있다. 통상 재분배 정책에 따라 복지국가 체제를 세 유형으로 나눌 수 있으며(예컨대, Esping-Anderson 1990), 그들 간에는 불평등에서도 상당한 차이가 있는 것으로 이해되고 있다. 북유럽은 복지 지출이 가장 많고 수혜의 자격에 제한이 적어 불평등이 가장 낮은 반면, 미국을 비롯한 영어권 국가들은 그 반대로 복지 지출도 적고 불평등도 가장 높으며, 대륙 유럽 국가들은 상당한 복지 지출을 하고 있지만 북유럽에 비해 불평등이 높게 나타난다. 그런데 가핀켈 등에 따르면, 정부의 재분배에서 현금뿐만이 아니라 의료와 교육과 같은 현물 서비스를 포함하도록 확대하고, 복지 지출의 재원으로서 간접세의 재분배 효과를 반영하면 위 세 유형에서 나타난 소득 불평등의 차이, 특히 하위 계층에서의 차이가 거의 없어진다는 점을 강조하고 있다(Garfinkel et al. 2006). 재분배 효과가 높은 현물 서비스의 비중이 크다는 점, 유럽의 간접세 부담률이 미국보다 훨씬 높으며 그 부담이 역진적이라는 점을 고려하면 유럽의 재분배 효과가 실제보다 과장된 것으로 나오기 때문이다.

이 점을 한국에 대해서도 검토해 보자. [그림 12-17]은 한국은행의 국민계정 통계를 이용하여 우리나라 복지 지출을 현금과 현물 이전의 주요 항목으로 나누어 국민소득 대비 비율로 보인 것이다. 거기에서 현금 이전은 연금이나 실업보험과 같이 사회보험으로 지출된 것과 보험료의 기여 없이 정부 예산으로 지출되는 사회부조로 나누었다. 연금 등(현금 이전)은 1982년에 국민소득의 1%에서 최근에는 5%로 크게 늘어났다.[15] 국민연금 제도가 도입된 1988년 이후 연금 부담금을 납입한 가입자들이 점차 은퇴하여 연금수급자가 되면서 이 비율이 빠르게 늘어나고 있다. 사회부조(현금 이전)는 외환위기 직전에 국민소득의 0.3%에 불과하던 것이 최근에는 3.3%로 높아져 증가율이 가장 빨랐다. 빈곤층에서 보호 대상자를 선정하여 생계급여 등을 지원하는 국민기초생활보장제도(1999년)와 65세 이상의 노인 중 소득 하위 70%를 대

15 외환위기 직후에 급등한 것이 눈에 띄는데, 외환위기로 퇴직자가 크게 늘어났을 뿐만 아니라 연금을 일시금으로 수령한 경우가 많았기 때문이다.

그림 12-17 우리나라 복지 지출(현금 및 현물 이전)의 국민소득 대비 비율

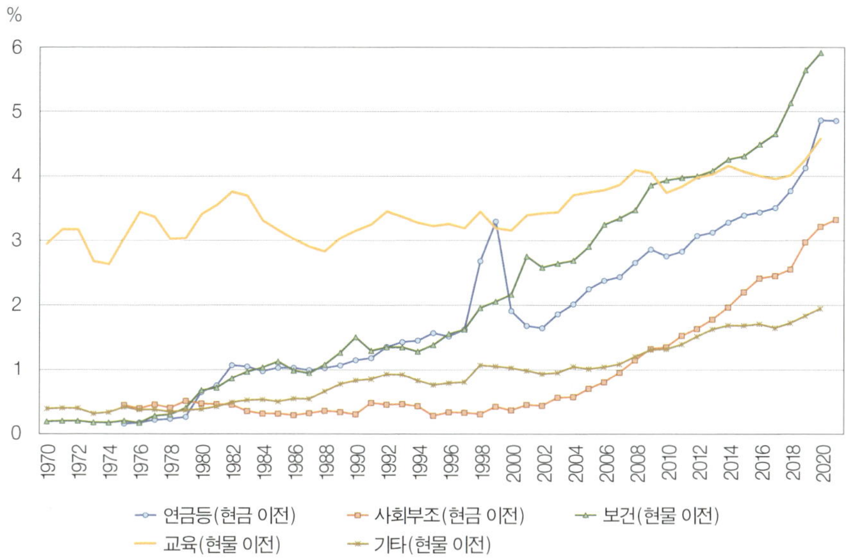

주: 복지 지출의 각 항목을 국민소득(=GDP−고정자본 소모+국외순수취요소소득) 대비 비율로 제시한 것이다.
자료: 한국은행, ECOS.

상으로 지급되는 기초연금 제도(2007년)가 도입되면서 사회부조가 빠르게 늘어났다.

현물 이전은 정부의 소비 지출 중에서 국방이나 공공행정과 같은 집합소비 지출은 제외하고 수혜자가 특정될 수 있는 개별 소비 지출을 대상으로 교육, 보건, 기타의 현물 이전으로 나누었다. 정부의 현물 서비스는 당초 교육을 중심으로 제공되었으며, 그 비중이 1970년에 이미 국민소득의 3%에 달하였고 최근에는 4.6%로 높아졌다. 이에 대해 보건(현물 이전)은 같은 기간에 0.2%에서 5.9%로 급등하였다. 의료보험은 1977년에 500인 이상 사업장을

대상으로 직장 의료보험에서 시작되었고 그 적용 범위가 확대되어 1989년에 전 국민을 대상으로 의료보험 제도가 완성되었다. 그 후 고령화가 진행되면서 의료 수요가 급증하였는데, 이러한 추세는 앞으로 더욱 가속될 것으로 전망된다. 이상에서 보인 정부의 복지 지출은 근래에 연금과 사회부조가 급증하면서 현금 이전이 차지하는 비중이 1997-2020년에 26%에서 39%로 높아졌지만, 여전히 현물 중심으로 이루어졌음을 알 수 있다.

그런데 OECD 각국의 가계조사를 이용한 [그림 5-11]이나 [그림 12-16]의 통계에는 이러한 현물 서비스를 누가 소비하였는지에 관한 정보가 반영되어 있지 않다. 간접세를 누가 부담하였는가도 마찬가지이다. 소득재분배 논의에서 이들 항목이 빠진 것은 이러한 자료상의 한계 때문이라고 생각한다. 다만 영국의 통계청은 조세와 재정 지출의 재분배 효과(effects of taxes and benefits)를 현물 서비스와 간접세로까지 확대한 지표를 작성하여 발표하고 있다. 한국에 대해서도 연구자들에 의해 유사한 시도가 이루어지고 있다. 김낙년(2020c)은 통계청의 가계금융복지조사를 이용하되, 거기에서 빠진 현물 서비스와 간접세를 다른 관련 정보를 이용하여 개인 또는 가구별로 귀속시켰다. 그 방법을 몇 가지 예시하면, 가구별로 학생 수를 알 수 있으므로 거기에 정부의 학교급별 학생 1인당 교육비 지출액을 적용하면 교육 서비스의 수혜자를 특정할 수 있다. 의료와 장기요양 서비스는 건강관리공단의 성별·연령별 평균 급여비를 각 가구에 적용하였다. 간접세는 가구별 소비 지출을 조사한 가계동향조사에서 과세품목별로 소비함수를 추정하고 그 추정계수를 가계금융복지조사의 각 가구에 적용하는 방법으로 구하였다.

[그림 12-18]은 이상의 결과를 요약해서 2018년에 소득분위별로 어떤 수혜를 얼마나 얻고 또 얼마나 부담하는지를 금액 기준으로 보여 준다. 0보다

그림 12-18 소득분위별 수혜와 부담(금액 기준)

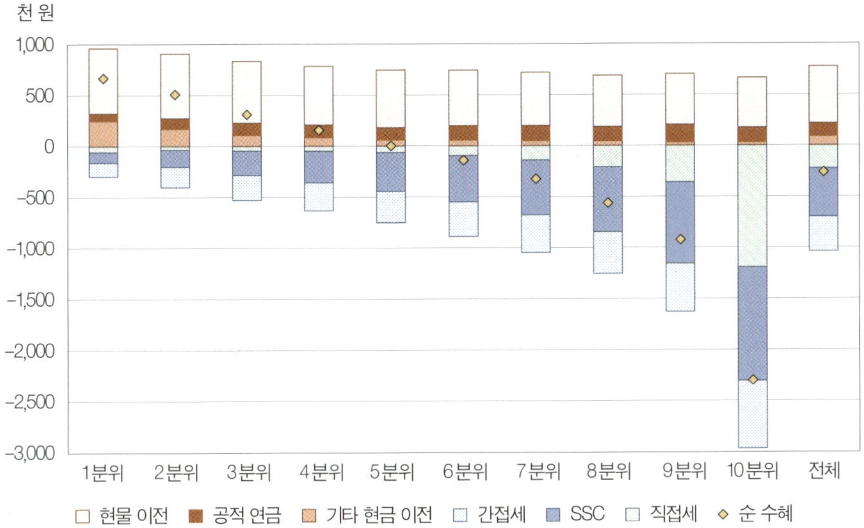

주: 1) 소득분위는 균등화 가처분소득 기준.
2) 순 수혜는 수혜금-부담금. SSC는 연금이나 건강보험료 등의 사회보장기여금을 말한다.

자료: 김낙년(2020c).

위에 있는 항목은 수혜이고, 아래에 있는 항목은 부담을 나타낸다. 여기서 말하는 소득이나 소득분위는 모두 가구원 수의 차이를 조정한 균등화 가처분소득으로 제시하였다.[16] 수혜금와 부담금도 이들과 비교하기 위해 균등화된 금액으로 보였다. 예컨대, 소득이 가장 낮은 1분위는 현물 이전, 공적 연금, 사회부조 등의 기타 현금 이전으로 963만 원을 얻고, 직접세 및 간접세

16 가구별로 가구원의 시장소득에 현금 및 현물 이전소득을 더하고 직접세와 간접세 그리고 사회보장기여금을 빼서 구한 가처분소득을 가구원 수의 루트값으로 나누어 균등화한 소득을 말한다. 각 가구원은 이 균등화된 소득을 얻는 것으로 간주된다.

와 SSC로 295만 원을 부담하여, 양자의 차이인 667만 원을 순 수혜로 얻고 있었음을 알 수 있다. 이에 대해 소득이 가장 많은 10분위는 현물 이전, 공적 연금과 기타 현금 이전으로 667만 원의 수혜를 보고, 직접세 및 간접세와 SSC로 2,967만 원을 부담하여 2,300만 원을 순 부담하는 것으로 나타났다. 1-4분위는 순 수혜가 플러스(+)이고 5분위는 0인 반면 6분위 이상은 마이너스(−)로 나왔다.

[그림 12-19]의 패널 A는 이상의 분위별 수혜와 부담을 각 분위의 평균 소득 대비 비율(%)로 보인 것이다. 금액으로 본 수혜는 분위별로 차이가 크지 않았지만, 소득 대비 비율로 보면 차이가 크게 벌어진다. 즉, 현금과 현물의 수혜율이 모두 하위 분위로 갈수록 빠르게 높아진 것을 알 수 있다. 특히 현물 이전이 소득재분배에 크게 기여하였는데, 그래프를 따로 제시하지 않았지만, 의료급여, 주택보조, 국가장학금과 같이 수급의 자격을 제한한 경우가 그렇지 않은 건강보험이나 초중고 교육보다 재분배 효과가 컸던 것으로 나온다. 이에 대해 금액으로 본 부담액([그림 12-18])은 상위 분위로 갈수록 커졌지만, 소득 대비 비율로 보면 반드시 그렇지 않았다. SSC는 소득에 비례해서 부과되므로 계층 간 부담률에 차이가 없었고, 직접세가 누진적인 반면 간접세는 역진적이어서[17] 양자가 상쇄되는 양상을 보였기 때문이다.

[그림 12-19]의 패널 B는 영국의 재분배 효과를 한국과 같은 기준으로 비교할 수 있도록 제시한 것이다. 먼저 수혜율을 보면 한국은 영국보다 상당히 낮았는데, 현물보다는 연금이나 사회부조와 같은 현금 이전에서 차이

17 간접세 중 부가가치세의 경우 소득 비례적 또는 중립적이라는 주장(Sung and Park 2011; 성명재 2016)이 있지만, 산업연관표를 이용한 보다 포괄적인 접근을 할 경우 역진적으로 나타났다(김낙년 2022).

그림 12-19 한국과 영국의 소득재분배 비교

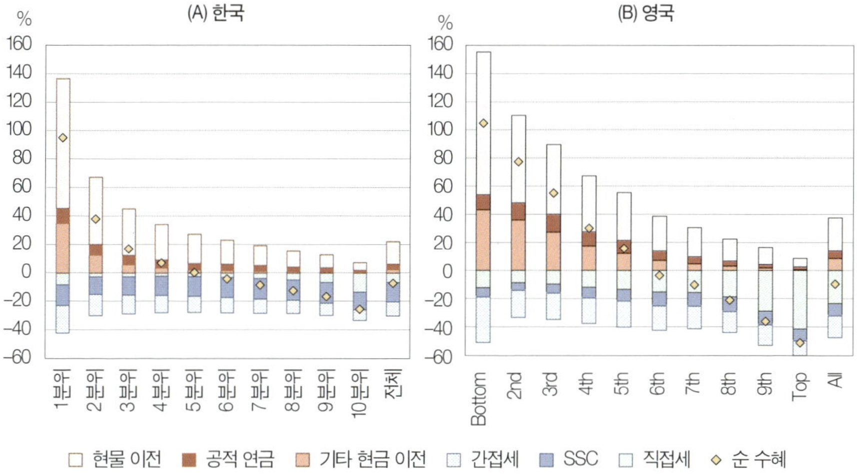

자료: 김낙년(2020c).

가 더 컸다. 전체 분위의 평균 부담률을 비교해 보면, 영국은 직접세와 간접세 부담률이 각각 24%와 15%인 데 비해 한국은 각각 6%와 10%에 불과하여 차이가 크게 벌어졌다.[18] 한국의 재분배는 영국에 비해 적게 부담하고 수혜도 적게 받은 유형에 속한다고 할 수 있다. 그리고 분위별로 순 수혜율을 보면 1분위에서는 두 나라가 비슷하여 자산조사(means test)로 수혜의 자격을

18 한국은 누진세율을 적용하는 직접세의 부담이 낮고 비례 과세인 SSC와 역진적인 간접세의 비중이 높은 결과 1분위를 제외하면 전체 부담률에서 분위별 차이가 거의 보이지 않았다. 이에 대해 영국은 소득이 높을수록 부담률이 커지는 양상을 보였다. 그리고 전체의 순 수혜율을 보면 두 나라 모두 마이너스(−)로 나와 수혜보다 부담이 더 컸는데, 그것은 개인으로 귀속되지 않는 집합소비 지출이 있기 때문이다. 그런데 1분위에서 직접세나 간접세의 부담률이 그보다 상위 분위보다 더 높게 나왔다. 그것은 소득분위를 가처분소득 기준으로 나누었는데, 소비 수준이 낮지 않지만 부채가 많거나 일시적인 소득의 감소로 인해 가처분소득이 낮은 가구가 1분위에 포함되었기 때문으로 보인다.

따지는 경우에는 유사한 지원이 이루어진 것으로 보인다. 그렇지만 2-10분위에 걸쳐 영국은 순 수혜율이 77%에서 −51%로 떨어진 반면, 한국은 38%에서 −26%로 떨어진 데 그쳐 한국의 계층 간 소득 이전이 영국보다 상당히 낮은 것으로 나왔다.

영국의 순 수혜율이 소득분위별로 차이가 컸던 것은 [그림 12-19]에서 그 내역을 보면 상위 분위로 갈수록 직접세의 부담이 커진 반면, 하위 분위로 갈수록 기타 현금 이전의 수혜가 커졌기 때문이다. 이에 비해 한국은 1분위를 제외하면 그 정도가 훨씬 덜하였다. 이것은 영국에서는 세금을 재원으로 하는 계층 간 소득재분배가 한국보다 더 광범하게 이루어지고 있음을 뜻한다.

[그림 12-20]은 한국의 항목별 사회 지출(social expendutures)을 서유럽 전체와 비교한 것이다. 패널 B는 서유럽의 추이를 보인 것인데, 20세기 초까지는 정부 지출이 국방과 치안 중심으로 국민소득의 10%에도 미치지 못하였지만, 그 후 교육, 연금, 의료, 사회부조 등이 빠르게 늘어나면서 1980년에는 국민소득의 45%(국방 · 행정의 집합적 소비를 제외하면 37%)에 달하였음을 알 수 있다. 제1차 세계대전 이후 보통선거의 실시로 대중 민주주의가 출현하였고 그에 따라 국가의 성격이 복지국가(welfare state)로 바뀐 것이다. 그 이후 50년간은 서유럽에서 복지 지출이 급팽창한 데에서 볼 수 있듯이 복지국가의 전성기라 할 수 있다. 그렇지만 그 이면에서 도덕적 해이(moral hazard)와 관료주의로 인한 고비용 저효율의 문제가 점차 심각해졌고, 1970년대의 경제위기를 맞아 신자유주의의 강력한 도전을 받게 되었다. 그 후 정부의 개입을 줄이고 시장의 자율적인 기능을 중시하는 정책으로 전환이 시도되었고, 복지 정책에서도 효율을 고려하는 방향으로 나아가지 않을 수 없게 되었다. [그림 12-20]에서 볼 수 있듯이 1980년대 이후 복지 지출의 팽창이 억제된 것은 그 때문이었다.

그림 12-20 한국과 서유럽의 사회 지출 비교(국민소득 대비 비율)

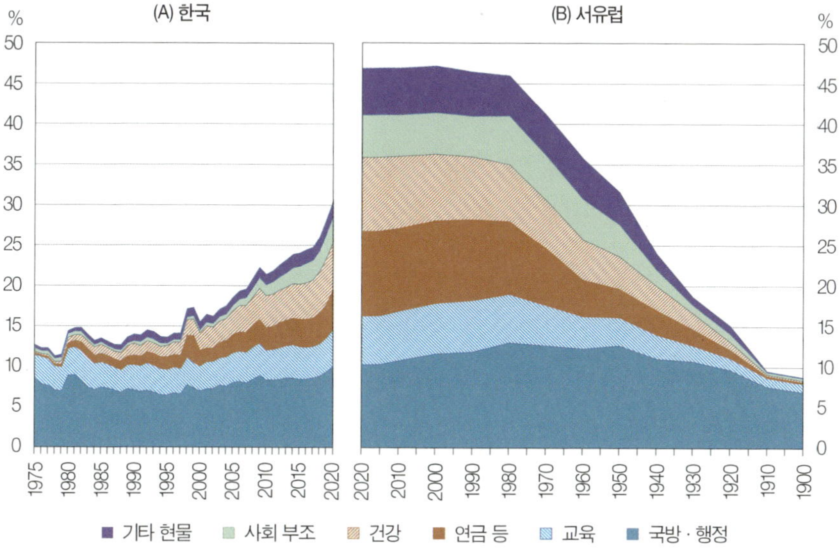

주: 국민소득=GDP−고정자본 소모+국외순수취요소소득.
자료: 한국은 한국은행, 국민계정; 서유럽은 World Inequality Report, 2022.

다만 복지국가 자체를 부정하거나 다른 체제로 대체하지는 못하였다.

패널 A는 같은 요령으로 한국을 대비시킨 것이다. 한국은 복지국가의 형성에서 서유럽보다 훨씬 늦었다. 고도성장기에는 교육에 대한 지출을 제외하면 복지 지출은 변변한 것이 없었다. 높은 경제성장과 고용의 확대가 복지를 대신한 셈이라 할 수 있다. 1980년대 말에야 국민연금과 건강보험 제도가 정비되었고, 외환위기의 충격으로 사회안전망과 복지에 대한 요구가 거세지기 시작하였다. 한국의 사회 지출은 2020년에 국민소득의 31%(국방·행정을 제외하면 20%)로 서유럽의 2/3(국방·행정을 제외하면 56%) 수준임을 알 수 있다. 가장 규모가 크고 격차도 벌어져 있는 것은 연금과 건강인데, 거기에는 고령화 진전의 차이가 반영되어 있다. 특히 한국은 연금 제도의 도입이 늦어 연금을 받지 못한 은퇴자가 많았지만 앞으로 연금수급자 비율이 빠르게 높아질 것으로 예상된다. 더구나 서유럽의 복지 지출 비율은 1980년대 이후 정체되어 있었던 반면, 한국은 특히 외환위기 이후 급속히 늘어나 서유럽과의 격차가 앞으로 좀 더 좁혀질 것으로 전망된다.

다만 한국의 복지 지출을 반드시 서유럽 수준으로 높여야 할 필요는 없다고 생각한다. 저성장으로 인해 동원할 수 있는 자원에 제약이 있으므로 서구의 복지 지출 수준을 따라잡는 것이 능사가 아니며, 그들의 성취와 함께 실패에서도 배울 필요가 있다. 우리나라에 적정한 형평의 수준을 정하고 그것과 효율을 양립할 수 있는 복지체제를 디자인하는 것이 핵심이다. 이를 위해서 적정한 평형을 어느 수준으로 볼지, 누가 얼마나 혜택을 보고 그 부담을 누가 질 것인지에 관해 사회적 합의를 끌어내고 이해관계자 간의 갈등을 조정하는 정치적 리더십이 이전 시기보다 한층 더 요구되고 있다고 생각한다.

5. 맺음말

외환위기 이후 한국경제는 이전 시기와 비교하여 크게 변모하였다. 제1부에서 살펴본 바와 같이 먼저 경제성장률이 빠르게 하락하여 저성장의 시대로 접어들었다. 지출 항목 중에서 민간 투자와 수출이 경제성장을 이끌어 왔던 지금까지의 성장 유형은 더 이상 보이지 않게 되었다([표 2-1]). 민간 소비 증가도 미미한 수준으로 떨어진 반면, 정부 소비의 증가가 가장 빨라 재정의 역할이 상대적으로 더 중요해졌다. 외환위기의 충격은 기업이 부채에 의존하여 투자를 적극적으로 늘려 왔던 종래의 방식을 지속하기 어렵게 만들었다. 기업의 자금 조달에서 부채 비율이 급감하였는데, 그것은 기업이 투자에 매우 신중하게 바뀌었음을 보여 준다.

1990년대에 들어와 소련을 비롯한 사회주의 국가들이 붕괴되고 중국의 개혁과 개방이 본격화되면서 이들 지역이 대거 세계시장에 진입하게 되었다. 이것은 한국경제에 대해 새로운 기회이자 도전이라는 양면을 갖는다. 대기업을 중심으로 세계시장 확대를 도약의 발판으로 삼아 비약적으로 성장하였지만, 이들 저임금 지역과 경쟁해야 하는 중소 영세업자들은 도태의 압박을 받았다. 이것은 수출을 주도하였던 대기업과 중소기업 간의 임금 격차를 크게 벌렸다. 그리고 종래 고용 확대를 주도해 왔던 제조업은 국제 경쟁이 격화되면서 고용을 줄여 노동생산성을 높였고, 거기에서 일자리를 얻지 못한 자들이 서비스업에 적체되면서 제조업과 서비스업의 생산성 격차도 크게 벌어졌다. 이것은 수출산업과 내수산업 간의 소득 격차로도 나타났다. 다만 근로소득 내부의 격차는 2010년 이후 다소 줄었지만, 근로소득과 비근로소득을 합친 전체 소득의 집중도는 계속 높아졌다. 즉, 금융소득을 비롯한 비근로소득에서의 격차가 현재 불평등의 확대를 주도하고 있다([그림 5-17]).

서유럽에서 복지국가가 출현한 제1차 세계대전 이후 시기는 경제성장률이 낮았고 불평등이 높았던 시기였다. 제2차 세계대전 이후 30년간은 복지 지출이 급팽창한 데에서 볼 수 있듯이([그림 12-20]) 복지국가의 전성기라 할 수 있다. 이 시기는 서유럽의 경제성장률이 역사상 유례가 없이 높았던 시기이기도 하였다. 한국은 복지국가의 형성에서 서유럽보다 훨씬 늦었다. 고도성장기에는 교육에 대한 지출을 제외하면 복지 지출은 변변한 것이 없었다. 높은 경제성장과 고용의 확대가 복지를 대신한 셈이라 할 수 있다. 1980년대 말에야 국민연금과 건강보험 제도가 정비되었고, 외환위기의 충격으로 사회안전망과 복지에 대한 요구가 거세지기 시작하였다. 한국에서 불평등이 확대되고 소득재분배의 요구가 거세진 시기가 서유럽과 달리 경제성장률이 빠르게 하락하여 동원할 수 있는 자원의 제약이 커진 시기였다.

한국의 소득재분배 수준은 서유럽보다 현저히 낮다고 인식되고 있지만, 자료의 한계로 조사에서 빠진 현물 서비스와 간접세를 포함하면 양자의 격차는 상당히 줄어든다. 한국의 고령화가 늦게 시작되었다는 점을 고려하면 의료비 지출에서도 서유럽과의 차이는 앞으로 줄어들 것으로 전망된다. 연금에서의 격차가 가장 큰데, 한국의 연금제도가 아직 성숙하지 않아 연금을 수령하지 못한 자의 비중이 높고, 연금 수령액이 적기 때문이다. 연금 수령액을 서유럽 수준으로 높이려면 현재의 연금 부담금을 두 배 정도 높일 필요가 있다. 또 하나는 세금을 재원으로 하는 복지 지출에서도 차이가 작지 않다는 점이다. 이것은 계층 간 소득재분배에 관한 것인데, 만약 이것도 서유럽의 수준으로 높이려면 영국과의 비교([그림 12-19])에서 보았듯이, 예컨대 직접세의 부담률을 크게 높일 필요가 있다. 어느 것이든 상층은 물론 중하층을 포함하여 연금 기여금이나 세 부담의 증가가 불가피해진다. 더구나 경제성장률이 하락하는 상황에서 부담률을 높여야 하므로 소득재분배의 수준과 방식을 둘러싸고 사회적 갈등이 고조될 수 있다.

제13장

지난 150년을 되돌아보며

지난 150년에 걸친 한국의 경제성장을 되돌아보면 경제체제가 여러 차례 바뀌었고 그에 따라 성과도 달라졌다. 그와 함께 각 시기를 관통하는 경제성장의 추세도 나타났다고 생각된다. 여기에서는 [그림 13-1]을 이용하여 경제성장의 장기 추이와 각 시기의 특징을 요약해 두고자 한다. 거기에서 1인당 GDP를 2015년 불변 가격으로 보였다. 남한과 함께 자료가 있는 경우 북한의 수치도 제시하였다. 해방 전 남한의 1인당 GDP가 완만한 기울기로 증가하였다가 해방 직후 크게 떨어진 후 가파른 기울기로 증가를 이어 갔으며 근래에는 증가 속도가 점차 둔화되었음을 볼 수 있다. 북한의 1인당 GDP는 해방 전에는 남한보다 빨리 증가하였고 1930년대에는 남한보다 더 높았지만, 현재에는 해방 전에 도달한 수준에도 미치지 못함을 알 수 있다.

그리고 1인당 GDP의 증가율과 경제성장률을 3년 이동평균값으로 제시하였다. 양자의 차이는 인구 증가율이 된다. 예컨대, 베이비붐의 시기를 포함하는 1950-1960년대에는 두 증가율의 갭이 크게 벌어져 있지만, 최근으로 올수록 양자의 갭이 미미해진 것을 볼 수 있다. 해방 전후의 전쟁과 분단으로 인한 혼란기에 증가율이 요동을 친 것을 빼고 장기적으로 보면, 1인당 GDP 증가율(또는 경제성장률)은 지난 150년간에 걸쳐 상승하는 국면과 하강하는 국면을 갖는 역U자형의 양상을 보였다.

이에 대해 [그림 13-2]는 19세 말부터 현재까지 10년 단위로 1인당 GDP 증가율을 국제 비교하고 불평등 지표를 추가한 것이다. 막대그래프로 보인 1인당 GDP 증가율은 Maddison Project Database(2020)를 이용하여 한국을 서유럽 및 세계 평균과 비교하였다. 먼저 두 차례의 세계대전을 포함하는 1910년대와 1940년대에 서유럽과 세계의 1인당 GDP가 감소 또는 정체하였지만, 그 외의 연대는 연평균 0.8%에서 2.8%의 증가율을 보였다. 한국도 크게 다

그림 13-1 한국의 1인당 GDP와 그 증가율: 1820-2022년

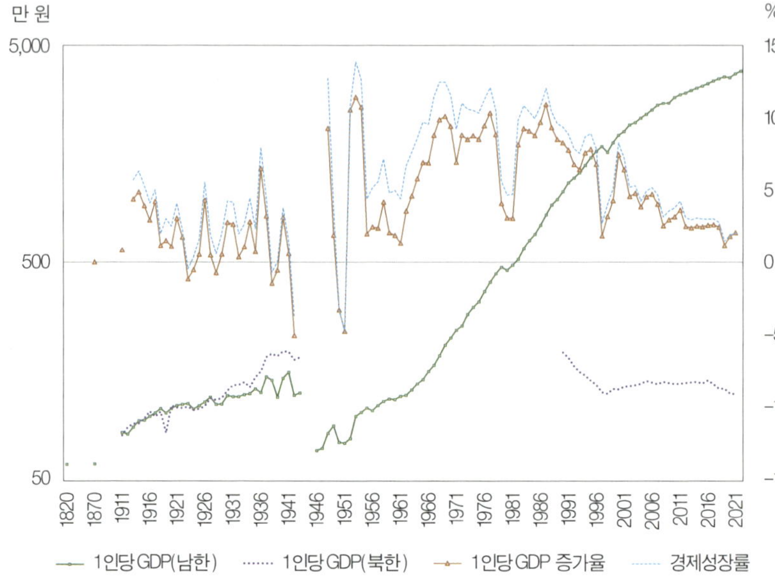

주: 1) 남한과 북한의 1인당 GDP는 2015년 불변 가격이며 왼쪽의 로그 눈금으로 제시하였다.
2) 1인당 GDP 증가율과 경제성장률은 3년 이동평균값이며 오른쪽 눈금이다.
3) 1820년, 1870년의 1인당 GDP는 Maddison Project Database에서 가져온 것이며, 그 증가율은 1820-1870년과 1870-1911년간의 연평균 증가율이다. 1911년 이후와 달리 그 이전은 연도를 압축하여 제시하였다.
자료: 『한국의 장기통계』(N. 국민소득); 한국은행, ECOS; Maddison Project Database(2020).

르지 않았다. 다만 제1차 세계대전 때에는 전쟁의 피해를 입은 서유럽과 달리 한국은 전쟁 특수를 누려 증가율이 상대적으로 높았지만, 해방과 분단으로 혼란을 겪은 1940년대에는 대폭 감소하였다.

그런데 제2차 세계대전 이후에는 이전 시기와 비교하여 각 지역 모두 1인당 GDP의 증가율이 큰 폭으로 뛴 것을 볼 수 있다. 서유럽이 전후 복구

그림 13-2 1인당 GDP 증가율과 불평등 지표의 장기 추이

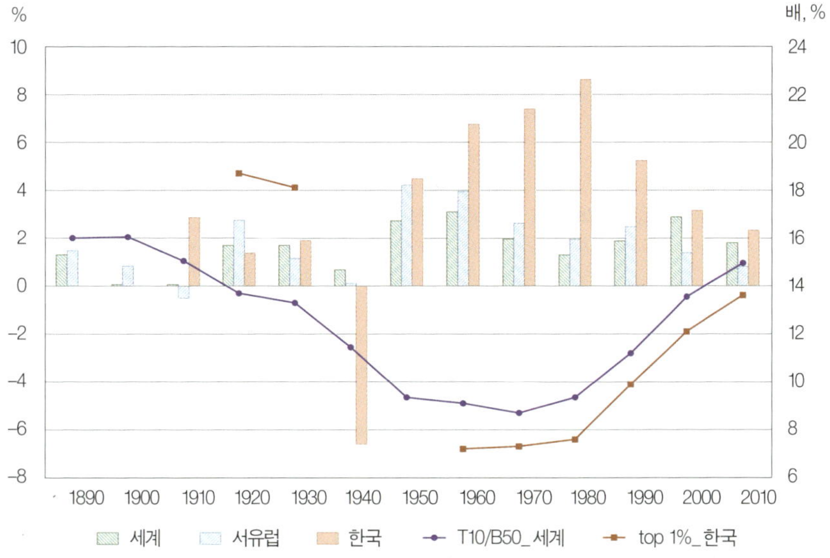

주: 1) 1인당 GDP 증가율(막대그래프)은 왼쪽 눈금. 불평등 지표(꺾은선)는 오른쪽 눈금.
2) X축의 1980은 1980년대의 평균을 말한다. 1980년의 1인당 GDP 증가율은 1980년과 1990년의 1인당 GDP를 복리계산의 방법으로 산출하였다.
3) T10/B50이란 소득 상위 10%/하위 50%의 배율이며 국가 내 불평등(within country inequality)을 측정한 것; top 1%란 소득 상위 1%의 소득 비중이다.

자료: Maddison Project Database(2020); World Inequality Report(2022); 『한국의 장기통계』(N. 국민소득); 김낙년(2018b).

과정에서 미국과의 생산성 격차를 빠르게 좁혀 역사상 가장 빠른 성장이 이루어졌다. 다만 그 후 증가율이 하락 추세를 보였으며 현재에는 1% 아래로 떨어졌다. 세계의 평균 증가율은 1990년대까지는 서유럽보다 낮았지만, 그 후에는 역전되어 서유럽보다 높아졌다. 한국의 1인당 GDP 증가율은 단연 돋보였다. 즉, 다른 지역이 하락하는 추세를 보이는 속에서도 한국의 증가율은 1980년대까지도 계속 높아져 그들과의 격차를 크게 벌렸다. 다만 1990

년대 이후 증가율의 하락도 빨라 역U자형의 양상을 뚜렷이 보였다.

그림에는 World Inequality Report(2022)에서 구한 불평등 지표를 10년 단위의 꺾은선 그래프로 보였다. 거기에서 T10/B50_세계란 데이터가 이용 가능한 나라를 대상으로 소득 상위 10%의 소득이 하위 50%의 몇 배인지의 비율을 구해 평균한 것이다. 19세기 말에 이 비율이 16배에 달해 각국의 불평등이 매우 높았지만, 두 차례의 세계대전과 대공황을 거치면서 계속 하락하였다. 1970년대에 이 비율이 8.7배로 바닥을 친 후 빠르게 높아져 현재에는 15배로 높아졌다.

한국의 경우는 상위 1%의 소득집중도를 보였다. 해방 전에 이 소득집중도가 18%를 넘었으나 해방 후 급락하여 1960-1980년에 7-8%까지 떨어졌다가 빠르게 상승하여 현재는 14%에 달하였다. 한국의 소득 불평등은 세계 평균과 마찬가지로 지난 1세기에 걸쳐 U자형의 양상을 보였음을 알 수 있다. 그것은 한국의 1인당 GDP 증가율이 역U자형을 보인 것과 대비된다. 즉, 해방 전에는 성장률이 낮고 불평등이 높았다면, 해방 후의 1인당 GDP 증가율이 매우 빨랐던 시기에는 불평등도 낮아 성장과 형평이 양립되었으며, 근래에 다시 저성장 속에서 불평등이 확대되는 시기로 접어들었다고 할 수 있다. 유럽이나 세계도 정도의 차이가 있지만 한국과 다르지 않은 양상을 보였다.

이상은 경제성장과 분배의 큰 흐름을 요약한 것이다. 여기서 주목하고자 하는 것은 개항 이후 한국의 1인당 GDP 증가율(또는 경제성장률)이 기복이 있지만 고도성장기까지 점차 높아져 성장의 추세가 가속되었고, 1990년대 이후에는 감속으로 돌아섰다는 점이다.[1] 그중에서도 1950-1980년대 한국의 1

1 일본의 경우에도 제2차 세계대전 이전부터 1970년대 초의 저성장 국면에 들어설 때까지 경제성장률이 점차 상승하는 추세가 나타났다(大川·高松·山本 1974). 1990년대 이후에는 일본

인당 GDP 증가율은 서유럽이나 세계가 감속한 것과는 반대로 계속 높아져 그들과의 격차를 더욱 벌렸다([그림 13-2]). 그 결과 지난 150년간에 걸쳐 한국의 경제적 성과가 역U자형을 뚜렷이 보였다. 왜 이러한 양상이 나타났는지에 관해 좀 더 생각해 보고자 한다.

[그림 13-1]은 Maddison Project Database(2020)에 의거해서 1820년과 1870년의 1인당 GDP를 2015년 가격으로 제시하였다. 개항 이전에 해당하는 1820-1870년의 연평균 증가율은 0%였지만, 개항 이후인 1870-1911년에는 0.9%로 다소 높아졌다. 이것은 매디슨(Maddison)에 의해 충분한 정보가 없이 이루어진 논리적인 추정(guesstimate)이라는 한계가 있지만, 개항 이후에 1인당 GDP가 변화하기 시작하였음을 시사하고 있다. [그림 6-4]에서 19세기 논의 두락당 지대량이 1880년대 이후에 상승 추세로 돌아섰음을 보았는데, 개항으로 인한 농산물 수출의 확대가 농업 생산에 긍정적 효과를 미쳤다고 볼 수 있다. 19세기는 근대적 제도가 도입되지 못하였지만, 그러한 상황에서도 개항(즉, 개방)은 성장을 촉발하는 효과가 있었다고 해석할 수 있다.

식민지기는 1인당 GDP가 추계된 1911년 이후 전시체제가 본격화되기 전까지의 연평균 증가율은 2.3%로 높아졌다. 개항기와 비교하여 증가율이 한 단계 뛰었는데, 비록 식민지 체제이기는 하지만 근대적 제도가 도입되고 교역 규모가 개항기보다 훨씬 커졌으며, 개항기와 달리 공업화가 진행되었기 때문이라고 생각된다. 다만 전시 통제가 강화되면서 1인당 GDP는 감소로 돌아섰다.

해방 후 식민지 체제가 무너지고 남북의 분단과 전쟁으로 이어진 체제 전

의 경제성장률이 거의 0으로 떨어졌기 때문에 일본도 장기적으로 역U자형 양상을 보였다.

환기에는 1인당 GDP가 곤두박질쳤다. 1950년대의 한국은 혼란기에서 시장경제 제도를 회복하고 개방체제로 돌아갔다. 다만 관세율을 높였고 일본과의 국교가 수립되지 못하였다는 점에서 부분적인 개방이라 할 수 있다. 냉전체제 속에서 미국의 원조에 힘입어 경제가 부흥하면서 1인당 GDP 증가율이 3.8%로 높아졌다. 이에 대해 해방 후 북한은 재산권을 보호하는 제도도 시행되지 않고 개방도 없는 체제를 선택하였으며, 이 점에서는 개항 이전의 왕조 시대와 다르지 않은 체제로 되돌아갔다고 할 수 있다. 그 결과 1인당 GDP는 현재 식민지기에 도달한 수준에도 미치지 못하였다.

이상에서 본 각 시기 경제적 성과의 차이는 시장경제 제도의 도입과 개방의 여부가 결정적 역할을 하였음을 보여 준다. 그렇지만 그 이후의 시기는 모두 개방된 시장경제 체제라는 점에서 크게 다르지 않았기 때문에 여기에 더하여 성장의 추세를 가속한 다른 요인을 찾을 필요가 있다. 첫째, 인적 자본의 형성과 사회적 능력의 축적을 들 수 있다. 개항기에도 선교사 등을 통해 서양의 지식이 들어왔고, 식민지기에도 초등학교 취학률이 높아졌으며, 1950년에는 초등학교 의무교육이 실시되었다. 다만 취학률(즉, flow)이 높아져도 전체 인구의 교육 수준(즉, stock)을 높이는 데에는 시차가 있다. 중등 및 고등 교육의 확대나 현장훈련의 축적도 마찬가지이다. 따라서 교육과 훈련의 확대 효과는 서서히 나타나며 고도성장기에 와서 본격화되기 시작하였다고 할 수 있다. 인적 자본 형성을 통한 사회적 능력의 축적은 특히 늦게 출발한 한국이 후발성의 이익을 누리게 하여 선진국을 캐치업하는 데 중요한 역할을 하였다고 생각된다.

둘째, 인구구조의 변화인데, 특히 총부양비가 1965-1990년에 걸쳐 88%에서 44%로 급락하였다. 이 기간에 생산연령인구가 빠른 속도로 증가한 반면,

출산율 하락으로 유년인구가 1970년 이후 감소로 돌아섰고 노년인구는 아직 본격적으로 늘어나지 않았기 때문이었다([그림 4-5]). 순 저축자인 생산연령인구의 비중 확대는 점차 저축률의 상승을 가속하였고 물적 자본 형성도 빠르게 이루어졌다. 일본과 대만을 포함한 동아시아 3국에서 투자율의 증가 속도가 다른 나라보다 빨랐을 뿐만 아니라 도달한 수준도 매우 높았다([그림 4-24]). 그리고 이들의 경제성장이 가속되었던 시기가 총부양비가 급락하였던 인구 보너스(demographic bonus)의 국면에 해당한다는 점도 흥미롭다([그림 4-26]). 동아시아 3국의 인구구조 변화가 시차가 있지만 유사한 양상을 보인 것은 개항의 시점과 이를 통해 들어온 서양의 의료 및 보건 지식이 인구구조에 미친 충격이 다르지 않았기 때문으로 생각된다.

이들 두 요인이 추가되면서 한국의 1인당 GDP 증가 추세가 더욱 가속되었다. 1960년대의 1인당 GDP 증가율이 연평균 6.0%로 뛰었고, 1970년대(8.3%)와 1980년대(8.0%)에도 8%가 넘는 놀랄 만한 수준으로 높아졌다. 물론 이러한 추세가 계속되지는 않았으며, 1990년대에는 6.1%로 떨어졌고, 2000년대에는 4.6%, 2010년대에는 2.5%로 증가율의 빠른 감속이 나타났다.

1990년대 이후 1인당 GDP 증가율이 빠르게 감속한 데에는 여러 가지 요인이 있지만 중국을 비롯한 후후발국이 대거 세계시장에 진입하여 경쟁이 격화되었다는 점을 먼저 들 수 있다. 세계시장의 확대는 한국에서 대기업을 중심으로 중간재의 수출을 비약적으로 늘리는 기회였지만, 저임금 국가와 경쟁해야 하는 중소기업에는 도태의 압력으로 작용하였다. 이것이 한국의 산업구조를 재편하고 고용 둔화와 불평등 확대를 가져왔음은 앞에서 살펴본 바와 같다. 중국 등의 후후발국은 한국과의 격차를 빠르게 좁혔으며 일부 산업에서는 추월하기도 하였다. 이것은 역으로 중국을 포함한 사회주의 국가가 냉

전체제로 봉쇄되었던 이전 시기에 한국이 고도성장을 누릴 수 있었던 또 하나의 이유를 설명한다. 만약 중국의 개혁 개방이 1960년대에 시작되어 이른 시기에 경쟁이 격화되었다면 한국 경제성장의 양상은 많이 달라졌을 것으로 생각된다.

외환위기의 충격은 기업의 투자 행태에도 변화를 가져왔다. 고도성장기에는 정부가 선정한 중화학공업과 같은 전략산업에 기업이 적극적으로 진출하도록 유도하였고, 곤경에 빠질 경우 구제해 줄 것이라는 암묵적인 기대가 있었다. 이것은 기업들이 부채에 의존해서라도 투자를 늘리고 수익성보다는 기업(집단) 규모를 확대하는 경쟁에 앞다투어 나서게 만들었다. 외환위기는 이러한 기업들이 대거 도산하는 사태를 불러왔고, 그 후 부채 의존도가 급격히 하락한 데에서 보이듯이([그림 11-18]) 기업의 투자 행태가 매우 신중하게 변하였다.

그 외에도 자본축적이 진행될수록 그 한계생산성이 떨어지게 된다는 점을 들 수 있다. 이것은 자본축적이 이미 진행된 선진국이 개발도상국보다 성장률이 대체로 낮아지는 이유인데, 한국도 예외가 아님을 보여 준다. 그리고 전술한 두 요인이 더 이상 가속 요인이 되지 못하거나 감속 요인으로 바뀌게 되었다는 점을 들 수 있다. 즉, 한국경제가 선진국과의 격차를 좁히면서 후발성의 이익을 활용하여 성장률을 높이는 여지가 줄어든다. 그리고 동아시아 3국이 누렸던 인구 보너스의 국면은 인구구조가 오히려 경제성장에 부담이 되는 인구 오너스(demographic onus) 국면으로 바뀌었다. 특히 한국에서 저출산과 고령화의 진행이 가장 빨라 총부양비가 2015년을 바닥으로 가파르게 상승하여 2055년 이후는 100%를 넘을 것으로 전망되고 있다.

한국의 경제성장률을 자본과 노동의 투입 증가율과 총요소생산성(TFP)

증가율로 분해한 성장회계의 결과([그림 2-13])에 따르면, 고도성장기에는 자본과 노동 투입의 이례적으로 높은 증가가 경제성장을 주도하였다. 그 후 생산요소 투입의 증가율은 빠르게 하락하였고, 근로시간 증가율은 근래에 마이너스(−)로 떨어졌다. 그로 인해 TFP의 증가가 경제성장에 기여하는 비중이 상대적으로 더 높아졌다. 이러한 경제성장의 유형은 정도의 차이가 있지만 선진국에서 이미 경험한 것이며, 한국도 거기에 접근하고 있다고 할 수 있다. 다만 TFP 증가율은 1970년대의 1%에서 1980년대 말에 2.4%로 상승하였고 2000년대 초까지 그 수준을 유지하였지만, 점차 하락하여 현재는 다시 1%로 떨어졌다. 앞으로 생산요소의 투입 증가를 기대하기 어려우므로 성장률을 높이려면 이를 반등시키는 것이 과제라고 할 수 있다.

고영선(2010), 「총괄: 한국경제의 발전과정」, 한국경제60년사편찬위원회, 『한국경제60년사』I, 1-86.

고영선·최경수·신인석·임원혁·박진·한진희·신석하·박창균·이창용·박대근(2007), 『경제위기 10년: 평가와 과제』, 한국개발연구원.

고용노동부(http://laborstat.moel.go.kr/).

_____, 『매월노동통계조사』, 각 연도.

_____, 『사업체노동력조사』, 각 연도.

_____, 『임금구조기본통계조사』, 각 연도.

_____, 『고용형태별 근로실태조사』, 각 연도.

공정거래위원회(2017, 2022), 『주식소유현황보고서』(https://www.egroup.go.kr/egps/wi/mainPage.do).

공제욱(1993), 『1950년대 한국의 자본가 연구』, 백산서당.

교육부, 『교육통계연보』, 각 연도.

국가기록원(https://theme.archives.go.kr/next/625/damageStatistic.do).

국가법령정보센터(http://www.law.go.kr).

국토교통부, 「주택건선인허가실적」(https://stat.molit.go.kr/portal/main/portalMain.do).

기미야 다다시(2008), 『박정희 정부의 선택』, 후마니타스.

김광석·웨스트팔(1976), 『한국의 외환·무역정책』, 한국개발연구원.

김낙년(1999), 「1960년대 한국의 경제성장과 정부의 역할」, 『경제사학』, 27, 115-150.

_____(2000), 「식민지기 대만과 조선의 공업화 비교」, 『경제사학』, 29, 73-109.

_____(2001), 「조선 무역의 장기동향」, 안병직 편, 『한국경제성장사: 예비적 고찰』, 서울대출판부, 165-219.

_____(2002), 「1950년대 외환배정과 경제적 지대」, 『경제사학』, 33, 93-122.

_____(2003), 『일제하 한국경제』, 해남.

_____(2006), 「식민지 시기의 공업화 재론」, 박지향·김철·김일영·이영훈 편, 『해방 전후사의 재인식』1, 책세상, 188-228.

_____(2010a), 「식민지기 조선의 유업자: 호구조사와 국세조사」, 『경제사학』, 48, 125-166.

_____(2010b), 「식민지 조선경제의 제도적 유산」, 『정신문화연구』, 33(4), 359-393.

_____(2013), 「식민지기 조선의 소득 불평등, 1933-1940: 소득세 자료에 의한 접근」, 『경제사학』, 55, 249-279.

_____(2014a), 「계층별 소득세 부담률 추정과 bracket creep의 효과」, 『경제분석』, 20(1), 65-93.

_____(2014b), 「2013년 소득세제 개편과 계층별 소득세 부담률」, 『재정학연구』, 7(2), 1-22.

_____(2015), 「세계와 한국의 무역동향, 1948-2013」, 박경로 외, 『한국의 무역성장과 경제·사회변화』, 대한민

국역사박물관, 39-95.

_____(2016), 「한국의 부의 불평등, 2000-2013: 상속세 자료에 의한 접근」, 『경제사학』, 40(3), 393-429.

_____(2017), 「한국에서의 부와 상속, 1970-2014」, 『경제사학』, 41(2), 127-160.

_____(2018a), 「한국의 학력별 사망률 격차, 1985-2015」, 『경제사학』, 42(3), 377-397.

_____(2018b), 「한국의 소득집중도 update: 1933-2016」, 『한국경제포럼』, 11(1), 1-32.

_____(2019), 「우리나라 개인자산 분포의 추정」, 『경제사학』, 43(3), 437-482.

_____(2020a), 「가계조사의 행정자료에 의한 보정: 2016년 가계금융복지조사를 중심으로」, 『한국사회정책』, 27(1), 39-61.

_____(2020b), 「한국의 최저임금과 고용, 2013-2019」, 『한국경제의 분석』, 26(1), 한국금융연구원, 145-194.

_____(2020c), 「한국의 조세 및 재정지출의 재분배 효과」, 경제사학회 연말학술대회.

_____(2022), 「우리나라 생산 및 수입세의 재분배 효과」, 『재정학연구』, 15(1), 1-46.

_____(2023), 「한국의 기능적 소득분배: 노동생산성, 임금, 노동소득분배율」, 『한국경제포럼』, 16(1), 1-36.

김낙년·김종일(2013), 「한국 소득분배 지표의 재검토」, 『한국경제의 분석』, 19(2), 한국금융연구원, 1-50.

김낙년·박기주·박이택·차명수 편(2018), 『한국의 장기통계』 I, II, 해남.

김낙년 편(2006), 『한국의 경제성장 1910-1945』, 서울대출판부.

_____(2012), 『한국의 장기통계: 국민계정 1911-2010』, 서울대출판문화원.

김대일(2008), 「외환위기 이후 노동시장의 변화와 분석」, 박영철 외, 『한국의 외환위기 10년』(하), 한국경제연구원.

김성남·박기주(2014), 「중화학공업화 정책의 수립, 전개 및 조정」, 박기주·이상철·김성남·박이택·배석만·정진성·김세중, 『한국 중화학공업화와 사회의 변화』, 대한민국역사박물관, 99-168.

김성호·전경식·장상환·박석두(1989), 『농지개혁사연구』, 한국농촌경제연구원.

김용섭(1997), 「한말 일제하 지주제: 사례 4: 고부 김씨가의 지주경영과 자본전환」, 『한국사연구』, 19, 65-135.

김유선(2020), 「비정규직 규모와 실태」, KLSI Issue Paper, No. 139.

_____(2022), 「대기업 비정규직 규모: 고용형태 공시제 결과(2022년 3월 현재)」, KLSI Issue Paper, No. 177.

김재호(2016), 『대체로 무해한 한국사』, 생각의 힘.

_____(2018), 「한국 재정의 장기적 추이와 특성, 1896-2015」, 『경제사학』, 42(2), 153-195.

김정렴(1995), 『한국경제정책30년사: 김정렴회고록』, 중앙일보사.

김정제(2000), 『대일 청구권자금의 활용사례 연구』, 한국대외정책연구원.

김창남·와타나베 토시오(1997), 『현대한국경제발전론』, 유풍출판사.

김창욱·김선빈(2014), 「한국 자영업 부문의 현황과 구조적 특성: 경쟁의 성격을 중심으로」, 이영훈 편, 『한국형 시장경제 체제』, 서울대출판문화원, 134-169.

러시아 大藏省 편(1984), 한국정신문화원 역, 『韓國誌』.
류재우(2005), 「노동조합의 임금과 고용 효과」, 『노동경제논집』, 28(1), 105-133.
문무기(2014), 「우리나라 노동관계법제와 노동정책에 대한 연혁적 고찰」, 『법과 정책연구』, 14(3), 969-1001.
박기주(2014), 「중화학공업화 정책에 대한 평가의 재검토」, 박기주·이상철·김성남·박이택·배석만·정진성·김세중, 『한국 중화학공업화와 사회의 변화』, 대한민국역사박물관, 621-694.
박영구(2008), 『한국중화학공업화 연구 총설』, 해남.
박이택(2014), 「자동차산업의 성장과 정부의 역할」, 박기주·이상철·김성남·박이택·배석만·정진성·김세중, 『한국 중화학공업화와 사회의 변화』, 대한민국역사박물관, 223-299.
_____(2018a), 「한국에서 임금 불평등의 역사적 파동: 1971-2016」, 『경제사학』, 42(3), 337-376.
_____(2018b), 「한국의 평균임금 변동요인 분석: 1980-2016」, 『아세아연구』, 61(3), 69-107.
박정수(2019), 「한국경제의 노동생산성과 임금」, 『한국경제포럼』, 12(1), 81-112.
_____(2020), 「자영업부문과 한국경제의 기능적 소득분배」, 『한국경제포럼』, 12(4), 27-68.
배영순(1987), 「韓末·日帝初期의 土地調査와 地稅改正에 관한 硏究」, 서울대학교 문학 박사학위논문.
법제처(1999), 『대한민국법제 50년사』(상).
사공일(1980), 「경제성장과 경제력집중」, 『한국개발연구』, 2(1), 2-13.
사공일·L. P. 존스(1981), 『경제개발과 정부 및 기업가의 역할』, 한국개발연구원.
성명재(2016), 「소득계층별 조세부담 재정수혜 결합분포와 재분배 정책효과의 추정연구」, 『한국경제의 분석』, 22(1), 1-79.
신동운(1986), 「일제하 예심제도에 관하여」, 『서울대학교 법학』, 27(1), 149-165.
_____(2004), 「제정형사소송법의 성립경위」, 『형사법연구』, 22, 159-221.
오두환(1991), 『한국근대화폐사』, 한국연구원.
오원철(1999), 『한국형 경제건설7』, 한국형경제정책연구소.
우대형(2001), 「농지개혁의 생산성 증대효과 분석」, 홍성찬 편, 『농지개혁 연구』, 연세대학교출판부, 225-246.
이강국(2019), 「한국경제의 노동생산성과 임금, 그리고 노동분배율」, 『한국경제포럼』, 12(2), 73-94.
이대근(2015), 『귀속재산연구: 식민지유산과 한국경제의 진로』, 이숲.
이병희(2015), 「노동소득분배율 측정과 쟁점의 추이」, 『월간 노동리뷰』, 노동연구원, 25-42.
이상철(2014), 「철강산업 육성정책과 포항종합제철」, 박기주·이상철·김성남·박이택·배석만·정진성·김세중, 『한국 중화학공업화와 사회의 변화』, 대한민국역사박물관, 173-221.
이영훈(2016), 『한국경제사』 I, II, 일조각.
이영훈 편(2004), 『수량경제사로 다시 본 조선후기』, 서울대학교출판부.
이영훈·최상오·류상윤·김대현·홍제환·김성남 정리(2013), 『수출진흥확대회의 녹취록』 I, II, III, 한국개발연구원.
이재형(1997), 「한국 재벌의 특징과 성과」, 성균관대학교 박사학위논문.
이재형·유승민·김승진(1999), 『독과점시장 조사·분석』, 한국개발연구원.
이한구(2007), 「귀속기업 불하가 재벌형성에 미친 영향」, 『경영사학』, 43, 187-218.
장세진(2003), 『외환위기와 한국 기업집단의 변화: 재벌의 흥망』, 박영사.
장시원(1989), 「일제하 대지주의 존재형태에 관한 연구」, 서울대학교 경제학 박사학위논문.
전우용(2011), 『한국회사의 탄생』, 서울대출판문화원.
정경모·차낙훈(1990), 『북한법령집』 제1-5권, 대륙연구소.
정구현·강원·강한수·김은한·김종년(2008), 『한국의 기업경영 20년』, 삼성경제연구소.
정이환(2013), 『한국고용체제론』, 후마니타스.
정종휴(1994), 『역사속의 민법』, 교육과학사.
조석곤(1995), 「조선 토지조사사업에 있어서 근대적 토지소유제도와 지세제도의 확립」, 서울대학교 경제학 박사학위논문.
조수종(1988), 「중동건설수출에 대한 재조명」, 『한국중동학회논총』, 8(1), 229-264.
조태형·최병오·장경철·김은우(2015), 「우리나라 토지자산 장기시계열 추정」, 『BOK 경제리뷰』, 2015-6, 1-34.
주상영·전수민(2014), 「노동소득분배율의 측정: 한국에 적합한 대안의 모색」, 『사회경제평론』, 43, 31-65.
_____(2019), 「한국경제의 생산성, 임금 노동소득분배율: 통계해석 논란에 대한 견해」, 서울사회경제연구소 심포지엄: 문재인정부 2년, 경제정책의 평가와 과제.
주익종(2008), 『대군의 척후』, 푸른역사.
_____(2018), 「박정희 정부는 어떻게 베트남 특수를 일으켰나?」, 『경제사학』, 42(1), 37-78.
차명수(2009), 「조선후기의 출산력, 사망력 및 인구증가」, 『한국인구학』, 31(2), 113-137.
_____(2014), 『기아와 기적의 기원: 한국경제사 1700-2010』, 해남.
차상철(2006), 「이승만과 1950년대의 한미동맹」, 박지향 외 편, 『해방전후사의 재인식』, 책세상, 258-292.
최승노(1997), 『한국의 대규모 기업집단』, 한국경제연구원.
KB국민은행, 「주택가격동향」(https://kbland.kr/webview.html#/main/statistics?blank=true).
콜, D.C.·박영철(1984), 『한국의 금융발전: 1945-80』, 한국개발연구원.
통계청, 『가계금융복지조사』, 각 연도.
_____, 『가계동향조사』, 각 연도.
_____, 『경제총조사』, 각 연도.
_____, 『경제활동인구조사』, 각 연도.
_____, 『사망원인통계』, 각 연도.

_____, 『인구센서스』, 각 연도.

_____, 『한국의 사회지표』, 각 연도.

_____, 『한국통계연감』, 각 연도.

_____, KOSIS(https://kosis.kr/index/index.do).

한국교육개발원(2005), 『한국교육 60년 성장에 대한 통계적 분석』.

한국무역협회, 『무역동향』, 각 연도.

한국은행, 「국민계정」, ECOS.

_____, 「국민대차대조표」, ECOS.

_____, 「기업경영분석」, ECOS.

_____, 「자금순환표」, ECOS.

_____, 『경제통계연보』, 각 연도.

_____, 『한국통계연보』, 각 연도.

_____, ECOS(https://ecos.bok.or.kr/#/).

한국학중앙연구원 편(2005), 『해방 직후 한국 소재 일본인 자산 관련 자료』, 선인.

허수열(1993), 「일제하 조선인 공장의 동향: 1930년대 『朝鮮工場名簿』 분석을 중심으로」, 안병직·中村哲 편, 『근대 조선공업화의 연구』, 일조각, 106-143.

_____(2005), 『개발 없는 개발』, 은행나무.

岡崎哲二·奥野正寛(1993), 『現代日本経済システムの源流』, 東京: 日本経済評論社.

溝口敏行·梅村又次(1988), 『旧日本植民地経済統計』, 東洋経済新報社.

溝口敏行 編(2008), 『アジア長期経済統計1: 台湾』, 東洋経済新報社.

堀和生(1995), 『朝鮮工業化の史的分析』, 有斐閣.

宮嶋博史(1991), 『朝鮮土地調査事業史の研究』, 東京大學東洋文化研究所.

吉野誠(1978), 「李朝末期における米穀輸出の展開と防穀令」, 『朝鮮史研究會論文集』, 15, 101-131.

金洛年(2017), 「韓国の経済成長: 長期推移と国際比較」, 『社会経済私学』, 83(3), 335-354.

金洛年 編, 文浩一·金承美 訳(2008), 『植民地期朝鮮の国民経済計算1910-1945』, 東京大学出版会.

大川一司(1967), 『物価』, 東洋経済新報社.

大川一司·高松信清·山本有造(1974), 『国民所得』, 東洋経済新報社.

大川一司·梅村又次·溝口敏行編(1988), 『労動力』, 東洋経済新報社.

鈴木武雄(1942), 『朝鮮の經濟』, 日本評論社.

木村光彦(1999), 『北朝鮮の経済: 起源·形成·崩壊』, 創文社(김현숙 역, 『북한의 경제』, 혜안, 2001).

梶村秀樹(1977), 「李朝末期(開国後)の綿業の流通および生産構造」, 『朝鮮における資本主義の形成と展開』, 龍溪書舍.

朴好根(1993), 『韓国の経済発展とベトナム戦争』, お茶の水書房.

山澤逸平·山本有造(1979), 『貿易と國際收支』, 東洋經濟新報社.

小林英夫(1990), 「近代東アジア史像の再検討」, 『歴史評論』, 482, 1-14.

野口悠紀雄(2002), 『1940年体制: さらば戦時経済』, 東洋經濟新報社.

李鐘元(1996), 『東アジア冷戦と韓米日関係』, 東洋経済新報社.

日本銀行百年史編纂委員会 編(1986), 『日本銀行100年史』.

朝鮮總督府, 『朝鮮國勢調査報告』, 각 연도.

______, 『朝鮮金融事項參考書』, 각 연도.

______, 『朝鮮貿易年表』, 각 연도.

______, 『朝鮮輸出入品七年對照表』 1901-07년간.

______, 『朝鮮諸學敎一覽』, 각 연도.

______, 『朝鮮總督府統計年報』, 각 연도.

村上勝彥(1976), 「植民地」, 大石嘉一郎, 『日本產業革命硏究』, 東京大學出版會.

______(1979), 「日本資本主義による朝鮮綿業の再編成」, 小島麗逸, 『日本帝國主義と東アジア』, アジア經濟硏究所.

総務省統計局(https://www.stat.go.jp/), 「日本の長期統計系列」.

Abramovitz, D.(1986), "Catching Up, Forging Ahead, and Falling Behind," *The Journal of Economic History*, 46(2), 385-406.

Acemoglu, D., S. Johnson, and J. Robinson(2001), "The Colonial Origins of Comparative Development: An Empirical Investigation," *American Economic Review*, 91(5), 1369-1401.

Alvaredo, F., A. Atkinson, and S. Morelli(2017), "Top Wealth Shares in the UK over more than a Century," WID. World Working Paper, 2017/2.

Balassa B.(1965), "Trade Liberalization and 'Revealed' Comparative Advantage," *Manchester School of Economic and Social Studies*, 33(2), 99-123.

Barro and Lee, Educational Attainment Database(http://www.barrolee.com/).

Bergeaud, A., G. Cette, and R. Lecat(2016), "Productivity Trends in Advanced Countries between 1890 and 2012," *Review of Income and Wealth*, 62(3), 420-444.

Bishop, Isabella Bird(1897), *Korea and Her Neighbors*, J. Murray, New York(이인화 역, 『한국과 그 이웃나라들』, 도서출판 살림, 1994).

Carroll, C., J. Overland, and D. Weil(2000), "Saving and Growth with Habit Formation," *American Economic Review*, 90(3), 341-355.

Carter, S., S. Gartner, M. Haines, A. Olmstead, R. Sutch, and G. Wright(2006), *Historical Statistics of the United*

States: Earlist Times to the Present, Cambridge University Press.

Cha, M. S., N. N. Kim, K. Park, and Y. Park(2022), *Historical Statistics of Korea*, Springer.

Collins and Bosworth(1996), "Economic Growth in East Asia: Accumulation versus Assimilation," Brookings Papers on Economic Activity, No. 2.

Crude Oil Prices(https://www.macrotrends.net/1369/crude-oil-price-history-chart).

Eckert, C.(1991), *Offspring of Empire: The Kochang Kims and the Colonial Origins of Korean Capitalism*, 1876-1945. University of Washington Press(주익종 역, 『제국의 후예』, 푸른역사, 2008).

Esping-Anderson, G.(1990), *The Three Worlds of Welfare Capitalism*, Princeton University Press(박시종 역, 『복지 자본주의의 세 가지 세계』, 성균관대학교출판부, 2007).

Feldstein, M.(2008), "Did Wages Reflect Growth in Productivity?," NBER Working Paper 13953.

Fieldhouse, D. K.(1982), *The Colonial Empires: A Comparative Survey From the Eighteenth Century*, London: Macmillan Press.

Galor, O. and O. Moav(2006), "Das Human-Kapital: A Theory of the Demise of the Class Structure," *Review of Economic Studies*, 73, 85-117.

Galor, O., O. Moav, and D. Vollrath(2009), "Inequality in Landownership, the Emergence of Human-Capital Promoting Institutions, and the Great Divergence," *Review of Economic Studies*, 76(1), 143-179.

Garbinti, B., J. Goupille-Lebret, and T. Piketty(2016), "Accounting for Wealth Inequality Dynamics: Methods, Estimates and Simulations for France(1800-2014)," WID.World Working Paper, 2016/5.

Garfinkel, I., L. Rainwater, and T. M. Smeeding(2006), "A Re-examination of Welfare States and Inequality in Rich Nations: How In-kind Transfers and Indirect Taxes Change the Story," *Journal of Policy Analysis and Management*, 25(4), 897-919.

Gerschenkron, A.(1962), *Economic Backwardness in Historical Perspective*, Harvard University Press.

Go, Sun and Heejin Park(2017), "Identifying Historical Shocks to the Marrige Decisions: The Age of Koreans from the Late 11th to Early 20th Century," Paper presented at the 8th World Congress of Cliometrics.

Go, Sun and Ki-Joo Park(2013), "The Elite-biased Growth of Elementary Schooling in Colonial Korea," A paper presented at the Asia-Pacific Economic and Business History Conference 2013, in Seoul, Korea.

Godo, Yoshihisa(2011), "Estimation of Average Years of Schooling for Japan, Korea and the United States," PRIMCED Discussion Paper, No. 9.

_____(2012), "A New Database on Education Stock in Taiwan," PRIMCED Discussion Paper, No. 20.

Great Britain, Foreign Office, *Diplomatic and Consular Reports,* various years.

Haggard, S., B. Kim, and C. Moon(1991), "The Transition to Export-led Growth in South Korea: 1954-1966,"

The Journal of Asian Studies, 50(4), 850-873.

Hellmann, T., K. Murdock, and J. Stiglitz(1998), "Financial Restraint: Toward A New Paradigm," Aoki, Kim and Okuno-Fujiwara, *The Role of Government in East Asian Economic Development: Comparative Institutional Analysis*, Oxford University Press.

Hoen, A. R. and J. Oosterhaven(2006), "On the Measurement of Comparative Advantage," *The Annals of Regional Science*, Vol. 40, No. 3, 677-691.

Imperial Maritime Customs of China, *Return of Trade at the Treaty Ports and Trade Reports*(한국학문헌연구소 편, 『조선해관연보(1885-1993)』, 서울아세아문화사, 1989).

Interest rate of the US(https://ko.tradingeconomics.com/united-states/interest-rate).

Jeon, Yoong-Deok and Young-Yong Kim(2000), "Land Reform, Income Redistribution, and Agricultural Production in Korea," *Economic Development and Cultural Change*, 48(2), 253-268.

Kang, K.(1994), "Why Did Koreans Save So 'Little' and Why Do They Now Save So 'Much'?," *International Economic Journal*, 8(4), 99-111.

Kim, Jongil(2001), "Total Factor Productivity Growth in East Asia:Implications for the Future," Prepared for the Asian Economic Panel meeting at Boston on April 26-27.

Kimura, Mitsuhiko(1999), "From Fascism to Communism: Continuity and Development of Collectivist Economic Policy in North Korea," *Economic History Review*, 52(1), 69-86.

Kohli, A.(1994), "Where do High Growth Political Economies Come From? The Japanese Lineage of Korea's 'Developmental State'," *World Development*, 22(9), 1269-1293.

Lim, Phillip Wonhyuk(2001), "The Evolution of Korea's Development Paradigm: Old Legacies and Emerging Trends in the Post-Crisis Era," ADB Institute Working Paper No. 21.

Lindauer, David(1997), "Labor Market Outcomes: An Overview," in Lindauer et al., *The Strains of Economics Growth: Labor Unrest and Social Dissatisfaction in Korea*, Harvard University Press.

Lindauer, David, Jong-Gie Kim, Joun-Woo Lee, Hy-Sop Lim, Jae-Young Son, and Ezra Vogel(1997), *The Strains of Economic Growth: Labor Unrest and Social Dissatisfaction in Korea*, Harvard University Press.

Long Term Productivity Database(http://www.longtermproductivity.com/).

Maddison, Angus(1995), *Monitoring the World Economy 1820-1992*, Paris: OECD.

Maddison Project Database 2020(https://www.rug.nl/ggdc/historicaldevelopment/maddison/releases/maddison-project-database-2020?lang=en).

Marx, Karl(1867), *Capital: A Critique of Political Economy*(김수행 역, 『자본론』, 비봉출판사, 2015).

Moriguchi, C. and E. Saez(2008), "The Evolution of Income Concentration in Japan: Evidence from Income

Tax Statistics, 1886-2005," *The Review of Economics and Statistics*, 90(4), 713-734.
North, D. and B. Weingast(1989), "Constitutions and Commitment: The Evolution of Institutions Governing Public Choice in the Seventeenth-Century England," *Journal of Economic History*, 49(4), 803-832.
North, D. and R. Thomas(1973), *The Rise of the Western World: A New Economic History*, Cambridge University Press.
OECD(2021), *How Was Life? New Perspectives on Well-being and Global Inequality since 1820*, Volume II.
_____, Statistics(Fertility Rate)(https://data.oecd.org/pop/fertility-rates.htm).
_____, Statistics(Self-employment Rate).
_____, Statistics(Labour force participation rate).
_____, Statistics(Students per teaching staff).
Palais, J.(1975), *Politics and Policy in Traditional Korea*, Harvard University Press(이운상 역, 『전통 한국의 정치와 정책』, 신원문화사, 1993).
Piketty, T.(2014), *Capital in the Twenty-First Century*, The Belknap Press of Harvard University Press(장경덕 역, 『21세기 자본』, 글항아리, 2014).
Piketty, Thomas and Emmanuel Saez(2003), "Income Inequality in the United States, 1913-1998," *Quarterly Journal of Economics*, 118(1), 1-39.
Piketty, T., L. Yang, and G. Zucman(2019), "Capital Accumulation, Private Property, and Rising Inequality in China, 1978-2015," *American Economic Review*, 109(7), 2469-2496.
Pomeranz, K.(2000), *The Great Divergence: China, Europe, and the Making of the Modern World Economy*, Princeton University Press.
Putterman, L.(2013), "Institutions, Social Capability, and Economic Growth," *Economic Systems*, 37(3), 345-353.
Rostow, W.(1958), *The Stages of Economic Growth: A Non-Communist Manifesto*, Cambridge University Press.
Saez, E. and G. Zucman(2014), "Wealth Inequality in the United States Since 1913: Evidence from Capitalized Income Tax Data," NBER Working Paper 20625.
Sokoloff, K. and S. Engerman(2000), "History Lessons: Institutions, Factor Endowments, and Paths of Development in the New World," *Journal of Economic Perspectives*, 14(3), 217-232.
Statistics Taiwan(https://eng.stat.gov.tw/Default.aspx).
Stern, J., Ji-bong Kim, Dwight Perkins, and Jung-ho Yoo(1995), *Industrialization and the State: The Korean Heavy and Chemical Industry Drive*, Harvard Institute for International Development and Korea Development Institute.

Stoddart, A.(1906), *The Life of Isabella Bird*, J. Murray.

Sung, M. J. and K.-B. Park(2011), "Effects of Taxes and Benefits on Income Distribution in Korea," *Review of Income and Wealth*, 57(2), 345-363.

UN, Comtrade(https://comtrade.un.org/).

Vogel, Ezra and David Lindauer(1997), "Toward a Social Compact for South Korean Labor," in Lindauer et al., *The Strains of Economics Growth: Labor Unrest and Social Dissatiafaction in Korea*, Harvard University Press.

Wagner, E.(1974), *The Literati Purges: Political Conflict in Early Yi Korea,* East Asian Research Center, Harvard University.

Woo, Jung-en(1991), *Race to the Swift: State and Finance in Korean Industrialization*, Columbia University Press.

World Inequality Database(https://wid.world/).

World Inequality Report 2022(https://wir2022.wid.world/).

Yoo, Seung Min(1999), *Corporate Restructuring in Korea: Policy Issues Before and During the Crisis*, Korea Development Institute.

Young, A.(1995), "The Tyranny of Numbers: Confronting the Statistical Realities of the East Asian Growth Experience," *Quarterly Journal of Economics*, 110(3), 642-680.

[ㄷ]

[ㄹ]

[ㅊ]

[ㅋ]

[ㅌ]

대곡집

한국고전번역원 한국문집번역총서

대곡집

大谷集

성운 지음
成運

변은미 정재호 옮김
손해진 진유라
장미나

일러두기

1. 이 책의 번역 대본은 한국고전번역원에서 간행한 한국문집총간 28집 소재《대곡집(大谷集)》으로 하였다. 번역 대본의 원문 텍스트와 원문 이미지는 한국고전종합DB(http://db.itkc.or.kr)에서 확인할 수 있다.
2. 역주는 내용이 간단하면 간주(間註)로, 길면 각주(脚註)로 처리하였다.
3. 한자는 필요한 경우 이해를 돕기 위하여 넣었으며, 운문(韻文)은 원문을 병기하였다.
4. 맞춤법과 띄어쓰기는 '한글 맞춤법'을 따르고, 한글 어휘는 '표준어 규정'을 따르는 것을 원칙으로 하였다.
5. 문장 부호는 '한글 맞춤법'에 규정된 용법을 따라서 사용했으며, 그 밖에 새로 만들거나 용법을 달리하여 사용한 부호는 다음과 같다.

《 》: 책명 및 각주의 전거(典據)를 나타낼 때 사용한다.

〈 〉: 편명, 작품명, 논문 제목을 나타낼 때 사용한다.

…… : 번역문에서 원문의 '云云'을 처리할 때, 각주에서 긴 인용문을 처리할 때, 각주의 표제어가 네 어절 이상일 경우 생략되는 말을 처리할 때 사용한다.

\- - : 본문에서 소자(小字) 원문 주(註)의 처음과 끝에 사용한다.

차례

대곡집 권상

시 詩

대곡집 권중

시 詩

잡저 雜著

대곡집 권하

갈명 碣銘

제문 祭文

대곡집 부록

해제

대곡 성운의 생애와 《대곡집(大谷集)》

정재호 | 한국고전번역원 번역위원

1. 머리말

조선 시대 지식 계층으로서의 '사(士)'는 현실 대응에서 두 가지 갈림길에 놓여 있었다. 하나는 벼슬에 종사하여 국가를 경영하고 백성을 구제하는 사환(仕宦)의 길과 또 하나는 사(士)로서 덕성과 재능을 닦으며 수양과 강학으로 풍속을 진작하는 퇴처(退處)의 길이 그것이었다.[1] 이러한 현실 대응의 갈래는 개인의 특성과 시대적 상황에 따라 복잡한 양상으로 나타나지만 수양과 학문을 갖춘 사(士)의 기본 지향은 사환에 있다고 하겠다.

그러나 16세기에 일어난 네 차례의 사화(士禍)는 사림으로 지칭되는 지식인들에게 큰 정치적 시련이 되었고, 이와 동시에 현실 정치에 참여할 수 없는 여건에서 학문적 토대와 자기 수양을 특징으로 하는 새로운 형태의 지식인들을 탄생시켰다. 이들은 당시에도 '처사(處士)', '은일(隱逸)', '일사(逸士)', '거사(居士)', '징사(徵士)' 등으로 불리며 조야(朝野)의 존중을 받았고 불교와 도교는 물론 천문, 지리, 복서, 의학을 섭렵하여 성리학에 구애되지 않는 폭넓은 학문 성향을 보여 주었다.

그중에서도 대곡(大谷) 성운(成運, 1497~1579)은 처사형 사림의

1 정경주, 〈朝鮮中期 處事文學의 傾向〉, 《부산한문학연구》 2, 1987, 195~197쪽.

전형으로 꼽힌다. 그는 수양을 바탕으로 하는 학문과 마음을 통해 직접 체득하는 실천을 중시하였으며, 노장적(老莊的) 경향이 나타나는 점이 주목받아 왔다. 이러한 경향은 성운이 남명(南冥) 조식(曺植)과 화담(花潭) 서경덕(徐敬德), 토정(土亭) 이지함(李之菡), 동주(東洲) 성제원(成悌元) 등과 교분을 맺으며 사상적으로 다양하게 모색한 결과로, 이 시기 처사형 사림들이 가지는 공통의 특징이다. 이러한 성취와는 달리, 당질(堂姪) 성혼(成渾)이 묘갈기(墓碣記)[2]에서 그의 학문과 자기 수양을 제대로 이해하는 사람이 적었다고 평가한 것처럼, 대곡은 세상에 자신을 드러낼 마음이 없었으므로 요직에 진출하거나 많은 저술을 남기지 않았다. 이 때문에 전해 내려오는 문집의 분량이 많지 않고 상고할 수 있는 문헌이 적어 대곡의 진면목이 전해지지 못한 것이 사실이다. 이러한 한계 속에서 그의 생애를 고찰하고 문집을 번역하여 연구의 기초 자료를 제공하고자 한다.

2. 대곡 성운의 생애[3]

대곡은 1497년(연산군3) 1월 16일 한성(漢城)에서 출생하였다. 유년기에 대한 기록은 없으나 20세를 전후로 한양에서 조식과 처음 만나 도의지교(道義之敎)를 맺은 것으로 추정된다. 경주 김씨(慶州金氏) 부사직

2 《牛溪集》 卷6 〈堂叔大谷先生墓碣記〉

3 박문열, 〈大谷 〈成運誌石〉에 관한 硏究〉, 《서지학연구》 69집, 2017, 208~212쪽을 바탕으로 기술한 것임을 밝혀 둔다.

(副司直) 김벽(金碧)의 따님에게 장가들었다. 대곡은 1531년(중종26) 35세로 사마시(司馬試)에 합격하였으나, 이때는 기묘사화로 사류가 화를 입은 뒤여서 벼슬하지 않고 처가가 있는 보은(報恩) 종곡(鍾谷)으로 들어가 은거하였다. 속리산의 맑은 경치를 사랑하여 산기슭에 '대곡서실(大谷書室)'을 짓고서 기묘사화로 유배 생활을 하다가 세상을 떠난 강수(江叟) 박훈(朴薰)의 묘갈을 짓는 등 10여 년 동안 학문에 전념하며 세월을 보냈다.

1542년 46세의 늦은 나이에 대신의 천거로 사직서 참봉(社稷署參奉)에 제수되었으나 나가지 않았다. 1545년(명종 즉위년) 왕실의 외척인 대윤(大尹)과 소윤(小尹)의 반목을 계기로 을사사화가 일어나고 중형 성우(成遇)가 이 사건에 연루되어 장살(杖殺)되자 더욱 세상에 뜻이 없어졌다. 1553년 57세로 광릉 참봉(光陵參奉)에 제수되었으나 며칠 만에 관직을 버리고 낙향하였다.

대곡이 70세가 되던 1566년 생원과 진사 가운데 경명(經明), 행수(行修), 순정(純正), 근근(勤謹), 노성(老成), 온화(溫和) 등 육조(六條)를 구비한 사람을 천거하라는 전교에 따라 경명행수(經明行修)로 부름을 받았다. 대곡은 이를 사양하였으나 받아들여지지 않아, 병든 몸을 이끌고 서울로 올라오니 명종(明宗)은 그를 통례원 인의(通禮院引儀)에 제수하고 어전에 나오라고 명하였다. 대곡이 병을 핑계로 굳게 사양하니 의원을 보내 진찰하게 하고, 대사헌 박순(朴淳)의 청으로 늠료(廩料)를 지급하였다. 의영고 주부(義盈庫主簿)와 조지서 사지(造紙署司紙)에 옮겨 제수했으나 진정(陳情)하는 소를 올려 사직하고 돌아왔다.

1567년(선조 즉위년) 대곡은 조식, 이항(李恒) 등과 함께 조정의 부름을 받아 상서원 판관(尙瑞院判官)과 의빈부 도사(儀賓府都事)에 제수되었으나 모두 사양하고 나아가지 않았다. 1573년 관직을 높여 사섬시 정(司贍寺正)에 제수하고 교지를 내려 불렀으나 연달아 상소를 올려 간곡히 사양하였다. 1575년 질병으로 고생하는 대곡을 위해 의원을 보내 약을 하사하였고, 1578년 사재감 정(司宰監正)에 제수하고 또 곡식을 하사하였다. 1579년 5월 26일 향년 83세로 세상을 떠나니 보은의 종곡에 장사를 지냈다. 임종할 때에 매장에 석회를 쓰지 말고, 제사에 제품(祭品)을 풍성히 하지 말고, 무덤 앞에 표석(表石)을 세우지 말라는 경계를 남겼다.

대곡이 세상을 떠나자, 선조는 제문(祭文)을 내리고 우계(牛溪) 성혼이 〈당숙 대곡 선생 묘갈기(堂叔大谷先生墓碣記)〉를 찬술하고 좌의정 소재(穌齋) 노수신(盧守愼)은 조정에 증직(贈職)을 청하였다. 1596년 가을에는 후사(後事)를 부탁받은 일구당(一丘堂) 김가기(金可幾)[4]의 주도로 문집이 편찬되었으며, 1603년 2월에는 김가기의 아들 간서재(澗西齋) 김덕민(金德民)이 충청도 관찰사인 서경(西坰) 유근(柳根)의 협조를 얻어 목판으로 3권 1책의 《대곡선생집(大谷先生集)》을 간행하였으니 대곡이 세상을 떠난 지 24년 만의 일이었다. 1611년(광해군3) 정인홍(鄭仁弘)이 상소하여 스승인 조식과 그 벗 대곡이 노장의 학문을 하였다는 비난에 대해 변호하였으며, 1624년(인조2) 추탄(楸灘) 오윤겸(吳允謙)의 건의로 통정대부(通正大夫) 승정원좌승지 겸 경연참찬관(承政院左承旨兼經筵參贊官)에 추증되었다. 1656년(효종7) 동춘당

4 일구당 김가기는 대곡 부인의 오빠인 김천부(金天富)의 아들인데, 대곡이 중형 성우의 독녀(獨女)를 시집보내 조카사위로 삼고, 아들이 없는 자신의 후사를 부탁하였다. 《大谷集序》

(同春堂) 송준길(宋浚吉)이 〈대곡 성 선생 행장(大谷成先生行狀)〉을 찬술하고, 1663년(현종4) 우암(尤庵) 송시열(宋時烈)이 〈대곡 성 선생 묘갈명(大谷成先生墓碣銘)〉을 찬술하였다.

3. 《대곡집》의 편찬과 간행

《대곡집》은 1603년(선조36) 목판으로 간행된 초간본과 1924년 목활자로 간행된 중간본이 있어, 그 편찬과 간행 경위에 대해 살펴보겠다. 두 간본(刊本)의 서지 사항은 다음과 같다.

표1 《대곡집》의 판본

판본 / 구분	초간본	중간본
권수제	대곡선생집(大谷先生集)	대곡선생집(大谷先生集)
간종	목판본	목활자본
간행년	1603년	1922년
권책	원집 3권, 부록 1권, 합 1책	원집 3권, 부록 1권, 합 1책
행자	10행 20자	10행 20자
규격	22.7×16.6(cm)	22×17(cm)
어미	上下三葉花紋魚尾	上三葉花紋魚尾
서발사항	서문 : 유근(柳根)	서문 : 유근, 발문 : 김기천(金基天)
소장처	국립중앙도서관, 고려대학교 등	국립중앙도서관 등
간행지	상현서원(象賢書院)	보은(報恩)

1) 초간본

이 책의 번역 대본으로, 그 편찬과 간행 경위는 당시 충청도 관찰사로 부임하여 이 문집의 간행을 주도한 유근이 쓴 서문(序文)을 통해 대략을 알 수 있다. 이 서문에 근거하면 초간본《대곡집》은 1596년(선조29) 이전에 후사를 부탁받은 김가기에 의하여 편찬되었고, 1603년 유근이 충청도 관찰사로 공주에 왔을 때 김가기의 아들 김덕민이 도내의 선비들과 함께 찾아가 문집 간행을 요청한 덕분에 두 달 만에 판각을 완료하였다. 대곡의 유고(遺稿)는 1579년 이후로 자손이 수집하고 편차를 마쳤으나, 간행에 들어가는 비용을 마련하지 못해 가장(家藏)되어 전해 내려오다가 유력한 지방관의 조력에 힘입어 1603년《대곡선생집》이라는 이름으로, 원집(原集) 3권 부록(附錄) 1권 합 1책의 문집이 처음 간행되었다.

같은 초간본이라도 인쇄 시기가 다를 수 있는데, 목판의 갈라짐이나 글자의 마멸 등을 비교했을 때 완벽하게 일치하여 같은 판본임은 의심할 여지가 없으나, 차이가 나는 부분의 양상을 살펴보면 인쇄 시기의 선후를 판단할 수 있다. 초간본 가운데 국립중앙도서관본과 고려대본의 차이점을 살펴보겠다.

표2 초간본 간 내용 비교

소장처 / 내용	국립중앙도서관 초간본 (한古朝46-가56)	고려대 도서관 초간본 (만송 D1 A1660)
《대곡집》 권상 〈새집〔新居〕〉	更喜隣無人語聒 數家山下**文**成村	更喜隣無人語聒 數家山下**不**成村
《대곡집》 권중 〈대한부(大旱賦)〉	君門深兮九重 草澤遠兮**十**里	君門深兮九重 草澤遠兮**千**里

내용을 비교하면 고려대본이 더 문리에 부합하는데, 이런 현상이 나타나는 것은 같은 판본을 사용하여 문집을 찍더라도 후쇄(後刷)할 때 기존 판본의 오류를 교정하고 이를 목판에 적용하는 작업을 거쳤기

때문으로 추정된다. 따라서 고려대본이 후쇄본(後刷本)에 해당하며 중간본은 모두 후쇄본의 교정 사항을 따르고 있는 것이 특기할 만하다. 서문의 위치도 후쇄본을 판단하는 한 기준이 된다. 고려대본은 선조(宣祖)의 〈사제문(賜祭文)〉이 앞에 있고 유근의 서문은 마지막에 있는데 반해, 국립중앙도서관본은 유근의 서문이 앞에 있고 선조의 〈사제문〉은 부록(附錄)에 수록되어 그 위치가 다르다.

2) 중간본

1924년 김덕민의 10세손 김기천(金基天)이 보은에서 간행한 판본이다. 중간본의 체재는 유근의 서문과 선조의 〈사제문〉, 《대곡집》 1, 2, 3권이며, 부록에 백호(白湖) 임제(林悌)의 〈대곡선생만(大谷先生輓)〉과 〈제대곡선생문(祭大谷先生文)〉, 성혼의 〈묘갈명(墓碣銘)〉, 송시열의 〈묘갈명〉, 운창(芸窓) 박성양(朴性陽)의 〈모현암기(慕賢菴記)〉, 김민태(金玟泰)의 〈성선생서당중수기(成先生書堂重修記)〉가 추가되어 있다. 초간본 권상(卷上)에는 〈기증영산신군중선(寄贈永山神君仲宣)〉으로 되어 있던 것이 중간본 권1에 〈기증영산신군선(寄贈永山申君宣)〉으로 바뀌었는데, 같은 권에 〈임기가 차서 한양으로 돌아가는 중선을 보내며〔送仲宣秩滿還洛〕〉라는 시가 있는 데 근거하여 초간본처럼 보는 것이 타당하다. 초간본에 목판을 덧대 보충한 〈금적산 계당에 쓰다〔題金積溪堂〕〉와 〈김중원과 이별하며〔別金重遠〕〉는 중간본에서 보충되기 이전의 형태로 비워 놓아 없거나 완전하지 않다.

김기천의 〈발문(跋文)〉에 초간본의 간행 경위와 중간본의 취지가 간단하게 언급되어 있어 그 전문을 소개한다.

선생의 문집은 명나라 만력(萬曆) 갑진년(1604, 선조37)에 처음 간행되었다. 우리 11대조인 승지공(承旨公) 김가기(金可幾)께서 선생의 시양자로서 관찰사 유서경(柳西坰 유근(柳根))의 도움을 받아 판각하려고 하였는데, 시대가 다난하여 힘이 미치지 못하니 끝내 일을 이루지 못한 채 세상을 떠났다. 그러고 7년이 지난 뒤에 유공이 다시 부임하자, 10대조 간서재(澗西齋) 참판공(參判公) 김덕민(金德民)께서 부친의 뜻을 이어 순상공의 많은 도움을 받아 간행하였다.

그러나 319년의 세월이 지난 지금에 이르러, 판본은 썩고 자획은 마멸되었으며 이미 간행된 것도 얼마 남지 않은 데다 좀이 슬고 사람들이 훼손하여 더 이상 간과할 수 없으니, 혹 얼마 지나지 않아 판본과 간행된 책이 모두 사라지지 않을까 염려되었다. 이 때문에 감히 여러 사람들이 상자에 보관해 오던 것과 가장되어 있던 약간의 책을 널리 구해, 삼종질(三從姪) 김명구(金鳴九)로 하여금 서로 고증하고 대조하게 하여 구본(舊本)을 완전하게 복원하여 1통을 등사(謄寫)하고, 거기에 다시 부록(附錄)을 첨가해 권(卷)을 나누었다. 그리고 종인(宗人)들과 함께 재물을 모으고 공장(工匠)을 불러 썩은 판본을 보판(補板)하고 마멸된 글자를 다시 새기니 한 달이 지나 일을 모두 마치고 다시 간행하게 되었다. 아, 교정의 오류는 면하기 어렵지만 선조를 사모하는 마음이 또한 없지 않기에, 대략 일을 서술하여 부족한 글을 짓는다.

임술년(1922) 모월 모일 시양 후손(侍養後孫) 김기천이 삼가 쓰다.[5]

5 《大谷集》(重刊本) 〈大谷集跋〉(金基天)

중간본은 초간본이 간행된 지 320여 년이 지난 1922년에, 초간본을 간행한 김가기의 후손들에 의해 간행되었는데, 이를 주도한 김기천은 초간본 목판의 상태가 좋지 않고 여기에서 인출된 문집도 많이 남지 않은 것이 중간본 간행의 동인이었음을 발문에서 밝혔다. 후쇄본의 교감 사항을 따르고 있는 것으로 보아 이를 저본으로 삼은 듯하며, 다시 교감하는 과정에서 새로운 오류가 발생한 사례도 발견된다. 그리고 초간본에서는 부록이 선조의 〈사제문〉 1편이 전부였던 데 반해, 중간본에서는 〈사제문〉의 위치를 1권의 앞으로 옮기고 기존의 《대곡집》이 대곡의 이력과 생애에 대한 기술이 없는 것을 보완하기 위해 대곡 사후에 찬술된 만사(輓詞)와 제문(祭文), 묘갈명 등을 수록하여 분량이 대폭 늘어났다.

4. 《대곡집》의 구성과 내용

《대곡집》은 서문(序文)과 문집(文集) 상·중·하 3권, 부록의 〈사제문(賜祭文)〉으로 구성되어 있으며, 상권에 시(詩) 195제(題) 250수(首), 중권에 시 2제 2수와 잡저(雜著) 10편, 하권에 묘갈(碣銘) 4편과 제문(祭文) 3편이 수록되어 있다.

《대곡집》에 실린 작품은 그의 시문 중 일부에 지나지 않는 것으로 추측된다. 대곡의 젊은 시절인 16세기 초중반은 네 번의 사화(士禍)를 겪으면서 성리학의 이념을 정치 현실에서 실천하려고 한 사림 학자들에게 큰 좌절을 안겨 주었던 시대였다. 그중에서 대곡이 23세 때 일어난 기묘사화에서 불합리한 정치 상황을 목도하고 을사사화 때에 중형

성우가 희생당한 사건을 기점으로, 관직으로의 진출은 물론 저작 활동도 따라서 위축될 수밖에 없었을 것이다. 대곡이 세상을 떠나고 김가기가 그의 문집을 편집하고 간행을 시도하던 1596년 즈음이 임진왜란(壬辰倭亂)과 정유왜란(丁酉倭亂) 등의 전란 때문에 사회적, 경제적으로도 큰 어려움을 겪은 시기였던 것도 남은 시문이 많지 않게 된 한 요인으로 작용한 듯하다.

상권에는 모두 시로 시체(詩體)나 창작 시기의 구분 없이 195제 250수가 수록되어 있다. 체제가 일정하지 않아, 제(題) 하나에 2수 이상 지은 것이 있고 〈또〔又〕〉라고 제목은 달려 있으나 시의 의상(意想)이 그 앞의 시와 동일한 것도 있다. 1제 2수의 형태와 다르지 않으므로, 이 경우에는 제목으로 보지 않았다. 여기에는 대곡과 교유한 사람이 지은 시도 몇 수 포함되어 있는데, 〈대곡의 운을 써서 현좌에게 드리다〔用大谷韻呈賢佐〕〉 2수와 〈대곡의 시에 화운하고 아울러 현좌에게 보이다〔和大谷兼示賢佐〕〉는 조식의 시이고 〈죽우당에 써서 읊다〔竹雨堂題詠〕〉 2수 중 앞의 1수는 청송(青松) 성수침(成守琛)의 시이며 〈대곡에게 드리다〔呈大谷〕〉는 노수신의 시이다.

대곡의 시는 화차운시(和次韻詩)와 증별시(贈別試) 및 만시(輓詩)가 많은데, 조식과 성제원, 관물재(觀物齋) 민기(閔箕), 성수침, 희암(希庵) 김태암(金泰巖), 이암(頤庵) 송인(宋寅), 읍청당(挹淸堂) 박사종(朴嗣宗), 수우당(守愚堂) 최영경(崔永慶), 김홍(金泓), 금계(錦溪) 황준량(黃俊良), 고산(孤山) 황기로(黃耆老), 남봉(南峯) 김홍도(金弘度), 임제, 이령(李領), 계당(溪堂) 최홍림(崔興霖), 노수신 등에 대해 읊고 있다.

이 외에 한거할 때의 감흥을 읊거나 보은 주변과 속리산 등을 유람하면서 자연 경물을 읊은 시편이 주류를 이루고 있다. 이 감흥에는 현실 비판과 세상을 구제하려는 염원이 담겨 있으며, 자연 경물을 바라보는 시선 속에 지식인의 고뇌와 갈등을 자연과의 융화로 해소하고 자연을 통해 심신 수양과 성정 함양을 이루려는 바람과 사림이 동경하는 이상 세계를 자연 속에서 설정하려는 의식이 나타난다.[6]

중권에는 장시(長詩) 2제 2편과 잡저 10편이 실려 있다. 시 가운데 〈전 상인을 보내며〔送田上人〕〉는 사대부의 자식으로 승려가 된 전 상인(田上人)과의 인연을 언급하면서 유가의 길로 돌아오기를 권하는 내용이고, 〈현감 성동주에게 올리다〔上邑宰成東洲〕〉는 보은 현감으로 있던 성제원의 학문과 현감으로서의 선정(善政)을 칭송하고 앞으로 나라를 다스리는 데 크게 쓰이기를 기대하는 내용이다. 잡저 중 〈허보찬(虛父贊)〉은 대곡이 허보(虛父)로 자호(自號)한 것이 겉만 멀쩡하고 속은 텅 비어 있는 허수아비의 신세와 다를 바가 없는 데서 연유함을 밝힌 것이고, 〈대한부(大旱賦)〉는 1553년(명종8) 봄부터 여름까지 이어진 가뭄으로 고통을 겪은 백성들의 모습을 사실적으로 그린 것이다. 〈사설(蛇說)〉은 뱀의 생태를 관찰한 데서 착안하여 선한 본성을 타고난 사람이 악행을 저지르는 것을 비판한 것이고, 〈벗에게 답하다〔答友〕〉는 지방관에 대한 평가가 올바르게 이루어지지 않는 상황을 설명하고 그 원인이 조정에 제대로 된 사람이 없기 때문임을 지적한 것이다. 〈취향기(醉鄕記)〉는 질곡(桎梏)과도 같은 현실과 정반대인 취향(醉鄕)을 이상적인 공간으로 상정하고 그곳에서 순후한 품성을 지녀 지혜도 잊고 사는 사람들과 함께 살고자 하는 바람을 담은 것이다.

6 강정화, 〈대곡 성운 연구〉, 경상대학교 석사학위논문, 1994.

앞의 〈남을 대신하여 짓다〔代人作〕〉는 마을 사람 이몽경(李夢慶)의 효행을 기술하여 조정에 보고해 줄 것을 감사(監司)에게 요청한 것이고, 뒤의 〈남을 대신하여 짓다〉는 삼년산서원(三年山書院) 유생을 대신하여 스승의 역할을 겸할 수 있도록 문관(文官)인 읍재(邑宰)를 보내 줄 것을 감사에게 요청한 것이고, 〈청송 선생 유사(聽松先生遺事)〉는 대곡의 종형(從兄)인 청송 성수침의 사적을 기록한 것이다. 〈사직상소(辭職上疏)〉는 1573년(선조6)에 제수된 사섬시 정(司贍寺正)을 사직한 것이고, 〈곡식과 비단을 하사한 데 사은하는 글〔謝賜粟帛書〕〉은 같은 해에 음식과 향표리(鄕表裏)를 내려 준 데 대해 사례(謝禮)한 것이다.

하권에는 묘갈 4편과 제문 5편이 실려 있다. 〈유씨 묘갈(柳氏墓碣)〉은 대곡의 장모이자 김벽(金碧)의 부인인 유씨(柳氏)에 대한 묘갈이다. 〈남명 선생 묘갈(南冥先生墓碣)〉은 대곡의 벗 조식에 대한 묘갈로, 생애와 이력을 상세히 기록하면서 그의 학문이 지향하는 방향과 어버이에 대한 효도 및 절조가 두드러지는 일화를 언급하였다. 〈희암 묘갈(希庵墓碣)〉은 희암 김태암에 대한 묘갈이고, 〈박 승지 묘갈(朴承旨墓碣)〉은 강수 박훈에 대한 묘갈이다. 〈남명 선생 제문〔祭南冥先生文〕〉은 조식에 대한 제문으로, 학문적 성취와 은둔의 자취를 칭송하고 유학의 종장(宗匠)이 사라져 학자들이 의지할 대상이 없는 슬픔을 서술하였다. 〈박 절도사 제문〔祭朴節度使文〕〉은 송당(松堂) 박영(朴英)에 대한 제문이고, 〈삼산서원에서 충암 선생께 올리는 제문〔三山書院祭冲庵文〕〉은 기묘명현(己卯名賢)인 충암(冲庵) 김정(金淨)에 대한 제문이다.

부록에는 선조(宣祖)의 〈사제문(賜祭文)〉 1편이 수록되어 있다.

앞에서 지적한 바와 같이 현재 대곡의 시문이 많이 남아 있지 않으나, 최근 연구에서 타인의 기록과 문집에서 대곡의 저술과 《대곡집》에 실리지 못한 그의 시문을 발견하였다. 이에 따르면 저술로 《역학도설(易學圖說)》, 《대곡선생언행록(大谷先生言行錄)》, 《남명행록(南冥行錄)》이 있었던 것이 확인되는데, 현재 이 책들은 남아 있지 않다. 시문으로는 김천택(金天澤)의 《청구영언(靑丘永言)》 〈성운(成運)〉에 그의 시조 1수가 수록되어 있고, 안정복(安鼎福)의 《순암집(順菴集)》 권4에 〈여이경협서(與李景協書)〉와 심수경(沈守慶)의 《견한잡록(遣閑雜錄)》에 시제(詩題) 불명의 시구를 인용한 사례가 있다. 그리고 《남명집(南冥集)》 권4 〈보유(補遺)〉에 제문 〈호상소조장(護喪所弔狀)〉과 서간 〈부답서(附答書)〉가 있다.[7]

5. 대곡의 학풍과 사상

1) 은일(隱逸)의 흥취

대곡의 행적 중에 가장 두드러진 것은 처사적 삶으로 일관하면서 보여준 은일의 태도와 그에 따른 주체적 인격의 확립인데, 삶의 지향점을 은일로 선택하게 한 요인은 무엇보다도 시대의 정치적 위기가 그 배경이 되었다고 할 수 있다. 그러나 그의 은일은 정치적 실각을 이유로 하릴없이 은둔을 택하는 경우와는 달리, 일련의 정치적 사건을 겪는 동안 내면적인 갈등을 통해 자리 잡은 인생관이었다. 대곡은 외부적

7 박문열, 〈大谷 成運의 著述과 逸文에 관한 硏究〉, 《서지학연구》 76집, 2018, 14~16쪽.

영향으로 인한 부득이한 은둔이라 할지라도 이를 진정한 즐거움으로 받아들이기 위해 유가적인 도를 바탕으로 인식 세계의 범주를 확대하며, 현실에 대한 집착보다 은거하는 삶 속에서 자연적 천성을 따르는 천인합일(天人合一)의 길을 택하였다. 그의 작품 가운데 은일의 홍취를 읊은 시 〈시골집에 살며 비 오는 날에 감회를 쓰다〔村居雨中書懷〕〉에 이러한 면모가 잘 드러나 있다.

작은 집이 천하보다 넓으니	小屋寬天下
산옹이 아침잠에서 더디 깨노라	山翁眠起遲
창문에 어김없이 이르니 바람은 신의가 있고	到窓風有信
만물을 고루 적시니 비는 사심이 없구나	潤物雨無私
구유에 엎드린 말은 천 리를 달릴 뜻을 잊고	伏櫪忘千里
숲에 깃든 뱁새는 한 가지를 얻었어라	棲林得一枝
남들보다 나는 늦게 죽으니	比人吾後死
귀밑머리가 하얗게 센 것이 도리어 기쁘구나	飜喜鬢成絲

대곡은 1구에서 자신이 사는 소옥(小屋)을 천하보다 넓다고 하였다. 이는 도잠(陶潛)이 〈귀거래사(歸去來辭)〉에서 언급한 '용슬이안(容膝易安)'의 뜻이며, 자신의 거처와 천하를 동일시하여 그가 현실을 초월해 느끼는 공간 감각을 생생하게 전해 준다. 이러한 인식을 바탕으로 산속 노인인 대곡은 작은 집임에도 불구하고 천하보다 넓은 안정감을 주는 이 공간에서 기거(起居)의 자유로움을 한껏 누릴 수 있는 것이다. 3, 4구에서 만물을 골고루 적시는 비와 창으로 불어오는 바람을 향해 시선을 돌리니, 소옥 안에서 자연물의 순환 작용을 관찰하며 신의(信

義)와 무사(無私)의 도덕적 의의를 부여하는 데 이르렀다. 5, 6구에서는 자신이 느끼는 편안함을 시야에 들어오는 말과 새에게까지 전이하여, 물아(物我)의 구분 없이 각자 존재하는 그곳에서 생을 이어 가는 자연의 섭리를 깨우치고 있다. 이렇게 자연과의 합일을 체득하는 경험을 통해 인간이라면 모두 슬퍼하는 노년의 시기에, 세월을 자각하게 만드는 흰 귀밑머리마저 기쁨을 유발하는 대상이 되어 생사를 초월하는 자세를 보여 주고 있다.

2) 자기 수양의 중시와 노장적(老莊的) 경향[8]

대곡의 학풍은 마음의 수양을 중시하여 실천의 밑바탕으로 삼았고 성리학 외에 노장 사상에 관심을 기울인 것이 특징이다. 그가 수양을 중시한 것은 무엇보다 사화(士禍)와 밀접한 관련이 있다. 사화로 대표되는, 비리와 모순이 가득한 정치 현실을 경험한 대곡은 선비가 자신을 지키는 방법은 수양밖에 없다고 판단했던 것이다. 송시열은 "선생은 온순한 품성과 호매한 기질을 소유하였으며 그의 학문은 오로지 존양정색(存養精索)만을 힘썼으므로 그의 말은 사실의 뒷받침이 있었고 그의 행실은 일정한 법도가 있었다."[9]라고 하였으며, 아래와 같이 대곡 스스로의 말을 통해서도 그의 학문이 수양을 바탕으로 하고, 마음을 통해 직접 체득하는 실천을 중시했음을 알 수 있다.

8 신병주의 〈大谷 成運의 學風과 處世〉, 《南冥學研究論叢》 7집, 1999, 351~354쪽과 강정화, 〈16세기 遺逸의 方外人的 性向에 관한 고찰〉, 《동방한문학》 38권, 2009, 7~9쪽을 바탕으로 기술하였다.

9 《宋子大全》 卷172 〈大谷成先生墓碣銘〉

성현이 남긴 글은 반드시 가슴을 활짝 열고 높은 안목으로 참뜻을 찾아야지 그렇게 하지 못하면 구두(口讀)의 학문이 되고 말아서 아무리 상달(上達)하려 해도 바랄 수 없는 일이다. 그러나 사물을 외면한 채 성명(性命)만 따지는 것도 학문이 될 수 없다. 반드시 현미(顯微)와 정조(精粗)에 대하여 포괄적인 공부를 해야 비로소 이론이 허공에 뜨거나 순서 없이 갈팡질팡하는 폐단이 없을 것이다.[10]

대곡의 학풍에서는 성리학자로서 수양과 실천을 중시한 점이 두드러지지만, 노장적인 경향이 있다는 점 또한 여러 학자에 의해 지적되었다. 조선 중기의 학자 김휴(金烋)는 당대의 문헌을 정리하면서, 성운에게 노장적인 경향이 있음을 언급한 이황의 평가를 수록하였으며 이식(李植)은 성운이 저술한 〈허보찬(虛父贊)〉과 〈취향기(醉鄕記)〉 같은 글을 노장적 경향이 짙은 방외어(方外語)로 분류하였다.

풀을 묶어 사람의 형상을 만든 것을 세상에서 '허보(虛父)'라고 한다. 내가 근년에 들어 귀가 먹어 남의 말소리가 들리지 않고 정신이 흐릿하여 인사를 살피지 못하니, 한갓 형체만 겉으로 멀쩡한 것이 그야말로 허보와 비슷하다. 이런 까닭에 허보로 자호하고 이어서 찬(贊)을 짓는다.[11]

〈허보찬〉에서 나이 들어 눈멀고 귀먹어 마음마저 혼미해진 자신의

10 《宋子大全》 卷172 〈大谷成先生墓碣銘〉

11 《大谷集》 卷中 〈虛父贊〉

모습을 허수아비에 비유하고 "하늘과 땅 사이에서, 보고 들음이 아주 없네. 아무런 앎이 없거니, 누구에게 화를 내리오."라는 태도로 세상을 대하고 있다. 허수아비의 이러한 특징은 노장 사상에서 제시하는 무위자연의 전형적인 방법으로, 여기에서 성운의 노장 성향이 드러난다 하겠다.

3) 현실 비판

대곡이 직접적으로 현실 문제를 비판한 글은 없으나, 몇 편의 단문에서는 당시의 정치, 사회적 문제를 지적한 내용을 발견할 수 있다. 대곡은 오랜 기간 은거하며 백성들과 함께 생활하였기 때문에 그들이 겪는 고통을 잘 이해하고 있었다.

긴 가뭄에 백성들이 유리걸식하는 실상을 읊은 〈대한부(大旱賦)〉는 그의 이러한 면모를 잘 보여 주는 작품이다. 가뭄으로 빚어지는 일련의 사태를 하늘의 조화가 어긋난 상황으로 규정하고 그 원인을 인간이 저지른 죄악 때문이라고 보는데, 백성이 재해로 고통받는 이유를 인간의 죄악 때문이라고 돌린다면 이 사태를 해결할 책임은 임금과 위정자들에게 있는 것이다. 대곡은 계속된 재해로 나라와 백성은 말로 표현할 수 없는 고통을 겪고 있지만 이에 대처하는 임금과 위정자들의 정성은 재해를 해결하기에 부족함을 거듭 각성시키려고 하였다.

〈벗에게 답하다〔答友〕〉에서는 벗과 문답하는 형식을 빌려 학정(虐政)을 일삼는 수령들이 방백(方伯)에게 좋은 평가를 받는 상황과 그 이유를 설명하고 이를 해결할 방안을 제시하였다. 대곡은 고관인 친척이나 벗의 비호를 받아 탐욕을 부리고 불법을 저지르는 수령을 제대로 평가하지 못하는 것은 방백이 공정하지 못하고 강직하지 못한 데서 연유한다고 파악하였다. 그리고 방백을 제대로 선발하는 책임이 조정에 있다는 점을 강조하여, 수령의 탐학에서 초래되는 민간의 고통은 결국 조정의 처사에 달려 있음을 지적하고 있다. 이러한 폐단을 해결하기 위해서는 근본적으로 임금이 궁리(窮理)와 지인(知人)의 학문에 힘쓸 것을 주장하였다.

6. 후대의 영향[12]

성운은 당대 및 후대의 학자들에 의해 온화하고 엄정하게 처사의 입지를 지킨 전형적인 인물로 평가받았다. 이는 광해군 때 집권한 정인홍이 자신의 스승인 조식을 변호하기 위해 올린 상소에서 대곡이 처사로서 현실 비판자의 소임을 다한 것을 높이 평가한 데서 더욱 부각되었다. 또 한편으로 그의 학풍과 처세는 보은의 속리산 일대를 중심으로 전파되었는데, 보은에 들어와 성운과 학문적 인연을 맺은 주요 인물은 최흥림과 김덕민, 백호(白湖) 임제(林悌) 등이다.

최흥림은 을사사화 이후 보은으로 들어와 처사의 입지를 지킨 인물로, 스스로가 대곡의 문인이었을 뿐만 아니라 두 아들도 대곡의 문하에 들어가게 하였다. 임제는 일찍이 속리산에 들어가 그곳에서 은거하고 있던 대곡에게 학문을 배웠으며, 그의 문집인 《백호집》 곳곳에 대곡에게 학문을 배우고 그를 흠모한 흔적이 나타나 있다. 임제의 학문이

12 신병주, 〈大谷 成運의 學風과 處世〉, 《南冥學研究論叢》 7집, 1999, 358~362쪽을 바탕으로 기술하였다.

역사적으로 의미가 큰 것은 근기 남인 학자인 미수(眉叟) 허목(許穆)의 학풍 형성에 큰 영향을 준 점이다. 임제는 허목의 외조로서 허목의 도가적 학풍에 영향을 끼쳤다는 사실이 여러 연구에서 지적되고 있다. 대곡은 허목뿐만 아니라 백호(白湖) 윤휴(尹鑴)의 학문 형성에도 일정한 연관이 있다. 윤휴는 대곡이 후사를 부탁했던 김가기의 아들인 김덕민의 외손으로, 어려서부터 외가인 보은에서 자랐는데, 보은은 대곡이 학문을 수양한 곳이었던 만큼 이러한 지역적 경험은 윤휴의 학문 형성에 바탕이 되었을 것이다.

허목의 학문적 연원에 대곡에서 임제로 이어지는 흐름이 있다는 점과 윤휴의 학풍 형성에 보은을 기반으로 한 대곡의 영향력이 있었다는 점에서, 대곡의 학풍과 처세는 근기 남인 학자들의 학풍 형성에도 일정한 영향을 주었다고 평가할 수 있다. 이러한 점에서 16세기 처사형 사림의 입지를 대표하는 대곡의 학풍과 처세는 당대에 소멸되지 않고 지속되었음을 확인할 수 있다.

7. 맺음말

16세기의 조선 사회는 훈구와 사림의 대립이 격화되어 네 번의 사화가 일어났으며 이로 인해 사림은 위축되었고 그들이 숭상하는 성리학 또한 침체를 맞았다. 대곡은 이러한 시대를 살면서 벼슬살이를 일절 단념하고서 학문적 토대와 자기 수양을 통해 처사형 사림으로서의 입지를 구축하였으며, 당대 및 후대의 학자들에게 온화하고 엄정하게 이를 지켜 온 인물로 평가받았다. 그는 시를 통해 은거의 흥취를 읊을 때에는 현실을 벗어나 자연과 합일되는 모습을 보여 주었으며, 단편 작품에서 백성과 가깝게 지내면서 보고 들은 부조리한 사회, 정치적 현실을 비판할 때에는 상황을 사실적으로 묘사하는 한편 이를 극복할 수 있는 방안을 모색하기도 하였다. 대곡은 현실을 회피하고 산속으로 물러난 선비가 아닌, 스스로 높은 학문과 고결한 도덕성을 도야(陶冶)하여 좌절을 겪고 있던 사림들이 설 수 있도록 새로운 영역을 개척한 선각자라고 할 수 있다. 대곡의 이러한 처사형 사림의 입지는 벗인 조식, 성제원과 그 궤를 함께하는 것으로, 제자인 최흥림과 임제 등의 학문 형성은 물론 후대의 허목과 윤휴 등 근기 남인 학자들에게 영향을 끼친 데서 다시 한번 그 위상을 확인할 수 있다. 이번에 번역서를 간행하는 일이 대곡의 시문을 더 정밀하게 연구할 수 있는 바탕을 제공하여, 새로운 연구 성과들이 도출되고 이를 통해 궁극적으로 그의 학문의 진면목이 재조명될 수 있기를 바란다.

참고문헌

성혼, 《우계집》, 《한국문집총간》 43집, 민족문화추진회, 1989.

송시열, 《송자대전》, 《한국문집총간》 108~116집, 민족문화추진회, 1993.

강정화, 〈大谷 成運의 〈南溟先生墓碣〉에 대한 小考〉, 《남명학연구》 45집, 2015.

______, 〈16세기 遺逸의 方外人的 性向에 관한 고찰〉, 《동방한문학》 38권, 2009.

______, 〈東洲 成悌元의 學問性向과 處世觀〉, 《남명학연구》 17집, 2003.

______, 〈대곡 성운 연구〉, 경상대학교 석사학위논문, 1994.

김문준, 〈東洲 成悌元의 生涯와 道學精神〉, 《동서철학연구》 24권, 2002.

김성기, 〈大谷 成運의 생애와 詩 세계〉, 《우암논총》 2집, 2009.

신병주, 〈大谷 成運의 學風과 處世〉, 《남명학연구논총》 7집, 1999.

______, 〈朝鮮中期 處士型 士林의 學風 연구〉, 서울대학교 박사학위 논문, 1999.

박문열, 〈大谷 成運의 著述과 逸文에 관한 硏究〉, 《서지학연구》 76집, 2018.

______, 〈大谷 〈成運誌石〉에 관한 硏究〉, 《서지학연구》 69집, 2017.

장원철, 〈隱遁과 自適의 미학〉, 《남명학연구》 13집, 2002.

정경주, 〈朝鮮中期 處事文學의 傾向〉, 《부산한문학연구》 2, 1987.

대곡집 서문
大谷集序

선생은 삼산현(三山縣 보은(報恩))의 대곡(大谷)에 은거하면서 누차 소명(召命)을 받았으나 끝내 관직에 나가지 않았고 향년이 83세이니 학자들이 존모하여 대곡(大谷) 선생이라고 일컬었다. 생각해 보면 소자의 선영(先塋)이 시안(始安 괴산(槐山))에 있으니 시안은 삼산에서 멀지 않다. 어릴 때부터 선생이 계신 줄 알아 마음으로 경앙(景仰)하였는데 하루라도 문하에 나아가 가르침을 청하지 못했던 것을 늘 한스럽게 여겼다.

병신년(1596, 선조29) 가을, 내가 이 도에 부임하였을 때 김군 가기(金君可幾)[1]가 마침 삼산에 있기에 그와 함께 선생의 시집(詩集)을 간행하는 일을 의논하고자 하였으나 마침 시국이 다난하여[2] 힘이 미칠 겨를이 없었으니 늘 마음에 아쉬움이 남았다. 7년 뒤에 다시 이 도에 부임하였는데, 김군은 이미 세상을 떠났고 김군의 아들 덕민(德民)[3]이

1 김군 가기(金君可幾) : 김가기(金可幾, 1537~1597)로, 본관은 경주(慶州), 자는 사원(士元), 호는 일구당(一丘堂)이다. 김제 군수(金堤郡守)를 지낸 김천부(金天富)의 아들로, 원래 성운(成運)과는 고모부와 처조카 사이이다. 성운이 을사사화(乙巳士禍) 때 죽은 중형(仲兄) 성우(成遇)의 딸이 홀로 남아 있는 것을 안타깝게 여겨 그에게 시집보내고, 조카사위가 된 그를 후사로 삼았다. 1579년 생원시에 1등으로 입격하여 이산 현감(尼山縣監)을 지냈다. 그 후 성운의 문집 편찬에 몰두하던 중 1597년 정유재란(丁酉再亂)이 일어나자 마을에 침입한 왜적에게 대항하다가 순절하였다.

2 시국이 다난하여 : 당시 임진왜란을 겪고 있던 상황을 말한다.

곧 도내(道內)의 뜻을 함께하는 선비들과 함께 공산(公山 공주(公州))으로 나를 찾아와 문집을 간행하는 일을 말하였다. 평소 경앙하는 마음을 가지고 있던 차에 지난번에 겨를이 없었던 일을 이루게 되었으니 마치 오늘을 기다린 듯하다. 어찌 더욱 유념하지 않을 수 있겠는가. 그래서 간행을 위하여 목재와 각수(刻手)를 모으고 또 음식과 품삯의 비용을 도와 두 달이 걸려서야 판각을 마쳤다.

제공이 글을 써서 그 전말을 기록해 달라고 요청하기에 감히 고루하다고 사양할 수 없었다. 이 문집을 가져다 읽어 보니 선생은 타고난 자질이 매우 높은 데다 함양한 공부가 깊었으니, 우연히 시로 읊은 것은 얼핏 보기에 한가한 가운데 회포를 달랜 작품이어서 별로 마음을 쓰지 않은 듯하다. 하지만 그 뜻을 천천히 찾아 들어가면, 간결하여 한 점의 티끌도 없고 우뚝하여 더위잡고 오를 수 없는 기상이 있고 차분하게 스스로 만족하여 위아래로 천지의 섭리와 함께 흘러 저마다 제자리를 얻는 의미[4]가 있다. 선생이 평소에 힘쓴 것은 항상 덕을 숨겨 드러내지 않는 데 있었으나 여기에 이르러서는 끝내 숨길 수 없는 것이 있었으니 아, 성대하도다.

3 김군의 아들 덕민(德民) : 김덕민(金德民, 1570～1651)으로, 본관은 경주, 자는 방량(邦良)이다. 김가기(金可幾)의 아들로, 1603년 충청도 관찰사 유근(柳根)의 도움을 받아 성운의 문집을 3권 1책으로 간행하였다.

4 위아래로……의미 : 《논어》 〈선진(先進)〉에서 공자가 "나는 점과 함께하겠다.〔吾與點也.〕"라고 허여하였는데 그 집주에 "그 가슴속이 유연하여 곧바로 천지 만물과 더불어 위아래로 함께 흘러 각각 제자리를 얻은 묘한 경지가 은연중에 저절로 말 밖으로 드러났다.〔其胸次悠然, 直與天地萬物上下同流, 各得其所之妙, 隱然自見於言外.〕"라고 하였다.

일찍이 선생에게 듣건대 "우리 조정의 인재가 융성하기로는 기묘년(1519, 중종14)을 으뜸으로 일컫는다. 오래지 않아 사림의 화가 일어나 을사년(1545, 명종 즉위년)에 이르러 더없이 참혹하였다. 이에 선비들이 모난 것을 깎아 둥글게 만들고[5] 조화롭게 지내, 해를 피하여 몸을 보전하였다. 그러니 조행이 고상하고 학문이 심오하여, 현명하고 사려가 깊으매 부끄러움이 없고 남의 인정을 받지 못해도 근심하지 않기로 우리 대곡 선생 같은 분이 있다는 말은 아직 들어 본 적이 없다."라고 하였으니 성정(性情)에서 발현된 것이 이처럼 순수하여 오로지 정도(正道)에서 나옴이 당연하다.

선생의 중씨(仲氏)가 을사사화(乙巳士禍) 때 권간(權奸)의 비위를 거슬러 마침내 중상(中傷)을 입어 참극의 화를 당하였다.[6] 선생은 이때부터 세상에 대한 뜻을 접고, 평소에 조용히 한가롭게 살면서 왕왕 물고기나 새와 더불어 산수 속에서 세상사를 잊고 지냈다. 게다가 선생이 학문을 연구하고 성정을 함양하는 데 힘쓴 것은 남들이 엿볼 수 없었는데, 선생이 사람을 접할 때에 사람들은 단지 혼후하고 자연스러운 인품

5 모난……만들고 : 올곧은 행실을 고쳐 세상의 풍조를 따랐다는 말이다. 《초사(楚辭)》 〈회사(懷沙)〉에 "모난 것을 깎아 둥글게 만듦이여, 떳떳한 법도는 바뀌지 않았어라.〔刓方以爲圜兮! 常度未替.〕"라고 하였다.

6 중씨(仲氏)가……당하였다 : 중씨는 성우(成遇, 1495~1546)로, 본관은 창녕(昌寧), 자는 중려(中慮)이다. 1545년 인종이 죽고 명종이 즉위하였는데, 명종의 외숙인 소윤(小尹) 윤원형(尹元衡) 일파가 인종의 외숙인 대윤(大尹) 윤임(尹任) 일파를 축출하기 위해서 을사사화를 일으켜 윤임의 일가 및 유관(柳灌), 유인숙(柳仁淑) 등을 죽이고 많은 명사(名士)들을 몰아냈다. 당시 제릉 참봉(齊陵參奉)이던 성우는 윤원형의 심복인 장령 진복창(陳復昌)으로부터 죄인인 유관을 두둔했다고 모함을 받아 형장(刑杖)을 맞다가 죽었다.

을 보고 자기도 모르게 심취하고 감복하였으니 학문의 힘이 아니라면 어찌 이렇게 될 수 있었겠는가. 선생은 도덕이 매우 높았지만 오히려 겸손하여 감히 입언(立言)으로 자처하지 않았다. 이제 남은 저술은 겨우 이 한 질뿐이니 어찌 민멸되어 전해지지 않게 해서야 되겠는가.

선생은 후사가 없어 부인의 오빠인 군수 김천부(金天富)의 아들을 데려다 기르고 가르쳤다. 일찍이 중씨의 딸이 어려서 고아가 되어 의지할 곳이 없는 것을 애통하게 생각하여, 시집보내고 뒷일을 맡겼으니 이 사람이 김군 가기이다.

아, 덕이 있은 뒤에야 그 말이 사람을 감동시킬 수 있는 법[7]이니, 이 책을 보고 실마리를 찾아간다면 백세 후라도 선생의 흉중에 온축한 덕성을 상상해 보아 후학들이 본보기로 삼을 바가 있도록 할 수 있을 것이니 풍화에 보탬이 적다고 하겠는가. 이로써 발문을 삼는다.

만력(萬曆) 31년(1603, 선조36) 2월 하한(下澣)에 정헌대부(正憲大夫) 행 충청도관찰사 겸 병마수군절도사 도순찰사 공주목사(行忠淸道觀察使兼兵馬水軍節度使都巡察使公州牧使) 후학 유근(柳根)[8]이 금수(錦水)의 신영(新營)에서 쓰다.

7 덕이……법 : 《논어》 〈헌문(憲問)〉에 "덕이 있는 사람은 반드시 훌륭한 말을 하게 마련이지만, 훌륭한 말을 하는 사람이 반드시 덕이 있는 것은 아니다.〔有德者, 必有言; 有言者, 不必有德.〕"라고 한 데서 온 말이다.

8 유근(柳根) : 1549~1627. 본관은 진주(晉州), 자는 회부(晦夫), 호는 서경(西坰)·고산(孤山)이다. 1572년 별시 문과에 장원으로 급제하여 1591년 좌승지가 되었다가 정철(鄭澈)이 화를 당할 때, 그 일파로 몰려 탄핵을 받았다. 1603년 충청도 관찰사를 지낼 때 김덕민이 성운의 문집을 간행하는 것을 도왔다. 저서로 《서경집》이 있다. 시호는 문정(文靖)이다.

대곡집

권상

詩시

시 詩

두 형[1]을 모시고 벗 한 사람과 함께 둔덕탄[2]에 배를 띄우고 유람하다가 밤이 되어 돌아오다

陪二兄携友一人泛舟遊屯德灘乘夜乃還

강가의 외딴 마을에 술집 깃발이 섰으니	江上孤村卓酒旗
바로 살진 농어가 안주로 올라오는 때일세	鱸魚入饌正肥時
갈대꽃 저편에서 어부의 노랫소리가 들리는데	一聲漁唱蘆花外
달빛 아래 짧은 노 저어 더디 돌아가노라	短棹月明歸去遲

1 두 형 : 성운의 첫째 형 경재(敬齋) 성근(成近)과 둘째 형 성우(成遇)를 가리킨다.

2 둔덕탄(屯德灘) : 경상남도 합천(陜川)에 있는 강이다.

남정의 냇가에서 노닐며

遊南亭川上

물결 위 걸쳐진 다리에 채색 무지개 누웠는데	波上橫橋臥彩虹
산꽃 그림자 거꾸로 비쳐 선홍빛으로 물들이네	山花倒影染猩紅
무엇이 사람으로 하여금 훈훈히 취하게 하는가	令人何物薰成醉
얼굴 가득 불어오는 버드나무 바람일세[3]	滿面吹來楊柳風

3 얼굴……바람일세 : 송(宋)나라 소옹(邵雍)의 〈수미음(首尾吟)〉 시에 "오동나무에 뜬 달은 가슴속을 비추고, 버드나무에 부는 바람은 얼굴로 불어온다.〔梧桐月向懷中照, 楊柳風來面上吹.〕"라고 하였다. 《擊壤集 卷20》

계형 중려[4]와 함께 용문사[5]에서 석 달 동안 독서하고, 산을 나오는 길에 우연히 읊다

同季兄中慮讀書龍門寺三閱月出山途中偶吟

바람은 높은 숲에 불어 꽃잎이 어지럽게 날리고　風動高林花亂飛
학은 소나무에 맺힌 이슬을 흔들어 사람의 옷 적시네 鶴搖松露滴人衣
지팡이 짚고서 함께 냇물 소리 울리는 골짝을 나오니 扶藜共出泉鳴洞
옥 울리는 듯한 물소리 잦아들어 잘 들리지 않도다 玉佩聲殘到耳稀

4 중려(中慮) : 성우(成遇, 1495~1546)이다. 본관은 창녕(昌寧)이다. 자는 중려이다. 성운의 형이며 조식(曺植)과 교유하였다. 제릉 참봉(齊陵參奉)을 지내던 중에 을사사화(乙巳士禍)가 일어났는데 진복창(陳復昌)에게 모함을 받아 형장(刑杖)을 맞다가 죽었다.

5 용문사(龍門寺) : 경기도 양평(楊平)에 있는 절이다.

남강을 유람하며

遊南江

십 리의 맑은 강가 기슭에	十里淸江岸
푸른 소나무가 백 그루에 가깝네	蒼松近百株
풀이 우거지니 말이 파묻히고	草深能沒馬
파도가 일렁거리니 호리병을 띄우고파라	波動欲浮壺
작은 솥에 옥 같은 물고기를 삶고	小鼎魚烹玉
낮은 소반에 구슬 같은 연밥을 쪼개네	低盤芡剖珠
저물녘에 시끄럽게 풍악 소리 울리니	晩來喧鼓笛
두세 마리 오리가 놀라 날아가네	驚起兩三鳧

내가 강양[6]에서 한양으로 가다가 날이 저물어 임시로 길가의 산골 집에서 묵게 되었는데 그윽하고 고요하여 마음에 들었다. 주인이 없어 누구의 집인지 알 수 없었다. 이날 밤에 비가 오다

余自江陽向洛邑日暮假宿道傍山舍幽靜可愛舍主人不在不知誰氏也是夜雨作

담에 기댄 송죽은 가지 엇갈려 빽빽한데　倚墻松竹密交柯
못에 바람이 불어 비단 물결 일렁이네　池面風行動綺羅
머무는 길손은 듣고 놀라 자주 꿈에서 깨노니　宿客耳驚頻破夢
창밖의 벽오동에 빗소리가 요란하여라　碧梧窓外雨聲多

6 강양(江陽) : 경상남도 합천(陜川)의 옛 이름이다.

이 산인의 시냇가 정자에서 술을 마시다

飮李山人溪亭

은사가 새벽에 일어나 계당을 소제하니　高人晨起掃溪堂
처마 덮은 찬 소나무에서 이슬이 옷에 떨어지네　簷擁寒松露滴裳
물고기를 베니 은꽃[7]이 칼날 따라 잘려 나가고　魚斫銀花迎刃落
술을 부으니 운액[8]이 입속에 들어와 향기로워라　酒傾雲液入唇香
시 두 편은 웅장한 문장이 산을 흔드는 듯　兩章壯筆看搖嶽
노래 한 곡은 섬세한 가락이 들보를 감도는 듯　一曲纖歌聽繞梁
해 저물어 돌아가는 길에 바람이 소매에 가득 불고　日暮歸途風滿袖
뭇 산봉우리 빽빽한 곳엔 냇물이 푸르디푸르구나　亂山稠處水蒼蒼

7 은꽃 : 물고기의 비늘이 은빛으로 비치는 것을 비유한 표현이다.

8 운액(雲液) : 옛날 중국 양주(揚州)의 명주(名酒) 이름으로, 향기로운 술을 가리킨다.

남강을 유람하며

遊南江

강 가운데서 긴 낚싯줄을 잡아당기니　江心抽出釣絲長
눈송이 은꽃 같은 물고기가 광주리에 가득 차겠네　雪片銀花欲滿筐
잠깐 취했다가 막 깨어나니 산에 달이 뜨고　小醉初醒山吐月
들바람이 불어오니 흰 연꽃 향기가 풍기는구나　野風吹動白蓮香

용계사[9]에 올라

上龍溪寺

절이 신선의 집을 나누어 차지하니	佛宮分占衆眞家
사방의 겹겹 푸른 산은 붉은 노을을 띠었어라	四疊靑巒帶紫霞
그윽한 산길에 인적이 없어 사슴 발자국 찍혀 있고	幽逕絶人盤鹿跡
평평한 바위에 빗물이 남아 이끼 꽃 젖었구나	平巖留雨濕苔花
저 멀리서 골짝의 새는 비파를 타듯 구슬피 울고	遙聞谷鳥彈哀瑟
올려다보니 벼랑에 얽힌 등라에는 늙은 뱀이 숨었네	仰見崖藤蟄老蛇
선방의 창가에 누워 한숨 자다가 깨니	臥向禪窓眠一覺
담장 곁 나무에 이미 갈까마귀 깃든 줄도 몰랐네	不知墻樹已棲鴉

9 용계사(龍溪寺) : 경상남도 합천 만대산(萬代山)에 있던 절이다.

한양에서 강양으로 가는 도중에 우연히 읊어 동행에게 보이다

自洛向江陽途中偶吟以示同行

엷은 구름이 다 날아가 저녁 하늘이 넓은데	薄雲飛盡暮天長
들판 오솔길에 바람 불어 벼 향기가 풍겨 오네	野逕風來聞稻香
몇 집에서 막걸리 빚는 냄새 내 코를 찌르니	村釀幾家方逆鼻
내일이 바로 국화 피는 중양절이구나[10]	黃花明日是重陽

10 내일이……중양절이구나 : 음력 9월 9일 중양일에 수유(茱萸) 주머니를 차고, 높은 곳에 올라 국화주를 마시며 장수를 기원하고 액운을 쫓는 풍속이 있었다.

내가 강양에서 한양으로 가다가 정오 무렵에 길가의 민가에 들어가 말에게 여물을 먹였다. 그 지역에 경치가 좋은 곳이 많은데 동쪽에 절이 있다고 하여 말은 두고 걸어서 찾아갔다. 새로 지은 건물의 구조가 정밀한 데다 거기에 있는 중 예닐곱 사람은 얼굴에 세속의 때가 없고 눈처럼 흰 납의를 입고 있었다. 마음이 즐거워 아이를 시켜 곡식을 가지고 가서 술로 바꿔 오게 하였다. 술이 이르자 손수 술을 따라 마시다가 약간 취기가 오르자 그만 마셨다. 수십 리 정도 가다가 산 아래에 있는 절에 투숙하다

余自江陽向洛都日未午入道傍民舍飼馬其地頗有林泉之勝聞其東有寺斥馬步行尋得之新構精密有僧六七人面無塵垢衲衣如雪心樂之命僮擔糧換酒至則手自酌至微醺而罷行過數十許里得山下僧屋止宿

들판 오솔길이 숲을 뚫고 동서로 나 있는데	野逕穿林東復西
집집마다 문밖에 맑은 시내가 둘러 있어라	家家門外帶淸溪
산 깊은 대나무 숲의 절에는 중의 얼굴이 맑고	山深竹寺僧顏淨
풍년 든 꽃 핀 마을에는 술값이 싸구나	歲稔花村酒價低
흰 물고기 배부르게 먹은 오리는 깃털을 다듬고	飽了白魚鳧理翮
푸른 풀 씹어 먹은 말은 발굽을 박차네	齕殘靑草馬飜蹄
가고 가다가 다시 구름 속 암자에 투숙하니	行行更向雲菴宿
달 아래 슬픈 두견새 밤새도록 우는구나	月下哀鵑盡夜啼

숲속 정자에서 물고기를 구경하다

林亭觀魚

이끼를 밟고서 낚시터에 오르니	踏破苔錢上釣磯
산빛이 농염하여 흰 베옷을 물들이는 듯	山光濃染白麻衣
못의 물고기 비를 만나 더욱 힘차니	潭魚得雨添新力
물결에서 날아갈 듯이 지느러미 퍼덕이네	鼓鬣波頭健欲飛

용문사에서 동쪽으로 6, 7리 떨어진 곳에 석굴이 있는데, 중의 말로는 한 노인이 그 안에서 살면서 8, 9년 동안 곡식을 먹지 않고 밤이면 앉아 달을 바라보면서 새벽까지 잠들지 않는다고 하였다. 당시에 내가 절에서 독서하고 있던 터라 가서 만나 이야기를 나누어 보니, 세상을 피해 숨어 사는 사람인 듯하기에 시를 지어 주다

龍門寺東距六七里有石窟僧言有一老人棲息其中積八九年絶粒不食夜坐看月向晨不寐時余在寺讀書往見與之語疑其爲遁世自晦者故以詩贈之

세상을 피해 산혈에 숨으니	避世藏山穴
이름을 아는 사람이 없어라	無人知姓名
소나무 뿌리에서 학을 따라 쉬고	松根隨鶴息
바위 오솔길에서 구름을 쫓아가네	巖逕逐雲行
달을 구경하니 서늘한 눈동자 맑아지고	賞月寒眸淨
안개를 먹으니[11] 여윈 몸이 가벼워라	湌霞瘦骨輕
정신이 맑아 절로 잠이 적으니	魂淸自少睡
밤새도록 시냇물 소리 듣는구나	盡夜聽溪聲

11 안개를 먹으니 : 신선이 되는 수련법의 하나이다. 《한서(漢書)》 〈사마상여전(司馬相如傳)〉에 "밤이슬을 마시고 아침 안개를 먹는다.〔呼吸沆瀣兮餐朝霞.〕"라고 하였다.

산을 유람하며

遊山

산행이라 말을 두고 지팡이 끌고 가노니	山行斥馬曳笻枝
이렇게 고승 만날 줄은 생각지도 못했네	携手高僧本不期
소나무 꼭대기에 구름 걷히니 학의 새끼 보이고	松頂雲收看鶴子
못 가운데에 바람 그치니 어린 물고기 몇 마리	潭心風定數魚兒
세상에는 사람들 죽는 게 안타깝고	堪嗟世界人亡盡
선가에는 세월이 더디 흐르는 게 기쁘네	可喜仙家日側遲
붉은 영지 캐어 한 움큼 쥐니	採得紫芝盈一掬
아침을 굶을까 겁낸다고 어린 종이 웃는구나	癡僮笑汝怕朝飢

종이 양식이 부족하다고 했기 때문에 언급하였다.

촌장에서 어머니를 그리워하며 율시 한 수를 읊다
在村莊思母因賦一律

외진 산 속에 봄이 오니	春到窮山裏
덧없는 세월에 나그네 마음 슬퍼라	年華傷客心
거울 같은 얼음장 깨졌단 말 이미 들었고	已聞氷破鏡
하늘거리는 금빛 버들개지 다시 보네	更見柳搖金
웅현[12]은 하늘에 닿을 듯이 높고	熊峴摩霄直
청천은 땅에 깔린 듯이 깊어라	淸川伏地深
구름 바라보매 구름이 북쪽으로 가니	望雲雲北去
분명 곡성의 산봉우리로 흘러가겠지[13]	應傍曲城岑

12 웅현(熊峴) : 충청북도 보은에 있는 고개이다.

13 구름……흘러가겠지 : 당(唐)나라 적인걸(狄仁傑)이 태항산(太行山)을 넘어가던 중에 흰 구름이 외로이 떠가는 남쪽 하늘을 바라보면서 "저 구름 아래에 어버이가 계신다.〔吾親所居, 在此雲下.〕"라고 하고는 한참 동안 머물러 있다가 구름이 다른 곳으로 옮겨 간 뒤에야 다시 길을 떠났다는 고사를 인용하였다. 《舊唐書 狄仁傑列傳》 성운의 어머니가 곡성(曲城)에 있기 때문에 이렇게 말한 듯하다.

청파의 집 벽에 쓰다
題青坡屋壁

깁을 두른 듯 푸른 봉우리[14] 눈에 들어오고	羅帶煙鬟入眼中
나는 듯한 부들 돛단배 바람을 타고 잘도 가네	飛飛蒲席駕長風
일렁이는 드넓은 강물에 맑은 하늘빛 어리니	湖光蕩映晴天面
온통 푸른빛이 위아래로 거울처럼 펼쳐졌어라	一碧相磨上下銅

14 푸른 봉우리 : 소식(蘇軾)의 〈능허대(凌虛臺)〉 시에 "떨어지는 햇빛은 파란 벼랑을 감싸고, 저녁 구름은 푸른 봉우리에 젖어 있네.〔落日銜翠壁, 暮雲點煙鬟.〕"라고 하였다. 《東坡全集 卷2》

건중[15]에게 부치다

寄楗仲

큰 기러기 날개 펼쳐 남쪽으로 날아가니	冥鴻矯翼向南飛
바로 가을바람에 낙엽 지는 때를 만났어라	正値秋風木落時
닭과 오리는 땅에 가득한 벼와 기장을 쪼아 먹거늘	滿地稻粱鷄鶩啄
푸른 구름 저편 하늘에서 배고픈 줄 모르는구나	碧雲天外自忘飢

15 건중(楗仲) : 조식(曺植, 1501~1572)으로, 본관은 창녕(昌寧), 자는 건중, 호는 남명(南冥)·산해(山海)이다. 시호는 문정(文貞)이다.

중모[16]를 지나다 길가의 노송 8, 9그루를 보았다. 무더위에서 행인들이 많이들 나무 아래에서 쉬기에 사랑스러워 읊다
過中牟見道傍有老松八九株觸熱而行者多息其下愛而賦之

용의 몸처럼 백 척도 더 높이 구불구불 솟았으니	矯矯龍身百尺强
바람 부는 가지 이슬 맺힌 잎에 한낮 그늘 시원하네	風枝露葉午陰涼
더운 날 길 가다 더위 먹은 사람이 매우 많으니	炎程蔭暍知多少
큰 집에 굳이 들보로 쓸 필요 있으랴	大廈何須作棟樑

16 중모(中牟) : 경상북도 상주(尙州)에 속해 있던 중모현(中牟縣)을 말한다.

시골집에 살며 비 오는 날에 감회를 쓰다
村居雨中書懷

작은 집이 천하보다 넓으니	小屋寬天下
산옹이 아침잠에서 더디 깨노라	山翁眠起遲
창문에 어김없이 이르니 바람은 신의가 있고	到窓風有信
만물을 고루 적시니 비는 사심이 없구나	潤物雨無私
구유에 엎드린 말은 천 리를 달릴 뜻을 잊고[17]	伏櫪忘千里
숲에 깃든 뱁새는 한 가지를 얻었어라[18]	棲林得一枝
남들보다 나는 늦게 죽으니	比人吾後死
귀밑머리 하얗게 센 것이 도리어 기쁘구나	飜喜鬢成絲

17 구유에……잊고 : 구유에 엎드린 말은 원래 뛰어난 재주를 가지고도 불우한 처지에 놓여 있는 것을 비유하는데, 여기에서는 자신을 드러내지 않고 칩거한다는 뜻으로 쓰였다. 삼국 시대 위(魏)나라 조조(曹操)의 〈보출하문행(步出夏門行)〉 시에 "늙은 천리마는 구유에 엎드려 있어도 천 리를 달릴 뜻이 있고, 열사는 노년에도 씩씩한 마음 그치지 않는다.〔老驥伏櫪, 志在千里; 烈士暮年, 壯心不已.〕"라고 하였다. 《世說新語 卷中下 豪爽》

18 숲에……얻었어라 : 분수에 맞게 생활하고 있음을 가리킨다. 《장자(莊子)》 〈소요유(逍遙遊)〉에 "뱁새는 깊은 숲에 둥지를 틀어도 의지한 것은 나뭇가지 하나에 지나지 않는다.〔鷦鷯巢於深林, 不過一枝.〕"라고 하였다.

버들개지를 읊다

詠柳絮

홀로 자던 항아가 새벽꿈 깨어	獨宿嫦娥曉夢回
경대 앞에서 고운 손으로 분통을 여나 보다	臨粧玉手粉初開
무단히 계수나무에 바람이 급히 부니	無端桂樹風吹急
날리는 꽃잎이 흩어져 땅으로 떨어지누나	散作飛花落地來

시골집
村居

작은 집에 쑥대가 무성하니	斗室蓬蒿合
이곳에 은거한 세월이 깊어라	幽居歲月深
새 방법으로 빚은 차조술 단지를 열고	新方開朮釀
옛 악기인 훈금[19]을 타노라	古器弄薰琴
물결이 잠잠하니 물고기는 검이 가로누운 듯	波定魚橫劍
무서리가 내리니 국화는 금을 부숴 놓은 듯	霜濃菊碎金
서쪽 교외에 벼가 한창 익어 가니	西郊稻正熟
그래도 가난한 내 마음에 위안이 되누나	猶可慰貧心

19 훈금(薰琴) : 순(舜) 임금이 〈남풍가(南風歌)〉를 지어 타던 오현금(五絃琴)을 말한다. 〈남풍가〉는 〈남훈가(南薰歌)〉라고도 하는데, 그 노랫말에 "남풍이 솔솔 불어옴이여, 우리 백성들의 울분을 풀 수 있겠구나. 남풍이 때맞추어 불어옴이여, 우리 백성들의 재산을 늘릴 수 있겠구나.〔南風之薰兮, 可以解吾民之慍兮. 南風之時兮, 可以阜吾民之財兮.〕"라고 하였다. 《孔子家語 卷8 辨樂解》 여기서는 거문고를 뜻한다.

이른 봄에 우연히 읊다
早春偶吟

섣달도 다 지나 추위가 막 누그러드니	臘盡寒初薄
풍광이 나날이 더 좋아지는구나	風光日日姸
울타리에는 아직 눈이 쌓여 있지만	藩籬猶貯雪
버들가지에는 벌써 안개가 피었어라[20]	楊柳已生煙
늘 병을 앓는 터라 약을 지어 오기 귀찮고	狃病慵徵藥
가난을 달게 여겨 돈 구걸하기 부끄럽네	甘貧恥乞錢
요즘 들어 더욱 한가하니	近添閑氣味
때로 한낮 창가에서 잠드노라	時向午窓眠

20 버들가지에는……피었어라 : 버들가지마다 새싹이 돋아남을 묘사한 것이다. 당(唐)나라 위장(韋莊)의 〈병진년부주우한식성외취음칠언오수(丙辰年鄜州遇寒食城外醉吟七言五首)〉 시에 "거리 가득 버들가지에는 푸른 실이 안개 같으니, 청명의 이월 하늘을 그려 내네.〔滿街楊柳綠絲煙, 畫出淸明二月天.〕"라고 하였다. 《浣花集 卷9》

유거
幽居

여름 나무에 맑은 그늘이 짙으니	夏木淸陰合
산촌에 막 날이 갠 때일세	山村霽景初
숲 비니 새 외로이 머물고	林虛留獨鳥
물결 따뜻하니 물고기들 나오네	波暖出群魚
흰 돗자리는 한 사람의 방석이고	白席單人座
검은 서안에는 책 두 권이 놓여 있네	烏牀兩卷書
주렴 걷으니 바람이 막히지 않아	鉤簾風不隔
머리털을 천 번 빗어 내리누나	頭髮下千梳

웅곡을 지나며 우연히 읊다
熊谷道中偶吟

높디높은 웅현[21]은 올라가기 힘든데	岧嶢熊峴困攀躋
그 아래 숲이 깊어 자꾸만 길을 잃는다네	其下林深步步迷
넘어진 바위는 등나무 얽힌 채 기울어 길을 막고	倒石藤纒斜礙逕
부러진 뗏목은 이끼 낀 채 누워 시내에 걸쳤어라	崩槎苔蝕臥横溪
바람 맞으니 도검이 얼굴을 치는 듯하고	遡風刀劍衝人面
눈 밟으니 구슬이 말발굽에 부서지는 듯하네	踏雪瓊瑤碎馬蹄
십 리 거리의 내 집이 점점 가까워지니	十里吾廬行漸近
종산[22]의 나직한 저녁 구름 반갑게 바라보노라	欣看鍾岳暮雲低

21 웅현(熊峴) : 충청북도 보은에 있는 고개이다.

22 종산(鍾山) : 충청북도 보은에 있는 산이다.

대곡에서 눈앞의 일을 쓰다
大谷書事

한 골짝에 펼쳐진 풍광 예스러운데	一壑風煙古
한가로이 은거한 지 지금 몇 해던가	幽棲今幾年
소나무 심어 높이 학을 이끌어 오고	栽松高引鶴
돌 옮겨 가늘게 샘을 흘려보내네	移石細行泉
어찌 무릎 펴고 앉을 공간이 없으랴	舒膝寧無地
머리 들고 실컷 하늘을 보노라	擡頭剩得天
세상 사람들이 이 모습을 본다면	外人如見此
나를 가리켜 동천[23]의 신선이라 하리	指我洞中仙

23 동천(洞天) : 신선이나 도사가 사는 골짜기를 말한다.

봄날에 한가롭게 지내며 눈앞의 일을 쓰다
春日閑居書事

희어[24]가 머물지 않아 세월이 쉬이 흐르니	羲御無停歲易遷
새봄의 물색이 너무도 어여뻐라	新春物色絶可憐
매화는 보슬비 온 뒤에 향기 유달리 풍기고	梅經小雨香偏動
새는 높은 가지에 앉아 울음소리 더욱 곱네	鳥占高枝語轉姸
들나물 맛있게 삶으니 늦은 식사[25]에 알맞고	野蔌烹甘宜晩食
산관[26]을 좁게 만드니 흰머리에 꼭 맞구나	山冠製窄稱華顚
소매 속에 기쁘게도 〈남풍〉의 솜씨[27] 있으니	袖中喜有南風手
독서 마치고 때때로 칠현금을 연주하노라	讀罷時時弄七絃

24 희어(羲御) : 희화(羲和)가 모는 수레라는 뜻으로, 태양을 말한다. 희어(羲馭)라고도 한다. 《楚辭 離騷 王逸注》

25 늦은 식사 : 전국 시대 제(齊)나라 은사(隱士) 안촉(顔斶)이 "늦게 먹음으로써 고기 맛과 진배없게 하고, 천천히 걸음으로써 수레에 앉은 것과 진배없게 한다.〔晩食以當肉, 安步以當車.〕"라고 한 데서 온 말로, 배가 고픈 뒤에 음식을 먹으면 그 맛이 절로 좋아서 흡사 고기를 먹는 것 같은 만족감을 준다는 뜻이다. 《戰國策 齊策4》

26 산관(山冠) : 은자가 쓰는 모자를 가리킨다.

27 남풍(南風)의 솜씨 : 거문고를 타는 솜씨를 뜻한다. 64쪽 주19 참조.

가을밤에 홀로 앉아 선인의 묘소에 오랫동안 직접 제사를 올리지 못한 것을 생각하니 감회가 일어 읊다

秋夜獨坐念先人丘墓久闕躬奠感而賦之

초가집에 찬 바람이 들어오니	草屋含風氣
귀뚜라미 쉬지 않고 우는구나	寒蛩咽不休
은하수 펼쳐져 하늘은 맑고	星河天淡淡
다듬이 소리에 밤은 길어라	砧杵夜悠悠
고향에는 송추가 늙어 가는데	故國松楸老
타향에는 세월이 빠르구나	他鄉歲月遒
오늘 밤 상로의 감회[28]가	今宵霜露感
먼 객지의 사람 머리 다 희게 하네	白盡遠人頭

28 상로(霜露)의 감회 : 돌아가신 부모나 선조를 슬퍼하며 사모한다는 뜻이다. 《예기(禮記)》 〈제의(祭義)〉에 "가을에 서리와 이슬이 내리면 군자가 이것을 밟고 반드시 서글퍼지는 마음이 있으니, 추워서 그러한 것이 아니다.〔霜露旣降, 君子履之, 必有悽愴之心, 非其寒之謂也.〕"라고 한 데서 온 말이다.

흥을 달래며

遣興

분분한 세상의 일이 싫어진 지 오래라	久嫌塵域事紛紛
전원으로 물러나 지팡이 꽂고 김을 매노라[29]	身退歸田植杖耘
벗 찾는 골짝의 꾀꼬리는 소리 모아 울고	求友谷鶯啼合響
파초 먹는 시냇가의 사슴은 모여서 무리 이루네	喫蕉溪鹿聚成群
꽃 찾아 들을 지나 미친 나비를 좇고	探花過野追狂蝶
약 캐러 산을 헤매며 어지러운 구름을 밟노라	斸藥尋山踏亂雲
잠 깨어 대숲 향해 작은 창을 열고서	睡覺小窓開向竹
거문고 당겨 한두 번 〈남훈가〉[30]를 연주한다오	援琴一再奏南薰

29 전원(田園)으로……매노라 : 도잠(陶潛)의 〈귀거래사(歸去來辭)〉에 "전원이 황폐해지는데 어찌 돌아가지 않으리오.〔田園將蕪胡不歸?〕"라고 하고서 끝부분에 "때로는 지팡이를 꽂아 놓고 김맨다.〔或植杖而耘耔.〕"라고 하였다. 《古文眞寶 後集 卷1》

30 남훈가(南薰歌) : 순(舜) 임금이 지은 〈남풍가(南風歌)〉를 말한다. 64쪽 주19 참조.

대곡의 산골 집에 묵으며

宿大谷山舍

소란한 세상과 떨어진 그윽한 초가집	草庵幽靜隔塵囂
산기운 막 서늘해져 밤이 고요하여라	山氣初涼夜寂寥
먼 골짝에 바람 부니 범의 울음소리 들리고	遠壑風生聞虎嘯
맑은 못에 달빛 비치니 뛰는 물고기 보이네	淸潭月射見魚跳
바위에 이끼 끼니 표면에 쌍검이 가로놓인 듯하고	蝕苔巖面橫雙劍
소나무 위에 학 잠드니 한 표주박이 걸린 듯해라	睡鶴松頭掛一瓢
기억해 보니 새벽 창 아래 꾼 꿈속에서	記得曉來窓下夢
학을 타는 신선 따라 아득히 날아갔었지	身隨仙馭去超超

낙매
落梅

남북으로 난 가지 비어 앙상한 그림자 비꼈으니	南北枝空瘦影斜
진흙에 떨어진 흰 꽃잎 어이 차마 보랴	忍看香雪委泥沙
꽃 중에 매화 떨어지는 게 몹시 아까우니	花中苦惜梅花落
매화가 다 지고 나면 좋은 꽃이 없어라	落盡梅花無好花

시골집
村居

백발에 오건[31]을 쓴 한 노인	白髮烏巾一老人
흰옷은 다시 검은 먼지에 물들 일 없어라	素衣無復染緇塵
초가를 지으니 땅이 연하 낀 산골에 들고	誅茅地入煙霞窟
대식하니 이름이 농사짓는 백성에 섞였지[32]	代食名編稼穡民
해엽이 맑고 시원하니 푸른 대자리가 매끄럽고[33]	薤葉淸涼靑簟滑
송화가 향기롭고 연하니 붉은 술이 진하구나	松花香軟紫醪醇
녹문에 꼭 처자를 데려갈 필요 없으니[34]	鹿門不必携妻子
전원에서 편안히 지내도 은거하는 게지	偃息田園亦隱淪

31 오건(烏巾) : 벼슬하지 않고 은거하는 사람이 쓰는 검은색 두건을 말한다.

32 대식(代食)하니……섞였지 : 농사지으며 사는 것을 뜻한다. 《시경》 〈대아(大雅) 상유(桑柔)〉에 "이 농사짓기를 좋아하여, 백성들과 농사지어 녹봉을 대신하노니, 농사짓는 것이 보배로우며, 녹봉 대신한 게 좋기만 하도다.〔好是稼穡, 力民代食. 稼穡維寶, 代食維好.〕"라고 하였다.

33 해엽(薤葉)이……매끄럽고 : 푸른 대자리가 마치 염교 잎을 펴 놓은 것처럼 매끄럽다는 뜻이다. 당(唐)나라 백거이(白居易)의 〈기기주점여원구(寄蘄州簟與元九)〉 시에 "매끄럽기는 해엽을 펴 놓은 것 같고, 서늘하기는 와룡의 비늘 같구나.〔滑如鋪薤葉, 冷似臥龍鱗.〕"라고 하였고, 또 〈기이기주(寄李蘄州)〉 시에 "피리 소리 근심스러우니 〈낙매화곡(落梅花曲)〉 속에 봄이 다하고, 대자리 차가우니 해엽 가운데 가을이 드네.〔笛愁春盡梅花裏, 簟冷秋生薤葉中.〕"라고 하였다. 《白氏長慶集 卷16, 卷34》

34 녹문(鹿門)에……없으니 : 후한(後漢) 말에 방덕공(龐德公)이 처자식을 거느리고 양양(襄陽)의 녹문산(鹿門山)에 들어가 약초를 캐며 세상에 나오지 않았다는 고사를 인용하였다. 《後漢書 逸民列傳 龐公》

시골집에 살며 눈앞의 일을 쓰다

村居書事

좁고도 낮은 작은 집을 지으니	窄窄低低築小堂
뜰의 솔과 울타리의 대가 푸르게 늘어섰네	庭松籬竹翠成行
시내 가운데엔 비 내려 물고기들 기뻐하고	溪心得雨魚魚喜
집 모퉁이엔 진흙 문 제비들이 바쁘구나	屋角銜泥燕燕忙
몸에 꼭 맞는 새 옷은 양 소매가 짧고	新服稱身雙袖短
손에 익은 옛 거문고는 일곱 줄이 길어라	古琴便手七絃長
십 년 동안 산속의 약초 모두 맛보았으니	十年嘗盡山中藥
손님이 오면 때로 내 입속의 향기 맡으리	客至時聞口齒香

현감 자경[35]에게 드리다

呈邑主子敬

옷 털고 길게 휘파람 불며 풍진을 벗어나니	拂衣長嘯出風塵
동주에서 한가롭게 머물며 일민이 되었어라	放跡東洲作逸民
보옥은 산에 묻혀도 광채 가리기 어렵고	寶玉埋山難掩彩
신룡은 못에 서려도 비늘 감추지 못하네	神龍蟠澤未藏鱗
훌륭한 명성이 위로 화훈[36]의 귀에 들리고	芳名上徹華勳耳
높은 관직이 조축[37]하던 몸에 더해지네	寵爵超加釣築身
기악의 봉황이 떠난 지 천년 뒤에	岐嶽千秋靈鳥去
휘황하게 빛나는 새 깃을 다시 보노라[38]	煌煌重見羽毛新

35 자경(子敬) : 성제원(成悌元, 1506~1559)으로, 본관은 창녕(昌寧), 자는 자경, 호는 동주(東洲)·소선(笑仙)이다. 유우(柳藕)의 문하에서 수학하였고, 유일(遺逸)로 천거되어 벼슬길에 나갔다. 1553년(명종8) 보은 현감(報恩縣監)에 부임하였다. 저서로 《동주일고(東洲逸稿)》가 있다.

36 화훈(華勳) : 순(舜) 임금과 요(堯) 임금을 아울러 일컬은 말이다. 《서경》〈요전(堯典)〉에 "옛날 제요를 상고해 보니, 방훈이라고 하였다.〔曰若稽古帝堯, 曰放勳.〕"라고 하고, 또 〈순전(舜典)〉에 "옛날 제순을 상고해 보니, 중화라고 하였다.〔曰若稽古帝舜, 曰重華.〕"라고 하였다.

37 조축(釣築) : 조(釣)는 낚시질하는 것으로 반계(磻溪)에서 낚시질하다 주나라 문왕(文王)에게 발탁된 여상(呂尙)을 가리키고, 축(築)은 성을 쌓는 것으로 부암(傅巖) 들판에서 노역하다가 은나라 고종(高宗)에게 발탁된 부열(傅說)을 가리킨다.

38 기악(岐嶽)의……보노라 : 성제원을 봉황에 비유한 것이다.

산을 유람하며

遊山

맑은 시내로 걸어 들어가 깨끗한 모래를 밟으니	路入靑溪踏淨沙
흰 구름 푸른 나무 속 신선의 집이라네	白雲蒼樹衆眞家
하늘 개도 골짝은 어두워 늘 비를 머금고	天晴谷暗常含雨
봄 다 지나도 숲은 깊어 아직 꽃이 남았어라	春盡林幽尙帶花
겹겹 봉우리 하늘에 닿으니 예리한 검을 세운 듯하고	疊嶂摩霄霜劍利
떨어지는 폭포 바위에 부딪히니 옥빛 무지개 비끼네	懸泉舂石玉虹斜
칠언시를 지어서 산수를 그림처럼 묘사하니	詩成七字圖山水
종횡으로 휘두른 취묵이 저녁 갈까마귀 나는 듯해라	醉墨縱橫飜暮鴉

처음 집을 짓고서

初營

푸른 시내 동쪽에 처음 초가를 지었는데	初營茅棟碧溪東
해 넘도록 문 닫고 지내니 찾아오는 이 없어라	門掩踰年客榻空
바람 잠잠한 가운데 약을 체질하기에 알맞고	篩藥正當風定裏
달이 밝을 때에는 자주 거문고를 타노라	鼓琴多在月明中
깊은 물 아래 엎드린 물고기가 어찌 미끼를 삼키랴	潛鱗淵伏寧呑餌
높이 나는 새는 새장에 들지 않지	高翼雲飛不入籠
병이 좀 나아 정신이 부쩍 좋아졌으니	病減自知心力進
책을 읽으며 새로 얻음이 있는 게 더욱 기쁘구나	讀書還喜得新功

국화를 읊어 현감 자경에게 드리다

詠菊呈邑主子敬

꽃이 황금색 동전처럼 눈에 가득 아롱지니	花作金錢滿目班
그윽한 향기 때때로 머리맡에 불어오누나	幽香時動枕屛間
서리 내려 더 고운 자태 다시금 보노니	霜飛更見添嬌艶
아침 햇살 받아 도로 안색이 시들까 걱정일세	恐被朝陽却損顔
남풍 불고 단비 내릴 적엔 봄 난초를 비웃더니	酣風吸雨哂春蘭
이제는 홀로 서리 견디면서 피었구나	獨向霜前作苦顔
사람에 비유하자면 누구와 닮았는가	若比於人誰似者
평생을 빈한하게 지낸 고산의 고사[39]라네	孤山高士一生寒
차가운 꽃잎 새벽 서리 속에 피길 기뻐하니	寒英喜向曉霜開
열을 좇아 술잔에 드는 것 수치로 여기리[40]	逐熱應羞入酒杯

39 고산(孤山)의 고사(高士) : 서호(西湖)의 고산에 은거한 송(宋)나라 처사 임포(林逋)를 가리킨다. 항주(杭州) 전당(錢塘) 사람으로, 서호의 고산에 초막을 짓고 주변에 매화를 심고 학을 기르며 독신으로 은거하였으므로 당시 사람들이 서호처사(西湖處士) 혹은 매처학자(梅妻鶴子)라고 일컬었다. 시호는 화정(和靖)이다. 《宋史 隱逸列傳上 林逋》

40 열을……여기리 : 국화가 무더운 여름에 피지 않고 쌀쌀한 가을에 핀 것을 두고 권세에 빌붙지 않는 깨끗한 지조에 비유하였다. 열은 열관(熱官)을 가리키는 말로 권세가 대단한 벼슬아치를 뜻한다. 두보(杜甫)의 〈여인행(麗人行)〉 시에 "손대면 델 만큼 권세가 비길 데 없으니, 삼가 가까이 가지 말라 승상이 노여워할라.〔炙手可熱勢絶倫, 愼莫近前丞相嗔.〕"라고 하였다. 《杜少陵詩集 卷2》

온갖 꽃 가운데 누가 이와 짝하리오	萬品花中誰是配
절개 곧고 고운 여인 같은 설중매로다	苦心香骨雪前梅

만년에 너와 내가 서로 의지해 사니	晩節相依汝與余
조석으로 네 안색이 내 옷깃에 비치네	朝晡顔色映襟裾
우스워라 고산에 은거했던 임화정은	孤山堪笑林和靖
매화만 아끼고 너는 아끼지 않았구나	獨愛梅花不愛渠

유달리 고운 꽃잎 금빛으로 노랗게 물드니	燦燦金英初著黃
다정한 마음 오직 중양절만 기다린다오	多情只是待重陽
백의가 술병 가지고 오지 않았다면	白衣不有擔壺至
동쪽 울 밑에서 딴 한 줌의 꽃잎을 저버렸으리[41]	辜負東籬一把香

이날 자경이 술을 보내왔기 때문에 언급하였다.

41 백의(白衣)가……저버렸으리 : 동진(東晉)의 도잠(陶潛)은 국화와 술을 유달리 좋아하였다. 일찍이 중양절에 좋아하는 술 없이 울타리 가의 국화를 따면서 하염없이 그 옆에 앉아 있었는데, 때마침 자사(刺史) 왕홍(王弘)이 보낸 백의 사자(白衣使者)가 술을 가지고 왔기에 혼자 취하도록 마셨다는 고사가 있다.《續晉陽秋》

용유암에서 노닐며

遊龍游巖

금계가 울고 옥견이 짖는[42] 신선의 집이라	金鷄玉犬羽人家
곡구[43]에 봄 머물러 꽃 몇 그루 피었구나	谷口留春幾樹花
취해서 바위 베고 곤히 잠들어 누웠노라니	醉枕石頭眠不起
산 반쪽에 그림자 드리우고 해는 막 기우네	半山雲影日初斜

42 금계(金鷄)가……짖는 : 금계와 옥견(玉犬)은 선경(仙境)에 있는 개와 닭을 가리킨 것으로, 《술이기(述異記)》 권상에 "제양산의 마고가 등선한 곳에서는, 전설에 '산 위에서 천년 묵은 금계가 울고 옥견이 짖는다.'라고 한다.〔濟陽山麻姑登仙處, 俗說山上千年金鷄鳴玉犬吠.〕"라고 하였다.

43 곡구(谷口) : 지명으로, 은자가 사는 곳을 뜻한다. 후한(後漢) 양웅(揚雄)의 《법언(法言)》 〈문신(問神)〉에 "곡구의 정자진은 뜻을 굽히지 않고 암석 아래에서 밭을 갈며 살았는데 그 이름이 경사에 진동하였다.〔谷口鄭子眞不屈其志, 而耕乎巖石之下, 名震于京師.〕"라고 한 데서 온 말이다.

새집
新居

새로 사는 집에 일 줄여 더욱 할 일 없으니	新居省事轉無營
늦게 자고 일찍 일어나 내 성정대로 사노라	夜臥晨興適性情
길 쓰느라 꽃 밟으니 붉은 이슬이 젖어 들고	掃逕踏花紅露濕
차 달이려 대나무 태우니 푸른 연기가 가벼워라	烹茶燒竹翠煙輕
못은 들 물과 이어져 새끼 오리 모이고	池連野水鳧雛集
뜰에는 산 구름 들어와 어린 사슴 다니네	庭入山雲鹿子行
천지를 둘러보며 자연의 변화를 관찰하니	俯仰乾坤觀物化
천기가 유동하여 절로 만물을 생성하누나	天機流動自生成

새집으로 이사하여

改卜

깃들어 살 집을 새로 지으니	改卜幽棲地
산에 둘러싸여 나무가 푸르구나	山圍樹木蒼
새벽에 일어나면 바람이 자리를 쓸고	晨興風掃席
밤에 누우면 달빛이 침상에 드네	夜臥月侵床
새는 숲으로 들어가 사라지고	鳥入林中沒
물고기는 물 밑으로 돌아가 숨는구나	魚歸水底藏
아무 하는 일 없다 말하지 말게	勿云都省事
봄 맞아 밭 갈고 낚시하느라 바쁘다오	耕釣值春忙

새집에서 흥을 달래며

新居遣興

깊은 산골 집이라 여름 온 줄도 몰랐더니	幽室不知夏
소나무 계수나무에 부는 바람 창에 가득해라	滿窓松桂風
새는 산 경치 안으로 날아가고	鳥飛山色裏
꽃은 빗소리 가운데 떨어지네	花落雨聲中
병을 숨기니 약방이 효험 없고	護疾方無驗
노쇠한 기운을 북돋우는 데는 술이 제격이지	扶衰酒有功
일곱 줄 거문고 어루만지니	撫琴絃具七
일을 줄였던 도연명에게 부끄럽다오[44]	省事愧陶公

44 일곱……부끄럽다오 : 도잠(陶潛)은 음악을 알지 못하면서 장식이 없고 줄도 없는 거문고인 소금(素琴) 한 장(張)을 가지고 있었는데, 술기운이 얼큰하면 손으로 어루만져 뜻만 붙였다는 고사가 있다. 《晉書 隱逸列傳 陶潛》 도잠은 소금을 어루만지며 유유자적하였는데, 성운 자신은 거문고를 연주하려고 하여 부끄럽다는 말이다.

독유담에서 노닐며

遊獨遊潭

온 산에 서리 내리니 비단 무늬를 수놓은 듯	霜落千山錦繡紋
사람 없는 물가에 혼자 한가히 앉았노라	水邊淸坐不成群
올 때 나를 맞이하고 돌아갈 때 나를 보내느니	來時迎我歸時送
머리 위에 나직하게 떠가는 흰 구름뿐일세	頭上低飛有白雲

산야를 가다가 우연히 읊다
行山野間偶吟

시냇물 위에 막 담담한 바람이 부니	溪面初生淡淡風
복사꽃 다 떨어져 들판 언덕이 비었어라	桃花落盡野壇空
집에 와서 무엇을 많이 얻었다 자랑하랴	到家何物誇多得
소매에 산 구름만 가득 담아 왔다네	收拾山雲滿袖中

청산 현감 효선이 〈심매시〉를 지어 주기에 차운하여 수답하다

青山倅孝先贈尋梅詩次韻酬答

온 산의 나무가 추위에 얼어 꺾였는데	凍折千山木
외로운 매화 한 떨기만 보이누나	孤芳見一叢
꽃술이 차니 나비가 다가오기 어렵고	蕊寒難近蝶
가지가 약하니 바람에 쉬이 흔들리네	枝弱易媒風
상강의 물가에 임한 제자인 듯[45]	帝子臨湘浦
한나라 궁전을 나온 왕비인 듯[46]	王妃出漢宮
가지 잡고서 지은 구절 읊으니	攀條吟得句
응당 밝은 달빛 가운데 있으리라	應在月明中

45 상강(湘江)의……듯 : 제자는 요(堯) 임금의 딸인 아황(娥皇)과 여영(女英)을 말한다. 전국 시대 초(楚)나라 굴원(屈原)의 〈상부인(湘夫人)〉에 "황제의 따님들이 북쪽 물가에 빠졌으니 그 아름다운 모습이 내 수심을 자아내네.〔帝子降兮北渚, 目眇眇兮愁予.〕"라고 한 데서 온 말이다. 《楚辭 九歌》

46 한(漢)나라……듯 : 왕비는 한나라 원제(元帝)의 후궁 왕소군(王昭君)을 말한다. 송(宋)나라 왕안석(王安石)의 〈명비곡(明妃曲)〉에 "명비가 흉노로 가려고 한나라 궁을 막 나설 때, 춘풍에 눈물 적시며 귀밑머리 드리웠어라.〔明妃初出漢宮時, 淚濕春風鬢脚垂.〕"라고 한 데서 온 말이다. 《古文眞寶 前集 卷12》

혹독한 추위

苦寒

여우 갖옷 입은 공자는 두툼한 방석에 앉았으니 狐貂公子坐重茵
눈 속에서 땔나무 지고 우는 줄 뉘라서 알겠는가 雪下誰知泣負薪
어이하면 부여의 천 조각 옥[47]을 얻어서 安得扶餘千片玉
추운 골짜기에 흩뿌려 따스한 봄이 되게 할 수 있을꼬 散投陰谷化陽春

47 부여(扶餘)의……옥 : 당(唐)나라 소악(蘇鶚)의 《두양잡편(杜陽雜編)》 권하에 "당(唐)나라 무종황제 회창 1년(841)에 부여국에서 화옥 3말과 송풍석을 조공하였다. 화옥은 색깔이 붉고 길이가 반 치이며, 위는 뾰족하고 아래는 둥글며, 빛이 수십 보나 비친다. 이 옥들을 쌓아 두면 솥을 데워서 밥을 지을 수 있고 실내에 두면 난방을 할 필요가 없다.〔武宗皇帝會昌元年, 夫餘國貢火玉三斗及松風石. 火玉色赤長半寸, 上尖下圓, 光照數十步. 積之可以燃鼎; 置之室內, 則不復挾纊.〕"라고 하였다.

가을날 산행
秋日山行

바람에 소매가 펄럭이니 말발굽 가볍고	風袖翩翩馬足輕
높은 숲엔 잎마다 가을 소리 내누나	高林葉葉著秋聲
이번에 산 많은 곳으로 가서 즐거우니	此行喜向山多處
산이 많이 없으면 어느 곳으로 갈까	山若無多何處行

5월 5일에 종산 노인과 송정에서 술을 마시다

五月五日與鍾山老人飮于松亭

정자 곁 나무에 바람 부니 서늘한 가을 같고	亭樹風生涼似秋
산 구름은 자리에 들어와 푸른빛으로 떠다니네	山雲入座碧浮浮
창포주 한 병을 마주 앉아 마시니	一樽對酌菖蒲酒
머리에 높이 두건 쓴 두 백발 늙은이일세	高戴紗巾兩白頭

민경열[48]과 함께 속리산에 들어가다

同閔景說入俗離

속세 수레 까닭 없이 동문에 들어가니	俗駕無因入洞門
복사꽃 피어 무릉도원인가 하노라	桃花疑是武陵源
세찬 냇물이 돌 흔드니 어룡이 놀라고	奔泉撼石魚龍駭
고목에 구름이 걸려 해와 달이 어둑해라	老木交雲日月昏
수레 먼지 옷에 묻을까 염려될 뿐	但恐車塵衣上集
어찌 새소리 귀에 시끄러운 것 싫어하랴	那嫌禽語耳中喧
여기에 신선이 살고 있다고들 말하니	人言這裏仙爲宅
응당 산 높고 물 맑은 것 좋아해서겠지	應愛山峨水不渾

48 민경열(閔景說) : 민기(閔箕, 1504~1568)로, 본관은 여흥(驪興), 자는 경열, 호는 관물재(觀物齋)이다.

어떤 사람이 나에게 술을 보냈는데 매우 향기롭고 시원하기에 시로써 답하다

有人饋我以酒味極香冽以詩答之

부호의 집 술 빚는 법 남에게 전하지 않으니	豪家釀法不傳人
국미춘 한 잔 술에 얼큰히 취하노라[49]	一盞醺於麴米春
흔쾌히 마셔서 천 일 동안 취함도 사양치 않으니	大酌不辭千日醉
항아리 속 천지에 들어가 숨고자 하네[50]	甕中天地欲藏眞

49 부호의……취하노라 : 국미춘(麴米春)은 당(唐)나라 때의 술 이름으로, 여기서는 부호의 집에서 만든 술이 맛이 좋음을 비유한 말이다. 두보(杜甫)의 〈발민(撥悶)〉 시에 “듣자 하니 운안의 국미춘은 한 잔만 마셔도 취한다고 하네.〔聞道雲安麴米春, 纔傾一盞卽醺人.〕”라고 하였다. 《杜少陵詩集 卷14》

50 흔쾌히……하네 : 선경에서 한가롭게 노닐고자 함을 말한 것이다. 후한(後漢) 때 한 노인이 여남(汝南)의 시중(市中)에서 약장사하면서 밤이면 가게 머리에 매달린 병 속으로 뛰어 들어가곤 했는데 그것을 본 시연(市掾) 비장방(費長房)이 그 노인을 찾아가 보고 노인을 따라 함께 그 병 속으로 들어가 보니, 옥당(玉堂)에 화려하고 좋은 술과 안주가 가득하여 노인과 함께 실컷 마시고 나왔다는 고사를 인용하였다. 《後漢書 方術列傳 費長房》

대곡에서 낮에 앉아 우연히 읊다
大谷晝坐偶吟

여름 나무가 장막을 이루어 대낮에도 어둑한데	夏木成帷晝日昏
고요한 가운데 물소리 새소리만 요란하구나	水聲禽語靜中喧
길이 끊겨 올 사람 없는 줄 이미 알지만	已知路絶無人到
그래도 산 구름으로 동문을 막았어라	猶倩山雲鎖洞門

시골에 살며 느끼는 감회를 읊다
村居述懷

판잣집 막 이루어지자 남쪽 창 밝고	板屋初成南牖明
새로 지은 봄옷은 입어 보니 가벼워라	新裁春服著來輕
용이 못에 잠기니 우레 타고 일어나려는 생각 끊기고	潛淵絶想乘雷起
말이 마판에 엎드리니 매일 다니려는 마음 그치네[51]	伏櫪休思逐日行
눈이 맑은 것은 바로 달빛을 보아서이고	目淨定因看月色
귀가 깨어 있는 것은 응당 시냇물 소리 듣기 때문이리	耳醒應爲聽溪聲
일신을 위한 허다한 계책 눈처럼 녹으니	幾多身計消如雪
늙을수록 마음속이 더욱 맑아짐을 느낀다	自覺心源老更淸

51 용이……그치네 : 세상에 나아가지 않고 은거하는 것을 가리킨다.

시골집에 살며 봄날 우연히 읊다

村居春日偶吟

풀은 우거지고 사립문 닫혔는데	草合蓬門掩
산골에 은거하는 맛이 유장하여라	幽居氣味長
솔과 대 우거져 옷이 푸르게 물들겠고	松篁衣染翠
죽순과 고사리 집으니 젓가락이 향긋해라	筍蕨箸生香
물결 따뜻하니 물고기 아가미 움직이고	波暖魚顋動
꽃이 한창이라 나비 날갯짓 바쁘구나	花酣蝶翅忙
남쪽 창가에서 한낮에 글 읽다 말고	南窓罷午讀
베개를 높이 베고서 희황을 꿈꾸노라[52]	高枕夢羲皇

52 희황(羲皇)을 꿈꾸노라 : 은거하며 유유자적하게 지내는 생활을 형용한 것이다. 희황은 복희씨(伏羲氏)를 가리키며 그 시대의 백성들은 근심 없이 순박하게 살았다고 한다.

시골집

村居

세상에 나가 개미처럼 분망하던 것 부끄러워	趨世羞爲蟻子忙
물러나 삼경에 돌아와 손수 잡초를 매노라	退歸三逕手鋤荒
숲속에는 인적 끊겨 푸른 구름만 자욱하고	林丘人絶蒼雲合
초가에는 봄이 깊어 흰 해가 느릿해라	草屋春深白日長
빗속에 물고기 잡아오니 물고기 더욱 맛나고	衝雨打魚魚轉美
꽃 밟고 술 사 오니 술이 유달리 향기롭네	踏花沽酒酒偏香
그래도 시끄러운 민가와 가까운 게 싫어서	猶嫌村近聞鷄犬
다시금 내 낀 송라 속에 작은 집을 지었노라	更向煙蘿築小堂

산을 유람하며

遊山

시냇가 안개 낀 나무는 이제 막 푸르고	溪頭煙樹綠初勻
선학은 날아와 사람을 두려워하지 않누나	仙鶴飛來不怕人
물속에서 물고기는 서로를 잊고 제 살 곳 얻었으니[53]	波底相忘魚得所
용문에 올라 바람 우레 일으킴 부러워하지 않네[54]	風雷無慕上龍津

53 물속에서……얻었으니 : 물고기가 맑은 물 속을 자유롭게 헤엄치는 모습을 표현하였다. 《장자(莊子)》 〈대종사(大宗師)〉에 "샘물이 말라 물고기들이 뭍에 있으면서, 입안의 습기로 서로 불어 주고 거품으로 서로 적셔 주는 것이 강호에서 서로 잊고 사는 것만 못하다.〔泉涸, 魚相與處於陸, 相呴以濕, 相濡以沫, 不如相忘於江湖.〕"라고 하였다.

54 용문(龍門)에……않네 : 물고기들이 현재의 삶에 만족하여 굳이 용이 되길 바라지 않는다는 말로, 벼슬에 오르기를 바라지 않는 은자의 삶을 비유하였다. 《삼진기(三秦記)》에 "하진을 일명 용문이라고도 하는데, 큰 물고기 수천 마리가 용문 밑에 모여들지만 올라가지 못하는데, 일단 올라가기만 하면 용이 된다.〔河津一名龍門, 大魚集龍門下數千, 不得上, 上者爲龍.〕"라고 하였다.

시골집에서 여름날에
村居夏日

지붕 너머 푸른 산은 짙푸른 빛 보내고	屋上青山送黛光
쌍쌍이 제비는 진흙 물고 바쁘게 나는구나	銜泥兩兩燕飛忙
솔과 대 비낀 그림자가 창 반쪽을 비추니	半窓橫影松交竹
베갯머리 맑은 바람에 상쾌하구나	一枕淸風午夢涼

촌가 벽에 쓰다

題村舍壁

작은 집이 달팽이 껍데기만 하니	小屋似蝸殼
쑥대로 만든 문에 푸른 대 울타리 쳤네	蓬門蒼竹籬
물결치니 물고기 노는 곳이요	波驚魚戲處
산이 어둑하니 비가 내리는 때라네	山黑雨鳴時
오래 누워 있으니 아내는 죽었는가 생각하고	久臥妻疑死
길게 노래하니 남들은 어리석다 웃는구나	長歌衆笑癡
나이 많아 팔순을 넘기니	年高踰大耋
병이 들어도 의원을 부르지 않노라	遇疾不呼醫

졸렬함을 지키다[55]
抱拙

오두막집에서 졸렬함 지키니	抱拙衡門下
한가로이 지내며 사계절 보내노라	閑居閱四時
거문고 팽개쳤으나 악보는 아직도 기억하고	抛琴猶記譜
다시 병들어도 스스로 치료할 줄 아네	更病自知醫
마을이 누추하니 찾아오는 벗 적은데	巷陋朋來少
산속이라 추워 술이 더디 익는구나	山寒酒熟遲
채마밭 나물이 삶은 고기보다 맛있거늘	園蔬甘鼎肉
누가 나를 보고 오래 굶었다 하는가	誰謂我長飢

55 졸렬함을 지키다 : 자신의 분수를 지킨다는 말이다. 당(唐)나라 유종원(柳宗元)의 〈걸교문(乞巧文)〉에 "종신토록 졸렬함을 지키다가 그대로 죽은들 무엇을 상심하랴.〔抱拙終身, 以死誰惕?〕"라고 하였다. 《柳河東集 卷18》

한가로이 지내며 우연히 읊다
閑居偶吟

문 앞길도 밟지 않으니	不踏門前路
봄이 오매 풀이 우거지겠구나	春來草欲深
얼굴 노쇠하니 거울 당겨 보지 않고	顏衰休引鏡
팔 약해져 거문고도 이제 안 타노라	臂弱廢彈琴
술은 종종 산을 벗하여 마시고	酒或因山酌
시는 흔히 달빛을 받아 읊었지	詩多得月吟
내 집을 내 스스로 사랑하노니[56]	吾廬吾自愛
창밖이 바로 구름 낀 숲속일세	窓外卽雲林

56 내 집을……사랑하노니 : 은거하는 삶을 표현한 말이다. 동진(東晉)의 시인 도잠(陶潛)의 〈독산해경(讀山海經)〉 시에 "새들은 의탁할 곳 있음을 좋아하는데, 나 또한 내 집을 사랑하노라.〔衆鳥欣有託, 吾亦愛吾廬.〕"라고 하였다. 《陶淵明集 卷4》

첫추위에 눈앞의 일을 쓰다
初寒書事

엉긴 구름이 해를 가려 빛을 빼앗으니	凝雲蔽日奪光輝
중규[57]에 바람 부는 소리 더욱 위세 떨치네	衆竅風號更助威
들판의 물이 차니 물고기 움직이지 않고	野水波寒魚不動
산속 언덕에 낙엽 지니 새 날지 않는구나	山園葉脫鳥休飛
여종은 나무 때서 장부 덥힐 약을 끓이고	吹薪婢煮溫腸藥
아내는 솜 넣어 무릎 덮는 옷을 짓네	添絮妻裁掩膝衣
걸상 걸어 십 년간 손님 물리쳤으니[58]	懸榻十年麾客退
묻노니, 내 사는 길이 옳은가 그른가	問君吾道是耶非

57 중규(衆竅) : 바람이 불 때 반응하는 대지의 여러 구멍을 가리킨다. 《장자(莊子)》 〈제물론(齊物論)〉에 안성자유(顔成子游)가 남곽자기(南郭子綦)에게 묻기를 "지뢰는 중규가 이것이고, 인뢰는 비죽이 이것입니다. 감히 천뢰를 여쭙니다.〔地籟則衆竅是已, 人籟則比竹是已. 敢問天籟.〕"라고 한 데서 온 말이다.

58 걸상……물리쳤으니 : 후한 환제(後漢桓帝) 때의 명사인 진번(陳蕃)이 예장 태수(豫章太守)로 있을 때 특별히 걸상 하나를 시렁에 매달아 두었다가 은사(隱士) 서치(徐穉)가 오면 앉게 하고 그가 돌아가면 다시 그 걸상을 매달아 두고 다른 손님은 접대하지 않았다고 한다. 《後漢書 徐穉列傳》

새집

新居

바위 아래 터를 잡아 우거진 잡초 베어 내니	卜居巖下翦蓬蒿
처마 저편 솔바람 소리 파도가 일렁이는 듯	簷外風松聽海濤
오늘 아침에 구름 쌓여 산의 자태 생동하고	雲積今朝山態活
지난밤 비 내려 물결이 높이 차올랐네	雨鳴前夜水痕高
추운 물고기는 마름에 의지해 비늘을 숨기고	寒魚依藻藏鱗鬣
지친 새는 숲으로 돌아가 깃털을 보살피네	倦鳥歸林養羽毛
우스워라 사람들 세상사에 시달리니	堪笑勞人身役世
바로 고화가 자신을 들볶는 것 같아라[59]	正如膏火自煎熬

59 사람들……같아라 : 사람들이 오욕칠정(五慾七情)에 들볶여 자신을 해친다는 말이다. 《장자(莊子)》 〈인간세(人間世)〉에 "산의 나무는 유용하기 때문에 벌목을 자초하고, 유지(油脂)는 불을 밝힐 수 있어서 자기 몸을 태우게 만든다.〔山木自寇也, 膏火自煎也.〕"라고 하였다.

자리 곁의 벽에 쓰다[60]

書座壁

지난 일 슬퍼한들 무슨 소용이랴　　事往嗟何及
어진 이 그리워하며 눈물로 옷을 적신다　　懷賢淚濕衣
파도가 마르니 용은 문드러져 죽고　　波乾龍爛死
소나무 넘어지니 학은 놀라 날아갔지[61]　　松倒鶴驚飛
지하에서는 은원을 다 잊으련만　　地下忘恩怨
세상에서는 시비를 말하누나　　人間說是非
우러러 황도의 해를 쳐다보라　　仰瞻黃道日
누가 환한 빛을 가릴 수 있으랴　　誰得掩光輝

60 자리……쓰다 : 심수경(沈守慶)의 《견한잡록(遣閑雜錄)》에는 이 시를 성운(成運)이 을사위사훈(乙巳衛社勳)을 혁파한 것을 듣고 지은 것이라고 하였다.

61 파도가……날아갔지 : 사화(士禍)를 당해 어진 선비들이 의지할 곳을 잃고 죽거나 은둔하였던 상황을 비유한 것이다.

용천사 동대에서 자경과 술을 마시다

與子敬飮龍泉寺東臺

들판에 면한 높은 누대는 긴 물결 띠처럼 둘렀는데	高臺臨野帶長波
술 취한 몸을 기녀에 기댄 채 고운 노래를 듣노라	醉倚靑娥聽艶歌
날 저물어 홀로 산길 내려가노라니	日暮獨尋山下路
국화꽃 단풍잎이 눈에 가득히 보이누나	菊花楓葉眼中多

청송[62]이 초성[63] 여섯 폭을 보내 주기에 시로써 답하다
聽松惠寄草聖六幅以詩謝之

신묘한 솜씨는 이미 환아경의 경지에 이르렀으니　神功已逼換鵝經
예리한 검을 하늘에 갈아 바다의 고래 베는 듯해라[64]　利劍磨天斫海鯨
벽에 걸어 두니 그대 얼굴을 보는 듯하여　掛壁擬看顔色好
용마루에 뜬 고운 달은 굳이 밝을 필요 없어라[65]　屋樑佳月不須明

62 청송(聽松) : 성수침(成守琛, 1493～1564)으로, 본관은 창녕(昌寧), 자는 중옥(仲玉), 호는 청송·죽우당(竹雨堂)·파산청은(坡山淸隱)·우계한민(牛溪閑民)이다. 조광조의 문인으로 1519년(중종14) 기묘사화(己卯士禍)가 일어나자 벼슬길을 단념하고 경기도 파주 파평산(坡平山) 아래 우계(牛溪)에 은거하였다. 저서로 《청송집》이 있다. 시호는 문정(文貞)이다.

63 초성(草聖) : 초서가 뛰어난 경지에 오른 것을 말한다. 〈초결백운가(草訣百韻歌)〉에 "초성의 경지에 오르기가 가장 어려우니, 용사가 붓끝에서 다투고 있네.〔草聖最爲難, 龍蛇競筆端.〕"라고 한 데서 온 말이다. 《六藝之一錄 卷173》

64 신묘한……듯해라 : 예리한 검에 초서의 필획을 비유하였다. '환아경(換鵝經)'은 평소에 거위를 좋아하던 명필 왕희지(王羲之)가 거위를 많이 기르는 산음(山陰)의 도사(道士)를 찾아갔는데, 그 도사가 왕희지에게 《도덕경(道德經)》 한 권을 붓으로 써 주면 모두 다 주겠다고 하자, 왕희지가 흔쾌히 승낙하고 경문(經文)을 써 준 다음에 그 대가로 거위를 모두 가지고 온 고사를 인용한 것이다. 《太平御覽 卷238 晉中興書》

65 벽에……없어라 : 보내 준 초서 글씨를 보니 마치 상대방을 마주하는 듯하여 용마루에 뜬 달을 보지 않아도 된다는 말이다. 두보(杜甫)의 〈몽이백(夢李白)〉 시에 "지는 달빛 들보에 가득하니, 그대 얼굴 비치는가 하였소.〔落月滿屋梁, 猶疑照顔色.〕"라고 하였다. 《杜少陵詩集 卷7》

매화를 읊다

詠梅

천하에 이 꽃과 비길 만한 꽃 없으니	天下無花與等班
향기로운 뿌리 외로운 산에서 옮겨 왔어라	芳根移得自孤山
곧은 지조로 송죽과 교분 맺기 좋아하고	貞操喜結松筠契
복사꽃 오얏꽃처럼 농염한 자태는 수치로 여기지	穠艷羞爲桃李顔
저녁 달빛 비쳐 옥 같은 뺨에 흰빛 더하고	夕月照添瓊臉白
새벽바람 불어 분처럼 흰 살갗 더욱 차갑구나	曉風吹助粉肌寒
남쪽 가지 나는 벌 끌어모으지 않고	南枝不引遊蜂集
오직 시인이 손 씻고 잡는 것만 허락하누나	獨許騷人盥手攀

희암[66]에 대한 만사

希庵挽詞

선비와 현자 친애하니 뭇사람들 공경해	愛士親賢衆所欽
당시에 친하게 사귀던 벗들은 모두 유림이었어라	一時交臂盡儒林
나는 공을 아버지처럼 여겼고 나이는 비록 곱절이지만	視公猶父年雖倍
공은 나를 벗으로 거두어 교분이 매우 깊었지	收我爲朋分最深
말발굽 구름 밟아 곡구[67]를 찾았고	馬足踏雲尋谷口
종 시켜 술을 보내와 가난한 내 마음 위로했지	奴肩擔酒慰貧心
재계하는지라 상여 따라가 곡하지 못하였는데	居齋未逐靈輀哭
장사 지내는 날은 또 기일이라 못 가 보네	窆日還逢諱日臨

조석으로 서로 어울려 함께 다녔으니	追隨朝暮接襟裾
사흘만 떨어져도 너무 허전하다 아쉬워했지	三日分違恨太疏
몇 곳이나 산 다니며 같이 학을 탔던가	幾處探山同駕鶴
때로는 물 찾아 함께 물고기 잡았지	有時尋水共扠魚
술통 앞엔 술잔 전해 주던 손길이 없는데	樽前已失傳杯手
상자 속엔 아직 문병하던 서찰이 담겨 있네	篋裏猶藏問疾書

66 희암(希庵) : 김태암(金泰巖, 1477~1554)으로, 본관은 보은(報恩), 자는 탁이(卓爾), 호는 희암이다. 1518년(중종13) 유일(遺逸)로 천거되어 연원 찰방(連原察訪)에 제수되었다가 그해 12월에 파직되고 고향에 돌아왔다. 김정(金淨), 성운과 교유하였다.

67 곡구(谷口) : 81쪽 주43 참조.

애석하구나, 용암[68]은 이제 누가 주인인가	可惜龍巖誰是主
물결은 차고 달은 기우는데 정자는 텅 비었구나	寒波斜月小亭虛

68 용암(龍巖) : 김태암이 은거하던 곳이다.

동암[69]에서 건중과 이별하며

東庵別楗仲

멀리 암자의 경내에서 전송하니	遠送招提境
서로 바라보며 백발을 서글퍼하네	相看悲白頭
두 고을에 뜬 천 리의 달이요[70]	兩鄕千里月
한 번 이별은 백 년의 시름일세	一別百年愁
푸른 나무에는 막 비가 지나가니	碧樹初經雨
노란 국화에 이제 가을이 왔구나	黃花正得秋
맑은 술에 담소 끝나지 않아	淸樽談未了
밤중에 다시 누각에 오르노라	乘夜更登樓

69 동암(東庵) : 충청북도 보은 속리산에 있는 암자이다.

70 두……달이요 : 벗을 그리는 정을 표현한 것으로, 이백(李白)의 〈송장사인지강동(送張舍人之江東)〉 시에 "오주에서 달을 보시거든 천 리 밖의 나를 생각해 주시게.〔吳洲如見月, 千里幸相思.〕"라고 하였다. 《古文眞寶 前集 卷1》

대곡의 집 벽에 쓰다

書大谷屋壁

세모에 산골에서 내 성정대로 사노니	歲晩山居養性情
길에서 말 채찍질하는 수고로운 삶 면했어라	街頭鞭馬免勞生
낮에 구름 속에 앉았노라니 두건과 옷 축축하고	雲壇晝坐巾裳濕
밤에 대숲 속 집에서 잠드니 베갯머리 시원하네	竹屋宵眠枕簟清
붉은 나비는 긴 주둥이 내밀어 꽃술을 빨고	紫蝶唼花抽觜利
푸른 벌레는 가는 실 토해 내 잎사귀를 마네	青蟲卷葉吐絲輕
귓가 고요하기에 도리어 귀 먹었나 의심이 들어	飜疑耳靜還成病
짐짓 높은 숲으로 다가가 새소리 들어 보노라	故近高林聽鳥聲

이암[71]에게 드리다

呈頤庵

힘써 배워 성인의 업적 거두기 기약하니	力學期收聖處勳
경학에 밝은 데다 백가의 문장까지 아울러 외웠네	通經兼誦百家文
웅장한 문장은 어찌 광록만을 좇을 뿐이랴[72]	雄詞豈但追光祿
청수한 글자는 도리어 우군을 이을 수 있어라[73]	瘦字還能繼右軍
패옥 울리며 누차 단봉의 대궐[74]에 나아갔고	鳴佩屢朝丹鳳闕

71 이암(頤庵) : 송인(宋寅, 1517~1584)으로, 본관은 여산(礪山), 자는 명중(明仲), 호는 이암이다. 1526년(중종21) 중종의 셋째 서녀(庶女) 정순옹주(貞順翁主)와 혼인하여 여성위(礪城尉)가 되었다. 의빈부(儀賓府), 충훈부(忠勳府), 상의원(尙衣院) 등의 관직을 역임하였다. 이황(李滉), 이이(李珥), 성혼(成渾) 등과 교유하였다. 저서로 《이암유고》가 있다. 시호는 문단(文端)이다.

72 웅장한……뿐이랴 : 송인의 문장이 뛰어남을 뜻한다. 광록(光祿)은 한(漢)나라 성제(成帝) 때 광록대부(光祿大夫)를 지낸 유향(劉向)을 가리킨다. 유향은 성제의 명을 받아 비부(祕府)의 경적(經籍), 병서(兵書), 술서(術書) 등을 교정하여 《별록(別錄)》을 편찬하였고, 춘추 시대로부터 한나라 때에 이르기까지 사람들의 언행을 분류하여 《신서(新序)》와 《설원(說苑)》을 편찬하였다. 《漢書 儒林傳》

73 청수(淸瘦)한……있어라 : 송인의 서법이 훌륭하다는 뜻이다. 우군(右軍)은 우군장군(右軍將軍)을 지낸 왕희지(王羲之)를 가리킨다. 왕희지는 장지(張芝)에게 서법을 배워 해서(楷書), 행서(行書), 초서(草書)에 모두 뛰어났다. 《晉書 王羲之列傳》

74 단봉(丹鳳)의 대궐 : 황제의 도성을 가리킨다. 《열선전(列仙傳)》 권상 〈소사(蕭史)〉에 진(秦)나라 목공(穆公)의 딸인 농옥(弄玉)이 피리를 불면 진나라 서울인 함양(咸陽)에 단봉이 내려왔다는 전설이 있고, 《사기(史記)》 〈봉선서(封禪書)〉에 한나라 무제(武帝)가 세운 봉궐(鳳闕) 위에 구리로 만든 봉황이 있었다고 하였다.

낚싯대 드리워 이따금 백구 무리에 들어가네[75] 垂綸時入白鷗群
부귀한 태도 다 버리고 겸손하게 처신하니 鋤除豪貴居謙約
선비 예우하고 현자 친애하는 줄 세상이 다 안다오 禮士親賢世共聞

산속에 쑥대 엮은 집이 일 묘 남짓[76]이니 峽裏編蓬一畝餘
찬 소나무 여윈 대가 은자의 처소에 걸맞구나 寒松瘦竹稱幽居
술은 성현[77]을 사서 산을 보며 마시고 酒賒賢聖看山酌
약은 군신[78]을 심어 빗속에서 김매네 藥種君臣帶雨鋤
밤 침상에 다정히 누워서 산마루의 달 맞이하고 夜榻定交邀嶂月
아침 소반에 고기 대신 시냇가 나물 올리지 朝盤當肉薦溪蔬
근래 새로 경치 좋은 용유담[79]을 찾아서 比來新得龍游勝
날마다 오죽 낚싯대 드리워 백어를 낚네 日把烏竿釣白魚

75 낚싯대……들어가네 : 백구(白鷗)를 벗하여 강호(江湖)에 은거한다는 말이다.

76 일 묘(畝) 남짓 : 청빈한 선비의 작은 집을 뜻한다.

77 성현(聖賢) : 청주(淸酒)와 탁주(濁酒)를 가리킨다. 삼국 시대 위(魏)나라 서막(徐邈)이 상서랑(尙書郎)으로 있을 때 조조(曹操)가 금주령을 내렸으나, 서막이 술을 먹고 대취하였다. 교사(校事) 서달(徐達)이 그에게 관사(官事)를 물으니, 술에 취해 대답하기를 "나는 성인(聖人)에 취하였다."라고 하였다. 서달이 조조에게 보고하자 조조가 대로하였는데, 다른 사람이 그를 위해 해명하기를 "평소에 취객들이 청주를 성인이라 하고 탁주를 현인이라 합니다. 서막은 성품이 조심스러운데 우연히 술에 취하여 한 말일 뿐입니다."라고 하니, 마침내 조조가 서막을 용서하였다는 고사에서 온 말이다. 《三國志 魏書 徐邈傳》

78 군신(君臣) : 약을 조제할 때 병을 치료하는 주약(主藥)을 군(君)이라 하고 이를 돕는 보약을 신(臣)이라 한다. 《素問 至眞要大論》

79 용유담(龍游潭) : 경상남도 함양(咸陽) 지리산에 있다.

유람하며

遊行

홀로 탄 여윈 말이 개구리처럼 둔하니 獨騎羸馬鈍如蛙
산 찾고 물 찾다가 해가 기울어 가누나 索水探山日欲斜
눈에 보이는 풍광이 모두 내 것이니 眼裏風煙皆我有
이 한 몸 부치는 그곳이 곧 내 집일세 此身著處卽爲家

활암에서 노닐며

遊滑巖

푸른 바위 높이 솟아 구름 속으로 사라지는데　翠巖高揷沒雲頭
그 아래 맑은 못물은 푸른 기름을 쏟은 듯해라　其下淸潭瀉綠油
올려다보니 우뚝한 소나무 모두 아름드리이니　仰見喬松皆合抱
푸른 수염 붉은 갑옷으로 천년 세월을 지냈구나　蒼髥紫甲閱千秋

봄날 한가로이 지내며

春日閑居

남쪽 정원에 봄이 와 푸른 풀 자라나니	春入南園綠草生
봄 경치 가는 곳마다 새로 그린 그림 같아라	物華隨處畫新成
산속의 꽃은 이슬 맺혀 가지마다 늘어지고	山花泣露枝枝亞
시냇가 대나무는 바람 맞아 잎새마다 우는구나	溪竹迎風葉葉鳴
천명을 아니 비록 가난해도 마음 절로 평안하고	知命雖貧心自泰
책을 보노라니 이미 늙었지만 눈이 아직도 밝아라	耽書已老眼猶明
사람들은 문 닫고 누워 있는 모습만 보고	傍人秖見關門臥
세상 명리를 잊고 산다고 잘못 말하네	錯道能忘世上名

시골집에서 비 온 뒤에 우연히 읊다
村居雨後偶吟

봄을 맞아 반가운 비가 사방 들판을 적시니	好雨當春足四郊
숲의 가지마다 붉은 꽃과 옅은 녹음이 펼쳐졌네	深紅淺綠上林梢
시냇가 물고기는 뛰어올라 새 물결 맞이하고	溪魚騰出迎新浪
처마의 제비는 날아와 옛집을 찾는구나	梁燕飛來戀舊巢
농사지으며 밭갈이 게을리하니 농부가 웃고	學稼慵耕田父笑
하루걸러 산을 찾아가니 산승이 조롱하네	尋山隔日嶽僧嘲
옛사람 중에는 유독 도연명을 사모하노니	古人獨慕陶彭澤
심양에 돌아가 누워 교유를 끊고자 했지[80]	歸臥潯陽請息交

80 옛사람……했지 : 동진(東晉)의 도잠(陶潛)이 팽택 영(彭澤令)을 그만두고 고향 율리(栗里)가 있는 심양(潯陽)으로 돌아가면서 지은 〈귀거래사(歸去來辭)〉에 "돌아감이여, 사귐을 그만두고 종유를 끊어야겠다. 세상이 나와 서로 맞지 않으니, 다시 수레 타고 나가서 무엇을 구하리오.〔歸去來兮, 請息交以絶遊. 世與我而相違, 復駕言兮焉求?〕"라고 하였다. 《古文眞寶 後集 卷1》

한 언덕

一丘

한 언덕의 풍치가 사람과 잘 맞으니	一丘風物與人宜
물소리 듣고 구름 보매 마음이 절로 기뻐라	聽水看雲心自怡
시냇가 백로는 물고기 나오는 곳에 새끼 데려가고	溪鷺引雛魚出處
숲의 비둘기는 비가 갤 때 짝을 부르누나	林鳩喚婦雨晴時
산이 사씨의 집 에워싸니 짙푸른 기운 쌓이고[81]	山圍謝宅堆靑黛
버드나무가 도씨의 문 스치니 푸른 실가지 걸려라[82]	柳拂陶門掛綠絲
오래 누웠노라니 다리 힘 없어질까 염려되어	久臥却嫌消脚力
짐짓 솔숲 속 오솔길 찾아 천천히 거니노라	故尋松逕步遲遲

81 산이……쌓이고 : 사씨(謝氏)의 집은 남제(南齊) 사조(謝朓)의 집을 말한다. 이백(李白)의 〈제동계공유거(題東溪公幽居)〉 시에 "집은 청산에 가까우니 사조와 같고, 문에는 푸른 버들 드리웠으니 도잠과 비슷해라.〔宅近靑山同謝朓, 門垂碧柳似陶潛.〕"라고 하였다. 《李太白文集 卷22》

82 버드나무가……걸려라 : 도씨(陶氏)의 문은 동진(東晉)의 시인 도잠(陶潛)의 집 문을 말한다. 도잠이 팽택 영(彭澤令)으로 있다가 뜻이 맞지 않아 그만두고 집에 돌아와 문 앞에 버드나무 다섯 그루를 심어 놓고 오류선생(五柳先生)이라 자칭하였다. 《古文眞寶 後集 卷2》

유거에서 눈앞의 일을 쓰다

幽居書事

골짜기 깊고 구름 자욱해 속진이라곤 없으니	峽深雲積地無塵
오직 어부와 나무꾼과 가까운 이웃이 된다네	獨與漁樵作近隣
산속의 사슴은 자주 내려와 늘 개와 친하고	野鹿來多常狎犬
시냇가 새는 눈에 익어 절로 사람 가까이하는구나	溪禽見慣自親人
술 주전자에서 떨어지는 술 방울 참으로 맛이 좋고	醡頭酒滴眞淳物
온 산에 꽃이 타는 듯하니 바로 좋은 봄일세	山面花燃是好春
길손은 와서 시골 음식이 변변찮다 비웃지 말라	客至莫嘲村餉薄
여린 미나리 살진 고사리가 소반에 올라 신선하다오	嫩芹肥蕨入盤新

공계[83]에게 주다
贈公繼

멀리서 이렇게 찾아오니 옛사람과 같고[84]	命駕相尋似古人
온화한 얼굴로 정답게 말하니 천진함을 보겠네	和容款語見天眞
좋은 날 계산에서 함께 취하기로 기약하였는데	溪山勝日期同醉
풀 자라나고 꽃이 농염하니 때는 늦은 봄이로세	草秀花濃趁暮春
병으로 누워 낮에도 사립문 닫고 지내노라니	臥病柴扉當晝關
그대가 그리워 꿈에서도 그대 얼굴을 보았어라	思君成夢見君顔
사는 곳 옮기니 찾아오는 이 더욱 적어	移居轉覺人來少
산 너머에는 다시 푸른 산만이 있구나	山外蒼蒼更有山

83 공계(公繼) : 박사종(朴嗣宗, 1513~1580)으로, 본관은 밀양(密陽), 자는 공계, 호는 읍청(挹淸)이다. 1572년(선조5) 학행(學行)으로 영릉 참봉(英陵參奉)에 제수되어 사은숙배하였으나 병으로 사직하고 돌아왔다.

84 멀리서……같고 : 멀리 있는 벗을 찾아간다는 말이다. 삼국 시대 위(魏)나라 여안(呂安)이 벗 혜강(嵇康)의 고상한 격조에 탄복하여 "그리워질 때면 천 리 길을 수레를 몰아 찾아갔다.〔每一相思, 千里命駕.〕"라는 고사를 인용하였다. 《世說新語 卷下上 簡傲》

대곡에서 눈앞의 일을 쓰다
大谷書事

세속 벗어나 빈 산골에 들어오니	脫俗入空谷
바로 승려가 출가한 것과 같구나	正如僧出家
대를 쌓으니 구름이 바위에 닿고	築臺雲觸石
오솔길 여니 옥이 모래에서 나오네[85]	開逕玉抽沙
밤 넣어 지은 밥은 부드럽고	飯軟炊兼粟
꽃 섞어 빚은 막걸리는 향긋해라	醪香釀雜花
산속에서는 좋은 일이 많건만	山居饒勝事
감히 남에게 자랑하지 않노라	不敢向人誇

85 오솔길……나오네 : 옥은 죽순을 가리킨다. 오솔길 가에서 죽순이 돋아남을 비유하였다.

수철현[86] 아래에서 그윽한 곳을 찾았는데 온통 하나의 바위로 골짜기를 이루었고 폭포가 있어 물소리가 맑게 울려 퍼졌다. 내가 석곡이라고 이름 짓고 그곳에 집을 지어 살며 매우 자적하였다. 율시 한 수를 읊다

水鐵峴下得一奧區全石以爲谷有泉懸焉其聲鏘然余名之曰石谷因築室居之甚自適也吟成一律

산골에 들어가 이름과 자취 숨기니	入谷藏名迹
살았는지 죽었는지 아무도 모른다네	存亡人不知
구름 속의 학은 새끼 데리고서 날고	雲飛鶴引子
숲속의 범은 누워서 새끼를 낳네	林臥虎生兒
세상길에는 수레가 번잡한데	世路車輿蔽
산속 집에는 세월이 한가하여라	山家日月遲
잠 깨어 노래하니 마음 절로 즐거워	寤歌心自樂
때로 〈고반〉 시를 읊노라[87]	時詠考槃詩

86 수철현(水鐵峴) : 충청북도 보은에 있는 고개이다.

87 잠……읊노라 : 어진 사람이 산곡(山谷)에서 은거하는 것을 말한다. 《시경》 〈위풍(衛風) 고반(考槃)〉에 "고반이 언덕에 있으니, 석인의 마음이 넉넉하도다. 홀로 자고 깨어 노래하나, 길이 이 즐거움을 벗어나지 않기로 맹세하도다.〔考槃在阿, 碩人之薖. 獨寐寤歌, 永矢弗過.〕"라고 하였다.

대곡에서 낮잠 자다
大谷午寢

암혈의 집에 바람이 뜰을 쓸어 티끌 없는데　巖室無塵風掃庭
은거하는 사람 사립문 닫고서 홀로 누웠노라　幽人獨臥掩山扃
진종일 한가로이 잠들어 나비 되어 나노라니[88]　閑眠盡日迷蝴蝶
새가 울어 꿈을 깨울까 걱정일세　怕有啼禽喚夢醒

88 진종일……나노라니 : 《장자(莊子)》 〈제물론(齊物論)〉에 "예전에 장주가 꿈에서 호랑나비가 되었다. 훨훨 나는 호랑나비는 스스로 유쾌하고 만족스러웠지만 자기가 장주인 것은 알지 못하였는데, 이윽고 꿈을 깨고 보니 엄연히 장주 자신이었다.〔昔者莊周夢爲胡蝶, 栩栩然胡蝶也. 自喩適志與, 不知周也. 俄然覺則蘧蘧然周也.〕"라고 한 대목을 인용하였다.

늙어 죽다
老死

늙어 죽는 것은 단잠과 같으니	老死如甘寢
세월이 가는 대로 내맡겨 두노라	年光任自催
푸른 봄날 산속 집은 고요한데	青春山舍靜
흰 갈옷 입은 야인이 오는구나	白葛野人來
문에는 선생의 버들이 우거졌고[89]	門暗先生柳
정원에는 처사의 매화가 빽빽해라[90]	園稠處士梅
몸이 한가하여 때로 홀로 누웠노라니	身閑時獨臥
조어대[91]엔 안개비만 내리누나	煙雨釣魚臺

89 문에는……우거졌고 : 동진(東晉)의 도잠(陶潛)이 집 주위에 버드나무 다섯 그루를 심고 은거한 데서 온 말이다. 118쪽 주82 참조.

90 정원에는……빽빽해라 : 송(宋)나라 처사 임포(林逋)가 서호(西湖)의 고산(孤山)에 초막을 짓고는 매화를 심고 학을 기르며 은거한 데서 온 말이다. 79쪽 주39 참조.

91 조어대(釣魚臺) : 은자가 은거하는 곳을 뜻한다. 후한 광무제(後漢光武帝)의 벗 은사(隱士) 엄광(嚴光)이 광무제가 등극한 이후로는 광무제의 간곡한 부름을 거절하고 부춘산(富春山) 아래 은거하며 몸소 농사짓고 동강(桐江)에서 낚시질하면서 살았다는 고사를 인용하였다. 《後漢書 逸民列傳 嚴光》

늦가을에 눈앞의 일을 쓰다

晩秋書事

외진 곳에 사노라니 세상과 멀어져	僻居身與世相違
병든 몸 여러 해 동안 찾아오는 이 드물어라	抱病多年客自稀
잎이 말라 시든 연은 비를 맞아 기울었고	敗葉衰荷經雨側
한가히 나는 첫 기러기는 구름 헤치며 오네	逸翰新雁拂雲飛
솔가지 꺾어 치풍주를 서둘러 빚고	剉松催釀治風酒
솜을 타서 겨울옷을 미리 짓누나	彈絮先裁禦臘衣
집 안에 값진 물건 없는 줄 안 지 오래이니	囊篋久知無儲物
구태여 밤에 사립문 닫을 필요 없지	不須當夜掩柴扉

유거에서 흥을 달래며

幽居遣興

속박을 벗어나 임하에 은거하니	退身林下脫樊籠
세상일 마음에서 말끔히 없어졌어라	塵事心頭一掃空
약 먹고 소나무 그늘 아래서 천천히 거닐고[92]	下藥緩行松影裏
책 읽으며 새소리 들리는 곳에 한가히 앉았노라	讀書淸坐鳥聲中
밤 창가에는 종산[93]의 달이 밝게 빛나고	夜窓炯炯鍾山月
한낮의 탑상에 부곡[94]의 바람 시원하구나	午榻泠泠釜谷風
사람들의 옳다 그르다는 소리 들리지 않으니	人是人非聞不得
요즈음 두 귀가 다 어두운 게 기쁘구나	邇來雙耳喜全聾

92 약……거닐고 : 약 기운을 잘 퍼지게 하기 위해 걷는 것이다.

93 종산(鍾山) : 충청북도 보은에 있는 산으로, 성운이 은거하던 곳이다.

94 부곡(釜谷) : 충청북도 제천(堤川)에 있는 부곡산을 가리킨다.

겨울에 대곡에 들어가며

冬日入大谷

홀로 말 타고 시냇가 다리 지나니	身騎獨馬過溪橋
낯을 에는 찬 바람 칼보다 날카롭구나	刮面寒風利勝刀
바위 곁 야윈 대는 발돋움한 학의 다리 같고	瘦竹傍巖翹鶴脛
골짝에 걸쳐진 부러진 뗏목은 기운 용의 허리인 듯	崩槎跨壑側龍腰
깨진 아궁이 속 생나무에 밥 짓는 연기 끊기고	生薪破竈無煙舍
인적 없는 산속 고목에 눈 내리는 아침일세	古木空山下雪朝
앉아 있노라니 두 귀가 고요하여	可喜坐來雙耳靜
세상의 시끄러운 소리 들리지 않는 것이 기뻐라	不聞人境語喧囂

병중에 눈앞의 일을 쓰다
病中書事

살날이 거의 다하여 병이 더욱 깊어지니	年限殆窮病轉嬰
늙어 여윈 몸은 절로 깃털처럼 가볍구나	殘身自比一毛輕
화로에 올린 약탕기는 이제 막 끓어오르고	爐燃藥鼎潮初上
시렁에 꽂아 놓은 경서엔 좀이 슬려 하네	架揷儒書蠹欲生
집 안의 쥐는 사람과 친해 서안에 다투어 오르고	堂鼠狎人登案鬪
산속의 새는 먹이 찾느라 섬돌 내려와 다니는구나	山禽偸食下階行
곁에 선 시동(侍童)은 속인의 얼굴 아니니	香童侍立非凡相
눈썹에 드리운 검은 머리에 얼굴은 옥처럼 맑아라	玄髮侵眉玉面淸

최효원[95]의 시에 차운하여 수답했는데 건중도 그 시에 차운했었다. 그 사람이 그리워도 볼 수 없기에 또 절구 한 수를 지어 구천에 마음을 부친다

次韻酬答崔孝元楗仲亦次其韻思其人不可見又作一絶寄懷於泉壤之下

가을 달이 못을 비추듯 마음이 밝으니	心如秋月照潭明
세속의 번잡한 일에 어찌 마음을 두랴	人境紛華肯著情
남쪽으로 돌아가면 무엇이 즐거우냐 물으니	借問南歸何所樂
두류산이 눈에 들어와 푸르다 하였지	頭流山入眼中青

밤부터 동틀 때까지 그대 그리워하며	思君從夜到天明
맑은 시구 읽을 때마다 슬퍼한다오	一讀淸詞一惻情
믿는 것은 내가 늙어 조만간 죽어서	所恃吾衰朝暮死
마침내 구천에서 다시 반가이 만나는 것이지	重逢泉裏眼終青

95 최효원(崔孝元) : 최영경(崔永慶, 1529~1590)으로, 본관은 화순(和順), 자는 효원, 호는 수우당(守愚堂)이다.

만사
挽詞

부인의 몸이라 이루는 바 없고[96]	位內無攸遂
정갈한 제수로 제사를 잘 모셨지	蘋蘩祀事宜
어찌 항아리 들고 물 긷는 일 사양하리오	那辭提甕汲
익부시의 뜻을 저버리지 않았어라[97]	不負弋鳧詩
쪽진 머리 잘라 한 잔 술 마련하고[98]	翦髻克杯酒
털을 짜서 겨울옷을 지었지	緝毛製臘衣
뜻밖에 병마에 걸렸으니	居然嬰二豎
어디에서 명의를 찾으리오	何處問三醫

96 부인의……없고 : 부인의 도리는 오직 집 안에서 음식을 장만하고 제사 받드는 일을 주관할 뿐임을 말한 것이다. 《주역》〈가인괘(家人卦)〉에 "육이는 이루는 바가 없고 안에 있으면서 음식을 장만하면 정하여 길하리라.〔六二, 無攸遂, 在中饋, 貞吉.〕"라고 한 데서 온 말이다.

97 익부시(弋鳧詩)의……않았어라 : 부인이 남편을 잘 보필하는 것을 말한다. 《시경》〈정풍(鄭風) 여왈계명(女曰鷄鳴)〉에 "여자가 닭이 울었다 하거늘, 남자는 아침이 아직 어둡다 하네. 여자가 말하길 '그대 일어나 밤을 보세요. 샛별이 한창 반짝이고 있으니, 어서 일어나 나가서 오리와 기러기를 잡아 오세요.' 하였다.〔女曰鷄鳴, 士曰昧旦. 子興視夜, 明星有爛. 將翺將翔, 弋鳧與雁.〕"라고 하였다.

98 쪽진……마련하고 : 집안이 가난하여 머리털을 잘라서 손님을 대접하였다는 말이다.

또
又

처음 병들어 마침내 고복[99]할 때까지　始疾終升屋
남편은 한양에 가 있었지　良人在漢陽
병이 깊어진 뒤에야 부음을 멀리서 들었으니　遙聞病後訃
놀라 객지에서 애간장이 끊기었으리　驚破客中腸
옥이 부러지니 수명이 다한 것이 슬프고　折玉悲年盡
향이 묻히니 밤이 긴 것이 원망스럽네[100]　埋香怨夜長
가장 가련한 것은 남겨진 딸이　最憐遺室女
널을 부여잡고 어미를 부르며 우는 것일세　攀櫬哭呼孃

99 고복(皐復) : 초혼(招魂)의 절차에서 지붕에 올라가 고인의 넋을 부르는 것을 말한다.

100 옥이……원망스럽네 : 부인의 죽음을 슬퍼한다는 뜻이다.

장암[101]에서 노닐며

遊壯巖

맑은 새벽에 머리 빗고 해진 옷 입고서	梳髮淸晨拂弊衣
방초를 밟고 가서 암혈의 사립 두드리노라	踏穿芳草扣巖扉
깊은 숲에 봄빛이 다 걷히니	千林捲却春顔色
흐드러지게 피었던 꽃들이 비 맞아 다 지는구나	爛蕊濃花雨打稀
첩첩 봉우리 겹겹이 둘러싸 암혈이 그윽하니	疊嶂重圍巖洞幽
옷 벗어 놓고 높이 구름을 베고 누웠노라	解衣高臥枕雲頭
꿈속에 천태산을 어느 해나 찾아가	天台夢裏何年到
복사꽃 뜬 흐르는 물가에서 다시 노닐거나[102]	流水桃花是再遊

101 장암(壯巖) : 충청북도 괴산군(槐山郡) 칠성면 쌍곡리에 있는 바위이다.

102 꿈속에……노닐거나 : 선경(仙境)에서 노닐고 싶은 마음을 비유한 것이다. 한 명제(漢明帝) 때 유신(劉晨)이 완조(阮肇)와 함께 천태산(天台山)에서 약초를 캐다가 우연히 도원동(桃源洞)의 선경에 들어가 선녀를 만나 반년을 머물다가 집으로 돌아오니, 이미 수백 년 세월이 흘러 7대손이 살고 있어 다시 천태산으로 갔다고 한다.《幽明錄》

우연히 읊다

偶吟

외진 산에서 병들어 아직 죽지 않은 몸	抱疾窮山未死身
친척과 벗이 멀어짐은 집이 가난하기 때문이라	親朋疏隔爲家貧
들보의 제비는 은근히 그리워하는 듯	慇懃梁燕如相戀
사일[103]에 옛 주인을 다시 찾아왔구나	社日還尋舊主人

103 사일(社日) : 토지신(土地神)에게 제사하는 날로, 봄을 뜻한다. 대개 입춘과 입추 후 다섯 번째 무일(戊日)에 제사를 지내는데, 춘사일(春社日)에는 제비가 날아오기 때문에 시에서 제비를 언급한 것이다.

대곡에서 우연히 읊다

大谷偶吟

봄바람이 힘이 없어 솜털보다 부드러우니	東風無力軟於綿
시냇가 버들에 연둣빛 옅은 안개가 낀 듯	溪柳青黃淡著煙
속된 마음 찧어 없애는 데 무엇이 필요할까	舂破塵心須底物
바위틈에 은빛 젓가락처럼 걸린 샘물일세	石頭銀筯有懸泉

산을 유람하며

遊山

산에 들어와 선록과 어울려 노니노라니	入山仙鹿與爲群
어디선가 생황 부는 소리 귓가에 들리는 듯	何許吹笙耳得聞
원컨대 이곳에서 오늘 죽어서	願向此中今日死
넋은 학을 따라 날고 뼈는 구름에 묻히고 싶어라	魂隨飛鶴骨埋雲

병이 나아 산야를 가다가 우연히 읊다
病愈行山野間偶吟

오랜 병으로 사립문 닫고 지내다가	久病掩蓬戶
망아지 타고 이제야 나가 노니노라	乘駒今出遊
흐르는 구름 만류하여 함께 머묾이 기쁘고	挽雲欣共住
물가에 서면 기꺼이 함께 흐르고 싶어라	臨水肯同流
너른 들판 푸른 산에 날 저무니	野闊蒼山晚
하늘은 높고 흰 기러기 나는 가을이로세	天高白雁秋
돌아가는 길에 바람이 소매 가득 부는데	歸途風滿袖
그윽한 시내로 걸어서 들어가노라	行入小溪幽

옮겨 살다

移居

바위 깎고 땅 열어 이곳에 옮겨 사니	斸巖開地此移家
인사가 적어 경치를 마음껏 구경하노라	人事無多管物華
약 먹고 대 그림자 밟으며 천천히 거닐고[104]	下藥緩行侵竹影
글을 읽으며 매화 곁에 한가히 앉아 보네	讀書淸坐近梅花
구학을 독차지하는 흥은 죽보다 진하고	興專丘壑濃於粥
벼슬을 향하는 마음은 깁처럼 얇아라	心向簪纓薄似紗
정신을 수양해 장수하는 것이 기쁘니	所喜頤神能得壽
거울 속 서리처럼 흰머리도 자랑할 만하여라	鏡中霜髮亦堪誇

104 약……거닐고 : 약 기운을 잘 퍼지게 하기 위해 걷는 것이다.

장난삼아 노래하는 아이에게 주다

戱贈歌兒

술 취한 볼에 화장은 반쯤 지워졌는데	醉臉鉛華半欲消
서리처럼 하얀 갈포로 가는 허리 묶었어라	疊霜香葛束纖腰
선녀 같은 자태 양대의 꿈[105]에 들지 않고	仙姿不入陽臺夢
퉁소 소리에 짝하여 푸른 하늘로 오르리라[106]	應伴吹簫上碧霄

105 양대(陽臺)의 꿈 : 전국 시대 초(楚)나라 송옥(宋玉)의 〈고당부(高唐賦)〉에, 회왕(懷王)이 꿈속에서 무산(巫山)의 신녀(神女)를 만나 하룻밤 인연을 맺고 작별할 적에 그 신녀가 "아침에는 구름이 되고 저녁에는 비로 내리면서 언제까지나 양대 아래에 있겠습니다."라고 한 데서 온 말로 남녀의 운우지정(雲雨之情)을 뜻한다. 《文選 卷19》

106 퉁소……오르리라 : 춘추 시대 진(秦)나라 목공(穆公)의 딸인 농옥(弄玉)이 음악을 좋아하였는데, 소사(蕭史)가 퉁소를 잘 불어서 봉황새가 우는 듯한 소리를 냈다. 이에 목공이 농옥을 그에게 시집보내고 누각을 지어 주었다. 이 두 사람이 퉁소를 불면 봉황이 날아와서 모였다. 그 뒤에 봉황을 타고 날아갔다는 고사를 인용하였다. 《列仙傳 卷上 蕭史》

자경이 산을 유람하며 지은 시 뒤에 쓰다

題子敬遊山詩後

불러서 맞이하여 노니는 벗들 모두 뛰어난 인물이니	招邀遊侶盡豪英
모두 연하 낀 물외에 노닐 마음 가졌어라	共挾煙霞物外情
아침엔 천왕봉[107]에 올라 학의 깃털 더위잡고	朝躡天王攀鶴羽
밤에는 파곶산[108]에 자며 냇물 소리 베개 삼노라	夜眠葩串枕溪聲
백운에서 맘껏 술 마시니 꽃이 막 피고	白雲放酒花初拆
백운은 대 이름이다.	
청설에서 시 지으니 달이 밝은 때라	晴雪題詩月正明
청설은 누각 이름이다.	
한스러워라, 나는 부석[109]을 따라가지 못하고	恨我未追鳧舃去
작은 오두막에서 죄수처럼 병들어 누웠구나	蝸廬臥病類拘囹

107 천왕봉(天王峯) : 충청북도 보은에 있는 속리산 천왕봉을 가리킨다.

108 파곶산(葩串山) : 충청북도 청주에 있는 산이다.

109 부석(鳧舃) : 지방 수령의 행차를 말한다. 한(漢)나라 섭현 영(葉縣令) 왕교(王喬)가 신술(神術)이 있어, 매월 삭망(朔望)에 반드시 황제에게 조회하러 자주 오는데도 수레와 말이 보이지 않기에, 이상히 여긴 황제가 태사(太史)로 하여금 망을 보게 하니 그가 오기 직전에 오리 두 마리가 동남방에서 날아왔다. 그래서 그물로 그 오리를 잡고 보니 신만 한 켤레 있었다는 고사에서 온 말이다. 《後漢書 方術列傳 王喬》

임기가 차서 가야산을 유람하고 고향으로 돌아가는 자경을 보내며

送子敬秩滿遊伽倻因歸故林

몸에 관인을 차고 낮은 관리로 고생하더니	身佩銅章困小官
지금에야 말 타고 산수를 노닐며 시 읊조리네	湖山今日試吟鞍
외로운 구름 같은 자취 얽매인 데 없으니	孤雲踪迹無拘繫
남쪽으로 갔다 서쪽으로 오매 천지가 드넓구나	南去西來天地寬

남으로 가야산에 가는 말발굽 가벼우니	南向伽倻馬足輕
여기에서 처사와 만나기로 멀리 기약하였지	遙期處士此相迎
종산이 만약 몸소 밭 가는 늙은이 안부 묻거든	鍾山若問躬耕叟
나이 들수록 병이 심해진다고 말해 주게	爲報年添病轉嬰

젊은 날엔 운수승과 같아	少日身如雲水僧
지팡이 짚고 선산을 두루 유람하였네	仙山探勝一枝藤
지금도 생각나네, 유람하던 곳에	至今記得遊行處
안개비 부슬부슬 내려 무릉에 자욱했지	煙雨蕭蕭鎖武陵

무릉은 다리 이름이다. 이날 비를 만났기에 언급하였다.

홍지[110]를 방문하다. 홍지가 이때 벼슬을 그만두고 집에서 지내고 있었다

訪泓之時解職家居

이 외진 산골을 사랑하여 愛此林丘僻
세상 영화 멀리하고 편하게 사누나 安居謝世榮
소나무 빽빽한데 바람 절로 불고 松稠風自產
바윗돌 삐죽한데 물이 매우 맑아라 巖瘦水偏淸
술기운에 꽃향기 더해지고 酒氣兼花氣
노랫소리에 새소리 섞였구나 歌聲雜鳥聲
서로 바라보매 늙음이 안타까우니 相看老可惜
머리털 천 올이 눈처럼 희구나 頭髮雪千莖

110 홍지(泓之) : 김홍(金泓, ?~?)으로, 본관은 경주(慶州), 자는 홍지이다. 1528년(중종23) 문과에 급제하여 사헌부 장령, 진주 목사(晉州牧使) 등을 지냈다.

황중거의 시[111]에 차운하다

次黃仲擧韻

종산 아래에 집을 짓고 사니	卜宅鍾山下
홀로 은거하는 노옹일세	幽棲獨乃翁
뜰에는 유점[112]의 사슴이 머물고	庭留鍮店鹿
창에는 장암[113]의 바람 불어오네	窓到壯巖風
구름 속을 헤치며 약을 캐고	斸藥穿雲裏
달 아래 앉아 중을 맞이하네	迎僧坐月中
거문고는 집안에 전해 온 물건이니	焦桐家舊物
이따금 어루만져 흉금을 맑게 하누나	時撫淨心胸

111 황중거(黃仲擧)의 시 : 《금계집(錦溪集)》 권2 〈차증성건숙(次贈成健叔)〉이다. 황중거는 황준량(黃俊良, 1517~1563)으로, 본관은 평해(平海), 자는 중거, 호는 금계(錦溪)이다.

112 유점(鍮店) : 충청북도 영동현 양강면 유점리이다.

113 장암(壯巖) : 충청북도 괴산군 칠성면 쌍곡리에 있는 바위이다.

또
又

고을 다스림에 은혜로운 정사가 많으니	爲州多惠政
유학의 교화가 문옹을 넘어섰구나[114]	儒化過文翁
깊은 학문은 천도를 들었고[115]	奧學聞天道
고상한 문장은 국풍을 계승하였네[116]	高詞繼國風
신령한 말이 지상을 달리는 듯하고	神駒行地上
상서로운 봉황이 구름 속에서 내려앉는 듯하네	祥鳳下雲中
늘 생각나네 서로 만나던 날	每憶相逢夕
청담을 나누어 비루한 마음을 씻었지	淸談滌鄙胸

114 고을……넘어섰구나 : 황준량(黃俊良)이 지방 수령으로 부임하여 유학의 교화에 힘쓴 것을 비유한 말이다. 한(漢)나라 경제(景帝) 말에 문옹(文翁)이 촉군 태수(蜀郡太守)가 되어 성도(成都)에 학관(學官)을 세워 촉 땅의 문풍을 크게 일으켰던 고사를 인용하였다. 《漢書 循吏傳 文翁》

115 깊은……들었고 : 《논어》〈공야장(公冶長)〉에 자공이 "선생님의 문장은 들을 수 있지만 선생님께서 성과 천도를 말씀하시는 것은 들을 수 없다.〔夫子之文章, 可得而聞也; 夫子之言性與天道, 不可得而聞也.〕"라고 하였다.

116 고상한……계승하였네 : 황준량의 문장이 훌륭함을 비유한 것이다.

속리산에서 노닐며

遊俗離

승경 구경하러 가는 길 매우 기뻐	頗喜行探勝
짚신 신은 발걸음 바쁘지 않아라	靑鞋步不忙
시골에 사는 벗은 반백의 노인 되었고	村朋携半白
산속의 잎새는 막 노랗게 물들었네	山葉値初黃
돌에 부딪히는 시냇물은 구슬 부서지는 듯하고	觸石泉珠碎
바람에 나부끼는 푸른 솔잎은 말갈기 같네	飜風松鬣蒼
천태산 골짜기에 봄기운 가득하니	天台春滿洞
노니는 나의 모습 유랑과 같구나[117]	遊子似劉郎

117 천태산(天台山)……같구나 : 천태산은 봄 경치가 좋은 곳으로, 132쪽 주102 참조. 여기서는 속리산의 봄 광경을 천태산에 비기고 자신을 유신(劉晨)에 비유하였다.

또
又

시냇가에 말 풀어 두니	卸馬溪潭上
맑은 물결은 예전 그대로구나	澄波似昔時
사슴이 와서 미끼 던지는 모습 보고	鹿來看擲餌
용이 나와 시 읊조리는 소리 듣네	龍出聽哦詩
골짜기의 새는 범상한 소리 없고	谷鳥無凡響
바위 위의 구름은 고운 자태 있어라	巖雲有令姿
풍진세상 사람들은 곧잘 죽어	塵寰人易死
고개 돌려 보니 온통 무덤이구나	回首塚纍纍

또
又

새로 지어진 절 바라보니	梵宇觀新作
나는 듯한 용마루에 자줏빛 연하 서렸어라	飛甍繞紫煙
돌구유는 바다 용납할 만큼 깊고	石槽深納海
구리 기둥은 하늘 뚫을 만큼 높구나	銅柱上穿天
땅은 깨끗하여 온전한 옥을 내고	土淨全生玉
중은 고상하여 반쯤 신선이네	僧高半學仙
다시 오니 즐길 만한 것 많으니	重來多可喜
산색은 더욱 고와진 듯하여라	山色似增姸

시골집

村居

그윽한 집에 한가로이 앉아 소리 높여 읊조리니　幽齋淸坐動高吟
솔 그림자와 산기운이 비쳐 벽은 반쯤 그늘졌어라　松影嵐光半壁陰
구름에 기댄 첩첩 봉우리는 검을 꽂은 듯 높고　疊嶂倚雲高揷劍
바위에 부딪는 느린 시냇물은 금을 타는 듯 드무네　孏泉舂石細鳴琴
바위 골짜기에 봄 돌아오니 꽃망울이 터지고　春回巖洞花房綻
냇가 모래톱에 비 지나가니 사슴 발자국 깊네　雨過溪沙鹿迹深
이미 이 골짜기에 편안히 머물고 있으니　已向一丘棲止穩
세간의 영락이 마음에 들어오지 않아라　世間榮落不侵心

동주[118]가 찾아와 준 데 답하다

謝東洲來訪

이끼 낀 바위에서 편히 낮잠 자고 있는데	苔石午眠穩
다섯 필 말[119]이 온다고 소리쳐 전갈하기에	傳呼五馬來
허겁지겁 의관을 갖추고 놀라 일어나 앉아	倒衣驚起坐
반겨 맞으며 산골의 술잔 권한다오	一笑侑山杯

118 동주(東洲) : 성제원(成悌元)의 호이다. 76쪽 주35 참조.

119 다섯 필 말 : 보은 현감(報恩縣監) 성제원을 가리킨다.

판근[120]에서 노닐며

遊板斤

구름 속 학과 어울려 놀며 세상사 끊고서	雲鶴追隨絶世機
한낮에 이끼 낀 물가에 앉아 낚싯줄 드리우노라	垂綸日午坐苔磯
연못은 거울처럼 깨끗해 티끌 한 점 없으니	潭心鏡淨無毫點
잡아 올린 물고기는 날아갈 듯 퍼덕이네	引得遊鱗健欲飛

120 판근(板斤) : 충청북도 보은 속리산에 있는 마을이다.

산을 유람하며

遊山

새벽에 연하 낀 골짝에 들어가니	曉入煙霞洞
산새들 갖가지 소리 내어 우는구나	山禽百種啼
복사꽃 우거져 오솔길을 덮었으니	桃花迷小逕
아마도 여기가 무릉도원인가 하노라	疑是武陵溪

눈 오다
雪

하늘 꽃 체질한 듯 미색이 매우 고우니　　篩作天花國色姸
옥룡의 비늘이 산천에 떨어지는 듯하여라[121]　　玉龍鱗甲擲山川
여기에 나귀 탄 사람 둔다면　　此間若著騎驢子
시 읊을 줄 모르더라도 신선이겠네[122]　　不解吟詩亦是仙

121 옥룡(玉龍)의……듯하여라 : 눈이 오는 모습을 용의 비늘이 떨어지는 데에 비유한 것이다.

122 여기에……신선이겠네 : 당(唐)나라 맹호연(孟浩然)이 좋은 시를 지으려고 고심하다가 나귀 등에 타고서 눈발이 휘날리는 파교(灞橋) 위를 지나갈 때에야 그럴듯한 시상이 떠올랐다고 한다.

김 진사에 대한 만사
金進士挽詞

처음엔 혼인으로 만나 사귀었고	始因婚故接芳襟
사마시에 나란히 합격하여 교분 더욱 깊어졌어라	司馬聯名分益深
봉우리 아래에 띳집 지으니 서로 부르면 들리고	負巘結茅呼可聽
시냇가로 길이 나 있어 걸어서 찾아갈 수 있었네	傍溪通路步能尋
속리산에서 꽃 보며 봄에 같이 술 취하고	看花離岳同春醉
박연폭포에서 달구경 하며 밤에 함께 시 읊었지	弄月瓢淵共夜吟
옛 친구를 다 곡하고 나는 아직 안 죽었으니	哭盡舊交吾未死
이승에 어디에서 다시 마음 터놓을거나	此生何處更論心

초년에는 뜻을 가다듬어 고문 배웠건만	礪志初年學古文
만년에는 초야에서 농사나 지었지	田疇晩節事耕耘
잠시 처자식 부양 위해 낮은 벼슬을 했고	薄官暫爲妻兒養
마침내 외진 산골에서 산짐승들과 어울렸네	窮谷終隨鹿豕群
경치 좋은 날에는 술자리에 늘 나를 불렀고	花月勝筵常速我
자연 속 고상한 모임에는 그대와 꼭 함께 갔지	林泉雅集必携君
푸른 꼴[123] 흰 말[124]에 슬픔이야 끝이 있으랴	青蒭白馬[125]情何限

123 푸른 꼴 : 생추(生蒭)라고도 하는데, 변변찮은 부의(賻儀)를 뜻한다. 후한(後漢) 서치(徐穉)가 매우 가난하여 곽임종(郭林宗)의 모친상에 조문하러 가서 풀 한 다발을 집 앞에 두고 상주를 보지 않은 채 돌아왔다는 고사에서 온 말이다. 《後漢書 徐穉列傳》

이 만사 부르노니 행여 한번 들어 주오　　唱此哀詞儻一聞

'반(飯)'은 어떤 판본에서는 '마(馬)'로 되어 있다.

124 흰 말 : 벗의 장례에 조문함을 뜻한다. 후한 범식(范式)의 벗 장소(張劭)가 죽어 장례를 치르는 날 상여가 움직이지 않았는데, 천 리 밖 산양(山陽) 땅에 있던 범식이 흰 말과 흰 수레를 타고 이르러 조문하자 그제야 움직였다는 고사에서 온 말이다.《後漢書 獨行列傳 范式》

125 馬 : 대본에는 '飯'으로 되어 있다. 원주(原註)에 근거하여 수정하였다.

만사

挽詞

요조한 행실로 집안 잘 다스려 부덕이 새로우니	窈窕宜家婦德新
삼종의 의 지켜 만년에 어머니의 모범 되었지	三從晩作母師身
사당에서 봄가을 제사에 정성 다했으니	廟中致慤春秋事
시냇가의 마름 광주리에 담아 바쳤다네[126]	筐筥盛來薦澗蘋
아들이 함께 살며 그 덕성을 본받아	嗣子同家聽德聲
정성 다해 부모 사랑하며 잘 봉양했지	愛親能養竭吾誠
물고기와 죽순으로 반찬을 잘 차렸으니	江魚野筍甘晨饌
오정[127]에 양과 돼지 삶을 필요 있었으랴	羊豕何須五鼎烹

126 시냇가의……바쳤다네 : 정성을 다해 제수를 마련하는 부인의 모습을 나타낸 것이다.

127 오정(五鼎) : 소, 양, 돼지, 생선, 사슴의 다섯 가지 고기를 다섯 솥에 각각 담아 먹는 것을 이르는 말로, 고관 귀족의 음식을 뜻한다.

취한 뒤 우연히 읊다

醉後偶吟

산골에서 안개 먹어도 부모님 아직 계시니	飧霞谷裏親猶在
인간 세상에 나가 녹봉 도모하면 몸 위태하기 쉽지	謀祿人間身易危
이러한 생각 산에 물었으나 산은 대답 없으니	此意問山山不答
시냇가에서 한번 웃으며 향기로운 술잔 기울인다	臨流一笑倒香巵

종연에서 노닐며

遊鍾淵

바람 불어 바위 가에 늦게 핀 꽃마저 지니	巖角風敲落晩花
온 숲에 봄 풍경이라곤 이제 얼마 없구나	千林春事已無多
산은 비 온 뒤에 자태가 더욱 아름다우니	山從雨後添容色
새로 단장한 서자[128]인들 어찌 여기에 견주랴	西子新粧那似他

깊은 숲이 인간 세상과 아스라이 머니	雲林迢遞隔人間
활짝 핀 산꽃은 지난해 얼굴 그대로일세	一笑山花是舊顔
취중에 청산은 볼수록 더욱 좋으니	醉裏靑山看更好
취하지 않는다면 청산을 저버리는 것이리	若敎無醉負靑山

128 서자(西子) : 춘추 시대 월(越)나라의 미인 서시(西施)를 가리킨다.

자경과 속리산에서 노닐며 취해서 금아에게 주다

與子敬遊俗離醉贈錦兒

옥처럼 깨끗한 뺨과 검처럼 차가운 눈동자	玉臉光潔劍眸寒
막 피어난 한 떨기 백모란 같아라	一朶初開白牧丹
곡 끝나도 끊어지지 않은 남은 소리를	曲闋餘音猶未絶
늦바람이 불어 가서 푸른 구름 끝에서 울리네	晩風吹戛碧雲端

매미

蟬

매미 유충이 허물 벗고 형체 바꾸어	復[129]育遺身幻爾形
머무는 나무 어디서든 맴맴 울어대네	遊居何處樹冥冥
약한 날개는 천실[130]의 하얀 비단처럼 얇고	弱翎泉室霜綃薄
맑은 소리는 금경[131]에 옥 이슬 떨어지는 듯해라	淸韻金莖玉露零
한밤중에는 차가운 오동잎에 머물고	當半夜棲梧葉冷
석양 무렵엔 푸른 버들가지에서 울어 대네	趁斜陽噪柳條靑
거미줄과 참새에게 화를 당할 수 있거늘	蛛絲雀觜成奇禍
어이하여 잠시도 쉬지 않고 날갯짓하며 우는가	胡乃頻翔不暫停

129 復 : 대본에는 '腹'으로 되어 있다. 《논형(論衡)》 〈무형(無形)〉에 근거하여 수정하였다.

130 천실(泉室) : 전설 속의 물 아래 있는 집으로, 교인(鮫人)이 비단을 짜는 곳이다.

131 금경(金莖) : 승로반(承露盤)의 구리 기둥을 가리킨다. 한(漢)나라 무제(武帝)가 일찍이 신선을 사모하여, 건장궁(建章宮)에 20장(丈) 높이의 구리 기둥을 세우고 이슬을 받는 선인장(仙人掌)을 그 기둥 위에 설치하여 이슬을 받아서 옥가루에 타서 마셨다는 고사에서 온 말이다. 《漢書 郊祀志》

자경, 건중[132]과 함께 냇가의 정자에서 노닐며
與子敬楗仲共遊川亭

하늘의 덕성이 오늘 저녁에 모이니[133]	德星天上今宵聚
고상한 선비들이 정자에서 함께 술잔을 잡네	高士虛亭共把杯
겹겹이 펼쳐진 청산은 저녁 자태 뽐내니	數疊靑山呈暮色
만 리 밖에서 바람이 가을을 보내오누나	長風萬里送秋來

132 건중(楗仲) : 조식(曺植, 1501~1572)으로, 본관은 창녕(昌寧), 자는 건중, 호는 남명(南冥)·산해(山海)이다. 시호는 문정(文貞)이다.

133 하늘의……모이니 : 현인(賢人)들이 한데 모인 것을 상징하는 말이다. 후한(後漢) 때 진식(陳寔)이 일찍이 자질(子姪)들을 데리고 함께 순숙(荀淑)의 집에 가서 토론을 하는데, 이때 덕성(德星)이 한자리에 모였으므로, 태사(太史)가 아뢰기를 "500리 안에 반드시 현인이 모였을 것이다.〔五百里內有賢人聚.〕"라고 한 고사를 인용하였다. 《藝文類聚 卷1》

냇가에서 낚시하며

釣川上

좋은 날 남쪽 들판에 가니	勝日行南野
서늘한 바람이 부는 팔월이로세	涼風八月天
산이 둘러싸서 넓게 골짝 만들고	山圍寬作洞
물이 모여 구불구불 시내 이루네	水會曲成川
벼 익었거니 굶어 죽을까 근심하랴	稻熟寧憂死
물고기 넉넉하니 돈 주고 안 산다네	魚饒不取錢
시 읊으며 돌아가는 길 더욱 평온하니	歸途吟更穩
채찍 휘두르며 기운이 펄펄 나는구나	揮策氣翩翩

자경에게 드리다

呈子敬

덕을 감출수록 명성 더욱 드러나니	藏德名愈著
한 시대에 드문 풍류로세	風流一代希
허리에 묵수를 차고	腰間綰墨綬
숲 아래서 하의를 벗었구려[134]	林下脫荷衣
정사가 적으니 몸은 늘 한가롭고	政簡身長逸
벼슬이 낮으니 빈객도 절로 드무네	官寒客自稀
초야에 있을 때처럼 편안하고 한가로우니	安閑如在野
고향 산의 고사리일랑 생각하지 마시게	休憶故山薇

134 허리에……벗었구려 : 은자의 옷을 벗고 수령으로 나가게 되었다는 말이다. 묵수(墨綬)는 동인묵수(銅印墨綬)의 준말로, 지방 수령을 뜻한다. 하의(荷衣)는 연잎으로 만든 옷으로, 은자가 입는 옷을 뜻한다. 남제(南齊) 공치규(孔稚珪)가 일찍이 변절한 은사 주옹(周顒)을 두고 지은 〈북산이문(北山移文)〉에 "그동안 입고 있던 지제를 불살라 버리고 하의를 찢어 버린 채, 먼지 낀 얼굴을 뻣뻣이 치켜들고서 속된 모습으로 마구 달려 나갔네.〔焚芰製而裂荷衣, 抗塵容而走俗狀.〕"라고 하였다. 《古文眞寶 後集 卷2》

금적산 계당[135]에 쓰다

題金積溪堂

바위틈 맑은 물소리만 유달리 들리니	石泉瑤佩耳偏醒
고요한 가운데 산을 보며 천성대로 사네	靜裏看山養性靈
이 좋은 곳에 초대한 사람 모두 좋은 벗이라	勝境招邀皆勝友
술 취하여 붓 놀리니 문성이 움직이누나	乘酣弄筆[136]動文星

135 금적산(金積山) 계당(溪堂) : 금적산은 충청북도 보은에 있는 산인데, 최홍림(崔興霖)이 그곳에 은거하며 계당을 지었다. 성운이 최홍림, 조식(曺植)과 함께 유람하며 교분을 나누었던 장소 중 하나이다.

136 筆 : 대본에는 '華'로 되어 있다. 문맥에 근거하여 수정하였다.

뇌경에게 주다
贈賚卿

아직 젊은 나이에 여러 해 동안 힘써 공부해	力學多年鬢未凋
바다에 조수 일 듯이 한창 공부가 진보하니	新功方進海生潮
틀림없이 금정에서 단약을 이루어	定知金鼎成丹藥
환골탈태해 마침내 하늘에 오를 줄 알겠어라[137]	換骨終當上碧霄

137 틀림없이……알겠어라 : 뇌경(賚卿)이 앞으로 훌륭한 인물이 될 줄 알겠다는 뜻이다. 금정(金鼎)은 금단(金丹)을 고는 솥으로, 금단을 먹으면 범골(凡骨)이 선골(仙骨)로 바뀌어 하늘로 오른다고 한다.

매학당[138] 시에 차운하다

次梅鶴堂韻

처사의 맑은 풍모 전인을 이을 직하니	處士淸標可繼前
서호와 낙동강 가를 비교하면 어떠한가[139]	西湖何似洛東邊
들새는 금조롱 속에 사는 것 좋아하지 않나니	野禽不喜金籠養
천마가 옥고삐의 굴레를 어이 견디랴	天馬那堪玉轡牽
바람이 침상에 부니 옷에 찬 향기 스미고	衣著寒香風拂榻
달빛이 배에 비치니 기슭에 외로운 그림자 그려지네	岸描孤影月臨船
알겠어라, 폐백을 하사하여 곧은 지조 칭찬하였으니	定知賜帛褒貞操
명리를 잊고 은거한 지가 벌써 십 년이어라	逃世忘名已十年

138 매학당(梅鶴堂) : 황기로(黃耆老, 1521~1567)의 당호이다. 본관은 덕산(德山), 자는 태수(鮐叟), 호는 고산(孤山)·매학정(梅鶴亭)이다.

139 서호(西湖)와……어떠한가 : 황기로를 임포(林逋)에 견주어 표현한 말이다. 서호는 송(宋)나라 임포가 살던 곳으로, 임포는 매화를 심고 학을 기르며 서호의 고산(孤山)에서 은거하였다. 낙동강 가는 황기로가 살던 곳으로, 황기로는 말년에 낙동강의 서쪽 보천산(寶泉山) 위에 매학정을 짓고 필묵과 독서를 즐기며 여생을 보냈다.

시골집에서 우연히 읊다

村居偶吟

가랑비가 이른 추위 재촉하니	小雨催寒早
대숲과 나무들은 잎이 시들었구나	琅玕木葉摧
초라한 사립문은 닫아 무엇 하리	蓬門何用閉
시골에 사람이 찾아온 적도 없는 것을	村客不曾來
술잔 마주하면 얼굴 먼저 펴지고	對酒顏先破
산을 보노라면 눈이 문득 뜨이지	看山眼忽開
마음 맞아 벗할 이 누구인가	會心誰作伴
서적만 자리 곁에 쌓여 있구나	書籍座邊堆

동주가 벽에 쓴 시에 차운하다
次東洲壁上韻

겹겹이 연하 낀 깊은 산골 멀리서 찾아오니	遠尋幽谷幾重霞
바로 계산에 빗발이 비낄 때로세	正値溪山雨脚斜
나란히 말 타고 좋은 손님 데리고 다시 왔으니	聯馬更携佳客至
머물며 밤이 얼마나 깊었는지 묻지 않노라	留連不問夜如何
잔 수 헤아리지 않고 유하주 마시니	羽觴無算酌流霞
바람 앞에 손발을 움직이며 함께 춤을 췄지	交舞風前手脚斜
술 취해 벽에 힘찬 붓을 휘둘렀으니	醉向壁間揮壯筆
두 편의 시 맑고 고와 음하[140]보다 나아라	兩章淸麗倒陰何

140 음하(陰何) : 남조(南朝) 진(陳)나라의 시인인 음갱(陰鏗)과 양(梁)나라의 시인인 하손(何遜)을 말한다.

우연히 읊다

偶吟

쇠약한 몸이 새해 맞이하니 얼마나 다행인가	衰羸何幸見新年
고운 햇살 더디게 가는 이월이로세	麗景遲遲二月天
산 가득 비단 같은 꽃 필 때를 기다려서	待得滿山花似錦
수운이 깊은 곳으로 신선 찾아가리라	水雲深處訪群仙

늦봄에 파곶산(葩串山)[141]에 놀러 가려 하였으므로 언급하였다.

141 파곶산(葩串山) : 충청북도 청주에 있는 산이다.

한거

閑居

가난하고 병든 터에 찾아오는 벗 적다 싫어하랴	貧病那嫌朋侶疏
뜰 안에 풀이 자라도 뽑지 말게 하노라	草生門逕莫敎鋤
어디에서 봄 새 울음 몇 번 들리는가	數聲何許呼春鳥
바로 한가한 신선이 막 꿈을 깬 때로세	正是遊仙夢覺初

벼슬을 그만두고 고향으로 돌아가는 동주를 보내며
送東洲棄職歸故居

영화로운 벼슬을 깃털처럼 가벼이 내던지니	抛却華簪一羽輕
고향 산의 원숭이며 학과 한 맹세 다지려 하네[142]	舊山猿鶴好尋盟
세상을 늘 그리워하던 마음 모두 잊었으니	域中常戀渾忘了
시내의 달빛과 소나무 창에 꿈 또한 맑아라	溪月松窓夢亦淸
잠깐 만났지만 마치 형제인 듯	傾蓋相逢若弟昆
유람하며 몇 곳에서 함께 술을 마셨던가	觀遊幾處共開樽
공이 돌아가니 나 또한 구학에 숨어	公歸我亦藏丘壑
길이 산 구름 가져다가 산골 문 꽉 막으리	長倩山雲鎖洞門

142 고향……하네 : 예전에 은거했던 곳으로 돌아감을 뜻한다. 원숭이와 학은, 남제(南齊) 공치규(孔稚珪)가 일찍이 변절한 은사 주옹(周顒)을 두고 지은 〈북산이문(北山移文)〉에 "혜초 장막이 텅 비어 밤의 학은 원망하고, 산인이 떠나매 새벽 원숭이는 놀라도다.〔蕙帳空兮夜鶴怨, 山人去兮曉猿驚.〕"라고 한 데서 온 말로, 은거를 상징한다. 《古文眞寶 後集 卷2》

늦봄에 산사에서 우연히 읊다
春晩居山舍偶吟

막 피어난 여린 잎들이 산을 덮으려 하니	嫩葉初敷欲滿山
가는 봄 어찌 급하여 머리털 더 세게 하는가	春歸底急鬢添班
온갖 붉은 꽃들 이미 모두 졌는데	繁紅已見全消歇
반쯤 핀 장미는 아직도 남아 있구나	猶有薔薇半破顔

부연에서 노닐고 은막을 지나 화천에서 묵다
遊釜淵歷銀幕宿于花川

푸른 눈빛[143]은 산을 볼 때만 열리니	靑眸只是爲山開
원숭이와 학[144]이 따르며 시기하지 않아라	猿鶴相隨不見猜
바위틈 몇 떨기 꽃은 아직 지지 않았으니	數朶巖花猶未落
정을 품고 주인 오길 기다리는 것이리라	含情應待主人來

143 푸른 눈빛 : 반가운 눈빛을 뜻한다. 진(晉)나라 완적(阮籍)이 달갑지 않은 사람에게는 백안(白眼)을 보이고 반가운 사람에게는 청안(靑眼)을 보였던 고사에서 온 말이다. 《晉書 阮籍列傳》

144 원숭이와 학 : 은사가 사는 곳의 배경을 묘사하는 말로 쓰인다. 169쪽 주142 참조.

유거
幽居

숲속에 막 작은 집 지었으니	林下初成一畝宮
손수 심은 꽃나무가 몇 떨기던가	手栽花木幾多叢
세간의 영락은 누구의 일인가	世間榮落誰人事
산옹의 취한 꿈속에도 들어오지 않는다네	不入山翁醉夢中

산에 잎사귀 처음 돋아 녹음 휘장 펼쳐지니	山葉初抽翠幄張
다정한 꾀꼬리 지저귀는 소리 맑게 들리네	多情黃鳥語如簧
북쪽 창문에 따로 넓은 천지 있으니	北窓別有寬天地
두 다리 길게 뻗고 낮잠을 잘 수 있어라	午睡能容雙脚長

활교암에서 노닐며

遊闊橋巖

바윗길에서 지팡이 끌며 이끼를 밟으니　　曳笻巖逕破苔錢
얼굴에 솔솔 부는 시내 바람 사랑스러워라　　吹面溪風細可憐
술 취해 오건[145]이 기울어도 고쳐 쓰기 귀찮아　　醉後烏巾慵不整
푸른 등라 그늘 아래서 구름 베고 자노라　　綠蘿陰下枕雲眠

145 오건(烏巾) : 벼슬하지 않고 은거하는 사람이 쓰는 검은색 두건을 말한다.

파곶[146]에서 노닐며

遊葩串

화양[147]의 좋은 승경은 자연히 이루어진 것	華陽佳勝自天成
낙영산[148] 깊어서 초목이 향기로워라	落影山深草木馨
흰 바위 평평하게 펼쳐지니 눈빛인가 하고	白石平鋪疑雪色
놀란 물결 노하여 시끄러우니 우렛소리 같구나	驚波怒聒訝雷鳴
시냇가에 비 흠뻑 내리니 영지 싹이 여리고	溪頭雨足芝苗嫩
소나무 꼭대기에 바람 높이 부니 학 날개 가볍네	松頂風高鶴翅輕
다만 한스러운 것은 선녀가 지금 보이지 않아	只恨仙娥今不見
유랑이 속절없이 옛정을 품고 있는 것일세[149]	劉郞空抱昔年情
지팡이 손에 잡고서 구름 문을 두드리니	手揞籐杖叩雲關
원숭이와 학[150]이 속세의 얼굴 싫어하겠네	猿鶴應猜塵土顔
산 좋아한다 말할 때마다 도리어 자신이 우스우니	每道愛山還自哂
산 좋아하지만 백발이 되도록 산에 살지 않는 것을	愛山頭白不居山

146 파곶(葩串) : 충청북도 청주에 있는 산이다.

147 화양(華陽) : 충청북도 괴산에 있는 계곡이다.

148 낙영산(落影山) : 충청북도 괴산에 있는 산이다.

149 다만……것일세 : 유랑(劉郞)이 천태산(天台山)에 약초를 캐러 들어가서 선녀를 만났던 고사를 인용한 것이다. 132쪽 주102 참조. 여기서 유랑은 성운을 가리킨다.

150 원숭이와 학 : 169쪽 주142 참조.

구름 문을 하늘이 만들어 늘 잠가 두었으니 雲門天設自長關
속진이 덮인 얼굴 물에 비춰 보며 부끄러워하노라 照水羞看土蝕顔
함께 온 벗들이 안타까워하네, 나만 홀로 늙어서 遊侶堪嗟吾獨老
쓸쓸한 백발이 청산에 어리어 비쳤다고 蕭蕭白髮映靑山

자경[151]과 함께 용천사에 오르다

同子敬登龍泉

산속에 잎들 막 펼쳐져 여름 장막 만들고	山葉初敷結夏帷
긴 물결은 석양에 느릿느릿 흘러가는구나	長波落日去遲遲
높이 올라 두 눈으로 먼 하늘 바라보니	憑高雙眼隨天遠
물과 구름 자태가 모두 시 속에 들어오네	水態雲姿總入詩

151 자경(子敬) : 성제원(成悌元)의 자이다. 76쪽 주35 참조.

병중에 지난날 독자암의 좋은 모임을 회상하고 뒷날 유람하기로 약속하는 시를 지어 이 진사 경숙에게 드리다
病中追記曩日獨子庵佳會兼約後遊投呈李進士敬叔案下

산골의 차가운 공기가 피부를 스치는데	峽中寒氣撲肌生
한 가닥 오솔길이 구름 따라 나 있었어라	一線緣雲細路成
첩첩 봉우리는 구름 찌르며 검날처럼 서 있고	疊嶂刺雲霜劍立
달리는 시내는 바위 할퀴며 옥이 부딪히듯 울었네	奔泉嚙石玉珂鳴
흙 침상과 부들자리에 승방이 고요하고	土牀蒲席僧房靜
술통과 시낭을 지닌 객들의 모임 맑았지	酒榼詩囊客會淸
산꽃이 붉은 비단처럼 흐드러지길 기다려	更待山花紅錦爛
그대를 찾아가 거듭 취하여 춘정을 펴리라	共君重醉暢春情

칠송팔경[152]
七松八景

달빛이 막 비치자 별빛이 희미해지니	蟾光初射衆星稀
성긴 소나무 그림자가 옷에 그려지네	描得疏松影落衣
마음의 거울 오래 닦아 절로 밝게 빛나니	心鏡久磨明自照
굳이 달을 빌려 빛 더할 필요 있으랴	何須借月更添輝

칠송정(七松亭)에서 달을 기다리다.

산음의 승경 어찌 자랑할 게 있으랴	勝景山陰豈足誇
풍류 인물이 왕희지와 맞먹을 만하여라[153]	風流人物敵王家
밤 깊어 술 취한 몸으로 시냇가 길 따라 돌아가며	醉歸侵夜尋溪路
지팡이 짚고 서로 의지해 달빛을 밟는구나	扶杖相將踏月華

문암(門巖)에서 계 모임을 가지다.

골짝 넓고 산이 에워싸 안개가 자욱하니	洞闊山圍鎖紫霞

152 칠송팔경(七松八景) : 이령(李領)이 정한 선유동 팔경(仙遊洞八景)에 대해 읊은 시이다. 칠송은 이령의 호이다. 이령은 과거에 낙방한 뒤 전국의 산수를 유람하다 청주의 파곶산(葩串山)에 거주하면서 주위 경관을 팔경으로 이름하였다.

153 산음(山陰)의……만하여라 : 산음은 풍경과 인물이 뛰어난 곳으로 유명한데 문암에서 계(契)를 맺은 것이 여기에 견줄 만하다는 뜻이다. 진(晉)나라 왕희지(王羲之)의 〈난정기(蘭亭記)〉에 산음의 난정에 모여 계를 맺은 뒤 시를 읊고 즐겼던 일이 서술되어 있다. 《古文眞寶 後集 卷1》

세찬 여울물과 널려 있는 돌 신선의 집이로구나　驚湍亂石衆眞家
꽃 안색 시들지 않아 봄은 끝나지 않았는데　花顔不老春無盡
고개 돌려 보니 인간 세상은 해 이미 저물었네　回首人間日已斜

화양(華陽)에서 봄 경치를 구경하다.

천화 날려[154] 좌선하는 몸에 내려앉으니　天花飛著坐禪身
어깨에 걸친 가사엔 한 점 먼지도 없구나　肩搭袈裟不點塵
더욱 반가워라, 바깥세상에서 찾아오는 사람이 아니라　更喜相尋非自外
십 년 동안 같은 산속에 있던 사람이니　十年同是在山人

파곶(葩串)으로 중을 찾아가다.

옛날에 제나라 군대가 꼬리에 불 지를까 두려워[155]　怕向齊軍火燎身
도림에 누워서 봄풀이 돋아나는 것을 기뻐하네[156]　桃林喜臥草生春
때로 부들 안장을 깔고서 산을 찾아가니　有時蒲薦尋山去
도리어 금 안장 얹어서 대궐에 가는 것보다 나아라　却勝金鞍朝紫宸

154 천화(天花) 날려 : 불교의 전설에 큰 법사가 설법하면 하늘이 감동하여 꽃이 마구 떨어진다고 한다.

155 옛날에……두려워 : 전국 시대 제(齊)나라 전단(田單)이 외로이 즉묵성(卽墨城)을 지키고 있다가, 천여 마리의 소에 붉은 옷을 입히고 뿔에 칼날을 매단 뒤, 소꼬리에 갈대를 묶어 불을 붙여서 성 밖으로 내몰아 연(燕)나라 군사를 크게 격파하였다. 《史記 田單列傳》

156 도림(桃林)에……기뻐하네 : 《서경》 〈무성(武成)〉에 주(周)나라 무왕(武王)이 은(殷)나라를 정벌하고 돌아오다가 풍(豐)에 이른 대목에서 "말을 화산의 남쪽에 돌려보내고 소를 도림의 들판에 풀어놓아, 천하에 무력을 쓰지 않을 것임을 보였다.〔歸馬于華山之陽, 放牛于桃林之野, 示天下弗服.〕"라고 하였다.

사평(沙坪)에서 소를 기르다.

위나라에서 수레 탔던 일[157] 너무 수고롭지 않았는가 入衛乘軒無乃勞
화살로 나는 날개 쏘려 했으니[158] 칼질보다 참혹했지 箭加遊翼慘於刀
차라리 천년토록 편안히 둥지에 깃들어 살며 不如千歲巢居穩
소나무 위에서 겹겹 흰 날개 손질하느니만 못하다네 松頂閑梳疊雪毛

선동(仙洞)에서 학을 찾다.

새벽에 일어나 구름 따라 바삐 가서 晨起尋雲去若忙
약초 캐 와 소나무 아래서 손수 솥에 달이네 採來松下自煎鐺
십 년 동안 선산의 약초 두루 다 맛보았더니 十年嘗徧仙山藥
동자처럼 검은 머리털이 도로 길게 자랐어라 童頂還抽綠髮長

화산(花山)에서 약초를 캐다.

물고기는 못을 벗어나지 않는 것을 스스로 기뻐하고 自喜藏鱗不脫淵
신선은 산천을 넘어 나가는 것을 부끄러워하지 羞爲仙馭越山川
낚시 던지자니 도리어 용의 종자를 놀라게 해 投鉤飜恐驚龍種
우레 수레 타고서 하늘로 날아오를까 걱정일세 却棹雷車飛上天

기탄(岐灘)에서 낚시하다.

157 위(衛)나라에서……일 : 춘추 시대 위나라 의공(懿公)이 학을 좋아하여 대부가 타는 수레에 태우고 다녔다고 한다. 《春秋左氏傳 閔公2年》

158 화살로……했으니 : 한(漢)나라 때 요동(遼東)의 정 영위(丁令威)가 신선이 되어 학으로 변해 고향에 찾아왔는데 한 소년이 활을 쏘려고 했다는 고사가 있다. 《搜神後記 卷1》

남명[159]을 애도하다

悼南冥[160]

우리 도가 이로부터 재처럼 식었으니	吾道從茲寒若灰
철인이 죽으매 태산이 무너진 듯 슬퍼라	哲人亡矣痛山頹
겹겹 구름 저편의 붉은 하늘 서글피 바라보노니	丹霄悵望雲重隔
봉황은 천추에 다시 돌아오지 않으리[161]	靈鳳千秋更不廻

159 남명(南冥) : 조식(曺植, 1501～1572)으로, 본관은 창녕(昌寧), 자는 건중(楗仲), 호는 남명·산해(山海)이다. 시호는 문정(文貞)이다.

160 冥 : 대본에는 '溟'으로 되어 있다. 《남명집(南冥集)》 권4 〈보유(補遺) 행장(行狀)〉에 근거하여 수정하였다. 이하의 '冥'도 동일하다.

161 겹겹……않으리 : 조식을 봉황에 비유해 훌륭한 인물이 죽었음을 표현하였다.

김중원[162]과 이별하며

別金重遠

떠나는 수레를 멀리 따라가며 지칠 줄 모르노니	追遠行蓋不知疲
기성과 두성[163]처럼 훗날 만남 더딜까 안타까워라	箕斗應憐後會遲
이별 회포를 유달리 풀기 어려운 곳이 있으니	別有離懷難寫處
석양에 물든 들판 다리를 홀로 돌아갈 때일세	野橋斜日獨歸時

162 김중원(金重遠) : 김홍도(金弘度, 1524~1557)로, 본관은 안동(安東), 자는 중원, 호는 남봉(南峯)·내봉(萊峯)이다.

163 기성(箕星)과 두성(斗星) : 서로 멀리 떨어져 있다는 뜻이다. 기성은 남쪽 하늘에 있고 두성은 북쪽 하늘에 있어서, 각각 뜨고 지는 시각이 달라 영원히 서로 만날 수가 없는 데에서 유래하였다. 《詩經 小雅 大東》

이충[164]이 찾아와 준 데 답하다

謝李冲之來訪

말 채찍질해 외진 산골 찾아오니	策馬尋空谷
서로 만나매 옛정이 도타워라	相逢故意長
머리털은 안타깝게도 하얗게 다 세었는데	渾頭憐雪白
잔에 넘치도록 아황주[165]를 권하노라	溢爵勸鵝黃
서리 기운은 유독 벼루에 스미고	霜氣偏侵硯
바람 소리는 대숲에서 몹시 요란하네	風聲最著篁
알겠구나, 틀림없이 그대 떠난 뒤에	定知辭別後
향기가 사흘 동안 자리에 남으리라는 것을[166]	三日席聞香

164 이충(李沖) : 1568~1619. 본관은 전주(全州), 자는 거용(巨容), 호는 칠택(七澤)이다.

165 아황주(鵝黃酒) : 두보(杜甫)의 〈주전소아아(舟前小鵝兒)〉 시에 "거위 새끼 누런빛이 술 빛과 같으니, 술을 대하듯 거위 새끼를 사랑하네.〔鵝兒黃似酒, 對酒愛新鵝.〕" 라고 한 데서 온 말로, 맛 좋은 술을 뜻한다. 《杜少陵詩集 卷12》

166 그대……것을 : 후한(後漢) 때 상서령(尙書令)을 지낸 순욱(荀彧)이 몸에 특이한 향을 지니고 다녀 그가 머물렀던 자리에는 사흘 동안이나 여훈이 가시지 않았다는 고사를 인용하였다. 《藝文類聚 卷70 襄陽記》

김 수재가 사는 곳 시내의 바위에 쓰다

題金秀才溪石

겹겹 쌓인 바위가 대를 이뤄 평상보다 앉기 좋으니	疊石成臺坐勝牀
귓속에 먼저 유장한 물소리 들리어라	耳中先得水聲長
내가 온 날이 마침 가을 저무는 때이니	客來正值秋容暮
서리가 앞산에 내려 잎이 반쯤 노랗게 물들었네	霜落前山葉半黃

판근[167]의 높은 정자에 오르다

登板斤高亭

높은 정자 사방으로 트여 절로 바람 많으니	高亭四豁自多風
물과 구름 아름다운 풍광이 눈에 들어오네	水態雲姿入眼中
여기 올라 보매 물색도 많아 좋으니	可喜登臨饒物色
백발의 내가 이곳의 주인이 되었어라	白頭吾作主人翁

167 판근(板斤) : 충청북도 보은 속리산에 있는 마을이다.

새집
新居

북창 가에 한가히 누워 혼곤히 잠자다가	北窓高枕睡昏昏
때때로 옷을 뒤져 손으로 이를 잡노라[168]	衣蝨時時手自捫
깃을 말리는 시냇가 백로는 유달리 희게 보이고	溪鷺浴乾看的的
벌집에 모인 한낮의 벌은 윙윙 우는 소리 들려라	午蜂衙集聽喧喧
구름 뚫은 길은 바위 따라 가늘게 나 있고	緣巖細出穿雲路
시내 향한 문은 대숲 곁에 비스듬히 열려 있네	傍竹斜開向水門
이웃에 시끄러운 이들 없어 더욱 좋으니	更喜隣無人語聒
산 아래 두세 집뿐이라 마을이 되지 않누나	數家山下不[169]成村

168 때때로……잡노라 : 전진(前秦)의 왕맹(王猛)이 소년 시절에 대장군(大將軍) 환온(桓溫)을 알현했을 때, 한편으로는 담론을 유창하게 하고 한편으로는 이를 잡으면서 방약무인(傍若無人)한 태도를 보였다는 고사가 있다. 《晉書 符堅載記下 王猛》 여기서는 산중의 한가한 정경을 표현한 것이다.

169 不 : 대본에는 '文'으로 되어 있다. 《대곡집》 고려대본에 근거하여 수정하였다.

박공계[170]에게 주다

贈朴公繼

한 손님이 망아지 타고 오니	有客乘駒至
신장은 크고 산야의 풍모로세	身長山野姿
늙은 모습에 서로 서글퍼하노니	相看各悼老
머리털이 명주실보다도 희구나	頭髮白於絲

170 박공계(朴公繼) : 박사종(朴嗣宗)이다. 120쪽 주83 참조.

속리산 아래 냇가에서 노닐며

遊離山下川

흰 바위 시냇가 먼지 한 점 없는데	白石溪邊不點塵
지난해 봄처럼 붉은 복사꽃 활짝 피었어라	紫桃花發去年春
산신령은 본시 다정한 분이니	山靈自是多情者
황발의 옛 주인을 반겨 맞누나[171]	黃髮欣迎舊主人

171 산신령은……맞누나 : 황발(黃髮)은 본래 머리가 하얗게 세었다가 다시 누런빛을 띠는 것으로, 장수한 노인을 뜻한다. 성운이 전에 살던 이곳에 늙어서 다시 왔기 때문에 이렇게 썼다.

대곡
大谷

이른 새벽 홀로 말 타고 초당에 가니	獨馬侵晨向草堂
바삐 오간다고 이웃 사람들은 응당 웃겠지	隣人應笑去來忙
반가워라, 시냇가에 핀 눈처럼 흰 꽃이	溪頭喜見花如雪
코를 찌르는 향기를 이따금 불어 보내네	破鼻時時風送香
산골의 화창한 경치 한창 봄을 만났으니	谷裏煙花正値春
이곳에서 정신 수양하며 평생을 보낼 만해라	百年於此足頤神
사람 만나면 산속 일 얘기하기도 싫으니	逢人不喜談山事
산속 일 얘기해도 남의 귀에 거슬린다네	山事談來亦忤人

임자순[172]에게 주다

贈林子順

어릴 적부터 배우길 좋아해 깊이 공부했으니	妙年耽學著功深
칠언시 지어서 땅에 던지자 금석 소리 나는구나[173]	七字題詩擲地金
이별한 뒤 그대 그리울 때 마치 얼굴을 보는 듯	別後思君如見面
좋은 밤 흰 달이 하늘 가운데 뜨겠지[174]	良宵皓月到天心

172 임자순(林子順) : 임제(林悌, 1549~1587)로, 본관은 나주(羅州), 자는 자순, 호는 백호(白湖)·풍강(楓江) 등이다.

173 칠언시……나는구나 : 훌륭한 시문을 지었음을 뜻한다. 진(晉)나라 손작(孫綽)이 〈천태산부(天台山賦)〉를 짓고 벗 범영기(范榮期)에게 "이 글을 땅에 던져 보았더니 금석의 악기 소리가 나더라."라고 하기에, 범영기가 읽어 보고는 과연 칭찬이 입에서 끊이지 않았다고 한다. 《晉書 孫楚列傳 綽》

174 이별한……뜨겠지 : 달을 보고 멀리 있는 벗을 그리워한다는 뜻이다.

겨울밤
冬夜

새벽잠을 막 깨니 닭 울음소리 들려	殘夢初回鷄一鳴
화로의 잿불 뒤적이니 어두운 속에 밝은 불씨	爐灰撥火暗中明
오래된 솜이불은 온기 조금도 없으니	多年衲被無餘煖
처마 위 소나무에 눈 떨어지는 소리 누운 채 듣노라	臥聽簷松雪打聲

선유거사[175]가 시를 지어 달라고 하기에 거친 시구를 지어 그 정성에 답하다

仙遊居士索詩題荒句以塞其勤

살아오면서 세상일에 본래 무심했으니	生來於世本無心
맑은 물에 귀 씻은 지 이미 오래였지[176]	洗耳淸泠歲月深
칠송정에 홀로 은거해 아는 이 없으니	獨臥七松人不識
눈앞의 물고기와 새가 바로 나를 알아주는 벗이라네	眼中魚鳥是知音

고인 같은 출중한 용모에 무지개 토하는 기상[177]이라	古貌驚人氣吐虹
화관을 높이 쓴 모습[178] 흡사 신선인가 하여라	樺冠高戴似仙翁
학이 날갯짓하듯 산을 나와 나를 찾아오니	出山尋我翩如鶴
소매 가득 아직도 산골짜기 바람 머금었구나	滿袖猶銜溪壑風

175 선유거사(仙遊居士) : 이령(李領)을 가리킨다. 178쪽 주152 참조.

176 맑은……오래였지 : 소부(巢父)와 허유(許由)가 요(堯) 임금으로부터 천하(天下)를 양여(讓與)하겠다는 말을 듣고서 귀를 더럽혔다 하여 영수(潁水)에 귀를 씻고 끝까지 은거했다는 고사가 있다. 《高士傳 許由》

177 무지개 토하는 기상 : 시를 지을 때 기운이 넘친다는 뜻이다. 소식(蘇軾)의 〈차운장완(次韻張琬)〉 시에 "아노라 그대 곤궁과 시름 속에서 늙지 않고, 오히려 맑은 시 있어 기운이 무지개 토하는 줄을.〔知君不向窮愁老, 尙有淸詩氣吐虹.〕"이라고 한 데서 온 말이다. 《東坡全集 卷14》

178 화관(樺冠)을……모습 : 화관은 벚나무 껍질로 만든 관이다. 이령이 즐겨 썼으므로, 사람들이 그를 화관옹(樺冠翁)이라 불렀다. 《頤庵遺稿 卷2 贈七松居士》

나는 늙고 병들어 죽을 날 가까우니 吾衰且病迫山摧
가서 다시 못 올 그대 못 따라가 한스럽다오 恨未從君往不來
오직 바라느니, 죽어서 구름 속 땅에 묻혀 唯願死埋雲裏土
천추토록 혼백이 이곳을 배회하는 것이라오 千秋魂魄此徘徊

예전에 화양동 골짝에서 봄 경치 구경할 때 華陽洞裏昔探春
천태산에 들어가 신선을 찾는 듯했지 似入天台訪玉眞
묻노니, 산신령은 기억하시는가 憑問山靈能記憶
옛날에 놀러 왔던 죽지 않은 이 백발노인을 白頭未死舊遊人

구일[179]

九日

물가에 서린 가을 기운 매우 맑으니	水邊秋氣十分淸
서리 이슬에 젖어 결실을 이룰 때일세	霜露交沾物自成
오늘이 바로 중양절 좋은 날이니	佳節重陽今日是
진나라 도연명 마주해 술잔을 건네노라[180]	傳杯相對晉淵明

179 구일(九日) : 중양절인 9월 9일을 뜻한다.

180 오늘이……건네노라 : 도잠(陶潛)이 중양절에 국화를 따며 시름을 달래고 있을 때, 왕홍(王弘)이 술을 보내온 고사가 전한다. 80쪽 주41 참조.

임기가 차서 한양으로 돌아가는 중선을 보내며
送仲宣秩滿還洛

작은 고을이 몹시 초췌하더니	小縣苦憔悴
이제는 백성들 모두 배불리 먹네	于今民盡肥
마른 싹이 단비에 젖은 듯	槁苗霑雨澤
그늘진 골짝에 봄바람이 부는 듯	陰谷煦春輝
종이 이불로 밤 보내기 어려웠고	紙被難消夜
부들 채찍이라 위엄 세울 필요 없었지[181]	蒲鞭不用威
돌아가는 길에 누구를 짝하는가	行途誰作伴
거문고와 학[182] 함께 돌아가겠지	琴鶴與同歸

181 부들……없었지 : 수령이 어진 정사를 베푸는 것을 뜻한다. 한(漢)나라 유관(劉寬)이 남양 태수(南陽太守)로 있으면서 아전이나 백성이 잘못을 범하면 부들 채찍으로 쳐서 처벌하였다는 고사를 인용하였다. 《後漢書 劉寬列傳》

182 거문고와 학 : 지방관으로 청빈하게 살았음을 뜻한다. 송(宋)나라 조변(趙抃)이 필마로 촉(蜀) 땅으로 들어갈 때 거문고 한 벌과 학 한 마리만 가지고 갔다는 고사에서 온 말이다. 《宋史 趙抃列傳》

또
又

인척으로 늘그막에야 서로 알았으니	聯戚新知晩
서로 만나면 팔을 잡으며 붙잡았지	相逢把臂留
천 리 먼 이별에 갑자기 놀라노니	忽驚千里別
백 년의 시름을 견디기 어렵구나	叵耐百年愁
흰 벽옥처럼 달과 빛을 다투었고	白璧光爭月
씩씩한 매처럼 가을 기운 지녔지	豪鷹氣挾秋
군 같은 이 지금 드무니	似君今代少
고인 중에서 찾아야 하리	須向古人求

대곡에 들어가 우연히 읊다

入大谷偶吟

시냇물에 바람 부니 비늘 같은 잔물결 일고	溪面風生細動鱗
짚신 신고 조용히 밟으니 풀이 깔개처럼 보드랍네	靑鞋穩踏草如茵
짐승들과 벗하여 서로 등지지 않으니	於禽得友無相背
소나무의 학이 옛 주인을 반겨 맞이하누나	松鶴欣迎舊主人

수철항[183]

水鐵項

이곳에 집 지음이 어이 이리 늦었는가	改築嗟何晩
내가 늙어 이제 백발인 것을	吾衰今白頭
어이 알았으랴, 죽을 날 가까워서	那知近死日
도리어 이렇게 운림 속에 은거할 줄을	却得臥雲丘
바위 곁에는 시냇물 오열하고	巖側溪流咽
빽빽한 소나무에는 학의 꿈 그윽해라	松稠鶴夢幽
내 눈으로 보고 마음으로 터를 잡았으니	眼看心自卜
애초에 남들과 상의하지 않았다오	初不與人謀

183 수철항(水鐵項) : 충청북도 보은에 있는 수철령(水鐵嶺)을 가리키는 듯하다. 《대곡집》 권상 〈수철현 아래에서……〔水鐵峴下……〕〉 시에 관련 내용이 나온다.

최현좌[184]의 계당에 쓰다

題崔賢佐溪堂

한 줄기 폭포가 바위에서 콸콸 떨어지고	一道飛泉聒石頭
대나무 회나무 푸르고 학정[185]이 그윽해라	綠筠蒼檜鶴庭幽
멀리 속리산이 보여 기쁘니	望中欣得離山面
떠가는 구름이 시야를 가릴까 걱정일세	怕有行雲礙遠眸
이끼 낀 바위 뚫어 새집을 지었으니	鑿破苔巖結構新
산 위의 구름과 소나무의 학이 늘 곁을 따르네	嶺雲松鶴鎭隨身
이 골짜기에 찾아올 벗이 없다고 한탄 마오	洞門莫恨無來伴
창문 저편 푸른 산이 바로 친구인 것을	窓外青山是故人

184 최현좌(崔賢佐) : 최홍림(崔興霖, 1506~1581)으로, 본관은 화순(和順), 자는 현좌, 호는 계당(溪堂)이다. 성운의 문인이다.

185 학정(鶴庭) : 은자의 정원을 뜻한다.

대곡의 운을 써서 현좌에게 드리다 남명
用大谷韻呈賢佐 南冥

그대 만나니 이미 백발인데 之子相逢已白頭
듣자 하니 초당이 깊은 산속에 있다지 草堂聞說在深幽
그대처럼 벼슬 버리고 한가히 노닐지 못해 부끄러우니 遊人解佩慙無分
다만 돌아가는 구름에 눈길만 보내고 보내노라 只倚歸雲送送眸

약수에서 본 뒤로 콩이 막 익었으니[186] 若水看來豆子新
그대 이미 자신 잊었고 나도 내 몸 잊었노라 已君忘我我忘身
초당의 생계는 천 겹으로 펼쳐진 산이니 草堂生契山千疊
밝은 시대 박복한 사람은 아니로세 不是明時薄福人

186 약수(若水)에서……익었으니 : 약수는 지명인데, 경상북도 약목(若木)의 목(木) 자가 수(水) 자로 잘못 표기된 듯하다. 콩이 익었다는 말은 사귄 지 오래되었음을 뜻한다. 두보(杜甫)의 〈별찬상인(別贊上人)〉 시에 "버들가지 새벽에 손에 있더니, 가을비에 콩알이 하마 익었네.〔楊枝晨在手, 豆子雨已熟.〕"라고 하였다. 《杜少陵詩集 卷8》

금적산 계당에서 건중과 작별하다

金積溪堂別楗仲

금적산 구름 깊은 곳에서	金積雲深處
그대 보내노라니 두 줄기 눈물 흐르네	送君雙涕流
천 리 먼 이별을 어이 견딜꼬	那堪千里別
백 년 평생 시름이 풀리지 않으리	未解百年愁
소나무 빽빽하니 학이 숨기 좋고	松密宜藏鶴
파도 물결치니 배 띄우기 어렵네	波驚不著舟
산골 집에 돌아와 밝은 달 품에 안으니	還山抱白月
속진의 꿈일랑 아득한 데 부치노라	塵夢付悠悠

대곡의 시에 화운하고 아울러 현좌에게 보이다[187] 남명

和大谷兼示賢佐 南冥

금적산 속을 두루 다니노니 踏破金華積
시냇물 가장 근원까지 찾아갔어라 源頭第一流
땅이 높으니 뭇 봉우리 발아래 펼쳐지고 地高群下衆
정신이 아득히 멀리 가니 마음이 시름겨워라 神遠片魂愁
정중한 그대 집 사람들이요 鄭鄭君家子
손짓하여 부르는 내 벗의 배로세[188] 招招我友舟
이별하는 심정 형용할 수 없으니 此懷模不得
다시 올 날 참으로 아득히 멀어라 來日定[189]悠悠

187 대곡(大谷)의……보이다 : 《남명집(南冥集)》 권1에는 〈화건숙정최현좌우금적산재(和健叔呈崔賢佐于金積山齋)〉로 되어 있다. 현좌(賢佐)는 최흥림(崔興霖)의 자이다. 본관은 화순(和順), 호는 계당(溪堂)으로, 성운의 문인이다.

188 손짓하여……배로세 : 벗을 배로 전송함을 말한다. 《시경》 〈패풍(邶風) 포유고엽(匏有苦葉)〉에 "뱃사공이 손짓하여 부르는데, 남들은 건너도 나는 건너지 않노라. 남들은 건너도 나는 건너지 않음은, 나는 내 짝을 기다리기 때문이니라.〔招招舟子, 人涉卬否. 人涉卬否, 卬須我友.〕"라고 하였다.

189 定 : 《남명집》 권1 〈화건숙정최현좌우금적산재〉에는 '正'으로 되어 있다.

김홍지[190]와 작별하며

別金泓之

단풍 물든 시냇가에 전별 자리 열리니	黃葉溪頭別席開
두셋 좋은 벗들이 일시에 와서 모였어라	二三良友一時來
푸른 산이 그래도 무정하지 않아	青山不是無情物
떠나는 시름 풀어 주려는 듯 술잔에 비치네	解送離愁入酒杯

190 김홍지(金泓之) : 김홍(金泓, ?~?)으로, 본관은 경주, 자는 홍지이다. 1528년(중종23) 문과에 급제하여 사헌부 장령, 진주 목사(晉州牧使) 등을 지냈다.

박공계가 술을 가지고 찾아와 준 데 답하다

謝朴公繼携酒來訪

시골 늙은이 술병 들고 오니	野老提壺至
산마루에 해가 숨는구나	山頭隱日規
사람이 살면서 한번 취하지 않는다면	人生不一醉
그 어느 때나 즐길 수 있으랴	爲樂竟何時

만사

挽詞

골짜기에 숨긴 배 밤에 옮겨 감[191]을 통곡하노니　慟哭藏舟夜壑移
재앙에 불행이 겹쳐 처자식들 곤궁하여라　災兼禍作困妻兒
지하에 잠든 이는 온통 다 잊었건만　長眠泉下渾忘事
사람들 입에 올려 부질없이 시비 따지네[192]　騰口人間謾是非

그대 형제 곡함이 가장 슬픈 일이니　哭君兄弟最傷悲
이 천 리 고을에 아는 벗 드물어졌어라　千里山鄕相識稀
나 역시 나이 먹고 병까지 들었으니　我亦齒衰身又病
이 세상에 몸 부치고 살 날 얼마나 될까　寄形斯世幾多時

191 골짜기에……감 : 죽음을 뜻한다. 《장자(莊子)》〈대종사(大宗師)〉에 "골짜기에 배를 숨기고 못 속에 산을 숨겨 놓고 튼튼하다고 생각하지만 한밤중에 힘센 사람이 와서 지고 가도 어리석은 사람은 알지 못한다.〔夫藏舟於壑, 藏山於澤, 謂之固矣. 然而夜半有力者負之而走, 昧者不知也.〕"라고 하였다.

192 지하에……따지네 : 송준길(宋浚吉)이 〈대곡성선생행장(大谷成先生行狀)〉에서 기묘제현(己卯諸賢)을 애도한 시구이다. 《同春堂集 卷20》

우연히 읊다
偶吟

집을 둘러싼 것 온통 푸른 산봉우리인데	繞舍皆青嶂
흐르는 시냇물 가로 작은 길이 나 있어라	通溪小逕開
몸은 미천한 농부가 되었고	身爲田父賤
벗으로는 시골 중이 찾아온다네	朋有野僧來
밤 침상에서 이따금 달을 맞이하고	夜榻時邀月
산골 뜰에는 죄다 매화나무 심었다오	山園盡種梅
아름다운 풍광이 날마다 눈앞에 펼쳐지니	風煙供日用
재물 없다 한스러워할 게 없어라	不必恨無財

또
又

섣달 가까워 날씨가 몹시 추우니	臘近寒威甚
음산한 구름이 햇빛을 가리는구나	群陰蔽日輝
산정[193]은 계속 구해 먹기가 어렵고	山精難續餌
가을 솜옷은 아직 누비지 못하였네	秋絮未縫衣
팔이 아파서 거문고 놓은 지 오래요	護臂抛琴久
정신을 수양하느라 말을 적게 하네	頤神出語稀
자취 감추고 은거함을 달게 여겨	幽居甘屛迹
한 해 마치도록 사립문 닫고 있노라	卒歲掩柴扉

193 산정(山精) : 약초 이름으로, 300년 동안 자란 하수오(何首烏)를 가리킨다. 하수오는 생장 기간에 따라 별명이 있는데, 50년 동안 자란 것을 산노(山奴), 150년 동안 자란 것을 산백(山伯)이라 한다. 《本草綱目 卷18 草部7 何首烏》

대나무를 심다

種竹

네게 좋은 열매 있기에	爲爾有佳實
설중매 벗하도록 옮겨 심는다	移栽配雪梅
인간 세상에 진귀한 것이 없으니	人間無異物
봉황이 오기를 기다려 보노라[194]	佇見鳳凰來

194 봉황이……보노라 : 봉황은 대나무 열매만 먹는다고 하는데, 새로 심은 대나무에 봉황이 깃들기를 바란다는 뜻이다. 《시경》 〈대아(大雅) 권아(卷阿)〉의 전(箋)에 "봉황의 성질은 오동나무가 아니면 깃들이지 않고, 대나무 열매가 아니면 먹지 않는다.〔鳳凰之性, 非梧桐不棲, 非竹實不食.〕"라고 하였다.

한화백의 거문고 솜씨가 한 시대에 빼어나니 내가 듣고 매우 즐거웠다. 이에 한군이 시를 읊어 주기를 매우 간청하기에 술자리에서 절구 한 수를 주어서 그 정성에 답하다

韓和伯琴手妙一世余聽之甚樂之韓君因從余求詩甚力酒席贈一絶以塞其勤

씩씩한 소리 처음엔 호수에 이는 물결인가 했더니	豪壯初疑波動湖
맑고 고운 소리 자세히 들으니 꿰어 놓은 구슬인 듯	淸圓細聽似連珠
곡이 끝나고 남은 음향이 바람에 실려 가니	曲終餘響風吹去
봉황새 울음소리가 구름 저편에서 울리는 듯하구나	離鳳一聲雲際呼

분지의 물고기를 보고 느낌이 있어

觀盆池魚有感

지느러미 비늘 벗겨지고 입에는 침이 마르니	剝鬣傷鱗口渴涎
국자로 물을 자주 부어 준들 못은 되지 못하네	頻添斗水不成淵
구름과 번개가 행여 날아오를 힘 빌려준다면	雲雷儻借飛騰力
용이 되어 꿈틀꿈틀 하늘을 오르내릴 텐데	化作蜿蜒上下天

산집

山居

붉은 이끼 낀 바위 아래에 물이 길게 흘러가고	紫苔巖下水長流
푸른 숲에 시원한 바람 부니 오월이라 맥추일세	蒼樹涼颸五月秋
잠시 빌린 등나무 베고 낮잠을 자노라니	暫借藤輪成午枕
꿈속에서 학을 따라 산마루 지났어라	夢隨飛鶴過山頭

돌을 쌓아 대 만드니 땅이 평평해지겠고	帖石成臺地欲平
탁관[195]은 낮고 좁은데 갈옷은 가벼워라	蘀冠低窄葛衣輕
앉아 보매 문득 속진의 인연 다하였으니	坐來便覺塵緣盡
마음이 시냇물과 똑같이 맑아라	心與溪潭一樣清

날이 갠 뒤 사방 산은 푸른빛 산뜻하고	四山晴後黛光新
물가의 버들과 꽃들은 곳곳마다 봄빛이어라	岸柳溪花處處春
사랑스러워라 연못에 물결이 잔잔해지려는데	堪愛鑿池波欲精
산들바람 불어 푸른 물고기 비늘 만드는구나[196]	小風吹作碧魚鱗

195 탁관(蘀冠) : 나무껍질 따위로 만든 보잘것없는 관을 말한다.

196 산들바람……만드는구나 : 물결이 이는 모양을 묘사한 것이다. 당(唐)나라 백거이(白居易)의 〈감춘(感春)〉 시에 "늙은이 마음에 봄을 금치 못하니, 풍광은 눈에 비쳐 새롭구나. 꽃부리는 붉은 새의 부리 같고, 못 물결은 푸른 물고기의 비늘 같아라.〔老思不禁春, 風光照眼新. 花房紅鳥嘴, 池浪碧魚鱗.〕"라고 하였다. 《白氏長慶集 卷31》

형체 시들고 마음도 죽어 식은 재가 되니	形枯心亦死成灰
객관에 조용히 누워 문도 열지 않고 지낸다오	靜臥蘧廬門不開
흰 머리칼 올올이 늘어 가니 한 해가 저물어 놀라고	白髮添莖驚歲暮
붉은 매화 꽃망울 터뜨리니 봄 돌아올까 겁나네	紅梅破蕚怯春回
상자에는 구름에 닿는 붓[197] 던져 둔 지 오래고	篋中久擲圖雲筆
손에는 달 보며 마시던 술잔 막 멈추었네[198]	手裏新停問月杯
늘 화양[199]에서 경치 좋은 곳 찾아다니며	每憶華陽探勝處
도롱이 쓰고 이슬비 맞으며 고기 잡던 때 생각나네	一蓑煙雨釣魚臺

197 구름에 닿는 붓 : 구름을 뚫을 만큼 훌륭한 문장을 뜻한다. 두보(杜甫)의 〈희위육절구(戲爲六絶句)〉 시에 "유신의 문장은 노성하여, 구름에 닿는 붓 종횡으로 치달리네.〔庾信文章老更成, 凌雲健筆意縱橫.〕"라고 한 데서 온 말이다. 《杜少陵詩集 卷11》

198 달……멈추었네 : 밤에 달을 벗 삼아 술을 마신다는 뜻으로, 이백(李白)의 〈파주문월(把酒問月)〉 시에 "푸른 하늘에 달이 뜬 지가 그 몇 해이던고, 내 지금 술잔 멈추고 한번 그에게 묻노라.〔青天有月來幾時? 我今停杯一問之.〕"라고 하였다. 《李太白文集 卷17》

199 화양(華陽) : 충청북도 괴산에 있는 계곡이다.

만사
挽詞

조카가 자식처럼 잘 봉양하여	從子子能養
좋은 음식이 부엌에 넉넉했지	肥甘廚有餘
이른 새벽에는 활로 꿩을 잡았고	侵晨彈野雉
밤중에는 그물로 물고기 잡았네	直夜網溪魚
색동옷 입고[200] 곁을 떠나지 않았고	彩服無違側
연환 같아서 마을 문에 기대선 적 없었지[201]	連環不倚閭
차마 들으랴 몸소 흙을 져 장사 치르고	忍聞身負土
기력 다한 채 홀로 여막을 지킨다니	力盡獨居廬

200 색동옷 입고 : 효자를 상징하는 말로, 춘추 시대 노래자(老萊子)가 70세가 되어서도 부모님을 즐겁게 해 드리기 위해 항상 색동옷을 입고 어린아이처럼 춤추고 노래하며 재롱을 부렸다는 고사에서 유래하였다. 《初學記 孝子傳》

201 연환(連環)……없었지 : 연환은 잇달아 연결해 놓은 옥고리로, 단단히 연결되어 떠나지 않음을 뜻한다. 조카가 늘 곁에서 모시며 떠나지 않아 집에 돌아오길 기다릴 일이 없었다는 말이다. 제(齊)나라의 왕손가(王孫賈)가 달아난 왕의 소재를 알지 못한 채 집으로 돌아오자 그의 어머니가 "네가 아침에 나가서 저녁에 돌아올 때는 내가 문에 기대서서 네가 오기를 기다렸고, 네가 저녁에 나가서 돌아오지 않을 때는 내가 이 문에 기대서서 네가 오기를 기다렸는데, 너는 왕을 모시는 몸으로 달아난 왕이 어디 있는 줄 모른 채 집에 돌아온단 말이냐."라고 하였다. 《戰國策 齊策6》

병으로 모임에 가지 못하고 종산 노인에게 드리다
病未赴會呈鍾山老人

산집에 모여 조용히 술잔 나누니	山家作會穩傳巵
생각건대 선홍빛 꽃들이 한창 가지에 피었으리	想見猩紅正著枝
봄날이 병중에 다 가기에 스스로 슬퍼하면서	病裏自傷春事盡
뜰에 솔솔 내리는 가랑비만 마주하고 앉았다오	一庭坐對雨絲絲

장 첨지에 대한 만사

張僉知挽詞

향년 팔십하고도 여섯인데	八十享年加六
얼굴빛은 어린아이처럼 쇠하지 않았지	色如孺子不衰
장수는 오복 중에서 첫째인데	壽在福中居一
공처럼 오래 산 이 드물다오	似公得此者稀
큰 밭 경작하여 가을이라 풍년 드니	耕稼甫田秋熟
거둔 곡식이 천 상자에 가득했다오	阜堅收穀千箱
날마다 기름진 연기 집에서 피어오르고	日見膏煙熏屋
소를 잡고 또 양을 삶는 것 보았었지	割牛且復烹羊
노년에 아내 잃고 창자가 절로 끊어지는데	哭配殘腸自破
금슬 좋던 방에서 홀로 지낸 지 여섯 해	六年瑟室孤眠
생사의 길이 다르다고 늘 한스러워하더니	長恨存亡異路
이제야 지하에서 반가운 얼굴로 만나겠네	歡顔今會重泉
노인을 존중하여 왕께서 작위 내리시어[202]	重老君王賜爵

202 노인을……내리시어 : 조선 시대에 노인을 우대하여 주는 벼슬인 수직(壽職)이라는 제도로, 노인직(老人職)이라고도 한다. 매년 1월 80세 이상인 관원과 90세 이상인 서민에게 은전(恩典)으로 벼슬을 내려 주었다.

비단옷에 붉은 띠 관복을 입혀 주셨네　錦衣紫帶加身
게다가 힘을 쓸 직무가 없으니　勞力且無職務
어찌 한적한 귀인이 아니겠는가　豈非閑適貴人

흐르는 물과 뜬구름처럼 자취가 없으니　流水浮雲無迹
사람 일생과 세상사 모두 끝났어라　生涯世事俱亡
이 큰 집에 다시 올 날 그 언제인가　華屋重來何日
구천으로 한번 떠나니 밤이 길도다　泉臺一去夜長

차운하여 건중에게 답하다[203]

次韻答楗仲

그때의 모임 추억할 적마다	每憶那時會
여전히 석별의 슬픔 더해진다오	還添別後悲
선산에는 구름이 함께 모이고	仙山雲共到
경해에는 기러기 같이 돌아가네[204]	鯨海雁同歸
공맹은 꿈에 보일 듯 그리워하고	丘軻思成夢
공후는 어린아이처럼 하찮게 보았지	公侯睨若兒
바른 도는 응당 알아주는 이 드무니	道方應寡合
이것을 가지고 끝내 어디로 갈거나	持此竟何之

203 차운하여 건중(楗仲)에게 답하다 : 건중은 조식(曺植)의 자로, 성운이 차운한 조식의 시는 《남명집(南冥集)》 권1에 〈기대곡(寄大谷)〉이란 제목으로 실려 있다.

204 선산(仙山)에는……돌아가네 : 선산과 경해(鯨海)는 신선이 사는 산과 고래가 노는 큰 바다라는 말로, 조식이 살던 지리산과 지리산 근처의 남해를 가리킨다. 삼신산 가운데 하나인 방장산(方丈山)은 지리산의 별칭이다.

또
又

반가운 손님 한 해가 지나도록 찾아오지 않으니	好客經年不到門
그대 그리워하여 왕왕 거문고를 어루만진다오	思君往往撫桐孫
천금 같은 그대 소식 뜻밖에 받아 보니	忽看河鯉千金信
선방에서 밤새 담소 나누던 것과 무에 다르랴	何異禪房五夜言
궁한 시름 많았던 마음은 이미 깨졌으나	剩載窮愁心已破
성현의 경전에 익히 밭 갈던 혀[205]는 아직 남았네	慣耕遺典舌猶存
어느 때나 산해[206]에 머리 나란히 하고 누워	幾時山海連頭臥
등잔 앞에서 외로운 회포 찬찬히 말해 보려나	孤抱燈前得細論

205 밭 갈던 혀 : 학문을 가르쳐 주고 생활을 영위하는 것을 이른다. 후한(後漢) 가규(賈逵)의 집에는 문도들이 멀리서 배우러 찾아왔는데, 그들에게 경문(經文)을 가르쳐 주자 그들이 바친 곡식이 창고에 그득하였으므로, 세인들이 이를 두고 설경(舌耕)이라 하였다. 《拾遺記 後漢》

206 산해(山海) : 여기서는 조식이 거처했던 지리산과 지리산 근처의 남해(南海)를 가리킨다. 경상남도 김해(金海)에 조식이 후학을 양성하던 산해정(山海亭)이 있었다.

종산 노인과 시냇가에서 봄놀이하며
與鍾山老人踏靑溪邊

흐릿한 꽃[207]이 눈에 앉고 머리털은 온통 눈빛이라	昏花著眼雪渾頭
여생은 많지 않은데 물살처럼 빨리 흘러가누나	餘日無多水急流
우스워라 춘심이 아직도 다 죽지 않아	自笑春心猶未死
한가한 틈에 젊은 시절처럼 봄놀이한다오	偸閑追作少年遊
한가한 사람끼리 새벽에 머리를 빗고	閑人相約曉梳頭
서쪽 시내로 걸어가 푸른 물결 구경하노라	步向西溪弄碧流
내가 취해 노래 부르면 그대가 일어나 춤추니	我醉放歌君起舞
시골 아이들 웃으며 지상의 신선이라 하네	村童笑指地仙遊

207 흐릿한 꽃 : 눈이 잘 보이지 않아 눈앞에 꽃 같은 것이 나타나는 것으로, 나이가 들어 시력이 흐릿하다는 뜻이다.

우연히 읊다

偶吟

밤에는 달게 자고 아침밥 달게 먹으며	睡酣於夜飯甘朝
때때로 글 지어 태평성대 노래한다오	述作時時詠聖堯
담장 가 송죽은 겨울에 더욱 푸른데	松竹倚墻寒更碧
뜰에는 가랑비가 부슬부슬 내리누나	一庭纖雨下蕭蕭
세욕을 좇기란 진정 등불에 달려드는 부나방 같아	趨世眞如蛾撲燈
높은 벼슬에 먼저 올라갔다고 부러워하지 말라	雲梯休羨捷先升
장안 거리에서 조심스럽게 여윈 말에 채찍질을[208]	街頭怯怯策羸馬
내 마음에 스스로 묻노니, 할 수 있는가 없는가	自問吾心能不能

208 장안(長安)……채찍질을 : 도성에서 벼슬아치로 조심하며 살아가는 것을 말한다.

차운하여 종산 노인에게 주다

次酬鍾山老人

임하에 물러나 하의[209]를 걸치고	退身林下著荷衣
좋은 곳 골라 옮겨 살며 낮에도 사립문 닫았어라	選勝移家晝掩扉
새 난간에 바람 부니 솔바람 소리 시끄럽고	新檻風來松韻聒
옛 산에 봄이 오니 고사리 싹 살지구나	舊山春入蕨芽肥
방공은 세상 피해 녹문에 은거했고[210]	龐公逃世鹿門隱
원량은 관직 버리고 율리로 돌아갔지[211]	元亮休官栗里歸
기뻐라, 동남쪽[212]에 집을 잇대어 살면서	可喜東南連棟宇
연하를 나누어 차지하고[213] 서로 의지하며 늙으니	煙霞分占老相依

209 하의(荷衣) : 연잎으로 만든 옷으로, 은자의 옷을 뜻한다. 《초사(楚辭)》 〈구가(九歌) 소사명(少司命)〉에 "연꽃으로 옷을 만들고 혜초로 띠를 하네.〔荷衣兮蕙帶.〕"라고 한 데서 온 말이다.

210 방공(龐公)은……은거했고 : 후한(後漢) 말에 방덕공(龐德公)이 처자식을 거느리고 양양(襄陽)의 녹문산(鹿門山)에 들어가 약초를 캐며 세상에 나오지 않았다고 한다. 《後漢書 逸民列傳 龐公》

211 원량(元亮)은……돌아갔지 : 원량은 동진(東晉) 도잠(陶潛)의 자이고, 율리(栗里)는 그의 고향이다. 《晉書 隱逸列傳 陶潛》

212 동남쪽 : 보은에 있는 종산(鍾山)이 서울에서 동남쪽이기 때문에 이렇게 쓴 것이다.

213 연하(煙霞)를 나누어 차지하고 : 두 사람이 한곳에서 같이 은거하는 것을 의미한다.

판근[214]동에서 노닐며

遊板斤洞

골짝 넓고 산 굽이져 안개가 자욱한데	洞闊山回鎖紫煙
넓은 시내가 그 가운데로 길게 흘러가누나	湯湯中貫一長川
이제부터 다리를 뻗고 한가히 지내고자 하건만	從今我欲伸閑脚
모르겠네, 하늘이 내게 몇 년을 더 살게 할지	未識天能假數年
어린 노복이 밥을 메고 홀로 나를 따르니	短童擔飯獨隨身
봄날이 다 가기 전에 휘파람 불며 다시 왔다오	長嘯重來趁晩春
산신령에게 이르노니, 모름지기 나를 기다려 주오	留語山靈須待我
나는 세속에 끌려 이 산을 저버릴 사람 아니라오	我非牽俗負山人

214 판근(板斤) : 충청북도 보은 속리산에 있는 마을이다.

강중에게 보이다

示强仲

산 높은 곳에 집을 지으니	卜宅山高處
백발 노옹 은거하는 곳이라오	幽棲鶴髮翁
못을 파 맑은 물 굽어보고	穿池臨淨水
대나무 심어 맑은 바람 품에 안네	植竹抱淸風
세상을 잊고 한가로이 잠자고	忘世閑眠裏
몸을 숨겨 고요히 누웠노라	逃身靜臥中
전원에 돌아오매 살 곳 얻어 즐거우니	歸田樂得所
일찌감치 속세의 새장을 벗어났다오	早已脫樊籠

서울로 가는 이태숙을 보내며

送李泰叔之京

마을 사람이 권하는 술을 다 마셨으니	喫盡村人酒
훗날의 만남 더딜까 안타까워서지	應憐後會遲
어둑어둑 황혼이 질 즈음에서야	蒼然暮色至
취한 몸으로 갈 길을 재촉하누나	醉客政催歸

관서로 가는 김공직을 보내며

送金公直之關西

다행스럽게도 이웃에 살면서	何幸居連棟
어릴 때부터 정이 친밀했었지	情從弱歲親
어울려 다닐 때는 기상이 작아 부끄러웠고	追隨慙氣小
다정하게 만날 때는 사귐이 새로워 기뻤지	陶款喜交新
갈 때는 산하에 한 해가 저무는데	行色山河晚
돌아올 때는 초목에 봄이 오리라	歸期草樹春
벗이 주는 이로움을 깊이 생각하노니	深思麗澤益
이별한 뒤 다시 누가 있을꼬	別後更何人

공계[215]의 읍청당에 대한 시를 지어 부치다
寄題公繼挹[216]淸堂

끝없이 긴 강물이 먼 하늘을 삼키니	袞袞長江呑遠天
난간에 기대매 몸이 바람 타고 나는 듯해라	憑軒身若御風然
틀림없이 갈대꽃에 달빛 비치는 중추절을 기다려	中秋會待蘆花月
외로운 배 조용히 띄워서 바다 신선 따라갈 테지	穩泛孤槎逐海仙

215 공계(公繼) : 박사종(朴嗣宗)의 자이다. 120쪽 주83 참조.

216 挹 : 대본에는 '浥'으로 되어 있다. 《갈천집(葛川集)》 권1 〈만박참봉(挽朴參奉)〉과 《습정집(習靜集)》 권3 〈읍청당박선생묘표명(挹淸堂朴先生墓表銘)〉에 근거하여 수정하였다.

금적산 계당에서

金積溪堂

추억하노니 지난날 남명과 한 이불 덮고 잤고	憶昨南冥共被眠
동주와 함께 술 취해 시냇가에 누웠었지	東洲同醉臥溪邊
다시 와 보니 함께했던 이 그 누가 있는가	重來携手人誰在
흐르는 물 떠가는 구름만 옛날 그대로네	流水閑雲似昔年

현감이 보내온 시에 차운하다
次邑主惠韻

뼛속까지 시린 아침 이슬 연잎에 떨어지는데	骨淸晨露滴仙盤
절개 곧은 소나무는 추위도 아랑곳 않아라	抱節貞松不受寒
힘을 써서 배 저어 끝내 물을 거슬러 올랐고	苦力撑船終上水
공을 들여 흙 날라 다시 산을 이루었다오[217]	添功覆簣更成山
문사는 청전의 선발[218]을 이을 만하고	文詞足繼靑錢選
관직은 옥순의 반열[219]에 들 만하여라	官位宜居玉筍班
훗날 임금님을 곁에서 모시며	他日近身君側畔
보좌해 나라 잘 다스려 태평성대 이루시길	佐治邦國致平安

217 힘을……이루었다오 : 학문에 힘써서 공을 이룬다는 뜻이다. 《주자어류(朱子語類)》 권8 〈총론위학지방(總論爲學之方)〉에 "학문을 하는 것은 마치 배를 저어 물을 거슬러 올라가는 것과 같다.〔爲學正如撑上水船.〕"라고 하였고, 《서경》 〈여오(旅獒)〉에 "아홉 길의 산을 만드는 데 한 삼태기 때문에 공이 무너진다.〔爲山九仞, 功虧一簣.〕"라고 하였다.

218 청전(靑錢)의 선발 : 청동전(靑銅錢) 만 개를 뽑아도 다 좋다는 의미로, 시험을 보면 모두 합격한다는 뜻이다. 당(唐)나라 장작(張鷟)이 문장이 뛰어나 사람들이 만 번 과거 시험을 보아도 다 선발된다고 생각했기에 청전만선(靑錢萬選)이라 했다는 고사에서 온 말이다. 《新唐書 張薦列傳》

219 옥순(玉筍)의 반열 : 인재들이 많은 조정을 뜻한다. 당(唐)나라의 이종민(李宗閔)이 지공거(知貢擧)로 있을 때 그의 문하에 당중(唐仲), 설거(薛擧), 원도(袁都) 같은 청수하고 준걸스러운 인물들이 많이 배출되어 당시 사람들이 그들을 일러 옥순반(玉筍班)이라고 한 데서 온 말이다. 《新唐書 李宗閔列傳》

술 취하여 공계에게 드리다
醉呈公繼

방 안이 절간보다 고요한데	一室靜於寺
푸른 바위 천 길 높이 솟아 있네	蒼巖千仞高
서리 많으니 단풍은 비단처럼 찬란하고	霜濃楓錦爛
바람 불자 대숲 소리 거문고 울리는 듯	風過竹絃豪
오직 국화 피는 계절 좋아하니	但喜黃花節
머리털이야 하얗게 센들 어떠하리	何嫌白雪毛
모인 이들 모두 좋은 벗이니	相逢皆勝友
석 잔 술에 흥이 도도하여라	三爵興陶陶

이 진사에 대한 만사
李進士挽詞

좋은 절기 만나면 내 그대 손을 잡고	我携君手當佳節
소선[220]을 따라 몇 곳의 산수를 다녔던가	幾處溪山逐笑仙
몹시 그리워라, 바람 불고 눈 내리는 밤 동암[221]에서	最憶東庵風雪夜
불등이 달빛 같을 제 함께 취해 잠자던 일이	佛燈如月共酣眠
병을 앓던 삼 년 동안 문병도 하지 못했는데	三年嬰病何曾問
죽은 뒤엔 곡하며 한잔 술도 올리지 못하네	哭死無能奠一觴
나의 우정이 옛날과 달라져서가 아니라	不是交情今異昔
늙고 병들어 침석을 떠나지 못해서라오	直緣衰疾未離牀

220 소선(笑仙) : 성제원(成悌元)의 호이다. 76쪽 주35 참조.

221 동암(東庵) : 충청북도 보은현의 속리산에 있는 암자이다.

만사
挽詞

사는 집이 서로 가까워	棟宇居相近
사귄 정이 늙어서도 더욱 친밀했었지	交情老更親
여러 번 집에서 빚은 술을 가져와서	屢携家裏酒
산골에 사는 나를 위로해 주었지	來慰谷中人
보낸 시구 그대 상자에 갈무리되어 있고	贈句君藏篋
보내 준 칼 내 몸에 지니고 있다오	投刀我佩身
송백 우거진 창망한 길에서	蒼茫松柏路
고개 돌려 보면서 눈물로 수건 적시노라	回首涕沾巾

청주 목사에 대한 만사
清牧挽詞

고을이 크니 어진 목사 필요한 법	州大須賢牧
소 잡는 칼[222]을 공이 이에 잡았지	牛刀公乃持
풍상 같은 위엄 아전의 간담 서늘하게 했고	風霜寒吏膽
우로 같은 은택 백성의 살을 윤택하게 했네	雨露潤民肌
학문을 창도하여 유생들을 권면하였고	唱學諸儒勸
도리를 밝혀서 구습을 바꾸었어라	明彝舊俗移
그 누가 한유의 붓[223]을 잡을꼬	誰提韓子筆
내 그 붓을 빌려서 비석에 쓰고 싶어라	吾欲借題碑

222 소 잡는 칼 : 큰 재능으로 작은 고을을 다스린다는 뜻이다. 자유(子游)가 무성(武城)의 읍재(邑宰)가 되어 예악을 가르쳐 고을 사람들이 모두 현악(弦樂)에 맞추어 노래를 불렀는데, 공자가 무성에 가서 그 소리를 듣고는 빙그레 웃으며 "닭을 잡는 데 어찌 소 잡는 칼을 쓰느냐.〔割鷄焉用牛刀?〕"라고 한 데서 온 말이다. 《論語 陽貨》

223 한유(韓愈)의 붓 : 매우 뛰어난 문필을 뜻한다. 한유는 당(唐)나라 때의 대문호이다.

또

又

일산 기울여 잠깐 만났던 것[224]	傾蓋相逢地
종산의 해 질 무렵이었지	鍾山欲暮時
반나절 만났다고 말하지 마오	休言半日見
흡사 십 년 알던 사이보다 낫네	似過十年知
진한 향기는 봄날의 난초 같았고	馥馥春蘭氣
우뚝한 자태는 바다의 학 같았지	昂昂海鶴姿
살갗 부비며 한창 서로 의지하며 지냈더니	磨肌方托契
홀연히 사별하는 슬픔 품게 되었네	忽抱九原悲

224 일산……것 : 잠깐 얘기를 나누는 짧은 사이에 지기(知己)가 됨을 뜻한다.

만사
挽詞

지위 높지 않으니 몸을 굽힌들 어떠리　身屈何傷位未尊
한가롭게 지내며 초야에서 늙는 것도 좋았어라　優游亦好老丘園
후세에 남긴 재물 많지 않아도 괜찮으니　莫嫌遺後無多物
시서로 부지런히 자손들 가르쳤다네　勤把詩書教子孫

남명에게 작별하며 주다

贈別南冥

도성에서 작별한 지 이십여 년 만에	分手城都二十霜
반갑게 만나니 머리털 세었구려	眼青依舊鬢毛蒼
서로 만나면 벗들의 존망을 말하지 마세	相逢莫說存亡事
존망을 말하면 다시 애가 끊어진다오	說著存亡更斷腸

마주 앉아 술을 마시며 우연히 읊다
對酌偶吟

마음이 세상만사에 싸늘한 재와 같더니	心於萬事若寒灰
이제 풍악 소리 울리는 중에 한번 웃노라	歌管聲中一笑開
취한 뒤 고당에 사람들은 다 흩어졌는데	醉後高堂人盡散
저녁 바람이 비를 몰아 창으로 들어오누나	晩風吹雨入窓來

가을밤에 건중을 생각하며

秋夜憶楗仲

세 항아리 술 다 비우고 노랫소리 막 끊어졌는데	三缸酒盡歌初斷
칠언시 다 지으니 밤이 한창 깊었어라	七字詩成夜正中
마침 저편 바닷가에 있는 친구가 생각나니	忽憶故人滄海外
둥글고 밝은 달 하나 먼 하늘에 걸렸어라	一輪明月掛長空

감회를 읊다
述懷

세상사 많은 변고를 만나니	世事遭多變
늙은 나이에 간담 서늘한 일 잦아라	衰齡破膽頻
말을 낮추어도 도리어 시속을 놀라게 하고	語卑猶駭俗
모습 추하니 더욱 남들이 미워하네	貌醜更憎人
새는 숲을 가려 몸을 의탁하고	鳥擇林投翮
물고기는 골짜기로 돌아가며 맘껏 헤엄치네	魚歸壑縱鱗
그 어느 고장이 낙토인가	何鄉爲樂土
산해에 이 한 몸 감추고 싶어라	山海欲收身

장곡의 모정에 쓰다
題獐谷茅亭

작은 띳집 정자가 푸른 못 굽어보는데	八九茅椽俯碧池
사면의 산들은 여인처럼 자태가 고와라	四山如女有姸姿
봄의 신이 흡사 내가 오길 기다린 듯	東君似待遊人至
복사꽃 한두 가지를 남겨 두었구나	留得桃花一兩枝

남명에게 보이다
示南冥

부서진 노로 광란을 범한 적 있었으랴[225]	破楫何曾犯駭瀾
둥지에 깃든 산새가 탄환을 피하는 격	安巢幽鳥避金丸
드넓은 천지에 거리낌 없이 다니니	天遙地闊行無礙
사방의 청산이 모두 좋은 얼굴로 반기네	四望青山皆好顏

225 부서진……있었으랴 : 부서진 노로 배를 저을 일이 없듯이 조식(曺植)이 아예 세상에 나갈 마음을 먹지 않았다는 말이다.

집으로 돌아오다

還家

해진 갖옷 입고 길을 가니 추위 막을 수 없고	弊裘行陸不禁寒
천 리 먼 길 집으로 돌아오니 한 해가 저물려 하네	千里還家歲欲闌
상자 속에 남아 있는 몇 권의 책을	篋裏殘書餘數卷
먼지 털고 이따금 새벽 창가에서 읽노라	拂塵時向曉窓看

건중을 생각하며
憶楗仲

남쪽 바다 향해 자주 고개 돌려 보니 南海頻回首
삼성과 상성같이[226] 오래 이별한 정이라 參商久別情
한스럽게도 이 몸에 날개가 없으니 恨無身羽翼
저물녘 비낀 구름 서글피 바라보노라 悵望暮雲橫

226 삼성(參星)과 상성(商星)같이 : 서로 멀리 떨어져 있다는 뜻이다. 삼성은 동쪽 하늘에 있고 상성은 서쪽 하늘에 있어서, 각각 뜨고 지는 시각이 달라 영원히 만날 수가 없는 데에서 유래하였다. 《春秋左氏傳 昭公1年》

진희이수도[227]

陳希夷睡圖

나비 되어 하유향[228]에서 훨훨 나니	化蝶飛飛何有鄕
매미 허물 같은 육체만 빈집에 남아 있네	形軀蟬蛻著空堂
꿈속에 자신과 세상을 감추었으니	能從夢裏藏身世
후주와 송나라의 흥망 모두 잊었어라[229]	周宋興亡已兩忘

227 진희이수도(陳希夷睡圖) : 희이(希夷)는 송(宋)나라 도사 진단(陳摶, 871~989)의 사호(賜號)이다. 자는 도남(圖南), 호는 부요자(扶搖子)이다. 진단은 일찍부터 벼슬할 마음이 없어 큰 뜻을 품고 무당산(武當山)에 은거하다가 뒤에 화산(華山)의 운대관(雲臺觀)으로 처소를 옮겼는데, 그는 잠을 한번 자기 시작하면 많게는 100여 일씩 계속 자곤 했다고 한다.《宋史 隱逸列傳上 陳摶》진단은 고요하게 누워 천지의 기운을 받는 수공(睡功)을 익혔다고 하는데, 그것을 그린 〈수공도(睡功圖)〉가 세상에 전한다.

228 하유향(何有鄕) : 무하유향(無何有鄕)의 준말로, 아무것도 없는 광활한 자연의 세계를 뜻한다.《장자(莊子)》〈소요유(逍遙遊)〉에 "그것을 아무것도 없는 무하유향의 끝없이 펼쳐진 들판에 심어 놓고 그 옆에서 자유롭게 거닐면서 아무 하는 일 없이 지내고 그 아래에서 유유자적하면서 낮잠이라도 자는 것이 좋지 않겠는가.〔何不樹之於無何有之鄕廣莫之野, 彷徨乎無爲其側, 逍遙乎寢臥其下?〕"라고 한 데서 온 말이다.

229 후주(後周)와……잊었어라 : 진단이 오대(五代)의 마지막 왕조인 후주에서 송나라로 넘어가는 시기를 살았기 때문에 이렇게 말 한 것이다.

병중에 우연히 읊다

病中偶吟

중양절도 지나 울 밑 국화가 서리에 꺾였으니	霜摧籬菊過重陽
쏜살같은 세월이 병중에 바삐 흘러가네	激箭年光病裏忙
문밖에 산이 있건만 돌아가지 못하고	門外有山歸不得
누워서 서늘한 창에 비치는 석양을 보노라	臥看殘日照窓涼

시골집에서 늦가을에 우연히 읊다

村居秋晩偶吟

누추한 거리라 찾아오는 이 드문들 어떠리	巷陋何嫌好客稀
병이 깊은 몸으로 우의 덮고 누워 지낸다오[230]	沈痾在體臥牛衣
집에 밥 지을 쌀 없지만 가난한 마음 편안하니	家無炊米貧心泰
종산에 가을이 와서 영지와 백출[231] 살져 있으리	秋入鍾山芝朮肥

230 우의(牛衣)……지낸다오 : 병들고 곤궁한 자신의 삶을 비유한 말이다. 우의는 소의 추위를 막기 위해 짚을 엮어 만든 거적이다. 한(漢)나라 왕장(王章)이 집이 몹시 가난하여 병들어도 덮을 이불이 없어서 우의 속에 들어가 울었다는 고사에서 온 말이다. 《漢書 王章傳》

231 영지(靈芝)와 백출(白朮) : 신선들이 먹고 산다고 약초이다.

늦가을에 즉흥으로 읊다

晩秋卽事

들판 저편 푸른 산에 해가 저무니	野外蒼山晩
보금자리 찾는 갈까마귀 나래 이어 돌아오누나	棲鴉接翅歸
풀벌레는 밤 오기 전에 미리 울고	草蟲先夜唱
서리 젖은 낙엽은 바람에 날리지 않아라	霜葉不風飛
병든 여종은 게으르게 죽을 끓이고	病婢慵烹粥
가난한 아내는 겨울옷 장만하느라 지쳤네	寒妻困挽衣
근래에 범들이 많이 나오니	近間多虎豹
대낮에도 사립문 닫고 지낸다오	日在掩柴扉

촌가 벽에 쓰다

題村舍壁

도성 홍진 속에 살던 옛날에는 꿈에서도 놀랐더니 昔在城塵夢亦驚
산림 속에 사는 요즘은 내 천성대로 살아 즐거워라 林居今日樂全生
술 취해 암혈의 사립문 열어 불어오는 바람 맞이하고 醉開巖牖迎風至
노래하며 술 바가지 두드려 새 소리에 화답하네 歌擊瓢尊答鳥鳴
숨어 사는 표범은 짙은 산안개 꺼리지 않고 豹隱不嫌山霧重
물 밑에 서린 용은 바위 계곡의 맑은 물 좋아하누나 龍盤自喜石潭淸
송죽이 우거진 이 골짜기에 몸을 숨겨 사노니 松筠一壑藏身世
어찌 세상 사람들에게 이내 성명 말하리오 肯向人前道姓名

봄 돌아와 날마다 푸른 물결 희롱하노니 春回日日弄滄浪
이 몸과 세상을 이제부터 모두 잊겠노라 身世從今可兩忘
땅거미 질 무렵 낚시 마치고 돌아오니 罷釣歸來山影晩
온몸에는 여전히 들꽃 향기 묻어 있네 渾身猶帶野花香

종산에서 지낸 지도 오래이니 久矣鍾山住
처음에는 한강 북쪽에서 왔었지 初從漢北來
눈 침침해 사물 보기 어렵고 眼昏難見物
귀 어두워 우렛소리도 들리지 않네 耳重不聞雷
밤 침상엔 온통 달빛이 가득하고 夜榻全留月
봄 정원엔 반쯤 매화를 심었어라 春園半種梅

기력이 다한 줄 이미 아노니	已知衰力盡
낚시터에 오르는 일도 그만해야지	休上釣魚臺

봄날 대곡에서 우연히 읊다

春日大谷偶吟

산과 구름 자태가 비 온 뒤에 고운데	山態雲容雨後姸
작은 시냇물 바위틈에서 애처롭게 떨어지네	細泉春石動哀絃
시야에 이미 봄 빛깔이 완연해	眼邊已得春顔色
버들가지 끝에 연둣빛 안개 띠었구나	楊柳枝頭帶綠煙

우연히 읊다

偶吟

삼 묘의 집터[232]를 막 개간했으니	三畝初開宅
전원의 생계가 퍽 보잘것없어라	田園生事微
시냇가 풀에 앉아 쉬면서	溪邊坐草息
멀리 아련한 봉우리 바라보노라	望向遠峯依

232 삼 묘(畝)의 집터 : 한 사람이 살 만한 작은 땅으로, 《회남자(淮南子)》 〈원도훈(原道訓)〉에 "한 사람의 능력만 믿으면 삼 묘의 집터도 경작할 수 없다.〔任一人之能, 不足以治三畝之宅也.〕"라고 한 데서 온 말이다.

김씨 노인에 대한 만사

金丈挽詞

향리에 살면서 농사를 지으며	處在鄕閭業服田
일흔까지 강녕하게 천수를 마쳤어라	康寧七十了天年
구운 토란과 밤 소반에 담아 맛있게 먹으니	灰中芋栗甘盤飣
정승의 만전 녹봉 무엇이 부러우랴	何慕台司食萬錢
외진 마을에서 우리 집과 이웃해 살면서	窮巷蓬蒿居比隣
농사일 얘기하며 친하게 지냈었지	談農日與子相親
동쪽 거리에 살던 분 지금은 어디로 가셨나	東阡杖屨今何往
교목[233]의 옛집에 이제 노인 계시지 않누나	喬木舊廬無老人

233 교목(喬木) : 교목세가(喬木世家)의 준말로, 여러 대 동안 중요한 지위에 있어 국가와 운명을 같이한 집안이나 인물을 가리키는데, 여기서는 김씨 노인이 좋은 집안의 사람이었음을 뜻한다.

시중[234]이 찾아와 준 데 답하다

謝時仲來訪

손님이 나란히 말 몰아 찾아오니	有客聯鑣至
산골 늙은이 병석에서 일어날 때일세	山翁病起時
청담이 바야흐로 끊이지 않으니	淸談方亹亹
백일도 짐짓 더디게 흘러가는 듯	白日故遲遲
봄 난초의 향기[235] 접하여 기쁘고	喜接春蘭氣
바다 학의 자태 실컷 보았어라	貪看海鶴姿
서로 늦게 만난 것 무슨 대수랴	何嫌相見晩
말계[236]로 사귀지만 정답게 지낸다오	末契到磨肌

234 시중(時仲) : 미상이다. 참고로 한주(韓澍, ?~?)의 자가 시중이다. 본관은 당진(唐津)이다.

235 봄 난초의 향기 : 《공자가어(孔子家語)》 〈육본(六本)〉에 "선한 사람과 함께 지내면 마치 지초와 난초가 있는 방에 들어간 것과 같아 오래 있다 보면 난초 향기가 나지 않는 것은 바로 자기 자신이 그 향기와 동화되었기 때문이다.〔與善人居, 如入芝蘭之室, 久而不聞其香, 卽與之化矣.〕"라고 한 데서 온 말로, 군자의 인품을 뜻한다.

236 말계(末契) : 두보(杜甫)의 〈막상의행(莫相疑行)〉 시에 "늘그막에 젊은 친구와 사귀어 보려 하였더니, 얼굴 앞에선 마음을 주다가도 얼굴 돌리면 비웃는구나.〔晩將末契託年少, 當面輸心背面笑.〕"라고 한 데서 온 말로, 나이 많은 사람이 나이 적은 사람과 사귐을 뜻하는 말이다. 《杜少陵詩集 卷14》

술에 취해 임 수재에게 주다

醉贈林秀才

소년은 뉘 댁 아드님인가	少年誰氏子
그대의 시 이 장군과 같아라[237]	詩似李將軍
어느 때나 다시 만날까	何日重相見
부질없이 북쪽 구름만 바라보노라	徒勞望北雲

237 그대의……같아라 : 이 장군(李將軍)은 한 무제(漢武帝) 때의 장수 이릉(李陵)으로, 상대가 이릉처럼 시의 재주가 있다고 칭찬한 것이다. 이릉은 흉노를 정벌하다가 패배하고 항복하였는데, 먼저 흉노에 억류되어 있던 소무(蘇武)가 귀국할 때 서로 오언으로 이별시(離別詩)를 지어 준 일이 있다. 이를 두고 한유(韓愈)의 〈천사(薦士)〉 시에 "오언시는 한나라 때 나왔나니 소무와 이릉이 처음 명칭을 바꾸었지.〔五言出漢時, 蘇李首更號.〕"라고 하였다. 《昌黎先生集 卷2》

유거에서 우연히 읊다

幽居偶吟

세속 함정은 발 들이기 어려우니	俗穽難投足
산림에 물러나 은거하는 게 좋아라	林丘喜退居
소나무 높으니 외로운 학이 둥지 틀고	松高巢獨鶴
시냇물 맑으니 물고기 떼 모여드네	溪淨集群魚
갓 빚은 술 마시니 속이 따스해지고	暖胃嘗新醞
옛 책을 읽으니 정신이 편안해지네	頤神讀古書
풀이 우거져 정강이까지 잠기니	草深行沒脛
오던 길손 문 앞에서 돌아가누나	門逕客回車

죽우당[238]에 써서 읊다

竹雨堂題詠

파산[239]의 아래는	坡山之下
머물러 쉴 만하다오	可以休沐
시냇물이 맑고도 차니	古澗清泠
내 갓끈을 씻노라[240]	我纓斯濯
이 물을 마시고 먹으니	飮之食之
기쁨도 없고 근심도 없어라	無喜無憂
그윽하도다 이 산이여	奧乎茲山
누가 나를 따라 노닐꼬	孰從我遊

위는 청송(聽松)의 시[241]이다.

세속이 모두 더러우니	世皆垢汚

238 죽우당(竹雨堂) : 성수침(成守琛)의 호이다. 106쪽 주62 참조.

239 파산(坡山) : 성수침이 은거했던 경기 파주에 있는 파평산(坡平山)을 가리킨다.

240 시냇물이……씻노라 : 전국 시대 초(楚)나라 굴원(屈原)의 〈어부사(漁父辭)〉에 "창랑의 물이 맑으면 나의 갓끈을 씻고, 창랑의 물이 흐리면 나의 발을 씻으리라.〔滄浪之水清兮, 可以濯吾纓; 滄浪之水濁兮, 可以濯吾足.〕"라고 한 데서 온 말로, 세속을 초탈하여 고결한 신념을 지키는 것을 뜻한다. 《古文眞寶 後集 卷1》

241 청송(聽松)의 시 : 성수침의 《청송집》 권1에 〈파산(坡山)〉으로 실려 있다. 청송은 성수침의 호이다. 성수침의 1장 8구의 사언시(四言詩)에 성운을 비롯한 13인의 차운시와 장유(張維)의 〈파산수창시발(坡山唱酬詩跋)〉이 부기되어 있다.

누가 자신을 깨끗이 씻을까	誰浴且沐
이와 같은 분이시여	乃如之人
강수와 한수로 씻은 듯해라	江漢以濯
도가 훌륭하고 넉넉하니	道勝而肥
즐거워 근심을 잊네	樂而忘憂
꿈이 생각에서 이루어지니	夢成于思
추로의 땅에 노닐리라[242]	鄒魯其遊

242 꿈이……노닐리라 : 공자의 고향인 노(魯)나라와 맹자의 고향인 추(鄒)나라에 직접 가지는 못하지만 늘 유학을 숭상하니 꿈속에 가서 노닐 수 있다는 뜻이다.

차운하다

次韻

대곡에게 드리다[243] 노소재[244] 呈大谷 盧穌齋

우연히 산음의 흥취[245]가 일어서	偶作山陰興
멀리 곡구[246]의 집을 찾아오노라니	迂尋谷口廬
추위를 겪어 소나무 절로 빼어나고	經寒松自秀
섣달 기운 띠어 버들 눈은 약간 텄네	帶臘柳微舒
원우의 완인[247]은 늙어 버렸고	元祐完人老

243 대곡에게 드리다 : 《소재집(穌齋集)》 권5에 〈증대곡처사(贈大谷處士)〉로 실려 있다.

244 노소재(盧穌齋) : 노수신(盧守愼, 1515~1590)으로, 본관은 광주(光州), 자는 과회(寡悔), 호는 소재·이재(伊齋)·암실(暗室)·여봉노인(茹峰老人)이다.

245 산음(山陰)의 흥취 : 벗을 찾아가고 싶은 흥취를 뜻한다. 진(晉)나라 왕휘지(王徽之)가 산음에 살았는데, 눈이 개어 달빛이 환한 밤에 홀로 술을 마시며 좌사(左思)의 〈초은(招隱)〉 시를 읽다가 문득 섬계(剡溪)에 살고 있는 벗 대규(戴逵)가 보고 싶어 즉시 조각배를 타고 밤새도록 찾아갔다가 정작 문 앞에 이르러 대규를 만나 보지 않고 그냥 돌아왔다. 이에 어떤 사람이 그 까닭을 묻자 "나는 애초 흥을 타고 갔다가 흥이 다해 돌아가는 것이니, 굳이 그를 만날 필요가 있겠는가.〔吾本乘興而行, 興盡而返, 何必見戴?〕"라고 하였다. 《世說新語 卷下上 任誕》

246 곡구(谷口) : 81쪽 주43 참조.

247 원우(元祐)의 완인(完人) : 원우는 송(宋)나라 철종(哲宗) 때의 연호이고, 완인이란 덕행이 완미(完美)한 사람으로 유안세(劉安世)를 가리킨다. 송나라 휘종(徽宗) 때에 은둔해 지내던 유안세가 관직에 나오기를 종용하는 편지를 받자, 웃으며 "나는

주남에 체류한 나그네[248]는 남아 있다오　周南滯客餘
어찌 굳이 술 싣고 와서 글 물을 것 있으랴[249]　何須載酒問
한 번의 알현이 십 년 독서보다 나은 걸　已勝十年書

나 홀로 종산에 들어가　獨向鍾山裏
몸을 거두어 초가집에 누웠네[250]　收身臥草廬
하늘이 높으니 어찌 머리 숙이랴　天高頭肯俯
땅이 좁아도 무릎 펼 수 있어라　地窄膝猶舒
이름난 사람 그 누가 남았나[251]　名下誰人在

원우의 완인이 되어 사마광(司馬光)을 지하에서 뵙고자 한다. 이런 소신을 깰 수 없다." 라고 하고는 그 편지를 돌려보내고 답장을 하지 않았다고 한다.《宋史 劉安世列傳》《宋名臣言行錄 後集 卷12》 여기서는 화(禍)를 피해 은거한 성운을 가리킨다.

248 주남(周南)에 체류한 나그네 : 주남은 낙양(洛陽)이다. 서한(西漢) 때 태사공(太史公) 사마담(司馬談)이 병이 위독하여 주남에 체류하느라 태산(泰山)에 봉선(封禪)하는 의식에 참석하지 못하여 무제(武帝)가 매우 유감으로 여겼다고 한다.《史記 太史公自序》 여기서는 은거하지 못하고 서울에 머물러 있는 노수신 자신을 가리킨다.

249 어찌……있으랴 : 한(漢)나라 양웅(揚雄)이 가난하고 술을 좋아했는데, 때로 호사자들이 술과 안주를 싣고 와서 공부하였고 특히 거록(鉅鹿) 사람 후파(侯芭)가 늘 양웅 밑에 있으면서《태현경(太玄經)》과《법언(法言)》을 배웠다고 한 고사를 인용하였다.《漢書 揚雄傳下》

250 나……누웠네 :《소재집》 권5 〈부차대곡차운(復次大谷次韻)〉에는 "나 홀로 종산에 들어가, 송죽이 우거진 초가집에 누웠다오.〔獨向鍾山裏, 松篘臥草廬.〕"라고 되어 있다.

251 이름난……남았나 : 큰 명성을 누린 사람은 오래 그 자리에 머물기 어렵다는 뜻이다. 춘추 시대 월왕(越王) 구천(句踐)이 패업(霸業)을 이루고 범려(范蠡)를 상장군(上將軍)으로 삼자, 범려가 '큰 명성 아래에는 오래 머물기 어렵다.〔大名之下, 難以久居.〕' 라고 생각하여 바다에 배를 띄워 종적을 감추었다는 고사에서 온 말이다.《史記 越王句踐世家》

임하에 이 노옹만 남아 있구나　林間此老餘
사립문에 찾아오는 이 절로 끊어지니　柴扉客自絶
하루도 거문고와 책을 놓지 않누나　無日罷琴書

또
又

교룡과 악어 주둥이에서 몸을 빼내어	脫身蛟鰐口
조금 북쪽에 있는 민가에 와서 머무네	少北寄民廬
학문을 좋아한 안연처럼 되기 바라고[252]	好學希顔子
유자로 일컬어진 동중서를 비루하게 여기네[253]	稱儒鄙仲舒
험한 산길 넘은 뒤에도 수레는 온전하고	車完踰險後
된서리를 견디고 나서도 소나무 무성하여라	松茂耐霜餘
임금께서 그대 말 경청하게 되리니[254]	宣室知前席
조정에 부르는 조서 응당 내려오리라[255]	紫泥應降書

252 학문을……바라고 : 안회(顔回)처럼 호학(好學)하고자 한다는 뜻이다. 《논어》 〈옹야(雍也)〉에 공자가 "안회는 학문을 좋아하며 노여움을 남에게 옮기지 않고 과실을 두 번 저지르지 않는다.〔有顔回者好學, 不遷怒, 不貳過.〕"라고 하였다.

253 유자로……여기네 : 동중서(董仲舒)는 한(漢)나라 초기의 유학자로, 당시 제자백가의 설이 홍성하여 유교가 쇠퇴하였을 때 유교가 한나라의 사상적 바탕이 되는 계기를 마련했다고 평가받는다. 그러나 정주학(程朱學)에서는 동중서를 높이 평가하지 않아 도통의 계보에 포함시키지 않았기 때문에 이렇게 말한 것이다.

254 임금께서……되리니 : 한 문제(漢文帝)가 미앙궁(未央宮) 정전의 정실(正室)인 선실(宣室)에서 가의(賈誼)와 귀신에 대한 이야기를 나누다가 흥미를 느껴 바짝 다가앉아 경청했다는 고사를 인용하였다. 《漢書 賈誼傳》 여기서는 장차 임금께 불려 가 다정하게 이야기 나누는 날이 올 것이라는 뜻이다.

255 임금께서……내려오리라 : 《소재집(穌齋集)》 권5 〈부차대곡차운(復次大谷次韻)〉에는 "선실에서 어느 해에나 그대를 불러 보고, 그대에게 임관의 조서를 내려보낼까.〔宣室何年召, 紫泥降璽書.〕"라고 되어 있다.

영산 수령 중선에게 주다
寄贈永山神君仲宣

성상께서 백성 근심해 좋은 수령 뽑아	憂民選宰出宸衷
손수 동장[256]을 잡고 그 몸에 채워 주었어라	手把銅章佩厥躬
급암처럼 방에 누웠어도 정사가 잘 행해졌고[257]	臥閤政行同汲黯
문옹처럼 유학 권면하여 백성 교화하였네[258]	勸儒人化似文翁
용의 비늘이 어찌 낮은 도랑물에 누우랴	龍鱗豈可橫汚瀆
붕새 깃은 응당 두터운 바람 타리라[259]	鵬翮端宜駕積風
날로 바라노니 조정에 돌아와 높은 작위에 올라	日望徵還超賜爵
마침내 돌을 다듬어 하늘 기우는 공훈[260] 이루길	終成鍊石補天功

256 동장(銅章) : 지방 수령이 차는 관인(官印)이다.

257 급암(汲黯)처럼……행해졌고 : 한나라 때 동해 태수(東海太守) 급암은 병이 많아 합문(閤門) 안에 누워 있을 뿐 밖에 나가지 않았는데도 1년여에 동해가 잘 다스려졌다고 한다. 《漢書 汲黯傳》

258 문옹(文翁)처럼……교화하였네 : 한나라 문옹처럼 교화에 힘썼다는 말이다. 143쪽 주114 참조.

259 붕새……타리라 : 큰 날개를 지닌 붕새는 큰 바람을 타야 높이 날아오를 수 있다는 뜻으로, 현재 외직에 있지만 내직으로 다시 돌아갈 것이라는 말이다. 《莊子 逍遙遊》

260 돌을……공훈 : 옛날에 공공씨(共工氏)가 전욱(顓頊)과 싸우다가 화가 나서 부주산(不周山)을 머리로 치받자 하늘 기둥이 부러지면서 하늘은 서북쪽으로 기울고 땅은 동남쪽으로 꺼졌는데, 이에 여와씨(女媧氏)가 오색의 돌을 다듬어 갈라진 하늘을 메웠다는 고사를 인용하였다. 《淮南子 覽冥訓》《楚辭 天問 注》

종산 노인이 술을 보내 준 데 답하다

謝鍾山老人送酒

청주종사[261]가 구름 서린 사립문에 이르니	靑州從事到雲門
이 술을 마시노라니 술기운이 얼큰해라	一味相將氣味氳
취하여 풍대에 누워 부축해도 못 일어나는데	醉臥楓臺扶不起
산에 가득한 소나무 계수나무에 황혼이 지려 하네	滿山松桂欲黃昏

261 청주종사(靑州從事) : 《세설신어(世說新語)》 권하 상 〈술해(術解)〉에 "좋은 술을 청주종사라 하고 나쁜 술을 평원독우라 한다.〔好者謂靑州從事, 惡者謂平原督郵.〕" 라고 한 데서 유래하였다.

대곡집

권중

시 詩

잡저 雜著

시 詩

전 상인을 보내며 병서

送田上人 幷序

상인은 사대부 집안의 자손이다. 어릴 적에 아버지를 여의고 승려가 되어 두류산(頭流山)에 들어가 불경을 읽었다. 벗인 건중(楗中)[1]도 세상을 피해 이름을 숨기고 이 산에 은거하였는데, 상인이 건중의 훌륭한 명성을 듣고 가서 만나 보고는 그와 더불어 지기(知己)가 되었다. 임술년(1562, 명종17) 초여름에 상인이 건중의 편지를 나에게 가져다주었는데, 벗의 좋은 소식을 와서 말해 준 것이 기쁘고, 또 그 사람이 공손한 것이 마음에 들어 그와 밤새도록 이야기를 나누었다. 상인이 머리 깎고 출가한 절이 법주사(法住寺)[2]였기 때문에 법주사에 가서 몇 개월 동안 머물렀는데 산으로부터 나를 세 차례 찾아왔다. 가을이 되어 예전에 머물던 두류산에 돌아가려고 떠날 무렵에 시를 지어 달라고 청하였다. 내가 상인을 전송할 만한 다른

1 건중(楗仲) : 조식(曺植, 1501~1572)으로, 본관은 창녕(昌寧), 자는 건중, 호는 남명(南冥)·산해(山海)이다.

2 법주사(法住寺) : 충청북도 보은 속리산에 있는 절이다.

물건이 없고, 게다가 그로 하여금 가는 길에 건중에게 들러 내가 쓴 답장을 가져다주게 하였으니 또한 사양하지 못하고 한마디 말로써 증별(贈別)한다.

산집 대낮에도 고요하여	山齋白日靜
정오에야 막 잠에서 깨었더니	午枕初破睡
어떤 중이 사립문 두드리며	有僧款柴扉
두류산에서 왔는데	云自頭流至
말하기를, 남명이 나에게 부탁하여	南冥[3]付吾手
편지를 보내게 했다 하네	尺素送信字
이 말을 듣고 미칠 듯이 기뻐서	聞此心欲狂
나도 모르게 신 거꾸로 신고 맞이하였네	不覺迎倒屣
편지 서두에 무슨 말이 있는가	書頭有何辭
침식이 편안한지 물었고	問我佳食寐
그 아래 수백 글자는	其下數百字
모두 이별을 슬퍼하는 마음이었지	盡是傷別意
벗은 공맹의 학문을 배워	故人學丘軻
마음공부에 큰 성취를 거두었네	汗馬收心地
사람을 치료할 수 있건만 믿어 주는 이 없어	醫人人莫信
천금 같은 약을 청낭에 감추어 두었네[4]	囊祕千金餌

3 冥 : 대본에는 '溟'으로 되어 있다. 《남명집(南冥集)》 권4 〈보유(補遺) 행장(行狀)〉에 근거하여 수정하였다.

4 사람을……두었네 : 조식이 경세제민(經世濟民)할 수 있는 학식을 가지고 있는데도 세상에서 알아주지 않아서 은거하고 있음을 말한 것이다.

용은 드문데 잡는 법 잘못 배웠거늘[5] 龍稀誤學屠
소매 속 날카로운 칼 어디에 쓰리오 惡用袖刃利
천리마가 노하여 끌채를 부러뜨리니 天駒怒介倪
궤우(詭遇)의 계책으로 누가 고삐 매리오[6] 詭計誰加轡
신선산[7]을 얻어 산에 들어가니 入山得神山
사람과 산이 서로 잘 맞았네 人與山相値
우리 스님은 운수와 같아 吾師同雲水
높은 산처럼 높은 절의를 사모했네 仰山慕高義
가사 입고서 남명을 따르며 袈裟隨杖屨
몇 번이나 소나무 아래에서 모셨던가 幾向松下侍
외진 산골로 나를 찾아왔으니 窮山來訪我
사귀려는 뜻이 있었던 게지 亦有願交志
마음을 물어보고 말을 들어 보니 叩中聽其言
재주가 매우 출중함을 알 수 있었네 頗見才超異
안타깝게도 이단의 가르침을 따라 所惜從異教
산속에 들어가 심지를 허비했네 覆空費心智
혹여 우리 유학으로 옮겨 온다면 儻使移儒學

5 잡는……배웠거늘 : 뛰어난 재능을 지니고도 그 재능을 쓸데가 없는 것을 말한다. 《장자(莊子)》 〈열어구(列禦寇)〉에 "주평만은 지리익에게서 용 잡는 법을 배웠다. 천금의 가산을 탕진하여 3년 만에 기술을 이루었으나, 그 교묘한 기술을 쓸데가 없었다.〔朱泙漫學屠龍於支離益. 單千金之家, 三年技成, 而無所用其巧.〕"라고 하였다.

6 천리마(千里馬)가……매리오 : 천리마는 조식을 비유한 것으로, 조식이 부정한 방법으로 벼슬하지 않았다는 말이다.

7 신선산(神仙山) : 두류산, 즉 지리산(智異山)을 가리킨다.

아름다운 행실 견줄 이 없으리	芳行無與類
명월산에 주석하면서	住錫明月山
나에게 세 번이나 찾아왔었지	於我三來暨
처서가 와서 서늘한 바람 부니	涼風忽鏖暑
예전에 살던 푸른 산 꿈속에 보였지	舊山夢積翠
신선처럼 가볍게 장삼 펄럭이며	翩翩一身輕
마치 날개를 단 듯 떠나가니	去若挾羽翅
이내 말을 벗에게 전해 주게	爲我報故人
머리는 벗겨지고 얼굴은 초췌하고	髮禿容憔悴
병마에 걸려 오랫동안 낫지 않아	沈綿嬰二豎
이제 죽어 땅에 묻힐 일만 남았으니	掩骨謀鬼事
구천에서 만날 수밖에 없건만	相期泉下見
아득하니 어찌 바랄 수 있겠느냐라고	茫茫安可冀

현감 성동주[8]에게 올리다

上邑宰成東洲

등림[9]에는 큰 나무를 심었고	鄧林植大木
기야[10]에는 좋은 말 난다네	冀野生良驥
대대로 벼슬하고 덕을 쌓은 가문이라	簪纓積德門
빼어난 인물이 많았지	人物多秀異
단봉이 구소에서 내려오니	丹鳳下九霄
그 자태가 세상의 상서[11]라	羽儀爲世瑞
연성[12]이 귀중한 보배를 안고	連城抱重寶

8 성동주(成東洲) : 성제원(成悌元, 1506~1559)으로, 본관은 창녕(昌寧), 자는 자경(子敬), 호는 동주이다. 유우(柳藕)의 문하에서 수학하였고, 유일(遺逸)로 천거되어 벼슬길에 나갔다. 1553년(명종8) 보은 현감(報恩縣監)으로 부임하였다. 저서로 《동주일고》가 있다.

9 등림(鄧林) : 좋은 재목이 많다는 전설상의 숲이다. 옛날에 과보(夸父)가 해를 쫓아 달려서 해가 들어가려 할 즈음에 목이 말라 하수(河水)와 위수(渭水)를 마셨는데도 부족하여 대택(大澤)의 물을 마시려고 하였는데 도중에 목이 말라서 죽고, 버려진 그의 지팡이가 화(化)하여 등림이 되었다고 한다. 《山海經 卷8 海外北經》

10 기야(冀野) : 인재가 모이는 곳을 뜻한다. 한유(韓愈)의 〈송온처사부하양군서(送溫處士赴河陽軍序)〉에 "백락이 한번 기북의 들을 지나가면, 좋은 말들이 마침내 남아 있지 않게 된다.〔伯樂一過冀北之野, 而馬群遂空.〕"라고 하였다. 《古文眞寶 後集 卷3》

11 그……상서 : 성제원이 조정에 나가 큰 능력을 펼칠 군자로서의 위의와 재덕을 갖추었음을 비유한 것이다. 《주역》〈점괘(漸卦) 상구(上九)〉에 "기러기가 공중으로 점차 나아가는 것이다. 그 깃이 의법이 될 만하니 길하다.〔鴻漸于陸, 其羽可用爲儀, 吉.〕"라고 하였다.

서직이 종묘의 그릇에 담긴 듯해라	黍稷薦廟器
새끼 학이 막 알을 깨고 나올 때	鶴雛初啄菢
이미 하늘 높이 솟으려는 뜻을 품었으니	騰霄乃其志
어려서부터 기운이 소를 잡아먹을 듯했고[13]	兒時氣食牛
벌써 제기 가지고 놀기를 좋아하였네	已喜俎豆事
세속의 학문을 실컷 하고	俗學厭口耳
수놓은 듯 아름다운 문장을 짓다가	藻繢作文字
새로운 각오로 옛 성인을 스승 삼아	刻意師往聖
뭇사람들이 버리는 이 학문을 공부했네	此道取衆棄
쇠 절굿공이를 갈아서 바늘 만들려 기약하고[14]	磨杵期作針
산 만듦에 한 삼태기의 흙 부족할까 염려하여[15]	爲山恐虧簣
육경의 유훈을 읽으니	六經讀遺訓

12 연성(連城) : 연성벽(連城璧)의 준말로, 화씨벽(和氏璧)의 이칭이다. 화씨벽을 연성이라고 한 것은 진(秦)나라 소왕(昭王)이 조(趙)나라 혜문왕(惠文王)에게 15성(城)과 바꾸자고 청했기 때문이다. 《史記 廉頗藺相如列傳》

13 어려서부터……듯했고 : 두보(杜甫)의 〈서경이자가(徐卿二子歌)〉 시에 "작은 아이는 다섯 살에 소를 잡아먹을 기개라, 당에 가득한 손님들이 다 머리 돌려 감탄하였네.〔小兒五歲氣食牛, 滿堂賓客皆回頭.〕"라고 한 데서 온 말이다. 《杜少陵詩集 卷10》

14 쇠……기약하고 : 더욱 뜻을 가다듬고 공부에 매진하는 것을 말한다. 이백(李白)이 젊었을 때 상이산(象耳山)에서 글을 읽다가 학업을 성취하지 못한 채 돌아가는데, 무쇠 절굿공이를 갈고 있는 노파를 만났다. 이백이 그 까닭을 묻자 노파가 "이것으로 바늘을 만들려고 한다.〔欲作針耳.〕"라고 하니, 이백이 그 말에 느낀 바가 있어 마침내 되돌아가서 학업을 마쳤다는 '철저마침(鐵杵磨針)'의 고사가 전한다. 《蜀中廣記 卷12》

15 산……염려하여 : 거의 성취한 일을 중지하여 지금까지 해 온 일이 헛수고가 될까 염려한다는 뜻이다. 《서경》 〈여오(旅獒)〉에 "아홉 길 높이의 산을 쌓는 데 한 삼태기의 흙이 부족하여 공이 무너진다.〔爲山九仞, 功虧一簣.〕"라고 하였다.

커다란 배 속이 글 상자 되었어라	大腹爲篋笥
백가의 학설에 두루 통달하여	旁通百氏說
꿰뚫어 모두 암기하니	貫穿皆闇記
마치 큰 바다 속에	譬如滄溟中
크고 작은 어류가 다 모인 것 같았지[16]	細大龍蝦萃
도의 깊은 경지 이미 맛보니	道腴旣知味
대뢰의 음식을 먹는 듯하고	如享大牢饋
쌓인 학문이 넘쳐 문장으로 드러나니	學積溢爲文
구슬 품은 연못이 절로 아름다운 듯했네[17]	懷珠淵自媚
과거에는 일찍부터 뜻이 없었으니	名場早掉頭
마치 천마가 재갈과 고삐를 벗어난 것이라	天馬脫銜轡
적막한 물가로 물러나 지내	收身寂寞濱
기거가 여유로웠네	偃息有餘地
세상 밖에서 한가로우니	婆娑萬物表
산수는 마음이 맞는 곳 많았지	山水多可意
시냇가 나물은 정육보다 낫고[18]	溪毛傲鼎肉

16 마치……같았지 : 성제원의 학문이 제자백가까지 포괄하여 매우 넓다는 뜻이다. 송(宋)나라 황정견(黃庭堅)의 〈대서(代書)〉 시에 "비유하자면 큰 바다를 바라봄에 크고 작은 용하까지 지극히 하는 것이니, 옛사람은 성인의 학문을 한다고 하여 백가를 버리지 않았네.〔譬如觀滄海, 細大極龍蝦. 古人以聖學, 未肯廢百家.〕"라고 하였다. 《山谷集 外集 卷5》

17 구슬……듯했네 : 훌륭한 재주와 덕을 품고 있다는 뜻이다. 진(晉)나라 육기(陸機)의 〈문부(文賦)〉에 "바위가 옥을 품으면 산이 빛나고, 물이 구슬을 품으면 시내가 아름답다.〔石韞玉而山輝, 水懷珠而川媚.〕"라고 하였다. 《文選 卷17》

연못 개구리 울음은 풍악과 맞먹었네[19] 池蛙當鼓吹
단표의 생활에도 즐거움 있으니 簞瓢樂在中
가난하다고 근심하지 않았지 不以貧窶累
난초 향기는 마침내 멀리까지 퍼지고 蘭香終遠聞
검의 광채는 절로 숨기기 어려워라[20] 劍輝難自閟
이름이 일민의 명부에 오르니[21] 名登逸民籍
조야의 모든 이가 풍도를 흠모했고 朝野欽風義
숲속에서 갈옷을 벗으니[22] 中林釋布褐

18 시냇가……낫고 : 은거하면서 먹는 소박한 음식이 임금이 현자를 예우하여 내려 주는 음식보다 낫다는 뜻이다. 정육(鼎肉)은 삶아서 익힌 고기를 말하는데, 노(魯)나라 목공(穆公)이 자사(子思)를 예우하여 자주 정육을 하사한 고사가 있다. 《孟子 萬章下》

19 연못……맞먹었네 : 개구리의 울음소리가 양부(兩部)의 음악 연주와 맞먹는다는 뜻이다. 남조(南朝) 제(齊)나라의 공치규(孔稚珪)가 일찍이 자기 문정(門庭)의 잡초를 제거하지 않아 그 안에서 개구리들이 매우 시끄럽게 울어대므로, 혹자가 그에게 묻기를 "그대가 뜰을 소제하지 않고 지저분하게 내버려 두던 진번(陳蕃)을 닮고자 해서 이렇게 두는가?"라고 하자, 공치규가 웃으면서 "나는 이 개구리의 울음소리를 양부의 음악 연주로 삼거니, 어찌 반드시 진번을 본받으려 하겠는가.〔我以此當兩部鼓吹, 何必期效仲擧?〕"라고 한 데서 온 말이다. 《南齊書 孔稚珪列傳》

20 검의……어려워라 : 뛰어난 인재는 그 재능을 숨겨도 절로 드러난다는 뜻이다. 진(晉)나라 때 장화(張華)가 일찍이 두성(斗星)과 우성(牛星) 사이에 자기(紫氣)가 감도는 것을 보고 예장(豫章)의 점성가 뇌환(雷煥)에게 물으니, 보검의 빛이라 하였다. 이에 풍성(豐城)의 감옥 터에서 춘추 시대에 만들어진 보검인 용천검(龍泉劍)과 태아검(太阿劍)을 발굴했다고 한다. 《古文眞寶 後集 卷2 滕王閣序》

21 이름이……오르니 : 성제원은 1552년 청홍도 관찰사(淸洪道觀察使)에 의해 유일(遺逸)로 천거되었다. 《明宗實錄 7年 6月 20日》

22 갈옷을 벗으니 : 평민이 입는 갈옷을 벗는다는 말로, 처음 벼슬길에 나가는 것을 뜻한다.

성은으로 높은 벼슬에 올랐다오	寵秩超天賜
장차 간관의 벼슬을 내리려	將畀諫大夫
먼저 지방 수령에 제수하였네[23]	分符先外試
이 고을은 땅이 척박하여	此邑土墝埆
백성들 오래도록 초췌하였지	民生久憔悴
해마다 큰 흉년을 당하였거늘	頻年丁大侵
더구나 우양을 맡아 다스림에랴[24]	況以牛羊治
어진 수령만이 구제할 수 있으니	惟賢能濟弊
인후는 하늘이 내리신 분일세	仁侯天所畀
마음 써서 백성들의 병을 치료하여	德心醫民病
화편[25]처럼 정밀히 약을 쓰고	和扁精投餌
어머니의 사랑으로 지극한 정성을 품어	慈嫗抱至性
낟알도 쪼개어 아이들 먹였다오	劈粒哺兒稚
양률이 연곡을 따뜻하게 하여	陽律煦燕谷

23 장차……제수하였네 : 성제원은 1553년 보은 현감에 제수되었다. 《明宗實錄 8年 6月 26日》

24 우양(牛羊)을 맡아 다스림에랴 : 고을의 수령이 되어 백성들을 보살핀다는 뜻이다. 맹자가 제(齊)나라 하읍(下邑) 평륙(平陸)에 갔을 때 백성들 가운데 기근에 굶어 죽고 사방으로 유리걸식하는 자들이 많은 것을 보고, 그곳 수령인 거심(距心)을 남의 소와 양을 받아서 제대로 기르지 못하는 사람에 비유하여 실정(失政)을 탓한 데서 유래하였다. 《孟子 公孫丑下》

25 화편(和扁) : 고대의 양의(良醫) 화(和)와 편작(扁鵲)을 아울러 일컫는 말이다. 《한서(漢書)》 〈예문지(藝文志)〉에 "중세에는 편작과 진화(秦和)가 있었다.〔中世有扁鵲、秦和.〕"라고 하였는데, 안사고(顔師古)의 주(註)에 "화는 진나라 의원의 이름이다.〔和, 秦醫名也.〕"라고 하였다.

오곡이 절로 자라나 영그는 듯하니[26]	五穀自生遂
부들 채찍도 그 인덕에 못 미치고	葦杖仁不及
단비 같은 교화도 그 은택에 비하기 어려워라[27]	時雨澤難比
포정이 소 열 마리를 해체해도	庖丁解十牛
숫돌에 막 갈아 낸 칼날처럼 날카로웠지[28]	發硎刀刃利
재마[29]는 야위어 산처럼 웅크리고	齋馬瘦似山
추운 밤에는 종이 이불 덮었네	寒宵抱紙被
청사가 항상 적료하여	黃堂日寂寥
배우는 이들이 줄지어 이르니	學子連袵至
아이들이 훌륭하게 자라길 바라	祝兒成蜾蠃

26 양률(陽律)이……듯하니 : 양률은 12율(律) 중에서 양(陽)에 해당하는 여섯 율을 말한다. 연(燕)나라의 한곡(寒谷)이 토지가 비옥한데도 기후가 한랭하여 곡식이 자라지 못하자, 이곳에 거주하던 추연(鄒衍)이 양률을 불어 날씨를 따뜻하게 해서 곡식이 잘 자라도록 한 고사가 있다. 《列子 湯問》

27 부들……어려워라 : 부들 채찍은 경각심을 일으키게 하는 가벼운 책벌로, 지방관으로서 선정을 베푼 것을 뜻한다. 남조(南朝) 양(梁)나라 심약(沈約)의 〈제고안륙소왕비문(齊故安陸昭王碑文)〉에 "남양 태수 유관(劉寬)의 부들 채찍도 그 어짊을 비유하기에 부족하고 영천 태수 곽급(郭伋)의 단비 같은 교화도 그 은택을 더 풍부하게 할 수 없다.〔南陽葦杖, 未足比其仁; 潁川時雨, 無以豐其澤.〕"라고 하였다. 《文選 卷59》

28 포정(庖丁)이……날카로웠지 : 경지가 높아서 능숙하게 일을 처리하는 것을 말한다. 《장자》〈양생주(養生主)〉에 "지금 제가 칼을 잡은 지 19년이나 되었고 잡은 소도 수천 마리를 헤아리지만, 칼날은 숫돌에서 방금 꺼낸 것 같습니다."라고 하였다.

29 재마(齋馬) : 청렴한 관리가 타는 말을 뜻한다. 당(唐)나라 때 준의 현령(浚儀縣令)과 시평 현령(始平縣令)을 지낸 풍원숙(馮元淑)이 단기(單騎)로 임지에 부임하여, 오후에는 말에게 꼴을 먹이지 않고 "재(齋)를 하게 한다."라고 하며 자신과 노복도 하루에 한 끼만 먹었던 데서 온 말이다. 《舊唐書 良吏列傳上 馮元常》

자상한 가르침을 아끼지 않았네	不惜頰舌費
옛날엔 백성들이 먹을 것 없었는데	昔者民無食
지금은 배불리 먹고 잔다네	于今飽以睡
닭과 돼지로 친척에게 대접하고	鷄豚及宗族
세금 독촉하는 아전도 없지	門不迎胥吏
미천한 나도 민적에 편입되어	賤子編民籍
함께 은택에 흠뻑 젖었으니	共被仁澤漬
평소 높은 산처럼 앙모하여	平生仰高山
꿈속에서도 그리워한다오	思想入夢寐
새와 물고기가 홀연히 변화하여	羽鱗忽變化
바람과 구름이 다행히 서로 만나니[30]	風雲幸相値
안개를 헤치고 처음 하늘 바라보는 듯[31]	披霧初覩天

30 새와……만나니 : 성제원을 새에, 자신을 물고기에 비유하여 서로 만나게 된 감격을 표현한 것이다. 《장자(莊子)》 〈소요유(逍遙遊)〉에 북명(北溟)에 사는 곤(鯤)이라는 물고기가 붕새가 되어 9만 리 장천을 날아올라 남명(南溟)으로 간다고 하였고, 한유(韓愈)가 벗 이관(李觀)에게 준 〈북극증이관(北極贈李觀)〉 시에 "북극에는 홀로 날아가는 새 한 마리, 남명에는 깊이 숨은 큰 물고기 한 마리. 대륙의 강물 줄기 그 사이를 가로막아, 그림자도 못 보고 메아리도 안 들리네. 그러나 바람 구름이 하루아침에 만나니, 변화해서 한 몸뚱이 합쳐지누나. 거리가 멀다고 누가 말할까, 감동하여 격발하면 귀신처럼 빠른 것을.〔北極有羇羽, 南溟有沈鱗. 川源浩浩隔, 影響兩無因. 風雲一朝會, 變化成一身. 誰言道里遠? 感激疾如神.〕"이라고 하였다. 《昌黎先生集 卷2》

31 안개를……듯 : 훌륭한 사람을 만났다는 뜻이다. 진(晉)나라 위관(衛瓘)이 조정의 명사들과 담론하는 악광(樂廣)의 모습을 보고서 이미 없어진 청담(淸談)의 기풍이 다시 살아난 것 같다고 탄식하고, 자제들에게 그를 찾아가 인사하게 하면서 "이 사람은 사람 중의 수경(水鏡)이다. 그를 보면 마치 운무를 헤치고 청천을 바라보는 것만 같다."라고 한 데서 온 말이다. 《世說新語 卷中上 賞譽》

덕망에 감동하여 절로 심취하였어라　薰德心自醉
돌아보건대 나는 학문이 거칠고　顧我學鹵莽
몸가짐에 부끄러운 점이 많으니　行己多可愧
우물을 파도 물이 나오는 데 이르지 못하고　鑿井不次水
힘이 다하여 공이 이미 무너졌네　力弊功已墜
배움이 소 발자국에 괸 물[32] 같아서　所學猶蹄涔
떠서 부어도 잔에 차지 않으니　挹酌不盈觶
사업은 깨진 시루와 같고[33]　事業等墮甑
재주 다하여 문장도 어설프다네　才盡文又躓
오랜 병에도 요행히 죽지 않으니　沈綿幸未死
얼굴 피부 비늘 같고 머리는 백발이라오　面鱗頭雪刺
탈속반(脫粟飯)도 배불리 먹지 못하고　脫粟不果腹
한겨울에도 갈포 배자 차림이네　窮冬猶葛帔
쟁기로 농사짓는 일 배우니　耒耟學耕稼
논밭을 잘 경작하지 못할까 걱정일세　百畝憂不易
당연히 버림받으리라 여겼건만　揣分君子棄

32　소……물 : 용량이나 부피가 얼마 되지 않는 것을 뜻한다. 《회남자(淮南子)》〈범론훈(氾論訓)〉에 "소 발자국에 고인 빗물에서는 큰 물고기가 살 수 없다.〔夫牛蹄之涔, 不能生鱣鮪.〕"라고 하였다.

33　깨진 시루와 같고 : 되돌릴 수 없는 일이 되었다는 뜻이다. 후한(後漢) 때 사람 맹민(孟敏)이 일찍이 태원(太原)에 살 적에 한번은 시루를 메고 가다가 잘못 땅에 떨어뜨리고는 돌아보지도 않고 가 버리자, 마침 곽태(郭太)가 그 광경을 보고 그냥 가는 이유를 물으니 맹민이 "시루가 이미 깨져 버렸는데 살펴본들 무슨 이익이 있겠는가."라고 대답했던 데서 온 말이다. 《後漢書 郭太列傳》

나를 받아들여 벗으로 대해 주셨지　容愚引爲類
연석[34]은 부끄럽게도 옥이 아니거늘　燕石愧非玉
화씨의 상자에 잘못 들었구나[35]　謬入和氏匱
부끄럽게도 예우를 갖춰 불러 주시니　招邀慙禮重
자주 달려가 뵙는 것 어찌 사양하리　走謁寧辭亟
유람할 때면 어김없이 불러 함께 갔으니　遊觀必召與
숲속의 객사나 안개 낀 절간이었네　林館或煙寺
낮에만 즐기자니 시간이 몹시 짧아　卜晝嫌苦短
머물다 보면 이삼일이 지났지　留連至信次
명승지가 마치 우리를 만나 기뻐하는 듯　靈境若喜遇
물은 콸콸 흐르고 산은 한층 더 푸르렀네　水咽山增翠
끝없이 술을 따라 마시며　樽酒酌不盡
고담준론에 우스갯소리 섞였어라　雄辨雜嘲戲
취묵으로 종이에 갈겨쓰니　醉墨落溪藤
교인이 흘린 한 움큼의 눈물 같았네[36]　盈掬鮫人淚

34 연석(燕石) : 연산(燕山)에서 생산되는 영석(嬰石)으로, 옥과 비슷하게 생겼지만 옥이 아닌 돌이다. 송(宋)나라의 어리석은 자가 이 돌을 얻고는 큰 보물이라 여겨 애지중지하다가 웃음거리가 되었다는 고사가 있다. 《太平御覽 卷51 地部16》

35 화씨(和氏)의……들었구나 : 화씨는 보옥을 잘 알아보는 인물을 가리키는데, 보잘것없는 자질로 견식 있는 사람에게 인정받은 것을 겸손하게 말한 것이다. 춘추 시대 초(楚)나라 사람 변화(卞和)가 산속에서 옥돌을 얻어 여왕(厲王)에게 바쳤다가 왼쪽 발을 잘리고, 무왕(武王)에게 바쳤다가 다시 오른쪽 발을 잘린 뒤, 세 번째로 문왕(文王)에게 바쳐 진가를 인정받았던 고사가 있다. 《韓非子 和氏》

36 교인(鮫人)이……같았네 : 필묵이 진주처럼 아름다웠다는 뜻이다. 교인은 전설 속의 인어(人魚)를 말한다. 남해 물속에 사는 교인이 비단을 잘 짰는데, 물 밖으로 나와

이 유람 쉬이 끝날까 염려하여　　斯遊懼易失
즐거움 다하자 번번이 한숨을 쉬었지　　歡罷輒發喟
임기는 비록 다 끝났으나　　瓜期雖已盡
구순(寇恂)을 다시 빌려 달라고 청하였건만[37]　　借寇請重莅
인장을 풀고 훌쩍 떠나려 하니　　解章欲徑去
아름다운 명성 누가 다시 이을까　　徽音誰復嗣
우리들이 의지할 분 있었으니　　吾徒有依歸
날개를 달아 주어 허공을 날게 하였지　　凌虛揷羽翅
더구나 백성들은 공을 편안히 여기는데　　況乃民安公
어찌 차마 피하듯 떠나는가　　何忍去若避
왕부[38]는 애써 잠시라도 더 머물고　　王鳧勉少留
고향으로 돌아갈 생각을 거두길　　栗里收歸思
시로써 백성의 마음을 고하니　　詩以告輿情
이 말은 참으로 거짓이 아니라오　　斯言信非僞

인가에 머물면서 매일 비단을 짜다가, 작별할 무렵에 눈물을 흘려서 구슬로 만들어 주인에게 주었다는 이야기가 있다. 《太平御覽 卷803》

37 구순(寇恂)을……청하였건만 : 선정을 베푼 수령을 다시 그 고을에 임명해 달라고 청하는 일을 말한다. 후한(後漢)의 구순이 영천 태수(穎川太守)가 되었을 적에 치적을 세우고 이임되었는데, 그 뒤에 광무제(光武帝)가 남정(南征)할 때 구순이 광무제를 따라가 영천에 이르자 영천의 백성들이 길을 막고서 광무제에게 "폐하께서는 구순을 저희에게 다시 1년 동안만 빌려주시기 바랍니다."라고 하였다. 《後漢書 寇恂列傳》

38 왕부(王鳧) : 지방관을 뜻한다. 후한 때 하동(河東) 사람 왕교(王喬)가 섭현(葉縣)의 수령으로 있으면서 자주 도성(都城)에 드나들었는데, 올 때에 수레나 말은 보이지 않고 오직 두 마리의 오리만 날아왔다. 이상하게 여겨 그물로 잡으니, 그물 속에 신발 한 짝만 있었다는 고사가 전한다. 《後漢書 方術列傳 王喬》

잡저 雜著

허보찬 병서
虛父贊 幷序

풀을 묶어 사람의 형상을 만든 것을 세상에서 '허보(虛父)'라고 한다. 내가 근년에 들어 귀가 먹어 남의 말소리가 들리지 않고 정신이 흐릿하여 인사를 살피지 못하니, 한갓 형체만 겉으로 멀쩡한 것이 그야말로 허보와 비슷하다. 이런 까닭에 허보로 자호하고 이어서 찬(贊)을 짓는다. 찬은 다음과 같다.

짚으로 피부를 만들고	肌以藁
새끼로 힘줄 만드니	筋以索
사람 형상을 하고서	人其形
우두커니 서 있구나	塊然立
심장은 없고	心則亡
배 속은 텅 비어	虛其腹
하늘과 땅 사이에서	中天地
보고 들음이 아주 없네	絶聞覩
아무런 앎이 없거니	處無知
누구에게 화를 내리오	誰與怒

대한부 병서
大旱賦 幷序

계축년(1553, 명종8)에 봄부터 여름까지 비가 오지 않아 식물은 싹이 트지 않고 강에는 먼지가 일었다. 사방 천 리 땅에 산은 민둥산이 되고 들에는 곡식이 마르니 농부들은 애가 타는 마음으로 쟁기를 손에서 놓았다. 남주(南州)로부터 처자식을 데리고 길을 돌아다니며 구걸하는 유민(流民)이 줄줄이 이어졌다. 당시 내가 시골집에 있으면서 그 일을 직접 보고 마음이 아파 이에 부(賦)를 지으니 다음과 같다.

아, 천심은 만물을 냄을 직분으로 삼아	噫天心職乎生物
때맞춰 볕 나고 비 내리니	暘與雨其時若
음양의 기운을 고르게 하여 조화를 펴고	均二氣以宣和
온갖 빛을 모아 만물을 화육하네	合萬暈以化育
지금은 어찌하여 양기가 기승을 부려	今胡亢陽之驕蹇
불볕 같은 더위가 이리도 매서운가	燥爲火而烈烈
길러 주는 지극한 은혜를 거두고	斂滋養之至恩
태우고 말리는[39] 흉한 덕을 내리누나	施焦殺之凶德

39 태우고 말리는 : 《회남자(淮南子)》 〈본경훈(本經訓)〉에 "요(堯) 임금 때 10개의 해가 한꺼번에 떠서 농작물을 태우고 초목이 모두 말라 버려 백성들이 먹을 것이 없게 되었다.〔逮至堯之時, 十日竝出, 焦禾稼, 殺草木, 而民無所食.〕"라고 한 데서 온 말이다.

이를 어찌 천도에 당연한 일이라 하겠는가	是豈曰天道之適然
아마도 사람이 재앙을 초래한 것이리라	恐人爲之召孼
봄부터 여름에 이르기까지	自靑陽而曁朱明
단비가 내리지 않아 근심하였어라	憫膏乳之焦涸
바람처럼 다니는 학[40]을 미워하니	嫉狢[41]行之如風
찌는 듯한 더위를 부추기고	煽蘊隆之炎威
하늘의 큰 조화를 막아서	遏乾元之大化
만물을 생장시키는 천시를 빼앗았네	奪生成之天時
양오가 날개를 펼쳐 하늘로 오르니	陽烏矯翼而騰天
벌겋게 달아오른 열기가 흐르고	流赤輝之炎赫
풍백이 웅얼거리며 기운을 뿜으니	風伯唬唬而噫氣
피어오르는 구름을 불어 흩는구나	吹升雲以離釋
들은 초목이 벗겨져 붉고	野脫毛兮如赭
산은 꼭대기가 탄 채 우뚝 솟았네	山燋頭兮兀立
금수가 새끼를 기르지 못할까 염려되는데	懼胎卵之不育
하물며 식물의 싹이 잘 자라겠는가	矧句萌之能達
하백[42]은 진흙 속에서 등이 말라 가고	河伯曝背於沙泥

40 바람처럼 다니는 학(狢) : 학은 가뭄을 일으킨다는 괴물인 한발(旱魃)의 다른 이름이다. 《신이경(神異經)》에 "남방에 신장 2, 3척의 사람이 있는데, 알몸을 드러내고 눈이 정수리 위에 있으며 바람처럼 달려가니, 그 이름을 '발(魃)'이라고 한다. 이 발이 출현하면 그 나라는 크게 가뭄이 들어 온통 벌겋게 탄 것처럼 황무지가 된다. '한모(旱母)' 또는 '학'이라고 부르기도 한다."라고 하였다.

41 狢 : 대본에는 '格'으로 되어 있다. 《신이경(神異經)》에 근거하여 수정하였다.

42 하백(河伯) : 황하(黃河)의 신이다.

분양[43]은 땅굴 안에서 입술이 타들어 가네	墳羊燥吻於隧窟
구천이 말라붙고 사해가 고갈되니	九泉枯兮四溟渴
쇠가 녹고 옥이 불탄들 어찌 이상하랴	何怪乎金流而玉熠
천지의 생물들을 돌아보니	睠天地之生物
다 죽어서 사라질까 두렵고	恐盡殲而灰滅
마른 논바닥이 벽돌처럼 단단하니	熯田背兮甓甓
거북이 등이 갈라짐을 보는 듯해라	見龜兆之四拆
날이 서서 잘 드는 좋은 보습은	利復利兮良耜
땅에 박자 바로 부러지고	纔剌土而旋缺
덩치 크고 힘센 황소도	健莫健兮烏犍
한 치를 나가다 되레 한 자를 물러서네	亦進寸而退尺
아, 파종은 이미 늦었는데	吁嗟乎播種之已晚
개구리 울어 여름도 절반이 지났구나	螻蟈鳴兮夏欲半
농부는 쟁기질 멈추고 앉아 쉬면서	穡人輟耕而坐息
구름과 무지개 바라며[44] 혀를 차네	望雲霓而興嗟
개미가 집을 짓기를 기대하고	待玄駒之封穴
돼지가 물을 건너길 기다리네[45]	俟白蹢之涉波

43 분양(墳羊) : 땅속에 있다는 괴물의 이름이다. 《국어(國語)》 〈노어 하(魯語下)〉에 공자가 "제가 들으니, 나무나 돌의 기이한 것은 기와 망량이라 하고, 물의 기이한 것은 용과 망상이라 하고, 흙의 기이한 것은 분양이라 하였습니다.〔丘聞之, 木石之怪曰夔、魍魎, 水之怪曰龍、罔象, 土之怪曰羵羊.〕"라고 하였다.

44 구름과 무지개 바라며 : 비가 내리기를 바란다는 뜻이다. 《맹자》 〈양혜왕 하(梁惠王下)〉에 "백성들이 탕 임금을 고대하기를 큰 가뭄에 구름과 무지개를 기다리듯 하였다.〔民望之, 若大旱之望雲霓也.〕"라고 하였다.

검은 구름 하늘에 붙어 있길 바랐는데[46] 冀煤[47]炱之着天

반짝 빛나는 샛별을 보았지[48] 見嘒然之明星

안타까워라 어느 산의 깊은 못에 咄哉何山之怪水

늙은 용이 뿔을 움츠린 채 서려 있는가 老龍縮角而蟠結

산의 남쪽에서 우르릉 천둥소리 없으니 絶轟轟於山陽

뇌공은 너무 게으른 것 아닌가 無乃雷公之太慵

높은 산에서 조금의 구름마저 거두어 가니 斂膚寸於崇岡

풍륭[49]은 어찌 이리도 어질지 못한가 胡不仁兮豐隆

신에게 기도하여 비를 빌고자 하니 欲禱神而乞澤

45 개미가……기다리네 : 비가 올 징조를 기대한다는 말이다. 《예문유취(藝文類聚)》 권2 〈천부(天部) 우(雨)〉에 "개미가 집을 지으면 큰비가 온다.〔蟻封穴戶, 大雨將至.〕"라고 하였고, 《시경》 〈소아(小雅) 점점지석(漸漸之石)〉에 "돼지가 발이 희니 여러 마리가 물결을 건너며, 달이 필성(畢星)에 걸려 있으니 비가 주룩주룩 내리리로다.〔有豕白蹢, 烝涉波矣; 月離于畢, 俾滂沱矣.〕"라고 하였다.

46 검은……바랐는데 : 비가 올 징조를 보고자 했다는 말이다. 송(宋)나라 왕안석(王安石)의 〈구우(久雨)〉 시에 "검은 구름 하늘에 붙어 조금도 빈 곳 없으니, 하얀 포말 언덕에 차올라 물고기 불어 주네.〔煤炲著天無寸空, 白沫上岸吹魚龍.〕"라고 하였다. 《臨川文集 卷7》

47 煤 : 대본에는 '媒'로 되어 있다. 《여씨춘추(呂氏春秋)》 〈임수(任數) 심분람(審分覽)〉에 근거하여 수정하였다.

48 반짝……보았지 : 비가 올 징조를 보지 못했다는 말이다. 《시경》 〈대아(大雅) 운한(雲漢)〉에 "하늘을 우러러보니 밝은 그 별이로다.〔瞻卬昊天, 有嘒其星.〕"라고 하였는데, 집주(集註)에 "오랜 가뭄에 하늘을 우러러보며 비를 바라는데, 반짝 빛나는 샛별이 있어서 비 올 징조가 있지 않았다.〔久旱而仰天以望雨, 則有嘒然之明星, 未有雨徵也.〕"라고 하였다.

49 풍륭(豐隆) : 구름의 신이다.

아, 술수가 괴이하고 의도가 엉성하구나	嗟術怪而意疏
도마뱀을 돌로 된 독에 가두고서	囚蛇醫於石甕
아이들에게 수고로이 번갈아 치게 하며[50]	勞小兒之更擊
거위의 목을 쳐 소반에 올려놓고	斬鵝頸而橫盤
죄 없이 죽음을 당한 것을 슬퍼하네[51]	悲無罪以嬰戮
무녀를 불태움은 죄를 뒤집어씌우는 것이니[52]	暴巫尪斯爲誣
어찌 신과 하늘이 불쌍하게 여기랴	豈神閔而天哀
더구나 토룡과 이인[53]은 신령스럽지 못하니	況土龍泥人之無神

50 도마뱀을……하며 : 비를 기원하는 행위를 말한다. 당(唐)나라 왕언위(王彦威)가 변(汴) 지방을 다스릴 적에 가뭄이 들었는데, 마침 잔치 자리에 함께 있던 이기(李玘)에게 이를 털어놓으니 술에 취한 이기가 "비를 오게 하는 것은 쉽습니다. 도마뱀 네 마리와 열 섬들이 항아리 둘을 구하여 항아리에 물을 담고 사의(蛇醫)를 두 마리씩 띄워서 밀봉한 뒤에 시끄러운 곳에 놓고, 10세 이하의 아이들 10여 명을 가려 작은 대나무를 가지고 밤낮으로 조금도 쉬지 말고 번갈아서 항아리를 두들기게 하십시오."라고 하였다. 그 말대로 하니 과연 하루 동안에 큰비가 두 번 쏟아졌다고 한다. 《酉陽雜俎 卷11 廣知》

51 거위의……슬퍼하네 : 거위를 잡아 기우제를 지내는 것을 말한다. 소식(蘇軾)의 〈차운서요문기설무저천(次韻舒堯文祈雪霧豬泉)〉 시에 "죄 없는 푸른 거위가 또한 가련하니, 목을 쳐 소반에 올려놓고 감히 곡하지 못하네.〔蒼鵝無罪亦可憐, 斬頸橫盤不敢哭.〕"라고 하였다. 《東坡全集 卷10》

52 무녀를……것이니 : 가뭄이 들면 임금이 스스로 반성하고 수양해야 하니, 비를 기원하는 무녀인 무왕(巫尪)을 불태우는 것은 죄를 뒤집어씌우는 짓이라는 말이다. 《춘추좌씨전(春秋左氏傳)》 희공(僖公) 21년에 "여름에 극심한 가뭄이 들어 희공이 무왕을 불태우려 하자 장문중이 '그것은 가뭄에 대비하는 것이 아닙니다. 성곽을 수리하고, 임금의 반찬 수를 줄이고, 비용을 절약하고, 농사에 힘쓰고, 서로 돕기를 권하는 것이 곧 힘써야 할 일입니다.'라고 하였다.〔夏大旱, 公欲焚巫尪, 臧文仲曰: "非旱備也, 脩城郭, 貶食省用, 務穡勸分, 此其務也."〕"라고 하였다.

어찌 구름과 우레를 부를 수 있겠는가	寧召雲而呼雷
상제께서는 총명하여 아래를 굽어보시니	惟上帝聰明而監下
어찌 다른 것을 빌려서 감동시킬 수 있으랴	夫豈假物而能格
은나라 황제는 자신의 몸을 희생으로 삼아	殷帝蠲體爲犧牲
여섯 가지 일을 끌어다 자책하였고[54]	引六事以自責
주나라 왕은 몸을 삼가서 반성하고 두려워하여	周王側修而省惕
규벽을 바쳐 신에게 예를 올렸더니[55]	奠圭璧以禮神
갑자기 천 리 땅에 구름이 몰려와서	忽千里兮來雲
단비가 흡족하게 내려 백성을 구제하였네	蒙庬褫以拯民
신령한 보응이 이처럼 빠름을 따져 보니	究靈應之斯亟
참으로 지성스러운 마음이 하늘을 감동시킨 것이네	諒中誠之動天
백성을 다스리는 임금이 재앙을 만나면	故人牧之遇災

53 토룡(土龍)과 이인(泥人) : 옛날 중국 풍속에 가뭄이 들면 흙으로 용과 사람의 형상을 만들어 기우제를 지내는 데 사용했다고 한다.

54 은(殷)나라……자책하였고 : 은나라 탕(湯) 임금 때에 7년 동안 큰 가뭄이 들자, 몸에 백모(白茅)를 두르고 희생이 되어 상림(桑林)에 나아가 기우제를 지내면서 여섯 가지 일로 자책하기를 "정사에 절도가 없었습니까. 백성들이 직업을 잃었습니까. 궁실이 사치스러웠습니까. 여인의 청탁이 성행했습니까. 뇌물이 횡행했습니까. 참소하는 자가 많았습니까."라고 하였는데, 이 말이 끝나기도 전에 많은 비가 내렸다고 한다. 《荀子 大略》

55 주(周)나라……올렸더니 : 주나라 선왕(宣王)이 가뭄에 기우제를 올린 것을 가리킨다. 《시경》 〈대아(大雅) 운한(雲漢)〉에 "신들에게 제사를 드리지 않음이 없고 이 희생물을 아끼지 않아, 규벽을 이미 다 바쳤거늘 어찌 나의 호소를 들어주지 아니하시는가.〔靡神不擧, 靡愛斯牲, 圭璧旣卒, 寧莫我聽.〕"라고 하였는데, 집주(集註)에 "재앙을 만나 두려워하여, 몸을 삼가서 불안한 마음으로 자신의 행실을 닦음으로써 재앙을 사라지게 하려 하였다.〔遇災而懼, 側身修行, 欲消去之.〕"라고 하였다.

안으로 반성하여 경건한 마음 바쳐야 하지	要內省而致虔
진실로 정성이 조금이라도 부족하면	苟精意之或虧
아마도 천심은 답하지 않으리	恐天心之不答
훌륭하여라, 우리 임금은 하늘을 공경하여	懿我后之敬天
부지런히 잘못을 생각하여 스스로 반성하시네	勤思過以自惕
허물이 재앙을 초래하는 줄 알아	知愆德之召災
나무에 앉은 듯이 두려운 마음이시네[56]	心惴惴猶集木
머리털 잘라 살갗에 닿지 못할까 걱정하거늘[57]	割髮之恐不侵肌
어찌 악기를 거두고 상의를 벗는 데서 그치겠는가	奚止乎徹懸而降服
희생과 옥을 산천에 올리니	投牲玉於山川
높여 모시지 않는 신이 없었네	曾靡神之不宗
정성을 다하고 기우제도 지냈건만	誠旣盡而文備
어이하여 하늘의 답은 아득하기만 한가	胡天報之夢夢
아, 이 백성은 본래 하늘이 낸 백성이거늘	噫斯民本是天民
하늘은 어찌하여 돌보지 않는가	天胡爲乎不恤

56 나무에……마음이시네 : 나무에서 혹시라도 떨어질까 조심하는 것처럼 실수가 없도록 매사에 신중을 기하는 것을 말한다. 《시경》〈소아 소완(小宛)〉에 "온화하고 공손한 사람이 나무에 앉은 듯하며, 벌벌 떠는 소심한 사람이 골짜기에 임한 듯하다.〔溫溫恭人, 如集于木; 惴惴小心, 如臨于谷.〕"라고 하였다.

57 머리털……걱정하거늘 : 가뭄이 들었을 때 임금이 정성을 다하는 모습을 뜻한다. 송(宋)나라 증공(曾鞏)의 〈구재의(救災議)〉에 "옛사람이 '손톱을 자르면 마땅히 살갗까지 미쳐야 하고 머리카락을 자르면 마땅히 몸까지 미쳐야 한다.'라고 하였으니, 선왕이 재앙을 구제하는 데에 머리카락과 살갗도 아끼지 않았는데 하물며 외물이겠습니까.〔古人有曰: "剪爪宜及膚, 割髮宜及體." 先王之於救災, 髮膚尙無所愛, 況外物乎?〕"라고 한 데서 온 말이다. 《元豐類藁 卷9》

보잘것없는 나는 궁벽한 곳에 살면서	邈予處乎窮壤
이 곤궁한 백성들을 불쌍히 여겼노니	竊嘗哀此惸獨
하늘과 땅의 재앙이 서로 이어져	遭天災地孼之相乘
쭉정이조차 드문 지 오래로구나	久矣糠粃之猶窄
게다가 이번 가뭄이 몹시 심하니	況茲旱之太甚
올해도 큰 흉년이 들겠네	歲又丁夫大侵
이미 손쓸 방법이 전혀 없으니	旣針砭之無及
위중한 병이 날로 깊어져 슬프구나	痛重痼之日深
줄지어 유랑하는 백성들을 보니	觀流徙之纍纍
불쌍해라, 장차 기러기가 어디에 앉을까[58]	哀鴻雁之將安集
돌아보건대 사방이 모두 이러하니	顧四方之同然
어느 곳을 가리켜 낙토(樂土)라 하겠는가	指何土爲樂國
나는 간을 도려내고 피를 쏟아서[59] 그림을 그려	吾欲刳肝瀝血以爲圖
위로 올려 성상께서 보고 듣게 하고 싶어라	上徹乎華勛之耳目
한곡[60]에 따스한 봄기운 돌아와	冀回陽春於寒谷

58 불쌍해라……앉을까 : 안착할 곳 없는 유민(流民)들을 기러기에 비유한 것이다. 《시경》〈소아 홍안(鴻雁)〉은 주나라 여왕(厲王)의 학정으로 만민(萬民)이 이산(離散)하여 살 곳을 얻지 못하자 선왕(宣王)이 살 곳을 마련하여 이산한 백성들을 다시 돌아오게 했음을 찬미한 시이다. 그 시에 "기러기들이 날아와서 못 가운데 앉았도다.〔鴻雁于飛, 集于中澤.〕"라고 하였는데, 여기에는 안정을 얻고자 하는 유민들의 바람이 담겨 있다.

59 간을……쏟아서 : 한유(韓愈)의 〈귀팽성(歸彭城)〉 시에 "간을 도려내어 종이로 삼고, 피를 쏟아 글씨를 쓴다.〔刳肝以爲紙, 瀝血以書辭.〕"라고 한 데서 온 말이다. 《昌黎先生集 卷2》

60 한곡(寒谷) : 전국 시대 연(燕)나라 땅으로, 날씨가 추워서 오곡이 자라지 않았는

생령의 골수에 스미기를 바라건만	薰生靈之骨髓
대궐의 문은 아홉 겹으로 깊고[61]	君門深兮九重
초택은 천 리 먼 곳에 있으니	草澤遠兮千[62]里
구구한 이내 마음은	區區兮予懷
가슴속에 맺힌 뜻을 진달하기 어려워라	中蘊結兮難陳
진달하기 어려우니 어이할거나	難陳兮奈何
푸른 하늘에 한번 호소할 뿐이라오	寄一叫於蒼旻

데 추연(鄒衍)이 양률(陽律)을 불어넣어 날씨를 따뜻하게 하자 곡식이 잘 자랐다고 한다. 《列子 湯問》

61 대궐의……깊고 : 소식(蘇軾)의 〈한식우이수(寒食雨二首)〉 시 제1수에 "대궐의 문은 아홉 겹으로 깊고, 조상의 무덤은 만 리 먼 곳에 있네.〔君門深九重, 墳墓在萬里.〕" 라고 하였다. 《東坡全集 卷12》

62 千 : 대본에는 '十'으로 되어 있다. 《대곡집》 고려대본에 근거하여 수정하였다.

사설

蛇說

내가 용계사(龍溪寺)[63]에 있을 때 보니 담장 아래 작은 수풀 속에 뱀 굴이 있었다. 하루는 뱀이 나와서 나무에 올라 몸을 꿈틀대며 마치 독을 뿜을 듯이 혀를 날름거리고 참새들은 모여서 또 시끄럽게 지저귀고 있었다. 뱀은 아무것도 듣지 못한 듯 숨을 죽이고 있다가 한참이 지나 뱀이 머리를 쳐들고 독기를 뿜자 참새들이 다 날아갔으나, 유독 한 마리는 날지도 못하고 지저귀지도 못하니 뱀이 살금살금 나무를 타고 올라가서는 그대로 잡아먹었다.

내가 이 광경을 보고 화가 나고 또 슬퍼서 다음과 같이 말하였다. "높이 날아 해로움을 벗어나는 것은 새의 본능이거늘, 지금 뱀에게 독을 맞아 눈이 흐려지고 기운을 잃어 날개를 펴지 못한 채 순식간에 잡아먹히니 숨어서 남을 해치는 도적으로 이 뱀보다 심한 것이 있는가.

그러나 음(陰)이 과하고 양(陽)이 부족한 것이 뱀의 타고난 성품이니 이렇게 하지 않으려고 한들 되겠는가. 그렇다면 또한 이는 조물주의 잘못이다. 지금 유독 다른 사물보다 신령하여 인자하고 자애로운 심성을 하늘로부터 받은 사람도 혹 남을 해쳐서 자기를 살찌우기도 한다. 이는 천리를 어기고 본성을 거스르는 것이니 괴이할 따름이다."

63 용계사(龍溪寺) : 경상남도 합천 만대산(萬代山)에 있던 절이다.

벗에게 답하다
答友

내가 한양에 있을 때 벗이 찾아와 안부를 묻고 나서 나에게 말하기를,

"아무개 군수와 아무개 현령이 고과(考課)에서 가장 낮은 등급을 받아 파직될 것 같네."

하였다. 내가 묻기를,

"무슨 이유가 있는가?"

하니, 벗이 말하기를,

"백성을 해치고 재물을 탐했으니 벌을 받는 게 마땅하지."

하였다. 내가 말하기를,

"아무개 군수와 아무개 현령에게는 당세에 작위와 권력이 높은 형제나 친척, 벗이 없었나 보군. 또 그 사람은 좋은 것들을 가져다 제 살만 찌우고 권귀(權貴)들에게 뇌물을 바쳐 결탁하지 않았는가?"

하니, 벗이 말하기를,

"인척 중에 대관(大官)이 있고 게다가 이익으로 결탁하여 친밀하게 지내는 근신(近臣)이 있네."

하였다. 내가 말하기를,

"그렇다면 자네는 세상 물정을 모르는군. 만약 공도(公道)가 행해지고 출척(黜陟)이 알맞았다면 백성을 병들게 하는 자들이 세상에 용납되지 못한 지 오래되었을 것이네. 내가 요즘 수령들을 보건대, 혹은 권세가의 탐욕스러운 자제들이거나 혹은 향리에서 재산을 꽤 모은 무식한 사람들이네. 관심사라고는 전택(田宅)을 많이 가지고

성색(聲色)으로 사치를 누리는 데 있으니 백성을 돌보고 사랑하는 선왕의 정사를 무슨 일이라고 여기는 것인가. 이리처럼 탐욕스럽고 범처럼 사납게 백성을 물어뜯는 자들이 얼마나 많은가.

이제 놀랍고 참담한 것을 자네에게 말하여 백성들이 하소연할 데 없고 벼슬을 올리고 내리는 것이 공정하지 못함을 밝혀 보겠네. 아무 읍은 토지가 척박하고 백성들이 피폐하여 요행히 풍년이 들더라도 겨우 세금을 낼 정도인데, 아무개가 부임한 뒤로 겉으로는 어질고 청렴한 척하지만 안으로는 실로 탐욕스럽고 모질어 교묘히 과조(科條)를 설치하고 사납고 각박하게 세금을 거두니 농부와 잠부가 추위에 떨며 길쌈하고 굶주리며 농사지어도 열 배로 늘어난 세금을 댈 수 없네. 크게 흉년이 든 해에도 구휼할 줄은 모르고 도리어 미납한 세금을 독책(督責)하여 백성을 마구 매질하며, 게다가 간리(姦吏)는 농간하여 더욱 제멋대로 침탈하고 뇌물을 주고받아 자기대로 위세를 부리지. 백성들이 고통을 견디지 못한 나머지 고향을 버리고 친척을 떠나 자루를 맨 채 다니며 빌어먹다가 길에서 굶어 죽으니 신음하고 절규하는 소리가 위로 하늘에 닿고 마을들이 쓸쓸하다네. 떼 지어 조롱하고 모여서 욕하는 사람들이 수백 수천이 되니 저 방백(方伯)이 어찌 홀로 듣지 못하였겠는가. 참으로 당시에 작위와 권력이 높은 형제나 친척, 벗의 비호를 받아 방백이 감히 출척을 공정하게 할 수 없기 때문이지.

지금 자네가 말한 수령은 그 정사가 이렇게 혹독하지 않은 데다 또 인척 중에 친밀하게 지내는 대관이 있으니 고과에서 가장 낮은 등급을 받아 파직되는 일은 반드시 면할 것일세. 무릇 수령이 탐욕을 부리고 불법을 저지르는 것은 실로 방백이 공정하지 못하고 강직하지 못한 데서 연유한다네. 방백이 공정하고 강직하면 수령이 법을 두려워하고 스스로 근신할 것이니 수령이 법을 두려워하고 스스로 근신한다면 백성들은 소생할 수 있을 것이네. 요즘의 방백들을 보건대, 모두가 공정하고 강직한 사람이 되지는 못하며 대부분 유약하고 겁이 많아 지위와 녹봉만 지키려는 자들이지. 그와 함께 조정에 있던 사람은 모두 지위가 높고 권세가 성대한 데다 악수하고 친하게 지내던 이들이라, 처음 방백으로 나갈 때 으레 그에게 부탁하여 '아무개 수령은 내 자제이고 아무개 수령은 내 벗이다.'라고 하면 방백은 잘 기억해 두고 감히 잊지 않네. 그 뒤에 붓을 잡고 고과를 매길 때 반드시 속으로 이를 생각하여 '아무개 수령은 그 죄가 마땅히 벼슬을 낮추어야 하지만 아무개가 부탁한 사람이니 벼슬을 낮추면 반드시 그의 뜻을 거슬러 장차 밉보일 것이다.'라고 한다.

그런 까닭에 감히 공법(公法)을 거행하지 못하여, 뒷배가 없는 사람은 비록 잘못한 일이 없더라도 반드시 벼슬을 낮추고 권력이 있는 자에게 결탁한 자는 비록 심하게 학정(虐政)을 했더라도 반드시 벼슬을 올려 주네. 벼슬을 낮추지 말아야 할 사람을 낮추고 벼슬을 올리지 말아야 할 사람을 올려 포폄(褒貶)이 공정하지 못하고 현우(賢愚)를 변별할 수 없어서, 탐학한 관리가 징계를 받지 않아 더욱 멋대로 사납게 구니 어찌 매우 통탄스럽지 않겠는가. 지금 수령을 모두 좋은 사람으로 얻고자 한다면 방백을 잘 선발하는 것이 가장 중요하니, 방백을 잘 선발하는 것은 조정에 달려 있네. 그러나 조정이 제대로 된 사람을 얻은 뒤에야 방백을 선택할 수 있으니 조정이 제대로 된 사람을 얻는 것은 그 책임이 또 임금이 이치를 궁구하고 인재를 알아보는 학문을 하는 데 그 근본이 있네."

하니, 벗이 말하기를,

"자네의 말은 근본을 안다고 할 만하다."

하였다. 한 달을 넘긴 뒤에 그 수령은 과연 파직을 면하였다.

취향기
醉鄕記

나는 슬퍼하노니 말세에 태어나 풍진세상에 살면서 마치 실로 자신을 감아 벗어나지 못하는 누에처럼 손발이 묶인 채 옴짝달싹할 수 없다. 게다가 엎치락뒤치락하는 시비와 선악이 눈앞에 어지러이 모여 마음속을 흔들어, 몸은 유형(有形)의 세계 속에 매여 자유로울 수 없고 마음은 외사(外事)의 요동에 답답하여 평온할 수 없다. 그리하여 몸은 얽매이고 정신은 피로한 채 늙도록 깨닫지 못하고 있으니 아, 이런 상태로 어찌 살아갈 수 있겠는가.

저 멀리 하늘 저편 땅 끝으로 가면 이 몸이 도망쳐 근심 걱정을 잊고 살 만한 한가로운 세상이 어찌 없으리오. 한스럽게도 나는 뛰쳐나가 멀리 떠나지 못한 채 10년 동안 울울하게 지내면서 쌓인 회포를 풀지 못하니, 금잔에 술을 따라 마시며 가슴속의 불평을 씻어 낸다. 술에 취해 눈앞의 기둥에 힘없이 몸을 기댄 채 천천히 숨을 쉬노라면 기운이 얼어붙는 듯하다가 갑자기 치솟아 올라 눈앞이 온통 흐릿하고 아득하여 어디로 가야 할지 알 수 없다. 이때 마치 나를 인도해 가는 자가 있기라도 한 듯 길을 이리저리 돌아서 북쪽으로 가다가 동쪽으로 가서 한 고을을 가리켜 머물러 쉬게 하니, 그 고을의 이름은 '취향'이다.

그 땅은 경계의 끝이 없어서 산천과 구릉, 성곽 같은 형체가 없고 궁실과 마을, 취락 같은 처소가 없이 광막한 들판으로 둘러싸여 있고 무하유(無何有)의 세계로 에워싸여 있으니,[64] 우러러보면 머리 위에는 푸른 하늘이 높고 굽어보면 발밑으로 대지가 드넓다. 아무리 가도 그

끝을 알 수 없고 어디에 머물러도 그곳이 어딘지 알 수 없으니, 아득하고 아득하여 그 경계를 알 수 없다. 그 땅이 동쪽 끝에 있어 북쪽과의 거리가 매우 멀어서 음양한서(陰陽寒暑)의 기후가 치우쳐 온전하지 못하다. 그러므로 한 지역 안에 온화한 기운이 넘쳐서 봄만 있고 가을과 겨울은 없다. 사람에게 스미는 기운이 훈훈하고 온화하여 피부와 뼈를 따뜻하게 풀어 주니, 사람들의 얼굴이 술에 취한 듯 불그레하다. 이 고을에 사는 사람들은 늘 즐겁게 지내고 근심과 슬픔은 마음에 두지 않기에 화락한 모습이 얼굴에 가득하다.

위로는 하늘을 장막으로 삼고 아래로는 땅을 깔개로 삼아 사람들이 모여서 기뻐하고 즐거워하며 친밀하게 지내니, 자질구레한 시비를 따지지 않고 순박하게 살면서 노소와 귀천을 다 잊는다. 홍얼홍얼 노래하고 덩실덩실 춤추며 떠들썩하게 웃으니 사방에서 온통 웃음소리가 들린다. 이 고을에 한번 들어가면 편협한 자는 도량이 넓어지고 각박한 자는 안색이 펴지며 근심하는 자는 즐거워하고 노한 자는 기뻐하여 즉시 그 본성을 바꾸지 않는 사람이 없다. 더구나 덧없는 세상의 근심 걱정 따위가 잠시라도 마음에 머물러 있겠는가. 이는 안개가 흩어지고 구름이 걷히는 것과 같으니 즐거워하지 않는 사람이 없다. 그러므로

64 광막한……있으니 : 아무것도 없는 넓고 텅 빈 세계를 뜻하는 말이다. 《장자(莊子)》 〈소요유(逍遙遊)〉에, 혜자(惠子)가 장자와 논변하며 자기 집에 있는 큰 가죽나무가 재목(材木)으로 전혀 쓸모가 없다고 말하자, 장자가 "지금 자네에게 큰 나무가 있는데 쓸모가 없음을 걱정하고 있으니, 어찌 그것을 무하유지향의 광막한 들판에 심어 놓고 하릴없이 그 곁을 서성이거나 그 밑에 누워서 소요해 볼 생각은 하지 않는가.〔今子有大樹, 患其無用, 何不樹之於無何有之鄕廣莫之野, 彷徨乎無爲其側, 逍遙乎寢臥其下?〕"라고 한 내용이 나온다.

사람들이 이 고을에 살기를 좋아한다.

그러나 몸은 편안하고 마음은 즐거워 종신토록 이 고을을 떠나고 싶어 하지 않는 사람들은 모두 말세의 불우한 이들이다. 그러므로 재주와 덕을 지니고서 다난한 시대를 만나 세상에 나가 뜻을 펴지 못하는 사람들이 이 고을에 살며, 훌륭한 뜻과 행실을 가지고서 세상이 자기를 알아주지 않아 초야에 자취를 감춘 사람들이 이 고을에 살며, 세상에 분개하고 사람들을 업신여기며 방달(放達)한 마음으로 물외(物外)에 고상히 노니는 사람들이 이 고을에 사니, 이 어찌 한갓 술에 취해 흐리멍덩한 세계로 도망치기를 좋아하는 것일 뿐이겠는가. 참으로 비분하고 불평한 생각을 잊고 태평한 세계로 돌아갈 수 있기 때문이다.

내가 처음 이 고을에 왔을 때 황홀히 미혹되어 놀라고 미친 듯이 크게 웃고 떠들며 스스로 진정할 줄 몰라 마치 안정할 수 없을 듯하였다. 오랜 시간이 흐르자 마음이 편안하고 성정이 탁 트여서 기쁘고 즐거운 마음만 있고 탄식하고 근심하는 생각이 없어졌다. 그리하여 화락한 상태에 육신을 풀어놓고 침잠하는 가운데 사려를 없애어 귀와 눈을 막아 보이지 않고 들리지 않는 깊은 곳으로 점점 들어가고 마음을 내려놓고 지혜를 버려서[65] 지각없는 하늘에서 자득한 채, 득실을 똑같이 보아 둘 다 잊고 화복을 하나로 섞어 모두 버리고는 정신이 혼돈한 채 사물이 아직 생겨나지 않은 태초의 세계에서 초연히 노닐었다. 인간세상을 돌아봄에 몇천만 리나 되는지 알지 못하니, 예전에는 깊은 구덩

65 마음을……버려서 : 《장자》 〈재유(在宥)〉에 "마음을 비우고 정신을 놓아서 고요히 혼이 없는 경지에 이르게 되면 만물이 성대하게 자라나 각기 근본으로 돌아간다.〔解心釋神, 莫然無魂, 萬物云云, 各復其根.〕"라고 한 데서 온 말이다.

이에 빠져 있었는데 지금은 드넓은 땅에 서 있고 예전에는 귀로 듣고 마음에 거슬리던 것들이 지금은 남김없이 모두 사라졌다. 괴롭고 답답한 마음을 드넓고 평탄한 도량으로 변화시키고 쇠퇴한 세상의 초췌한 몸을 태고 시절의 순박하고 편안한 백성으로 바꾸었으니 이 어찌 사는 곳이 그렇게 만든 것이 아니겠는가.

아, 천지가 처음 자리 잡자 구주(九州)의 땅이 이리저리 펼쳐져 저마다 순후한 풍속을 이루었는데, 후세로 내려오면서 풍속이 날로 변하여 돈후한 것을 깎아 각박하게 만들고 순박한 것을 무너뜨려 경박하게 만들었다. 돌아보건대 지금 천하는 천박한 풍속이 더욱 심하여 사람들이 모두 휩쓸려 가서 순박한 데로 돌아갈 수 없는데, 오직 이 '취향'만이 혼연히 호리병 속의 천지[66]가 되어 훈훈한 술 향기가 천지의 지극히 온화한 기운을 온전히 지켰다. 그리하여 전쟁하며 다투는 시기를 겪으면서도 더 야박해지지 않고 의복을 갖추어 입고 읍손(揖遜)하는 때를 만나서도 더 돈후해지지 않아 천고의 오랜 세월을 거쳐도 순박한 풍속이 변치 않았다. 천지가 야박해진 뒤에 이러한 태고의 순화한 풍속이 있을 줄 누가 알았으랴. 말세에 태어나 참된 풍속을 간직한 곳을 찾고자 한다면 이 고을보다 나은 곳이 없다.

나 또한 불우한 자의 부류이다. 늘 멀리 떠나고 싶은 마음은 있지만 사방을 둘러보아도 달려갈 곳이 없어서 한을 품은 채 머물러 있다가 이미 백발이 되었다. 다행히도 오늘날 낙토에 이르러 세상을 피한 일민

66 호리병 속의 천지 : 신선 세계를 가리킨다. 한(漢)나라 때의 선인(仙人)인 호공(壺公)이 호리병 안에서 살았는데, 비장방(費長房)이 따라 그 속에 들어가 보니 옥당(玉堂)이 화려하고 술과 안주가 가득하였다고 한다. 《後漢書 費長房列傳》

(逸民)이 되었으니 어찌 하늘이 준 것이 아니겠는가. 형구로 나를 위협해 다른 곳으로 옮기게 할 수 없고 작록으로 나를 유인해 이곳을 떠나게 할 수 없다. 맹세코 이곳에 서고 이곳에 앉으며 이곳에서 늙고 이곳에서 죽어 종신토록 남들이 알아주지 않더라도 후회하지 않을 것이다. 이 고을의 순후한 풍속과 민심을 서술하여 길을 잃고 돌아가지 못하는 자에게 알리고자 했는데 이 글을 채 다 짓기도 전에 아침을 알리는 종소리가 들려 문득 깨서 일어나니, 멍청한 이 육신은 여전히 창문 아래를 떠나지 못하고 있다.

남을 대신하여 짓다
代人作

고을 사람 이몽경(李夢慶)은 진사 준(遵)의 아들로, 사람됨이 근후(謹厚)하며 매우 어질고 효성스러웠습니다. 아버지 준이 본처와 사이가 좋지 않아 두 첩을 두고 살면서 아들 운손(雲孫)을 낳아 애지중지하고 몽경을 대할 때에는 남의 자식을 보듯이 매정하였습니다. 그러나 몽경은 조금도 서운하게 생각하지 않고 갈수록 더욱 아버지를 사랑하여 나아가 뵐 때에는 늘 안색이 온화하였고 음식을 올려 봉양할 때에는 반드시 마음을 다하였습니다.

준이 연로하기도 전에 갑자기 병들어 수족이 마비되어 뻣뻣이 누워 일어나지 못하였다. 몽경이 아버지의 병수발을 들어 5년이란 긴 세월 동안 갖은 고생을 겪으며 아버지를 부축해 일으키고 부축해 눕혀 드렸습니다. 음식은 반드시 손수 장만하였고 약을 드릴 때에는 꼭 먼저 맛보았으며 잠시라도 아버지 곁에 있지 않으면 반드시 크게 걱정하였습니다. 집안일은 전혀 아랑곳하지 않아 반드시 몸소 처리해야 할 일이 있더라도 가서 보려고 하지 않았습니다. 아내가 몽경이 음식을 먹지 않을까 걱정하여 집으로 불러 음식을 먹이려고 하면 가지 않을 때가 많았고 비록 가더라도 반드시 밥을 물에 말아 먹었습니다. 아버지가 자신을 부를까 염려하여 먹기 쉽도록 하기 위해서였습니다.

시선은 항상 아버지의 얼굴에 두고서 병세가 더한지 덜한지를 살폈으며, 신음 소리가 더욱 심해지면 얼굴을 돌리고 눈물을 닦았습니다. 아버지가 숟가락을 잡지 못하자 몽경이 숟가락을 쥐고서 밥을 조금

떠서 입에 넣어 드렸는데, 잘못 닿아 입술과 혀를 다치게 할까 염려하여 반드시 조심스럽게 손을 들었습니다.

밤에는 의대(衣帶)를 풀지 않았고 앉았을 때는 무릎도 움직이지 않았으며, 이불은 반드시 반듯하게 덮어 몸이 밖으로 나오지 않도록 하였고 늘 드실 수 있도록 아버지 앞에 가까이 음식을 두었습니다. 또 아버지의 숨소리가 고른지를 귀 기울여 살펴서 편안히 잠들면 기뻐하였고 그렇지 않으면 걱정하였습니다. 여종이 밤이 깊도록 시좌(侍坐)하느라 피곤하여 머리를 대고 누워 자는 것을 보고는 아버지가 마음이 허약하여 곁에 모시는 이가 없으면 반드시 절로 놀랄까 걱정하였고, 병세가 몹시 위중해져서 아버지가 정신이 흐려 인사불성인데도 아무도 깨울 사람이 없을까 염려하였습니다. 그래서 기름을 더 넣어 기름등을 켜서 빛을 더욱 밝히고 밤새도록 눈을 붙이지 않았습니다.

아버지가 먹고 싶어 하는 음식이 있으면 산이나 바다에서 나는 귀한 음식이라도 달려가 남들에게 구하여 반드시 얻어서 먹여 드렸습니다. 집안이 가난하지만 반드시 좋은 음식을 장만하느라 재산을 다 털어 소를 사서 포를 만들고 매를 구해 팔에 얹어서 꿩과 토끼를 사냥하였습니다. 또 참새와 물고기를 잡아서 늘 마련하여 좋은 음식이 부족한 적이 없었습니다. 이웃 사람들이 그의 효성에 감동하여 다투어 닭을 가지고 와서 주니 그동안 받은 것을 이루 다 헤아릴 수 없을 정도였다. 드리는 음식이 매우 신선하지 않으면 아버지가 노하여 대뜸 땅에 던지고 먹지 않았습니다. 그래도 몽경은 더욱 온화한 안색으로 마루에서 내려가 떨어진 음식을 주웠고 물러나서는 다시 음식을 차려 올렸습니다.

아버지의 병세가 날로 더욱 심해져 똥오줌이 늘 절로 나와 조절할 수 없었는데, 몽경이 깨끗한 물건을 잡는 것처럼 손수 닦아 치웠으며 더러워진 옷가지도 시중드는 여종에게 맡기지 않고 몸소 빨아 아버지가 알지 못하도록 하였습니다.

아버지의 병을 치료할 의원이 있다는 말을 들으면 또한 천 리를 멀다 하지 않고 걸어서 반드시 그 집에 찾아가 물었습니다. 의원이 몽경의 간절한 말과 근심하는 안색을 보고는 그가 효자임을 마음속으로 알아서 다른 사람이 물을 때와 달리 매우 자세히 병세를 살펴 약을 처방해 주었습니다. 약이 귀해 얻을 수 없으면 많은 돈을 가지고 한양으로 가서 반드시 구해서 돌아왔고, 약의 효험이 없으면 다시 다른 의원에게 찾아가 또한 이와 같이 하였습니다.

이때에 이르러서야 아버지가 감동하여 깨닫고는 "내가 처음에는 내 아들의 어짊을 알지 못했으니 내가 어리석었다. 이 아들이 없었으면 나는 오래전에 죽었을 것이다."라고 하였다.

아버지가 죽자 눈물이 마르고 기력이 다하여 안색이 초췌하고 어두웠습니다. 좋은 나무를 골라 관을 만들고 잘 염습(斂襲)하여 반드시 정성을 다해서 유감이 없도록 하였습니다. 3개월 뒤에 선영에 장사를 지냈습니다. 장사 지내는 날에 중문 밖에서 반혼(返魂)을 하고 누추한 집을 골라 지내며 3년 동안 내실에 들어가지 않아 아내도 얼굴을 보지 못하였으니, 애절하게 곡하는 소리가 밤낮으로 끊이지 않았습니다. 늘 궤연 곁에 있으면서 질대를 풀지 않았으며 물러나 거처하는 곳으로 돌아가서도 상복을 그대로 입고 있었습니다. 제사 지낼 때에는 몸소 음식을 장만하여 제수를 차렸고 솥에 불을 때고 제기를 씻는 일도 모두 자신이 맡았으며 매우 춥거나 더운 날에도 수고롭다고 여기지 않았습니다. 그 밖의 선행들도 더욱 훌륭해서 말씀 드릴 정도입니다.

몽경에게는 시집간 누이동생 두 명이 있는데 그들이 모두 재물과 이익을 좋아하였다. 어느 날 몽경을 찾아와 재산을 나누어 달라고 매우 급하게 재촉하며 반드시 자신들이 원하는 대로 골라 가려고 하였습니다. 몽경은 성난 기색 없이 온화한 말투로 허락하며 "비옥한 논밭과 젊은 노비들을 너희 두 사람이 마음대로 가져가고 남은 것을 나에게 달라."라고 하였습니다. 말을 마치고는 팔짱을 끼고 앉아 그들이 하자는 대로 맡겨 두니, 두 사람이 비록 탐욕스러웠지만 그 말을 듣고는 부끄러워 감히 다 가져가지 못하였습니다.

종형 희경(熙慶)의 아내가 돌림병으로 죽고 가족들이 전염되어 열에 한 명도 낫는 사람이 없었습니다. 친척들이 모두 꺼리고 겁내어 감히 그 집에 가지 못하였는데, 몽경이 홀로 "형수가 죽었는데 아무도 그 시신을 거둘 사람이 없으니 마음에 차마 견디지 못하겠다."라고 하고는 마침내 곧장 그 집에 들어가 예법에 맞게 염습하고 초빈(草殯)하였습니다. 숙부 근(近)이 병이 들어 사람들에게 "나의 병세는 우리 형보다 심하고 내 자식의 효성은 몽경보다 못하니 내가 곧 죽겠구나."라고 하였는데 결국 그 병으로 일어나지 못하였습니다. 몽경이 매우 슬퍼하면서 "내가 아버지를 잃은 뒤 아버지처럼 믿고 의지한 분은 숙부 한 분뿐이었다. 지금 숙부마저 잃었으니 나에게 끝내 아버지로 삼을 분이 없어졌구나."라고 하며 아버지 상(喪)에 하듯 곡하였고 상례와 장사를 치를 때에 그 비용을 모두 자신의 집에서 내주었습니다. 얼마 지나지 않아 근의 아들마저 죽었는데 집이 가난하여 장례를 치르지 못하니, 몽경이 남에게서 관을 구해 주고 옷을 벗어 부의하였으며 묘지를 잡아 시신을 깊이 묻어 주었습니다. 당시 몽경은 아버지 복(服)을 입고 있는 중이라 집안의 상기가 아직 다 끝나지 않았는데도 재력(財力)을 다 기울여서 숙부와 종제 두 사람의 상사(喪事)를 도와서 치러 주었습니다. 마을 사람들이 모두 어질다고 칭찬하였습니다.

몽경이 5년 동안 아버지의 병수발을 들고 3년 동안 거상(居喪)하였으며, 또 그사이에 숙부와 종제의 상을 거듭 당하였습니다. 그래서 마음이 찢어지고 뼈가 상하는 바람에 몸속 깊이 병이 들어 부친상이 끝나기 한 달 전에 죽었습니다. 임종할 때에 매부들에게 "운손은 아버지가 사랑한 자식이니 내가 가여워서 잊지 못한다. 그가 가진 재산은 아버지에게서 직접 받은 것이다. 내가 죽은 뒤에 그 재산을 빼앗아 생업을 잃게 하지 말라. 굳이 빼앗고 싶으면 차라리 내 재산을 가져갈지언정 운손의 것은 빼앗지 말라."라고 하였습니다.

몽경이 어려서 배우지 못해 글을 알지 못하였고, 게다가 부형의 가르침을 받지 못하여 그저 논밭을 다니며 하는 일이라고는 농사뿐이었습니다. 그러나 그의 선한 행실은 옛사람도 미치지 못할 정도였습니다. 이에 이 사람이 하늘로부터 좋은 품성을 받아 양심에서 우러나온 행실이 가르침을 받지 않고도 선하다는 것을 알겠으니, 더욱 귀중합니다. 살아서 선행에 대한 보답을 받지 못했는데 죽어서 또 자취가 사라져 이름이 후세에 드러나지 않는다면 어찌 애석하지 않겠습니까. 아무개 등이 한 고을에 태어나서 귀로 듣고 눈으로 본 것이 이와 같은데도 현창하지 않는다면 남의 선함을 묻어 버려서 군자에게 기롱을 받을 일입니다.

효행 몇 조목을 삼가 기록하여 주제님께 아뢰어 감사에게 보고하니, 이를 성상께 진달해 주시면 매우 다행이겠습니다.

남을 대신하여 짓다
代人作

계해년(1563, 명종18) 5월 15일 도내 보은현(報恩縣)에 있는 삼년산서원(三年山書院)의 유생 등은 삼가 목욕재계하고 백번 절하고 감사(監司) 상공 합하께 글을 올립니다.

삼가 아뢰니다. 사람은 배우지 않으면 안 되니 반드시 배움을 통해 선해지고, 배움에는 스승이 없으면 안 되니 반드시 스승을 얻어야 배움이 이루어집니다. 스승은 사람에게 선을 가르치고 성리의 학문을 강명하여 몸을 다스려 덕을 이루도록 돕는 사람이니, 뛰어난 재능과 큰 덕을 지닌 이가 아니면 스승이 될 수 없습니다.

도성은 현철한 사람들이 모이는 곳이니 스승으로 모실 만한 사람이 부족하지 않습니다. 그러나 지방 고을의 경우에는 그만한 분을 보기 드무니, 배우는 사람들이 이 문제를 걱정합니다. 저희들은 궁벽한 시골에서 태어나 견문이 낮고 습성이 비루한 데다, 나이가 들어서는 배움에 나아갈 방향을 알지 못하여 마치 저 썩은 나무는 단청을 칠할 수 없는 것과 같습니다.[67] 그러나 이 노둔한 자질을 애써 채찍질하여 마음은 그래도 해이하지 않았으나 몽매함을 깨우쳐 줄 노사숙유(老師宿儒)가

67 마치……같습니다 : 더 이상 진작할 수 없는 어리석은 사람이라는 뜻의 겸사이다. 《논어》 〈공야장(公冶長)〉에 재여(宰予)가 낮잠을 자자, 공자가 "썩은 나무는 조각할 수 없다.〔朽木不可雕也.〕"라고 하였고, 《서경》 〈재재(梓材)〉에 "좋은 재목을 만들 때 부지런히 나무를 깎고 다듬었으면 이제는 단청을 칠해야 하는 것과 같다.〔若作梓材, 旣勤樸斲, 惟其塗丹雘.〕"라고 하였다.

없으니, 어떻게 학업을 마치고 뜻을 이룰 수 있겠습니까.

향읍에서 스승으로 삼아 나아가 배울 만한 분으로는 수령만 한 이가 없습니다. 수령은 학교를 일으켜 인재를 진작하는 것을 자신의 직분으로 삼습니다. 따라서 수령이 어질면 좋은 스승을 얻은 셈입니다.

지금 현감 성후 제원(成侯悌元)[68]이 인애(仁愛)로 백성들을 다스려 온 고을이 평안합니다. 정사가 잘 이루어진 지 1년 만에 서원[69]을 세워서 선비들을 모아 가르쳐 기필코 교화를 이루고자 교육하고 인도하는 방법을 모두 지극하게 하였습니다. 이로부터 학도들이 조금씩 분발하여 조정에 서적을 내려 줄 것을 청하니, 오경과 사서를 하사받아 지금 서각에 있습니다.

지금 현감 아무개가 또한 전임의 정사를 계승하여 이를 준수하였는데, 이제 임기가 차서 떠나야 하니 신임 현감이 올 것입니다. 저희들은 재주가 있고 어진 문관이 이 고을의 수령으로 와서 장(長)이 되고 스승이 되어 문교(文敎)를 펴서 고을을 풍동(風動)해 주시기를 원합니다. 그렇게 된다면 우리 학도들은 보고 본받을 분이 있어 재주와 힘을 다해 더욱 스스로 심신을 가다듬어 경서를 가지고 강석에 나아가 강론을 들을 것이니, 강마(講磨)하는 공부 이외에 감화되는 것이 또한 어찌 적겠습니까. 비록 감히 덕을 이루기를 바라지는 못하지만 자포자기하는 상태로 자신을 내버려 두지는 못할 것입니다. 삼가 바라건대 상공합하께서 혹여 옳다고 여기시거든 이 뜻을 성상께 갖추어 진달해 주시

68 성후 제원(成侯悌元) : 성제원(成悌元)이다. 269쪽 주8 참조.

69 서원 : 삼년산서원을 가리킨다. 1555년(명종10) 성제원이 충암(冲庵) 김정(金淨)을 향사하기 위해 건립했으며 1610년(광해군2)에 사액(賜額)되었다.

면 매우 고맙겠습니다.

삼가 생각건대 상공 합하께서는 큰 재주와 덕으로 한 방면에 교화를 베풀어 영재를 교육하려는 생각이 한밤중에도 계속 마음에서 떠나지 않으십니다. 비록 작고 외진 고을이라도 모두 진작하여 문교(文敎) 속으로 모으고자 하시니 어찌 저희 고을만 마음속에 두지 않겠습니까. 만일 고을이 피폐하고 인물이 비루하여 비록 어진 수령을 스승으로 삼아 가르치더라도 변화하여 선으로 나아갈 수 없다고 여겨 버리고 돌아보려 하지 않으신다면, 저희들은 초야에 묻혀 영영 꿈속에 사는 사람이 되어 늙어 죽어야 할 것이니 슬픈 일이 아니겠습니까. 부디 유념하여 채택해 주시길 바랍니다.

청송 선생[70] 유사

聽松先生遺事

사숙공(思肅公)[71]이 말년에 요로(尿路)에 병이 들어 피를 쏟으니 선생이 널리 큰 의원을 맞이하여 좋은 약을 다 써 보았지만 효험을 보지 못하고 매우 위태한 지경에 이르렀다. 사람의 힘으로는 손쓸 수 없는 상황이 되자, 한밤중에 깨끗이 목욕재계하고 머리를 조아려 하늘에 기도하여 자신이 대신 죽게 해 달라고 빌면서도 이 일을 숨겨 남들이 알 수 없었다. 요강을 올려 오물을 받아 낼 때 시종에게 맡기지 않고 손수 하니, 아버지의 피가 손을 짙게 물들여 붉은빛이 낭자하여 사람들이 보고 놀랐으나 손을 씻으려 하지 않았다. 모부인(母夫人)이 그가 음식을 먹지 않는 것을 걱정하여 찐 콩을 주었는데 선생이 그릇에 담긴 콩을 피 묻은 손으로 집어 먹으면서도 더럽게 여기지 않았다. 함께 병수발 들던 사람들이 보고는 모두 깊이 탄식하며 "효심이 지극하지 않으면 어찌 이처럼 할 수 있겠는가."라고 하였다.

사숙공이 돌아가시자 하늘에 부르짖다 기절하였고, 기절한 뒤에 다시 깨어나 밤낮으로 관을 끌어안고 곡을 하니 곡소리가 끊이지 않았다. 이때 명경(名卿)이 와서 술잔을 올렸는데 사숙공의 친구였다. 빈소가

70 청송(聽松) 선생(先生) : 성수침(成守琛, 1493~1564)으로, 본관은 창녕(昌寧), 자는 중옥(仲玉), 호는 청송이다.

71 사숙공(思肅公) : 성세순(成世純, 1463~1514)으로, 본광은 창녕, 자는 태순(太純), 시호는 사숙이다. 성수침의 아버지이다.

있는 곳으로 와서는 널 옆에 있는 시자(侍者)를 불러 선생을 부축해 나오도록 한 뒤에 들어가 술잔을 올리려 하였는데, 선생이 관 묶은 끈을 손으로 꽉 잡고 더욱 처절하게 곡을 하니 끝내 데리고 나오지 못하였다.

이웃 사람들이 그의 곡소리가 멈추지 않는 것을 듣고는 감동하여 눈물을 흘리기까지 하면서 "사람의 목소리는 많이 쓰면 쇠하는데 지금 이 사람은 3개월 동안 곡하면서도 곡소리가 처음과 같으니, 슬픔에서 나오는 소리인 줄을 비로소 알겠다. 슬픔이 다하지 않았기에 소리도 끊기지 않은 것이다. 내가 예전에 남의 자식을 보고서 사람에게는 모두 자식이 있다고 여겼는데, 지금 이분을 보니 다른 사람들의 자식에 대해서는 자식이 있다고 할 수 없고 오직 사헌공(司憲公) 대인만이 참으로 제대로 된 자식을 두었다."라고 하였다.

선생은 3년 동안 거상(居喪)하면서 아침저녁으로 콩가루를 좁쌀과 섞어 끓여 마셨고 흰쌀로 만든 죽은 먹지 않았으며, 채소와 과일은 비록 품질이 매우 조악해도 모두 물리치고 입에 넣지 않았다. 어떤 이가 일찍 수확한 감을 가져왔는데 선생이 먹지 않으니, 함께 자리하던 사람이 먹기를 권하였다. 선생이 답하기를 "이 감은 맛이 다니 소식(素食)하는 사람이 차마 먹을 수 있는 것이 아닌 듯합니다. 게다가 입맛을 잃어 먹으려 해도 내 입에는 도리어 쓸 터이니 감히 먹지 못하겠습니다."라고 하였다. 손님들이 부끄러워하며 권하기를 그만두었다.

여막에서 모부인을 뵈러 갈 때에 대문에 이르러 말에서 내렸는데 기력이 없어 앉아서 쉬었다. 한참을 쉬다가 동복(童僕)의 부축을 받고 일어나 팔을 뻗어 벽을 짚은 채 걷다가 주저앉았다 하며 집 안에 들어갔다. 모부인이 놀라 크게 곡하며 "너의 여윈 모습을 보니 곧 죽을 것 같구나. 네가 네 몸을 아끼지 않는 것은 그렇다 하더라도 이 늙은 어미는 어찌하란 말이냐."라고 하며 급히 찬비(爨婢)에게 명하여 밥을 짓게 하고 먹으라고 권하며 "네가 먹어야 나도 먹겠다."라고 하였다. 선생이 엎드려 울며 먹지 않고는 "목이 메어 음식이 넘어가지 않습니다."라고 하자 모부인도 곡하며 먹지 못하고 끝내 선생의 뜻을 꺾지 못하였다.

선생은 학문에 전력하느라 생업을 다스릴 겨를이 없었다. 한양에 있을 때에는 특히 가난하였는데, 부엌에 불기운이 전혀 없어도 편안한 모습이었다. 일찍이 남들에게 "우리 집안이 재산은 비록 적지만 노비는 넉넉하네. 만약 다른 사람이 이만한 노비를 가졌다면 집안을 꾸려 가기에 충분하였을 터인데 나는 치산(治産)에 서툴러 생계를 잘 꾸리지 못하여 아내에게 일임하고 가산에는 관심을 두지 않았네. 이 때문에 이렇게 가난해졌네."라고 하였다.

주현의 수령인 친구가 있어 간혹 관사에서 옷감과 기물을 가져다주곤 했는데 아내가 그때마다 여종을 시켜 시장에 가지고 가서 음식으로 바꿔 오도록 하니, 이 때문에 집에 저장된 물건이 없었다. 의복도 매우 조악하여 겨우 겨울과 여름을 날 정도였고 늘 몸에 걸치는 옷 외에는 여벌이 없었다.

뜰에 몇 아름 크기의 오래된 살구나무가 있었는데 친구들이 오가며 보던 것이었다. 어느 날 상공(相公) 상진(尙震)[72]과 권벌(權橃)[73]이 함께 선생을 찾아왔는데, 문에 들어와 뜰을 돌아보니 살구나무가 보이지

72 상진(尙震) : 1493~1564. 본관은 목천(木川), 자는 기부(起夫), 호는 송현(松峴)·향일당(嚮日堂)·범허재(泛虛齋)이다.

73 권벌(權橃) : 1478~1548. 본관은 안동(安東), 자는 중허(仲虛), 호는 충재(冲齋)·훤정(萱亭)·송정(松亭)이다.

않았다. 이상하게 여겨 묻자 선생이 답하기를 "근래 날씨가 추워서 이 나무를 쪼개어 땔감으로 썼네."라고 하니, 상공 상진이 웃으며 "주인옹이 가난하니 그 화가 뜰의 나무에까지 미쳤구나."라고 하였다.

일찍이 병에 걸려 목숨을 잃을 지경이 되자 선생과 종유하던 열 사람이 달려와서 서로 고하기를 "만약 운명하시면 무엇으로 염습(斂襲)을 해야 하는가?"라고 하니, 모두 "그것이 문제다."라고 하며 함께 의논하여 종이에 이름을 차례대로 써서 열 사람이 낼 의금(衣衾) 등의 염습 도구를 잘 갖추어 기록했다. 뒤에 선생이 병이 낫자 그 기록을 보고서 "벗들이 내가 죽은 뒤 골육이 드러날까 염려하여 수의를 부의로 많이 내어서 반드시 잘 염습하려고 하였으니, 나를 아끼는 큰 은혜를 알겠네. 그러나 지금 내가 입고 있는 이 낡은 옷 하나면 시신을 덮기에 충분하네. 상례를 가난한 내 형편에 맞게 행하고자 하는 것이 나의 뜻이네."라고 하였다.

선생이 거상 중에 예제(禮制)에 넘도록 지나치게 슬퍼하여 몸을 크게 손상하였다. 골수에 스며든 병이 이를 틈타 일어나 날로 심해져 어떤 의원과 약으로도 고칠 수 없었다. 이 때문에 과거 공부를 그만두어 과장(科場)에 나아가 과거를 보려 하지 않았고 은거하여 한가로이 수양하면서 몸을 조섭하고 자신을 지키려고 하였다. 이는 세상 사람들이 다 듣고서 아는 바이다. 그러나 그 은미한 뜻은 반드시 여기에만 있지 않았는데, 남들이 알 수 없었다.

선생은 어려서부터 큰 뜻을 품었고 재주가 출중하여 한 시대를 교화하는 일을 자신이 맡을 수 있다고 여겼다. 선생이 학문이 진보하고 식견이 높아진 뒤에, 세도가 쇠퇴하고 인심이 타락했는데도 나라에 선정(善政)이 베풀어지지 않고 큰 교화가 행해지지 않아 풍속이 경박하여 날로 비루해져 가는 것을 보고 힘써 되돌려 바로잡고자 했으나 손을 댈 수 있는 곳이 없었다. 게다가 현자가 등용되는 길이 험난하여 선비들이 대부분 뜻을 잃었고 옳고 그름의 기준이 바르지 않아 앙화(殃禍)의 조짐이 은연중에 일어나고 있었다. 이러한 때에 비록 조정에 입신하여 이 시대에 역량을 펼치고자 해도 도와 시대가 어긋나 끝내 배운 바를 실행할 수 없었다. 이 시대에 자신의 뜻을 실행할 수 없다는 것을 알면서도 구차히 명예를 좋아하여 과분하게 작위를 차지한다면 몸은 비록 드러날지라도 도는 굽히고 말 것이다. 마음으로 이를 부끄럽게 여기며 차라리 몸을 감추고 물러나 명성을 드러내지 않고 산야에 은거하면서 성리(性理)의 심오한 이치를 탐구하며 자신을 수양하여 독선(獨善)[74]이라도 하면서 평생토록 소요하는 것이 낫다고 생각하였다. 이것이 선생의 뜻이다. 이 때문에 공명에는 뜻을 접고 풍진세상에서 벗어나 북악산 아래 청송당(聽松堂)을 짓고서 여러 해 동안 은거하였다. 뒤에는 파산(坡山) 서쪽에 터를 잡고 초가집을 지어 살며 종신토록 뜻을 지켰다.

선생은 청송당의 뜰 안에 봄빛을 다투는 꽃나무를 심는 것을 좋아하지 않고 단지 바위틈에 손수 소나무 두 그루를 심었는데, 오랜 세월이 지나자 줄기는 꿈틀대는 용의 몸 같고 껍질은 창연(蒼然)한 용의 비늘 같았다. 선생이 날마다 이 소나무를 어루만지고 좋아하면서 "풍상(風

74 독선(獨善) : 독선기신(獨善其身)의 준말로, 세상에 나가 뜻을 펴지 못하고 자신을 수양하며 지조를 지키는 것을 말한다. 《맹자》 〈진심 상(盡心上)〉에 "곤궁할 때에는 홀로 자기 몸을 선하게 하고, 뜻을 얻으면 천하 사람들과 그 선을 함께한다.〔窮則獨善其身, 達則兼善天下.〕"라고 하였다.

霜)에 꺾이지 않는 너의 모습을 사랑하노니 너에게 이러한 지조가 없다면 내가 너를 반드시 사랑하지는 않았을 것이다. 저 갯버들은 가을이 오기도 전에 먼저 시드니 어찌 너를 보고 부끄러운 낯빛이 없겠는가." 라고 하였다. 사간 곽백유(郭伯瑜)[75]가 시사가 크게 잘못되는 것을 보고는 기필코 벼슬을 그만두고 초야로 돌아가고자 선생을 만나 보고 떠나고 싶어 청송당에 이르렀는데 선생이 집에 없었다. 이에 당의 벽에 절구 한 수를 썼는데, 그 첫 구에 "은근히 잘 있구나 두 그루 소나무여, 세모의 풍상에도 그 모습 변함없네.〔慇懃好在兩株松 歲晚風霜不改容〕" 라고 하였으니, 시들지 않는 소나무를 선생의 굳은 절개에 비겨 이렇게 지은 것이다.

배우는 이가 《사서장도(四書章圖)》[76]를 얻고는 마음속으로 기뻐서 선생에게 보이니, 선생이 "그림으로 그리고 글로 풀이하여 무릇 의리가 심오하고 난해한 곳이 한번 보면 눈과 마음에 환히 들어오니, 상세하고 분명하다고 할 만하네. 그러나 학자가 애초에 깊이 생각하고 힘써 연구하여 마음으로 터득해 스스로 깨닫는 오묘한 경지가 없이 하루아침에 갑자기 이 책을 얻어 보아 입으로 말할 거리로만 삼고서 안다고 여긴다면, 아는 것이 마음속에 오래 남아 있지 못할 것일세. 아는 것이 마음속에 남아 있지 않다면 무엇에 근거해서 힘써 행하여 극진히 실천할 수 있겠는가. 또한 마땅히 경계해야 하네."라고 하였다. 이에 이 말을 들은

75 곽백유(郭伯瑜) : 곽순(郭珣, 1502~1545)으로, 본관은 현풍(玄風), 자는 백유, 호는 경재(警齋)이다.

76 사서장도(四書章圖) : 원(元)나라 정복심(程復心)이 주희(朱熹)의 《사서집주(四書集註)》에 보광(輔廣)과 황간(黃榦)의 설을 절충하여 장(章)을 나누어 도해(圖解)한 책이다.

사람들이 선생의 학문은 마음으로 궁구하여 얻는 데에 힘쓰고 구이(口耳)로 얻은 것[77]을 귀하게 여기지 않음을 알았다.

77 구이(口耳)로 얻은 것 : 마음속으로 체득하려 하지 않고 들은 것을 곧장 남에게 알리려는 공부를 말한다. 《순자(荀子)》 〈권학(勸學)〉에 "소인이 공부하는 것을 보면, 귀로 듣고는 곧바로 입으로 내놓는다. 입과 귀의 거리는 불과 네 치일 뿐이니, 일곱 자나 되는 이 몸을 어떻게 아름답게 할 수가 있겠는가.〔小人之學也, 入乎耳, 出乎口. 口耳之間則四寸耳. 曷足以美七尺之軀哉?〕"라고 하였다.

사직 상소

辭職上疏

계유년(1573, 선조6) 7월 16일에 전(前) 도사(都事) 신(臣) 성운(成運)은 삼가 목욕재계하고 백번 절하고서 주상 전하께 글을 올립니다. 삼가 7월 2일 내려 주신 성지(聖旨)를 받아 보니 역마를 타고 올라오라는 것이었습니다.[78] 신은 명을 듣고 황공하여 마치 큰 산을 짊어진 것처럼 감당할 수 없었습니다. 현자를 등용하는 것은 임금의 큰 임무이니 치세(治世)를 이루는 요체로 이보다 우선하는 것은 없다고 합니다. 현자를 등용해서 관직에 두루 나열하여 하늘의 일을 대신하도록[79] 한다면 나라는 늘 잘 다스려지고 백성은 늘 평안할 것입니다. 그러나 현자를 등용하지 못하고 현자가 아닌 자를 현자라 여겨 등용한다면 이는 현자를 쓴다는 이름만 있을 뿐 현자를 쓰는 실제는 없는 것이니 그 폐해를 이루 다 말할 수 없습니다.

주상 전하께서는 성덕으로 크나큰 왕업을 이어받아 생민과 종묘사직의 중임을 지고 계십니다. 그리하여 이를 감당하지 못할까 두려워하여 다른 일은 돌볼 겨를이 없이 무엇보다 먼저 현자를 찾아 자신을

78 삼가……것이었습니다 : 1573년 흰 무지개가 해를 가로지르는 이변이 일어나자 선조(宣祖)가 구언 교지를 내려 성운에게 역마를 타고 올라오도록 명하여 재앙에 대한 계책을 물으려 하였으나, 사양하고 가지 않았다. 《宣祖修正實錄 6年 1月 1日》

79 하늘의 일을 대신하도록 : 국정을 돌보도록 해야 한다는 뜻이다. 《서경》 〈고요모(皐陶謨)〉에 "여러 벼슬을 폐하지 마소서. 하늘의 일을 사람이 대신하는 것입니다.〔無曠庶官, 天工人其代之.〕"라고 하였다.

보좌하도록 하였습니다. 현자를 널리 찾아 두루 산림에까지 미쳤으니, 등용한 이들은 모두 덕과 재주가 있어 당대의 명현(名賢)으로 꼽을 만한 이들입니다. 그러나 현자가 아닌 자 또한 그 반열에 들어 헛된 이름을 훔쳐 한 시대를 속이고 있으니 크게 염려하지 않을 수 있겠습니까.

신은 타고난 자질이 미련한 데다 재주마저 노둔하며 유약하고 굳건한 의지가 없어 힘써 강학하지 못하여 정미하고 심오한 이치에 어두워 깨달은 바가 없으니, 뜻을 가다듬어 스스로 나아갈 용기가 없는 데다 배움으로 이끌어 주는 사우도 없습니다. 몽매하고 식견이 없어 마치 담장을 마주하고 있는 것처럼 답답하니 제때 배우지 못하고 길을 잃은 일개 어리석은 사람일 뿐입니다. 게다가 행실을 닦는 데에 스스로 힘쓰지 못하여 몸을 단속하고 마음을 보존하는 것에 옛 법도와 같지 않은 점이 많으니, 후학을 경계하여 깨우치는 성현의 엄한 말씀과 큰 가르침 중에 가슴에 새겨 실행하는 것이 하나도 없습니다. 신이 안으로 돌아보고 자신을 반성해 보건대 말씀 드릴 정도의 선과 행실이 하나도 없으니, 내버리고 등용하지 않아 성세에 쓰지 않아야 마땅합니다.

그런데 외람되이 천거되어 융성한 총애를 받았으니, 옛날에 현자를 대우하던 예를 현자가 아닌 이 몸에 베풀어 등급을 뛰어넘어 작질을 하사하고 글을 내려 징소(徵召)한 것이 한두 번에 그치지 않고 이제 세 차례에 이르렀습니다.[80] 누차 은혜로운 명을 받아 오장이 떨리니 하늘에 두렵고 사람에 부끄러워 몸 둘 곳이 없습니다. 흙구덩이 열 길을 파서 그 속에 몸을 숨기고 싶어도 그렇게 할 수 없으니 신이 통탄

80 등급을……이르렀습니다 : 1573년 자급을 뛰어넘어 사섬시 정(司贍寺正)에 제수하고 특별히 세 번이나 불렀으나 모두 사양하였다. 《牛溪集 卷6 堂叔大谷先生墓碣記》

하는 바입니다.

사람됨이 이와 같으니 비록 장성(壯盛)한 때라도 쓰일 수 없는데, 더구나 지금은 이미 죽을 나이가 다 되다 보니 기력이 쇠진하여 정신이 어지럽고 생각이 혼미한지라, 인사에 캄캄하여 백에 한 가지도 제대로 살필 수 없습니다. 고질병이 몸에 있어 하루도 평안한 날이 없는데 귀는 점점 더 어두워져 큰 우렛소리조차 듣지 못합니다. 입맛은 날로 사라지고 육신은 비쩍 말라 나무를 파서 널로 삼고 버드나무를 엮어 상여를 만들었으니, 이것은 신이 미리 마련해 놓은 상구(喪具)입니다. 어찌 힘을 내고 기운을 차려 산을 넘고 내를 건너 먼 길을 가서 대궐의 섬돌에 이르러 용안(龍顔)을 우러러보며 한마디 말을 올릴 수 있겠습니까.

가령 신이 전하의 곁에 가까이 가서 전하께서 신을 보신다 해도 나무로 만든 인형과 무엇이 다르겠습니까. 나무로 만든 인형은, 형체는 비록 사람과 같지만 그 속에는 아무것도 없고 입은 말을 할 수 없습니다. 신은 늙어 정신이 온전치 못하여 덩그러니 하나의 육체만 있을 뿐이니, 전하께서 비록 저에게 물으시더라도 어찌 마음과 지혜를 다하여 좋은 계책을 올려 전하의 필요에 답할 수 있겠습니까. 신은 제가 쓸모없는 사람임을 잘 알고 있습니다. 노쇠한 몸으로 힘이 없어 끝내 조정에 가지 못하고 불경하게도 명을 어겼으니 죄가 쌓여 용서를 받을 수 없습니다. 임하(林下)에서 구차한 목숨을 이어 가면서 엄한 처벌을 기다립니다. 삼가 죽음을 무릅쓰고 아룁니다.

곡식과 비단을 하사한 데 사은하는 글

謝賜粟帛書

전(前) 사섬시 정(司贍寺正) 신(臣) 성운(成運)은 삼가 절하고 머리를 조아려 주상 전하의 은혜에 감사드립니다. 신이 근래에 삼가 음식을 받았는데, 지금 또 교서를 내려 향표리(鄕表裏) 한 벌을 하사하시니[81] 성은을 입으매 두렵고 마음이 편치 못하여 몸 둘 곳이 없는 듯합니다.

신은 삼가 생각건대 옛날의 제왕이 어찌 까닭 없이 선비를 대우하였겠습니까. 진실로 그 사람이 도를 품고 덕을 닦아 기량을 몸에 간직하고 있어 그 언행이 한 시대의 본보기가 되어, 출사해서 임금을 섬기면 반드시 세도를 구제하고 백성을 도울 수 있는 사람이기 때문에 높은 관작과 후한 봉록을 주어 그를 특별히 총애하고 귀하게 대우했던 것입니다.

지금 신은 타고난 자질이 범용하여 재주가 남보다 못하며, 강학에 태만하여 의리를 알지 못하며, 진덕수업(進德修業)에 힘쓰지 않아 자포자기한 채 몸은 낮은 부류에 속해 있어 어진 선비의 부류에 끼지 못합니다. 세상에서 입신양명할 수 없음을 스스로 잘 알고 초야에 물러나 농사를 지으며 몸은 농부가 된 채 늙어서 죽지도 않고 있습니다.

그런데 전하께서 신에 대한 평판을 잘못 듣고서 관직 하나를 맡길

81 향표리(鄕表裏)……하사하시니 : 1573년(선조6) 선조(宣祖)가 성운의 집이 가난하여 겨울옷을 마련하지 못했다는 말을 듣고 표리 한 벌을 하사하였다. 《宣祖修正實錄 6年 10月 1日》 표리는 공이 있는 자에게 임금이 상으로 내려 주는 옷감으로, 향표리는 우리나라에서 짠 비단을 말한다.

만하다 여겨 등급을 뛰어넘어 작질(爵秩)을 더해 주시고 여러 번 조정에 불러 주셨습니다.[82] 신이 진심을 피력하여 나이가 많다는 이유로 명을 사양하였더니 전하께서 간절한 마음을 굽어살펴 물러나 집 안에서 쉬도록 허락해 주셨습니다. 이윽고 신이 궁핍하여 굶주리고 추위에 떨다가 죽을까 염려하여 곡식을 내려 주시고 또 비단을 내려 주셨습니다. 이러한 은총을 입고 너무도 부끄러운 마음에 침식을 전폐하기까지 하였으니, 어찌 신이 감당할 수 있겠습니까.

신은 집이 가난하여 어려서부터 늙을 때까지 거친 베로 몸을 가리고 변변찮은 음식으로 배를 채워 왔습니다. 이제 성은을 입어 따뜻한 옷을 입고 배불리 먹어 늙고 여윈 몸에 살을 붙여서[83] 실낱같은 목숨을 이을 수 있도록 해 주셨으니, 인덕(仁德)으로 보살펴 주신 은혜가 어찌 장맛비가 마른 초목을 소생시키는 것과 다르겠습니까.

그러나 신은 노쇠하여 조만간 관 속에 들어갈 몸이니, 돌아보건대 성은을 갚을 날이 없습니다. 그저 성상을 향하는 일편단심을 감히 바침으로써 보답으로 삼으니, 어리석은 데 가깝지 않겠습니까. 신은 성은에 감격하는 지극한 마음을 이기지 못합니다. 삼가 글을 올려 사은합니다.

82 그런데……주셨습니다 : 1573년 흰 무지개가 해를 가로지르는 이변이 일어나자 선조가 구언 교지(求言敎旨)를 내려 성운과 이항(李恒)을 불러들여 재앙을 해소할 계책을 물으려 하였는데, 사양하고 가지 않았다. 그해 8월 불차탁용(不次擢用)으로 3품직에 제수되었다. 《宣祖修正實錄 6年 1月 1日, 8月 1日》

83 살을 붙여서 : 대본에는 '主肉'으로 되어 있다. 문맥에 근거하여 '主'를 '再'로 바로잡아 번역하였다.

대곡집

권하

갈명 碣銘

제문 祭文

갈명 碣銘

유씨 묘갈
柳氏墓碣

문화 유씨(文化柳氏)는 본래 관작이 이어진 집안이다. 그 시조 차달(車達)[1]은 고려 태조를 도와 나라를 세우는 데 공훈이 있어 대승(大丞)에 제수되었고, 그 후손이 번창하여 대대로 높은 벼슬아치가 되었다. 13대손 광수(光秀)에 이르러 사재감 정(司宰監正)으로 졸관(卒官)하였다. 아들은 이(荑)이니 벼슬이 집현전 제학에 이르렀다. 제학이 효로(孝老)를 낳았고 효로가 의강(依江)을 낳았는데, 2대 동안은 벼슬하지 못하였다.

부인은 의강의 따님으로, 태어날 때부터 정숙한 덕이 있어 부모가 사랑하여 승지에 추증된 김벽(金碧)을 배우자로 골라 시집보냈다. 승지는 판관 증손(曾孫)의 아드님으로 사람됨이 강정(剛正)하여 집안에서 감히 옳지 못한 일을 하지 않으니, 그의 종제(從弟) 판서 정(淨)[2]이

1 차달(車達) : 유차달(柳車達)로, 군량 수송에 공을 세워 대승(大丞)에 제수되고 삼한 공신(三韓功臣)에 책록되었으며, 사명(賜名)을 받아 문화 유씨(文化柳氏)의 시조가 되었다. 《高麗史 卷99 諸臣列傳 柳公權》

평소 좋아하고 존경하여 항상 종유하면서 그와 서로 폐부를 환히 터놓고 지냈다.

부인은 시집와서 예의와 범절을 지켜 시부모를 공경히 섬기고 동서들과 화목하게 지냈으니, 장유(長幼)와 존비(尊卑) 할 것 없이 모두 부인을 좋아하였다. 봄가을 제사를 지낼 때마다 몸을 재계하고 마음을 전일하게 하여 제기를 씻거나 제수를 장만하는 일을 반드시 몸소 하였다. 길쌈과 바느질을 특히 잘했고 게다가 곡식과 재산을 잘 관리하여 가업을 도와 일으켜 마침내 부유한 살림을 이루었다. 37년 동안 위로는 지아비를 따르고 아래로는 자손을 보살펴 가정이 화락하였다.

승지공이 세상을 떠났을 때 부인도 이미 연로하였다. 이에 두 아들이 녹봉으로 봉양하였으니, 첫째는 천부(天富)[3]이고 둘째는 천우(天宇)[4]이다. 천우는 문과에 급제하여 벼슬길에 나아가 여러 차례 청반(淸班)에 올랐고, 천부는 진사로 처음 벼슬하여 두 고을의 수령을 거쳤는데, 부인이 따라가서 오랫동안 봉양을 받아 영광과 복록을 누렸다. 가정(嘉靖) 25년(1546, 명종1)에 아들 천우가 높은 작위에 오름으로써 숙부인

2 정(淨) : 김정(金淨, 1486~1521)으로, 본관은 경주(慶州), 자는 원충(元冲), 호는 충암(冲庵)・고봉(孤峯)이다. 기묘사화(己卯士禍) 때 제주도에 유배되었고, 1521년 신사무옥(辛巳誣獄)에 연루되어 사사되었다.

3 천부(天富) : 김천부(金天富)로, 본관은 경주, 자는 대온(大蘊)이다. 1519년 진사시에 입격하여 김제 군수 등을 지냈다. 보은에 은거하여 모현암(慕賢庵)에서 성운과 함께 학문을 연마하였다. 유근(柳根)과 함께 《대곡집》의 간행을 도왔던 김가기(金可幾)가 그의 아들이다.

4 천우(天宇) : 김천우(金天宇)로, 본관은 경주, 자는 대용(大容)이다. 1528년 문과에 급제하여 사헌부 지평, 사간원 헌납, 홍문관 응교 등을 지냈다.

(淑夫人)에 봉해졌다. 34년(1555) 11월 그믐에 병으로 세상을 떠나니 향년이 77세이다. 이듬해 승지공의 묘소 왼쪽에 장사 지냈으니, 묘소는 주성산(酒城山)[5]에 있다.

장남은 천부이니 지금 김제 군수(金堤郡守)이다. 차남은 천우이니 장악원 정(掌樂院正)이었는데 부인보다 먼저 죽었다. 막내는 천주(天宙)이다. 딸 한 사람은 충의위(忠義衛) 김계훈(金繼勳)에게 시집갔고, 한 사람은 나에게 시집왔다.

부인은 타고난 자품이 인자하고 용모가 온화하여 다가가 뵈면 마치 햇살을 쪼이는 듯 따스하였다. 평소에 함부로 말하거나 웃지 않았고 앉을 때도 반드시 편안하고 중후한 모습으로 앉아 밤이 늦도록 가볍게 움직이지 않았다.

모부인(母夫人) 김씨(金氏)는 아들이 없어 부인이 홀로 모시며 봉양했는데, 입에 맞는 부드럽고 좋은 음식을 장만하고 몸에 맞는 가볍고 따스한 옷을 지어 드렸다. 모부인이 병들었을 때는 몸소 약을 달였으며, 대소변을 받아 내는 일조차도 여종에게 맡기지 않았다.

정부인(貞夫人) 허씨(許氏)는 판서공(判書公)의 모친으로 나이가 아흔에 가까웠고, 아들이 제명에 죽지 못한 것[6]을 비통해하며 평소에 우울하여 즐겁지 않았는데, 부인이 자주 집으로 모셔 와서 극진하게 위로하고 봉양하였다. 정부인이 연로해서 쉽게 배고플까 염려하여 밤이라도 반드시 일어나 몸소 고기를 썰어 안주를 장만하고 술을 데워서 드리니, 정부인이 편안하게 여겨 수십 일[7]씩 머무르며 집에 돌아가기를

5 주성산(酒城山) : 충청북도 보은에 있는 산이다.

6 아들이……것 : 아들 김정이 신사무옥에 연루되어 사사된 것을 말한다.

잊기도 하였다. 판서군이 여러 차례 높은 벼슬로 옮겨 가자 축하하는 사람들이 있었는데, 부인은 기뻐하지 않으면서 "벼슬이 높아지는 것이 사람의 복이 아니니, 나는 영광으로 여기지 않고 이를 근심으로 여긴다."라고 하였다.

친족들을 대할 때는 은혜가 두루 흡족하게 미쳤으며, 집안의 상사와 혼례가 있으면 마치 쭉정이를 버리듯이 선뜻 재물과 인력을 내어서 도와주었다. 일찍이 자식들에게 경계하기를 "너희 일족은 몰락하여 불쌍한 처지이니, 비록 불선한 일이 있더라도 서로 헐뜯거나 미워하지 말고 오로지 은애(恩愛)로 대우해 주라."라고 하였다.

부인이 돌아가시고 8년 뒤에, 아들 군수군(郡守君)과 그 아우 천주가 부인의 행적을 길이 전하고자 도모하였다. 그리하여 비석을 다듬고 글을 새겨 후세에 고한다. 명(銘)은 다음과 같다.

존귀한 집안에 태어나니 성은 유씨요	生于貴胄氏爲柳
덕 있는 군자의 배필이 되어 해로하고	適人嬪德偕其壽
아들이 벼슬에 올라 그 녹봉을 먹었으니	有子官榮食其祿
이것이 복 아니겠는가, 부족함이 없도다	玆非福歟無不足

7 수십 일 : 대본에는 '句月'로 되어 있다. 문맥에 근거하여 '句'를 '旬'으로 바로잡아 번역하였다.

남명 선생[8] 묘갈

南冥[9]先生墓碣

창녕 조씨(昌寧曺氏)는 본래 크게 드러난 성씨로 대대로 훌륭한 인물이 많다고 일컬어졌다. 선대에 고려 태조 때 벼슬하여 형부 원외랑(刑部員外郞)이 된 휘 서(瑞)라는 이가 있었으니, 덕궁공주(德宮公主)가 그의 어머니이다. 그 후손이 이어져 창성하였고, 휘 은(殷)에 이르러 중랑장(中郞將)이 되었으니 공에게 고조가 된다. 은이 휘 안습(安習)을 낳았으니 성균관 생원이다. 생원이 휘 영(永)을 낳았는데 벼슬하지 않았다. 영의 아들은 휘 언형(彦亨)이니 처음에 재예로 이조 정랑에 선발되었는데, 지조가 꼿꼿하여 세상에 영합하지 않았고 벼슬은 승문원 판교에 그치고 졸하였다. 그의 부인은 이씨(李氏)이니 충무위(忠武衛) 이국(李菊)의 따님으로, 부녀자의 범절이 있어 남편의 뜻을 어김이 없었다. 공은 그 둘째 아들로, 식(植)이 이름이고 건중(楗仲)이 그 자이다.

태어날 때부터 영특하고 용모가 맑고 빼어났으며, 유년 시절부터 마치 어른처럼 거동이 조용하고 침착하여 또래들과 어울려 놀지 않았고 아이들이 가지고 노는 물건도 손에 가까이하려 하지 않았다. 부친 판교공(判校公)이 애지중지하여 공이 말할 때부터 안아서 무릎에 앉히고

8 남명(南冥) 선생(先生) : 조식(曺植, 1501~1572)으로, 본관은 창녕(昌寧), 자는 건중(楗仲), 호는 남명이다.

9 冥 : 대본에는 '溟'으로 되어 있다. 《남명집(南冥集)》 권4 〈보유(補遺) 행장(行狀)〉에 근거하여 수정하였다. 이하의 '冥'도 동일하다.

시서(詩書)를 가르쳤는데 말을 하면 곧바로 외워서 잊지 않았다.

나이 8, 9세에 병들어 자리에 누워 있을 때 모부인(母夫人)이 근심하는 기색이 있자 공은 몸을 추스르고 기운을 내어 조금 나았다고 거짓말을 하였다. 또 "하늘이 어찌 까닭 없이 사람을 세상에 냈겠습니까. 지금 제가 다행히 남아로 세상에 났으니, 하늘이 저에게 할 일을 맡겨 준 것이 반드시 있을 터입니다. 하늘의 뜻이 과연 여기에 있으니, 제가 어찌 오늘 갑자기 요절할까 근심하겠습니까."라고 하였다. 듣는 사람들이 기특하게 여겼다.

조금 성장해서는 두루 통달하지 않은 책이 없었는데, 《좌전(左傳)》과 유종원(柳宗元)의 문장을 특히 좋아하였다. 이런 까닭에 글을 지으면 기이하고 엄하여 힘이 있었다. 경치를 시로 읊고 사실을 글로 기록할 때에는 애초에 뜻을 두지 않은 듯해도 문장이 엄격하고 뜻이 정밀하여 엄정하게 법도가 있었다. 나라에서 과거를 열어 선비를 뽑을 때 글을 지어 시관에게 올리자 시관이 그 글을 보고는 크게 놀라 세 번이나 2등, 3등으로 뽑았으니,[10] 고문(古文)을 배우려는 자들이 그 글을 다투어 전송(傳誦)하며 법식으로 삼았다.

가정(嘉靖) 5년(1526, 중종21)에 판교공이 세상을 떠나자 공이 한양에서 상막(喪幕)을 받들어 와 고향 산에 안치하고 모부인을 모셔 와 봉양하였다.

공이 하루는 글을 읽다가 노재(魯齋) 허씨(許氏)의 "이윤의 뜻을 뜻으로 삼고 안연의 학문을 학문으로 삼는다."라는 말[11]을 얻고, 깜짝

10 나라에서……뽑았으니 : 조식은 21세 때인 1521년 동당시(東堂試)에서 세 번 합격하였다. 《无悶堂集 卷5 南冥先生年譜》

놀라 깨닫고 분발하여 뜻을 가다듬어 육경과 사서 및 주자(周子), 정자(程子), 장자(張子), 주자(朱子)의 저술을 익히고 외우며 밤낮을 가리지 않고 정력을 다하여 깊이 탐색하고 연구하였다.

학문은 지경(持敬)보다 긴요한 것이 없다고 여겨 주일(主一)에 공력을 쏟아 마음이 늘 깨어 혼미하지 않게 하여 심신을 수렴하였다. 학문은 과욕(寡慾)보다 좋은 것이 없다고 여겨 극기(克己)에 힘을 다하여 마음속 사욕(邪慾)의 찌꺼기를 말끔히 씻어 내어 천리(天理)를 함양하였다. 보지 못하고 듣지 못할 때도 경계하며 두려워하고 은미하고 혼자만 아는 곳에서도 반성하며 살폈다. 지식이 이미 정밀해졌는데도 더욱 정밀하게 하고 실행에 이미 힘썼는데도 더욱 힘을 다하여 자신에게 돌이켜 체험하고 실제로 실천하는 데 힘써 반드시 그 경지에 도달하고자 하였다.

24세에 모부인 상을 당하여 부친의 묘소 왼쪽에 부장(祔葬)하였다.

공은 지혜가 밝고 식견이 높아 나아가고 물러나는 기미를 잘 살폈다. 일찍이 세도가 쇠퇴하여 인심이 타락하고 풍속이 각박하여 대교(大敎)가 무너진 데다가, 어진 인재가 등용되기 어렵고 앙화의 기미가 숨어 있다는 것을 스스로 알았다.[12] 이때에 세도를 만회하고 세상을 교화할 뜻을 가졌으나 당시 세상과 뜻이 맞지 않아 끝내 자신의 학문을 펼쳐

11 노재(魯齋)……말 : 노재는 원(元)나라 학자 허형(許衡)의 호이다. 조식이 《성리대전(性理大全)》을 읽다가 "이윤의 뜻을 품고 안연의 학문을 배워, 세상에 나가서는 행함이 있고 물러나 처해서는 지킴이 있어야 한다. 대장부는 마땅히 이와 같아야 한다. 〔志伊尹之志, 學顔淵之學, 出則有爲, 處則有守. 丈夫當如此.〕"라는 허형의 말에 이르러 망연자실하여 비로소 고인의 학문에 힘썼다고 한다. 《東岡集 卷17 南冥先生行狀》

12 일찍이……알았다 : 1519년에 일어난 기묘사화를 가리킨다.

보지 못했다.

이런 까닭에 공은 과거에 나아가 벼슬하려 하지 않고 자취를 거두어 산림에 은거하여 지내면서 정자를 지어 산해정(山海亭)이라 하고, 집을 지어 뇌룡사(雷龍舍)라고 하였다. 마지막에는 두류산(頭流山) 곁 산수가 좋은 골짜기에 들어가 작은 집을 지어 산천재(山天齋)라 이름하고 깊이 은거하여 학문에 전념하였다.

몇 년이 흘러 중종 때 헌릉 참봉(獻陵參奉)에 천거되었으나 나아가지 않았다. 명종 때 또 유일(遺逸)로 전생서 주부와 종부시 주부에 제수되고, 얼마 뒤 단성 현감(丹城縣監)에 제수되었으나 모두 나가지 않았다. 단성 현감에 제수되었을 때 상소하기를[13] "국사가 날로 잘못되고 인심도 이미 흩어졌으니, 전환의 기회는 구구한 정형(政刑)에 있는 것이 아니라 오직 전하의 마음에 달려 있습니다."라고 하였다. 그 뒤에 조지서 사지(造紙署司紙)에 제수되자 병으로 사직하였다.

또 상서원 판관으로 불려 가 전전(前殿)에서 인대(引對)하였는데, 임금이 나라를 잘 다스리는 방도에 대해 묻자 대답하기를 "임금과 신하의 마음이 서로 미더워야 다스려질 수 있습니다."라고 하였다. 임금이 학문의 방도를 묻자 대답하기를 "인주의 학문은 정치를 내는 근본이니, 그 학문은 마음으로 자득하는 것이 중요합니다."라고 하였다. 또 삼고초려(三顧草廬)한 일에 대해 묻자 대답하기를 "반드시 영웅을 얻어야 한나라 왕실의 부흥을 도모할 수 있었기 때문에 세 번이나 찾아간 것입니다."라고 하니,[14] 임금이 좋은 말이라 칭찬하였다. 다음 날 향리로

13 단성……상소하기를 : 조식의 상소는 《명종실록》 10년 11월 19일 기사에 보인다.

14 상서원……하니 : 《명종실록》 21년 10월 7일 기사에 보인다.

돌아왔다.

융경(隆慶) 1년(1567, 선조 즉위년)에 금상이 즉위하여 소명(召命)을 내렸으나 사양하였고, 이어서 다시 소명을 내렸으나 또 사양하며 상소하기를 "'구급(救急)' 두 글자를 바치는 것으로 이 몸을 바치는 것을 대신하겠습니다."라고 하고,[15] 당시의 폐단 열 가지를 아뢰었다.[16]

융경 2년에 소명을 받았으나 사양하고 또 봉사(封事)를 올려 "다스리는 도는 임금의 명선(明善)과 성신(誠身)[17]에 있으니, 명선과 성신은 반드시 경(敬)을 위주로 합니다."라고 하고, 아전이 농간을 부려 사리(私利)를 밝히는 일을 극력 진달하였다. 그리고 이듬해 종친부 전첨에 제수되었으나 또 사양하였다.

신미년(1571)에 큰 기근이 들어 임금이 곡식을 하사하니 글을 올려 사은하고, 인하여 긴 상소를 올려 진언하였는데[18] 말이 시행되지 못하

15 융경(隆慶)……하고 : 1567년 조식과 성운 등을 불러들이라는 전교가 있었다. 조식은 두 번의 소명에도 사양하고 나아가지 않고서 '구급(救急)' 두 글자를 올려 제 몸을 대신 바친다고 하고, 또 완급과 허실을 분간하여 조치를 취할 것 등을 건의하였다. 《宣祖修正實錄 卽位年 10月 5日》

16 당시의……아뢰었다 : 1568년 시무(時務)에 대해 건의한 〈무진봉사(戊辰封事)〉를 가리킨다. 《宣祖實錄 1年 5月 26日》

17 명선(明善)과 성신(誠身) : 사리를 분명히 아는 것을 명(明)이라 하고, 마음에 거짓이 없고 성실한 상태를 성(誠)이라 한다. 《중용장구》 제20장에 "선을 분명하게 알지 못하면 몸을 성실하게 하지 못한다.〔不明乎善, 不誠乎身矣.〕"라고 하였는데, 이를 명선과 성신으로 요약하여 명선은 지공부(知工夫), 성신은 행공부(行工夫)라고 한다.

18 신미년에……진언하였는데 : 조식은 하사해 준 식물(食物)에 대해 사은하고, 같은 날 이어 사직장(辭職狀)을 올리면서 당시의 폐단에 대해 간언하였다. 간언한 글은 《남명집(南冥集)》 권2에 〈사선사식물소(謝宣賜食物疏)〉와 〈신미사직승정원장(辛未辭職承政院狀)〉으로 실려 있다. 《宣祖實錄 4年 5月 15日》

였으니, 소장의 내용이 너무 강직했기 때문이다. 임신년(1572)에 병이 깊어지자 임금이 의원을 보내어 병을 치료하게 하였는데, 의원이 도착하기 전인 그해 2월 8일에 생을 마치니, 향년이 72세이다. 산천재 뒷산에 묘지를 정해 4월 6일에 장사 지냈다.

공은 천품이 영특하고 의표가 출중하였으며 엄숙하고 방정하며 강의(剛毅)하고 민첩하였다. 조행(操行)이 과감하고 확고하여 매번 법도에 맞았으며 눈으로는 음란한 것을 보지 않고 귀로는 남의 말을 엿듣지 않았다. 그리하여 엄숙하고 공경하는 마음을 안으로 항상 보존하고, 게으르고 태만한 모습을 밖으로 드러내지 않았다.

늘 조용한 방에 홀로 거처하며 발이 대문 밖으로 나가지 않으니 옆집에 사는 이웃조차 공의 얼굴을 거의 보지 못하였다. 닭 울음소리를 듣고 새벽에 일어나 관을 쓰고 띠를 두르고서 자리를 바루고 시동(尸童)처럼 앉아 어깨와 허리를 꼿꼿이 하니, 바라보면 마치 그림 속의 형상이나 조각한 소상(塑像) 같았다. 책상을 정돈하고 책을 펴서 마음과 눈을 모두 책에 두어 묵묵히 읽고 깊이 생각하면서 입으로 소리 내어 읽지 않으니, 서재 안이 아무도 없는 듯 고요하였다.

위의(威儀)와 거동이 여유롭고 한아(閑雅)하여 절로 법도에 맞았으며, 비록 급작스럽고 경황이 없는 때라도 평소의 모습을 잃지 않으니 매우 의젓하였다. 공을 찾아온 손님들은 낯빛이 근엄하고 과묵하여 말수가 적은 것을 보고, 반드시 몸가짐을 바르게 하고 무릎을 꿇으며 두려운 듯 공경하여 끝내 아무도 감히 함부로 말하거나 웃고 떠들지 않았다.

공은 집 안에서 장중한 모습으로 사람들을 대하여 집안이 모두 엄숙하고 가지런했으니, 가까이서 모시는 집안의 여종들이 머리카락을 단정하게 묶지 않으면 감히 공 앞에 나아가지 못했고 공의 부인도 마찬가지였다.

남의 선한 행실을 들으면 마치 자신이 한 일처럼 기쁜 기색이 얼굴에 드러났고, 남의 악한 행실을 들으면 혹시 한 번이라도 그를 마주칠까 염려하여 원수를 피하듯 하였다. 반드시 단정한 사람을 사귀되 그 사람이 벗할 만하면 신분이 낮은 사람일지라도 왕공(王公)같이 예우하고 공경하였으며, 그 사람이 벗할 만하지 않으면 벼슬이 비록 높더라도 하찮게 여겨 함께 앉는 것조차 수치로 여겼다. 이러한 까닭에 교유가 넓지 않았지만 공이 알고 지내는 사람은 학행과 문예가 있어 모두 당대의 명유(名儒)로 꼽을 만한 이들이었다.

공은 사람을 감식하는 안목이 매우 밝아서 남들이 자신을 숨기지 못하였다. 갓 벼슬에 나간 젊은이가 청반에 올라 명성을 떨치고 있었는데, 공이 그를 한번 보고서 다른 사람에게 "그가 재주를 믿고 뽐내어 남을 업신여기는 것을 보니, 훗날 현능한 사람을 해치는 일이 이 사람에게서 일어나지 않으리라는 보장이 없다."라고 하였다. 후일에 그 사람이 과연 높은 지위에 올라 흉당의 우두머리와 몰래 결탁하여 국법을 농락하고 위세를 부리며 사류들을 많이 죽였다.

또 글재주가 있지만 아직 급제하지 못한 선비가 있었는데, 그는 몰래 남을 시기하고 질투하며 어진 사람을 원수처럼 여기는 자였다. 공이 여러 사람이 모인 가운데서 그를 우연히 보고 물러나서 벗에게 "내가 그의 용모를 유심히 보고 그 사람됨을 알았으니, 모습은 마치 군자처럼 활달해 보이지만 속에는 남을 해치려는 음험한 마음을 숨기고 있다. 그가 만약 높은 자리에 올라 뜻을 펴게 되면 선인(善人)들이 위태롭게 될 것이다."라고 하니, 그 벗이 공의 밝은 안목에 탄복하였다.

공은 국기(國忌)를 만나면 음악을 듣지 않고 고기를 먹지 않았다. 하루는 두세 명의 높은 벼슬아치가 공에게 절에 모여 술을 마시자고 하니, 공이 천천히 "모 대왕의 기일이 바로 오늘인데 제공이 어찌 우연히 잊으셨겠습니까."라고 하였다. 좌우에 있던 사람들이 실색하여 사과하고 즉시 음악과 고기를 거두라고 명한 뒤 술만 한두 순배 돌리고 자리를 파하였다.

천성이 매우 효성스럽고 우애로워 부모님 곁에 있을 때는 반드시 화순(和順)한 안색을 띠었고 선(善)으로 봉양하여[19] 부모님의 마음을 기쁘게 해 드렸으며 부드러운 의복과 맛 좋은 음식을 잘 갖추어 드렸다. 어버이 상을 당해서는 슬퍼하고 사모하여 피눈물을 흘렸으며, 질대(絰帶)를 벗지 않고 아침저녁으로 궤연(几筵) 곁을 떠나지 않았으며, 병에 걸렸어도 여막을 떠나려 하지 않았다.

제사를 지낼 때는 반드시 물품을 잘 갖추되, 제수를 알맞게 조리하는 것과 제기를 깨끗이 씻는 것을 하인에게만 맡기지 않고 반드시 몸소 살폈다. 조문객이 오면 엎드려 곡하고 답배만 할 뿐 함께 앉아서 이야기를 나누지 않았고, 동복에게 분부하여 상(喪)이 끝나기 전에는 자질구레한 집안일로 와서 말하지 말게 하였다.

아우 환(桓)과 우애가 몹시 돈독하여 형제는 한 몸이라 떨어져서는 안 된다고 여겨 한 담장 안에 같이 살면서 출입하는 문이 하나였고,

19 선(善)으로 봉양하여 : 녹봉이 아닌 선한 마음으로 어버이를 봉양했다는 뜻이다. 송(宋)나라 윤돈(尹焞)이 진사에 응시하려 할 때, 그의 어머니가 "나는 네가 선으로 봉양할 줄 알았지 녹으로 봉양하려는 줄 몰랐다.〔吾知汝以善爲養, 不知汝以祿養.〕"라고 하니, 진사에 응시하기를 그만둔 데서 온 말이다. 《宋名臣言行錄 外集 卷9 尹焞》

한 상에 밥을 먹고 한 이불을 덮고 자며 화락하게 지냈다. 가산(家産)을 내어 가난한 형제들에게 나누어 주고 자신은 조금도 취하지 않았다.

남들의 상사(喪事)를 들으면 자기가 당한 것처럼 슬퍼하여 물과 불 속에 빠진 사람을 구해 내듯 서둘러 달려가고, 쭉정이를 버리듯 거리낌 없이 재물과 인력을 내주었다. 산야에 물러나 있으면서도 세상을 잊지 못하고 나라와 백성을 근심하여, 밝은 달이 뜬 맑은 밤이면 홀로 앉아 비가(悲歌)를 부르다가 노래를 마치면 눈물을 흘렸는데 곁에 있는 사람들은 전혀 그 까닭을 알지 못했다.

공은 만년에 학문이 진보하고 조예가 깊어졌다. 사람을 가르칠 때는 그 자질에 맞게 가르쳤고, 질문을 받으면 반드시 그를 위해 의심나는 뜻을 자세히 분석해 주되, 그 말이 털끝만큼 미세한 부분까지 정밀히 분석하여 듣는 사람이 분명하게 다 알게 된 뒤에야 그쳤다.

공은 일찍이 배우는 자들에게 "오늘날 배우는 사람들이 비근한 것은 버리고 고원한 것만 추구하는데, 배움은 애초에 어버이를 섬기고 형을 공경하고 어른에게 공손하고 어린이에게 자애로운 데서 벗어나지 않는다. 혹여 여기에 힘쓰지 않고 대뜸 오묘한 성명(性命)의 이치를 탐구하려 한다면, 인사(人事)상에서 천리(天理)를 강구하는 것이 아니라서 끝내 마음으로 실득(實得)할 수 없으니 깊이 경계해야 할 것이다."라고 하였다.

옛 성현의 초상화를 그려 자리 곁에 펼쳐 두고 눈으로 보고 마음으로 생각하면서 엄숙하게 공경심을 일으키기를, 마치 스승의 곁에서 귀로 듣고 얼굴을 마주하고 가르침을 받는 듯이 하였다. 일찍이 "학자는 잠을 많이 자서는 안 되니, 사색하는 공부는 밤에 더욱 전심할 수 있다."라고 하였다. 그리하여 항상 금방울을 차고 다니며 '성성자(惺惺子)'라고 부르고 때때로 흔들어 정신을 일깨웠다.

글을 읽다가 긴요한 구절을 얻으면 반드시 세 번 되풀이해서 읽고는 붓을 잡아 기록해 두고 "학기(學記)"[20]라고 이름하였다. 손수 〈신명사도(神明舍圖)〉를 그리고 명(銘)[21]을 지었으며, 또 천도(天道), 천명(天命), 이기(理氣), 성정(性情), 도(道)에 나아가고 덕(德)에 들어가는 방법에 대해 그렸는데[22] 학문의 단계를 자세히 배열한 것이다. 또 창과 벽과 문에 경(敬)과 의(義) 두 자를 크게 써서 배우는 자들에게 보이는 한편 자신을 일깨웠다. 그리고 병이 위중해지자 다시 경과 의 두 자를 들어 간절히 문생들에게 거듭 당부하였다.

공이 숨을 거둘 때에는 부녀자들을 물리쳐 가까이 오지 못하도록 하고, 죽음을 편안히 여겨 마음이 동요하지 않아 마치 잠들 듯이 평온한 모습으로 운명하였다. 성상이 사제(賜祭)하고 곡식을 부의로 내렸으며 사간원 대사간에 추증하였다. 통곡하며 함께 전송하는 벗과 제자, 종족과 외척 및 인척이 거의 수백 명이었다.

부인 남평 조씨(南平曺氏)는 충순위(忠順衛) 조수(曺琇)의 따님으로, 공보다 먼저 죽었고 아들과 딸 둘을 낳았다. 아들은 요절하였고, 딸은 만호(萬戶) 김행(金行)에게 시집가 딸 둘을 낳았는데, 첫째 사위는 김우옹(金宇顒)으로 지금 승문원 정자이며, 둘째 사위는 곽재우(郭

20 학기(學記) : 조식 사후에 5권 2책으로 발간된 《학기유편(學記類編)》을 가리킨다.

21 명(銘) : 《남명집》 권1의 〈신명사명(神明舍銘)〉을 가리킨다.

22 천도(天道)……그렸는데 : 《학기유편》에 실려 있는 〈태극도(太極圖)〉, 〈삼재일태극도(三才一太極圖)〉, 〈이기도(理氣圖)〉, 〈천리기도(天理氣圖)〉, 〈인리기도(人理氣圖)〉, 〈천도도(天道圖)〉, 〈천명도(天命圖)〉 등 24개의 학기도(學記圖)를 가리킨다.

再祐)로 한창 글공부하고 있다. 측실이 아들 셋과 딸 하나를 낳았는데, 아들은 차석(次石), 차마(次磨), 차정(次矴)이고, 딸은 마지막에 낳아 아직 어리다.

아, 공은 배움에 독실하고 실행에 힘써 학문을 닦고 덕을 향상시켜 정밀한 식견과 넓은 견문이 당대에 견줄 만한 사람이 드물었고 옛 현인에 견줄 만하여 후세 학자의 종사(宗師)가 되었다. 그러나 혹자는 이를 모르고 공에 대해 다른 논평을 하니, 어찌 지금 사람들에게 굳이 알아주기를 바라겠는가. 다만 백세 뒤에 알 사람이 알아주기를 기다릴 뿐이다.

나는 외람되게 벗의 반열에 있으면서 가장 오래 종유하여 전후로 공의 덕행을 보았기 때문에 남들이 미처 보지 못한 점을 알고 있다. 이는 모두 눈으로 본 것이지 귀로 들은 것이 아니니 믿을 만한 기록이다. 사(辭)는 다음과 같다.

하늘이 덕을 부여하시니	天與之德
어질고도 강직했어라	旣仁且直
자신에게 거두어들여	斂之在身
간직한 바가 넉넉하였네	自容則足
남에게 베풀지 못해	不施于人
은택이 두루 미치지 않았으니	澤靡普及
시운인가 천명인가	時耶命耶
백성들 복이 없음을 슬퍼하노라	悼民無祿

희암[23] 묘갈

希庵墓碣

보은 김씨(報恩金氏)는 본래 현달한 집안으로, 선대에 서로 이어 고관대작이 된 사람들이 국사(國史)와 가첩(家牒)에 상세히 기록되어 있다. 후대에 이르러 조정에서 벼슬하여 지위가 판사(判事)에 이른 이가 있으니, 휘(諱) 수(遂)이다. 판사가 지사간원사(知司諫院事) 휘 복항(復恒)을 낳았고, 사간이 서천 군사(舒川郡事) 휘 직손(稷孫)을 낳았다. 군사가 휘 조양(調陽)을 낳았는데 태안 군수(泰安郡守)로 졸관(卒官)하였다. 부인은 유씨(柳氏)로, 판관(判官) 유지신(柳之信)의 따님이다. 공은 사자(嗣子)로, 휘는 태암(泰巖), 자는 탁이(卓爾), 자호(自號)는 희암(希庵)이다.

공은 남다른 기상을 타고나 체격이 장대하고 도량이 넓었으며 남들을 대할 때는 반드시 온유한 안색으로 다정하게 말하였다. 그래서 공을 만나 본 사람은 모두 친애하여 진심으로 좋아하지 않는 이가 없었다. 가산(家産)을 경영하는 데 힘쓰지 않고 다만 선인(先人)이 남겨 준 전답을 지키며 봄에는 파종하고 가을에는 수확하여 식량으로 삼을 뿐, 궁핍한 사람들에게 곡식을 빌려주어 이윤을 받음으로써 풍족하게 비축

23 희암(希庵) : 김태암(金泰巖, 1477~1554)으로, 본관은 보은(報恩), 자는 탁이(卓爾), 호는 희암이다. 1518년(중종13) 유일로 천거되어 연원 찰방(連原察訪)을 제수받았다가 그해 12월에 파직되었다. 1519년 기묘사화(己卯士禍)를 겪고 고향으로 돌아와서 지내다가 죽었다.

하는 데 힘쓰려 하지 않았다.

자신이 입고 먹는 데에도 사치하지 않고 검소하여 늘 집 안에서 베를 짜서 옷을 지어 그저 몸을 가리는 정도에 그칠 뿐이었고, 조석의 밥상에는 여러 가지 반찬을 차리지 않았으며, 다른 입고 쓰는 물건들에도 화려한 무늬나 금은으로 장식하지 않았다. 가난과 굶주림으로 곤궁하여 혹 혼인이나 상사(喪事)를 만나도 예를 갖출 수 없는 친지나 벗이 있으면, 또한 반드시 재산을 털어 후하게 베풀어 주되 창고가 텅 비는 지경에 이르더라도 터럭만큼도 아까워하지 않았다.

벗을 사귀는 데 신중하여 어진 이를 보면 반드시 공경하고 사모하여 그 선행을 본받고, 불초한 이를 보면 마치 자신이 더러워지기라도 할 것처럼 곧바로 물리쳐 멀리하였다. 이런 까닭에 함께 종유한 벗들은 유학으로 이름난 당대 현인이 아닌 이가 없었다.

그중에서도 특히 상공(相公) 김충암(金冲庵)[24]과 가장 친밀했는데, 충암은 고고하여 인정하는 사람이 드물었지만 유독 공을 아껴 금석(金石)처럼 우의가 굳은 벗으로 허여하여 서로 폐부를 환히 터놓고 지냈다. 함께 담소할 때면 화락하고 즐거워 넘치는 정이 다하지 않았고, 절에 올라가 글을 읽거나 먼 곳을 유람하며 아름다운 산수를 찾아다닐 적에는 늘 공과 함께 하였다. 충암은 공의 행실이 옛 가르침과 같지 못한 점을 볼 때마다 충고하여 바로잡아 주었는데, 그러면 공이 흠칫 놀라 반성하고 곧바로 잘못을 고쳤다.

또 충암이 공을 조정의 제공(諸公)에게 추천하며 칭찬하니, 제공이 충암의 벗이라면 어질 것이라 여기고 선발하여 연원 찰방(連原察訪)에

24 김충암(金冲庵) : 김정(金淨)이다. 322쪽 주2 참조.

제수하니, 청렴하고 간이(簡易)하게 직분을 수행하였다. 그러나 연원역(連原驛)의 사람들이 소생되려던 차에, 불행히 하늘이 우리나라를 돕지 않아 간악한 무리가 사화를 일으켜 현인들이 배척되고 죽음을 당하니[25] 공도 이때 당우(黨友)로 연좌되어 관직을 삭탈당하여 전원으로 돌아왔다.

이때에 이조 좌랑 구수재(具睡齋)[26] 대인(大人)도 일망타진되는 화를 당하였다. 파직된 뒤 돌아갈 곳이 없어 떠돌다가 남쪽 고을 족인의 시골 별서에 우거하였는데, 공이 달려가서 만나 보고 한눈에 뜻이 맞아 공이 있는 곳으로 함께 데리고 돌아왔다. 그러고는 공이 거처하던 시골집을 비워 살게 해 주고 전답을 나누어 주며 곡식을 주어서 새로운 곳에 옮겨 와 잘 지낼 수 있게 도와주었다. 지팡이를 짚고 서로 왕래하면서 문지기에게 성명을 통하지 않고 곧장 침실로 들어오도록 하였으며, 낮에는 한자리에 같이 앉아 있고 밤에는 한 이불을 덮고 자니 이렇게 10여 년을 지냈는데 하루라도 만나지 못하고 서로 떨어져 지내려 하지 않았다.

유자(儒者)인 상사(上舍) 이국재(李菊齋)는 산림으로 물러나 세상일을 영영 멀리하고, 경치 좋은 곳을 골라 높은 누각을 짓고 그곳에 은거하며 수양하고 있었는데 공이 가서 종유하며 지붕을 잇대어 작은 정자를 하나 지었다. 그 터는 전망이 시원하게 트여 산이 뾰족한 칼날

25 간악한……당하니 : 1519년에 일어난 기묘사화를 가리킨다.

26 구수재(具睡齋) : 구수복(具壽福, 1491~1535)으로, 본관은 능성(綾城), 자는 백응(伯凝)·정지(挺之), 호는 수재·병암(屛菴)이다. 1519년 이조 좌랑으로 선발되었는데 기묘사화 때 삭직되었다.

을 나열하고 물이 비단 띠를 두른 것 같아, 머리를 들어 사방을 바라보면 손을 흔들어 신선을 부를 수 있을 듯하였다. 공은 늘 안개 낀 아침이나 달이 뜬 밤이면 국재와 함께 학창의(鶴氅衣)를 입고 화양건(華陽巾)을 쓰고서 난간에 기대어 길게 휘파람을 불며 유유하게 조물주와 노닐었으니, 공이 현인을 아끼고 선비를 존중하여 즐겁게 종유한 것이 이와 같았다.

공이 병에 걸려 하루 만에 세상을 떠나니, 가정(嘉靖) 33년(1554, 명종9) 5월 5일이었다. 향년이 78세이다. 선친의 묘소 곁에 안장하였다.

공은 두 번 부인을 맞았다. 전 부인 이씨(李氏)는 아들 셋을 낳았으니, 세번(世璠), 담(霮), 봉(霽)이다. 딸은 하나인데 요절하였다. 후부인 허씨(許氏)는 아들 둘을 낳았으니, 문(雯)과 운(雲)이다. 딸은 하나인데 현감(縣監) 신묵(申默)에게 시집갔다. 서출(庶出)로 아들과 딸 몇 명이 있다. 담은 아들 둘을 낳았으니, 장자는 대호(大好)이고 막내는 대기(大奇)로, 현재 아버지 상(喪)을 당하여 상장(喪杖)을 짚고 여막에 있다.

공은 5세에 아버지를 여의어 가정에서 친히 가르침을 받지 못하였다. 그러나 자라서 대현(大賢)과 명유(名儒)에게 인정을 받고, 그들을 스승으로 삼고 벗으로 삼아 갈고닦아 덕기(德氣)를 이루어 대인 장자로 일컬어졌으니, 공은 스스로 분발하여 훌륭한 사람이 되려 노력했다고 이를 만하다.

나는 공보다 나이가 어려 공을 아버지 연배로 섬겼는데, 공은 받아들이지 않고 동년 친구처럼 대해 주었다. 담이 죽기 전에 그의 아우 문이 묘갈을 세우고자 선친이 나와 친했다는 이유로 나에게 덕을 기록하여 후세에 보이기를 청하였다. 굳이 사양할 수 없어서 그 한두 가지 큰 것만 기록하여 남겨서 돌에 새기게 하노라. 사(辭)는 다음과 같다.

어짊이 바탕이 되니 하늘에서 받은 것이요 仁爲質受之天
덕 있는 이를 벗하니 사람들 현인이라 일컬었지 友其德人稱賢
연세는 일흔에다 팔 년을 더 살다가 年七十加以八
신체를 온전히 보전하여 유택(幽宅)으로 돌아갔도다 全髮膚返玄宅

박 승지[27] 묘갈

朴承旨墓碣

밀양 박씨(密陽朴氏)는 크게 알려진 성씨로 신라 왕의 시조의 후예로부터 나왔으니 본래 귀한 집안이다. 그 선조는 명망 있는 문사가 많아서 고관대작이 줄을 이었으니 그 이름이 국사(國史)와 가첩(家牒)에 실려 있어 먼 옛날로부터 보계(譜系)가 이어져 왔음을 분명히 알 수 있다. 그 후손에 이르러 찬성에 추증된 휘 절문(切問)이 있으니 공에게 고조가 된다. 찬성은 정난 공신(靖難功臣)으로 밀산군(密山君)에 봉해진 휘 중손(仲孫)[28]을 낳았고 밀산군은 예조 참의 휘 미(楣)[29]를 낳았다. 참의의 아들 휘 증영(增榮)[30]은 풍채가 훤칠하고 박식하며 견문이 넓어 경사에 박통(博通)하고 문장을 잘 지어 당대에 큰 명망을 독차지

27 박 승지(朴承旨) : 박훈(朴薰, 1484~1540)으로, 본관은 밀양(密陽), 자는 형지(馨之), 호는 강수(江叟)이다. 기묘사화(己卯士禍) 때 조광조(趙光祖) 등과 함께 화를 입어 유배되었다가 뒤에 청주에 은거하였다. 신항서원(莘巷書院)에 제향되었다. 저서로 《강수유고》가 있다. 시호는 문도(文度)이다.

28 중손(仲孫) : 박중손(朴仲孫, 1412~1466)으로, 본관은 밀양, 자는 경윤(慶胤), 호는 묵재(默齋)이다. 1453년(단종1) 계유정난(癸酉靖難)이 일어나자 수양대군을 도운 공으로 정난 공신 1등에 책록되고 응천군(凝川君)에 봉해지면서 병조 참판에 제수되었고, 뒤에 밀산군으로 개봉(改封)되었다. 시호는 공효(恭孝)이다.

29 미(楣) : 박미(朴楣, 1433~1491)로, 본관은 밀양, 자는 자첨(子瞻), 호는 존성재(存誠齋)이다. 박중손의 장남이다.

30 증영(增榮) : 박증영(朴增榮, 1464~1493)으로, 본관은 밀양, 호는 눌재(訥齋)이다. 박미의 셋째 아들이다.

하였다. 이른 나이에 과거에 급제하고 이어서 중시(重試)에 합격하여 청요직을 두루 거쳐 문한(文翰)을 맡았는데 29세에 홍문관 교리로 죽으니 성종(成宗)께서 애석해하셨다. 그의 부인은 박씨(朴氏)이니 현감(縣監) 박영달(朴英達)의 따님이다.

공은 교리공의 사자(嗣子)이니 휘는 훈(薰), 자는 형지(馨之), 호는 강수(江叟)이다. 어린 시절부터 사람됨이 장중하며 말수가 적었고 항상 정해진 곳에 앉아 다른 아이들과 어울려 다니며 놀지 않았으며 아이들이 가지고 노는 물건은 손에 가까이 두려고 하지 않으니 사람들이 모두 그를 보고 기특하게 여겼다.

조금 장성해서는 두려워하면서 스스로 깨달아 마음속으로 '불쌍하게도 나는 태어난 지 9년 만에 선친께서 돌아가셔서 가정의 가르침을 귀로 듣지 못하였다. 지금 내가 스스로 학문에 힘쓰지 않으면 입신하여 몸을 세우지 못하고 선대의 덕을 잇지 못할 것이다.'라고 생각하였다. 이에 발분하고 뜻을 가다듬어 오경과 사서 및 주자(周子), 정자(程子), 장자(張子), 주자(朱子)의 성리서를 가지고 전심하여 밤낮으로 송독하고, 의리를 정밀하게 연구하여 몸소 실천하고 자신에게 돌이켜 기어이 삼태기의 흙을 쌓아 산을 이루고 우물을 파서 물이 차오르게 하고야 말겠다고 다짐하였다.[31]

31 삼태기의……다짐하였다 : 중도에 포기하지 않고 끝까지 최선을 다하겠다는 뜻이다. 삼태기의 흙을 쌓아서 산을 이룬다는 것은 《서경》 〈여오(旅獒)〉에 "아홉 길 높이의 산을 만드는데 공로가 한 삼태기의 흙이 부족한 데서 무너진다."라고 한 데서 온 말이고, 우물을 파서 물이 차오르게 한다는 것은 《맹자》 〈진심 상(盡心上)〉에 "무엇을 하는 자는 비유하자면 우물을 파는 것과 같으니, 우물을 아홉 길을 팠더라도 샘물에 미치지 못하면 오히려 우물을 버리는 꼴이 된다."라고 한 데서 온 말이다.

또 역사서와 제자백가의 설에 두루 통달하여 그 근원을 궁구하고 그 흐름을 섭렵하여 꿰뚫지 못하는 것이 없었다. 오직 강학에만 힘을 쏟았고 과거를 보기 위해 공부하는 것을 달갑게 여기지 않아 하루라도 힘을 나누어 과문(科文)을 익힌 적이 없었다. 비록 모친이 계셔서 과장에 나아가 과거에 응시하기도 하였으나 본심은 아니었다.

홍치(弘治) 17년(1504, 연산군10) 사마시에 입격하였는데 당시 공의 나이가 매우 어렸다. 교리 이탄수(李灘叟)가 공과 동방(同榜)인데, 공을 칭찬하여 "우리 방(榜)에 학문을 좋아하여 게으르지 않으며 행실을 닦아 조행이 있는 이로는 나의 벗 박형지 군이 으뜸이다."라고 하였다.

이로부터 명성이 더욱 알려져 공경(公卿)이 다투어 천거하고 칭찬하니 의영고 주부로 발탁되었다. 이윽고 보은 현감(報恩縣監)에 제수되었는데 부임하기 전에 사람들이 "임금의 곁에 두어서 보궐(補闕)과 습유(拾遺)[32]의 일을 맡기는 것이 이 사람의 역할이 아니겠습니까. 지금 외직으로 내보내 고을 수령이 되게 한다면 어진 이를 써서 알맞은 자리에 두는 것이 아니니 전조(銓曹)의 실정(失政)이 아니겠습니까."라고 하니 그 말을 들은 사람들이 옳다고 여겼다. 바로 감찰로 고쳐 배수되고 다시 공조 좌랑으로 옮기고 이어서 사헌부 지평으로 승진하였다. 이때에 국가가 현량(賢良)을 선발하는 과거를 신설하여 약간의 인재를 뽑았는데, 공이 그 속에 이름이 오르니[33] 선비들이 서로 축하하고 기뻐

32 보궐(補闕)과 습유(拾遺) : 당(唐)나라 때 두어서 임금의 궐실(闕失)을 아뢰어 바로잡게 하였는데, 조선의 경우 사간(司諫)과 정언(正言)이 이에 해당한다.

33 이때에……오르니 : 기묘 현량과(己卯賢良科)가 시행되었음을 말한다. 1519년 조광조의 건의를 받아들여 한(漢)나라의 현량방정과(賢良方正科)를 본보기로 삼아 실시하였다. 이를 통하여 총 28명이 선발되었는데, 당시 박훈은 3등 11위로 급제하였다.

하였다. 장령으로 승진하여 검상과 사간을 거쳤고, 오래지 않아 동부승지에 초배(超拜)되니 이때가 정덕(正德) 14년(1519, 중종14)이었다.

간관이 되어서 강직한 말과 몸가짐으로 거리낌 없이 탄핵하니, 간사한 자들은 기가 죽고 무너진 풍속은 다시 살아났다. 승정원에 있을 때는 임금을 가까이에서 모셨는데, 임금의 후설(喉舌)을 맡아 왕명을 윤당(允當)하게 출납하고 덕교(德敎)를 선양하였다. 다른 직임을 담당할 때도 모두 명성과 업적이 있었으니 조정이 바야흐로 그를 믿고 의지하여 '국기(國器)'라고 칭찬하였다.

애석하게도 간흉들이 눈을 흘기며 원수처럼 보다가 무리를 이끌고 공모하여 대궐 문을 열고 밤에 몰래 들어가서 입을 열고 혀를 놀려 임금을 속이니 여러 현인이 쫓겨나거나 죽어 한 사람도 화망(禍網)을 벗어나지 못하였다.[34]

공은 처음에 성주(星州)로 유배를 갔는데 여전히 가깝다고 하여 다시 의주(義州)로 귀양을 보내니, 사람들은 모두 공을 위하여 위태롭다고 여기며 화가 여기에서 그치지 않을 것이라고 걱정하였다. 그렇지만 공은 두려워하지 않고 마음과 기운이 평온하여 그 모습을 보면 넉넉하고 여유로웠으니 생사가 갈릴 때도 동요하지 않음이 이와 같았다.

적소에 가서는 만 리 밖 죄인의 몸인지라 가묘의 제사를 몸소 지낼

34 간흉들이……못하였다 : 1519년에 일어난 기묘사화를 말한다. 홍경주(洪景舟), 남곤(南袞), 심정(沈貞) 등이 승지와 사관이 알지 못하도록 밤에 신무문(神武門)을 열고 궁으로 들어가 중종에게 신진 사료들을 모함하였다. 이 사건을 통하여 의정부 우참찬 이자(李耔), 대사헌 조광조, 홍문관 부제학 김구(金絿), 대사성 김식(金湜), 도승지 유인숙(柳仁淑), 좌부승지 홍언필(洪彦弼), 우부승지 박세희(朴世熹), 동부승지 박훈 등이 화를 당하였다.

수 없음을 슬퍼하였다. 선조와 선친의 기일 및 사시의 중월(仲月)이 되면 반드시 미리 재계하였고, 지방을 적어 신주로 삼아 제사를 지내어 조상이 살아 계신 듯이 모시는 정성[35]을 다하였으며 제수(祭需)를 극진하게 갖추어 집에 있을 때보다 풍성하였다.

13년이 지나 간흉들이 처형되니[36] 이때부터 공정한 의론이 점점 되살아나 공을 안악(安岳)으로 이배하였고, 3년 뒤에 사면을 받고 고향으로 돌아오니 당시에 모친 태부인(太夫人)은 여전히 생존해 계셨다. 공은 태부인을 모시면서 늘 기쁜 모습을 하였고 잠시도 곁에서 떨어지지 않았으며 말과 안색을 잘 받들어 마음을 위로하여 편안하게 해 드렸다. 봉양에 쓰이는 물건의 경우 부드러워 몸에 맞는 옷과 입에 맞는 좋은 음식을 모두 다 갖추어 드렸다. 태부인이 병에 걸리면 의원을 찾아가 약을 구하여 장작에 불을 지피고 약탕기를 끓여 몸소 달여 맛을 본 뒤에 올렸다. 사람으로서 할 수 있는 일을 다 하고는 몸을 깨끗이 씻고 재계하여 자신이 대신 죽게 해 달라고 하늘에 빌었다. 태부인이 돌아가시자 가슴을 치고 발을 구르고 하늘을 부르며 울부짖어 눈물이 마르고 피눈물이 나왔다. 거적 위에 엎드린 채 밤에도 질대를 풀지 않고 지내느라 기운이 다하고 몸이 말라 마침내 병들고 말았다. 가정

35 조상이……정성 : 《논어》 〈팔일(八佾)〉에 "제사를 지낼 때에는 조상이 계신 듯이 하였고, 신을 제사 지낼 때에는 신이 계신 듯이 하였다.〔祭如在, 祭神如神在.〕"라고 하였다.

36 13년이……처형되니 : 1519년 남곤과 심정 등이 기묘사화를 일으키고 1524년 이들이 권력을 잡아 이조 판서 김안로(金安老)를 쫓아냈는데, 그 뒤에 김안로가 조정으로 복귀하여 1531년 뇌물을 받았다는 죄목으로 심정, 이항(李沆), 김극픱(金克愊) 등을 제거하였다.

(嘉靖) 19년(1540) 3월 12일 상중에 죽으니 관직에 있는 사람이나 초야에 있는 사람이나 놀라고 슬퍼하지 않는 이가 없었다. 향년이 57세이다. 천내산(川內山) 선친의 묘소 곁에 안장하였으니 예에 맞다.

공은 타고난 자질이 순수하고 덕기(德器)가 저절로 이루어져, 몸가짐이 반듯하여 모든 거동이 법도에 맞았으며, 마음 씀이 너그럽고 인자하여 남의 마음을 거스르지 않았다. 매일 새벽 별을 보며 일어나 머리를 빗고 관을 쓰고서 자리를 바로 하고 무릎을 모으고 앉아 등과 어깨를 반듯하게 세우니 엄숙한 모습이 그림 속의 초상(肖像) 같았다.

집에 있으면서 효제로 근본을 세우니 노소가 다 기뻐하여 은혜로 서로 사랑하였고, 예법으로 다스려 상하의 법도가 반듯하였다. 자신의 옷은 몸을 가릴 정도만 취하고 화려한 것은 물리쳤으며, 아침저녁 밥상에는 몇 가지 음식만 놓고 특별히 좋은 음식은 차리지 않았다. 곁에 두고서 늘 사용하는 기물은 모두 조악하고 소박하여 단칠이나 금옥으로 장식하지 않았다.

사람을 접할 적에는 온화한 기운이 미간에 넘쳤고 상처를 줄까 두려워하듯 할 말을 감히 다하지 않았다. 그렇지만 시비를 분별하고 사정(事情)을 가릴 때에는 말이 용감하고 예리하여 마치 태아검(太阿劍)을 휘둘러 햇빛을 가르는 듯 단호하였다. 늘 은혜를 베풀고 남을 구제하려는 마음으로 녹봉이 집에 들어오면 가난하여 집안을 꾸려 갈 수 없는 사람에게 먼저 나누어 주고 혼례나 장례에 경비를 후하게 보내 주어 부족하지 않도록 도우니 녹봉을 다 써 버려 남은 것이 없었다.

함께 교유한 사람들은 당시 석유(碩儒)나 명현(名賢)이 아닌 이가 없었는데, 특히 대사헌 정암(靜菴) 조광조(趙光祖)와 매우 친하여 폐부를 환히 터놓고 지냈다. 정암도 공을 공경하고 믿어서 나라의 대정

(大政)은 반드시 공과 함께 의논하여 공이 옳다고 하는 것은 시행하고 옳지 않다고 하는 것은 그만두었다. 공이 이르는 곳마다 선비들이 사모하여 그의 풍모를 우러러보기를 물고기들이 거북과 용을 높이 받들어 모두 어깨를 나란히 할 수 없는 것처럼 하였다.

그의 부인은 변씨(卞氏)이니 공보다 먼저 죽었다. 아들 둘을 낳았으니 희원(熙元)과 선원(善元)이고, 딸 둘을 낳았으니 첫째는 이언명(李彦明)에게 시집갔고, 둘째는 오식(吳軾)에게 시집갔다. 선원은 아들 둘을 낳았으니 첫째는 승현(承賢)이고 둘째는 사현(嗣賢)이다. 이언명의 아들은 이순(李淳)이고 오식의 아들은 오종범(吳宗範)이다.

아, 철인이 태어난 것이 어찌 우연이겠는가. 하늘이 큰 덕과 뛰어난 재주를 주고 또 그의 몸에 큰 임무를 내린 것이다. 공이 처음 조정에서 벼슬할 때 하늘에서 받은 것을 베풀어 세상을 경륜하고자 했을 터인데, 한번 참소를 당하고 쫓겨나 종신토록 세상에 버려져 쓰이지 못하여 왕좌(王佐)의 뜻을 끝내 펴지 못하였으니 시운인가, 천명인가. 아, 애통하도다. 사(辭)는 다음과 같다.

난초가 어찌 향기롭지 않으랴마는	蘭豈不香
악초의 냄새가 그 향기 빼앗았네	蕕臭掩奪
사람이 어찌 어질지 않겠는가마는	人豈不賢
간사한 자의 칼끝에 화를 입었구나	姦鋒怒觸
도를 펴지 못한 채 몸은 죽었으나	道屈身死
아름다운 이름 더욱 드러났네	令名益彰
이 옥돌에 명(銘)을 새기니	刻銘貞珉
후세에 길이 전해지리라	其傳者長

제문 祭文

남명 선생[37] 제문

祭南冥先生文

기린이 노나라 교외에서 죽고	麟死魯郊
봉황이 기산을 떠났으니	鳳去岐嶽
멀고 아득한 우주에	悠悠宇宙
영물이 사라졌구나[38]	靈物隱沒
아름다워라, 철인이여	於休哲人
그 의표가 빛나도다	爰耀其儀
높은 산악의 정기를 받으니[39]	稟精崇嶽

37 남명(南冥) 선생 : 조식(曺植, 1501～1572)으로, 본관은 창녕(昌寧), 자는 건중(楗仲), 호는 남명이다.

38 기린이……사라졌구나 : 훌륭한 인물의 죽음을 안타까워하는 말이다. 노(魯)나라 애공(哀公) 14년 봄에 서수(西水) 가에서 기린이 잡혀 죽자 공자가 상심하며 절필하였고, 《논어》〈자한(子罕)〉에 "봉황새가 오지 않으며 황하에서 하도가 나오지 않으니, 나는 끝났구나.〔鳳鳥不至, 河不出圖, 吾已矣夫.〕"라고 하였다.

39 높은……받으니 : 산악의 정기가 모여 훌륭한 인물이 태어났다는 뜻이다. 《시경》〈대아(大雅) 숭고(崧高)〉에 "높고 높은 산악이 치솟아 하늘에 이르도다. 산악이 신을

천년에 한 번 나올 인물일세	千載應期
맑고 순수한 좋은 기질은	美質淸粹
하늘로부터 받은 것이라	受之自天
저 조개 속의 진주를	如彼胎珠
맑은 연못에서 씻어 낸 듯	濯出淸淵
나면서부터 매우 영특하여	生而岐嶷
단연 두각을 드러냈어라	頭角嶄然
맑은 풍모가 사람들 중에 돋보였고	淸標映人
탁월한 재주 숨기지 못하니	英才穎脫
우뚝이 출중한 그 모습	超乎出類
참으로 군계일학이었네	鷄群鶴立
어릴 때부터	其在兒齒
남달리 점잖고 의젓하여	兀乎老蒼
항상 정해진 곳에 앉고	坐有常處
당 아래로 내려가지 않으니	身不下堂
단정하고 차분한 모습에	端嚴淵默
보는 사람마다 놀랐네	見者動魄
일찍부터 스스로 각성하여	早自惕覺
성인의 학문에 굳게 뜻을 두었으니	厲志聖學
북을 쳐 큰 용기를 일으켜	鼓作大勇
분노를 다 쏟아 내지 못하는 것 같았네[40]	如怒未泄

내려 보와 신을 낳았도다.〔崧高維嶽, 駿極于天. 維嶽降神, 生甫及申.〕"라고 하였다.

40 북을……같았네 : 학문에 모든 힘을 다 쏟았음을 뜻한다. 춘추 시대 노(魯)나라

전심하여 글을 송독하고	下帷讀誦
성리의 학문을 궁구하여	硏窮性理
항상 미치지 못할 듯이 여기고	常若不及
노를 저어 물을 거슬러 가듯 애썼네[41]	撑船上水
경을 지키고 의를 모아서	居敬集義
자신에 돌이켜 실천하고[42]	反躬踐實
보고 듣고 말하고 움직일 때	視聽言動
사물의 가르침 늘 따랐네[43]	佩行四勿
삼태기의 흙을 쌓아 산을 만들어	覆簣爲山
나아감을 그치지 않고	其進未止

조귀(曹劌)가 "전쟁은 용기로 하는 것이다. 북을 한 번 치면 용기가 나고, 두 번 치면 쇠해지고, 세 번 치면 완전히 꺾이는 것이다.〔夫戰, 勇氣也. 一鼓作氣, 再而衰, 三而竭.〕"라고 하였다. 《春秋左氏傳 莊公10年》

41 항상……애썼네 : 《논어》〈태백(泰伯)〉에 "배움은 힘이 미치지 못할 듯 부지런히 하면서도 또한 잃을까 두려워해야 한다.〔學如不及, 猶恐失之.〕"라고 하고, 《주자어류(朱子語類)》 권8 〈총론위학지방(總論爲學之方)〉에 "학문하는 것은 마치 배를 저어 물을 거슬러 올라가는 것과 같다.〔爲學正如撑上水船.〕"라고 하였다.

42 경(敬)을……실천하고 : 《주역》〈곤괘(坤卦)〉에 "군자는 경으로써 안을 곧게 하고, 의로써 바깥을 바르게 한다.〔君子敬以直內, 義以方外.〕"라고 하였다. 조식은 경을 내면을 수양하는 방법으로 삼고 의를 생활하는 법도로 삼아 칼에 "내면에서 밝히는 것은 경이요, 외면에서 결단하는 것은 의이다.〔內明者敬, 外斷者義.〕"라는 구절을 새겨 지니고 다녔다. 《南冥集 卷4 行狀》

43 보고……따랐네 : 모든 행동을 예(禮)에 맞게 했음을 말한다. 사물(四勿)은 《논어》〈안연(顔淵)〉에 안연이 인(仁)의 실천 조목을 묻자 공자가 "예가 아니면 보지 말며 예가 아니면 듣지 말며 예가 아니면 말하지 말며 예가 아니면 움직이지 말아야 한다.〔非禮勿視, 非禮勿聽, 非禮勿言, 非禮勿動.〕"라고 한 데서 온 말이다.

힘써서 우물을 파서	劬力鑿井
물이 차오른 뒤에야 그쳤다네[44]	次水後已
한 조각 심지에	一片心地
수고로운 말이 공효를 거두듯이 하여	汗馬收功
학문은 이루어져 순수해지고	學成而醇
덕은 쌓여서 높아졌다네	德積而崇
영화가 밖으로 드러나니	榮華外發
찬란하도다, 문채 나는 모습이여	煥乎其文
생각은 샘이 솟아나는 듯하고	思若泉湧
굳센 필력은 하늘을 찌르는 듯하네	健筆凌雲
어찌 아름다운 문장을 일삼아	豈事藻績
남에게 자랑하려는 것이겠는가	誇耀人目
말을 저술한 것이 이치에 맞으니	立言造理
성현의 경전을 본보기로 삼았네	典謨是式
녹사를 좋아하지 않아	不喜祿仕
과거 공부는 영영 그만두어	永捨擧業
남들은 취하거늘 나는 버리니	人取我棄
알지 못하는 자들은 의심하였지	不知者疑
어찌 뜻한 바가 없었겠는가마는	豈曰無志
학문한 바가 세상과 어긋났으니	所學乖時
맑은 생각 더없이 깨끗하여	淸思皦皦
혼탁한 세상을 싫어하였네	厭世雰濁

44 삼태기의……그쳤다네 : 342쪽 주31 참조.

우뚝 솟은 신산	峨峨神山
구름 깊고 물은 푸르니	雲深水碧
망아지 타고 골짜기로 들어가	乘駒入谷
여기에서 자취를 감추었네[45]	於焉匿迹
암혈에 집을 지으니	斲巖開屋
맑은 바람으로 자리 쓸었어라	淸風掃席
흰 병풍에 검은 안석	白屛烏牀
좌우에 사서와 경서 두고	左史右經
정신을 모아 고요히 앉으니	凝神尸坐
엄숙하기가 그림 속 사람 같도다	儼若圖形
때로 여기에서 쉬며	時乎息焉
지팡이를 짚고 일어나	搘杖乃起
구름을 헤치고 학을 찾아가	穿雲訪鶴
시냇물 소리 들으며 귀를 깨웠지	聽泉醒耳
늘 좋은 밤을 만나	每値良宵
하늘에 달이 뜰 때면	天心得月
맑은 달빛 품에 안으니	抱弄淸輝
가슴속이 맑고 깨끗해지네	方寸皎潔
십 년 동안 산에서 지내며	十年于山

45 우뚝……감추었네 : 신산(神山)은 김해(金海)의 신어산(神魚山)을 가리킨다. 조식은 1530년(중종25) 처가인 김해로 이사하여 신어산 아래에 산해정(山海亭)을 짓고 《심경(心經)》과 《대학》을 공부하였으며, 성운, 이원(李源), 신계성(申季誠), 이희안(李希顔) 등과 교유하였다.

학문의 조예가 더욱 깊어지니	所造益深
검의 광채가 위로 오르고[46]	劍輝上騰
난의 향기가 멀리 퍼졌네	蘭香遠聞
숨겨진 덕이 가려지지 않아	潛德不掩
이름이 임금께 이르자	名徹華勳
학서[47]를 보내	鶴書徵召
성은으로 벼슬을 내려 주었지만	恩加命服
깊이 은거한 채 나오지 않기를	潛伏不起
마치 새가 주살을 피하듯이 하니	如鳥避弋
평소의 절개를 더욱 가다듬어	素節愈厲
뜻을 감히 빼앗을 수 없었다네	莫我敢奪
몸은 깊은 산골에 있었지만	身處雲巖
근심은 늘 나라에 있어	憂在王國
여러 번 상소하며 궁궐 앞에서 호소하매	累章叫閽
큰 의론이 매우 강직하였으니[48]	大論謇諤

46 검의……오르고 : 뛰어난 인재는 그 재능을 숨겨도 절로 드러난다는 뜻이다. 진(晉)나라 때 장화(張華)가 일찍이 두성(斗星)과 우성(牛星) 사이에 자기(紫氣)가 감도는 것을 보고 예장(豫章)의 점성가(占星家) 뇌환(雷煥)에게 물으니, 보검의 빛이라 하였다. 이에 풍성(豐城)의 감옥 터에서 춘추 시대에 만들어진 전설적인 보검인 용천검(龍泉劍)과 태아검(太阿劍)을 발굴했다고 한다. 《古文眞寶 後集 卷2 滕王閣序》

47 학서(鶴書) : 현자를 초빙할 때 쓰는 일종의 조서(詔書)이다. 공치규(孔稚珪)의 〈북산이문(北山移文)〉에 "사신의 말이 울음소리를 내며 골짜기로 들어오고 학서가 밭두둑에 이르자 몸이 그곳으로 달려가고 넋이 흩어지며 뜻이 변하고 정신이 동하였다.〔及其鳴騶入谷, 鶴書赴隴, 形馳魄散, 志變神動.〕"라고 하였다. 《古文眞寶 後集 卷2》

48 여러……강직하였으니 : 조식은 1555년(명종10) 단성 현감(丹城縣監)에 제수되

마치 태아검을 쥐고　如持大阿
가을빛을 가로 베는 듯하도다　橫截秋光
초야에 버려진 채 발탁되지 못했지만　投棄不省
군에게 무슨 상관이 있겠는가　於君何傷
사대부들이 풍모를 존경하여　縉紳推風
찾아오는 이들 줄을 이었으니　交蓋接武
맑은 담론을 들으며　聽聞淸論
음악 소리보다 더욱 즐거워하였네　樂甚鍾鼓
많은 학도들이　祈祈學徒
경전을 가지고 와서 질문하면　抱經就質
몇 마디 말로 의혹을 푸니　單辭祛惑
해를 보듯 분명하였어라　明若覩日
여러 사람이 하수에서 물을 마셔　群飮于河
각자의 배를 가득 채우는 격[49]이라　人得滿腹
바야흐로 기덕에 의지하여　方倚耆德
사람들의 사표가 되건만　作人儀則

자 〈을묘사직소(乙卯辭職疏)〉를 올려 척신 정치의 폐단과 비리를 비판하고 임금을 분발시키려 하였는데, 임금의 모후인 문정왕후(文定王后)를 '과부'라고 지칭하는 등 내용이 매우 과격하였다. 또 1568년(선조1) 〈무진봉사(戊辰封事)〉를 올려 올바른 정치의 도리를 논하며 당시 서리(胥吏)의 폐단을 지적하였다.

49 여러……격 : 스승에게 각자 자신의 능력만큼 충분히 배움을 의미한다. 《근사록(近思錄)》 권14 〈관성현(觀聖賢)〉에 주희(朱熹)가 정호(程顥)에 대해 "선생의 말씀은 까다롭지 않고 알기 쉬워서 어진 사람과 어리석은 사람이 모두 그 이익을 얻는 것이, 뭇사람이 하수에서 물을 마시되 각기 자기 양을 채우는 것과 같았다.〔先生之言, 平易易知, 賢愚皆獲其益, 如群飮於河, 各充其量.〕"라고 하였다.

하늘이 끝내 남겨 두지 않으시니[50]	天不憖遺
갑자기 대들보가 꺾이고 말았구나[51]	樑摧奄忽
아, 슬프도다	嗚呼哀哉
신룡이 사라졌으니	神龍逝矣
물고기들 의지할 곳 없고	鱗介靡依
유학의 종장(宗匠)이 사라졌으니	儒宗亡矣
우리는 누구를 스승 삼으리오	吾黨誰師
하늘에 부르짖어도 소용이 없고	呼天無及
백 사람으로도 대속할 수 없네[52]	百身莫贖
구름이 시름겹고 물결이 오열하니	雲愁水咽
산림이 참으로 쓸쓸하여라	山林蕭瑟
성상께서도 깊이 애도하여	聖心興悼
높은 관직을 추증하시고	超秩贈爵
관원을 보내어 조제토록 하여	命官弔祭
후한 은총으로 대우하셨네[53]	寵錫優渥

50 하늘이……않으시니 : 하늘이 국가를 위해 원로를 세상에 남겨 두지 않음을 말한다. 《시경》〈소아(小雅) 시월지교(十月之交)〉에 "원로 한 분을 억지로 남겨 두어서 우리 임금을 지키게 하지 않는구나.〔不憖遺一老, 俾守我王.〕"라고 한 데서 온 말이다.

51 갑자기……말았구나 : 훌륭한 인물의 죽음을 뜻한다. 《예기(禮記)》〈단궁 상(檀弓上)〉에 공자가 자신이 죽는 꿈을 꾸고 아침에 일어나 뒷짐을 지고 지팡이를 짚은 채 문 앞에서 한가로이 거닐며 노래하기를 "태산이 무너지겠구나. 대들보가 부러지겠구나. 철인이 죽게 되겠구나.〔泰山其頹乎! 樑木其壞乎! 哲人其萎乎!〕"라고 하였다.

52 백……없네 : 훌륭한 인물의 죽음을 안타까워하는 말이다. 《시경》〈진풍(秦風) 황조(黃鳥)〉에 "저 푸른 하늘이 훌륭한 이를 죽이도다. 대속할 수 있다면 모두들 자신을 백번이고 바치리라.〔彼蒼者天, 殲我良人. 如可贖兮, 人百其身.〕"라고 하였다.

아, 슬프도다	嗚呼哀哉
내가 약관의 나이에 처음	余始戴冠
그대를 벗으로 사귀어	與子相知
늙어 머리 세도록 뜻이 맞아	明霜契合
마치 형제처럼 사이좋았지	和如塤篪
서로 탁마하며 공부한 것은	琢之磨之
오직 도와 덕이었다오	惟道與德
군의 예리한 도끼 휘둘러	揮君利斧
나의 거친 재목 깎아 주었으니	斲我頑樸
못난 나를 벗으로 삼아	愧友不如
보인으로 허여하여 주었네	許以輔仁
예전에 한양에서 지낼 때	昔在洛都
지붕을 잇댄 이웃 되어	連棟爲隣
아침에 이야기를 나누다 보면 저녁이 되고	朝談侵夕
밤에는 함께 잠들었지[54]	夜眠同牀
화살이 시위를 떠나	絃矢相離
남북으로 멀어지니	箕南斗北
움켜쥔 모래를 손에서 놓은 듯	摶沙放手
구름과 용이 서로 잃어버린 듯하네[55]	雲龍相失

53 성상께서도……대우하셨네 : 선조(宣祖)는 신하를 보내 사제(賜祭)하고 곡식을 내려 부의하였으며 사간원 대사간을 증직하였다. 《宣祖實錄 5年 2月 8日》

54 예전에……잠들었지 : 1518년 조식이 부친을 따라 장의동(壯義洞)으로 이주하였는데, 당시 이웃이던 성운, 성우(成遇) 형제와 가깝게 교유하였다.

오직 멀리서 보내는 편지에 의지하여 獨憑烹魚
때로 서글픈 마음을 위로할 뿐 時慰惻惻
그대 죽지 않았기에 由其不死
소식이 계속 이어졌는데 聲聞猶續
이제는 어이할거나 今其奈何
길이 유명을 달리하였도다 幽明永隔
아, 슬프도다 嗚呼哀哉
나도 이제 몹시 늙은 몸이라 我老其耋
묵은 병 더욱 깊어지니 宿痾轉篤
추레한 몸뚱이 말라 여위어 鬼質枯羸
침상을 내려올 힘도 없다오 下牀無力
하늘 남쪽을 돌아보니 回望天南
산천은 아득히 멀어 山川遼闊
상여가 길 떠날 때 神駕啓路
내가 상여 줄을 잡지 못하고 我不執紼
관이 땅속으로 내려갈 때 靈櫬下地
나는 그 자리에 있지 못하네 我不臨穴
직접 술 따라 올리지 못하니 奠不親酹
어찌 정성을 다한다고 하랴 曷云盡誠
절은 남을 시켜 대신 올리지만 拜雖代手
곡은 남의 소리 빌리지 않았다오 哭不借聲
황천에 가서 無面泉裏

55 움켜쥔……듯하네 : 가까이 지내던 벗과 떨어져 지내게 된 것을 뜻한다.

우리 벗 볼 면목 없어라 見我良執
이 글로 이내 심정 쏟아 내니 辭以寫臆
슬피 곡하매 애간장이 끊어진다오 擧聲腸絶

박 절도사[56] 제문

祭朴節度使文

남을 대신하여 지은 것이다.

황하와 오악이 영기를 모으고	河岳鍾靈
해와 달과 별이 정기를 내려서	辰象降精
기이한 인물 드물게 나오니	異人間出
천년에 한 번 운 것이라네	千載一鳴
천마가 지상으로 내려오니	天駒墮地
발이 빨라 잘 달리도다	足逸能行
어려서부터 걸출하여	少而秀傑
우뚝하게 두각을 드러냈어라	嶄然頭角
활을 당겨 쏘면 돌에 박히고[57]	彎弓石入
철전을 쏘면 칠찰도 뚫으며[58]	射鐵七札

56 박 절도사(朴節度使) : 박영(朴英, 1471～1540)으로, 본관은 밀양(密陽), 자는 자실(子實), 호는 송당(松堂)이다. 1492년(성종23) 무과에 급제하여, 삼포왜란(三浦倭亂) 때 창원(昌原)에 조방장(助防將)으로 부임한 이후로 황간 현감(黃澗縣監), 강계부사(江界府使) 등을 역임하였다. 의술에 뛰어나 1518년(중종13) 승정원 동부승지로 있으면서 권벌(權橃)의 추천으로 내의원 부제조를 겸하여 맡게 하였으나 사양하였다. 그 뒤에 경상좌도 병마절도사(慶尙左道兵馬節度使)로 있다가 임지에서 죽었다. 저서로 《송당집》, 《경험방(經驗方)》 등이 있다. 시호는 문목(文穆)이다.

57 활을……박히고 : 한(漢)나라 명장 이광(李廣)이 북평 태수(北平太守)로 있을 적에 사냥을 나가서 바위를 호랑이로 착각하고 화살을 쏘니, 화살이 바위에 그대로 꽂혔다고 한다. 《史記 李將軍列傳》

백원에게 검술을 배우고[59]	學劍白猿
황석공에게 병서를 받았다네[60]	受符黃石
훤칠하게 좋은 체격은	屹然長身
만 명의 사내도 대적할 만하니	萬夫之敵
일찍 무과에 급제하여[61]	早登武擧
그 명성 자자하더라	其譽靄鬱
서이를 정벌하고	從征西夷
또 북적을 토벌하였으니	又討北賊
난을 평정하고 혼란을 안정시킴에	戡亂定紛
공이 크게 기여하였네[62]	多公之伐

58 철전(鐵箭)을……뚫으며 : 칠찰(七札)은 일곱 겹으로 된 갑옷미늘을 말한다. 춘추 시대 초(楚)나라 사람 양유기(養由基)가 활을 잘 쏘기로 이름났는데, 100보 바깥에서 버들잎을 쏘면 백발백중이었고, 일곱 겹의 갑옷미늘도 뚫었다고 한다. 《戰國策 西周策》

59 백원(白猿)에게 검술을 배우고 : 검술에 뛰어나다는 말이다. 춘추 시대에 한 처녀가 월왕(越王)에게 검술을 가르치려고 길을 가던 도중에 '흰 원숭이〔白猿〕'로 변신한 원공(袁公)을 만나 그와 검술 시합을 하였는데, 원공이 그녀를 상대하다가 나무 위로 날아올라 다시 흰 원숭이로 몸을 바꿔 사라졌다고 한다. 《吳越春秋 卷9 句踐陰謀外傳》

60 황석공(黃石公)에게 병서를 받았다네 : 병법에 해박하다는 뜻이다. 한나라 장량(張良)이 흙다리 위에서 황석공을 만났는데, 황석공이 일부러 다리 밑으로 내던진 신발을 주워 준 인연으로 태공(太公)의 병법을 전수받고, 한나라 고조(高祖)를 도와 천하를 평정하였다. 《史記 留侯世家》

61 일찍 무과에 급제하여 : 박영은 1492년 9월 22세로 무과에 급제하여 사복(司僕)이 되었다. 《松堂集 卷1 墓表》

62 서이(西夷)를……기여하였네 : 박영이 1491년 7월 도원수 이극균(李克均)의 막하(幕下)로 있으면서 건주(建州)로 가서 여진족을 토벌하고, 1510년 4월 삼포왜란이 발생하자 창원부에 조방장으로 임명되어 왜구를 토벌한 것을 말한다.

다시 금군에 들어가 還入禁旅
궁궐에서 숙직할 적에 直宿金闕
한밤중에 문득 생각이 일어나 半夜興思
눈물이 흘러 가슴을 적시고는 淚流沾臆
"활과 검만을 좋아하는 것은 曰好弓劒
일개 용감한 사내일 뿐이고 一勇夫耳
학문을 통하여 나아가면 由學而進
군자가 될 수 있으니 乃成君子
구하면 얻어지는 법[63]이라 求焉斯得
죽은 뒤에야 그만두리라 맹세한다." 하고서 誓死後已
관직을 그만두고 돌아오니 解職而旋
낙동강 동쪽이었어라 于洛之東
나를 일깨워 주는 벗 있으니 有朋起予
서로 도와 탁마하였네[64] 相長磨礱
문을 닫고 경전을 깊이 공부하여 閉室探經
심오한 경지를 맛보았고 咀吮道腴

63 구하면 얻어지는 법 : 자신의 본성에 갖추어져 있는 인(仁)을 구하는 학문을 하였음을 말한다. 《맹자》 〈진심 상(盡心上)〉에 "구하면 얻고 버리면 잃는다. 이 구함은 얻음에 유익하니 자신에게 있는 것을 구하기 때문이다.〔求則得之, 舍則失之. 是求有益於得也, 求在我者也.〕"라고 하였다.

64 관직을……탁마하였네 : 박영은 1495년(연산군1) 연산군이 직접 활을 쏘아 성종(成宗)이 기르던 사슴을 죽이는 모습을 보고 병을 핑계로 사직하고, 고향 낙동강으로 내려가 송당(松堂)을 짓고 당대 명유인 정붕(鄭鵬), 박경(朴耕) 등과 교유하였다. 《海東名臣錄 卷1 朴英》 《記言 別集 卷20 朴松堂先生碣銘》

삼태기 흙을 덮어 산을 이루고도	覆簣爲山
나아감을 그치지 않았네[65]	其進未止
흐름을 거슬러 올라갈 뿐만이 아니라	非惟沿流
그 근원을 궁구하여	乃討厥源
몇 길 높이의 담장에	宮墻重仞
진실로 그 문을 열고 들어갔네[66]	允得其門
남은 힘으로는 의학을 배워	餘力學醫
금방을 은밀히 전수받아	密傳禁方
환약을 만들어 다 죽어 가는 이도 살리니	探丸起死
의술이 태창공보다 오묘하였어라[67]	術妙太倉
얼마 지나지 않아	日月幾何
우뚝하게 학문을 확립하니	卓有所立
조정에서 가상하게 여겨	朝家嘉異
수령의 관직에 제수하였네	授之銅墨

65 삼태기……않았네 : 342쪽 주31 참조.

66 몇……들어갔네 : 학문이 높은 경지에 이르렀음을 말한다. 《논어》〈자장(子張)〉에 자복경백(子服景伯)이 숙손무숙(叔孫武叔)의 말을 빌려 자공이 공자보다 낫다는 말을 전하자 자공이 "집에 비유하면 나의 담장은 어깨 높이라 나의 살림을 엿볼 수 있지만, 선생님의 담장은 몇 길이라 문을 통해 들어가 보지 않으면 종묘의 아름다움과 백관의 성대함을 알 수가 없소.〔譬之宮牆, 賜之牆也及肩, 窺見室家之好; 夫子之牆數仞, 不得其門而入, 不見宗廟之美、百官之富.〕"라고 하였다.

67 남은……오묘하였어라 : 박영이 《소문(素門)》과 《난경(難經)》 등의 의서(醫書)에 통달하여 풍토병과 괴질을 잘 치료하였기 때문에 한 말이다. 금방(禁方)은 편작(扁鵲)이 장상군(長桑君)에게 전수받은 약방문을 말하고 태창공(太倉公)은 한나라 명의 순우의(淳于意)를 말한다. 《記言 別集 卷20 朴松堂先生碣銘》《史記 扁鵲倉公列傳》

임금의 근심을 나누어[68] 함께하는 이는　分憂共理
옛날에도 적임자를 얻기 어려웠는데　古難其人
공이 인과 서를 베풀어　公用仁恕
봄볕처럼 백성들 따뜻하게 보살폈어라　燠以陽春
문을 닫아걸고 누워서　閉閤而臥
집안을 다스리듯 하였으니[69]　如撫于家
어찌 백성을 부유하고 많게만 하였으랴　豈徒富庶
거문고 타고 노래를 부르게 하였지[70]　而使絃歌
발탁하여 서쪽을 지키게 하고[71]　擢守西界
훌륭한 공적을 포상하니　用賞嘉績
바다 끝 외진 곳이라　窮海之隅
이적의 땅과 인접하였는데　地接夷服
백성을 다스림에 법도를 잃어　撫御失律
불에 타고 물에 빠질 듯 위급하였지　禍急焚溺

68 임금의 근심을 나누어 : 지방관에 임명되는 것을 말한다. 박영은 1514년(중종9) 황간 현감에 제수되었다. 《松堂集 卷1 墓表》

69 문을……하였으니 : 힘쓰지 않아도 고을이 잘 다스려진다는 뜻이다. 한나라 급암(汲黯)이 동해 태수(東海太守)로 부임하였는데 병이 많아 늘 합문(閤門) 안에 누워 오랫동안 정사를 돌보지 못했지만 고을이 매우 잘 다스려졌다. 《史記 汲黯列傳》

70 어찌……하였지 : 백성들을 훌륭하게 다스려 교화하였음을 뜻한다. 공자가 위(衛)나라에 갈 때 염유(冉有)와 백성을 다스리는 데 대해 문답하면서 백성을 많게 하고 부유하게 하는 것을 언급하였다. 《論語 子路》 공자가 제자 자유(子游)가 수령으로 있는 무성(武城)에 갔을 때 현가(弦歌) 소리를 듣고서 자유를 칭찬하였다. 《論語 陽貨》

71 발탁하여……하고 : 박영은 1516년 강계 부사(江界府使)에 제수되었다. 《中宗實錄 11年 6月 12日》

공이 위엄과 은덕을 베풀어 公施威德
봄처럼 온화하고 가을처럼 준엄하니 春生秋殺
밖으로는 오랑캐가 두려워 복종하고 外狄慴服
안으로는 백성들이 평안해졌다네 內民寧謐
외직의 임기를 마치고서 訖其外試
조정으로 들어가 후설을 맡았지[72] 入司喉舌
그 자리는 임금과 매우 친밀한지라 職親地禁
기덕을 잘 가려 뽑았네 妙簡耆德
윤당하게 출납하니 出納惟允
안팎으로 조금도 어긋남이 없었네 內外罔忒
병조로 옮겨 가 遷于夏官
나라의 군정을 맡아서는 邦政是掌
군대를 잘 정비하니 詰爾戎兵
왕의 위엄이 이에 웅장해졌어라[73] 王威克壯
관직이 영화롭고도 높으니 官榮而崇
모두들 아름답다 하지만 僉曰休哉
간사한 이들은 질투하여 姦佞嫉妬
흘겨보며 시기하였네 側目相猜
현인들이 배척받아 群賢斥退

72 조정으로……맡았지 : 박영은 1518년 승정원 동부승지에 제수되었다. 《中宗實錄 13年 9月 25日》

73 병조로……웅장해졌어라 : 박영은 1519년 병조 참판에 제수되었다. 《松堂集 卷1 墓表》

죄 없이 벌을 받고 쫓겨나 죽으니	罰浮放殛
공도 붕당으로 지목되어	公坐黨友
벼슬이 강등되고 말았네	左官貶秩
외로운 뿌리는 쉽게 뽑히는 법이라	孤根易揭
위태롭기가 마치 겨울 잎새 같았네	危若冬葉
바다 고을로 나가겠다고 청하여	乞治海邦
소인들의 공격을 피하려 했건만	用避爾矛
애써 만류하여 떠나지 못하니	勉留不去
관직 생활이 감옥에 갇힌 죄수 같았네	守官如囚
끝내 유언비어에 걸려	竟被飛語
죄인의 몸이 되었으나	貫以三木
국문에서 분명하게 판결했으니	鞠辨旣明
옥에 전혀 흠결이 없었어라[74]	玉無點缺
몸을 온전히 지켜 돌아왔으니	完形歸來
낙동강 가 옛집이었네	江上舊宅
처음 뜻대로 은거하면서	修我初服
경서와 사서를 곁에 두었네	左經右史
바람과 달이 모두 맑을 땐	雙淸風月
산과 물을 즐겨[75]	二樂山水

74 끝내……없었어라 : 1521년 김해 사람 김억제(金億齊)가 소송에서 진 일로 박영에게 앙심을 품고 박영이 경주 부윤(慶州府尹) 유인숙(柳仁淑)과 만나 군사를 일으켜 남곤(南袞)과 심정(沈貞) 등을 제거하고 신진 관료를 등용할 것을 모의하였다고 고변하였다. 그러나 판결에서 김억제의 무고(誣告)임이 밝혀져 박영은 무죄로 풀려났다. 《中宗實錄 16年 10月 30日, 11月 5日》

경물을 완상하고 이치를 탐구하여　翫物觀理
본성을 기르며 유유자적하였네　養性自適
천망이 다시 넓어져　天網更恢
성은으로 관작을 회복시키고　恩復厥職
남방을 진정시킬 것을 명하여　命殿南服
이에 부월을 내리셨네[76]　乃授之鉞
군대를 조련하는 한편　乃訓戎旅
군율을 엄하게 시행하니　乃嚴師律
무기는 예리하고 군졸은 훈련되어　器鍊卒習
군대의 모습 위엄 있었네　軍容翼翼
장성에 비길 만하였으니　方擬長城
씩씩하구나, 우리 절도사여　壯我閫閫
허나 누가 생각했겠는가 한밤중에　孰謂半夜
요성이 재앙을 알릴 줄을[77]　妖星告孽

75 산과 물을 즐겨 : 인(仁)과 지(智)의 덕을 지니고 있음을 뜻한다. 《논어》 〈옹야(雍也)〉에 공자가 "지혜로운 자는 물을 좋아하고, 인한 자는 산을 좋아한다.〔知者樂水, 仁者樂山.〕"라고 하였다.

76 천망(天網)이……내리셨네 : 당시 권신이었던 김안로(金安老)가 1537년 문정왕후(文定王后)의 폐위를 기도하다가 발각되어 유배된 뒤 사사되었다. 박영은 그해에 직첩을 돌려받고 1538년 경상좌도 병마절도사에 제수되었다. '천망'은 하늘이 악인을 잡기 위해 쳐 놓은 그물을 뜻하는데, 《노자》 73장에 "하늘의 그물은 넓고 넓어서 성글지만 놓치지 않는다.〔天網恢恢, 疏而不失.〕"라고 한 데서 온 말이다.

77 요성(妖星)이……줄을 : 훌륭한 인물이 죽을 때 하늘에 그 조짐이 나타남을 말한다. 진(晉)나라 장화(張華)가 사공(司空)의 지위에 있었는데, 그가 죽음을 맞기 전에 중태성(中台星)이 갈라지는 현상이 있었다. 《晉書 張華列傳》

아, 슬프도다	嗚呼哀哉
집에 대들보가 꺾이고	屋摧其梁
수레에 굴대가 없어졌으니	車亡其軸
나라가 누구를 의지하겠는가	邦國奚恃
우리 백성들의 불행이로다	斯民無祿
내가 어려서 공의 인정을 받았으니	余幼見知
한자리에서 응대하면서	掬溜蘭室
말해 줄 만한 사람이라고 여겨	謂可告語
부족한 점을 조언해 주었네	勖所不及
어두운 눈을 밝게 만들어	化矇爲瞭
해와 달을 보게 하고자 했으니	期覩日月
비로소 의지할 분이 있어	方有依歸
하늘을 이고 있는 듯 든든하였어라	如戴昊天
하늘이 끝내 남겨 두지 않으시니[78]	曾不憖留
내 마음이 텅 빈 듯 허전하였어라	吾其缺然
지주[79]를 가져와 올리고	漬酒來奠
보잘것없는 글로 고하니	侑以菲詞
곡하는 것은 나라를 위함이지	哭斯爲邦
나의 사사로운 마음 때문만은 아니라오	非獨吾私

78 하늘이……않으시니 : 355쪽 주50 참조.

79 지주(漬酒) : 변변치 않은 제수를 의미한다. 후한(後漢)의 고사(高士) 서치(徐穉)는 집에 미리 구운 닭 한 마리를 준비하고 술에 적신 솜을 말려서 닭을 싸 두었다가 상사(喪事)가 있으면 무덤에 가서 솜을 물에 적셔 술기운이 우러나게 한 다음에 제사를 지내고 나서 상주를 만나 보지 않고 즉시 떠나곤 하였다. 《後漢書 徐穉列傳》

삼산서원에서 충암 선생[80]께 올리는 제문

三山書院祭冲庵文

성인을 본받고 현인을 스승 삼아[81]	希聖師賢
늘 부지런히 학문을 탐구하였으니	學如不及
조예가 정밀하고 심오해져	造詣精深
당에 올라 방으로 들어갔다네[82]	升堂入室
말을 하면 그대로 글이 되어서	吐辭成文
멀리 전모[83]에 짝할 만하였으니	迢配典謨
백 년토록 받들어 제향하는 일	宗祀百世
이어 갈 후학들 있으리	繼在後儒

80 충암(冲庵) 선생 : 김정(金淨)이다. 322쪽 주2 참조.

81 성인을……삼아 : 주돈이(周敦頤)의 《통서(通書)》〈지학(志學)〉에 "성인은 하늘처럼 되기를 원하고, 현인은 성인이 되기를 원하고, 선비는 현인이 되기를 원한다.〔聖希天, 賢希聖, 士希賢.〕"라고 하였다.

82 당(堂)에……들어갔다네 : 학문이 심오한 경지에 들어갔음을 말한다. 《논어》〈선진(先進)〉에 공자가 자로를 두고 "당에는 올랐으나 아직 방에는 들어가지 못했다.〔升堂矣, 未入於室也.〕"라고 하였다.

83 전모(典謨) : 《서경》의 〈요전(堯典)〉, 〈순전(舜典)〉 이전(二典)과 〈대우모(大禹謨)〉, 〈고요모(皐陶謨)〉, 〈익직(益稷)〉 삼모(三謨)로, 옛날 성현의 말씀이 담긴 경전을 말한다.

대곡집

부록

사제문

賜祭文

만력(萬曆) 기묘년(1579, 선조12) 6월 모일에 성상이 선생에게 내린 제문이다.

온화하고 공손한 사람은	溫溫恭人
덕의 바탕이니	惟德之基
일찍부터 학문에 뜻을 두었고	早志于學
자라서 더욱 깊이 연구하였네	長益精思
성균관에 들어갔을 때에는	翔于國庠
사람들이 노성한 이로 여겼으니	人擬老成
화락한 군자는	愷悌君子
나라의 동량이로다	邦家之楨
과거 급제로 입신양명하는 것을	科名衒身
어찌 그대가 탐탁하게 여겼겠는가	豈爾所屑
은거하여 뜻을 구함이[1]	隱晦求志
실로 그대가 즐거워한 바였네	實爾所樂

1 은거하여 뜻을 구함이 : 은거하여 자신이 행할 도를 지킨다는 뜻이다. 《논어》 〈계씨(季氏)〉에 공자가 "은거하여 자신의 뜻을 구하고, 의를 행하여 자신의 도를 펼치는 것을 나는 그러한 말만 들었고 그러한 사람은 보지 못하였노라.〔隱居以求其志, 行義以達其道, 吾聞其語矣, 未見其人也.〕"라고 하였다.

초야에서 한가로이 지내며	婆娑丘壑
옛 학문에 더욱 힘쓰니	益務舊學
충신이 내면에 쌓여	忠信內積
영화가 밖으로 드러났도다	英華外發
마음은 가을 달처럼 맑고	秋月其懷
지조는 빙설처럼 깨끗하여	氷雪其操
하늘이 낸 드문 인걸이었으니	間氣天挺
문장은 여사일 뿐이라	餘事詞藻
시문을 번거롭게 조탁하지 않아도	不煩雕琢
물이 솟구치고 산이 솟아오른 듯했으나[2]	水湧山出
겸손하여 스스로 감추니	謙抑自藏
모든 선이 모여 있도다	衆善之集
말과 행실이 참으로 부합되어	言行允孚
안과 밖이 한결같으니	表裏其一
세상의 부귀 이미 잊으매	世念已絶
맑은 흉금이 절로 편안하였네	沖襟自適
거친 음식 끼니도 잇지 못하고	菽水不繼
초가집은 매우 작고 비좁았네	草廬容膝
아, 우리 선왕께서	粤予先王

2 물이……듯했으나 : 문장의 기상이 대단함을 비유한 말이다. 송(宋)나라 구양수(歐陽脩)의 〈송서무당남귀서(送徐無黨南歸序)〉에 "그의 문장이 날로 진전하여 마치 물이 솟구치고 산이 솟아오른 듯하였다.〔其文辭日進, 如水涌而山出.〕"라고 한 데서 온 말이다. 《古文眞寶 後集 卷7》

선을 좋아하는 성심이 있었으니	好善有誠
자리를 비스듬히 앉고[3] 몸을 굽히며	側席屈體
객관을 비우고[4] 인재를 맞이하셨네	虛館開迎
낮은 지위에 침체한 현자를 기용하자	揚陋起滯
그대가 이에 소명을 받았으니	爾膺召命
평소 수양한 바탕이 있어	藏修有素
육조를 능히 실천하였네[5]	六條其行
하얗게 센 백발로	皤皤鶴髮
금마문[6]에 왔건만	金馬門來
병 때문에 등대하지 못하고	病未登對
슬피 호소하며 누차 사직하였지	屢辭控哀

3 자리를 비스듬히 앉고 : 임금이 어진 인재를 공경히 대우하는 것을 뜻한다. 후한(後漢) 장제(章帝)가 "짐은 곧은 선비가 오거든 공손히 앉아 남다른 이야기를 듣고자 한다.〔朕思遲直士, 側席異聞.〕"라고 하였다. 《後漢書 肅宗孝章帝紀》

4 객관을 비우고 : 어진 인재를 예우하는 것을 뜻한다. 《삼국지(三國志)》〈위서(魏書) 관녕전(管寧傳)〉에 "천하가 크게 어지러워지자, 관녕(管寧)이 공손도가 해외에서 명령을 행한다는 소식을 듣고 병원(邴原) 및 평원의 왕렬 등과 함께 요동으로 가니, 공손도는 객관을 비워 그들을 기다렸다.〔天下大亂, 聞公孫度令行於海外, 遂與原及平原王烈等至於遼東, 度虛館以候之.〕"라고 하였다.

5 낮은……실천하였네 : 1566년(명종21) 명종(明宗)이 생원과 진사 가운데 경명(經明), 행수(行修), 순정(純正), 근근(勤謹), 노성(老成), 온화(溫和) 등 육조(六條)를 구비한 사람을 아뢰라고 명하니 이조와 예조가 이항(李恒), 성운, 한수(韓脩), 남언경(南彦經), 임훈(林薰), 김범(金範) 등 여섯 사람을 천거하였다. 처음에 이를 '육행구비(六行具備)'라고 하였는데, 육행을 두루 갖춘 사람을 많이 얻기 어려워 '경명행수(經明行修)'로 개칭하였다. 《明宗實錄 21年 5月 21日, 6月 21日, 12月 18日》

6 금마문(金馬門) : 한(漢)나라 궁궐 문의 이름인데, 보통 대궐이나 조정을 뜻한다.

어필로 정성스레 글을 지어	宸翰丁寧
온화한 유지(諭旨)로 윤허하지 않으시고	溫諭不許
의원을 보내고 약을 내려	醫來藥繼
각별한 은혜를 베푸셨도다[7]	殊禮特擧
성은이 비록 융숭하였으나	天眷雖隆
그대의 병 또한 깊어	爾病亦深
끝내 사직하고 고향으로 돌아가니	遂乞還鄕
선왕의 마음이 매우 서운하셨네	缺然聖心
백구를 매어 두기 어려우니	白駒難縶
빈 골짜기에서 희고 깨끗하구나[8]	皎皎空谷
나 충인[9]은	惟予沖人

7 어필로……베푸셨도다 : 성운은 1566년 경명행수로 천거되어 한양으로 올라와, 8월 28일 통례원 인의(通禮院引儀)에 제수되고 이어서 9월 10일 조지서 사지(造紙署司紙)에 제수되었다. 19일과 24일 병을 이유로 사직 상소를 올리니, 명종이 윤허하지 않고 내의원으로 하여금 그에게 약을 보내도록 하였으나 성운은 끝내 치사(致仕)하고 고향으로 내려갔다. 《明宗實錄 21年 8月 28日, 9月 10日·19日·24日》

8 백구(白駒)를……깨끗하구나 : 병 때문에 고향으로 돌아가는 성운을 임금이 더 머물게 하지 못했다는 뜻이다. 《시경》 〈소아(小雅) 백구〉에 "깨끗한 저 흰 망아지가, 마당에 난 싹을 먹었다고 핑계 대고, 발을 묶고 고삐를 매어 오늘 아침을 길게 늘여서, 귀한 이 손님을, 더 놀다 가시게 하리라.……깨끗한 흰 망아지가 저 빈 골짜기에 있도다.〔皎皎白駒, 食我場苗, 縶之維之, 以永今朝, 所謂伊人, 於焉逍遙.……皎皎白駒, 在彼空谷.〕"라고 하였다.

9 나 충인(沖人) : 왕 자신의 겸칭이다. 《서경》 〈대고(大誥)〉에 주(周)나라 성왕(成王)이 "내가 하는 일은 하늘이 시키신 것이다. 내 몸에 큰일을 물려주고 어려운 일을 던져 주시니, 나 충인은 스스로 구휼할 겨를이 없다.〔予造天役, 遺大投艱于朕身, 越予沖人, 不卬自恤.〕"라고 하였다.

덕 있는 이를 알지 못할까 근심하니	患不知德
이에 선왕의 뜻을 따라	克追先志
변변찮은 직질을 내려 주었네	爰加薄秩
감히 벼슬로 매어 두려는 게 아니라	非敢爵之
그대를 잊지 않는 뜻을 보인 것이니	用示不忘
부디 병이 나아	庶幾無疾
혹 조정에 나올 수 있기를 기대하였노라	或可來揚
나이는 점점 많아지고	年齡漸高
근력은 줄어 기동하기 어려워	筋力難强
산림에 은거할 마음 더욱 굳으니	臥雲益堅
무슨 수로 나오게 할 수 있으랴	何計能致
나는 선한 사람을 생각하노니	予念善人
천지의 기강이라	天地之紀
설령 함께 다스리지 못하더라도	縱未共理
완악한 사람 청렴케 할 수는 있지[10]	亦足廉頑
그러나 같은 시대를 살면서	雖然竝生
한 번도 만나지 못했으니	一未接顔
나의 탄식이 바야흐로 간절하여	予歎方切
마음을 가누지 못하는데	無以爲情
어찌 생각했으랴	何料今日

10 완악한……있지 : 훌륭한 풍도가 사람들을 교화했음을 말한다. 《맹자》〈만장 하(萬章下)〉에 "백이의 풍도를 들으면 완악한 자는 청렴해지고 나약한 자는 뜻을 세우게 된다.〔聞伯夷之風者, 頑夫廉, 懦夫有立志.〕"라고 하였다.

오늘 유명을 달리하고 말 줄을	永隔幽明
부음을 듣고서 놀라고 슬퍼	聞訃驚惻
망연자실하였노라	怳然如失
한 원로를 남겨 두지 않아[11]	一老不憖
백 사람으로도 대속할 수 없으니[12]	百夫難贖
보낸 의원이 헛되이 돌아오고	遣醫虛返
탕제도 소용이 없구나	湯劑無及
내가 참으로 정성스럽지 못하니	予實不誠
부끄러움과 슬픔이 어찌 끝이 있겠는가	慙慟何竟
아, 슬프도다	嗚呼哀哉
지초와 난초는 잘 자라지 못하고	芝蘭不茂
잡초는 쉬이 무성해지니	菉葹易盛
나라가 불행하여	邦家不幸
숙유가 다 사라졌어라	宿儒彫盡
고을에 선한 풍속이 없고	鄉無善俗
사람들 점점 혼란해지거늘	人漸泯泯
어렵고 큰 왕업을 이어받았으니	叨居艱大
나는 참으로 근심스럽도다	予惟用憫

11 한 원로를……않아 : 하늘이 국가를 위해 원로를 세상에 남겨 두지 않음을 말한다. 《시경》 〈소아(小雅) 시월지교(十月之交)〉에 "원로 한 분을 억지로 남겨 두어서 우리 임금을 지키게 하지 않는구나.〔不憖遺一老, 俾守我王.〕"라고 한 데서 온 말이다.

12 백……없으니 : 훌륭한 인물의 죽음을 안타까워하는 말이다. 《시경》 〈진풍(秦風) 황조(黃鳥)〉에 "저 푸른 하늘이 훌륭한 이를 죽이도다. 대속할 수 있다면 모두들 자신을 백번이고 바치리라.〔彼蒼者天, 殲我良人. 如可贖兮, 人百其身.〕"라고 하였다.

내가 시종신을 통해	予因從臣
다시 그대의 풍모를 들으니	更聞風致
만년에 고요히 함양하여	晩年靜養
학문의 조예가 더욱 깊어져	造詣尤邃
티끌 없는 거울 같고	如鑑未塵
물결 없는 물 같아서	若水不波
보는 이들 절로 심취하고	見者自醉
듣는 이들 감탄한다고 하니	聞者咨嗟
내가 비록 영민하지 못하나	予雖不敏
참으로 마음에 감동하였노라	實感中心
멀리 속리산을 바라보니	眄彼俗離
산은 높고 물은 깊어라	山高水深
군자가 거처하는 곳[13]에	君子攸芋
유풍이 아직 남아 있으니	典刑猶存
백대의 뒤에도	百代之下
사람들 모두 우러러 높이리라	人皆仰尊
멀리서 변변찮은 제수를 보내노니	遙遣薄奠
어찌 나의 정성을 전할 수 있으랴	詎酬予忱
영령이 어둡지 않거든	靈其不昧
부디 한번 흠향하게나	冀紆一歆

13 군자가 거처하는 곳 : 《시경》 〈소아(小雅) 사간(斯干)〉에 "비바람을 제거하며 새와 쥐를 제거하였으니 군자가 존대하게 계실 곳이로다.〔風雨攸除, 鳥鼠攸去, 君子攸芋.〕"라고 하였다.

지은이 **성운(成運)**

1497년(연산군3)～1579년(선조12). 조선 중기의 유학자로, 본관은 창녕(昌寧), 자는 건숙(健叔), 호는 대곡(大谷)이다. 조식(曺植), 서경덕(徐敬德), 이지함(李之菡) 등과 교유하였다. 1531년(중종26) 사마시에 합격하였으나, 연이은 사화(士禍)에 낙담하고 보은(報恩)의 종곡(鍾谷)에 은거하였다. 그 뒤로 여러 차례 관직에 제수되었으나 모두 사양하였다. 수양과 실천을 중시하는 학문 태도를 견지하여 산림처사(山林處士)의 전형으로 꼽힌다. 시호는 문경(文景)이다.

옮긴이

변은미(卞恩美)

고려대학교 한문학과를 졸업하고, 대학원에서 한문학을 전공하였다. 한국고전번역원 부설 고전번역교육원 연수과정과 연구과정을 졸업하였으며, 한국고전번역원 번역위원으로 조선왕조실록 번역현대화사업에 참여하고 있다.

손해진(孫海鎭)

경성대학교 한국학과 석사과정을 수료하였고, 한국고전번역원 부설 고전번역교육원 연수과정을 졸업하였다. 고전번역교육원 연구과정에 재학 중이다.

장미나(張미나)

부산대학교 한문학과를 졸업하고 동 대학원 한문학과 석박통합과정을 수료하였다. 한국고전번역원 부설 고전번역교육원 연구과정을 졸업하였고, 한국고전번역원 번역위원으로 조선왕조실록 번역현대화사업에 참여하고 있다.

정재호(鄭在浩)

영남대학교 한문교육과를 졸업하고 동 대학원 한문학과 석사과정을 수료하였다. 한국국학진흥원 부설 한문교육원 대구강원을 마치고 한국고전번역원 부설 고전번역교육원 연구과정을 졸업하였다. 한국고전번역원 번역위원으로 조선왕조실록 번역현대화사업에 참여하고 있다. 번역서로 《파릉기사》가 있다.

진유라(陳유라)

대학에서 사학을 전공하였다. 한국고전번역원 부설 고전번역원 연구과정을 졸업하였다.

대곡집
성운 지음
변은미 손해진 장미나 정재호 진유라 옮김
이상하 번역지도

2020년 10월 30일 초판 1쇄 발행

발행인 신승운 | 발행처 한국고전번역원
등록 2008. 3. 12. 제25100-2018-000049호
주소 (03310) 서울시 은평구 진관1로 85
전화 02-350-4800 | 팩스 02-350-4994 | 홈페이지 www.itkc.or.kr

연구총괄 양기정 | 연구기획 정미경

책임편집 하현주 | 편집진행 박정열
편집교정 김상순 서세영 송숙희 유정님 | 조판 김지현 | 제작 김형석
디자인 씨디자인 | 인쇄 ㈜가나씨앤피

값 20,000원
ISBN 978-89-284-0773-6 93810